国家出版基金项目
NATIONAL PUBLICATION FOUNDATION

梅新林　俞樟华　主编

中國學術編年

先秦卷

陈年福　叶志衡　撰

华东师范大学出版社

华东师范大学出版社六点分社 策划

全国高等院校古籍整理研究工作委员会重点项目
浙江省人文社科基地浙江师大江南文化研究中心重点项目

顾　问（按姓氏笔画）
甘　阳　朱杰人　朱维铮　刘小枫　刘跃进　安平秋　李学勤　杨　忠
束景南　张涌泉　黄灵庚　常元敬　崔富章　章培恒　詹福瑞

主　编
梅新林　俞樟华

总策划
倪为国

编　委（按姓氏笔画）
王德华　毛　策　叶志衡　包礼祥　宋清秀　邱江宁　陈玉兰　陈年福
陈国灿　林家骊　胡吉省　姚成荣　倪为国　曾礼军

前　言

自1985年率先启动《清代学术编年》研究项目以来，经过诸位同仁持续不懈的努力，由清代依次上溯而贯通历代的《中国学术编年》（以下简称《编年》）终于告竣。这是迄今为止学术界首次以编年的形式对中国通代学术发展史的系统梳理，是一部力图站在21世纪新的学术制高点上全面综合与总结以往学术成果的集成性之作，同时也是一部兼具研究与检索双重功能的大型工具书。衷心希望《中国学术编年》的出版，能对21世纪国学的研究与复兴起到积极的推动作用。

从《清代学术编年》项目启动到《中国学术编年》告竣的20余年间，恰与世纪之交以"重写学术史"为主旨的"学术史热"相始终。因此，当我们有幸以编撰《中国学术编年》的方式，积极参与"重写学术史"这一世纪学术大厦的奠基与建设工程之际，在对《中国学术编年》的编纂进行艰苦探索的同时，始终伴随着对"重写学术史"的密切关注以及对如何"重写学术史"的学理思考，值此《中国学术编年》即将出版之际，我们愿意将期间的探索、思考成果撰为《前言》冠于书前，期与学界同仁共享。

一、世纪之交"学术史热"的勃兴与启示

一代有一代之学术，一代亦有一代之学术史，这是因为每个时代都有对学术理念、路向、范式的不同理解，都需要对特定时代的主要学术论题作出新的回答。从这个意义上说，"重写文学史"既是一种即时性学术思潮的反映，又是一项永无止境的学术创新活动。不同时代"重写文学史"的依次链接与推进，即是最终汇合成为学术通史的必要前提。

世纪之交，以"重写文学史"为主旨的"学术史热"再次兴起于中国学术界，这与上个世纪之交的"学术史热"同中有异：同者，都是集中于世纪之交对源远流长的中国学术史进行反思与总结。异者，一是旨在推进中国学术实现从传统向现代的转型；一是旨在通过推进中国现代学术的世界化而建构新的学术体系，因而彼此并非世纪轮回，而应视为世纪跨越。

本次"学术史热"以北京、上海为两大中心，兴起于20世纪80年代，发端于"重写文学史"，然后逐步推向"重写学术史"。诚然，重写历史，本是学术发展与创新的内在要求，然而在20世纪80年代，"重写"成为一种学术时尚，普遍被学者所关注与谈论，几乎成为一个世纪性话题，却缘于特定的时代背景。诚如葛兆光先生所言，80年代以来有一些话题至今仍在不断被提起，其中一个就是"重写"，重写文学史，重写文化史，重写哲学史，当然也有重写思想史。重写是"相当诱人的事情，更是必然的事情"（《连续性：思路、章节及其他——思想史的

写法之四》,《读书》1998年第6期)。其中的"必然",是从最初对一大批遭受不公正对待和评价的作家文人的"学术平反",到对整个中国学术文化的意义重释与价值重估,实际上是伴随改革开放进程的思想解放运动的重要组成部分,故有广泛"重写"之必要与可能。

从"重写文学史"到"重写学术史"之间,本有内在的逻辑关联。"重写文学史"作为"重写学术史"的一个重要组成部分与开路先锋,向思想史、哲学史、文化史等各个层面的不断推进,必然会归结于"重写学术史"。在从"重写文学史"走向"重写学术史"的过程中,同样以北京大学为前沿阵地。早在80年代初,北京大学王瑶先生率先发起了有关文学史的讨论。至1985年,陈平原先生在北京万寿寺召开的中国现代文学创新座谈会上宣读了他与钱理群、黄子平先生酝酿已久的"20世纪中国文学"的基本构想(后发表于《读书》1985年第10期),给重写文学史以重要启发。同年,著名学者唐弢与晓诸先生等就是否可以重写文学史问题开展激烈的争论,由此形成"重写文学史"讨论的第一次高潮。然后至90年代初,陈平原先生率先由"重写文学史"转向"重写学术史"的实践探索,从1991年开始启动《中国现代学术之建立》的写作,主编《学人》杂志,筹划"学术史丛书",到1995年"学术史丛书"由北京大学出版社出版,这是世纪之交"重写学术史"取得阶段性成果的重要标志。而在另一个学术中心上海,先于1988年在《上海文坛》专门开辟"重写文学史"专栏,邀请著名学者陈思和、王晓明先生主持,他们在开栏"宣言"中开宗明义地提出"重写文学史"的学术宗旨,并给予这样的历史定位:"我们现在提出'重写文学史',实际上正是在文学史研究的性质发生改变的时期,是现代文学史作为一门独立的学科逐步走向成熟的时期。"王晓明先生还特意将"重写文学史"溯源于1985年万寿寺座谈会上陈平原等关于"20世纪中国文学的构想","重写文学史"不过是将三年前"郑重拉开的序幕"再一次拉开,这是旨在强调从1985年到1988年"重写文学史"讨论两次高潮的延续性以及京沪两大学术中心的连动性。1996年,在章培恒、陈思和先生的主持下,《复旦学报》也继《上海文坛》之后开辟了"重写文学史"专栏,由此促成了贯通中国古代文学与现代文学的"中国文学古今演变研究"的交叉学科的创立。然后至1997年、1998年连续于上海召开"20世纪的中国学术"、"重写学术史"两次专题学术研讨会,尤其是后一次会议,在全国学术界第一次明确打出"重写学术史"旗号,具有时代标志性意义。此后,以京沪为两大中心,广泛影响全国的"学术史热"迅速升温。除了各种学术会议之外,各地重要刊物也都相继开辟学术史研究专栏,或邀请著名学者举行座谈。当然,最重要的学术成果还是主要体现在学术史著作方面,从分科到综合,从断代到通代,从历时到共时,从个体到群体,以及各种专题性的学术史研究领域,都有广泛涉及,这是来自不同专业领域学者在"重写学术史"旗帜下的新的聚集、新的合作、新的交融,共同创造了世纪之交学术史研究的兴盛局面。期间的代表性学术成果,主要体现在理论反思与实践探索两个层面。

在理论反思方面,集中体现于各种学术会议与专栏讨论文章,比如1997年在上海召开的"20世纪的中国学术"讨论会上,与会学者就"20世纪中国学术"的历史起点与逻辑起点、学术史观与研究方法等发表了各自的意见,并就20世纪中国学术在中西文化与学术的碰撞和融合的背景之下的现代品性与总体特点,以及存在的问题与教训、部分具体学科在20世纪的发展脉络等展开了热烈的讨论(晋荣东《"20世纪的中国学术"讨论会综述》,《学术月刊》1997年第6期)。1998年在上海召开的"重写学术史"研讨会,与会学者重点围绕近年来出版的学术史著质量、现今条件下重写学术史的必要与可能、重写中遇到的问题与难点、学术史著各种写法的得失等进行了广泛的交流与深入的研讨。当然,"重写学术史"的关键是能否建构新的学术史观,其中包括两大核心内容:一是对学术与学术史的重新认知;二是新型学术范式的建立。这在世纪之交的"重写学术史"讨论中也得到了热烈的回应。前者主要围绕"学术史是什么"的问题而展开。陈平原先生主张一种相对开放的泛学术史观,认可中国古代"辨章学术,考镜源流"的传统,更多强调学术史与思想史、文化史的关联(《"学术史丛书"总序》)。李学勤先生则提出把文科和理科、科学与人文放在一起,统一考察的大学术史观,认为"现在通常把自然科学称作'科学',人文社会科学叫做'学术',其实不妥,因为人类的知识本来是一个整体,文理尽管不同,仍有很多交叉贯通之处。尤其是在学术史上,不少人物对科学、人文都有贡献,他们的思想受到两方面的影响;还有一些团体,其活动兼及文理,成员也包括双方的学者。如果生加割裂,就难以窥见种种思潮和动向的全体面貌。"(《研究二十世纪学术文化的一些意见》,《中国文化研究》2000年第1期)

与此同时,也有一些学者着眼于学术史之所以为学术史的学术定位提出自己的思考。1997年在上海召开的"20世纪的中国学术"研讨会上,有学者认为必须明确将其与文化史、思想史以及哲学史等区分开来,把"学术"定位在知识形态上,即学术史主要是客观地研究知识的分类、构成、积累等问题,对知识的结构演变、体系的发展脉络予以发生学意义上的追寻,作出分析、说明、描述、勾勒,以此与文化史、思想史作出分殊,给学术史留出独立的位置,树立自觉的意识与确定的立场(晋荣东《"20世纪的中国学术"讨论会综述》,前揭)。2004年,张立文先生在《中国学术的界说、演替和创新——兼论中国学术史与思想史、哲学史的分殊》一文(《中国人民大学学报》2004年第1期)中,对"学术史是什么"作了如下辨思与界定:

> 学术在传统意义上是指学说和方法,在现代意义上一般是指人文社会科学领域内诸多知识系统和方法系统,以及自然科学领域中的科学学说和方法论。中国学术史面对的不是人对宇宙、社会、人生之道的体贴和名字体系或人对宇宙、社会、人生的事件、生活、行为所思所想的解释体系,而是直面已有的中国哲学家、思想家、学问家、科学家、宗教家、文学家、史学家、经学家等的学说和方法系统,并藉其文本和成果,通过考镜源流、分源别派,历史地呈现其学术延续的血脉和趋势。这便是中国学术史。

这一界定既为学术史确立了相对独立的立场与地位,又贯通了与哲学史、思想史以及人文社会科学与自然科学的关系,富有启示意义。

关于如何建构新的学术范式的问题,李学勤先生陆续发表了系列论文展开探索,然后结集并题为《重写学术史》出版,书中"内容提要"这样写道:"'重写学术史'意味着中国各历史阶段学术思想的演变新加解释和总结。这与我过去说的'重新估价中国古代文明'和'走出疑古时代',其实是相承的。晚清以来的疑古之风,很大程度上是对学术史的怀疑否定,而这种学风本身又是学术史上的现象。只有摆脱疑古的局限,才能对古代文明作出更好的估价。"李学勤先生特别强调20世纪考古发现之于"重写学术史"的重要性,提出要由改写中国文明史、学术史到走出疑古时代,由"二重证据法"到多学科组合。作为国家夏商周断代工程首席科学家、著名考古学家,李学勤先生的以上见解,显然与其考古专业立场密切相关。陈平原先生鉴于近代之前的中国学术史研究多以"人"为中心,以"人"统"学",近代之后一变为以"学"为中心,以"学"统"人",于是倡导建构以"问题"为中心的新的学术范式,他在《中国现代学术之建立》一书的《导论》中指出:"集中讨论'中国现代学术之建立',目的是凸显论者的问题意识。表面上只是接过章、梁的话题往下说,实则颇具自家面目。选择清末民初三十年间的社会与文化,讨论学术转型期诸面相,揭示已实现或被压抑的各种可能性,为重新出发寻找动力乃至途径。这就决定了本书不同于通史的面面俱到,而是以问题为中心展开论述。"后来,陈平原先生在《"当代学术"如何成"史"》一文中更加鲜明地表达了他的学术史观:"谈论学术史研究,我倾向于以问题为中心,而不是编写各种通史。"(《云梦学刊》2005年第4期)从以"人"为中心,到以"学"为中心,再到以"问题"为中心,显示了中国学术史研究学术范式的重要进展,体现了新的时代内涵与学术价值。当然,"人"、"学"、"问题"三者本是互为一体,密不可分的,若能将以"问题"为中心与以"人"、"学"为中心的三种范式相互交融,会更为完善。

在实践探索方面,则以李学勤、张立文先生分别主编的《中国学术史》、《中国学术通史》最为引人注目。两书皆为贯通历代、规模宏大的多卷本中国学术通史研究著作。《中国学术史》凡11卷,依次为《先秦卷》(上、下)、《两汉卷》、《三国两晋南北朝卷》(上、下)、《隋唐五代卷》、《宋元卷》(上、下)、《明代卷》、《清代卷》(上、下),自2001年起由江西教育出版社陆续出版。《中国学术通史》凡6卷,依次为《先秦卷》、《秦汉卷》、《魏晋南北朝卷》、《隋唐卷》、《宋元明卷》、《清代卷》,于2005年由人民出版社整体推出。两书的相继出版,一同填补了中国学术史上长期缺少通史研究巨著的空白,代表了世纪之交"重写学术史"的最新进展。至于断代方面,当推陈平原先生《中国现代学术之建立》影响最著,作者在《导论》中这样写道:"晚清那代学者之所以热衷于梳理学术史,从开天辟地一直说到眼皮底下,大概是意识到学术嬗变的契机,希望借'辨章学术,考镜源流'来获得方向感。同样道理,20世纪末的中国学界,重提'学术史研究',很大程度上也是为了解决自身的困惑。因此,首先进入视野的,必然是与其息息相关的'20世纪中国学术'。"要之,从离我们最近的20世纪中国学术入手,更具重点突破、带动全局的重要意义,可以为重新审视、重构中国学术史提供新的逻辑基点。

对于世纪之交"重写文学史"在理论反思与实践探索两个层面的意义与启示,可以引录左鹏军先生在《90年代"学术史热"的人文意义》(《华南师范大学学报》1998年第3期)一文的概括:

第一,它是对长久以来中国传统学术尤其是对近现代以来中国学术道路、学术建树的全面总结,是对鸦片战争以来尤其是新文化运动以来中国文化命运、学术走势的冷静反省,它实际上蕴含着在世纪末对新世纪的新学术状况、新学术高峰的企盼与期待。

第二,它透露出中国人文知识分子在几十年的风风雨雨中走过了曲曲折折的学术道路之后,对自己社会角色、社会地位的重新确认,对自己所从事的学术工作的再次估价,对学术本身的地位、价值,对学术本质的进一步思考和确认,表明一种可贵的学术自觉。

第三,它反映出在整个世界学术走向一体化,中国学术与世界学术的交流日趋频繁的历史背景下,中国人文学者建立起完备系统的学术规范,迅速走上学术规范化、正常化之路的要求,表现出中国学者对中国学术尽快与世界学术潮流全方位接触,确立中国学术在世界学术中的应有地位,与世界学术进展接轨、促进世界学术发展的迫切愿望与文化自信。

第四,它体现出人文科学某些相关学科发展的综合趋势,以避免学科分类过细过专、流于琐碎的局限;在方法论上,要吸收和运用古今中外的一切行之有效的研究方法、现代灵活多样的研究手段,深入开展中国学术的研究,使中国学术史的研究从研究方法、学科划分,到操作规程、科研成果,都达到一个崭新的水平。

第五,近年的学术史研究,对近现代学术史之"另一半",即过去由于种种非学术原因而有意无意被忽略了的、或在一定的政治背景下不准研究的一大批对中国学术作出巨大贡献的学者,给予了必要的关注,这表明在世纪末到来的时候,中国学术界开始对本世纪的学术历史进行整体全面的反思,试图写出尽可能贴近学术史原貌的学术史著作。

应该说,这一概括是比较周全而精辟的。

今天,当我们站在21世纪新的学术制高点上,以比较理性的立场与态度来审视世纪之交的"学术史热"时,那么,就不能仅仅停留于客观的历史追述,而应在进程中发现意义,在成绩中找出局限,然后努力寻求新的突破。无可讳言,"学术史热"既然已从学术崇尚衍为一种社会风潮,那么它必然夹杂着许多非学术化的因素,甚至难免出现学术泡沫。相比之下,"重写学术史"的工作显然艰苦得多,更需要沉思,需要积淀,需要创新。其中最重要的莫过于先进的学术史观与扎实的文献基础的双重支撑。以此衡之,世纪之交的"学术史热"显然还存在着诸多局限。学术既由"学"与"术"所组成,学者,学说也,学理也,因此学术史研究不仅离不开思想,相反,更需要深刻思想的导引与熔铸。学术史观,从某种意义上说即是学术思想的体现和升华,平庸的思想不可能产生深刻的学术史观。李泽厚先生尝论20世纪90年代是一个"思想淡出,学术凸显"的时代,扼要点中了中国学界八、九十年代的整体学术转向。

"重写学术史",实质上是对原有学术史的历史重建,而历史重建的成效,则有赖于历史还原的进展。从历史与逻辑辩证统一的要求衡量,"重写学术史"的历史还原与重建,特别需要在中国学术、中国学术史、中国学术史研究三个具有内在逻辑关联的关键环节上作出新的探索,并取得新的突破。

二、中国"学术":文字考释与意义探源

学术史,顾名思义,是学术发展演变的历史。因此,对中国学术史的历史还原,首先要对"学术"的语言合成与原生意义及其历史流变进行一番考释与探源工作。

何谓"学术"?《辞源》释之为"学问、道术";《辞海》释之为"较为专门、有系统的学问";《汉语大词典》梳理从先秦至清代有关"学术"的不同用法,释为七义:(1)学习治国之术;(2)治国之术;(3)教化;(4)学问、学识;(5)观点、主张、学说;(6)学风;(7)法术、本领。其中(3)(4)(5)(6)(7)皆关乎当今所言"学术"之意义。

从语源学上追溯,"学"与"术"先是分别独立出现,各具不同的语义。然后由分而合,并称为"学术"之名。至近代以来,又逐渐被赋予新的时代意义。略略考察其间的演变历程,有助于更深切、准确地理解"学术"本义及其与现代学术意涵的内在关系。

(一)"学"之释义

许慎《说文解字》曰:"斆,觉悟也。从教、冂。冂,尚矇也。臼声。學,篆文斆省。"许氏以"斆"、"學"为一字,本义为"觉悟"。段玉裁注云:"详古之制字作'斆',从教,主于觉人。秦以来去'攵'作'學',主于自觉。"以此上溯并对照于甲骨文和金文,则"學"字已见于甲骨文而金文中则"學"、"斆"并存:

前三字为甲骨文,后二字为金文。甲骨文"學"字或从乂,或从爻,与上古占卜的爻数有

关。占卜术数是一门高深学问,需要有师教诲,故由"學"字引申,凡一切"教之觉人"皆为"學",不一定是专指占卜之事。如:

> 丙子卜贞:多子其延學疾(治病),不冓(遘)大雨?(《甲骨文合集》3250)
> 丁酉卜今旦万其學?/于来丁廼學?(《小屯南地甲骨》662)

然后从学习行为引申为学习场所,意指学校。如:"于大學拜?"(《小屯》60)大学,应为学官名,即是原始的太学,《礼制·王制》曰:"小学在公宫南之右,太学在郊。"

以甲骨文为基础,金文又增加了意为小孩的形符"子",意指蒙童学习之义更加显豁。儿童学习须人教育,因此本表学习义的"學"兼具并引申为教学之义,故金文再增加"攴"符,成为繁形的"敎"字,由此學、敎分指学、教二义。检金文中"學"字,仍承甲骨文之义,意指学习或学校。如:

> 小子令學。(令鼎)
> 小子眔服眔小臣眔尸仆學射。(静簋)
> 余隹(惟)即朕小學,女(汝)勿廷余乃辟一人。(盂鼎)
> 王命静嗣射學宫。(静簋)

前二例意指学习行为,后二例意指学习场所。
然"敎"之不同于"學",明显意指"教"之义。如:

> 克又井敎懿父迺□子。(沈子它簋盖)
> 昔者,吴人并越,越人修敎備恁(信),五年覆吴。(中山王鼎)

《静殷》:"静敎无。"郭沫若《西周金文辞大系》考释:"敎当读为教……,无即无斁。"这个"敎"字还保留"觉人"、"自觉"的双向语义,即是说"觉人"为"教","自觉"为"学",不必破通假字。传世文献则已分化为二字二义。如《尚书·兑命》曰:"惟敎學半,今始终典于學,厥德修罔觉。"孔安国《传》云:"敎,教也。"《礼记·学记》由此引出"教学相长"之说。曰:"學然后知不足,教然后知困。知不足然后能自反也,知困然后能自强也。故曰教学相长也。《兑命》曰:'敎學半',其此之谓乎?"段玉裁尽管曾从词义加以辨析,说:"按《兑命》上敎之谓教,言教人乃益己之半,教人谓之學者。學所以自觉,下之效也;教人所以觉人,上之施也。故古统谓之學也。"其"古统谓之学",说明"学"是双向的表意,在语源上是没有区别的。

"敎"为教义,征之于先秦文献,也不乏其例:

> 《礼记·文王世子》:"凡敎世子及學士,必时。"陆德明释文:"敎,户孝反,教也。"
> 《国语·晋语九》:"顺德以敎子,择言以教子,择师保以相子。"韦昭注:"敎,教也。"
> 《墨子·鲁问》:"鲁人有因子墨子而學其子者。"于省吾《双剑誃诸子新证·墨子三》:"學,应读作敎。"

要之,由学习至学校,由教学至学习,"学"字在上古包含"觉人"(教)与"自觉"(学)的双向语义。

春秋战国时代,在百家争鸣、学术繁荣的特定背景下,"学"之词日益盛行于世,仅《论语》

一书出现"学"者,凡46处之多。而且,还出现了如《礼记》之《大学》、《学记》,《荀子》之《劝学》,《韩非子》之《显学》等论学专篇。"学"之通行意义仍指学习行为,然后向以下诸方面引申:

1. 由学习行为,引申为学习场所——学校

《礼记·学记》曰:"古之教者,家有塾,党有庠,术(遂)有序,国有学。"《礼记·大学》谓"大学之道,在明明德,在亲民,在止于至善"。此"国之学"、"大学"即指最高学府——太学。

2. 由学习行为引申为学习主体——学士、学人、学者

《荀子·修身》曰:"故学曰:迟,彼止而待我,我行而就之,则亦或迟、或速、或先、或后,胡为乎其不可以同至也。"此"学"意指学习者,或衍为"学士"、"学人"、"学者"。《周礼·春官·乐师》曰:"及徹,帅学士而歌徹。"《左传·昭公九年》曰:"辰在子卯,谓之疾日,君徹宴乐,学人舍业,为疾故也。"《论语·宪问》曰:"子曰:古之学者为己,今之学者为人。"《礼记·学记》曰:"学者有四失,教者必知之。"此"学士"、"学人"、"学者"皆指求学者。

由求学者进一步引申,又可指称有学问之人。《庄子·刻意》曰:"语仁义忠信,恭俭推让,为修己而已矣,此平世之士,教诲之人,游居学者之所好也。"成玄英疏:"斯乃子夏之在西河,宣尼之居洙泗,或游行而议论,或安居而讲说,盖是学人之所好。"而《庄子·盗跖》曰:"摇唇鼓舌,擅生是非,以迷天下之主,使天下学士,不反其本,妄作孝弟,而徼倖于封侯富贵者也。"此"学士"则泛指一般学者、文人。

3. 由学习行为引申为学习成果——学问、学识

《论语·为政》曰:"子曰:吾十有五而志于学。"《论语·述而》曰:"子曰:德之不修,学之不讲,闻义不能徙,不善不能改,是吾忧也。"《论语·子罕》曰:"大哉孔子,博学而无所成名。"《墨子·修身》曰:"士虽有学,而行为本焉。"此中"学"字,皆为学问、学识、知识之义,后又进而衍为"学问"之词。按"学问",本指学习与询问知识、技能等。例如《易·乾》曰:"君子学以聚之,问以辩之。"《礼记·中庸》曰:"博学之,审问之,慎思之,明辨之,笃行之。"而合"学"与"问"于"学问"一词,即逐步由动词向名词转化。《孟子·滕文公上》曰:"吾他日未尝学问,好驰马试剑。"仍用为动词。《荀子·劝学》曰:"不闻先生之遗言,不知学问之大也。"则转化为名词,意指知识、学识。《荀子·大略》曰:"诗曰:'如切如磋,如琢如磨'。谓学问也。"两者兼而有之。

4. 由学习行为引申为学术主张与学术流派——学说、学派

《庄子·天下篇》曾提出"百家之学"、"后世之学"的概念,曰:"古之所谓道术者,果恶乎在?……其明而在数度者,旧法世传之史尚多有之。其在于《诗》、《书》、《礼》、《乐》者,邹鲁之士缙绅先生多能明之。《诗》以道志,《书》以道事,《礼》以道行,《乐》以道和,《易》以道阴阳,《春秋》以道名分。其数散于天下而设于中国者,百家之学时或称而道之。……悲夫,百家往而不反,必不合矣!后世之学者,不幸不见天地之纯,古人之大体,道术将为天下裂。"此"百家之学"、"后世之学",主要是指学说。而《韩非子·显学》也同样具有《庄子·天下篇》的学术批评性质,其谓"世之显学,儒墨也"。此"学"则意指学派。

由先秦"学"之意涵演变历程观之,当"学"从学习的基本语义,逐步引申为学校、学者乃至学问、学识、学说、学派时,即已意指甚至包含了"学术"的整体意义。

(二)"术"之释义

术,古作術。许慎《说文解字》曰:"術,邑中道也。从行,术声。"段玉裁注:"邑,国也。"術字本义是"道路",这个字比较晚起,最早见睡虎地秦墓竹简,写作:

術

《法律答问》曰:"有贼杀伤人(于)冲术。"银雀山汉墓竹简《孙膑兵法·擒庞涓》曰:"齐城、高唐当术而大败。"冲术,即大道、大街;当术,在路上。

然術字虽是晚出,而表示"道路"的意义则存之于先秦文献。如《墨子·号令》曰:"環守宫之術衢,置屯道,各垣其两旁,高丈为埤倪。"術衢,指道路,衢也是道路。《庄子·大宗师》曰:"鱼相忘乎江湖,人相忘乎道術。"道術,即道路。词义早就存在了,而表示该词义的字却迟迟未出,滞于其后。这在汉语中是常见的现象。

与"術"关系十分密切的还有一个"述"字,见于西周金文。《说文》曰:"述,循也。从辵,术声。"段玉裁注:"述,或叚术为之。"其实,術为"述"字的分化。述为循行,由动词演变为名词,则为行走的"道路",于是才造出一个"術"字。至少可以说,術、述同属一个语源。

"術"(术)又由道路引申为方法、手段、技能、技艺、谋略、权术、学问、学术等义,则与其道之本义逐渐分离。兹引先秦典籍文献,分述于下:

1. 由道路引申为方法、手段

《礼记·祭统》曰:"惠术也,可以观政矣。"郑玄注:"术犹法也。"《孟子·告子下》曰:"教亦多术矣,予不屑之教诲也者,是亦教诲之而已矣。"此"术"指教育方法。

2. 由方法引申为技能、技艺

《礼记·乡饮酒义》曰:"古之学术道者,将以得身也,是故圣人务焉。"郑玄注:"术,犹艺也。"《孟子·公孙丑上》曰:"矢人惟恐不伤人,函人惟恐伤人,巫匠亦然,故术不可不慎也。"又《孟子·尽心上》曰:"人之有德慧术知者,恒存乎疢疾。"赵歧注:"人所以有德行智慧道术才智者,以其在于有疢疾之人;疢疾之人,又力学,故能成德。"此"术"与德、慧、知(智)并行,赵岐释之为"道术",实乃指一种技能、技艺。

古代与"术"构为复合词者,如法术、方术、数术(或称术数)等,多指具有某种神秘性、专门性的技能或技艺。《韩非子·人主》曰:"且法术之士,与当途之臣,不相容也。"此法术犹同方术。《荀子·尧问》曰:"德若尧禹,世少知之,方术不用,为人所疑。"《吕氏春秋·赞能》曰:"说义以听,方术信行,能令人主上至于王,下至于霸,我不若子也。"后方术泛指天文、医学、神仙术、房中术、占卜、相术、遁甲、堪舆、谶纬等。《后汉书》首设《方术传》。术数,多指以种种方术,观察自然界可注意的现象,来推测人的气数与命运,也称"数术"。《汉书·艺文志》谓:"数术者,皆明堂羲和史卜之职也。"其下列天文、历谱、五行、蓍龟、杂占、形法六种,大体与方术相近。

3. 由方法引申为谋略、权术

《吕氏春秋·先己》曰:"当今之世,巧谋并行,诈术递用。"此"术"意指一种权谋。先秦典籍文献中"术"常与"数"连称"术数",特指谋略、权术,与上文所指技能、技艺之"术数"同中有异。《管子·形势》曰:"人主务学术数,务行正理,则变化日进,至于大功。"《韩非子·奸劫弑臣》曰:"夫奸臣得乘信幸之势以毁誉进退群臣者,人主所有术数以御之也。"《鹖冠子·天则》曰:"临利而后可以见信,临财而后可以见仁,临难而后可以见勇,临事而后可以见术数之士。"皆指治国用人的谋略、权术。

4. 由技能、技艺引申为学问、学术

以《庄子·天下篇》所言"道术"、"方术"最具代表性。《天下篇》曰:

> 天下之治方术者多矣,皆以其有为不可加矣。古之所谓道术者,果恶乎在?曰:"无乎不在。"曰:"神何由降?明何由出?""圣有所生,王有所成,皆原于一。"不离于宗,谓之天人;不离于精,谓之神人;不离于真,谓之至人。以天为宗,以德为本,以道为门,兆于变化,谓之圣人;以仁为恩,以义为理,以礼为行,以乐为和,熏然慈仁,谓之君子;以法为分,以名为表,以参为验,以稽为决,其数一二三四是也,百官以此相齿;以事为常,以衣食为主,蕃息畜藏,老弱孤寡为意,皆有以养,民之理也。古之人其备乎!配神明,醇天地,育万物,和天下,泽及百姓,明于本数,系于末度,六通四辟,小大精粗,其运无乎不在。
>
> 天下大乱,贤圣不明,道德不一。天下多得一察焉以自好。譬如耳目鼻口,皆有所明,不能相通。犹百家众技也,皆有所长,时有所用。虽然,不该不遍,一曲之士也。判天地之美,析万物之理,察古人之全。寡能备于天地之美,称神明之容。是故内圣外王之道,暗而不明,郁而不发,天下之人各为其所欲焉以自为方。悲夫,百家往而不反,必不合矣!后世之学者,不幸不见天地之纯,古人之大体。道术将为天下裂。

"道术"与"方术"一样,在先秦典籍文献中本有多种含义。前引《庄子·大宗师》曰:"鱼相忘于江湖,人相忘于道术。"此"道"与"术"同指道路。《吕氏春秋·任数》曰:"桓公得管子,事犹大易,又况於得道术乎?"此"道术"意指治国之术。《墨子·非命下》曰:"今贤良之人,尊贤而好功道术,故上得其王公大人之赏,下得其万民之誉。"此"道"与"术"分别意指道德、学问。而《庄子·天下篇》所言"道术"与"方术"皆意指学术。陈鼓应《庄子今注今译》释"道术":"指洞悉宇宙人生本原的学问",释"方术":"指特定的学问,为道术的一部分"。"道术"合成为一词,意指一种统而未分、天然合一的学问,一种整体的学问,普遍的学问,接近于道之本体的学问,也是一种合乎于道的最高的学术。而"方术"作为与"道术"相对应的特定概念,也与上引意指某种特定技能、技艺之"方术"、"术数"不同,《庄子今注今译》引"林希逸说:'方术,学术也。'蒋锡昌说:'方术者,乃庄子指曲士一察之道而言,如墨翟、宋钘、惠施、公孙龙等所治之道是也。'"则此"方术"意指百家兴起之后分裂"道术"、"以自为方"的特定学说或技艺,是一种由统一走向分化、普遍走向特殊、整体走向局部的学问,一种离异了形而上之"道"趋于形而下之"术"的学问。

要之,"道术"之与"方术"相通者,皆意指学术,所不同者,只是彼此在学术阶段、层次、境界上的差异。鉴于《天下篇》具有首开学术史批评的性质与意义,则以文中"道术"与"方术"之分、之变及其与百家之学、后世之学的对应合观之,显然已超越于"学术"之"术"而具有包含学术之"术"与"学"的整体意义。这标志着春秋战国时代以"百家争鸣"繁荣为基础的"学术"意识的独立、"学术"意涵的明晰,以及学术史批评的自觉。

(三)"学术"之释义

尽管先秦典籍文献中的"学"与"术"在相互包容对应中已具有"学术"的整体性意义,但"学"与"术"组合为并列结构的"学术"一词,却经历了相当长的演变过程,概而言之,大致经历了以下四个阶段。

1. 先秦两汉时期"术学"先行于"学术"

略检先秦典籍文献,早期以"学术"连称者见于《韩非子》等。《韩非子·奸劫弑臣第十四》曰:"世之学术者说人主,不曰'乘威严之势以困奸邪之臣',而皆曰'仁义惠爱而已矣'。"但此"学术"皆为动宾结构而非并列结构,与当今所称"学术"之义不同。

两汉时期,学术作为并列结构且与当今"学术"之义相当者,仍不多见。《后汉书》卷五八《盖勋传》曰:"(宋)枭患多寇叛,谓(盖)勋曰:'凉州寡于学术,故屡致反暴。今欲多写《孝经》,令家家习之,庶或使人知义。'勋谏曰:'昔太公封齐,崔杼杀君;伯禽侯鲁,庆父篡位。此二国岂乏学者?今不急静难之术,遽为非常之事,既足结怨一州,又当取笑朝廷,勋不知其可也。'枭不从,遂奏行之。果被诏书诘责,坐以虚慢征。"此"学术"大体已与当今"学术"之义相近,但尚偏重于教化之意。

再看"术学"一词,《墨子·非儒下》已将"道术学业"连称,其曰:"夫一道术学业仁义也,皆大以治人,小以任官,远施周偏,近以修身,不义不处,非理不行,务兴天下之利,曲直周旋,利则止,此君子之道也。以所闻孔丘之行,则本与此相反谬也!"道术学业并列,含有"学术"之意,但仅并列而已,而非"术学"连称。

秦汉以降,"术学"一词合成为并列结构者行世渐多。例如:

> 《史记》卷九十六《张丞相列传》:"太史公曰:'张苍文学律历,为汉名相,而绌贾生、公孙臣等言正朔服色事而不遵,明用秦之颛顼历,何哉?周昌,木强人也。任敖以旧德用。申屠嘉可谓刚毅守节矣,然无术学,殆与萧、曹、陈平异矣'。"
>
> 《汉书》卷四十五《蒯伍江息夫传》:"伍被,楚人也。或言其先伍子胥后也。被以材能称,为淮南中郎。是时淮南王刘安好术学,折节下士,招致英隽以百数,被为冠首。"
>
> 《后汉书》卷四十上《班彪列传》:"其论术学,则崇黄老而薄《五经》;序货殖,则轻仁义而羞贫穷;道游侠,则贱守节而贵俗功,此其大蔽伤道,所以遇极刑之咎也。然善述序事理,辩而不华,质而不俚,文质相称,盖良史之才也。诚令迁依《五经》之法言,同圣人之是非,意亦庶几矣。"
>
> 《后汉书》卷五十九《张衡列传》:"安帝雅闻衡善术学,公车特征拜郎中,再迁为太史令。遂乃研核阴阳,妙尽璇机之正,作浑天仪,著《灵宪》、《算罔论》,言甚详明。"

以上"术学"皆为并列结构,其义与今之"学术"一词相当。

2. 魏晋至唐宋时期"术学"与"学术"同时并行

"学术"之与"术学"同时并行,可以证之于魏晋至唐宋时期的相关史书,试举数例:

> 《晋书》卷六十四《武十三王传》:"晞无学术而有武干,为桓温所忌。"卷七十二《郭璞传》:"臣术

学庸近,不练内事,卦理所及,敢不尽言。"

《梁书》卷二十二《太祖五王传》:"(秀)精意术学,搜集经记,招学士平原刘孝标,使撰《类苑》,书未及毕,而已行于世。"又卷三十八《贺琛传》:"琛始出郡,高祖闻其学术,召见文德殿,与语悦之,谓仆射徐勉曰:'琛殊有世业'。"

《旧唐书》卷四十三《职官志二》:"集贤学士之职,掌刊缉古今之经籍,以辩明邦国之大典。凡天下图书之遗逸,贤才之隐滞,则承旨而征求焉。其有筹策之可施于时,著述之可行于代者,较其才艺而考其学术,而申表之。凡承旨撰集文章,校理经籍,月终则进课于内,岁终则考最于外。"又卷一百二十六《卢鹜传》:"(鹜)无术学,善事权要,为政苛躁。"

《新唐书》卷一百四十《裴冕传》:"冕少学术,然明锐,果于事,众号称职,(王)鉷雅任之。"又卷一百一《萧嵩传》:"时崔琳、正丘、齐澣皆有名,以嵩少术学,不以辈行许也,独姚崇称其远到。历宋州刺史,迁尚书左丞。"

以上皆为同一史书中"学术"、"术学"同时并行之例。但观其发展趋势,是"学术"盛而"术学"衰。

3. 宋元以降"学术"逐步替代"术学"而独行于世

唐宋之际,"术学"隐而"学术"显,实已预示这一变化趋势。从《宋史》到《金史》、《元史》、《明史》、《清史稿》,"术学"一词几乎销声匿迹,其义乃合于"学术"一词。而就"学术"本身的内涵而言,则更具包容性与明确性,与今天所称"学术"之义更为接近。例如:

《宋史》卷二十三《钦宗本纪》:"壬寅,追封范仲淹魏国公,赠司马光太师,张商英太保,除元祐党籍学术之禁。"

《宋史》卷三百七十六《陈渊传》:"渊面对,因论程颐、王安石学术同异,上曰:'杨时之学能宗孔、孟,其《三经义辨》甚当理。'渊曰:'杨时始宗安石,后得程颢师之,乃悟其非。'上曰:'以《三经义解》观之,具见安石穿凿。'渊曰:'穿凿之过尚小,至于道之大原,安石无一不差。推行其学,遂为大害。'上曰:'差者何谓?'渊曰:'圣学所传止有《论》、《孟》、《中庸》,《论语》主仁,《中庸》主诚,《孟子》主性,安石皆暗其原。仁道至大,《论语》随问随答,惟樊迟问,始对曰:爱人。爱特仁之一端,而安石遂以爱为仁。其言《中庸》,则谓《中庸》所以接人,高明所以处己。《孟子》七篇,专发明性善,而安石取扬雄善恶混之言,至于无善无恶,又溺于佛,其失性远矣。'"

《元史》卷一百四十《铁木儿塔识传》:铁木儿塔识"天性忠亮,学术正大,伊、洛诸儒之书,深所研究"。

《明史》卷二百八十二《儒林传一》:"原夫明初诸儒,皆朱子门人之支流余裔,师承有自,矩矱秩然。曹端、胡居仁笃践履,谨绳墨,守儒先之正传,无敢改错。学术之分,则自陈献章、王守仁始。宗献章者曰江门之学,孤行独诣,其传不远。宗守仁者曰姚江之学,别立宗旨,显与朱子背驰,门徒遍天下,流传逾百年,其教大行,其弊滋甚。嘉、隆而后,笃信程、朱,不迁异说者,无复几人矣。要之,有明诸儒,衍伊、洛之绪言,探性命之奥旨,锱铢或爽,遂启歧趋,袭谬承讹,指归弥远。"

《清史稿》卷一百四十五《艺文志一》:"当是时,四库写书至十六万八千册,诏钞四分,分庋京师文渊、京西圆明园文源、奉天文溯、热河文津四阁,复简选精要,命武英殿刊版颁行。四十七年,诏再写三分,分贮扬州大观堂之文汇阁、镇江金山寺之文宗阁、杭州圣因寺玉兰堂之文澜阁,令好古之士欲读中秘者,任其入览。用是海内从风,人文炳蔚,学术昌盛,方驾汉、唐。"

《清史稿》卷一百七《选举志二》:"先是百熙招致海内名流,任大学堂各职。吴汝纶为总教习,赴日本参观学校。适留日学生迭起风潮,谇谣繁兴,党争日甚。二十九年正月,命荣庆会同百熙管理大学堂事宜。二人学术思想,既各不同,用人行政,意见尤多歧异。"

《清史稿》卷四百七十三《康有为传》:"有为天资瑰异,古今学术无所不通,坚于自信,每有创论,常开风气之先。"

《清史稿》卷四百八十六《林纾传》:"纾讲学不分门户,尝谓清代学术之盛,超越今古,义理、考据,合而为一,而精博过之。实于汉学、宋学以外别创清学一派。"

《清史稿》卷四百八十六《辜汤生传》:"辜汤生,字鸿铭,同安人。幼学于英国,为博士。遍游德、法、意、奥诸邦,通其政艺。年三十始返而求中国学术,穷四子、五经之奥,兼涉群籍。爽然曰:'道在是矣!'乃译四子书,述《春秋》大义及礼制诸书。西人见之,始叹中国学理之精,争起传译。"

此外,明代学者章懋在其《枫山语录》中有《学术》专文,周琦所著《东溪日谈录》卷六有《学术谈》一文,《清史稿》卷二百六十五《陆陇其传》还有载陆氏所著《学术辨》一书,曰:"其为学专宗朱子,撰《学术辨》。大指谓王守仁以禅而托于儒,高攀龙、顾宪成知辟守仁,而以静坐为主,本原之地不出守仁范围,诋斥之甚力。"从以上所举案例可知,宋元以来取代"术学"而独行于世的"学术"一词,因其更具包容性与明确性而在名实两个方面渐趋定型。

4. 晚清以来"学术"的新旧转型与中西接轨

晚清以来,在西学东渐的背景下,随着中国"学术"从传统向现代的转型,学界对"学术"的内涵也进行了新的审视与界说。1901年,严复在所译《原富》按语中这样界定"学术"中"学"与"术"的区别:"盖学与术异,学者考自然之理,立必然之例。术者据既已知之理,求可成之功。学主知,术主行。"10年后,梁启超又作《学与术》一文,其曰:

> 近世泰西学问大盛,学者始将学与术之分野,厘然画出,各勤厥职以前民用。试语其概要,则学也者,观察事物而发明其真理者也;术也者,取所发明之真理而致诸用者也。例如以石投水则沉,投以木则浮。观察此事实,以证明水之有浮力,此物理学也;应用此真理以驾驶船舶,则航海术也。研究人体之组织,辨别各器官之机能,此生物学也。应用此真理以治疗疾病,则医术也。学与术之区分及其相互关系,凡百皆准此。善夫生计学大家倭儿格之言,曰:科学(英Science,德Wissenschaft)也者,以研索事物原因结果之关系为职志者也。事物之是非良否非所问,彼其所务者,则就一结果以探索所由来,就一原因以推理其所究极而已。术(英Art,德Kunst)则反是。或有所欲焉者而欲致之,或有所恶焉者而欲避之,乃研究致之避之之策以何为适当,而利用科学上所发明之原理原则以施之于实际者也。由此言之,学者术之体,术者学之用。二者如辅车相依而不可离,学而不足以应用于术者,无益之学也。术而不以科学上之真理为基础者,欺世误人之术也。(初刊1911年6月26日《国风报》第2册第15期。后载梁启超《饮冰室文集》之二十五下,云南教育出版社,2001年8月第1版)

梁启超以西学为参照系的对"学术"的古语新释,集中表现了当时西学东渐、西学中用的时代风气以及梁氏本人欲以西学为参照,推动中国学术从综合走向分科、从古典走向现代并以此重建中国学术的良苦用心。但取自西学的科学、技术与中国传统"学术"仅具某种对应关系而非对等关系,难免有以今释古、以西释中之局限。由此可见,对于中国学术尤其需要西方与本土、传统与现代学术概念的互观与对接,需要从渊源到流变的学术通观。

三、中国学术史:形态辨析与规律探寻

中国学术史源远流长,而对中国学术史的形态辨析与规律探寻始终没有停息。《庄子·

天下篇》之于"道术"与"方术"两种形态与两个阶段的划分，可以视为中国学术史上最先对"古"、"今"学术流变的总结，实乃反映了作者"后世之学者，不幸见天地之纯，古人之大体，道术将为天下裂"的学术史观，以及由今之"方术"还原古之"道术"的学术崇尚，与同时代其他诸子大相径庭。此后，类似的学术史的总结工作代代相续，随时而进，而不断由"今"鉴"古"所揭示的中国学术史发展轨迹与形态，也多呈现为不同的面貌。比如，司马谈《论六家要旨》所论，凡阴阳、儒、墨、法、名、道六家，而《汉书·艺文志·诸子略》则增为儒、道、阴阳、法、名、墨、纵横、杂、农、小说十家，然后归纳为"诸子出于王官"之说，皆与《庄子·天下篇》不同。再如，唐代韩愈《原道》率先提出"尧—舜—禹—汤—文—武—周公—孔—孟"的"道统"说，继由宋代朱熹《中庸章句》推向两宋当代，完成经典性的归纳："尧—舜—禹—汤—文—武—周公—孔子—颜回、曾参—子思—孟子—二程"，在似乎非常有序的学术史链接中，完成了以儒家为正统的序次定位。但这仅是反映韩愈、朱熹等复兴儒学倡导者的学术史观以及文化史观，不能不以排斥乃至牺牲中国学术史的多元性、丰富性为代价，显然是一种以偏概全的概括。由"道统"而"学统"，清代学者熊赐履进而在直接标示为《学统》之书中，以孔子、颜子(回)、曾子(参)、子思、孟子、周子(敦颐)、二程子(程颐、程颢)、朱子(熹)9人为"正统"，以闵子(骞)以下至罗钦顺23人为"翼统"，由冉伯牛以下至高攀龙178人为"附统"，以荀卿、扬雄、王通、苏轼、陆九渊、陈献章、王守仁等7人为"杂统"，以老、庄、杨、墨、告子及释、道二氏之流为"异统"(参见《四库全书·总目·史部·传记类存目五》《学统》五十六卷提要)。虽然对韩愈、朱熹"道统"的纯粹性作了弥补，但以儒家为正统、以纯儒为正统的观念未有根本的改变。

近代以来，梁启超以西方学术为参照系，由清代上溯中国学术，先在《论中国学术思想变迁之大势》(《饮冰室合集》文集之七)一文中将中国学术史划分为八个时代："一胚胎时代，春秋以前也；二全盛时代，春秋及战国是也；三儒学统一时代，两汉是也；四老学时代，魏晋是也；五佛学时代，南北朝隋唐是也；六儒佛混合时代，宋元明是也；七衰落时代，近二百五十年是也；八复兴时代，今日是也。"继之在《清代学术概论》中提出"自秦以后，确能成为时代思潮者，则汉之经学，隋唐之佛学，宋及明之理学，清之考据学，四者而已"。基于时代与个人的双重原因，梁氏抛弃了长期以来以儒家为正统、以纯儒为正统的"道统"说与"学统"说，力图以融通古今、中西的崭新的学术史观，还原于中国学术原生状态与内在逻辑，这的确是一个重大突破，标志着中国学术史研究已实现从传统向现代转型并与世界接轨，具有划时代意义。可以说，此后的中国学术史构架几乎都是以此为蓝本而不断加以调整和完善，当"先秦诸子学——两汉经学——魏晋玄学——隋唐佛学——宋明理学——清代朴学——近代新学"已成为后来概括中国学术史流变的通行公式时，尤其不能遗忘梁氏的创辟之功。

世纪之交，受惠于"重写学术史"的激励和启示，我们应该以更加广阔的视野、更加多元的维度以及更加深入的思考，对中国学术史的形态辨析与规律探寻作出新的建树，实现新的超越。

中国学术孕育于中国文化之母体，受到多元民族与区域文化的滋养而走向独立与兴盛，并在不同时期呈现为不同的主流形态与演变轨迹。而中国学术之所以生生不息，与时俱进，也就在于其同时兼具自我更新与吸纳异质学术文化资源的双重能力，在纵横交汇、融合中吐故纳新，衰而复盛。因此，从"文化—学术"、"传统—现代"、"本土—世界"这样三个维度，重新审视中国学术史的历史进程与演变规律，则大致可以重新划分为华夏之融合、东方之融合与世界之融合三个历史时段，这三个历史时段中的中国学术主导形态及其与世界的关系依次发生了变化,分别从华夏之中国到东方之中国,再到世界之中国。

(一) 华夏文化融合中的中国学术史

从炎黄传说时代到秦汉时期,中国文化发展形态主要表现为华夏各民族文化的融合,然后逐步形成以儒家为主流的文化共同体。与此相契合,中国学术史的发展也完成了从萌芽到独立、繁荣直至确立儒学一统地位的历程。

1. 远古华夏多元文化的融合对学术的孕育

徐旭生在《中国古史的传说时代》(广西师范大学出版社2003年版)中同时证之于古籍文献与考古发现,提出华夏、东夷、苗蛮三大族团说,高度概括地揭示了炎黄时代民族与文化版图跨越黄河、长江两岸流域的三分天下格局。然后通过东征、南伐,炎黄族团文化逐步统一了三大部族,而炎黄部族本身的相争相融,终以炎黄并称共同塑铸为中华民族的祖先,这是从炎黄到五帝时代部族联盟文化共同体初步形成的主要标志。夏商周三代,既是三个进入国家形态的不同政权的依次轮替,又是三大民族在黄河流域中的不同分布。因此,夏商周的三代更替,亦即意味着中华民族文化中心在黄河流域轴线上的由中部向东西不同方向的轮动。

以上不同阶段、区域与形态的文化之发展,都不同程度地给予本时段学术的孕育以滋养。《庄子·天下篇》归之为中国学术的"道术"时代,是以所谓天人、神人、至人、圣人、君子等为主导,接近于道之本体的原始学术阶段,与梁启超在《论中国学术思想变迁之大势》所溯源的"天人相与"的学术胚胎时代相仿。

2. 春秋战国"轴心时代"学术的独立与繁荣

东周以降的春秋战国时代,迎来了具有世界性意义的第一个文化繁荣期,大体相当于西方学者所称的"轴心时代"(公元前800—200年)(见德国卡尔·雅斯贝尔斯著《历史的起源与目标》,魏楚雄、俞新天译,华夏出版社1989年版)。王权衰落、诸侯争霸、士人崛起、诸子立派、百家争鸣,一同促进了中国学术的走向独立与空前繁荣。梁启超《论中国学术思想变迁之大势》称之为"全盛时代",并有四期、两派、三宗、六家的划分。春秋战国诸子百家争鸣的学术之盛,既见普世规律,又有特殊因由。其中一个十分重要的转折点就是发生于春秋后期的"天子失官,学在四夷"的文化学术扩散运动,由于东周王朝逐步失去继续吸纳聚集各诸侯国文化学术精英、引领和主导全国文化学术主流的机制与能力,其结果便是诸子在远离京都中心的诸侯国之间大规模、高频率地自由流动。从诸子的流向、聚集与影响而论,当以齐鲁为中心,以儒、道、墨为主干,然后向全国各诸侯国流动与辐射。

诸子百家争鸣局面的形成,既是本时期中国学术高峰的标志,同时也促进了诸子对于自身学术反思的初步自觉,从《庄子·天下篇》到《荀子·非十二子》、《韩非子·显学》等,都具有学术批判与自我批判的自觉意义,其中也蕴含着诸子整合、百家归一的学术趋势。

3. 秦汉主流文化的选择与儒学正统地位的确立

进入秦汉之后,在国家走向大一统的过程中,通过对法家(秦代)、道家(汉代前期)、儒家(汉代中期)的依次选择,最后确立了儒家的官方主流文化与学术的地位。

汉武帝元光元年（前134）五月，武帝亲策贤良方正直言极谏之士，董仲舒连上三策，请黜刑名、崇儒术、兴太学，史称《天人三策》（或《贤良对策》）。董仲舒以儒家经典《春秋》为参照，在倡导与建构"大一统"的文化传统中，主张独尊儒学而摈绝诸子，后人归纳为"罢黜百家，独尊儒术"，梁启超称之为"儒学统一时代"，后世所谓"道统"说与"学统"说即发源于此。这不仅标志着汉代儒学作为正统学术文化主流地位的确立，同时意味着中国学术史的第一时段——华夏融合时期的结束。

（二）东方文化融合中的中国学术史

本时段以东汉明帝"永平求法"为起点，以印度高僧译经传教于洛阳白马寺为中心，以儒学危机与道教兴起为背景，来自西域的佛教的传入及其与中国文化的融合，为中国学术的重建提供了一种新的异质资源与重要契机，然后逐步形成三教合流之局面。这是中国学术基于此前的华夏文化之融合转入东方文化之融合的重要标志。此后，由论争而融合，由表层而内质，由局部而整体，"三教合一"对本时段中国学术的重建与演变产生了巨大而深远的影响。

1. 东汉至南北朝佛教传入与学术格局的变化

儒学衰微、佛教传入与道教兴起，三者终于相遇于东汉后期，一同改变了西汉以来儒学独盛的整体学术格局。其中最引人注目的是兴起于魏、盛行于晋的新道学——玄学。其中大致可以划分为四个阶段：一是王弼、何晏的正始之音；二是嵇康、阮籍的纵达之情；三是向秀、郭象综合诸说而倡自然各教合一论；四是东晋玄学的佛学化（参见冯天瑜、邓捷华、彭池《中国学术流变》，华东师范大学出版社2003年版，第2页）。玄学的主要贡献，是将当时的士林风尚从学究引向思辨，从社会引向自然，从神学引向审美，从群体引向个体，从外在引向内在，从而促使人的发现与人的自觉，具有划时代意义。此后，发生于西晋末年的"永嘉之乱"，直接促成了东晋建都建康（今南京），大批北方士人渡江南下，不仅彻底改变了南方尤其是处于长江下游的江南经济、文化的落后面貌，而且也彻底改变了原来江南土著民族的强悍之风，代之为一种由武而文、由刚而柔、由质而华的新江南文化精神，江南文化圈的地位因此而迅速上升，这是中国文化与学术中心第一次从黄河流域转向长江流域。在此过程中，本兴起于北方的玄学也随之南迁于江南，并鲜明地打上了江南山水审美文化与人文精神的烙印。

以玄学为主潮，儒佛道三教开始了漫长的相争相合之进程。在三国两晋南北朝时代，集中表现为由儒玄之争与佛道冲突中走向初步的调和与融合，范文澜先生扼要而精彩地概括为：儒家对佛教，排斥多于调和，佛教对儒家，调和多于排斥；佛教和道教互相排斥，不相调和（道教徒也有主张调和的）；儒家对道教不排斥也不调和，道教对儒家有调和无排斥（范文澜《中国通史》第二册，人民出版社1994年版，第554页）。

2. 隋唐佛学的成熟与三教合流趋势

经历三国两晋南北朝的分裂，至隋唐又重新归于统一。唐代国势强盛、政治开明、文化繁荣，当朝同时倡导尊道、礼佛、崇儒，甚至发展为在宫廷公开论辩"三教合一"问题（有关唐代三教论争可参见胡小伟《三教论衡与唐代俗讲》，《周绍良先生欣开九秩庆寿文集》，中华书局1997年版），这就在文化、宗教政策上为三教合流铺平了道路。与此相契合，在学术上呈现为综合化的总体趋势。

一方面是儒道佛各自本身的融合南北的综合化,另一方面则是融合儒、道、佛三者的综合化。当然,儒、道、佛三者的综合化,在取向上尚有内外之别,儒与道的综合化,除了自身传统的综合化之外,还充分吸纳了外来佛教的诸多元素,这是由"内"而"外"的综合化;而就佛教而言,同样除了自身传统的综合外,主要是吸纳本土儒道的诸多元素,是由"外"而"内"的综合化,这种综合化的过程,实质上就是佛教的本土化过程。唐代的佛学之盛,最重要的成果是逐步形成了天台宗、三论宗、华严宗、法相宗、律宗、净土宗、密宗、禅宗等八大宗派体系,由此奠定了中国佛教史上的鼎盛时代,标志着作为外来宗教的佛教本土化进程的完成。

儒道佛的三教合流,既促成了唐代多元化的学术自由发展之时代,同时也对儒学正统地位产生严重的挑战与冲击。早在初唐时期,唐太宗鉴于三国两晋南北朝儒学的衰落与纷争,为适应国家文化大一统的需要,命国子监祭酒孔颖达等撰写《五经正义》,作为钦定的官方儒学经典文本,以此奠定了唐代新的儒学传统。然而到了中唐,韩愈等人深刻地意识到了儒学的内在危机,力图恢复儒学的正宗地位与纯儒传统,所以在《原道》中提出了"尧—舜—禹—汤—文—武—周公—孔—孟"的"道统"说,不仅排斥佛道,而且排斥孔孟之后的非正统儒学,以一种激进的方式进行新的儒学重建,实已开宋代理学之先声,彼此在排斥佛道中"援佛入儒"、"援道入儒",亦颇有相通之处。

3. 宋代理学的兴盛与三教合流的深化

宋代理学是宋代学者致力于儒学重建的最重要成果,也是魏晋以来儒道佛三教合流深化的结果。较之前代学者,宋儒对于佛道二教的修养更深,其所臻于的"三教合一"境界也更趋于内在与深化。宋代理学的产生主要基于两大动因:一是儒学自身的新危机。朱熹在《中庸章句》中上承中唐韩愈的"道统"说而加以调整,代表了宋代理学家基于与韩愈"道统"说的同一立场,即主张在同时排斥释道与非正统儒学中恢复儒学的正统地位与纯儒传统;二是市井文化的新挑战。宋代商业经济相当发达,市井文化高度繁荣,既为中国文化带来了新的生机与活力,同时也对传统文化产生严重的冲击,于是有部分文人学士以强烈的历史使命感发起重建儒学运动,以此重建儒学传统,导正市井文化。宋儒的义利之辩、天理人欲之辩以及以"理"制"欲"的主张,即主要缘于此并应对于此。当然,宋代学术的高度繁荣虽以理学为代表,但并非仅为理学所笼罩。比如在北宋,除理学之外,尚有王安石的新学、三苏的蜀学。饶有趣味的是,无论是王安石还是三苏,也都经历了由儒而道、释的三教融合过程,体现了某种新的时代精神。

尤为重要的是,基于与西晋末年"永嘉之乱"同样的缘由,发生于北宋末年的"靖康之难"促使朝廷从开封迁都临安(今杭州),随后也同样是大批文人纷纷从北方迁居江南。南宋建都临安以及大批北方文人南迁的结果,就是中国文化中心再次发生了南北转移。在南宋学术界,要以朱熹理学、陆九渊心学以及浙东学派陈亮、叶适、吕祖谦的事功之学为代表,三者都产生于南方,汇集于江南,北方的文化地位明显下降。如果说由陆九渊到王阳明,由心学一路发展为伦理变革与解放,那么由陈亮、叶适、吕祖谦的倡导义利兼顾,甚至直接为商业、商人辩护,则开启了经世致用的另一儒学新传统,而且更具近世意义与活力,两者都具解构理学的潜在功能。

4. 元明理学的衰变与三教合流的异动

元蒙入主中原,不仅打乱了宋代以来的文化进程,而且改变了宋代之后的学术方向。一是元代建都大都,全国文化中心再次由南北迁,其直接结果是兴盛于宋代的新儒学——理学北传,成为官方新的主流文化;二是率先开通了北起大都、南至杭州的京杭大运河,为南北学术文化交流创造了更好的交通条件,同时也为元代后期学术文化中心再次南移奠定了基础;三是随着地理版图向四周的空前推进,元代在更为广阔的空间上不断融入了包括回回教(伊斯兰教)、景教(基督教)在内的更为丰富的多元文化,但其主体仍是东方文化的融合;四是元蒙本为草原民族,文化积累不厚,反倒容易实施文化学术开放政策,比如对于道教、佛教以及其他宗教的兼容,对于商业文化的重视,士商互动的频繁、密切,都较之前代有新的进展;五是元代教育的高度发达,远远超出人们的想象。这主要得益于两个方面:一者,汉族文人基于"华夷之辨",多不愿出仕元朝,但为了文化传承与生计需要,往往选择出仕书院山长或教席;二者,元朝长期中止科举制度,汉族文人在无奈中也不得不倾心于教育;六是就元代主流文化与学术而言,还是儒释道的"三教合一",其中理学在北传中经历了先衰后兴的命运。元代延祐年间,仁宗钦准中书省条陈,恢复科举,明经试士以《四书》《五经》程子、朱熹注释为立论依据,程朱理学一跃成为官学。此对元代学术产生重要影响,并为其后的明代所效法。与此同时,道教与佛教也都在与儒学的相争相融中有新的发展,乃至出现新的宗教流派。

  明灭元后,先建都南京,后迁都北京,但仍以南京为陪都,元代开通的京杭大运河通过南京、北京"双都"连接,成为明代学术文化的南北两大轴心。为了适应高度集权的专制主义统治需要,从明初开国皇帝朱元璋开始,毫不犹豫地选择程朱理学为官方主流文化,又毫不手软地以文武两手彻底清理儒学传统,从而加速了官方主流文化与学术的衰微。然而,从社会历史进程的纵向坐标上看,明代已进入近世时代,日趋僵化的程朱理学已经无法适应基于商品经济发展的新的文化生态与文化精神的需要,而宋元两代以来日益高涨的市民思想意识,则在不断地通过士商互动而向上层渗透,这是推动中国社会与文化转型的重要基础;而在横向坐标上,与明代同时的西方已进入文艺复兴时代,彼此出现了诸多值得令人玩味的现象。在西方,文艺复兴、思想启蒙、宗教改革等此呼彼应,成为摧毁封建专制主义、开创资本主义文明、实现社会转型的主体力量,并逐步形成一种张扬人性、肯定人欲的初具近代启蒙性质的新文化思潮。而在明代,尤其是从明中叶开始,由王阳明心学对官方禁锢人性的理学的变革,再经王学左派直到李贽"童心说"的提出与传播,实已开启了一条以禁锢人性、人欲始,而以弘扬人性、人欲终的启蒙之路,王学之伦理改革的意义正可与西方马丁·路德的宗教改革相并观。与思想界相呼应,在文艺界,从三袁之诗文到汤显祖、徐渭之戏曲,再到冯梦龙、凌濛初之小说;在科学界,从李时珍《本草纲目》到徐宏祖《徐霞客游记》、宋应星《天工开物》,再到徐光启《农政全书》,都已初步显现了与西方文艺复兴思想启蒙相类似并具有近代转型意义的现象与态势,这说明基于思想启蒙与商业经济的双向刺激的推动,理学的衰落与启蒙思潮的兴起势不可挡,而起于南宋的一主两翼之两翼——陆九渊心学与陈亮、叶适、吕祖谦等事功之学的后续影响,便通过从王学到王学左派再到李贽等,由思想界而文艺界、科学界得到了更为激烈的演绎。另一方面,当援引佛道改造或消解理学已成为知识界,尤其是思想界与文艺界一种普遍取向与趋势时,那么,"三教合一"的发展便更具某种张扬佛道的反传统的意义,这是本时段"三教合一"的最终归结。

(三) 世界文化融合中的中国学术史

  晚明之际,西方正处于文艺复兴极盛时期,所以中西方都出现了相近的文化启蒙思潮,一同预示着一种近代化态势。理学的禁锢与衰落,意味着中国文化需要再次借助和吸纳一种新的异质文化资源进行艰难的重建工作,而在中国文化或东方文化内部,已无提供新的文化资源的可能,这在客观上为中西文化的遇合与交融、学术重建与转型创造了条件。此后,以十六世纪中叶西方传教士陆续进入中国进行"知识传教"、"学术传教"为始点,在"西学东渐"的背景下,在与西方文化融合的过程中,中国学术的世界化与现代化先后经历了三次运动,即明清之际的传统学术转型初潮、清末民初时期现代学术的建立以及二十世纪后期的学术复兴之路。

1. 明清之际"西学东渐"与传统学术转型初潮

大约从十六世纪中叶起,西方传教士陆续进入中国南部传教,通过他们的传教活动,开始了中国与西方文化第一次较有广度与深度的交流,率先揭开了中国学术最终走向世界文化之融合的序幕,可以称之为"西学东渐"之第一波。据法国学者荣振华(Joseph Dehergne)统计,在1552—1800的二百五十年间中国境内的传教士达975人(参见[法]荣振华著,耿昇译《在华耶稣会士列传及书目补编》,中华书局1995年版,第4页)。作为"知识传教"、"学术传教"的成功奠基者,意大利传教士利玛窦的成功之举是说服明朝大臣兼科学家徐光启、李之藻、杨廷筠3人先后入基督教,成为晚明天主教三大柱石,3人与利玛窦密切合作,一同翻译了大量科学著作,由此奠定了明清之际西方传教士来华知识传教、学术传教之基础。据统计,明末清初西方传教士共译书籍达378种之多,其中的宗教主导性与学科倾向性至为明显。此外,汉学著作达到49种,表明西方传教士在西学东渐之学术输出的同时,也逐步重视中学西传之学术输入,至清初达于高潮。

在晚明的中西学术文化初会中,徐、李、杨等人以极大的热情研习西学著作,会通中西学术,其主要工作包括:合译、研习、反思、会通、创新等,尤其是徐光启提出"翻译—会通—超胜"的学术思路是相当先进的。以上五个方面是明末清初科技界对于西学输入的总体反应及其所取得的主要成绩,也是当时科技界初显近代科技之曙光、初具近代新型学者之因素的集中表现。

2. 清代"西学东渐"的中止与传统学术的复归

公元1644年,满族入关,建立清朝,建都北京,历史似乎神奇地重现元蒙入主中原的路径与命运。由此导致的结果,不仅打乱了晚明以来中国走向近代的历史进程,而且改变甚至中止了中西文化学术交流与融合的前行方向。由于满清入关之前在汉化方面经过长时期的充分准备,所以在入关建国之后,不仅较之元代统治时间更长,而且还创造了康乾盛世,尤其是对传统学术的发展与总结结出了空前辉煌的成果。也许这是汉、满异质文明通过杂交优育而产生的一个文化奇迹,实质上也是中国古代文化学术回光返照的最后辉煌。

梁启超在其名著《清代学术概论》中,曾将清代学术分为四期,第一期为启蒙期,以顾炎武、胡渭、阎若璩等为代表;第二期为全盛期,以惠栋、戴震、段玉裁、王念孙、王引之等为代表;第三期为蜕分期,以康有为、梁启超为代表;第四期为衰落期,以俞樾、章炳麟、胡适等为代表。其中最能代表清代朴学成果的是第二期即全盛期。四期纵贯于明清之交至清末民初,经此辨析之后,清代学术脉络已比较清晰。但梁氏将"清代思潮"类比于欧洲文艺复兴,却并不妥当。他在《清代学术概论》中说:"'清代思潮'果何物耶?简单言之:则对于宋、明理学之一大反动,而以'复古'为其职志者也。其动机及其内容,皆与欧洲之'文艺复兴'绝相类。而欧洲当'文艺复兴期'经过以后所发生之新影响,则我国今日正见端焉。"又说:"综观二百余年之学史,其影响及于全思想界者,一言蔽之,曰:'以复古为解放'。第一步,复宋之古,对于王学而得解放;第二步,复汉、唐之古,对于程、朱而得解放;第三步,复西汉之古,对于许、郑而得解放;第四步,复先秦之古,对于一切传注而得解放。夫既已复先秦之古,则非至对于孔孟而得解放焉不止矣。然其所以能着着奏解放之效者,则科学的研究精神实启之。"将清代学术发展归结为"以复古为解放",的确非常精辟,然以此比之于西方同时期的文艺复兴,却忽略了彼此的异质性,未免类比失当。

3. 晚清"西学东渐"的重启与现代学术的建立

关于自1840年至民国间"西学东渐"的重启与现代学术的建立,是一个相当专业而又复杂的问题,前人已有不少论著加以描述与总结。这里再着重从以下三个层面略加申说:

(1) 新型学者群体的快速成长,是中国学术完成现代转型并与世界接轨的主导力量。

这一新型学者群体主要有以下三类人所组成:一是开明官员知识群体。如林则徐、曾国藩、李鸿章、丁日昌、左宗棠、薛福成、刘坤一、张之洞等朝廷重臣、地方要员,除了大兴工厂之外,还开设书局,组织人力翻译西书;创办学校,培养新型人才;又与西方传教士、外交官员及其他人士广泛交往,成为推动中国走向近代化的主导力量。二是"新职业"知识群体。如李善兰、华蘅芳、徐寿、蒋敦复、蒋剑人等,他们主要在书局、报社、刊物等从事于翻译、写作、编辑等新兴职业,是旧式文人通过"新职业"转型为新型知识群体的杰出代表。三是"新教育"知识群体。包括海外留学、国内传教士创办的教会学校与中国人仿照西方创办的新式学校培养的学生群体,但以留学生为主体,这些留学生后来大都成长为政治家、军事家、思想家、科学家以及著名学者,成为现代学科的开创者与现代学术的奠基者。以上三类新型知识群体的成长以及代际交替,即为现代学术的建立奠定了十分重要的主体条件。

(2) 新型学者群体的心路历程,是中国学术完成现代转型并与世界接轨的精神坐标。

1922年,梁启超曾在《五十年中国进化概论》中以自己的切身感受扼要揭示了半个世纪以来中国知识分子伴随近代化进程的心路历程变化:

> 近五十年来,中国人渐渐知道自己的不足了。这点子觉悟,一面算是学问进步的原因,一面也算是学问进步的结果。第一期,先从器物上感觉不足。这种感觉,从鸦片战争后渐渐发动,到同治年间借了外国兵来平内乱,于是曾国藩、李鸿章一班人,很觉得外国的船坚炮利,确是我们所不及,对于这方面的事项,觉得有舍己从人的必要,于是福建船政学堂、上海制造局等等渐次设立起来。但这一期内,思想界受的影响很少,其中最可纪念的,是制造局里头译出几部科学书。……实在是替那第二期"不懂外国话的西学家"开出一条血路了。第二期,是从制度上感觉不足。自从和日本打了一个败仗下来,国内有心人,真像睡梦中着了一个霹雳,因想到堂堂中国为什么衰败到这田地,都为的是政制不良,所以拿"变法维新"做一面大旗,在社会上开始运动,那急先锋就是康有为、梁启超一班人。这班人中国学问是有底子的,外国文却一字不懂。他们不能告诉人"外国学问是什么,应该怎么学法",只会日日大声疾呼,说:"中国旧东西是不够的,外国人许多好处是要学的。"这些话虽然像是囫囵,在当时却发生很大的效力。他们的政治运动,是完全失败,只剩下前文说的废科举那件事,算是成功了。这件事的确能够替后来打开一个新局面,国内许多学堂,国外许多留学生,在这期内蓬蓬勃勃发生。第三期新运动的种子,也可以说是从这一期播殖下来。这一期学问上最有价值的出品,要推严复翻译的几部书,算是把十九

世纪主要思潮的一部分介绍进来,可惜国里的人能够领略的太少了。第三期,便是从文化根本上感觉不足。第二期所经过时间,比较的很长——从甲午战役起到民国六七年间止。约二十年的中间,政治界虽变迁很大,思想界只能算同一个色彩。简单说,这二十年间,都是觉得我们政治法律等等,远不如人,恨不得把人家的组织形式,一件件搬进来,以为但能够这样,万事都有办法了。革命成功将近十年,所希望的件件都落空,渐渐有点废然思返,觉得社会文化是整套的,要拿旧心理运用新制度,决计不可能,渐渐要求全人格的觉悟。恰值欧洲大战告终,全世界思潮都添许多活气,新近回国的留学生,又很出了几位人物,鼓起勇气做全部解放的运动。所以最近两三年间,算是划出一个新时期来了。(《梁启超史学论著四种》,岳麓书社1985年版)

五十年间的三个历史阶段,是晚清以来从物质到制度再到文化变革渐进过程与知识分子精神觉醒进程内外互动与复合的结果。当然,这种代际快速转换与思想剧变的文化现象只是当时特定历史条件的产物,有利于快速推进中国学术的现代化进程,但由此造成的后遗症还是相当严重的。

(3)新型学者群体的现代学术体系建构,是中国学术完成现代转型并与世界接轨的核心成果。

表面看来,中西比较观主要缘于"本土—西方"关系,标示着中国学术从本土走向世界的共时性维度,但在中西比较的视境中,以西学为参照、为武器而改造中国传统学术,即由"本土—西方"关系转换为"传统—现代"关系,以及从传统走向现代的历时性维度。可见中国学术的现代化与世界化本是相互依存、相互促进,并可以相互转换的。根据晚清以来新型学者群体在急切向西方学习过程中而形成的中西观的历史演进与内在逻辑,曾先后经历了中西比附、中体西用、中西体用、中西会通、激进西化观的剧烈演变,从而为"五四"新文化运动的兴起与现代学术体系的建构铺平了道路。

经过"五四"新文化运动的精神洗礼,通过从文化启蒙向学术研究的转移,从全盘西化走向吸取西学滋养,从全面批判走向对传统学术的意义重释与价值重估,由梁启超、王国维、章炳麟、刘师培、胡适等一批拥有留学经验、学贯中西学者承担了开创现代学科、建立现代学术以及复兴中国学术的历史使命,终于在与世界的接轨中完成了中国学术从传统向现代的转型。陈平原先生在《中国现代学术的建立——以章太炎、胡适为中心》(北京大学出版社1998年版)一书中借用库恩(Thomas S. Kuhn)的"范式"(Paradigm)理论衡量中国现代学术转型与两代人的贡献,认定1927年的中国现代学术建立的"关键时刻",其标志性的核心要素在于:一是新的学术范式的建立。通过戊戌、五四两代学人的学术接力,创建了现代新的学术范式,包括走出经学时代、颠覆儒学中心、标举启蒙主义、提供科学方法、学术分途发展、中西融会贯通,等等。二是现代学科体系的建立。此实与现代教育制度逐步按西学知识体系实施分科专业教育密切相关,其中"西化"最为彻底的,也最为成功的,当推大学教育。三是现代大学者群体的登场。如康有为、梁启超、章炳麟、罗振玉、王国维、严复、刘师培、蔡元培、黄侃、吴梅、鲁迅、胡适、陈寅恪、赵元任、梁漱溟、欧阳竟无、马一浮、柳诒徵、陈垣、熊十力、郑振铎、俞平伯、钱穆、汤用彤、冯友兰、金岳霖、张君劢等。这是一个需要巨人而又创造了巨人的时代,他们既是推动中国现代学术转型的主导力量,也是中国现代学术建立的重要成果。

4. 世纪之交中国学术的复兴之路

在当今世纪之交的"重写学术史"为主旨的"学术史热"中,对20世纪中国学术道路的回顾与总结已成为学界的热点论题。刘克敌先生在《学人·学术与学术史》(《北方论丛》1999年第3期)一文中的扼要概括具有一定的代表性,此文将20世纪中国学术划分为四个阶段:

(1) 现代学术的创建期(从世纪初到"五四"前后)。这一时期的主要特点是许多后来成为学术大师级人物的学者,出于重建中国文化体系、振奋民族精神的愿望,在借鉴西方学术体系的基础上,在对传统治学方式进行批判的基础上,开始有意识地建立新的学术体系。不过,由于在他们周围始终有一个处于动荡之中的社会现实,迫使他们的研究不能不带有几分仓促与无奈,缺乏从容与潇洒的风度,而那体系的建立,不是半途而废,就是缺砖少瓦。

(2) 现代学术的成长期(从20年代至40年代)。这一时期的主要特点是一方面真正有价值的学术成果不断出现,并在不少领域填补了空白和引起国际学术界的重视和肯定,如鲁迅和胡适对中国小说史的研究,王国维、郭沫若对甲骨文的研究,陈寅恪、陈垣等人的古代史研究和赵元任的语言研究,以及考古界的一系列重大发现等等。另一方面则是迫于社会动荡和急剧变革的影响,学术研究往往陷于停顿,实用主义和功利主义倾向也越来越明显。

(3) 现代学术的迷失期(从50年代直到80年代末)。所谓"迷失"有两层含义:一是这一时期的学术研究除极少数例外,基本上都偏离了为学术而学术的轨道,甚至成为纯粹为所谓政治服务的工具;二是这一时期的治学者除极少数人外,基本上都不能坚持自己的学术立场,而那些坚持自己立场者,则毫无例外地受到种种迫害。

(4) 现代学术的回归期(从90年代初至世纪末)。这一时期的学术研究才真正开始意识到其独立的存在价值,把研究的目的不是定位于某些切近的利益,而是为了全人类的根本利益,是中华民族文化在未来的振兴,是真正的为学术而学术。可惜这一时期过于短暂,且没有结束,为其做出评价为时过早。

若从20世纪首尾现代学术颇多相似之处以及彼此在中国学术的现代化与世界化进程中的呼应与延续来看,本世纪之交可称为回归期。然而假如再往后回溯至明清之际,往前面向21世纪,那么,这应是继明清之际、近现代之后,中国学术走向世界与现代运动的第三波浪潮,初步显示了中国学术的复兴之势。三次浪潮都是在从封闭走向开放的过程中由西学的冲击而起,但彼此的内涵与意义并不相同。明清之交的第一次浪潮仅是一个先锋而已,并未从根本上改变中国学术传统以及中西双方的学术地位。近现代的第二次浪潮兴起之际,中西双方的学术地位发生了根本改变,这是在特定条件下,通过激进的西化推进中国学术的现代化与世界化,而完成中国现代学术体系的建立的,因此,其中诸多学术本身的问题未能得以比较从容而完善的解决,这就为第三次浪潮的兴起预留了学术空间与任务。毫无疑问,改革开放以来第三次浪潮的再度兴起,本有"历史补课"的意义。当经过20世纪中下叶近30年的封闭而重新开启国门之后,我们又一次经历了不该经历的"西学东渐"苦涩体验,而且再次发现我们又付出了不该付出的沉重代价。然而30年来改革开放的成功,终于初步改变了前两次"西学东渐"单向传输的路径与命运,而逐步走向中西的平等交流和相互融合。诚然,学术交流本质上是一种势能的较量,当我们既放眼于丰富多彩的世界学术舞台,又通观已经历三次文化融合的中国学术之路,应更多地思考如何实现复兴中国学术而跻身于世界民族之林的战略目标与神圣使命,勃然兴起于世纪之交、以"重写学术史"为主旨的"学术史热",应该不仅仅是新起点,更应是助推器。

四、中国学术史研究：体式演进与成果总结

以源远流长的中国学术史为对象，有关中国学术史的研究率先肇始于先秦诸子，直至当今世纪之交"重写学术史"讨论与实践，已有两千多年的历史。期间，学人代代相继，屡屡更新，要以"辨章学术，考镜源流"为主导，堪称劳绩卓著，著述宏富。于是，中国学术史研究之成果不仅演为中国学术史本身的一大支脉，而且反过来对学术发展起到重要的推动作用。

关于中国学术史研究的源起，一般都远溯至先秦诸子——《庄子·天下篇》、《荀子·非十二子》、《韩非子·显学》等，其中，《庄子·天下篇》发其端，《荀子·非十二子》、《韩非子·显学》等踵其后，一同揭开了中国学术史研究的序幕。先秦以降，中国学术史研究的论著日趋丰富，体式日趋多样。以《庄子·天下篇》为发端的序跋体，以《史记·儒林列传》为发端的传记体，以刘向《七略》为发端的目录体，以及以程颐《河南程氏遗书》、朱熹《朱子语类》等为发端的笔记体等学术史之作相继产生。至朱熹《伊洛渊源录》，又创为道录体（又称"渊源录体"），率先熔铸为学术史研究专著体制，并以此推动着中国学术史研究走向成熟。再至黄宗羲《宋元学案》，另创学案体，代表了传统学术史研究的最高成就。清末民初，由梁启超、刘师培等引入西学理念与著述体例，章节体成为学术史研究著作之主流，标志着中国学术史及其研究的走向现代并与世界接轨。此外，民国期间刘汝霖所著《汉晋学术编年》、《东晋南北朝学术编年》等学术编年之作，也是学术史研究的重要类型。对于以上这些学术史成果的研究，前人已有不少相关论著问世，现以此为基础，重点结合内涵与体式两个方面，通过"辨章学术，考镜源流"作进一步的系统梳理与评述。

（一）序跋体学术史研究

就名称而观之，序先出于汉，跋后出于宋；就格式而言，序本置于正文之后，后来前移于正文之前，而以跋列于正文之后。前文所述《庄子·天下篇》在格式上相当于今天的跋。但置序于正文之后的通则，虽无序之名，而有序之实。由此可见，序跋中的"序"是与学术史研究同时起步，并最先用于学术史研究的一种重要文体。

《天下篇》在内容上不同于《庄子》其余各篇，乃在其为一篇相对独立的学术史论之作。而在体例上，则相当于一篇自序。《天下篇》可分总论与分论两大部分。总论部分主要提出"道术"与"方术"两个重要的学术概念，综论先秦从统一走向分裂、从一元走向多元的学术之变。由"道术"而"方术"，既意指先秦学术的两种形态，也意指先秦学术的两个阶段。分论部分依次评述了由古之"道术"分裂为今之"方术"的相关学派。从行文格式而言，又可分为以下两类：一种格式是大略概括各派学术宗旨，然后加以褒贬不同的评析。另一种格式，主要是针对惠施、桓团、公孙龙一派，即所谓"辨者之徒"进行直接的批评。

学术史研究的使命、功能与特点就是"辨章学术，考镜源流"，而作为中国学术史研究的开山之作，《庄子·天下篇》已具其雏形。

汉代犹承先秦遗风，仍以序置于正文之后。比如西汉刘安《淮南子》最后一篇《要略》，重点论述了孔子、墨子、管子、申子、商鞅及纵横家等先秦诸子学说赖以产生的原因与条件，然后追溯诸子学说的起源，辨析各家学说的衍变，无论在内容还是体式上都与《庄子·天下

篇》等一脉相承。除此之外,西汉直接以序为名的著名序文还有佚名《毛诗序》、司马迁《史记·太史公自序》、刘向《战国策序》、扬雄《法言序》、班固《汉书·叙传》、王逸《楚辞章句序》、王充《论衡·自纪》篇等等,仍皆置于正文之后。司马迁的《太史公自序》详细记叙了作者发愤著书的前因后果与艰难历程,并论述了《史记》的规模、结构、篇目、要旨等,相当于一篇以序写成,重点叙述《史记》之所以作以及如何作的自传。《太史公自序》的另一重要贡献是序中记载了乃父司马谈所作的《论六家要旨》,使后人了解汉代著名史家的诸子学术史观是一种相对开放的学术史观。由于《太史公自序》载入了《论六家要旨》这样的内容,使它不仅在体式上能融记叙与议论于一体,而且在内容上更具学术史批评之内涵。

跋,又称跋尾、题跋。徐师曾《文体明辨》云:"按'题跋'者,简编之后语也。"可见,序文经历了从置于正文之后到冠于正文之前的变化;而跋文,自欧阳修为《集古录》作跋之后,则始终居于正文之后而不变。但在此前,未名"跋"之跋已经出现。

秦汉以来,历代序跋文体为数繁多,如果再纳入赠序、宴序、寿序等等,更是不计其数。至清代,中国学术史研究进入了一个全面总结的时代,无论是综合的还是分代、分类的学术史研究,序跋都是一种相当普遍使用的重要体式。

在当今学术界,序跋仍是载录学术史研究成果的一种重要载体,那些为学术著作而作的序跋尤其如此。而在名称上则分别有"序"、"总序"、"自序"、"前言"与"跋"、"后记"等不同称谓,但已无"后序"之名。

(二) 传记体学术史研究

传记可分为史传与杂传(或称散传)两大类。以史传为学术史研究之载体,始于司马迁《史记》率先创设的《儒林列传》。在《史记》卷一百二十一《儒林列传》卷首,冠有一篇洋洋洒洒的总序,作者主要记载了自先秦儒学演变为汉代经学以及汉代前期道儒主流地位的变化轨迹,凸显了在"罢黜百家,独尊儒术"文化政策导控下的儒学之盛,同时也反映了司马迁本人崇儒抑道的学术史观,与乃父司马谈《论六家要旨》的崇道抑儒形成鲜明的对比,彼此学术史观的变化正是时代学术主潮变故使然。《儒林列传》的体例是以被朝廷立为官学的经学大师为主体,以经学大师的学行为主线,重点突出各家经说的传承关系,再配之以功过得失的评价,可以视之为各经学大师的个体学术简史。合而观之,便是一部传记体的汉代经学简史。

《史记》开创的这一体例为历代正史所继承,并向其他领域拓展。以后《汉书》、《后汉书》、《晋书》、《梁书》、《陈书》、《魏书》、《北齐书》、《周书》、《隋书》、《南史》、《北史》、《宋史》、《明史》、《新元史》、《清史稿》都有《儒林传》;《旧唐书》、《新唐书》、《元史》都有《儒学传》;《宋史》有《道学传》;《后汉书》、《晋书》、《魏书》、《北齐书》、《北史》、《旧唐书》、《宋史》、《新元史》、《清史稿》都有《文苑传》;《南齐书》、《梁书》、《陈书》、《隋书》、《南史》、《辽史》都有《文学传》;《周书》、《隋书》、《北史》、《清史稿》都有《艺术传》;《新唐书》、《金史》都有《文艺传》;《后汉书》有《方术传》;《旧唐书》、《新唐书》、《宋史》、《辽史》、《元史》、《明史》、《新元史》都有《方技传》;《元史》有《释老传》;《清史稿》有《畴人传》。它们从不同的方面概述了儒学、文学、艺术、科技等的发展变化,从一个侧面反映了学术思想的演进历史。

杂传,泛指正史以外的人物传记,始兴于西汉,盛于魏晋,尔后衍为与史传相对应的两大传记主脉之一。《隋书·经籍志》始专列《杂传》一门。据《隋书·经籍志》所录,各类杂传凡217部,1286卷。内容甚为广泛,又以重史与重文为主要特色而分为两大类型。而在体例上,《隋志》仅录由系列传记合成的著作,即学界通常所称的"类传",却于单篇散传一概未录。就与学术史关系而言,尤以乡贤传、世家传、名士传、僧侣传等最有价值。隋唐以降,杂传由先前的重史与重文两种不同倾向逐步向史学化与文学化方向发展。前者因渐渐与正史列传趋于合流之势,而较之后者更多地承担了学术史研究之职。其中也有系列类传与单篇散传两大支脉,后者包括行状、碑志、自传等,作者更多,体式更丰富,学术史研究特点也更为突出。

在单篇散传日趋丰富与繁荣的同时,系列性的类传著作也在不断向前发展。其中颇有特色与价值的是专题性类传,可以阮元《畴人传》、罗士琳《畴人传续编》、诸可宝《畴人传三编》、黄钟骏《畴人传四编》、支伟成《清代朴学大师列传》等为代表。支伟成所撰《清代朴学大师列传》,以时代先后为序,然后依一定的学科、流派分门别类,每一门类前均有作者撰写的叙目,"略疏学派之原委得失",传中除介绍生平事迹外,更着重于"各人授受源流,擅长何学,以及治学方法",比较完整地体现了学术的历史继承性,可以视为一部传记体清代朴学史。

在分别论述史传与杂传之后,还应该提及引自西方、兴起于近代的评传。评传之体从西方引入本土,是由梁启超率先完成的。1901年,梁启超作《李鸿章传》,分为12章,约14万字,以分章加上标题的形式依次叙述李鸿章的一生事迹,为第一部章节体传记之作。此后,梁启超先后撰写了《管子传》、《王荆公传》、《戴东原先生传》和《南海康先生传》等,皆为以评传体式所著的学术传记。评传于近代的引进和兴起,为中国传记从传统向现代转型并与西方现代传记接轨开辟了道路。在梁氏之后,评传一体广为流行,日益兴盛。

(三) 目录体学术史研究

所谓"目录",是篇目与叙录的合称。目录既是记载图书的工具,即唐代魏征《隋书·经籍志》所谓"古者史官既司典籍,盖有目录以为纲纪",同时又具有学术史研究的功能。清代章学诚在《校雠通义序》中总结为"辨章学术,考镜源流",这既是对目录体本身,也是对所有中国学术史研究的最高要求。从西汉刘向、刘歆父子整理群书、编纂目录开始,即已确立了"辨章学术,考镜源流"的学术宗旨与功能。因而目录之为学,且以目录为学术史研究之载体,当始于西汉刘向、刘歆父子,而目录之体所独具的学术史研究价值,亦非一般文献载体可比。就学术史研究要素而言,一在于学者,一在于著述。史传重在记载前者,而目录则重在记载后者,两者相辅相成,即构成了学术史研究的主干。

关于目录的分类,学术界多有分歧,但多以史志目录、官修目录、私家目录为主体,同时还包括专科目录、特种目录等。从《别录》、《七略》的初创来看,目录之于学术史的研究价值主要体现在三个方面:一是分类。图书分类是学术发展的风向标,包括分类、类目、类序以及数量的确定与变化乃至各类图书的升降变化,都是学术发展变化的反映。同样,刘氏父子的六分法及其类目、类序的确立,各类图书的比例,皆是汉代学术的集中反映。二是著录。刘氏父子校勘群书,"条其篇目,撮其指意,录而奏之",即成"书目提要"。内容包括书名、篇数、作者、版本等,也涉及对作者生卒、学说的考证与辨析。三是序。包括大类之序与小类之序,重在辨章学术,考镜源流,为目录体学术史研究的精华所在。以上三个方面由刘氏父子《别录》、《七略》所开创,为历代目录学所继承和发扬。

东汉班固在著述《汉书》时,又据《七略》略加删改,著为《艺文志》,率先将目录之学引入正史,创立正史《艺文志》之体,亦即史志目录系统。由《汉书·艺文志》图书六分法中所确立的尊经、尊儒传统、每略典籍的具体著述方式以及每略总序与每类类序等等,都为正史《艺文志》的史志目录系统创建了新的学术范式,同时又具有反映先秦至东汉学术总貌的独特价值。尤其是总序与类序,具有更高的学术史研究容量。在二十六史中,沿《汉书》之体设立《艺文志》或《经籍志》的有《隋书·经籍志》、《旧唐书·经籍志》、《新唐书·艺文志》、《宋史·艺文志》、《明史·艺文志》、《清史稿·艺文志》五种,其中以《隋书·经籍志》最具学术价值,堪与《汉书·艺文志》相并观。此二志及其余二十二史中无志或后人认为虽有志而不全者,皆有补编之作问世。

自西汉刘向、刘歆父子分别以《别录》、《七略》奠定官修目录之体后,历代以国家藏书为基础的官修目录之作相继问世。至清代《四库全书总目》达于高潮。《四库全书总目》是编撰《四库全书》的重要成果,就学术史研究角度而言,《四库全书总目》的主要价值有三点:一是图书分类。可见分科学术史之演进。二是书目提要。每书之提要即相当于每书的一份"学术简历",而如此众多之书汇合为一个整体,即构成一部简明扼要的著述史。三是总序与小序。于经、史、子、集四部每部皆有总序,每类下皆有小序,子目之后还有按语,最具学术史研究之功能与价值。

与史志目录、官修目录不同,私家目录更多地反映了民间藏书情况、学者的目录学思想以及蕴含于其中的学术史观,所以它的产生是以民间藏书的兴起与丰富为前提的,可以为学界提供有别于史志目录与官修目录的独特内涵与价值。

(四) 笔记体学术史研究

与其他文体相比,笔记是一个大杂烩。据现存文献可知,正式以《笔记》作为书名始于北宋初宋祁所撰之《笔记》,但其渊源却十分古老。刘叶秋先生认为笔记的主要特点一是杂,二是散。大体可以分为三类:一是小说故事类;二是历史琐闻类;三是考据辨证类。与学术史研究相关或者说被用于学术史研究的笔记主要是第三类。

大致从北宋开始,一些笔记已开始涉足学术史研究,这是受宋代学术高度繁荣直接影响的重要成果。首先进入我们视野的是北宋大理学家程颐的《河南程氏遗书》,书中纵论历代学术内容较多。其次是《朱子语类》,所论学术史内容较之《河南程氏遗书》更为丰富,也更为系统。此外,宋代的重要学术笔记尚有沈括的《梦溪笔谈》、洪迈的《容斋随笔》等。

经过宋元的发展,笔记至明清时期臻于高度繁荣,出现了大量主论学术的笔记之作,其学术性也明显增强。明代一些学者已屡屡在笔记中直接谈及"学术"这一概念,比如周琦《东溪日谈录》卷六有"学术谈",章懋《枫山语录》有"学术"篇,等等。清代为学术笔记高度繁荣的鼎盛时期,学术笔记总量至少有500余种,实乃学术史研究之一大宝库,其价值远未得到有效开掘。

民国以后,学术笔记盛势不再,但仍有如钱锺书先生《管锥篇》之类的佳作问世。

在当代,学人撰写学术随笔、笔谈蔚然为风气,虽质量参差不一,但毕竟延续着学术笔记这一传统文体,且于学术史研究亦有一定的价值。

（五）道录体学术史研究

道录体是指首创于南宋朱熹《伊洛渊源录》而重在追溯理学渊源的学术史研究之作。因其以"道统"说为理论宗旨，是"道"与"统"即逻辑层面与历史层面的两相结合，同时直接移植禅宗"灯录"而成，故而可以命名为"道录"体，也有学者称之为"渊源录"体。

道录体的理论渊源同时也是理论支柱是"道统"说。道统说最初出自唐代古文家韩愈的《原道》，此文的要旨：一是确立了道统的核心内涵；二是确立了道统的传授谱系。然而，从"道统"概念而言，韩愈尚未明确将"道统"二字合为一体，因此虽有"道统"说之实，却无"道统"说之名。至南宋，朱熹始将"道"与"统"合为一体，明确提出了"道统"之说；同时又以"道统"说为主旨，应用于理学渊源研究，著成《伊洛渊源录》一书，首创"道录"之体。在著述体例上，"道录"体融会了多种文体之长，但尤与初创于北宋的禅宗"灯录"体最为接近。所谓"灯录"体，意为佛法传世，如灯相传，延绵不绝。该体深受魏晋以来《高僧传》、《释老志》之类宗教史研究著作的影响，而重在禅宗传授谱系的追溯与辨析。

朱熹所撰《伊洛渊源录》14卷，成于宋孝宗乾道九年，由二程伊洛之说上溯周敦颐，既在宏观上重视理学渊源的辨析，又在微观上重视理学家师承关系的考证，具有总结宋代理学史与确立理学正统地位的双重意义。在体式上，此书于承继禅宗灯录体之际，又兼取传记体之长，并有许多创新。《伊洛渊源录》除了率先开创了"道录"体学术史研究之外，还有标志中国学术史研究专著问世的意义。在此之前，从序跋、传记、目录、笔记体等来看，虽皆包含学术史研究内容，却又非学术史研究专著。此外，一些学术著作如刘勰《文心雕龙》、刘知几《史通》等等，也只是部分篇章含有学术史研究内容，而非如《伊洛渊源录》之类的学术史研究专著。可以说，中国学术史研究专著始自朱熹的《伊洛渊源录》。

在《伊洛渊源录》影响下，南宋以来不断有类似的著作问世。如南宋李心传的《道命录》，王力行的《朱氏传授支派图》，季文的《紫阳正传校》，薛疑之的《伊洛渊源》等。明代则有谢锋的《伊洛渊源续录》，宋端仪的《考亭渊源录》，程曈的《新安学系录》，朱衡的《道南源委》，魏显国的《儒林全传》，金贲亨的《台学源流》，杨应诏的《闽学源流》，刘鳞长的《浙学宗传》，周汝登的《圣学宗传》，冯从吾的《元儒考略》、《吴学编》，辛全的《理学名臣录》，赵仲全的《道学正宗》，刘宗周的《圣学宗要》等。至清初更形成了一个高潮，著作多达20余种，如孙奇逢《理学宗传》，魏裔介《圣学知统录》、《圣学知统翼录》，魏一鳌《北学篇》，汤斌《洛学篇》，范镐鼎《理学备考》、《广理学备考》，张夏《洛闽渊源录》，熊赐履《学统》，范镐鼎《国朝理学备考》，窦克勤《理学正宗》，钱肃润《道南正学编》，朱篆《尊道集》，汪佑《明儒通考》，万斯同《儒林宗派》，王维戊《关学续编本传》，王心敬《关学编》，朱显祖《希贤录》，耿介《中州道学编》，王植《道学渊源录》，张恒《明儒林录》，张伯行《伊洛渊源续录》、《道统录》，等等。

"道录"体学术史研究之作既以"道统"说为要旨，本乃为学说史，实则往往以史倡学，因而具有强烈的正统意识与门户之见。

（六）学案体学术史研究

学案体与朱熹《伊洛渊源录》一样，同样受到了禅宗灯录体的影响。所以，在确定这两者的归属时截然分为两大阵营,一些学者认为学案体应包括上文所论道录体之作,一些学者则认为彼此不相归属。其实,大体可以用广义与狭义的学案体来解决这一论争。此处将学案体独立出来加以论述,所取的是狭义的学案体的概念。

何谓"学案"?"学"即学者、学派、学术;"案"即按语,包括考订、评论等等,可能与禅宗公案也有某种渊源关系。有学者认为学案体应具备三大要素:一是设学案以明"学脉"。即每一个学案记述一个学派(若干独立而又有内在逻辑联系的学案群),使之足以展示一代学术思想史的全貌与发展线索;二是写案语以示宗旨。即每一学派均有一个小序,对这一学派作简明的介绍,对学者的生平、师承、宗旨、思想演变也都有一段简要说明,最突出的是对各学派、学者宗旨的揭示;三是选精粹以明原著。即撷取最能体现学派或学者个性的著作中的精粹,摘编而成,以见原著之精华。这三个要素互为犄角,使学案体构成了为实现特定目标而组成的有机整体,既能展示历史上各学派、学者的独特个性,又能显示不同学派、学者之间的因革损益情况,更有展现一代学术思想史发展线索的功能。可见学案体有其独特的学术宗旨及组织形式,与学术史"辨章学术,考镜源流"的内在要求较之其他体式更为契合。以此衡量,尽管在黄宗羲编纂《明儒学案》之前已有耿定向《陆杨二先生学案》、刘元卿《诸儒学案》,但真正的开山之作应是黄宗羲的《明儒学案》。

黄宗羲旨在通过设立学案,全面反映一朝学者、学派与学术的发展演变之势,并以序、传略、语录为三位一体,构建一种崭新的学术史研究著作新体式——学案体。与此新体式相契合,黄宗羲特于《明儒学案·凡例》拈出"宗旨"二字作为学术史研究的核心与灵魂:"宗旨"犹如学问之纲,亦是学术与学术史研究之纲,纲举才能目张,所以"宗旨"对于学术史研究而言的确是关键所在,具有核心与灵魂的意义与作用。

黄宗羲在完成《明儒学案》后,又由明而至宋元继续编纂《宋元学案》。全书凡100卷,分立91个学案。黄宗羲本人完成了67卷,59个学案,未竟而逝。然后由其子黄百家、私淑弟子全祖望续修,又经同郡王梓材、冯云濠校定,至道光十八年(1838)出版。此书在非黄宗羲所作部分学术功力有所逊色,但也有更为完善之处:一是在每一学案之前先立"学案表",备述该学派的师友弟子;二是所立学案超越了理学范围,如《水心学案》、《龙川学案》、《荆公学案》、《苏氏蜀学略》皆为非理学家立案,旨在反映宋元学术全貌;三是注重重大学术争论问题,且注意收录各家之说,不主一家之言;四是增设"附录",载录学者的逸闻轶事和当时及后人的评论。王梓材还撰有《宋元学案补遗》42卷,所补内容一是新增传主,二是增补《学案》已有传主的言行资料,三是补充标目。《补遗》所增大多是名不见经传的士人,这就大大扩展了《宋元学案》的收录范围。就史料而言,如果说《宋元学案》取其"精",则《宋元学案补遗》求其"全",这或许就是该书最大的特色和价值所在。

《明儒学案》、《宋元学案》开创了学案体学术史研究新体式,后来学人代有继作。先是清代唐鉴所撰《国朝学案小识》15卷,于道光二十五年(1845)刊行。至1914年,唐晏撰成《两汉三国学案》11卷,首次以学案体对两汉三国经学学派的传承演变进行历史性总结。再至1928年,曾任民国大总统的徐世昌网罗一批前清翰林,于天津发起和主持《清儒学案》的编纂工作,历时10年,至1939年出版。此书体例严整,内容丰富,取材广泛,少有门户之见,大体能反映有清一代的学术史,值得充分肯定。

晚清民初之交,致力于学术史研究的梁启超对学案体情有独钟,并以此应用于西方学术研究,相继撰写了《霍布士学案》、《斯片挪落学案》、《卢梭学案》等"泰西学案"。至1921

年,所著《墨子学案》又由商务印书馆出版。此外,钱穆曾于四川时受政府委托著成《清儒学案》,但未及出版就因船回南京途中沉于长江,今仅存其目,至为憾焉。

20世纪80年代之后,学案再次受到学界重视。在个体性学案方面,除了钱穆《朱子新学案》、陆复初《王船山学案》相继于1985、1987年由巴蜀书社、湖北人民出版社出版外,值得学术界重点关注的还有杨向奎主编的《新编清儒学案》,以及由张岂之先生等主编的《民国学案》,方克立、李锦全两人一同主编《现代新儒家学案》,舒大纲等人策划的《历代儒学学案》等。

(七) 章节体学术史研究

章节体学术史研究著作是近代之后引入西方新史观与新体式的产物。就传统的学术史研究著作体式而论,由道录体发展至学案体而臻于极化,在晚清西学东渐的背景下,中国学术由传统走向现代以及与西方学术接轨的过程中,学案体学术史研究日益暴露其固有的局限。概而言之,一是学术史观的问题。学案体既以儒学为对象,亦以儒学为中心,因此近代之前的学案体学术史,实质上即是儒学史。但至近代以后,在西方进化论等新史学理论的影响下,许多学者纷纷以此为武器对儒学道统展开了激烈的批判。二是学术史著述体例的问题。学案体记载的儒学史,以学者、学派为主流,大体比较单纯,因此由叙论、传略、文献摘要三段式构成的著述体式大体能满足其内在需要,但对晚清以来中西、新旧交替的纷繁复杂的学术现象,尤其是众多学术门类的多向联系、交互影响以及蕴含于其间的学术规律的探讨与总结,的确已力不从心。所以,如何突破学案体的局限,寻找一种适应新的时代需要的学术史著述体例显然已迫在眉睫,引自西方的章节体即是在这样的背景下适时登场的。

在早期章节体学术史研究的著作过程中,梁启超、刘师培贡献尤著。1902年,梁启超所著《中国学术思想变迁之大势》这一长篇学术论文发表于《新民丛报》第3、4、5、7号上。梁启超以西方学术史为参照,以进化论为武器,对几千年来中国学术思想的发展进程进行了崭新的宏观审察。其创新之处有三:一是提出了新的中国学术史分期法。将数千年中国学术思想分为老学时代、佛学时代、儒佛混合时代、衰落时代,打破了宋明以来以儒学为中心的学术史模式;二是提出关于学术思想发展的新解释。以往的学术史,或以道统为先验性学术构架,或虽突破道统论的束缚,但也多停留于论其然而不求其所以然,梁氏则能透过现象深入到学术发展过程的内部探索其发展变化的因果关系;三是首创章节体的中国学术编纂新体裁。即以章节为纲,以"论"说"史",以"史"证"论",史论结合,既"述"且"作"。综观以上三点,这篇长文无论对梁启超本人还是20世纪章节体新学术史研究而言都是拓荒、奠基之作,是中国学术史研究实现从传统向现代转型并与世界接轨的重要标志,具有划时代意义,对近现代学术史研究的影响巨大而深远。

晚清以来,各种报刊纷纷创办。当时,一些充满新意的学术史研究论文往往首先发表于报刊这一新兴媒体,而其中一些长文更以连载的形式陆续与读者见面,然后经过一定的组合或修改,即可由此衍变为章节体著作。所以这些"报章体"的学术史论文连载,实已见章节体著作之雏形。三年之后刘师培所著《周末学术史序》也是如此。此文先连载于1905年2月至11月《国粹月报》(1—5期),由总序、心理学史序、伦理学史序、论理学史序、社会学史序、宗教学史序、政法学史序、计学史序、兵学史序、教育学史序、理科学史序、哲学学史序、术数学史序、文字学史序、工艺学史序、法律学史序、文章学史序十七篇组成，实为以序的形式撰写的《周末学术史》一书的提要。这是中国学术史上首次以"学术史"命名并首次按照西学现代学科分类法为著述体例的学术史研究论著。

20世纪前期，章节体学术史研究趋于成熟且影响巨大的著作，当推梁启超、钱穆分别出版于1924年、1937年的同名巨著《中国近三百年学术史》。两书虽然同名，但在学术渊源、宗旨、内容、体例等方面迥然有异。大体而言，梁著以西学为参照，以"学"为中心，钱著承续学案体，以"人"为中心；梁著以朴学传统论清学，认为清学是对宋明理学的全面反动，钱著从宋学精神论清学，认为清学是对宋明理学的继承；梁著更偏于知识论层面的学术史，钱著更偏于思想论层面的学术史；梁著更具现代学术之品性，钱著更受传统学术之影响。两书代表了20世纪前期章节体学术史研究的最佳成果。

（八）编年体学术史研究

编年体史书源远流长，导源于《春秋》，由《资治通鉴》集其大成，这是编年体学术史的主体渊源。另一个渊源是学者年谱。北宋元丰七年（1084）吕大防著成《韩吏部文公集年谱》与《杜工部年谱》，是可据现存文献证实的中国古代年谱之体的发轫之作。这一崭新体例，对于编年体学术史研究具有重要启示与借鉴意义，因为从文学年谱到学术年谱，本有相通之处。如宋代李子愿所纂《象山先生年谱》据《象山先生行状》、《语录》及谱主诗文编纂而成，内容多涉学术。如论陆九渊讲学贵溪之象山，颇为详细；而记淳熙八年与朱熹会于南康，登白鹿洞书院讲席，以及与朱熹往复论学，乃多录原文，因而可以视之为学术年谱。

宋代以降，与文人学者化的普遍趋势相契合，文人年谱中学术方面内容的比重日益加重，显示了年谱由"文"而"学"的重心转移之势。而从个体学术年谱到群体性的学术编年，以及一代乃至通代的学术编年，实为前者的不断放大而已。然而由于种种原因，超越个体的编年体学术史著作晚至民国时期才得以开花结果。早期的重要成果以钱穆的《先秦诸子系年》、刘汝霖的《汉晋学术编年》、《东晋南北朝学术编年》等为代表。尤其是后二书，已是成熟的编年体学术史研究著作，更具开创性意义。

刘汝霖先生所著《汉晋学术编年》、《东晋南北朝学术编年》，在著述体例上，主要以编年体史书代表作《资治通鉴》为参照，同时吸取纪传体与纪事本末体之长，加以融会贯通。作者在自序中重点强调以下五点：一曰标明时代。即有意打破前代史家卷帙之分，恒依君主生卒朝代兴亡史料之多寡为断，充分尊重学术本身的发展。比如两晋之间地域既殊，情势迥异，倘以两晋合为一谈，则失实殊途，故有分卷之必要。二曰注明出处。即将直引转引之书注明版本卷页篇章，使读者得之，欲参校原书，可收事半功倍之效；而欲考究史实，少有因袭致误之弊。三曰附录考语。中国旧史多重政治，集其事迹，考其年代，尚属易易。学术记载向少专书，学者身世多属渺茫，既须多方钩稽，又须慎其去取。故标出"考证"一格，将诸种证据罗列于后，以备读者之参考。四曰附录图表。有关学术之渊源，各派之异同，往往为体例所限，分志各处，以致读者寻检不易，故有图表之设，以济其穷。包括学术传播表、学术著述表、学术系统表、学术说明表、学术异同表。五曰附录索引。包括问题索引与人名索引。刘汝霖先生率先启动编纂《中国学术编年》如此宏大工程，的确是一个空前的学术创举，但以一人之力贯通历代，毕竟力不从心，所憾最终仅完成《汉晋学术编年》与《东晋南北朝学术编年》二集,而且此二集中也存在着收录不够广泛、内容不够丰富等缺陷。

1930年,姜亮夫先生曾撰有《近百年学术年表》,时贯晚清与民国,也是问世于民国早期的学术编年之作。若与刘汝霖的《中国学术编年》衔接,则不仅可以弥补其他四卷的阙如,而且还可以形成首尾呼应之势。但这一编年之作终因内容单薄而价值不高,影响不大。

进入21世纪之后,又有两部重要的编年体学术史研究著作问世。一是陈祖武、朱彤窗所著的《乾嘉学术编年》。此书是对作为清代学术的核心内容——乾嘉学派的首次学术编年,既是一项开创性工作,又有独立研究之价值。另一重要著作是张岂之主编的《中国学术思想编年》。此书之价值,一在以"学术思想"为内容与主线,二在贯通历代。著者力图将上自先秦下迄清代有关学术思想上的代表人物、著作、活动、影响等联系起来,力求使学术思想的历史演进、学派关系、学术影响、学术传承等方面展现于读者面前,实乃一部按时间顺序编年的编年体学术思想史。但因其内容的取舍与限定,与刘汝霖《汉晋学术编年》、《东晋南北朝学术编年》等综合性的编年之作有所不同,则其所长亦其所短也。

除了以上八体外,尚有始终未尝中断的经传注疏体系以及频繁往来于学者之间的书信——可以称之为注疏体与书信体,也不时涉及学术史研究内容,值得认真梳理总结。而较之这两体更为重要的,是除著作之外散布于各种文集之中的大量论文,或长或短,或独立成文,或组合于著作之中,从《庄子·天下篇》(兼具序文性质)、《韩非子·显学》、《吕氏春秋·不二》直到清末民初大量报章体论文,可谓源远流长,灿若星河,对学术史研究而言尤具重要价值。

五、《中国学术编年》的学术宗旨与体例创新

在世纪之交的"学术史热"中,学术史观与文献基础作为"重写学术史"的双重支撑,同时存在着明显缺陷。前者的主要缺失在于未能对中国学术、中国学术史、中国学术史研究三个关键环节展开系统梳理与辨析,从而未能从历史与逻辑辩证统一的高度完成新型学术史观的建构以及对学术史的历史还原与重建。另一方面,学术史研究的进展还取决于扎实的文献基础,其中学术编年显得特别重要。然而在世纪之交的"重写学术史"的讨论与实践中,学术编年的重要性普遍受到忽视,甚至尚未进入相关重要话语体系之中,这不能不说是一个严重局限。

(一)《中国学术编年》的重要意义

关于学术编年之于学术史研究的重要意义,常元敬先生在撰于1991年3月6日的《清代学术编年·前言》中曾有这样的论述:

> 要写出一部符合实际的清代学术史专著,就有必要先完成一部清代学术史年表,以便使事实不因某人的主观而随意取舍,真相得由材料的排比而灼然自见,然后发展的脉络,变化的契机,中心的迁徙,风气的转移,均可自然呈露,一望可知。可惜内容完备的清代学术史年表,至今未见。我们所接触到的几部内容不同的清代学术或著作年表,或失之简,或失之偏,或失之杂,均不能全面地反映清代学术之全貌,以满足今人之需要。

这既代表了我们当时对编纂《清代学术编年》学术价值的自我确认,也是对学术编年之于学术史研究重要意义的基本认知。

刘志琴在《近代中国社会文化变迁录》(浙江人民出版社1998年版)序言《青史有待垦天荒》中提出"借助编年,走进历史场景"的学术理念,颇有启示意义。她说:历史是发生在过去的事情,它与哲学追求合理、科学注重实验不同的是,历史的基础是时间。没有时间的界定就不成其为历史,凡是属于历史的必定是已经过去的现象,再也不可能有重现的时刻。所以说时间是历史的灵魂,历史是时间的科学。在史学著作中突出时间意识,无疑是以编年体为首选的体裁。考其源流,详其始末,按其问题的起点、高峰或终点,分别列入相应的年度。按年查索,同一问题在此年和彼年反复出现,可能处于不同的发展阶段,从而有不同的风貌。这在连年动荡、风云迭起的时代,便于真切地把握年年不同的社会景象,清晰地再现事态发展的本来面目。至于同一年度,政治、经济、文化、生活,万象齐发,又形成特定年代的社会氛围,方便读者走进历史的场景。编年体具有明显的时序性、精确性和无所不包的容量。以此类推,借助学术编年,同样可以让人们走进学术史的历史场景,这既有必要也有可能。当然,更准确地说,历史场景,首先是时间维度,同时也是空间维度,是特定时空的两相交融。正如一切物质都是时间与空间的同时存在一样,学术的发展也离不开时间与空间的两种形态,而学术史的研究也同样离不开时间与空间这两个维度。学术史,只有当其还原为时空并置交融的立体图景时,才有可能重现其相对完整的总体风貌。做一个不甚恰当的比喻,学术史就如一条曲折向前不断越过峡谷与平原、最终流向大海的河流,从发源开始,何时汇为主流,何时分为支流,何时越过峡谷,何时流经平原,何时波涛汹涌,何时风平浪静,以及河流周边的环境生态,等等,一部学术史如何让其立体地呈现在读者面前,即取决于能否以及如何走进时空合一的历史场景,这也是能否以及如何从历史与逻辑辩证统一的高度完成对学术史的历史还原与重建的关键所在。

正是由于学术编年对"重写学术史"的重要意义,也由于世纪之交"学术史热"对学术编年的普遍忽视,我们所编纂的贯通历代、包罗各科规模宏大的《中国学术编年》的问世,作为有幸以见证者、参与者、推动者奉献于世纪学术盛会的重要成果,深感别具意义。相信《编年》的出版,可以为中国学术史研究尤其是中国学术通史编写提供详尽而坚实的学术支撑,并对处于世纪之交的中国学术、文化乃至文明研究的深入开展起到重要的推动作用。

(二)《中国学术编年》的编纂历程

自1985年启动《清代学术编年》研究项目,到2012年《中国学术编年》的最终告竣,期间经历了异常艰难曲折的过程。

早在1985年10月,由浙江师范大学常元敬先生主持,姚成荣、梅新林、俞樟华参与的《清代学术编年》作为古籍整理项目,由教育部全国高校古籍整理委员会委托浙江省教育厅予以资助和立项。项目研究团队的具体分工是:常先生负责发凡起例,姚成荣、俞樟华、梅新林分段负责清代前期、中期和近代的学术编年工作,最后由常先生统稿。经过三年多的共同努力,至1988年,共计50余万字的《清代学术编年》基本完成。

《清代学术编年》虽然在学术价值上得到多方肯定,但因当时正值由计划经济向商品经济的转轨过程之中,付诸出版却遇到了种种困难。后几经延搁,终于有幸为上海书店所接纳。在付梓之前，我们又根据责任编辑的修改要求，由姚、梅、俞三人奔赴上海图书馆集中时间查阅资料，对书稿进行充实与修订，最后由常元敬先生统稿、审订，并于1991年3月撰写了1500余字的《前言》冠于书前。然又因种种原因，上海书店最终决定放弃出版。次年，常元敬先生退休后离开学校。在欢送他离职之际，我们总不免说一些感谢师恩之类的话，但书稿未能及时出版的遗憾，却总是郁积于心而久久难以排遣。

1998年，上海三联书店资深出版人倪为国先生得知《清代学术编年》的遭遇后，以其特有的文化情怀与学术眼光，建议由清代往上追溯，打通各代，编纂一套集大成的《中国学术编年》，这比限于一代的《清代学术编年》更有意义。他说，正如国家的发展，既需要尖端科技，也需要基础建设，《中国学术编年》就是一项重大基础建设工程，具有填补空白的学术价值与盛世修典的标志性意义，可以说是一项"世纪学术工程"。他进而建议由我校重新组织校内外有关专家，分工负责，整体推进，积数年之功，尽快落实《中国学术编年》这一"世纪学术工程"。

根据倪为国先生的建议，我们决定以本校中国古典文献专业的学术骨干为主，适当邀请其他高校一些学有专长的专家参与，共同编纂一部贯通历代的《中国学术编年》。参编人员有（以姓氏笔画为序）：王德华、王逍、毛策、尹浩冰、叶志衡、包礼祥、冯春生、宋清秀、陈玉兰、陈年福、陈国灿、邱江宁、林家骊、张继定、杨建华、胡吉省、俞樟华、梅新林等。经过反复商讨、斟酌，初步拟定"编纂计划"，决定将《编年》分为6卷，规模为600万字左右。至此，由倪为国先生建议的贯通历代、包罗各科规模宏大的《中国学术编年》的编纂工作终于全面开始启动。

1999年底，经倪为国先生的努力，上海三联书店将《编年》列为出版计划，当时书名初定为《中国学术年表长编》。受此鼓舞，全体编写人员大为振奋，编写进程明显加快。期间，倪为国先生还就《编年》的价值与体例问题专门咨询著名学者朱维铮、刘小枫等人。刘小枫先生在予以充分肯定的同时，建议在当今中西交融的宏观背景下，应增加外国学术板块，以裨中外相互参照。根据这一建议，我们又先后约请就读于上海师范大学的秦治国、陆怡清、方勇、杜英、王延庆、陈允欣等负责这项工作。至2001年底，经过全体同仁的不懈努力，《中国学术编年》初稿终于基本形成，陆续交付专家、编辑初审。次年5月10日，梅新林、俞樟华决定将《编年》申请全国高校古籍整理研究工作委员会重点研究项目，承蒙安平秋先生、章培恒先生、裘锡圭先生、杨忠先生、张涌泉先生等的热忱支持，经全国高校古籍整理研究工作委员会项目专家评议小组评议，并经古委会主任批准，《编年》被列为2003年度高校古委会直接资助项目。对于《编年》而言，这无疑是一个锦上添花的喜讯。

2003年底，由于《编年》体量大幅扩张等原因，在出版环节上却再次出现了问题。就在我们深感失望而又无奈之际，幸赖倪为国先生再次伸出援手，基于对《编年》学术价值的认同感与出版此书的责任感，他毅然决定改由他创办的上海六点文化传播有限公司负责出版事宜，并得到时任华东师范大学出版社社长朱杰人先生首肯和支持。

为了保证和提高《编年》的质量，我们与倪为国先生商定，决定对《中国学术编年》初稿进行全面的充实和修订。2006年7月19日，倪为国先生率编辑一行10人，前来浙江师范大学召开编纂工作会议，共商《编年》修改方案。会议的中心主题是：加快进程，提高质量。会上，我们简要总结了《清代学术编年》20余年以及《编年》整体启动8年来的学术历程，介绍了目前各卷的进展以及存在的问题。接着由倪为国先生向各卷作者反馈了相关专家的审稿意见,并提出了具体的修改要求。在经过双方热烈细致讨论的基础上,最后形成整体修改方案。会议决定,每卷定稿后将再次聘请专家集中审阅,以确保《编年》的学术质量。会上对分卷与作者也作了相应的调整,即由原先的6卷本扩展为9卷本。2007年6月30日,《中国学术编年》第二次编纂工作会议在浙江师范大学召开,倪为国先生一行4人再次来到师大与各卷作者继续会商修改与定稿等问题。会议决定以由俞樟华编纂的宋代卷为范本,各卷根据实际情况做适当调整。此后,各卷的责任编辑的审稿与《编年》各卷作者的修改一直在频繁交替进行。目前,《编年》各卷署名作者依次为:(1) 先秦卷:陈年福、叶志衡;(2) 汉代卷:宋清秀、曾礼军、包礼祥;(3) 三国两晋卷:王德华;(4) 南北朝卷:林家骊;(5) 隋唐五代卷:陈国灿;(6) 宋代卷:俞樟华;(7) 元代卷:邱江宁;(8) 明代卷(上、下册):陈玉兰、胡吉省;(9) 清代卷(上、中、下册):俞樟华、毛策、姚成荣。

此外,由秦治国、陆怡清、方勇、杜英、王延庆、陈允欣等编纂的作为参照的外国学术部分,则另请责任编辑万骏统一修改压缩,使内容更为精要。

《编年》经过长时期的磨砺而最终得以问世,可以说是各方人士共同努力的结果,郁积砥砺于我们心中的感悟也同样经历了一个不断变化、超越与升华的过程:从《清代学术编年》到《中国学术编年》,从反映有清一代学术到总结中国通代学术,集中体现了中国学术在走向现代与世界的过程中需要进行全面、系统、深入总结的内在要求与趋势,这是世纪之交中国学界与学者的历史使命,实与世纪之交的"学术史热"殊途而同归。与此同时,正是由于中国学术自身发展赋予《编年》的必要性与可能性,所以尽管历经种种曲折,甚至因先后被退稿和毁约而几乎中途夭折,但最终还是走出了困境,如愿以偿。从50余万字的《清代学术编年》,到1000余万字的《中国学术编年》,不仅仅意味着其规模的急遽扩大,更为重要的在于其学术质量的全面提高。在此,挫折本身已不断转化为一种催人不断前行的动力。

(三)《中国学术编年》的学术追求

尽管编年体史书源远流长,但编年体学术史著作晚至民国时期才得问世,而贯通历代的集成性的《中国学术编年》之作则一直阙如。20世纪20年代,刘汝霖先生曾以一人之力启动《中国学术编年》的编纂工程,先于1929年完成《周秦诸子考》,继之编纂《汉晋学术编年》、《东晋南北朝学术编年》,分别1932年、1935年由商务印书馆出版。

根据刘汝霖先生拟定《总目》,《中国学术编年》分为六集:

第一集,汉至晋:汉高祖元年(前206)至晋愍帝建兴四年(316)。
第二集,东晋南北朝:东晋元帝建武元年(317)至陈后主祯明二年(588)。
第三集,隋唐五代:隋文帝开皇九年(589)至周世宗显德六年(959)。
第四集,宋:宋太祖建隆元年(960)至恭帝德祐二年(1276)。
第五集,元明:元世祖至元十四年(1277)至明思宗崇祯十六年(1643)。
第六集,清民国:清世祖顺治元年(1644)至民国七年(1918)。

然而由于种种原因,刘汝霖先生雄心勃勃编纂《中国学术编年》大型工程只完成第一集《汉晋学术编年》、第二集《东晋南北朝学术编年》即戛然而止,实在令人遗憾。在此后相当长的时期内,尽管在断代、专门性的学术编年方面成果渐丰,但贯通历代之作依然未能取得重大突破。2005年,张岂之先生主编的《中国学术思想编年》由陕西师范大学出版,率先在贯通历代方面取得了重要进展,但因此书以"学术思想"为主旨,实乃一部按时间顺序编年的编年体学术思想史,所以在学术宗旨与内容取舍方面,与刘汝霖先生当年设计的综合型的中国通代学术编年不同。有鉴于此,的确需要编纂一部贯通历代、综合型、集大成的《中国学术编年》,以为"重写学术史"提供更加全面、系统而坚实的文献支持。

我们所编纂的《中国学术编年》,仍承刘汝霖先生当年所取之名,但非续作,而是另行编纂的一部独立著作。《编年》上起先秦,下迄清末,分为9卷、12册,依次为:先秦卷、汉代卷、三国两晋卷、南北朝卷、隋唐五代卷、宋代卷、元代卷、明代卷(上、下册)、清代卷(上、中、下册),共计1000余万字。《编年》具有自己独特而鲜明的学术追求,重在揭示以下四大规律:

(1) **注重中国学术史的宏观发展演变历程,以见各代学术盛衰规律**。每个时代都有自己的学术主潮,但彼此之间的嬗变与衔接及其外部动因与内在分合,却需要加以全面、系统、深入的省察,除了重点关注标志性人物、事件、成果等以外,更需要见微知著、由著溯微。唯此,才能在通观中国学术史的发展演变历程中把握各代学术盛衰规律。

(2) **注重学术流派的源起、形成、鼎盛及至解体历程,以见学术流派的兴替规律**。学术流派既是学术发展的主体力量,又是学术繁荣的根本标志。因此,通观学术流派的源起、形成、鼎盛及至解体历程并把握其兴替规律,显然是学术史研究的核心所在。然后,从学术流派的个案研究走向群体研究,即进而可见各种学术流派与各代学术盛衰规律的内在关联与宏观趋势。

(3) **注重学术群体的区域流向、位移、承变历程,以见学术中心的迁移规律**。不同的学术流派由不同的学术群体所构成,由各不同学术群体的区域流向、移位、承变历程可见学术中心的迁移规律,其中学术领袖所扮演的主导角色、所发挥的核心作用尤为重要,从一定意义上说,学术领袖的区域流向与一代学术的中心迁移常常具有同趋性。诚然,促使学术中心的迁移具有更广泛、更多元、更复杂的内外动力与动因,其与经济、政治、文化中心的迁移也常常存在着时空差。概而言之,以与经济中心迁移的关系最为持久,以与文化中心迁移的关系最为密切,而与政治中心尤其是都城迁移的关系则最为直接。

(4) **注重中外学术的冲突、交流与融合历程,以见跨文化的学术传通规律**。文化者,文而化之、化而文之也,跨文化的学术传通规律正与此相通。因此,由中外学术的冲突、交流与融合历程,探索跨文化的学术传通规律,不仅可以进一步拓展中国学术史的研究范围,而且可以借此重新审视中国学术史的发展轨迹与演变规律。

(四)《中国学术编年》的体例创新

《编年》综合吸取历代史书与各种学术编年之长而加以融通之,首创了一种新的编纂体例,主要由学术背景、学术活动、学术成果、学者生卒四大栏目构成,同时在各栏目适当处加按语,另外再在每年右边重点记载外国重大学术事件,以裨中外相互参照,合之为六大版块:

(1) **学术背景**。着重反映深刻影响中国学术史发展进程的重大文化政策以及政治、经济、军事、外交诸方面的重大事件,以考察学术演变的特定时代背景及其对学术思潮、治学风尚的影响。学术背景著录以时间为序。

(2) **学术活动**。着重记述学者治学经历、师承关系和学术交流活动,包括从师问学、科举仕进、讲学授业、交游访问、会盟结社、创办书院、学校、报刊等学术机构等,以明学术渊源之所自、学术创见之所成、学术流派之脉络以及不同流派之间的争鸣、兴替轨迹。学术活动著录以人物的重要性为序。

（3）**学术成果**。着重记述具有代表性的学术论著，以著作为主，兼收重要的单篇文献，如论文序跋、书信、奏疏等，兼录纂辑、校勘、评点、注释、考证、译著等。内容包括成书过程、内容特色、价值影响、版本流传情况等，以见各代学术研究之盛况。学术成果著录以论著类别为序，大致按经史子集顺序排列。

（4）**学者生卒**。又分卒年、生年两小栏。其中卒年栏著录学者姓名、生年、字号、籍贯以及难以系年的重要著述，并概述其一生主要成就、贡献与地位及后人的简单评价。学者生卒著录以卒年、生年为序。

（5）**编者按语**。在学术背景、学术活动、学术成果、学者生卒四栏重要处再加编者按语，内容包括补充说明、原委概述、异说考辨、新见论证、价值评判等。"按语"犹如揭示各代学术发展的"纲目"，若将各卷"按语"组合起来，即相当于一部简明学术史。

（6）**外国学术**。撷取同时期外国重要学术人物、活动、事件、成果等加以简要著录，以资在更广阔的比较视境中对中外学术的冲突交融历程以及跨文化的学术传通规律获得新的感悟与启示。

以上编纂体例的创体，最初是受《史记》的启发。《史记》分本纪、表、书、世家、列传，最后有"太史公曰"，为六大板块。"本纪"为帝王列传，《编年》之"学术背景"栏与此相对应；"世家"、"列传"为传记，以"人"为纲，重在纪行，《编年》之"学术活动"栏与此相对应；"书"为典章制度等学术成果介绍，《编年》之"学术成果"栏与之相对应；"表"按时间先后记录历史大事和历史人物，《编年》之"学者生卒"栏与之相对应；"太史公曰"为史家评论，《编年》之"按语"与之相对应。以上综合《史记》之体而熔铸为一种学术编年的新体例，是一种旨在学术创新的尝试与探索。此外，"外国学术"栏，主要参照一些中西历史合编的年表而运用于《编年》之中。

中国史书编纂源远流长、成果丰硕，但要以纪传体、编年体、纪事本末体为三大主干。三体各有利弊，纪传体创始于《史记》，长于纪人，短于纪事，常常同为一事，分在数篇，断续相离，故《史记》以互见法弥补之；编年体创始于《春秋》，长于纪时，短于纪事，常常同为一事，分在数年，亦是断续相离；纪事本末体创始于《通鉴纪事本末》，长于纪事，短于纪人，往往见事不见人，见个体不见整体。《中国学术编年》在体例上显然属于编年体，但同时又努力融合纪传体、纪事本末体之长，以弥补编年体之不足。一部学术发展史，归根到底是由若干巨星以及围绕着这些巨星的光度不同的群星所形成的历史。既然学术活动与成果的主体是学人，这就决定了年表不能不以学人为纲来排比材料。而取舍人物，做到既不漏也不滥，确实能反映出一代学术的本质面貌，则是编好《编年》的关键，这也决定了《编年》与以人为纲的纪传体的密切关系。何况上文所述借鉴《史记》而创立《编年》新的编纂体例，更是直接吸取了纪传体之长。而在"按语"中，常于分隔数年的学术活动、学术成果加以系统勾勒或考证、说明之，以明渊源所自，演化所终，也是充分吸取了纪事本末传的长处。

在《编年》的编写过程中，我们非常注意第一手材料，同时也注意吸收学术界的新成果，包括尽可能地参考港台学者出版的同类或相关的书籍，力求详而不芜，全而有要。其中重点采纳的文献资料主要有：历代正史、私史、实录、会要、起居注、方志、档案、文集、专著、类书、谱牒、笔记等，同时博采当代学者的研究成果。按语所录文献，随文标注所出，以示征信。或遇尚存异说之文献，则择善而从，或略加考释。

《编年》收录学者多达四万余人，论著多达四万五千篇（部），数量与规模超过了以往任何学术编年著作。为便于使用，《编年》于每卷后都编有详细的学者、论著索引，以充分发挥

《编年》学术著作兼工具书的双重功能。

自 1985 年开始启动以来,《编年》这一浩大工程经过 20 余年的艰难曲折历程至今终于划上了句号,期间所经历的艰难曲折,的确非一般著书之可比;其中所蕴含的学术景遇与世事沧桑,更不时引发我们的种种感慨。于今,这一独特经历已伴随《编年》的告竣而成为融会其间的一个重要组成部分,并已积淀为一种挥之不去、值得回味的文化记忆与学术反思。毋庸置疑,晚清以来中国学术的西化改造与现代转型是以传统学术的边缘化与断层化为沉重代价的,这是基于西学东渐与"中"学"西"化的必然结果。如果说传统学术的边缘化是对中国学术史之"昨天"的遗忘或否定,那么,传统学术的断层化则是中国学术史之"昨天"与"今天"之间的断裂。显然,两者既不利于对中国传统学术内在价值的理性认知,也不利于对中国学术未来发展方向的战略建构。我们编纂《中国学术编年》的根本宗旨:**即是期望通过对中国学术史的历史还原与重构,不仅重新体认其固有的学术价值,而且藉以反思其未来的学术取向,从而为弥补晚清以来传统学术边缘化与断层化的双重缺陷,重建一种基于传统内蕴与本土特色而又富有世界与现代意义的中国学术话语体系提供重要的思想资源与学术参照。**因此,《编年》的编纂与出版,并非缘于思古之幽情,而是出于现实之需要。当然,随着《编年》的规模扩张与内涵深化,我们对此的认知也大体经历了一个由表及里、由浅入深、与时俱进的演化过程。

值此《编年》即将出版之际,我们惟以虔敬之心,感铭这一变革时代的风云砥砺,感铭来自学界内外各方人士的鼎力相助!

一是衷心感谢李学勤、安平秋、章培恒、裘锡圭、朱维铮、葛兆光、刘小枫、赵逵夫、吴熊和、杨忠、束景南、崔富章、张涌泉、常元敬、黄灵庚诸位先生的热情鼓励和精心指导,朱维铮、刘小枫、束景南、崔富章、黄灵庚先生还拨冗审阅了部分书稿,并提出了修改意见,使《编年》质量不断提高,体例更趋完善。常元敬先生在退休之后仍一直关心《编年》的进展,时时勉励我们一定要高质量的完成这一大型学术工程,以早日了却他当年未曾了却的心愿。二是衷心感谢华东师范大学出版社的热忱相助。华东师范大学出版社朱杰人先生始终坚守学术的职业精神,给人留下了深刻的印象。与此同时,我们也不能忘记曾为此书付出劳动的上海书店、上海三联书店的有关人士。三是衷心感谢《编年》所有作者长期持续不懈的努力。鉴于人文社会科学研究个性化的特点与当今科研评价功利化趋势,组织大型集体攻关项目诚为不易,而长时期地坚持不懈更是难上加难,这意味着对其他科研机会与成果的舍弃与牺牲。在此,对于所有关心支持并为《编年》的编纂、出版作出贡献的前辈、同仁,一并致以诚挚的谢忱!

学无止境,学术编年更是一项永无止境的学术活动。由于《编年》是首次全面贯通中国各代学术的集成性之作,历时久长,涉面广泛,规模宏大,限于我们自身的精力与水平,其中不足或错误之处在所难免,衷心希望得到学者与读者的批评指正。

梅新林　俞樟华
2008 年春初稿
2009 年秋改稿
2013 年春终稿

凡　　例

一、《中国学术编年》(以下简称《编年》)为中国学术史编年体著作,兼具工具书的检索功能。

二、《编年》上起先秦时代,下迄清末。按时代分为九卷,即先秦卷、汉代卷、三国两晋卷、南北朝卷、隋唐五代卷、宋代卷、元代卷、明代卷、清代卷。

三、《编年》所取材,主要依据历代正史、私史、实录、会要、起居注、方志、档案、文集、专著、类书、谱牒、笔记等,同时博采当代学者的研究成果。所录文献,引文标注所出,以示征信;其他材料,限于体例,未能一一注明所出,可参见统一列于每卷之末的参考文献。或遇尚存异说之文献,则择善而从,或略加考释。

四、《编年》具有自己独特而鲜明的学术追求,重点关注各卷本时段学术主流特色与学术发展趋势两个方面,重在揭示以下四大规律:

1. 注重中国学术史的宏观发展演变历程,以见各代学术盛衰规律;
2. 注重学术流派的源起、形成、鼎盛及至解体历程,以见学术流派的兴替规律;
3. 注重学术群体的区域流向、移位、承变历程,以见学术中心的迁移规律;
4. 注重中外学术的冲突、交流与融合历程,以见跨文化的学术传通规律。

五、《编年》采用一种新的编撰体例,由学术背景、学术活动、学术成果、学者生卒四大栏目构成,同时在各栏目适当处加编者按语。若遇跨类,则以"互见法"于相应栏目分录之。

六、《编年》中的"学术背景"栏目,着重反映深刻影响中国学术史发展进程的重大文化政策以及政治、经济、军事、外交诸方面的重大事件,以考察学术演变的特定时代背景及其对学术思潮、治学风尚的影响。

1. 学术背景著录,先录时间,后录事件。
2. 同月不同日者,只标日,不标月。
3. 知月而不知日者,于此月最后以"是月,……"另起。
4. 只知季节而不知月者,则分别于三月、六月、九月、十二月后标以"是春,……"、"是夏……"、"是秋,……"、"是冬,……"另起。
5. 只知年而不知季、月、日者,列于本年最后,以"是年,……"另起。

七、《编年》中的"学术活动"栏目,着重记述学者治学经历、师承关系和学术交流活动,以明学术渊源之所自、学术创见之所成、学术流派之脉络以及不同流派之间的争鸣、兴替轨迹,包括从师问学、科举仕进、讲学授业、交游访问、会盟结社、创办书院、学校、报刊等学术机构,等等。其中学者仕历与学术思想和学术活动之演变关系密切,故多予著录。

1. 学术活动著录,先录人物,后录时间。

2. 人物大致以学术贡献与地位之重要排次,使读者对当时学界总貌有一目了然之感。相关师友、弟子、家人附列之。

3. 有诸人同时从事某一学术活动者,则系于同一条,以主次列出,不再分条著录。

4. 学者人名一般标其名而不标其字、号。科举择其最高者录之。

5. 少数民族学者一般用汉译名,不用本名。

6. 僧人通常以"僧××"或"释××"标示之,若习惯上以法号称之,则去"僧"或"释"字。方外人名只标僧名、法名,不标本名。

7. 外国来华传教士及其他人员统一标出国别,如"美国传教士×××"。外国来华学者人名一般用汉名,若无汉名则用译名。其来华前、离华后若与中国学术无涉,则不予著录。

8. 中国学者在国外传播、研究中国学术者,予以著录。

八、《编年》中的"学术成果"栏目,着重记述具有代表性的学术论著,以著作为主,兼收重要的单篇文献,如论文序跋、书信、奏疏以及纂辑、校勘、评点、注释、考证、译著等等,以见各代学术研究之盛况。

1. 学术成果著录,先录作者,后录论著。

2. 论著排列依据传统"经史子集"之序而又略作变通,依次为经学(含理学)、史学、诸子学、语言文字学、文艺学、宗教学、自然科学、图书文献学、综合。

3. 论著通常分别以"作"、"著"标之,众人所作或非专论专著一般以"纂"标之。

4. 著录论著撰写与刊行过程,包括始撰、成稿、修订、续撰、增补、重著以及刊行出版等,并著录书名、卷数及一书异名情况。

5. 对重要论著作出简要评价,如特色、价值、版本、影响等。对重要论著的序跋,或录原文,或节录原文。

九、《编年》中的"学者生卒"栏目,分卒年、生年两小栏。卒年栏著录学者姓名、生年(公元××年)、字号(包括谥号)、籍贯以及难以系年的重要著述,凡特别重要人物,略述其一生主要成就、贡献与地位、传记资料及后人的简单评价。

1. 学者生卒著录,先学者卒年,后学者生年。

2. 在卒年栏中对重要学者的学术成就与贡献作出概要评价。

3. 年月难考之论著系于卒年之下,以此对无法系年的重要学术论著略作弥补。

十、《编年》在以上四大栏目下都加有"按语"。主要内容为:

1. 价值评判。即对学术价值以及重要影响进行简要评价。

2. 原委概述。即对事件缘起、过程、流变、结果、影响诸方面作一概要论述。

3. 补充说明。即对相关内容及背景材料再作扼要说明。

4. 史料存真。即采录比较珍贵的史料或略为可取的异说,裨人参考

5. 考辨断论。即对异说或有争论者,略加考辨并尽量作出断论,或择取其中一说。

十一、《编年》在注录中国学术之外,又取同时期外国重要学术人物、活动、事件、成果等加以简要著录,以资中外参照。

十二、《编年》纪年依次为帝王年号、干支年号、公年纪年,三者具备。遇二个以上王朝并立,则标出全部王朝帝王年号。凡因农历与公历差异产生年份出入问题,以农历为准。

无法确切考定年份者,用"约于是年前后"标之。凡在系年上有分歧而难以断定者,取一通行说法著录之,另以按语录以他说。

十三、《编年》纪年所涉及的古地名(包括学者卒年所标之籍贯),一般不注今地名。

十四、《编年》每卷后列有征引及参考文献,包括著作与论文两个方面。征引及参考文献的著录顺序:先古代,后现代;先著作,后论文。

十五、《编年》每卷后编有索引,以强化其检索功能。其中包括"人物索引"与"论著索引"。人物索引按笔画顺序编排,每卷人物索引只列本朝代的人物,跨代人物不出索引;人物的字号,加括号附录在正名之后;论著索引按拼音顺序编排。唐以前称"篇目索引",即重要论文亦出索引;隋唐五代称"论著索引";此后各代称"著作索引",即文章不出索引。同书名而不同作者的,在书名后面加括号,注明作者,以示区别;一书异名的,在通行书名后面加括号,注明异称。

十六、全书根据一以贯之的统一要求与体例格式进行编写,各卷(尤其是先秦卷)基于不同时代学术发展演变的实际情况再作变通处理,力求达到规范与变通的有机结合。

目 录

传说时代 ··· (3)
  三皇 ·· (5)
  五帝 ·· (5)
  燧人氏 ·· (7)
  伏羲氏 ·· (7)
  女娲氏 ·· (10)
  炎帝 ·· (11)
  黄帝 ·· (14)
  蚩尤 ·· (24)
  颛顼 ·· (25)
  帝喾 ·· (29)
  帝俊 ·· (31)
  帝挚 ·· (32)
  帝尧 ·· (33)
  帝舜 ·· (38)

夏朝 ·· (43)
  帝禹（约前2070年至前2027年） ··· (46)
  帝启（约前2026年至前2017年） ··· (53)
  帝太康（约前2016年至前1988年） ··· (54)
  帝仲康（约前1987年至前1975年） ··· (54)
  帝少康（约前1906年至前1886年） ··· (55)
  帝杼（约前1885年至前1869年） ··· (55)
  帝槐（约前1868年至前1843年） ··· (55)
  帝泄（约前1824年至前1809年） ··· (56)
  帝孔甲（约前1707年至1677年） ··· (56)
  帝发（约前1665年至前1653年） ··· (56)
  帝桀（约前1652年至前1600年） ··· (57)

商朝 …………………………………………………………………………… (59)

汤（约前1600年至前1585年）……………………………………………… (64)

帝太甲（约前1578年至前1563年）………………………………………… (66)

帝沃丁（约前1562年至前1540年）………………………………………… (67)

帝太戊（约前1493年至前1419年）………………………………………… (67)

帝中丁（约前1418年至前1404年）………………………………………… (68)

帝河亶甲（约前1384年至前1376年）……………………………………… (68)

帝祖乙（约前1375年至前1357年）………………………………………… (69)

帝盘庚（约前1298年至前1271年）………………………………………… (69)

帝武丁（约前1250年至前1192年）………………………………………… (69)

帝康丁（约前1153年至前1148年）………………………………………… (70)

帝武乙（约前1147年至前1113年）………………………………………… (70)

帝文丁（约前1112年至前1102年）………………………………………… (71)

帝辛（约前1075年至前1046年）…………………………………………… (71)

西周 …………………………………………………………………………… (77)

周文王　前1096年至前1047年（与殷世重）……………………………… (80)

周武王发（周文王十一年）　前1046年 …………………………………… (83)

周武王发（周文王十二年）　前1045年 …………………………………… (87)

周武王发（周文王十三年）　前1044年 …………………………………… (87)

周武王发（周文王十四年）　前1043年 …………………………………… (88)

周成王诵元年（周公摄政元年）　前1042年 ……………………………… (89)

周成王诵二年（周公摄政二年）　约前1041年 …………………………… (90)

周成王诵三年　约前1040年 ………………………………………………… (91)

周成王诵四年（周公摄政四年）　约前1039年 …………………………… (92)

周成王诵五年（周公摄政五年）　约前1038年 …………………………… (93)

周成王诵六年（周公摄政六年）　约前1037年 …………………………… (93)

周成王诵七年（周公摄政七年）　约前1036年 …………………………… (95)

周成王诵八年　约前1035年 ………………………………………………… (96)

周成王诵十一年　约前1032年 ……………………………………………… (97)

周成王诵二十二年　约前1021年 …………………………………………… (99)

周康王钊元年　前1020年 …………………………………………………… (100)

周康王钊五年　前1016年 …………………………………………………… (101)

周康王钊六年　约前1015年 ………………………………………………… (101)

周康王钊十二年　约前1009年 ……………………………………………… (102)

周康王钊二十三年（鲁炀公熙元年）　前998年 ………………………… (102)

周康王钊二十五年　前996年 ……………………………………………… (102)

周昭王瑕十六年　前980年 ………………………………………………… (103)

周穆王满元年　前976年 …………………………………………………… (103)

周穆王满十二年　前965年 ………………………………………………… (104)

周穆王满十七年　前960年 …… (104)
周穆王满二十一年　前956年 …… (104)
周穆王满二十四年　前953年 …… (105)
周穆王满二十七年　前950年 …… (105)
周穆王满三十年　前947年 …… (105)
周穆王满三十四年　前943年 …… (106)
周穆王满五十一年　前926年 …… (106)
周穆王满五十五年（周共王繄扈元年）　前922年 …… (106)
周共王繄扈三年　前920年 …… (107)
周共王繄扈五年　前918年 …… (107)
周共王繄扈八年　前915年 …… (107)
周共王繄扈九年　前914年 …… (108)
周共王繄扈十二年　前911年 …… (108)
周共王繄扈十三年　前910年 …… (108)
周共王繄扈十五年　前908年 …… (108)
周共王繄扈二十年　前903年 …… (109)
周共王繄扈二十三年　前900年 …… (109)
周懿王囏元年　前899年 …… (109)
周懿王囏二年　前898年 …… (110)
周懿王囏七年　前893年 …… (110)
周懿王囏八年　前892年 …… (110)
周孝王辟方元年　前891年 …… (111)
周孝王辟方三年　前889年 …… (111)
周孝王辟方四年　前888年 …… (111)
周孝王辟方五年　前887年 …… (111)
周孝王辟方六年　前886年 …… (112)
周夷王燮元年　前885年 …… (112)
周夷王燮二年　前884年 …… (112)
周夷王燮三年　前883年 …… (112)
周夷王燮六年　前880年 …… (113)
周夷王燮八年　前878年 …… (113)
周厉王胡元年　前877年 …… (113)
周厉王胡三年　前875年 …… (114)
周厉王胡四年　前874年 …… (114)
周厉王胡五年　前873年 …… (114)
周厉王胡八年　前870年 …… (115)
周厉王胡十一年　前867年 …… (115)
周厉王胡十二年　前866年 …… (115)
周厉王胡十三年　前865年 …… (115)
周厉王胡十五年　前863年 …… (116)

周厉王胡十六年　前862年 …………………………………………………………………………（116）
周厉王胡二十六年　前852年 ………………………………………………………………………（116）
周厉王胡二十八年　前850年 ………………………………………………………………………（117）
周厉王胡三十一年　前847年 ………………………………………………………………………（117）
周厉王胡三十三年　前845年 ………………………………………………………………………（117）
周厉王胡三十四年　前844年 ………………………………………………………………………（117）
周厉王三十七年暨共和元年（鲁真公濞十五年　齐武公寿十年　晋靖侯宜臼十八年　秦秦
　　仲四年　楚熊勇七年　宋釐公举十八年　卫釐侯十四年　陈幽公宁十四年　蔡武侯
　　二十三年　曹夷伯喜二十四年　燕惠侯二十四年）　庚申　前841年 ……………（118）
周共和十四年　癸酉　前828年 ……………………………………………………………………（119）
周宣王静元年（楚熊霜元年）　甲戌　前827年 …………………………………………………（119）
周宣王静二年　乙亥　前826年 ……………………………………………………………………（120）
周宣王静三年　丙子　前825年 ……………………………………………………………………（120）
周宣王静五年　戊寅　前823年 ……………………………………………………………………（121）
周宣王静六年（晋献侯元年）　己卯　前822年 …………………………………………………（121）
周宣王静八年　辛巳　前820年 ……………………………………………………………………（122）
周宣王静九年　壬午　前819年 ……………………………………………………………………（122）
周宣王静十二年　乙酉　前816年 …………………………………………………………………（123）
周宣王静十三年　丙戌　前815年 …………………………………………………………………（124）
周宣王静十六年　己丑　前812年 …………………………………………………………………（124）
周宣王静十七年　庚寅　前811年 …………………………………………………………………（124）
周宣王静十八年　辛卯　前810年 …………………………………………………………………（125）
周宣王静二十年　癸巳　前808年 …………………………………………………………………（125）
周宣王静二十七年　庚子　前801年 ………………………………………………………………（125）
周宣王静三十二年　乙巳　前796年 ………………………………………………………………（125）
周宣王静三十九年　壬子　前789年 ………………………………………………………………（126）
周宣王静四十五年　戊午　前783年 ………………………………………………………………（126）
周宣王静四十六年　己未　前782年 ………………………………………………………………（127）
周幽王宫涅元年　庚申　前781年 …………………………………………………………………（128）
周幽王宫涅二年（晋文侯、陈夷公元年）　辛酉　前780年 ……………………………………（128）
周幽王宫涅三年　壬戌　前779年 …………………………………………………………………（129）
周幽王宫涅六年　乙丑　前776年 …………………………………………………………………（129）
周幽王宫涅八年　丁卯　前774年 …………………………………………………………………（130）
周幽王宫涅九年　戊辰　前773年 …………………………………………………………………（130）
周幽王宫涅十年　己巳　前772年 …………………………………………………………………（131）
周幽王宫涅十一年　己巳　前771年 ………………………………………………………………（133）

春秋 ……………………………………………………………………………………………………（135）
周平王宣臼元年（鲁孝公三十七年　秦襄公八年）　辛未　前770年 …………………………（137）
周平王宣臼三年（鲁惠公元年　郑武公四年）　癸酉　前768年 ………………………………（138）

周平王宣臼四年（鲁惠公二年　秦襄公十一年）　甲戌　前767年 ……………………（138）
周平王宣臼八年（鲁惠公六年　秦文公三年）　戊寅　前763年 ……………………（138）
周平王宣臼十一年（鲁惠公九年　晋文侯二十一年）　辛巳　前760年 ……………（139）
周平王宣臼十二年（鲁惠公十年）　壬午　前759年 ………………………………（139）
周平王宣臼十三年（鲁惠公十一年　卫武公五十六年）　癸未　前758年 …………（139）
周平王宣臼十八年（鲁惠公十六年　秦文公十三年　卫庄公五年）　戊子　前753年
　………………………………………………………………………………………（140）
周平王宣臼二十四年（鲁惠公二十二年）　甲午　前747年 ………………………（140）
周平王宣臼二十六年（鲁惠公二十四年　晋昭公元年）　丙申　前745年 …………（140）
周平王宣臼三十一年（鲁惠公二十九年　卫庄公十七年）　辛丑　前740年 ………（141）
周平王宣臼三十二年（鲁惠公三十年　晋昭公七年）　壬寅　前739年 ……………（142）
周平王宣臼三十六年（鲁惠公三十四年）　丙午　前735年 ………………………（142）
周平王宣臼四十八年（鲁惠公四十六年）　戊午　前723年 ………………………（142）
周平王宣臼四十九年（鲁隐公元年　郑庄公二十二年）　己未　前722年 …………（143）
周平王宣臼五十年（鲁隐公二年　卫桓公十四年）　庚申　前721年 ………………（143）
周平王宣臼五十一年（鲁隐公三年　郑庄公二十四年）　辛酉　前720年 …………（143）
周桓王林元年（鲁隐公四年　卫桓公十六年）　壬戌　前719年 ……………………（144）
周桓王林二年（鲁隐公五年　卫宣公元年）　癸亥　前718年 ………………………（145）
周桓王林三年（鲁隐公六年）　甲子　前717年 ……………………………………（145）
周桓王林五年（鲁隐公八年　郑庄公二十九年）　丙寅　前715年 …………………（146）
周桓王林八年（鲁隐公十一年　郑庄公三十二年）　己巳　前712年 ………………（146）
周桓王林十年（鲁桓公二年　宋庄公冯、燕宣侯元年）　辛未　前710年 …………（147）
周桓王林十四年（鲁桓公六年　郑庄公三十八年　晋侯潜、陈厉公元年）　乙亥　前706年
　………………………………………………………………………………………（147）
周桓王林十九年（鲁桓公十一年　郑庄公四十三年）　庚辰　前701年 ……………（148）
周桓王林二十年（鲁桓公十二年　郑厉公元年　楚武王四十一年　卫宣公十九年）　辛巳
　前700年 ……………………………………………………………………………（148）
周桓王林二十三年（鲁桓公十五年　齐襄公、秦武公、燕桓公元年）　甲申　前697年
　………………………………………………………………………………………（149）
周庄王佗元年（鲁桓公十六年　卫惠公四年）　乙酉　前696年 ……………………（149）
周庄王佗二年（鲁桓公十七年　郑厉公六年）　丙戌　前695年 ……………………（150）
周庄王佗三年（鲁桓公十八年　齐襄公四年）　丁亥　前694年 ……………………（150）
周庄王佗四年（鲁庄公元年　齐襄公五年）　戊子　前693年 ………………………（151）
周庄王佗七年（鲁庄公四年　齐襄公八年）　辛卯　前690年 ………………………（151）
周庄王佗十年（鲁庄公七年　齐襄公十一年）　甲午　前687年 ……………………（151）
周庄王佗十一年（鲁庄公八年　齐襄公十二年）　乙未　前686年 …………………（151）
周庄王佗十二年（鲁庄公九年　齐桓公元年）　丙申　前685年 ……………………（152）
周庄王佗十三年（鲁庄公十年）　丁酉　前684年 …………………………………（153）
周庄王佗十四年（鲁庄公十一年　齐桓公三年）　戊戌　前683年 …………………（154）
周釐王胡齐元年（鲁庄公十三年　齐桓公五年　宋桓公元年）　庚子　前681年 …（154）

周釐王胡齐二年（鲁庄公十四年　郑厉公二十二年　楚文王十年）　辛丑　前680年
　………………………………………………………………………………………………（155）
周釐王胡齐三年（鲁庄公十五年　齐桓公七年）　壬寅　前679年 …………………（155）
周惠王阆五年（鲁庄公二十二年）　己酉　前672年 ……………………………………（157）
周惠王阆六年（鲁庄公二十三年）　庚戌　前671年 ……………………………………（157）
周惠王阆七年（鲁庄公二十四年）　辛亥　前670年 ……………………………………（157）
周惠王阆十年（鲁庄公二十七年）　甲寅　前667年 ……………………………………（158）
周惠王阆十一年（鲁庄公二十八年）　乙卯　前666年 …………………………………（158）
周惠王阆十二年（鲁庄公二十九年）　丙辰　前665年 …………………………………（159）
周惠王阆十五年（鲁庄公三十二年）　己未　前662年 …………………………………（159）
周惠王阆十六年（鲁闵公元年　齐桓公二十五年　卫懿公八年）　庚申　前661年
　………………………………………………………………………………………………（159）
周惠王阆十七年（鲁闵公二年　卫文公元年　郑文公十三年）　辛酉　前660年 …（160）
周惠王阆十九年（鲁僖公二年　卫文公二年）　癸亥　前658年 ………………………（160）
周惠王阆二十二年（鲁僖公五年　晋献公二十二年）　丙寅　前655年 ………………（161）
周惠王阆二十四年（鲁僖公七年　齐桓公三十三年）　戊辰　前653年 ………………（161）
周襄王郑元年（鲁僖公八年　晋献公二十五年）　己巳　前652年 ……………………（162）
周襄王郑二年（鲁僖公九年　齐桓公三十五年）　庚午　前651年 ……………………（162）
周襄王郑六年（鲁僖公十三年　秦穆公十三年　晋惠公四年）　甲戌　前647年 …（163）
周襄王郑七年（鲁僖公十四年　齐桓公四十年）　乙亥　前646年 ……………………（163）
周襄王郑八年（鲁僖公十五年　晋惠公六年　齐桓公四十一年）　丙子　前645年
　………………………………………………………………………………………………（163）
周襄王郑九年（鲁僖公十六年　秦穆公十六年）　丁丑　前644年 ……………………（165）
周襄王郑十年（鲁僖公十七年　齐桓公四十三年）　戊寅　前643年 …………………（165）
周襄王郑十二年（鲁僖公十九年　宋襄公十年　卫文公十九年）　庚辰　前641年
　………………………………………………………………………………………………（166）
周襄王郑十三年（鲁僖公二十年　楚成王三十二年）　辛巳　前640年 ………………（166）
周襄王郑十四年（鲁僖公二十一年）　壬午　前639年 …………………………………（167）
周襄王郑十五年（鲁僖公二十二年　宋襄公十三年　楚成王三十四年）　癸未　前638年
　………………………………………………………………………………………………（167）
周襄王郑十六年（鲁僖公二十三年　晋惠公十四年）　甲申　前637年 ………………（168）
周襄王郑十七年（鲁僖公二十四年　晋文公、宋成公元年）　乙酉　前636年 ………（168）
周襄王郑十八年（鲁僖公二十五年　晋文公二年）　丙戌　前635年 …………………（169）
周襄王郑十九年（鲁僖公二十六年　齐孝公九年）　丁亥　前634年 …………………（169）
周襄王郑二十年（鲁僖公二十七年　楚成王三十九年　晋文公四年　宋成公四年）　戊子
　前633年 ……………………………………………………………………………………（169）
周襄王郑二十一年（鲁僖公二十八年　楚成王四十年　晋文公五年）　丁丑　前632年
　………………………………………………………………………………………………（170）
周襄王郑二十六年（鲁僖公三十三年　晋襄公、郑穆公元年　秦穆公三十三）　甲午　前
　627年 ………………………………………………………………………………………（170）

周襄王郑二十七年(鲁文公元年　秦穆公三十四年)　乙未　前626年 ………… (171)
周襄王郑二十八年(鲁文公二年　晋襄公三年　秦穆公三十五年　楚穆王元年)　丙申　前625年 …………………………………………………………………………… (171)
周襄王郑二十九年(鲁文公三年　秦穆公三十六年)　丁酉　前624年 ………… (172)
周襄王郑三十年(鲁文公四年　秦穆公三十七年)　戊戌　前623年 …………… (172)
周襄王郑三十一年(鲁文公五年　晋襄公六年)　己亥　前622年 ……………… (172)
周襄王郑三十二年(鲁文公六年　秦穆公三十九年　晋襄公七年)　庚子　前621年 ………………………………………………………………………………………… (173)
周襄王郑三十三年(鲁文公七年　晋灵公、秦康公元年)　辛丑　前620年 ………… (173)
周顷王壬臣五年(鲁文公十三年)　丁未　前614年 ……………………………… (174)
周匡王班元年(鲁文公十五年　齐懿公元年)　己酉　前612年 ………………… (174)
周匡王班二年(鲁文公十六年　楚庄王三年　蔡文公元年)　庚戌　前611年 …… (175)
周匡王班六年(鲁宣公二年　晋灵公十四年　郑穆公二十一年　宋文公四年)　甲寅　前607年 …………………………………………………………………………… (175)
周定王瑜元年(鲁宣公三年　楚庄王八年　晋成公元年)　乙卯　前606年 ……… (176)
周定王瑜二年(鲁宣公四年　郑灵公元年)　丙辰　前605年 …………………… (176)
周定王瑜三年(鲁宣公五年　楚庄王十年　郑襄公元年)　丁巳　前604年 ……… (176)
周定王瑜七年(鲁宣公九年)　辛酉　前600年 …………………………………… (177)
周定王瑜八年(鲁宣公十年　陈灵公十五年)　壬戌　前599年 ………………… (177)
周定王瑜九年(鲁宣公十一年　楚庄王十六年)　癸亥　前598年 ……………… (178)
周定王瑜十年(鲁宣公十二年　楚庄王十七年)　甲子　前597年 ……………… (178)
周定王瑜十一年(鲁宣公十三年　晋景公四年　卫穆公四年)　乙丑　前596年 … (178)
周定王瑜十五年(鲁宣公十七年　楚庄王二十二年)　己巳　前592年 ………… (179)
周定王瑜十六年(鲁宣公十八年　楚庄王二十三年)　庚午　前591年 ………… (179)
周定王瑜十八年(鲁成公二年　宋文公二十二年　晋景公十一年　齐顷公十年)　壬申　前589年 …………………………………………………………………………… (180)
周简王夷二年(鲁成公七年　吴王二年)　丁丑　前584年 ……………………… (181)
周简王夷三年(鲁成公八年　晋景公十七年)　戊寅　前583年 ………………… (181)
周简王夷四年(鲁成公九年　晋景公十八年　楚共王九年)　己卯　前582年 …… (181)
周简王夷五年(鲁成公十年　晋景公十九年)　庚辰　前581年 ………………… (182)
周简王夷八年(鲁成公十三年　晋厉公三年　秦桓公二十七年)　癸未　前578年 ………………………………………………………………………………………… (182)
周简王夷十年(鲁成公十五年)　乙酉　前576年 ………………………………… (182)
周简王夷十一年(鲁成公十六年　晋厉公六年　楚共王十六年)　丙戌　前575年 ………………………………………………………………………………………… (183)
周灵王泄心元年(鲁襄公二年　齐灵公十一年　楚共王十六年)　庚寅　前571年 ………………………………………………………………………………………… (183)
周灵王泄心二年(鲁襄公三年　晋悼公四年)　辛卯　前570年 ………………… (184)
周灵王泄心三年(鲁襄公四年)　壬辰　前569年 ………………………………… (185)
周灵王泄心四年(鲁襄公五年　楚共王二十三年)　癸巳　前568年 …………… (185)

周灵王泄心五年(鲁襄公六年 齐灵公十五年) 甲午 前567年 …………… (186)
周灵王泄心八年(鲁襄公九年 晋悼公十年) 丁酉 前564年 ……………… (186)
周灵王泄心九年(鲁襄公十年 宋平公十三年) 戊戌 前563年 …………… (186)
周灵王泄心十年(鲁襄公十一年 晋悼公十二年 宋平公十四年) 己亥 前562年
　…………………………………………………………………………………… (187)
周灵王泄心十二年(鲁襄公十三年 楚共王三十一年) 辛丑 前560年 ……… (187)
周灵王泄心十三年(鲁襄公十四年 晋悼公十五年) 壬寅 前559年 ………… (187)
周灵王泄心十四年(鲁襄公十五年 楚康王二年) 癸卯 前558年 …………… (188)
周灵王泄心十五年(鲁襄公十六年 晋平公元年) 甲辰 前557年 …………… (188)
周灵王泄心十六年(鲁襄公十七年 齐灵公二十六年) 乙巳 前556年 ……… (189)
周灵王泄心二十年(鲁襄公二十一年 齐庄公二年) 己酉 前552年 ………… (189)
周灵王泄心二十一年(鲁襄公二十二年) 庚戌 前551年 ……………………… (189)
周灵王泄心二十三年(鲁襄公二十四年 晋平公九年 郑简公十七年) 壬子 前549年
　…………………………………………………………………………………… (189)
周灵王泄心二十四年(鲁襄公二十五年 郑简公十八年 齐庄公六年) 癸丑 前548年
　…………………………………………………………………………………… (190)
周灵王泄心二十五年(鲁襄公二十六年 楚康王十三年) 甲寅 前547年 …… (191)
周灵王泄心二十六年(鲁襄公二十七年 宋平公三十年 晋平公十二年) 乙卯 前
　546年 …………………………………………………………………………… (191)
周灵王泄心二十七年(鲁襄公二十八年) 丙辰 前545年 ……………………… (192)
周景王贵元年(鲁襄公二十九年 齐景公四年) 丁巳 前544年 ……………… (192)
周景王贵三年(鲁襄公三十一年 郑简公二十四年) 己未 前542年 ………… (193)
周景王贵四年(鲁昭公元年 晋平公十七年 郑简公二十五年) 庚申 前541年
　…………………………………………………………………………………… (194)
周景王贵五年(鲁昭公二年 晋平公十八年 楚灵王元年) 辛酉 前540年 …… (194)
周景王贵六年(鲁昭公三年 齐景公九年 晋平公十九年) 壬戌 前539年 …… (195)
周景王贵七年(鲁昭公四年 郑简公二十八年) 癸亥 前538年 ……………… (195)
周景王贵八年(鲁昭公五年 晋平公二十一年) 甲子 前537年 ……………… (196)
周景王贵九年(鲁昭公六年 郑简公三十年 晋平公二十二年) 乙丑 前536年
　…………………………………………………………………………………… (196)
周景王贵十年(鲁昭公七年 郑简公三十一年) 丙寅 前535年 ……………… (197)
周景王贵十二年(鲁昭公九年 晋平公二十五年) 戊辰 前533年 …………… (197)
周景王贵十三年(鲁昭公十年) 己巳 前532年 ………………………………… (198)
周景王贵十四年(鲁昭公十一年 晋昭公、宋元公元年) 庚午 前531年 ……… (198)
周景王贵十五年(鲁昭公十二年 楚灵王十一年 蔡平侯、吴王余昧元年) 辛未 前
　530年 …………………………………………………………………………… (198)
周景王贵十六年(鲁昭公十三年 郑定公元年) 壬申 前529年 ……………… (199)
周景王贵十七年(鲁昭公十四年 晋昭公四年 楚平王、燕共公元年) 癸酉 前528年
　…………………………………………………………………………………… (199)
周景王贵二十年(鲁昭公十七年 晋顷公元年) 丙子 前525年 ……………… (200)

周景王贵二十一年(鲁昭公十八年　郑定公六年)　丁丑　前524年 …………(201)
周景王贵二十二年(鲁昭公十九年)　戊寅　前523年 ……………………(202)
周景王贵二十三年(鲁昭公二十年　齐景公二十六年)　己卯　前522年 …………(202)
周景王贵二十四年(鲁昭公二十一年)　庚辰　前521年 …………………(204)
周景王贵二十五年(周悼王猛元年　鲁昭公二十二年)　辛巳　前520年 …(205)
周敬王匄二年(鲁昭公二十四年)　癸未　前518年 ………………………(206)
周敬王匄三年(鲁昭公二十五年)　甲申　前517年 ………………………(208)
周敬王匄四年(鲁昭公二十六年　齐景公三十二年)　乙酉　前516年 …………(208)
周敬王匄五年(鲁昭公二十七年　楚昭王元年)　丙戌　前515年 ……………(209)
周敬王匄六年(鲁昭公二十八年　晋顷公十二年)　丁亥　前514年 …………(209)
周敬王匄七年(鲁昭公二十九年　晋顷公十三年)　戊子　前513年 …………(209)
周敬王匄八年(鲁昭公三十年　吴王阖闾三年)　己丑　前512年 ……………(210)
周敬王匄九年(鲁昭公三十一年)　庚寅　前511年 ………………………(211)
周敬王匄十年(鲁昭公三十二年)　辛卯　前510年 ………………………(211)
周敬王匄十一年(鲁定公元年)　壬辰　前509年 …………………………(212)
周敬王匄十三年(鲁定公三年)　甲午　前507年 …………………………(213)
周敬王匄十四年(鲁定公四年　秦哀公三十一年)　乙未　前506年 ………(213)
周敬王匄十五年(鲁定公五年)　丙申　前505年 …………………………(214)
周敬王匄十六年(鲁定公六年)　丁酉　前504年 …………………………(215)
周敬王匄十七年(鲁定公七年)　戊戌　前503年 …………………………(215)
周敬王匄十八年(鲁定公八年)　己亥　前502年 …………………………(215)
周敬王匄十九年(鲁定公九年　郑献公十三年)　庚子　前501年 ……………(216)
周敬王匄二十年(鲁定公十年　齐景公四十八年)　辛丑　前500年 …………(217)
周敬王匄二十一年(鲁定公十一年)　壬寅　前499年 ……………………(218)
周敬王匄二十二年(鲁定公十二年)　癸卯　前498年 ……………………(218)
周敬王匄二十三年(鲁定公十三年　晋定公十五年)　甲辰　前497年 ………(219)
周敬王匄二十四年(鲁定公十四年)　乙巳　前496年 ……………………(220)
周敬王匄二十七年(鲁哀公二年)　戊申　前493年 ………………………(220)
周敬王匄二十八年(鲁哀公三年)　己酉　前492年 ………………………(221)
周敬王匄二十九年(鲁哀公四年)　庚戌　前491年 ………………………(222)
周敬王匄三十一年(鲁哀公六年)　壬子　前489年 ………………………(223)
周敬王匄三十二年(鲁哀公七年)　癸丑　前488年 ………………………(224)
周敬王匄三十三年(鲁哀公八年)　甲寅　前487年 ………………………(224)
周敬王匄三十六年(鲁哀公十一年)　丁巳　前484年 ……………………(224)
周敬王匄三十七年(鲁哀公十二年)　戊午　前483年 ……………………(228)
周敬王匄三十八年(鲁哀公十三年)　己未　前482年 ……………………(229)
周敬王匄三十九年(鲁哀公十四年)　庚申　前481年 ……………………(229)
周敬王匄四十年(鲁哀公十五年)　辛酉　前480年 ………………………(230)
周敬王匄四十一年(鲁哀公十六年)　壬戌　前479年 ……………………(231)
周敬王匄四十四年(鲁哀公十九年)　乙丑　前476年 ……………………(234)

战国 ……………………………………………………………………………………………………（237）

周元王元年　丙寅　前475年 …………………………………………………………（240）
周元王二年　丁卯　前474年 …………………………………………………………（242）
周元王三年　戊辰　前473年 …………………………………………………………（242）
周元王四年　己巳　前472年 …………………………………………………………（244）
周元王五年　庚午　前471年 …………………………………………………………（245）
周元王六年　辛未　前470年 …………………………………………………………（245）
周元王七年　壬申　前469年 …………………………………………………………（246）
周贞定王元年　癸酉　前468年 ………………………………………………………（246）
周贞定王二年　甲戌　前467年 ………………………………………………………（247）
周贞定王三年　乙亥　前466年 ………………………………………………………（247）
周贞定王四年　丙子　前465年 ………………………………………………………（248）
周贞定王六年　戊寅　前463年 ………………………………………………………（248）
周贞定王七年　己卯　前462年 ………………………………………………………（249）
周贞定王八年　庚辰　前461年 ………………………………………………………（249）
周贞定王十一年　癸未　前458年 ……………………………………………………（249）
周贞定王十二年　甲申　前457年 ……………………………………………………（250）
周贞定王十三年　乙酉　前456年 ……………………………………………………（251）
周贞定王十四年　丙戌　前455年 ……………………………………………………（251）
周贞定王十六年　戊子　前453年 ……………………………………………………（251）
周贞定王十八年　庚寅　前451年 ……………………………………………………（252）
周贞定王十九年　辛卯　前450年 ……………………………………………………（253）
周贞定王二十年　壬辰　前449年 ……………………………………………………（255）
周贞定王二十一年　癸巳　前448年 …………………………………………………（255）
周贞定王二十二年　甲午　前447年 …………………………………………………（255）
周贞定王二十三年　乙未　前446年 …………………………………………………（256）
周贞定王二十四年　丙申　前445年 …………………………………………………（256）
周贞定王二十五年　丁酉　前444年 …………………………………………………（259）
周贞定王二十六年　戊戌　前443年 …………………………………………………（259）
周考王元年　辛丑　前440年 …………………………………………………………（259）
周考王二年　壬寅　前439年 …………………………………………………………（260）
周考王五年　乙巳　前436年 …………………………………………………………（260）
周考王七年　丁未　前434年 …………………………………………………………（262）
周考王八年　戊申　前433年 …………………………………………………………（262）
周考王十年　庚戌　前431年 …………………………………………………………（263）
周考王十五年　乙卯　前426年 ………………………………………………………（263）
周威烈王四年　己未　前422年 ………………………………………………………（263）
周威烈王六年　辛酉　前420年 ………………………………………………………（264）
周威烈王九年　甲子　前417年 ………………………………………………………（265）
周威烈王十七年　壬申　前409年 ……………………………………………………（265）

周威烈王十八年　癸酉　前408年	(265)
周威烈王二十年　乙亥　前406年	(266)
周威烈王二十一年　丙子　前405年	(266)
周威烈王二十二年　丁丑　前404年	(267)
周威烈王二十三年　戊寅　前403年	(267)
周威烈王二十四年　己卯　前402年	(268)
周安王二年　辛巳　前400年	(269)
周安王五年　甲申　前397年	(270)
周安王六年　乙酉　前396年	(270)
周安王七年　丙戌　前395年	(271)
周安王八年　丁亥　前394年	(273)
周安王九年　戊子　前393年	(273)
周安王十二年　辛卯　前390年	(273)
周安王十五年　甲午　前387年	(274)
周安王十七年　丙申　前385年	(275)
周安王十八年　丁酉　前384年	(275)
周安王二十年　己亥　前382年	(276)
周安王二十一年　庚子　前381年	(276)
周安王二十二年　辛丑　前380年	(277)
周安王二十四年　癸卯　前378年	(278)
周安王二十六年　乙巳　前376年	(278)
周烈王元年　丙午　前375年	(281)
周烈王二年　丁未　前374年	(281)
周烈王三年　戊申　前373年	(282)
周烈王四年　己酉　前372年	(282)
周烈王六年　辛亥　前370年	(283)
周烈王七年　壬子　前369年	(284)
周显王元年　癸丑　前368年	(284)
周显王二年　甲寅　前367年	(285)
周显王五年　丁巳　前364年	(285)
周显王七年　己未　前362年	(286)
周显王八年　庚申　前361年	(287)
周显王九年　辛酉　前360年	(288)
周显王十年　壬戌　前359年	(289)
周显王十一年　癸亥　前358年	(290)
周显王十二年　甲子　前357年	(291)
周显王十三年　乙丑　前356年	(292)
周显王十四年　丙寅　前355年	(292)
周显王十五年　丁卯　前354年	(293)
周显王十六年　戊辰　前353年	(294)

周显王十七年　己巳　前352年	(296)
周显王十八年　庚午　前351年	(297)
周显王十九年　辛未　前350年	(298)
周显王二十年　壬申　前349年	(299)
周显王二十一年　癸酉　前348年	(300)
周显王二十三年　乙亥　前346年	(301)
周显王二十五年　丁丑　前344年	(302)
周显王二十七年　己卯　前342年	(304)
周显王二十八年　庚辰　前341年	(306)
周显王二十九年　辛巳　前340年	(307)
周显王三十年　壬午　前339年	(308)
周显王三十一年　癸未　前338年	(309)
周显王三十二年　甲申　前337年	(310)
周显王三十三年　乙酉　前336年	(311)
周显王三十四年　丙戌　前335年	(311)
周显王三十五年　丁亥　前334年	(312)
周显王三十六年　戊子　前333年	(313)
周显王三十七年　己丑　前332年	(316)
周显王三十九年　辛卯　前330年	(318)
周显王四十年　壬辰　前329年	(319)
周显王四十一年　癸巳　前328年	(319)
周显王四十二年　甲午　前327年	(320)
周显王四十三年　乙未　前326年	(320)
周显王四十四年　丙申　前325年	(321)
周显王四十五年　丁酉　前324年	(321)
周显王四十六年　戊戌　前323年	(322)
周显王四十七年　己亥　前322年	(324)
周显王四十八年　庚子　前321年	(326)
周慎靓王元年　辛丑　前320年	(327)
周慎靓王二年　壬寅　前319年	(329)
周慎靓王三年　癸卯　前318年	(332)
周慎靓王四年　甲辰　前317年	(336)
周慎靓王五年　乙巳　前316年	(337)
周慎靓王六年　丙午　前315年	(339)
周赧王元年　丁未　前314年	(340)
周赧王二年　戊申　前313年	(343)
周赧王三年　己酉　前312年	(346)
周赧王四年　庚戌　前311年	(350)
周赧王五年　辛亥　前310年	(353)
周赧王六年　壬子　前309年	(356)

周赧王七年 癸丑 前308年	(357)
周赧王八年 甲寅 前307年	(358)
周赧王九年 乙卯 前306年	(359)
周赧王十年 丙辰 前305年	(360)
周赧王十一年 丁巳 前304年	(362)
周赧王十二年 戊午 前303年	(362)
周赧王十三年 己未 前302年	(363)
周赧王十四年 庚申 前301年	(367)
周赧王十五年 辛酉 前300年	(369)
周赧王十六年 壬戌 前299年	(371)
周赧王十七年 癸亥 前298年	(373)
周赧王十九年 乙丑 前296年	(374)
周赧王二十年 丙寅 前295年	(375)
周赧王二十一年 丁卯 前294年	(376)
周赧王二十二年 戊辰 前293年	(377)
周赧王二十五年 辛未 前290年	(378)
周赧王二十六年 壬申 前289年	(379)
周赧王二十七年 癸酉 前288年	(381)
周赧王二十八年 甲戌 前287年	(383)
周赧王二十九年 乙亥 前286年	(385)
周赧王三十年 丙子 前285年	(387)
周赧王三十一年 丁丑 前284年	(388)
周赧王三十二年 戊寅 前283年	(391)
周赧王三十四年 庚辰 前281年	(392)
周赧王三十五年 辛巳 前280年	(393)
周赧王三十六年 壬午 前279年	(393)
周赧王三十七年 癸未 前278年	(395)
周赧王三十八年 甲申 前277年	(395)
周赧王三十九年 乙酉 前276年	(396)
周赧王四十年 丙戌 前275年	(396)
周赧王四十二年 戊子 前273年	(398)
周赧王四十四年 庚寅 前271年	(399)
周赧王四十五年 辛卯 前270年	(399)
周赧王四十六年 壬辰 前269年	(400)
周赧王四十九年 乙未 前266年	(401)
周赧王五十年 丙申 前265年	(402)
周赧王五十二年 戊戌 前263年	(402)
周赧王五十五年 辛丑 前260年	(403)
周赧王五十六年 壬寅 前259年	(404)
周赧王五十七年 癸卯 前258年	(405)

周赧王五十八年　甲辰　前257年 …………………………………………（407）
周赧王五十九年　乙巳　前256年 …………………………………………（408）
秦昭襄王五十二年　丙午　前255年 ………………………………………（408）
秦昭襄王五十三年　丁未　前254年 ………………………………………（410）
秦昭襄王五十六年　庚戌　前251年 ………………………………………（410）
秦孝文王元年　辛亥　前250年 ……………………………………………（411）
秦庄襄王元年　壬子　前249年 ……………………………………………（412）
秦庄襄王三年　甲寅　前247年 ……………………………………………（412）
秦王政元年　乙卯　前246年 ………………………………………………（413）
秦王政二年　丙辰　前245年 ………………………………………………（414）
秦王政三年　丁巳　前244年 ………………………………………………（415）
秦王政四年　戊午　前243年 ………………………………………………（416）
秦王政五年　己未　前242年 ………………………………………………（416）
秦王政七年　辛酉　前240年 ………………………………………………（416）
秦王政八年　壬戌　前239年 ………………………………………………（418）
秦王政九年　癸亥　前238年 ………………………………………………（418）
秦王政十年　甲子　前237年 ………………………………………………（420）
秦王政十一年　乙丑　前236年 ……………………………………………（420）
秦王政十二年　丙寅　前235年 ……………………………………………（421）
秦王政十四年　戊辰　前233年 ……………………………………………（422）
秦王政十五年　己巳　前232年 ……………………………………………（423）
秦王政十六年　庚午　前231年 ……………………………………………（423）
秦王政十九年　癸酉　前228年 ……………………………………………（423）
秦王政二十年　甲戌　前227年 ……………………………………………（424）
秦王政二十一年　乙亥　前226年 …………………………………………（425）
秦王政二十二年　丙子　前225年 …………………………………………（425）
秦王政二十三年　丁丑　前224年 …………………………………………（426）
秦王政二十四年　戊寅　前223年 …………………………………………（426）
秦王政二十五年　己卯　前222年 …………………………………………（427）

秦 ……………………………………………………………………………（433）
秦始皇帝嬴政二十六年　庚辰　前221年 …………………………………（434）
秦始皇帝嬴政二十七年　辛巳　前220年 …………………………………（437）
秦始皇帝嬴政二十八年　壬午　前219年 …………………………………（437）
秦始皇帝嬴政二十九年　癸未　前218年 …………………………………（440）
秦始皇帝嬴政三十年　甲申　前217年 ……………………………………（442）
秦始皇帝嬴政三十一年　乙酉　前216年 …………………………………（443）
秦始皇帝嬴政三十二年　丙戌　前215年 …………………………………（444）
秦始皇帝嬴政三十三年　丁亥　前214年 …………………………………（444）
秦始皇帝嬴政三十四年　戊子　前213年 …………………………………（445）

秦始皇帝嬴政三十五年	己丑	前212年	(446)
秦始皇帝嬴政三十六年	庚寅	前211年	(448)
秦始皇帝嬴政三十七年	辛卯	前210年	(448)
秦二世胡亥元年	壬辰	前209年	(450)
秦二世胡亥二年	癸巳	前208年	(453)
秦二世胡亥三年	甲午	前207年	(455)

征引及主要参考文献 .... (459)
人物索引 .... (469)
著作索引 .... (477)
后记 .... (485)

先秦卷(上古至前221年)

按：在文化、文明、学术源起进程中，中国上古学术渐次由隐而显，由虚而实，由微而宏，遂有元初宽泛意义上的学术之诞生。根据编年体编纂体例的基本要求，本书自然应以传世文献记载为主体，并以确切的学术系年为发端，然而由于上古时代长期处于潜学术、泛学术阶段，兼之传世之文献严重匮乏，且多有歧义，故极有必要参照和吸收口传文献与考古成果作为补充，藉次三者共同推绎中国上古时代学术发生发展之进程与实绩。

作为历史文献记载之前最为重要的口传文献，神话在聚积人类早期文化智慧以及反映潜学术之进化方面，具有其他文献无可替代的重要功能与价值。德国民族学家施米茨认为，世界上每一个民族都曾以神话解答以下三个问题：一是宇宙是如何产生的？二是人类是如何产生的？三是文化是如何产生的？此类以神话构成解答方式的宇宙、人类与文化起源论，亦未尝不可以视为人类元初之学术。以此观之于华夏始祖伏羲氏与女娲氏之兄妹通婚，繁衍后代，以及伏羲氏之作八卦，造书契，定历法，制礼乐，女娲氏之炼石补天，抟土造人，皆与宇宙、人类及文化起源论相关涉，其中诸多有关文化发明与创造之内容，实乃远古初期学术之主体。鉴此，本书姑以"传说时代"作为中国学术编年之始。同时又根据王国维先生提出的"二重证据法"，努力借鉴考古发现及其年代测定之成果，将文明起源考古材料附于相关条目下，裨与"传说时代"的相关文献记录(包括口传文献)相参照。自夏及其之后，本书仍陆续附记一些有关出土文献资料条目，以此强化相关信息量和弥补某些史料年代难以确定的缺憾。

传说时代

按:"传说时代"亦即夏代立国之前的"三皇五帝"时代。据文献相传有关"三皇"与"五帝"各具代表性的五种说法,则上自燧人氏下迄虞舜,大约与新石器时代相当,其中晚期已进入"文明时代"。

夏代立国前的"三皇五帝"时代是传说时代还是历史时代,学界观点不一。许顺湛认为,徐旭生撰《中国古史的传说时代》,虽然书名为"传说时代",实际上是在研究历史时代。五帝时代是历史时代,三皇时代为前五帝时代,其中炎帝时代是三皇时代向五帝时代过渡的一个阶段。"五帝"即《史记·五帝本纪》所指黄帝、颛顼、帝喾、唐尧、虞舜。五帝时代是中国文明的初级阶段,黄帝时代是中国文明的源头(见《五帝时代研究》自序,中州古籍出版社2005年2月)。

今暂依传统说法,列"三皇五帝"为传说时代,于"三皇五帝"诸说及相传著述作一概述之后,即以燧人氏为始而终于虞舜,钩稽罗列与学术文化相关之内容,以之与夏代相衔接。

三　皇

汉族神话传说之远古首领。大致有五种说法：

(1) 燧人、伏羲、神农。

按：《尚书大传》："遂人为遂皇，伏羲为戏皇，神农为农皇也。遂人以火纪，火，太阳也。阳尊，故托遂皇于天。伏羲以人事纪，故托戏皇于人。盖天非人不因，人非天不成也。神农悉地力，种粢疏，故托农皇于地。天地人之道备，而三五之运兴矣。"《礼记·曲礼》疏引《甄耀度》："数燧人、伏羲、神农为三皇。"

(2) 伏羲、女娲、神农。

按：《春秋纬》中的《运斗枢》与《元命苞》篇持此说。《风俗通·皇霸篇》引《春秋运斗枢》说："伏羲、女娲、神农，是三皇也。皇者，天。天不言，四时行焉，百物生焉。三皇垂拱无为，设言而民不违，道德玄泊，有似皇天，故称曰皇。"《文选·东都赋》李善注引《春秋元命苞》曰："伏羲、女娲、神农为三皇。"郦道元《水经注·渭水》依此说曰："庖牺之后，有帝女娲焉，与神农为三皇矣。"由于女娲有补天、造人等神话传说，故此三皇说颇为人所信，唐司马贞为《史记》作《补三皇本纪》即承此说。

(3) 伏羲、祝融、神农。

按：《风俗通·皇霸篇》引《礼号谥记》谓三皇为"伏羲、祝融、神农"。《白虎通义》亦曰："三皇者何谓也？……或曰伏羲、神农、祝融也。《礼》曰：'伏羲、神农、祝融，三皇也。'"惟次序有所不同。

(4) 伏羲、神农、共工。

按：此说见于《资治通鉴外纪》卷一，其文末刘恕识语曰："《白虎通》以祝融，或以共工同牺、农为三王。"刘起釪《几次组合纷纭复杂的"三皇五帝"》（载《古史续辨》第92—119页）认为今本《白虎通义》不见以共工为三皇之文，如果此"或"字系指另一书，则不详其何所指，无由知其书名，则此一三皇已不知其详了。

(5) 伏羲、神农、黄帝。

按：伪《古文尚书·序》曰："伏牺、神农、黄帝之书，谓之《三坟》，言大道也。"孔颖达《尚书正义》释云："坟，大也。以所论三皇之事，其道至大，故曰'言大道也'。"西晋皇甫谧《帝王世纪》承其说。

五　帝

汉族传说中之远古首领。大致也有五种说法：

(1) 大皞（伏羲）、炎帝（神农）、黄帝、少皞、颛顼。

公元前4300年，美索不达米亚，苏美尔人的早期城镇出现。

公元前4241年，埃及人制历法。

公元前3500年，苏美尔人始大建神庙。

苏美尔人约于此间使用轮式运载工具及青铜犁。

公元前3400年，埃及大一统。第一王朝始。

苏美尔人创制象形字符；埃及象形文字也约于此间产生。

公元前3000年，苏美尔城邦国家形成。

人类始制盐。

公元前2900年，苏美尔早期国家始。

公元前2890年，埃及第二王朝始。

公元前2800年，埃及人约于此前始制木乃伊。

公元前2700年，苏美尔城邦拉格什建宁吉尔苏神庙于吉尔苏。

公元前2686年，埃及第三王朝始，进入古王国时期，后迁都孟菲斯，

| 公元前 2613 年，苏美尔拉格什国王恩赫伽尔约于此间在位。埃及第四王朝始。

公元前 2589 年，建胡夫金字塔。

公元前 2558 年，建哈夫拉金字塔及狮身人面像。

公元前 2500 年，底格里斯河中游阿尔舒城邦兴起，古亚述时期始。

中亚约于此时始驯化马。

西亚象形文字演变为楔形文字。

公元前 2494 年，埃及第五王朝始。

公元前 2454 年，拉格什成为苏美尔诸邦之霸主。

公元前 2378 年，苏美尔拉格什乌鲁卡基那改革始，拉格什渐衰，后遂为温马国王卢伽尔扎吉西征服。

公元前 2350 年，印度河流域文明约始于此时。

公元前 2347 年，阿卡德王萨尔贡一世灭卢伽尔扎吉西，统一巴比伦尼亚。

公元前 2345 年，埃及第六王朝始。

公元前 2291 年，阿卡德王国极盛。

公元前 2250 年，统一的埃兰王国建。

埃及太阳神崇拜（拉神）遂流行。

按：《吕氏春秋·十二纪》曰："孟春之月，……其帝太皞，其神句芒。……孟夏之月，……其帝炎帝，其神祝融。……季夏之月，……其帝黄帝，其神后土。……孟秋之月，……其帝少皞，其神蓐收。……孟冬之月，……其帝颛顼，其神玄冥。"《礼记·月令》所记全同。《淮南子·时则训》亦全承此说，"炎帝"作"赤帝"，并以五帝与五神分司五方。而《淮南子·天文训》则又以为是五星之帝，太皞、炎帝、黄帝、少皞、颛顼分别配木、火、土、金、水五星。

（2）黄帝、颛顼、帝喾、帝尧、帝舜。

按：《大戴礼记·五帝德》曰："黄帝，少典之子也，曰轩辕……（颛顼）黄帝之孙，昌意之子也，曰高阳……（帝喾）玄嚣之孙，蟜极之子也，曰高辛……（帝尧）高辛之子也，曰放勋……（帝舜）蟜牛之孙，瞽瞍之子也，曰重华。"《国语·鲁语》曰："黄帝能成命百物以明民共财，颛顼能修之，帝喾能序三辰以固民，尧能单均刑法以仪民，舜勤民事而野死。"《吕氏春秋·古乐》所叙古帝在禹前者亦此五帝，其《尊师篇》亦同。《史记·五帝本纪》所记五帝亦同。

（3）少昊（皞）、颛顼、高辛（帝喾）、唐尧、虞舜。

按：伪《古文尚书·序》曰："伏牺、神农、黄帝之书，谓之《三坟》，言大道也。少昊、颛顼、高辛、唐、虞之书，谓之《五典》，言常道也。"孔颖达《尚书正义》释曰："坟，大也。以所论三皇之事，其道至大，故曰'言大道也'，以典者常也，言五帝之道可以百代常行，故曰'言常道也'。……故孔君以黄帝上数为皇，少昊为五帝之首耳。"西晋皇甫谧《帝王世纪》承其说。此说虽与《史记》所载之五帝说相冲突，由于"经"重于"史"，故亦为人所尊信。《旧唐书·玄宗本纪》记天宝六载，"于京城置三皇五帝庙，以时享祭。"赵翼《陔余丛考》卷一六"三皇五帝"条曰："唐天宝中祀三皇则伏牺、神农、黄帝，五帝则少昊、颛顼、高辛、唐尧、虞舜，盖用颖达之说。"故历代史籍多承此说。

（4）庖牺、神农、黄帝、帝尧、帝舜。

按：《战国策·赵策二》曰："帝王不相袭，何礼之循？宓戏、神农，教而不诛；黄帝、尧、舜，诛而不怒。及至三王，观时而制法，因事而制礼。"以五帝置于三王（皇）之前。《易·系辞下》曰："古者包牺氏之王天下也，仰则观象于天，俯则观法于地。……包牺氏没，神农氏作。……神农氏没，黄帝、尧、舜氏作。"

（5）黄帝、少昊、颛顼、帝喾、帝尧。

按：持此说者，为晚至南朝的梁武帝。《资治通鉴外纪》引录其说曰："梁武帝以伏牺、神农、燧人为三皇，黄帝、少皞、颛顼、帝喾、帝尧为五帝，而曰'舜非三王，亦非五帝，与三王为四代而已'。"孔颖达《尚书·序》正义已引梁说，但批驳了此说。其文曰："梁主云《书》起轩辕，同以燧人为皇。其五帝自黄帝至尧而止。知帝不可以过五，故曰'舜非三王，亦非五帝，与三王为四代而已'。其言与《诗》之为体，不《雅》则《风》，除皇已下，不王则帝，何有非王非帝，以为何人乎？《典》、《谟》皆云'帝曰'，非帝如何？"

相传为三皇五帝之"遗书"有《三坟》、《五典》、《八索》、《九丘》。

按：伪《古文尚书·序》曰："伏牺、神农、黄帝之书，谓之《三坟》，言大道也。少昊、颛顼、高辛、唐、虞之书，谓之《五典》，言常道也。……八卦之说，谓之《八索》，求其义也。九州之志，谓之《九丘》。丘，聚也。言九州所有，土地所生，风气所宜，皆聚此书也。《春秋左氏传》曰：'楚左史倚相能读《三坟》、《五典》、《八索》、《九丘》。'即谓上世帝王遗书也。"《书序》说《三坟》为三皇之书，《五典》为五帝之书，今人多有所疑，难以据信。《左传》所记，在昭公十二年。

燧人氏

燧人氏为传说中人工取火的发明者。始见于韩非、庄周等人的著作中。《韩非子·五蠹》曰："民食果蓏蚌蛤，腥臊恶臭，而伤害腹胃，民多疾病。有圣人作，钻燧取火，以化腥臊，而民说之，使王天下，号之曰燧人氏。"又传燧人氏始作结绳之政，立传教之台。

按：《白虎通义·号》曰："谓之燧人何？钻木燧取火，教民熟食；养人利性，避臭去毒，谓之燧人也。"《太平御览》卷七八引《礼含文嘉》曰："燧人始钻木取火，炮生为熟，令人无腹疾，有异于禽兽，遂天之意，故谓燧人。"钻木取火乃先民同大自然斗争过程中的一次重大胜利。我国晚期智人阶段的"河套人"、"山顶洞人"等都有可能掌握人工取火技术。

传燧人氏上钻木取火。

按：《太平御览》卷八六九引《尸子》。又《太平御览》卷八六九引《博物志》(今本无)曰："燧人钻木而造火。"《艺文类聚》卷八七引《九州论》曰："燧人氏夏取枣杏之火。"

传燧人氏始造火灶，作燔炙。

按：《说郛》卷五九曰："古者茹毛饮血，燧人初作燧火，人始燔炙。"

传燧人氏始作结绳之政，立传教之台。

按：相传燧人氏始作结绳，此在学术史上的意义，在于结绳为前文字时期古人普遍使用的记事方法之一，人类学、民族学及古文字学已证明之。结绳记事可视为文明产生的标志之一。

传燧人氏始名物虫鸟兽。

按：见《绎史》卷三引《春秋命历序》。

伏羲氏

伏羲氏一作伏戏、宓羲、包牺、庖牺，亦称牺皇、皇羲等。相传伏羲与女娲兄妹通婚，繁衍后代，遂为人类始祖。一说伏羲即太昊（皞），为古代东夷首领，先居于陈，后来发展至黄河下游。春秋时期济水流域的任、宿、须、颛臾，据说即太昊后裔。太昊以龙命名，以龙为氏族图腾。《绎史》卷三引《帝王世纪》曰："燧人氏没，庖牺氏代之，继天而王，首德于木，为百王先。"因居东方，被奉为东方之神，即木神。

公元前 2254 年，阿卡德末王沙尔卡里沙约于此时即位，王国衰败。

阿卡德语楔形文字形成。

公元前 2230 年，库提人自伊朗高原扎格罗斯山区来，遂灭阿卡德王国。

公元前 2181 年，埃及第七王朝始，进入第一中间期(至第十王朝)。

公元前 2133 年，埃及大一统，建第十一王朝，定都底比斯，中王国时期始。底比斯卡纳克神庙约建于此时，太阳神遂以底比斯神祇名称阿蒙·拉神。

公元前 2120 年，乌鲁克王乌图赫加尔逐库提人，光复美索不达米亚。

《苏美尔王表》约于此时编成。

公元前 2113 年，乌尔王乌尔纳姆及乌鲁克战，遂建乌尔第三王朝，后统一美索不达米亚南部，苏美尔复兴。

建乌尔城月神南纳塔神庙。

公元前2100年，苏美尔人约于此时使用乘法表，应用60进位制算法。

《乌尔纳姆法典》颁布。

公元前2095年，乌尔王国极盛。

按：《通志·三皇纪》引《春秋世谱》曰："华胥生男子为伏羲，女子为女娲。"司马贞《史记·补三皇本纪》曰："太皞庖牺氏，风姓，代燧人氏继天而王。母曰华胥，履大人迹于雷泽，而生庖牺于成纪，蛇身人首，有圣德。……结网罟以教佃渔，故曰宓牺氏。养牺牲以庖厨，故曰庖牺。有龙瑞，以龙纪官，号曰龙师。作三十五弦之瑟，木德王，注春令。故《易》称帝出乎震，《月令》：'孟春，其帝太皞'是也。都于陈，东封太山，立百一十一年崩。"《天中记》卷二二引《帝系谱》曰："伏羲人头蛇身。"同卷引《帝王世纪》曰："庖羲须垂委地。"《艺文类聚》卷一七引《孝经援神契》曰："伏牺大目。"汉代画像砖、壁画、帛画以及铜镜等，多有伏羲及女娲之图像，均为人首蛇身。故学者多以为伏羲、女娲代表之方族为龙图腾部族，且为中华龙之源头。

传伏羲为司东方之神，句芒佐之，执规而治春，是为木神。又传句芒始作罗网。

按：《淮南子·天文训》曰："东方木也，其帝太皞，其佐句芒，执规而治春；其神为岁星，其兽苍龙，其音角，其日甲乙。"《尚书大传·鸿范》曰："东方之极，自碣石东至日出榑木之野，帝太皞神句芒司之。"《淮南子·时则训》曰："东方之极，自碣石山，过朝鲜，贯大人之国，东至日出之次，榑木之地，青土树木之野，太皞、句芒之所司者万二千里。"《山海经·海外东经》曰："东方句芒，鸟身人面，乘两龙。"郭璞注："木神也，方面素服。"《礼记·月令》疏："是句芒者，主木之官，木初生之时，句屈而有芒角，故云句芒。"又《吕氏春秋·孟春》高诱注则以句芒即少皞氏颛顼时臣重，谓"句芒，少皞氏之裔子曰重，佐木德之帝，死为木官之神。"句芒作罗、网即以网罗教人民捕鸟事，宋高承《事物纪原》引《世本》曰："包牺？臣句芒作罗。罗，鸟罟也。"

传伏羲结绳为网，教民田渔。

按：《周易·系辞下传》曰："古者包牺氏……作结绳而为罔罟，以佃以渔。"《太平御览》卷八三二引《尸子》曰："宓羲氏之世，天下多兽，故教民以猎也。"又卷九四八引《抱朴子》曰："太昊师蜘蛛而结网。"由此推测，伏羲大约处于远古渔猎经济之初步发展时期。

传伏羲登建木而上下于天。

按：《山海经·海内经》曰："有木，青叶紫茎，玄华黄实，名曰'建木'，百仞无枝。有九欘，下有九枸，其实如麻，其叶如芒。太皞爰过，黄帝所为。"又《海内南经》曰："有木，其状如牛，引之有皮，若缨、黄蛇。其叶如罗，其实如栾，其木若蓲，其名曰'建木'。在窫窳西、弱水上。"《淮南子·地形训》曰："建木在都广，众帝所自上下。日中无景，呼而无响，盖天地之中也。"故有学者以为，此"建木"即众神藉以上下于天之"天梯"，在世界各民族神话中屡屡出现（参见陈训明《世界天柱神话略论》，《贵阳师专学报》1992年第1期；庄美芳《天梯神话》，《民族文学研究》2005年第1期）。或以为建木即键木，为男性生殖器之象征，在古代神话中充当阴阳交媾之具。抽象的天地交泰，阴阳相感，取象于男女性交。建木的通天贯地，既是对古代生殖崇拜观念的神话折射，也是中国古代哲学生命本体论的形象反映（参见吴泽顺《论建木的神话原型》，《中国文学研究》2006年第1期）。

传伏羲制嫁娶。

按：《世本·作篇》（茆泮林辑本）曰："伏羲制以俪皮嫁娶之礼。"《路史·后记一》罗苹注引《古史考》曰："伏羲制嫁娶，以俪皮为礼。"由伏羲制嫁娶，可见原始社会由族内婚至族外婚之演变。

传伏羲造书契，命飞龙氏造六书；作甲历，建分八节，定四时。

按："造书契"即造文字，孔安国伪《尚书·序》曰："古者伏牺氏之王天下也，始画八卦、造书契，以代结绳之政，由是文籍生焉。"但据《荀子》、《吕氏春秋》等古书说，则为黄帝时仓颉造字。故有关文字起源之相关材料，系于黄帝条目下。"甲历"指用甲子记载岁时之日历，《绎史》卷三引《三坟》曰："命臣飞龙氏造六书，命臣潜龙氏作甲历。"此为制造文字六书、甲子记时的最早传说。《太平御览》卷七八引《春秋内史》曰："伏牺氏以木德王天下，天下之人未有室宅，未有水火之和。于是乃仰观天文，俯察地理，始画八卦，定天地之位，分阴阳之数，推列三光，建分八节，以爻应气，凡二十四。消息祸福，以制吉凶。"此为二十四节气之建的最早传说。又，出土于长沙子弹库之战国楚帛书中有学者称为《四时》的文字记载：雹虚（读包戏，即伏羲）之时，"梦梦墨墨，亡章弼弼，□□水□，风雨是于（遏）。乃娶虘□□子之子，曰女坟。是生子四，□□是襄，天践是格，参化废逃，为禹为万，以司堵襄。咎天步途，乃上下朕断，山陵不疏。乃命山川四海，□察气豁气，以为其疏，以涉山陵，泷汩渊溮。未有日月，四神相戈（代），乃步以为岁。是惟四时。"大意为天地之初一片混沌之时，伏羲娶女娲生四子，因未有日月，四子为神而司有四时（参见李学勤《简帛佚籍与学术史》第46—50页，江西教育出版社2001年版。对此段文字，李书解读与以上所述略有不同）。

传伏羲得神筮而定皇策。

按：见《天中记》卷四〇引郑鲂《禹穴碑》，又《天中记》卷四〇引《古史考》曰："庖牺氏作，始有筮。"

传伏羲作瑟、作琴。琴长七尺二寸，上有二十七弦。瑟为三十五弦。

按：见《世本·作篇》（张澍稡集补注本）、《广雅·释乐》、《史记·补三皇本纪》等。

传伏羲作八卦。

按：此为传说中伏羲对中国文化与学术之最大贡献。《周易·系辞下传》曰："古者包羲氏之王天下也，仰则观象于天，俯则观法于地，观鸟兽之文与地之宜，近取诸身，远取诸物，于是始作八卦，以通神明之德，以类万物之情。"《论衡·齐世篇》曰："宓牺之前，人民至质朴，卧者居居，坐者于于，群居聚处，知其母不识其父。至宓牺时，人民颇文，知欲诈愚，勇欲恐怯，强欲凌弱，众欲暴寡，故宓牺作八卦以治之。"伏羲作八卦说，旧史上少有异议。

传伏羲作《驾辨》之曲。又有乐曰《扶来》。

按：《楚辞·大招》曰："伏戏《驾辨》，楚《劳商》只。"王逸注："伏戏，古王者也，使作瑟。《驾辨》、《劳商》，皆曲名也。言伏戏氏作瑟，造《驾辨》之曲，楚人因之，作《劳商》之歌，皆要妙之音，可乐听也。或曰：'《伏戏》、《驾辨》，皆要妙歌曲也。'"《世本·帝系篇》（张澍稡集补注本）曰："伏羲乐曰《扶来》。"张澍注："《扶来》一作《扶犁》，亦即《凤来》也。"

题伏羲之作而见载于《汉书·艺文志》者，有《宓戏杂子道》20篇（"方技略"四"神仙"）。

传伏羲立十一年卒，葬南郡，女娲氏继而为王。伏羲后世有一支系为巴人。

按：见司马贞《史记·补三皇本纪》。又《山海经·海内经》曰："西南有巴国，大皞生咸鸟，咸鸟生乘厘，乘厘生后照，后照是始为巴人。"

女 娲 氏

相传女娲氏与兄伏羲相婚,为人类始祖。又传女娲抟黄土作人,又炼五色石补天,断鳌足以立四极,使人民得以安居。据《帝王世纪》、《史记·补三皇本纪》等载,女娲氏亦风姓,蛇身人首,有神圣之德,代伏羲立,号曰女希氏。是为女皇。其末诸侯有共工氏,任智刑以强,伯(霸)而不王。女娲氏没,次有大庭氏、栢皇氏、中央氏、卷须氏、栗陆氏、骊连氏、赫胥氏、尊卢氏、浑沌氏、昊英氏、有巢氏、朱襄氏、葛天氏、阴康氏、无怀氏,凡十五世,皆袭庖牺之号。

按:《史记·补三皇本纪》曰:"女娲氏亦风姓,蛇身人首,有神圣之德,代宓牺立,号曰女希氏。无革造,惟作笙簧,故易不载,不承五运。一曰女娲亦木德王,盖宓牺之后,已经数世。金木轮环,周而复始,特举女娲以其功高而充三皇,故频木王也。当其末年也,诸侯有共工氏,任智刑以强,霸而不王,以水乘木,乃与祝融战,不胜而怒,乃头触不周山,崩,天柱折,地维缺。女娲乃炼五色石以补天,断鳌足以立四极,聚芦灰以止滔水,以济冀州,于是地平天成,不改旧物。"

又唐李冗《独异志》卷下曰:"昔宇宙初开之时,只有女娲兄妹二人在昆仑山,而天下未有人民。议以为夫妻,又自羞耻。兄即与其妹上昆仑山,咒曰:'天若遣我兄妹二人为夫妻,而烟悉合;若不,使烟散。'于烟即合。其妹即来就兄。乃结草为扇,以障其面。"《独异志》所载虽晚出,且为小说家类,然所载女娲兄妹繁衍人类故事较为完整,为治人类学、神话学者多所称引。今附记于此。

传女娲祷祠神,祈而为女媒,因置婚姻。

按:此见《路史·后纪二》罗苹注引《风俗通》。又《路史·后纪二》曰:"以其(女娲)载媒,是以后世有国,是祀为皋禖之神。"《吕氏春秋·仲春》曰:"是月(仲春之月)也,玄鸟至。至之日,以太牢祀于高禖。"高诱注:"玄鸟,燕也,春分而来,秋分而去。《传》曰:'玄鸟氏,司启者也。'《周礼·媒氏》:'以仲春之月合男女于时也,奔则不禁,因祭其神于郊,谓之郊媒。'郊音与高相近,故或言高禖。王者后妃以玄鸟至日祈继嗣于高禖。三牲具,曰太牢。"近人闻一多《高唐神女传说之分析》由《路史·余论二》所引束皙曰"皋禖者,人之先也",论证各民族所祀之高禖皆为各该民族先妣,如夏人之先妣涂山氏,殷人之先妣娀简狄,周人先妣之姜嫄。(《闻一多全集》卷一)女娲之祀为高禖神亦在于其抟土造人为人类始祖。高禖,又作郊禖、皋禖,为生殖之神。

传女娲筮张云幕,而枚占神明,占之曰:"吉。"曰:"昭昭九州,日月代极,平均土地,和合万国。"

按:见《全上古三代文》辑《归藏·启筮》。此为相传最早之筮占。

传女娲作笙簧。

按:见《世本·作篇》(王谟辑本)。

女娲卒后为后世祀为婚姻生殖(高禖)之神。

按:《太平御览》引《风俗通》曰:"天地开辟未有人民,女娲抟黄土作人剧务,力不暇供,乃引绳于絚泥中,举以为人。故富贵者,黄土人也;贫贱凡庸者,絚人也。"故后世祀为高禖之神。

传女娲命娥陵氏制都良管,以一天下之音;命圣氏为斑管,合日月星辰,名曰《充乐》。既成,天下无不得理。

按：见《世本·帝系篇》(张澍稡集补注本)。

炎 帝

炎帝,一说即神农氏,又作烈山氏、厉山氏。原居于姜水,因以为姓,为姜姓部落首领。后向东发展至黄河中游与汉水中游等地,领域广大。相传南至交趾,北至幽都,东至旸谷,西至三危,莫不听从。后于阪泉之战中为黄帝所败。又传说与黄帝本为兄弟,父为少典氏,母为有蟜氏,炎黄二帝遂为华夏民族的共同远祖。据说祝融共工氏与齐、吕、申、许等,皆为炎帝支系之后裔。因神农氏之于农业发明贡献巨大,故神农之世后或称为"至德之隆"。

按：《史记·补三皇本纪》曰："炎帝神农氏,姜姓。母曰女登,有娲氏之女,为少典妃,感神龙而生炎帝,人身牛首,长于姜水,因以为姓。火德王,故曰炎帝,以火名官。"《国语·晋语四》曰："昔少典娶于有蟜氏,生黄帝、炎帝。黄帝以姬水成,炎帝以姜水成。成而异德,故黄帝为姬,炎帝为姜。二帝用师以相济也,异德之故也。"神农之传说,反映了以炎帝为首的氏族或部落创造农业和医药的过程。我国农业的起源,多托于神农氏,且不断予以神化。如《玉函山房辑佚书》辑《春秋纬·元命苞》曰："神农生三辰而能言,五日能行,七朝而齿具,三岁而知稼穑般戏之事。"《白虎通义》卷一上曰："谓之神农何？古之人民,皆食禽兽肉,至于神农,人民众多,禽兽不足。于是神农因天之时,分地之利,制耒耜,教民农作。神而化之,使民宜之,故谓之神农也。"孔颖达《礼记正义序略》江永按语引《帝王世纪》曰："神农始教天下种谷,故人号曰神农。"《世本·帝系篇》(张澍稡集补注本)曰："炎帝神农氏。宋仲子曰：'炎帝即神农氏。炎帝,身号;神农,代号也。'"又因神农氏之于农业发明贡献巨大,遂为后世推为上古盛世。《商子·画策》曰："神农之世,公耕而食,妇织而衣,刑政不用而治,甲兵不起而王。"《庄子·盗跖》曰："神农之世,卧则居居,起则于于。民知其母,不知其父,与麋鹿共处。耕而食,织而衣,无有相害之心,此至德之隆也。"《淮南子·主术训》曰："昔者神农之治天下也,神不驰于胸中,智不出于四域,怀其仁诚之心,甘雨时降,五谷蕃植。春生夏长,秋收冬藏。月省时考,岁终献功,以时尝谷,祀于明堂。明堂之制,有盖而无四方。风雨不能袭,寒暑不能伤。迁延而入之,养民以公。其民朴重端悫。不忿争而财足,不劳形而功成,因天地之资,而与之和同。是故威厉而不杀,刑错而不用,法省而不烦,故其化如神。其地南至交趾,北至幽都,东至旸谷,西至三危,莫不听从。当此之时,法宽刑缓,囹圄空虚,而天下一俗,莫怀奸心。"

又按：传炎帝与黄帝阪泉之战,兵法尚火,为黄帝所败。《吕氏春秋·荡兵》曰：

"兵所自来者久矣,黄炎故用水火矣。"《淮南子·兵略训》曰:"炎帝为火灾,故黄帝擒之。"然后世评价炎帝之战,多有为黄帝尊之道德倾向,如《新书·制不定》曰:"炎帝者,黄帝同父母兄也,各有天下之半。黄帝行道而炎帝不听,故战涿鹿之野,血流漂杵。"

传炎帝为南方之神,祝融佐之,执衡而治夏,是为火神。又炎帝、祝融被祀为灶神。

按:《淮南子·时则训》曰:"南方之极,自北户孙之外,贯颛顼之国,南至委火炎风之野,赤帝、祝融之所司者万二千里。"《吕氏春秋·孟夏纪》曰:"孟夏之月,日在毕,昏翼中,旦婺女中。其日丙丁,其帝炎帝,其神祝融。"高诱注:"丙丁,火日也。炎帝,少典之子,姓姜氏,以火德王天下,是为炎帝,号曰神农,死讬祀于南方,为火德之帝。祝融,颛顼氏后,老童之子吴回也,为高辛氏火正,死为火官之神。"《白虎通义·五行》曰:"时为夏,夏之言大也。位在南方,其色赤,其音徵。徵,止也,阳度极也。其帝炎帝,炎帝者,太阳也。其神祝融。祝融者,属续。其精为鸟,《离》为鸾故。"《广雅·释地》曰:"神农度四海内东西九十万里,南北八十一万里。"然《淮南子·天文训》则谓"南方火也,其帝炎帝,其佐朱明,执衡而治夏;其神为荧惑,其兽朱鸟,其音徵,其日丙丁"。或以朱明即祝融。

又按:古被奉为灶神者有炎帝、祝融、黄帝等。《淮南子·氾论训》曰:"炎帝作(原作"于",从王念孙校改)火,死而为灶(神)。"高诱注:"炎帝神农,以火德王天下,死讬祀于灶神。"南朝梁代宗懔《荆楚岁时记》引许慎《五经异义》曰:"颛顼有子曰黎,为祝融,火正也。祀以为灶神。"然《太平御览》卷一八六引《淮南子》(今本无)则作:"黄帝作灶,死为灶神。"

传炎帝之时,因人民多而禽兽少,衣食不足,始教民播种百谷。

按:《周易·系辞下传》曰:"包牺氏没,神农氏作,斫木为耜,揉木为耒;耒耨之利,以教天下。"《太平御览》卷七二一引《帝王世纪》曰:"炎帝神农氏长于江水,始教天下耕种五谷而食之,以省杀生。"《艺文类聚》卷一一引《周书》曰:"神农之时,天雨粟,神农耕而种之,作陶冶斤斧,为耒耜锄耨,以垦草莽,然后五谷兴,以助果蓏实。"《管子·形势解》曰:"神农教耕生谷,以致民利。"又同书《轻重戊》曰:"神农作,树五谷淇山之阳。九州之民乃知谷食,而天下化之。"《吕氏春秋·爱类》曰:"神农之教曰:'士有当年而不耕者,则天下或受其饥矣;女有当年而不绩者,则天下或受其寒矣。'故身亲耕、妻亲织,所以见致民利也。"

传炎帝尝百草酸咸,察水土甘苦,一日遇七十毒,而兴医药,为后世奉为药祖。

按:《世本·作篇》(茆泮林辑本)曰:"神农和药济人。"《淮南子·修务训》曰:"古者民茹草饮水,采树木之实,食蠃蚌之肉,时多疾病毒伤之害,于是神农乃始教民播种五谷,相土地宜燥湿肥墝高下。尝百草之滋味,水泉之甘苦,令民知所辟就。当此之时,一日而遇七十毒。"

传炎帝神农始究息脉,辨药性,制针灸,作巫方。

按:见《广博物志》卷二二引《物原》。

传炎帝神农使司怪主卜,巫咸、巫阳主筮。

按:宋罗泌《路史·后纪三》曰:"乃命司怪主卜,巫咸、巫阳主筮。"注曰:"见《世纪·外纪》,非商巫咸。《经》有巫咸,而郭氏《巫咸山赋》乃以为帝尧之医,岂其职名哉。"

传炎帝以日中为市,便天下之民交易。

按:《潜夫论·五德志》曰:"(神农氏)日中为市,致天下之民,聚天下之货,交易而退,各得其所。"

传炎帝作琴瑟。

按：《世本·作篇》（茆泮林辑本）曰："神农作琴。神农氏琴长三尺六寸六分，上有五弦，曰宫、商、角、徵、羽。文王增二弦，曰少宫、商。"又："神农作瑟。"《说文解字》一二下曰："琴，禁也，神农所作。洞越、练朱五弦，周加二弦。"《广雅·释乐》曰："神农氏琴长三尺六寸六分，上有五弦，曰宫、商、角、徵、羽。"《世本·作篇》（张澍稡集补注本）引《琴清英》曰："昔者神农造琴以定神，禁淫僻，去邪欲，反其天真。"《淮南子·泰族训》曰："神农之初作琴也，以归神；及其淫也，反其天心。"《艺文类聚》卷四四引桓谭《新论》曰："神农氏继而王天下，于是始削桐为琴，绳丝为弦，以通神明之德，合天人之和。"

传炎帝孙伯陵生鼓、延、殳三子，殳始为侯（射箭的箭靶），鼓与延始为钟，为乐风。

按：《山海经·海内经》曰："炎帝之孙伯陵，伯陵同（通）吴权之妻阿女缘妇，缘妇孕三年，是生鼓、延、殳，始为侯。鼓、延是始为钟，为乐风。"

传炎帝臣宿沙作煮盐。

按：宿沙或作夙沙。《世本·作篇》（张澍稡集补注本）曰："宿沙作煮盐。"《说文解字》一二上曰："古者宿沙初作煮海盐。"《路史·后纪四》罗苹注曰："今安邑东南十里有盐宗庙。吕忱云：'宿沙氏，煮盐之神，谓之盐宗，尊之也。'"

传炎帝时有巧匠垂作耒耜等。

按：垂又作倕、有倕、巧倕等，上古著名工匠，帝喾时为工师。《世本·作篇》（张澍稡集补注本）曰："垂作耒耜。"宋注："垂，神农之臣也。"又同书载有垂之其他发明者：倕作钟（宋注云：垂，黄帝工人。宋均云：舜臣，铸大钟。）；垂作规矩准绳；垂作铫（宋仲子云：铫，刈也。）垂作耨。"又《墨子·非儒下》曰："巧垂作舟。"《荀子·解蔽篇》："倕作弓。"然按上古帝系，垂应为帝俊孙。《山海经·海内经》："帝俊生三身，三身生义均。义均是始为巧倕，是始作下民百巧。"相传垂死葬于不距山。《山海经·海内经》曰："北海之内，……又有不距之山，巧倕葬其西。"而据《淮南子·本经训》"周鼎著倕，使衔其指，以明大巧之不可为也"高诱注："倕，尧之巧工。及周铸鼎，著倕像于鼎，使衔其指，假令倕在，见之，伎巧不能复逾。"则垂又为尧时人。故垂可视为上古巧工之代表。

传炎帝时赤松子为雨师，炎帝少女追之。

按：《列仙传》卷上曰："赤松子者，神农时雨师也，服水玉以教神农，能入火自烧。往往至昆仑山上，常止西王母石室中，随风雨上下。炎帝少女追之，亦得仙，俱去。至高辛氏时，复为雨师，今之雨师本是焉。"

传炎帝女女娃游于东海，溺而不返，化为精卫，衔木石以填海。又有女瑶姬未行而亡，封于巫山之台，即为巫山神女，皆为后世反复吟咏。

按：《山海经·北次三经》曰："又北二百里曰发鸠之山，其上多柘木。有鸟焉，其状如乌，文首、白喙、赤足，名曰精卫，其鸣自詨。是炎帝之少女，名曰女娃。女娃游于东海，溺而不返，故为精卫。常衔西山之木石以堙于东海。"《文选》宋玉《高唐赋》李善注引《襄阳耆旧传》曰："赤帝女曰姚姬，未行而卒，葬于巫山之阳，故曰巫山之女。楚怀王游于高唐，昼寝，梦见与神遇，自称是巫山之女。王因幸之，遂为置观于巫山之南，号为'朝云'，后至襄王时，复游高唐。"溯其源亦自《山海经》，其《中次七经》曰："又东二百里，曰姑媱之山。帝女死焉，其名曰女尸，化为䔄草。其叶胥成，其华黄，其实如菟丘，服之媚于人。"后衍变为炎帝女媱姬。

传炎帝于阪泉之战被黄帝擒杀。死托祀于南方为火德之帝。

按：见《淮南子·兵略训》高诱注、《吕氏春秋·孟夏纪》高诱注等。

传炎帝著《本草》4 卷。

按：《太平御览》卷七二一引《帝王世纪》曰："炎帝，神农氏，长于姜水，……尝味草木，宣药疗疾，救夭伤之命，百姓日用而不知。著《本草》四卷。"

传炎帝命刑天作《扶犁》之乐，制《丰年》之咏。

按：刑天亦作犁天、邢天。《山海经·海外西经》曰："形天与帝至此争神，帝断其首，葬之常羊之山。乃以乳为目，以脐为口，操干戚以舞。"其受命于炎帝作乐。《世本·帝系篇》（张澍稡集补注本）曰："神农乐曰《扶持》。"《路史·后纪三》曰："（神农）乃命邢天作《扶犁》之乐，制《丰年》之咏，以荐釐来，是曰《下谋》。"《扶犁》即《扶持》，又作《扶来》。《太平御览》载《乐书》引《礼记》曰："神农播种百谷，济育群生，造五弦之琴，演六十四卦，承基立化，设降神谋，故乐曰《下谋》，以明功也。"一说《扶犁》即伏羲之《凤来》。可与伏羲条相参看。

题神农之作见载于《汉书·艺文志》者有（有关按语摘引自陈国庆《〈汉书艺文志〉注释汇编》。下同）：

《神农》20 篇（"诸子略"九"农家"）。

按：原注："亡。""六国时，诸子疾时怠于农业，道耕农事，讬之神农。"师古曰："刘向《别录》云：'疑李悝及商君所说。'"王应麟《汉志考证》曰："《淮南子》曰：'后世俗人，多尊古而贱今，故为道者，必讬之于神农、黄帝而后入说。'"

《神农兵法》1 篇（"兵书略"三"兵阴阳"）。

按：原注："亡。"

《神农大幽五行》27 卷（"数术略"三"五行"）。

按：原注："亡。"

《神农教田相土耕种》14 卷（"数术略"五"杂占"）。

按：原注："亡。"杨树达《汉书窥管》曰："《吕氏春秋》卷二六有《任地》《辨土》二篇，是此相土耕种之类也。"王毓瑚《中国农学书录》说："严可均《全上古文编》曰：'《开元占经》一百一十引《神农书》十五条，并在《八谷占篇》中，大约犹是本书佚文。按《汉志》之农家类的《神农》二十篇外，杂占类又有此书，似乎本书内容纯属占候性质。如《占经》所引，其言大都近于神秘，与后世的农谚不同。'"

《神农黄帝食禁》7 卷（"方技略"二"经方"）。

按：周寿昌《汉书注校补》曰："《周礼》'医师'，贾公彦《疏》引此曰：'《神农黄帝食药》七卷，疑即《隋》、《唐志·神农本草》之所由讬也。禁与药字近而讹。"

《神农杂子技道》23 卷（"方技略"四"神仙"）。

按：原注："亡。"

黄　帝

黄帝，传说为少典氏之子，长于姬水（一说即岐水或冀水），因以为姓，居轩辕之丘,因以为名。又称缙云氏、帝鸿氏、有熊氏。娶西陵氏之女嫘祖为正妃。为姬姓部落首领,于阪泉之战打败姜姓部落首领炎帝,又于涿鹿攻杀南方九黎族首领蚩尤,遂被北方诸侯推为部落联盟首领,以云命官,置左右太监,监督万国。《史记》等载黄帝有土德之瑞,故曰黄帝。相传黄帝有二十五宗,包括犬戎、北狄、苗民亦为其后裔。又《山海经·大荒西经》载黄帝居于神山"昆仑山"上,巫彭等十巫上下于天,则黄帝又是神话传说中的神界中心人物,后世奉为中央之帝。

按:《史记·五帝本纪》曰:"轩辕之时,神农氏世衰,诸侯相侵伐,暴虐百姓,而神农氏弗能征。于是轩辕乃习用干戈,以征不享。诸侯咸来宾从。而蚩尤最为暴,莫能伐。炎帝欲侵陵诸侯,诸侯咸归轩辕。轩辕乃修德振兵,治五气,艺五种,抚万民,度四方。教熊罴貔貅貙虎,以与炎帝战于阪泉之野,三战,然后得其志。蚩尤作乱,不用帝命,于是黄帝乃征师诸侯,与蚩尤战于涿鹿之野,遂禽杀蚩尤,而诸侯咸尊轩辕为天子,代神农氏,是为黄帝。……黄帝居轩辕之丘,而娶于西陵之女,是为嫘祖。嫘祖为黄帝正妃,生二子,其后皆有天下。其一曰玄嚣,是为青阳,青阳降居江水。其二曰昌意,降居若水。昌意娶蜀山氏女,曰昌仆,生高阳,高阳有圣德焉。黄帝崩,葬桥山。其孙昌意之子高阳立,是为帝颛顼也。"从伏羲、神农至黄帝之古史传说,表现了中华文明萌芽发展和形成的过程。一般认为,至黄帝已完成由部落到酋邦的过渡,黄帝较之伏羲、炎帝时代,显然有更多的文化发明创造,亦具有更为丰厚的学术内涵。李学勤在《古史、考古学与炎黄二帝》(载《当代学者自选文库——李学勤卷》第43—52页)一文中认为,《史记》一书以黄帝为《五帝本纪》之首,当为中华文明形成的一种标志。《本纪》所说黄帝,"迁徙往来无常处,以师兵为营卫",尚有部落时代之遗风,而设官置监,迎日推策,"顺天地之纪,幽明之古,死生之说,存亡之难。时播百谷草木,淳化鸟兽虫蛾,旁罗日月星辰水波土石金玉,劳勤心力耳目,节用水火材物",又表现出早期文明特点。故以炎黄二帝之传说作为中华文明的起源,并非现代人之创造,乃自古有之。黄帝时代,当正处于我国原始社会的末期,即考古学上的仰韶文化中后期。有学者认为,公元前4420年至公元前2900年为黄帝时代文化,如仰韶中晚期文化、大汶口文化、大溪文化、红花套一期文化、薛家岗文化、山背文化、马家滨晚期文化、崧泽文化、良渚早期文化、台湾前陶新石器文化、师赵村文化遗址、石岭下文化遗址、马家窑类型文化、红山晚期文化等,这些文化相当于传说中之黄帝时代。(参见许顺湛《五帝时代研究·序》第6页)

又按:关于犬戎、北狄、苗民为黄帝裔见《山海经·大荒西经》与《大荒北经》等。《大荒北经》曰:"黄帝生苗龙,苗龙生融吾,融吾生弄明,弄明生白犬,白犬有牝牡,是为犬戎。"《大荒西经》曰:"黄帝之孙曰始均,始均生北狄。"《大荒北经》曰:"颛顼生骓头,骓头生苗民。"此为中华民族尊黄帝为人文始祖古文献依据之一。

传黄帝为司中央之帝,后土佐之,执绳而治四方,是为土神。

按:《淮南子·时则训》曰:"中央之极,自昆仑东绝两恒山,日月之所道,江汉之所出,众民之野,五谷之所宜,龙门、河、济相贯,以息壤埋洪水之州,东至于碣石,黄帝、后土之司者万二千里。"又《天文篇》曰:"中央,土也,其帝黄帝,其佐后土,执绳而制四方;其神为镇星,其兽黄龙,其音宫,其日戊己。"

传黄帝得蚩尤、大常、奢龙、祝融、大封、后土六相而天地治,神明至。

按:《管子·五行》曰:"昔者黄帝得蚩尤而明于天道,得大常而察于地利,得奢龙而辩于东方,得祝融而辩于南方,得大封而辩于西方,得后土而辩于北方。黄帝得六相而天地治,神明至。蚩尤明乎天道,故使为当时;大常察乎地利,故使为廪者;奢龙辩乎东方,故使为土师;祝融辩乎南方,故使为司徒;大封辩乎西方,故使为司马,后土辩乎北方,故使为李。""六相"之说说明黄帝时代已有了职官制度。另,《路史·疏仡纪·黄帝》对黄帝设置官职事迹叙述较详,如云黄帝:"乃立四辅、三公、六卿、三少,二十有四官,凡百二十官,有秩以之共理,而视四民。命知命纠俗,天老录教,力牧准斥,鹓冶决法,五圣道级,窥纪补阙,地典州络,七辅得而天地治,神明至……方明执舆、昌寓参乘,张若、謠朋前马,昆阍、滑稽后车,风后、柏常从负书剑。……陟王屋而受丹经,登空桐而问广成,封东山而奉中华君,策大面而礼宁生,入金谷而咨涓子心,访大傀于具茨,即神牧于相成,升鸿堤受神芝于黄盖。……师于大填,学于封巨、赤诵。复岐下见岐伯,引载而归,访于治道。于是申命封胡以为丞,鬼容蓝为相,力牧为将,而周昌辅之。大山稽为司徒,庸光为司马,恒先为司空,建九法七相,翌而下服度。……桓常审乎地利,以为常平。于是地献草木,乃述耕种之利。奢比辨乎东,以为土师,而平春种角谷,论贤、列爵、劝耕、馌禁、伐厉。庸光辨乎南,以为司徒,而正夏种芒谷,修驰戒僇,发宿臧静,居农以戒力,以宛夏功。种房谷,以应戊巳之方。大封辨乎西,以为司马。……厉兵戒什伍以从事。后土辨乎北,以之李,行冬断罪。"

传黄帝感梦得风后于海隅,登以为相;得力牧于大泽,进以为将,因著《占梦经》。

按:《绎史》卷五引《帝王世纪》曰:"黄帝梦大风吹天下之尘垢皆去,又梦人执千钧之弩驱羊万群。帝寤而叹曰:'风为号令执政者也,垢去土,后在也,天下岂有姓风名后者哉?夫千钧之弩,异力者也;驱羊数万群,能牧民为善者也。天下岂有姓力名牧者哉?'于是依二占而求之,得风后于海隅,登以为相;得力牧于大泽,进以为将。黄帝因著《占梦经》十一卷。"今按,《汉书·艺文志》载有《黄帝长柳占梦》11 卷("数术略"五"杂占",原注"亡"),或即托名于此书。力牧或作力墨。

传黄帝与炎帝于阪泉大战,先筮于巫咸。

按:《史记·五帝本纪》正义引《括地志》曰:"阪泉,今名黄帝泉,在妫州怀戎县东五十六里,出五里至涿鹿东北。"《新书·制不定》曰:"炎帝者,黄帝同父母弟也,各有天下之半。黄帝行道而炎帝不听,故战涿鹿之野,血流漂杵。"又同书《益壤》曰:"黄帝者,炎帝之兄也,炎帝无道,黄帝伐之涿鹿之野,血流漂杵,诛炎帝而兼其地,天下乃治。"《全上古三代文》卷一五辑《归藏》曰:"昔黄神与炎神争斗涿鹿之野,将战,筮于巫咸,曰:'果哉而有咎。'"今按,前引《路史·后纪三》谓神农命巫咸主筮,则巫咸为神农臣,此又谓黄帝筮于之,二人或同一人。《太平御览》卷七二一引《世本》曰:"巫咸,尧臣也,以鸿术为帝尧之医。"此巫咸为尧时人。又同书卷七九〇引《外国图》曰:"昔殷帝太戊使巫咸祷于山河。"王逸注《楚辞·离骚》亦曰:"巫咸,古神巫也,当殷中宗之世。"殷中宗即殷帝太戊。此巫咸又为殷时人。

传黄帝与蚩尤涿鹿大战,令风后法斗机作指南车,以别四方;令应龙蓄水,女魃止雨;又令吹角作龙吟以御之。

按:风后作指南车见于《太平御览》卷一五引《志林》曰:"黄帝与蚩尤战于涿鹿之野。蚩尤作大雾弥三日,军人皆惑。黄帝乃令风后法斗机作指南车,以别四方,遂擒蚩尤。"《古今注》卷上曰:"大驾指南车,起于黄帝与蚩尤战于涿鹿之野。蚩尤作大雾,士皆迷,于是作指南车以示四方,遂擒蚩尤而即帝位。"应龙蓄水、女魃止雨见《山海经·大荒北经》曰:"有人衣青衣,名曰黄帝女魃。蚩尤作兵伐黄帝,黄帝乃令应龙攻之冀州之野。应龙蓄水,蚩尤请风伯、雨师纵大风雨。黄帝乃下天女曰魃,雨止,遂杀蚩尤。魃不得复上,所居不雨。叔均言之帝,后置之赤水之北。叔均乃为田祖。魃时亡之,所欲逐之者,令曰'神北行',先除水道,决通沟渎。"此后女魃渐次衍变为九天玄女、素女授黄帝兵法，影响直至于《水浒传》。如《全上古三代文》辑《黄帝问玄女兵法》曰："黄帝与蚩尤九战，九不胜。黄帝归于太山，三日三夜天雾冥，有一妇人，人首鸟形，黄帝稽首再拜，伏不敢起。妇人曰：'吾玄女也，子欲何问？'黄帝曰：'小子欲万战万胜，万隐万匿，首当从何起？'遂得战法焉。"《广博物志》卷九引《玄女法》曰："蚩尤幻变多方，征风召雨，吹烟喷雾，黄帝师众大迷。帝归息太山之阿，昏然忧寝，王母遣使者被玄狐之裘，以符授帝。符广三寸，长一尺，青莹如玉，丹血为文。佩符既毕，王母乃命一妇人，人首鸟身，谓帝曰：'我九天玄女也。'授帝以三官五意阴阳之略，太乙遁甲六壬步斗之术，阴符之机，灵宝五符五胜之文。遂克蚩尤于中冀。又数年，王母遣使白虎之神乘白鹿集于帝庭，授以地图。""黄帝命吹角作龙吟以御之"，见《通典·乐典》，有学者以为此即后世军乐之滥觞（刘孝严、张国立《中外文学年表》）。

传黄帝始分土建国（《路史·后纪一》）。

传黄帝始居城邑，作宫室。

按：《事物纪原》卷八引《白虎通》曰："黄帝作宫室，以避寒暑。此宫室之始也。"《新语》曰："天下人民野居穴处，未有室屋，则与禽兽同域。于是黄帝乃伐木构材，上栋下宇，以避风雨。"

又按：考古发现的中国原始城市主要出现于龙山文化时代（约公元前2400年—前2000年），最早可上溯到仰韶文化晚期。其地域分布为黄河中下游地区、内蒙古中南与东南部地区以及长江中上游地区。1992年在河南郑州西山发现的仰韶文化晚期的夯筑城址（约公元前3300年—前2800年），为目前中原地区发现之最早城址（杨肇清《试论郑州西山仰韶文化晚期古城址的性质》，《华夏考古》1997年第1期），与黄帝时代大致相当。

传黄帝作釜甑，死而为灶神。

按：《管子·轻重戊》曰："黄帝作，钻燧生火，以熟荤臊，民食之，无兹胃之病，而天下化之。"《太平御览》卷八五〇引《周礼》曰："黄帝始蒸谷为饭。"又同书卷七五七引《古史考》曰："黄帝始造釜甑。"卷八四七引《古史考》曰："及神农时，民食谷，释米加于烧石之上而食。及黄帝，始有釜甑，火食之道成。"卷一八六引《淮南子》（今本无）曰："黄帝作灶，死为灶神。"一说炎帝为灶神。参见炎帝条。

传黄帝作陷井猎捕禽兽。

按：《世本》（张澍稡集补注本）曰："黄帝见百物始穿井。"袁珂认为按旧释井为水井非，应是《易·井》"旧井无禽"的井，即窜，所以黄帝见百物始穿井（窜）以陷之也（见《中国神话传说》第226页注④）。

传黄帝作车。

按：《太平御览》卷七七二引《释名》（今本无）曰："黄帝造车，故号轩辕氏。"

传黄帝作华盖、旗帜。

按：《中华古今注·舆服》曰："华盖，黄帝所作也。"《列子》曰："黄帝与蚩尤战，以雕、鹖、鹰、隼为旗帜。"

传黄帝作冕旒（《世本·作篇》，张澍稡集补注本）。

传黄帝作蹴鞠。

按：《太平御览》卷七五四引《刘向别录》曰："蹴鞠者，传言黄帝所作。"

传黄帝采首山之铜，铸神鼎于荆山之下，后衍为神仙之说。

按：见《史记·封禅书》。然《封禅书》又将此仙话化："鼎既成，有龙垂胡髯下迎黄帝。黄帝上骑，群臣后宫从上者七十余人，龙乃上去。余小臣不得上，乃悉持龙髯。龙髯拔，堕黄帝之弓。百姓仰望黄帝既上天，乃抱其弓与胡髯号，故后世因名其处曰鼎湖,其弓曰乌号。"又《世本·作篇》(雷学淇校辑本)曰:"黄帝作宝鼎三。"《玉函山房辑佚书》辑《孙氏瑞应图》曰:"神鼎者,质文精也。知吉凶存亡,能轻能重,能息能行,不灼而沸,不汲自盈,中生五味。昔黄帝作鼎,象太一。禹治水,收天下美铜,以为九鼎,象九州。王者兴则出,衰则去。"黄帝事衍为神仙之说可溯至《山海经·大荒西经》:"有轩辕之国,江山之南栖为吉。不寿者乃八百岁。"又《西次三经》有载为黄帝所用的神仙之药——玉膏:"是有玉膏。其原沸沸汤汤,黄帝是食是飨,是生玄玉。玉膏所出,以灌丹木。丹木五岁,五色乃清,五味乃馨。黄帝乃取崟山之玉荣,而投之钟山之阳。瑾瑜之玉为良,坚粟精密,浊泽而有光,五色发作,以和柔刚,天地鬼神,是食是飨,君子服之,以御不祥。"故后代神仙家及民间因此衍为神仙之说。

又按:现代考古所发现的金属铜,其最早年代大体与黄帝时代相当。在仰韶文化时期,铜金属的冶铸已经出现。在陕西临潼姜寨遗址,就出有2件铜器,其中一件是铜片,另一件是铜管状物。这件铜器,经北京科技大学冶金史研究室鉴定属黄铜,是冶炼方法比较原始的产品(见李友谋《仰韶文化与中国古代文明》,《中原文物》2002年第3期)。甘肃东乡林家遗址(属甘肃仰韶文化马家窑类型)发现有铜渣,并在第20号房基北壁下出土了一把小青铜刀,系用两块范浇铸而成。这是我国已知最早的一件青铜器。(《中国早期铜器的初步研究》,《考古学报》1981年第3期)李学勤据此认为,青铜器在中国的出现,可能比绝大多数人所猜想的要早得多(《重新估价中国古代文明》,《当代学者自选文库——李学勤卷》第3页)。

传黄帝从风后、封钜、岐伯言封东泰山,禅凡山。

按:《史记·孝武本纪》曰:"黄帝时,虽封泰山,然风后、封钜、岐伯令黄帝封东泰山,禅凡山,合符,然后不死焉。"《集解》引应劭曰:"封钜,黄帝师。"《正义》引张揖曰:"岐伯,黄帝太医。"

传黄帝问道于伯高。

按:《管子·地数》曰:"黄帝问于伯高曰:'吾欲陶天下而以为一家,为之有道乎?'伯高对曰:'请刈其莞而树之,吾谨逃其蚤牙,则天下可陶而为一家。'"又《山海经·海内经》有古巫柏高,即伯高,曰:"华山、青水之东,有山名曰肇山,有人名曰柏高。柏高上下于此,至于天。"郝懿行注:"古伯字多从木,然则柏高即伯高矣。伯高者,《管子·地数》有'黄帝问于伯高'云云,盖黄帝之臣也,帝乘龙鼎湖,而柏高从焉,故高亦仙者也。"

传黄帝问道于牧马童。

按:《庄子·徐无鬼》曰:"黄帝将见大隗乎具茨之山,方明为御,昌寓骖乘,张若、謵朋前马,昆阍、滑稽后车,至于襄城之野,七圣皆迷,无所问涂。适遇牧马童子,问涂焉,曰:'若知具茨之山乎?'曰:'然。''若知大隗之所存乎?'曰:'然。'黄帝曰:'异哉小童,非徒知具茨之山,又知大隗之所存,请问为天下。'小童曰:'夫为天下者亦若此而已矣,又奚事焉?予少而自游于六合之内,予适有瞀病,有长者教予曰:若乘日之车,而游于襄城之野。今予病少痊,予又且复游于六合之外。夫为天下亦若此而已,予又奚事焉。'黄帝曰:'夫为天下者,则诚非吾子之事,虽然,请问为天下。'小童辞。黄帝又问,小童曰:'夫为天下者,亦奚以异乎牧马者哉,亦去其害马者而已矣。'黄帝再拜稽首,称天师而退。"

传黄帝问道于广成子。

按:《庄子·在宥》曰:"黄帝立为天子十九年,令行天下,闻广成子在于空同之上,故往见之。曰:'我闻吾子达于至道,敢问至道之精。吾欲取天地之精,以佐五谷,以养民人,吾又欲官阴阳,以遂群生,为之奈何?'广成子曰:'而所欲问者,物之质也;而所欲官者,物之残也。自而治天下,云气不待族而雨,草木不待黄而落,日月之光益以荒矣。而佞人之心翦翦者,又奚足以语至道!'黄帝退,捐天下,筑特室,席白茅,闲居三月,复往邀之。广成子南首而卧,黄帝顺下风膝行而进,再拜稽首而问曰:'闻吾子达于至道,敢问治身奈何而可以长久?'广成子蹶然而起曰:'善哉问乎! 来,吾语女至道:至道之精,窈窈冥冥;至道之极,昏昏默默。无视无听,抱神以静,形将自正,必静必清,无劳女形,无摇女精,乃可以长生。目无所见,耳无所闻,心无所知,女神将守形,形乃长生。慎女内,闭女外,多知为败。我为女遂于大明之上矣,至彼至阳之原也;为女入于窈冥之门矣,至彼至阴之原也。天地有官,阴阳有藏,慎守女身,物将自壮。我守其一以处其和,故我修身千二百岁矣,吾形未常衰。'黄帝再拜稽首曰:'广成子之谓天矣!'广成子曰:'来! 吾语女。彼其物无穷,而人皆以为有终;彼其物无测,而人皆以为有极。得吾道者,上为皇而下为王;失吾道者,上见光而下为土。今夫百昌,皆生于土而反于土,故余将去女,入无穷之门,以游无极之野。吾与日月参光,吾与天地为常。当我,缗乎! 远我,昏乎! 人其尽死,而我独存乎!'"

传黄帝使羲和占日,常仪占月,臾区占星气。

按：见《世本·作篇》(张澍稡集补注本)。张氏按："《吕氏春秋》云'羲和作占日',占日者,占日之晷景长短也。《大荒南经》：'有羲和之国,有女子,名曰羲和,方浴日于甘渊。羲和者,帝俊之妻,生十日。'郭注：'盖天地始生,主日月者也。故《启筮》曰空桑之苍苍,八极之既张,乃有夫羲和,是主日月职出入以为晦明。'又曰：'瞻彼上天,一明一晦,有夫羲和之子,出于旸谷,故尧因此立羲和之官,以主四时。'《尸子》曰：'造历象者,羲和子也。'《广韵》：'羲和造历。'"又："常仪氏也,一作尚仪。仪古音与我同,后世遂有嫦娥之说,因音近而讹。春秋时有常仪靡,即常仪氏后。杜预注为地名,误。'占月'：占月之晦朔弦望也。"又："臾区即车区,亦作鬼容蓲,实一人也。《史记·封禅书》：'黄帝得宝鼎宛朐,问于鬼臾区。'又曰：'鬼臾区,号大鸿,死葬雍。'李奇注：'区,黄帝时诸侯。'占星气．谓占星之昏明流贯,主何瑞祯变异,及云物怪变风气方隅时候也。"

传黄帝使大桡作甲子,隶首作算数,容成作调历。

按：见《世本·作篇》(张澍稡集补注本)。张氏按："桡一作挠。"又："隶首作《九章算数》。《博物志》'黄帝臣'。一云黔如即隶首。《吕氏春秋》云'黔如为虑首,史言作算之始者也'。"又曰："容成因五量,治五气,起消息,察发敛,作调历。岁纪甲寅,日纪甲子,而时节定。岁交己酉,实黄帝之五十年也。《史记索隐》云：《世本》及《律历志》,黄帝使羲和占日,常仪占月,臾区占星气,伶伦造律吕,大桡作甲子,隶首作算数。容成综斯六术而著《调历》。《后汉书》注引《博物记》云'容成氏作历',注'黄帝史官',而《律历志》云'黄帝作历'者,君得统臣也。又按《尸子》云'羲和造历'。杨泉《物理论》以为神农造历日,与《世本》说异。"

传黄帝使史官仓颉作书,史皇作图。又传沮诵、仓颉为黄帝左右史,共同作书。

按：《世本》(茆泮林辑本)曰："苍颉作书,史皇作图。"《路史·发挥一·辨史皇史》引《世本》曰："史皇、仓颉同阶。"然亦有以苍颉、史皇为同一人。《黄氏逸书考》辑《春秋元命苞》曰："仓帝史皇氏,名颉,姓侯冈,龙颜侈哆,四目灵光,实有睿德,生而能书。及受河图录字,于是穷天地之变,仰观奎星圆曲之势,俯察龟文、鸟羽、山川、指掌而创文字。天为雨粟,鬼为夜哭,龙乃潜藏。治百有一十载,都于阳武,终葬衙之利乡亭。"后世则多以作书归于仓颉,许慎《说文解字·叙》曰："黄帝之史仓颉,见鸟兽蹄远之迹,知分理之可相别异也,初造书契,百工以乂,万品以察。"《荀子·解蔽篇》："好书者众矣,而仓颉独传者,壹也。"或以为沮诵、苍颉同作书,《世本·作篇》

(张澍稡集补注本)曰:"沮诵、苍颉作书。沮诵、苍颉为黄帝左右史。"

又按:迄今为止,考古发现最早汉字为甲骨文。然甲骨文已为成熟之文字,其记录语词之功能与现代汉字几无差别。据此推测,汉字于甲骨文前有一漫长之发展过程。虽然迄今考古发现之材料尚不足以描述此前汉字之发展过程,然有关中国文字起源线索可于考古发现之刻划符号推测获知。时代最早之刻划符号,发现于约公元前6000年相当于裴李岗文化之河南舞阳贾湖遗址,其墓葬中出土一版完整的龟腹甲和另外两件龟甲残片,上面都刻有符号,有的像甲骨文的"目"字,有的像甲骨文的"户"字。还有一件柄形石饰,也有刻划(参见河南省文物考古研究所《河南舞阳贾湖新石器时代遗址第二至六次发掘简报》,《文物》1989年第1期,第12页)。因其年代相对较早,贾湖遗址刻划符号的性质目前尚无定论。其余刻划符号主要有:西安半坡仰韶文化遗址(约公元前4000年)陶器刻划符号,甘肃临洮的马家窑文化遗址(约公元前3800—前2000年)陶器刻划符号,良渚文化和崧泽文化遗址(约公元前3800—前2000年)陶器刻划符号。对于以上所举类似半坡类型刻划符号的性质,迄今尚无定论。有人认为是文字,如郭沫若认为:"刻划的意义虽至今尚未阐明,但无疑是具有文字性质的符号,如花押或者族徽之类。我国后来的器物上,无论是陶器、铜器或者其他成品,有'物勒工名'的传统,特别是殷代的青铜器上有一些表示族徽的刻划文字,和这些符号极其类似。由后以例前,也就如黄河下游以溯源于星宿海,彩陶上的那些刻划记号,可以肯定地说就是中国文字的起源,或者中国原始文字的起源,或者中国原始文字的孑遗。"(《奴隶制时代》第245—246页,人民出版社1973年)有人认为不是文字,如裘锡圭认为:"我们认为我国原始社会时代普遍使用的几何形符号还不是文字,除了有少量符号(主要是记数符号)为汉字所吸收外,它们跟汉字的形成大概就没有什么直接关系了。而且即使是那些为汉字所吸收的符号,也不见得一定跟半坡类型的符号有关。它们究竟来自哪一种原始文化,还有待进一步研究。不少人以半坡类型的符号为据,说汉字已经有六千年以上的历史。这种说法恐怕不很妥当。"(《文字学概要》第24页,商务印书馆1988年)其后是山东龙山文化陶器符号,属于大汶口文化晚期(约公元前2500年),发现最早的是1959年山东宁阳堡头(即大汶口遗址)出土的一件灰陶背壶,上面有毛笔绘写的朱色符号。后来在山东莒县、诸城陆续发现一批灰陶尊,都刻有符号一处或两处,有的还涂填红色。共12器14例,莒县大朱村4器4例,诸城前寨1器1例。总计有16器(或残片)17例共8种。其中有4个比较接近文字的符号。于省吾《关于古文字研究的若干问题》(《文物》1973年第2期)释为"旦"、"锛"、"斧"等字。大汶口文化陶器符号的性质,在学术界曾存在不同的看法。有的认为已是文字,有的认为尚不是文字。李学勤认为,分布地域和大汶口文化毗连的良渚文化也有类似的符号。良渚文化在江苏南部到浙江北部,年代同大汶口文化中晚期相当。良渚文化个别陶器有成串的刻划符号,同时在不少玉器上也有符号。有符号的玉器有璧、琮、环、臂圈等,符号的刻划位置独特,不同器上的花纹混淆。有的符号为了突出,还特别施加框线或填有细线。良渚文化玉器符号已发现11种,其中5种与大汶口文化陶器符号相同或近似。这些符号试用古文字的方法分析,大多能够释读。大汶口文化和良渚文化是两种颇不相同的文化,但互相有密切的关系。1987年在江苏新沂花厅发掘了一大批大汶口文化墓葬,其中出土不少良渚文化玉器,说明两种文化的人民存在着交往。两者符号的相通,很可能标志着这些符号是原始文字。(见《中国古代文明的起源》,《当代学者自选文库·李学勤》第31页,安徽教育出版社1999年)较晚的发现是二里岗期文化(约公元前1600—前1300年),已属商代前期。在二里岗期的陶器上面也发现有一些刻划符号,有的已很明显为近似甲骨文之文字。

传黄帝臣雍父作舂、杵、臼，胲作服牛，相土作乘马，共鼓、货狄作舟，挥作弓，夷牟作矢。

　　按：见《世本·作篇》（茆泮林辑本）。

传黄帝臣胡曹作冕，伯余作衣裳，夷作鼓，伶伦作磬，尹寿作镜，於则作扉履，巫彭作医，巫咸作铜鼓，倕作钟。

　　按：见《世本·作篇》（张澍稡集补注本）。"倕作钟"。宋注云："垂，黄帝工人。"

传黄帝臣宁封子为陶正。

　　按：见《列仙传》、《搜神记》、《拾遗记》等。

传黄帝妻嫘祖始为养蚕治丝之法。

　　按：《路史·后纪五》曰："帝之南游，西陵氏（嫘祖）殒于道，式祀于行，以其始蚕，故又祀先蚕。"《史记·五帝本纪》曰："黄帝……娶于西陵之女，是为嫘祖。嫘祖为黄帝正妃。"嫘祖又作傫祖、雷祖。

传黄帝铸神鼎病卒，葬桥山。

　　按：《广博物志》卷三九引《真诰》曰："轩辕自采首山铜以铸鼎，虎豹百禽为之视火参炉。鼎成而轩辕疾崩，葬桥山。五百年后山崩，空室无尸，唯宝剑赤舄在耳。一旦，又失所在也。"事又见《云笈七讖》卷八四"尸解部一"。

传黄帝令伶伦取竹制十二筒，别为十二律。又令伶伦与荣将铸十二钟以和五音，奏以《英》、《韶》之乐，又以仲春之月乙卯之日奏《咸池》之乐。

　　按：《世本·作篇》（张澍稡集补注本）曰："黄帝使……伶伦造律吕。"《吕氏春秋·古乐》："昔黄帝令伶伦作为律。伶伦自大夏之西，乃之阮隃之阴，取竹于嶰溪之谷，以生空窍厚钧者，断两节间，其长三寸九分，而吹之以为黄钟之宫，吹曰舍少。次制十二筒，以之阮隃之下，听凤凰之鸣，以别十二律。其雄鸣为六，雌鸣亦六，以比黄钟之宫，适合黄钟之宫皆可以生之。故曰黄钟之宫，律吕之本。"又："黄帝又命伶伦与荣将，铸十二钟以和五音，以施《英》《韶》（按即《六英》、《九韶》）。以仲春之月乙卯之日，日在奎，始奏之，命之曰《咸池》。"《汉书人表考》卷二曰："《诗·简兮》序伶官，郑笺谓伶氏世掌乐官，故后世号乐官为伶官。"

传黄帝合鬼神于西泰山上，作《清角》之曲。

　　按：《韩非子·十过篇》曰："昔者黄帝合鬼神于西泰山之上，驾象车而六蛟龙，毕方并辖，蚩尤居前，风伯进扫，雨师洒道，虎狼在前，鬼神在后，腾蛇伏地，凤皇覆上，大合鬼神，作为《清角》。"

传黄帝诛杀蚩尤后作《枫鼓之曲》十章。

　　按：《绎史》卷五引《归藏》曰："（蚩尤）登九淖以伐空桑，黄帝杀之于青丘，作《枫鼓之曲》十章：一曰《雷震惊》，二曰《猛虎骇》，三曰《鸷鸟击》，四曰《龙媒蹀》，五曰《灵夔吼》，六曰《雕鹗争》，七曰《壮士夺志》，八曰《熊罴哮呿》，九曰《石荡崖》，十曰《波荡壑》。"

传黄帝时有葛天氏之乐，三人操牛尾而舞，歌八曲：《载民》、《玄鸟》、《遂草木》、《奋五谷》、《敬天常》、《达帝功》、《依地德》、《总万物之极》。

　　按：《吕氏春秋·古乐》曰："昔葛天氏之乐，三人操牛尾，投足以歌八阕：一曰《载民》；二曰《玄鸟》；三曰《遂草木》；四曰《奋五谷》；五曰《敬天常》；六曰《达帝功》；七曰《依地德》；八曰《总万物之极》。"

传黄帝时作《弹歌》。

　　按：见后汉赵晔《吴越春秋》，歌辞为："断竹，续竹；飞土，逐宍。"此反映了原始人使用弓箭弹弓打猎之情形。

传黄帝命雷公、岐伯论经脉。雷公、岐伯、俞跗为黄帝时三名医。传《本草》、《素问》之医书出于岐伯。

按：雷公、岐伯与黄帝论经脉事，见《太平御览》卷七二一引《帝王世纪》曰："黄帝有熊氏命雷公、岐伯论经脉。"又曰："岐伯，黄帝臣也。帝使岐伯尝味草木，典主医病经方，《本草》、《素问》之书咸出焉。"《抱朴子·极言篇》曰："（黄帝）著体诊则受雷、岐。"俞跗，又作俞拊、榆附等，《史记·扁鹊仓公列传》曰："上古之时，医有俞跗，治病不以汤液醴洒，镵石挢引，案杌毒熨，一拨见病之应，因五藏之输，乃割皮解肌，诀脉结筋，搦髓脑，揲荒爪幕，湔浣肠胃，漱涤五藏，练精易形。"《正义》引应劭曰："黄帝时将也。"《敦煌变文集》卷八辑《搜神记》曰："昔皇（黄帝）时，有榆附者，善好良医，能回丧车，起死人。"说明其医术之高明。

题黄帝或其臣子之作见载于《汉书·艺文志》者有：
《黄帝四经》4篇（"诸子略"二"道家"）。

按：原注："亡。"有学者以为，马王堆帛书《黄帝书》四篇很可能即此早已亡佚之《黄帝四经》（见李学勤《简帛佚籍与学术史》第9页）。

《黄帝铭》6篇（"诸子略"二"道家"）。

按：原注："残"。顾实《汉志讲疏》曰："黄帝《金人铭》，见于《荀子》、《太公金匮》、刘向《说苑》、黄帝《巾几铭》，见于《路史》。是六铭尚存其二也。"

《黄帝君臣》10篇（"诸子略"二"道家"）。

按：原注："亡。""起六国时，与《老子》相似也。"

《杂黄帝》58篇（"诸子略"二"道家"）。

按：原注："亡。""六国时贤者所作。"

《力牧》22篇（"诸子略"二"道家"）。

按：原注："亡。""六国时所作，托之力牧，黄帝相。"

《黄帝泰素》20篇（"诸子略"三"阴阳家"）。

按：原注："亡。""六国时韩诸公子所作。"师古曰：刘向《别录》曰：'或言韩诸公孙之所作也，言阴阳五行，以为黄帝之道也，故曰《泰素》。'"

《容城子》14篇（"诸子略"二"阴阳家"）。

按：原注："亡。"容成子，传为黄帝臣，《世本·作篇》（张澍稡集补注本）曰："黄帝使……容成作调历。"

《黄帝说》40篇（"诸子略"十"小说家"）。

按：原注："亡。""迂诞依托"。

《黄帝》16篇（"兵书略"三"兵阴阳"）。

按：原注："亡。""图三卷"。

《封胡》5篇（"兵书略"三"兵阴阳"）。

按：原注："亡。""黄帝臣，依托也。"杨树达《汉书窥管》曰："封钜为黄帝师，见《古今人表》。《路史·国名记》谓封钜即封胡。梁玉绳谓《人表》别有封胡，不得合而为一也，是也。"《元和姓纂》三"封姓"曰："封钜为黄帝师，胙土命氏。"

《风后》13篇（"兵书略"三"兵阴阳"）。

按：原注："亡。""图二卷。黄帝臣，依托也。"

《力牧》15篇（"兵书略"三"兵阴阳"）。

按：原注："亡。""黄帝臣，依托之。"杨树达《汉书窥管》曰："敦煌出土木简，一简有'己不聞者何也,力墨对曰官。'凡十一字,力墨即力牧,墨、牧古音同。王国维谓简出塞上,当是兵家之力牧,非道家之力牧,说或是也。"

《黄帝杂子气》33篇("数术略"一"天文")。

按:原注:"亡。"

《泰阶六符》1卷("数术略"一"天文")。

按:原注:"亡。"师古引李奇曰:"三台谓之'泰阶',两两成体,三台故六,观色以知吉凶,故曰符。"周寿昌《汉书志校补》曰:"《东方朔传》注引应劭曰'《黄帝泰阶六符经》'云云,是此书原名有经字,而亦托之于黄帝也。"

《黄帝五家历》33卷("数术略"二"历谱")。

按:原注:"亡。"周寿昌《汉书注校补》曰:"即《律历志》所云,黄帝、颛顼、夏、殷、周五家也。

《黄帝阴阳》25卷("数术略"三"五行")。

按:原注:"亡。"

《黄帝诸子论阴阳》25卷("数术略"三"五行")。

按:原注:"亡。"

《风鼓六甲》24卷("数术略"三"五行")。

按:原注:"亡。"王先谦《汉书补注》曰:"遁甲演于风后,风鼓疑风后之讹。"

《风后孤虚》20卷("数术略"三"五行")。

按:原注:"亡。"姚明煇《汉志注解》:《史记·龟策传》,褚先生曰:"日辰不全,故有孤虚。"《集解》:"甲乙谓之日,子丑谓之辰。六甲孤虚法,甲子旬中无戌亥,戌亥为孤,辰巳为虚。甲戌旬中无申酉,申酉为孤,寅卯为虚。甲申旬中无午未,午未为孤,子丑为虚。甲午旬中无辰巳,辰巳为虚,戌亥为虚。甲辰旬中无寅卯,寅卯为孤,申酉为虚。甲寅旬中无子丑,子丑为孤,午未为虚。"《后汉书·方术传》注:"孤谓六甲之孤辰,对孤为虚。"

《黄帝长柳占梦》11卷("数术略"五"杂占")。

按:原注:"亡。"

《黄帝内经》18卷("方技略"一"医经")。

按:原注:"残"。王应麟《汉志考证》曰:"王冰曰:《素问》即其经之九卷也,兼《灵枢》九卷,乃其数焉。"周寿昌《汉书注校补》曰:"《唐艺文志》:'《黄帝内经明堂》十三卷',《隋志》无之,而《唐志》多'明堂'二字。且卷数不合。外此如《黄帝素问》,本志无之,而《隋唐志》皆有。疑秦汉间人伪托,东汉时传布也。"陈国庆《汉书艺文志注释汇编》曰:"今传《素问》、《灵枢》二书即此。清《四库全书》子部医家类著录《黄帝素问》二十四卷。《简目》云:'唐王冰注。晁氏《读书志》作王砅,盖欲附会杜甫诗而改之。原本残缺,冰采《阴阳大论》以补之。其书云出上古,固未必然,然亦必周秦间人传述旧闻著之竹帛。故通贯三才,包括万变,虽张、李、刘、朱诸人,终身钻仰,竟无能罄其蕴奥焉。'又著录《灵枢经》十二卷。《简目》云:'是书论针灸之道,与《素问》通号《内经》。然至南宋史崧,始传于世,最为晚出,或以为王冰所依托。然所言俞穴脉络之曲折,医者亦终莫能外,盖其书虽伪,其法则古所传也。'"

《外经》37卷("方技略"一"医经")。

按:原注:"亡。"

《泰始黄帝扁鹊俞拊方》23卷("方技略"二"经方")。

按:原注:"亡。"应劭曰:"黄帝时医也。"

《神农黄帝食禁》7卷("方技略"二"经方")。

按：原注："亡。"周寿昌《汉书注校补》谓应作《神农黄帝食药》，药、禁字近而讹。

《容成阴道》26卷（"方技略"三"房中"）。

按：原注："亡。"容成子，黄帝时臣，见《世本·作篇》（张澍稡集补注本）。王应麟《汉志考证》曰："《后汉书·方术传》：'冷寿光，行容成公御妇人法。'此书为房中术著作。

《黄帝三王养阳方》20卷（"方技略"三"房中"）。

按：原注："亡。"

《黄帝杂子步引》12卷（"方技略"四"神仙"）。

按：原注："亡。"

《黄帝岐伯按摩》10卷（"方技略"四"神仙"）。

按：原注："亡。"王应麟《汉志考证》曰："《唐六典》：'按摩博士一人。'注：'《崔寔正论》云：熊经鸟伸延年之术。故华佗有六禽之戏，魏文有五搥之锻。《仙经》云：'户枢不朽，流水不腐。'谓欲使骨节调利，血脉相通。"

《黄帝杂子芝菌》18卷（"方技略"四"神仙"）。

按：原注："亡。"师古曰："服饵，芝菌之法也。"王应麟《汉志考证》曰："黄氏曰：'《神农经》：五芝久食身轻，延年不老。'先秦之世，未有称述芝草者，汉以武、宣世始以为瑞。黄帝《内传》：'王母授《神芝图》十二卷。'《水经注·溟水》：'黄帝登具茨之山，受《神芝图》于黄盖童子。'"

《黄帝杂子十九家方》21卷（"方技略"四"神仙"）。

按：原注："亡。"

蚩　尤

蚩尤，传说中东方九黎族之首领。或以为九黎即九夷，散居太皞旧地。相传蚩尤有兄弟八十一（一说七十二人），铜头铁额，用卢山之金（铜）铸造兵器，有五兵，戈、矛、戟、酋矛、夷矛，威震天下。后与黄帝大战于涿鹿，被杀。一说蚩尤为炎帝之后，曾借"炎帝"之号，与黄帝战于涿鹿，实为炎帝复仇。

按：《史记·五帝本纪》载黄帝与蚩尤涿鹿之战而终擒杀蚩尤、继神农为帝（见"黄帝"条下）。后世多为黄帝尊而贬蚩尤，如《书·吕刑》曰："蚩尤惟始作乱，延及于平民，罔不寇贼，鸱义奸宄，夺攘矫虔。苗民弗用灵，制以刑，惟作五虐之刑曰法，杀戮无辜。爰始淫为劓、刵（刖）、椓、黥。越兹丽刑并制，罔差有辞。民兴胥渐，泯泯棼棼，罔中于信，以覆诅盟。虐威庶戮，方告无辜于上。上帝监民，罔有馨香德，刑发闻惟腥。皇帝哀矜庶戮之不辜，报虐以威，遏绝苗民，无世在下。"又如《太平御览》卷七九引《龙鱼河图》曰："黄帝摄政前，有蚩尤，兄弟八十一人，并兽身人语，铜头铁额，食沙石子，造立兵杖刀戟大弩，威振天下。诛杀无道，不仁不慈。万民欲令黄帝行天子事。黄帝仁义，不能禁止蚩尤，遂不敌，乃仰天而叹。天遣玄女下授黄帝兵信神符，制伏蚩尤，以制八方。蚩尤没后，天下复扰乱不宁，黄帝遂画蚩尤形象以威天下。天下咸谓蚩尤不死,八方万邦皆为弭殄伏。"据《路史·后纪四》曰:"阪泉氏蚩尤,姜姓,炎帝之裔也。"《黄氏逸书考》辑《遁甲开山图》曰:"蚩尤者,炎帝之后,与少昊治西方之金。"则蚩尤与黄帝之涿鹿大战可视为炎帝部族败于阪泉大战的反击。《路史·后纪四》谓"(蚩尤)兴封禅,号炎帝",可以为证。

传蚩尤尝为黄帝六相之一,黄帝得之明于天道。

按:见《管子·五行》。

传蚩尤与风伯、雨师参与黄帝西泰山之祭礼。

按:见《韩非子·十过》。

传蚩尤与黄帝涿鹿之战中请风伯、雨师纵大风雨,为女魃所止,乃败。

按:《山海经·大荒北经》曰:"蚩尤请风伯、雨师纵大风雨。黄帝乃下天女曰魃,雨止,遂杀蚩尤。"

传蚩尤发明戈、矛、戟、酋矛、夷矛五神兵器。

按:《路史·后纪四》罗苹注引《世本》曰:"蚩尤作五兵:戈、矛、戟、酋矛、夷矛,黄帝诛之涿鹿之野。"《世本·作篇》(张澍稡集补注本)曰:"蚩尤以金作兵器。"宋衷注:"蚩尤,神农臣也。"《太平御览》卷八三三引《尸子》:"造冶者,蚩尤也。"《管子·地数》曰:"葛卢之山发而出水,金从之,蚩尤受而制之,以为剑铠矛戟,是岁相兼者诸侯九。雍狐之山发而出水,金从之,蚩尤受而制之,以为雍狐之戟、芮戈,是岁相兼者诸侯十二。"《吕氏春秋·荡兵》曰:"人曰'蚩尤作兵。'蚩尤非作兵也,利其械矣。未有蚩尤之时,民固剥林木以战矣。胜者为长。"

传蚩尤于阪泉之战中败死,身体异处,别葬两处。

按:《水经注·济水》引《皇览》曰:"蚩尤冢,在东郡寿张县阚乡城中,冢高七尺,常十月祠之,有赤气出如绛,民名为蚩尤旗。"又:"山阳钜野县,有肩髀冢,重聚,大小与阚冢等。传言蚩尤与黄帝战,克之涿鹿之野,身体异处。故别葬焉。"又,蚩尤战死之地阪泉,有二说:一为今河北涿鹿。张守节《史记正义》引《括地志》:"阪泉,今名黄帝泉,在妫州怀戎县东五十六里。出五里至涿鹿东北,与涿水合。又有涿鹿故城,在妫州东南五十里,本黄帝所都也。《晋太康地里志》曰:'涿鹿城东一里有阪泉,上有黄帝祠。'"二为今山西运城,宋沈括《梦溪笔谈·辩证一》曰:"解州盐泽方百二十里。久雨,四山之水悉注其中,未尝溢;大旱未尝涸。卤色正赤,在版泉之下,俚俗谓之蚩尤血。"今多取前说。

题蚩尤之作见载于《汉书·艺文志》者有:

《蚩尤》2篇("兵书略"二"兵形势")。

按:原注:"亡。""见《吕刑》"。王应麟《汉志考证》曰:"《管子》:'黄帝得蚩尤而明于天道。'则黄帝六相,亦有蚩尤。"

颛　　顼

颛顼号高阳氏,传为黄帝之孙,昌意之子,继黄帝之后为部落联盟首领。相传生于若水,居于帝丘。北至于幽陵,南至于交趾,西至于流沙,东至于蟠木。炎帝后裔共工尝与其争帝,败,后衍为"怒触不周山"神话。屈原《离骚》自谓"帝高阳之苗裔兮",是为楚国王族之祖先。传颛顼时已有"火正"之官,掌管"大火"(心宿二)出没之事,以定农时。古历有"颛顼历",岁首建亥,以十月为岁首。秦汉用之,至汉武帝太初元年(公元前104年)始废。

按:《山海经·海内经》曰:"流沙之东,黑水之西,有朝云之国、司彘之国。黄帝妻雷祖,生昌意。昌意降处若水,生韩流。韩流擢首谨耳,人面豕喙,麟身渠股,豚止,取淖子曰阿女,生帝颛顼。"颛顼应为黄帝之曾孙,然后世多摈韩流于外,而径称颛顼为黄帝孙。《初学记》卷九引《帝王世纪》曰:"颛顼,黄帝之孙,昌意之子,姬姓也。母曰景仆,蜀山氏女,为昌意正妃,谓之女枢。金天氏之末,瑶光之星,贯月如虹,感女枢幽房之宫,生颛顼于若水,首戴干戈,有圣德。生十年而佐少昊,十二而冠,二十登帝位。"就族属而论,颛顼应为华夏集团。但颛顼又与东夷集团有关。《山海经·大荒东经》曰:"东海之外大壑,少昊之国。少昊孺帝颛顼于此,弃其琴瑟。"或以为,颛顼父黄帝之子昌意以德劣流落少昊之地为诸侯,颛顼在少昊文化哺育下长大,曾"佐少昊""平九黎"。少昊之地在今山东曲阜。一般把仰韶文化——河南龙山文化看作属于华夏集团先民的遗存,而大汶口文化——山东龙山文化为东夷集团先民的遗存。《左传·昭公十七年》曰:"卫,颛顼之虚也,故为帝丘。"在今河南濮阳,正当两大部族集团分布之邻接地区,也为其文化之交汇地区,此皆与其传说恰相吻合。

传颛顼为司北方之神,玄冥佐之,执权而治冬,是谓水神。

按:《淮南子·天文训》曰:"北方水也,其帝颛顼,其佐玄冥,执权而治冬;其神为辰星,其兽玄武,其音羽,其日壬癸。"又同书《时则篇》曰:"北方之极,自九泽穷夏晦之极,北至令正之谷,有冻寒积冰,雪雹霜霰,漂润群水之野,颛顼、玄冥之所司者,万二千里。"或以为玄冥即禺强,又名禺京,据《山海经·大荒东经》"黄帝生禺貌,貌虎生禺京",则玄冥较颛顼高一辈。《大戴礼记·五帝德》曰:"(颛顼)乘龙而至四海:北至于幽陵,南至于交趾,西济于流沙,东至于蟠木。动静之物,大小之神,日月所照,莫不砥砺。"

传颛顼之法,妇人不辟男子于路者,拂之于四达之衢。

按:见《淮南子·齐俗训》。庄逵吉注曰:"《御览》引'拂'作'袚',有注云:'除其不祥'。"由此大致可推测,颛顼时社会已发生了很大变化,可能在黄帝时代的基础上完全确立了父系制度。这时已将男尊女卑用宗教之形式固定下来,而黄帝时代则还保存着某些母权的遗留,有女神,如旱魃参加了涿鹿之战,后世的《玄女兵法》说王母遣九天玄女为黄帝助战,虽出自演绎,但也反映了一定之史影。颛顼之敬鬼神、别尊卑,即《史记·五帝本纪》所谓"依鬼神制义",应为当时社会结构变化之反映。且此于考古之龙山时代文化可得以印证。在黄河中游的山西地区和下游的山东地区,皆出现了一些前所未见的大型墓葬,从其规模及其出土文物可推知当时已出现了金字塔式的社会分层结构。居于其顶端的人物皆为男性,他们有一套特殊的礼器随葬,其中的鼓等即从巫师的"法器"演化而成。法器演变为象征统治权的礼器,意味着原始宗教的性质已经发生变化。在长江下游良渚文化中出现了大规模的祭坛和贵族的坟山,埋葬于坟山中地位最显赫者,同样具有象征宗教权之礼器。

传颛顼师伯夷父,令其颁法典、制五刑。

按:《吕氏春秋·尊师》曰:"帝颛顼师伯夷父。"《山海经·海内经》曰:"伯夷父生西岳,西岳生先龙,先龙是始生氐羌。氐羌乞姓。"郭璞注:"伯夷父,颛顼师,今氐羌其苗裔也。"颛顼曾令伯夷父颁法典，制五刑，以折服臣。

传颛顼以水事纪官，命南正重司天以属神，火正黎司地以属民，于是民神不杂，万民有序。

按：此即颛顼"绝地天通"之宗教改革，为上古文化学术史影响深远之大事。《国语·楚语下》曰："昭王问于观射父曰：'《周书》所谓重、黎实使天地不通者，何也？若无然，民将能登天乎？'对曰：'非此之谓也。古者民神不杂。民之精爽不携贰者，而又能齐肃衷正，其知能上下比义，其圣能光远宣朗，其明能光照之，其聪能听彻之，如是则明神降之，在男曰觋，在女曰巫。……及少暭之衰也，九黎乱德，民神杂糅，不可方物。夫人作享，家为巫史，无有要质。民匮于祀，而不知其福。烝享无度，民神同位。民渎齐盟，无有严威。神狎民则，不蠲其为。嘉生不降，无物以享。祸灾荐臻，莫尽其气。颛顼受之，乃命南正重司天以属神，命火正黎司地以属民，使复旧常，无相侵渎，是谓绝地天通。其后，三苗复九黎之德，尧复育重、黎之后，不忘旧者，使复典之，以至于夏、商。'"观射父所谓"古者"即巫觋出现后之古代，谓"夫人作享，家为巫史"，说明了氏族部落时原始宗教盛行之状况。但当到了社会组织发展为部落联合体之后，如"民神杂糅"，人人皆能通神，传达神之意旨，势必影响统一意志和行动。所谓"九黎乱德"或许乃由此而引起的动乱，这样便促使颛顼实施"绝地天通"之宗教改革。其措施是，除最高行政长官一身三任外，使大巫"重"任"南正"之职，司人神交通，会集群神命令，传达下方；使"黎"任"火正"之职，管理地上的群巫以至万民。这样，宗教事务始为少数人垄断，逐渐蜕变为阶级统治之工具。直至夏、商，宗教仍为重要统治支柱，所谓"殷人尊神，率民以事神，先鬼而后礼"可以为证。卜辞中大量王亲占之记录，证明商王仍是最高宗教领袖。"南正"、"火正"之职正是《周礼》"宗伯"、"司徒"之滥觞，反映了上古职官制度之起源。

又按：重、黎既为颛顼之臣，又谓颛顼之孙，《山海经·大荒西经》曰："大荒之中，有山名曰日月山，天枢也。……颛顼生老童，老童生重及黎。帝令重献上天，令黎邛下地。"《世本·帝系篇》（张澍稡集补注本）曰："颛顼娶于胜坟民之子，谓女禄，是生老童。""老童娶于根水氏，谓之骄福，产重及黎。""老童生重、黎及吴回，生陆终。"《国语·郑语》韦昭注："颛顼生老童，老童产重、黎及吴回，吴回产陆终。"《潜夫论·志氏姓》曰："黎，颛顼氏裔子吴回也。"则黎即吴回。《荆楚岁时记》引许慎《五经异议》曰："颛顼有子曰黎，为祝融火正也，祀以为灶神。"《淮南子·时则训》曰："赤帝、祝融之所司者万二千里。"高诱注："祝融，颛顼之孙，老童之子，吴回也。一名黎，为高辛氏火正，号为祝融，死为火神也。"《国语·郑语》曰："夫黎为高辛氏火正，以淳耀敦大、天明地德，光照四海，故命之曰祝融，其功大矣。"《左传·昭公十八年》曰："禳火于玄冥、回禄。"孔颖达疏："楚之先吴回为祝融，或云回禄即吴回也。"则黎即吴回即祝融。然据《山海经·海内经》曰："炎帝之妻，赤水之子听訞生炎居，炎居生节并，节并生戏器，戏器生祝融。祝融降处江水，生共工。共工生术器。……共工生后土，后土生噎鸣，噎鸣生岁十有二。"又《大荒北经》曰："后土生信，信生夸父。"祝融本为炎帝第四代后裔。则祝融既有为炎帝臣、黄帝臣、颛顼臣之异说，又有分属炎帝、黄帝世系之不同。究其原因，一为神话流传过程中所不可避免产生的歧说，包括诸神之间姓名、神性与世系的混同与变异；二是人为的整合，或出于排列神谱世系之需要，将本无血缘关系的神祇纳于其中（由空间关系变为时间关系），或出于排列神界所司方位之需要，将本为不同时期的神祇纳于其中（由时间关系变成空间关系）。三是某一神实乃一个氏族或部落之代表，故能跨于不同时代与地域。古神大率如此。（以上参见关锋《"绝地天通"考释》，《求学集》，上海人民出版社1962年；张岩《从部落文明到礼乐制度》，上海三联书店2004年。李零《绝地天通——研究中国早期宗

教的三个视角(2000年3月2日在北京师范大学的演讲),《跨文化对话5》,上海文化出版社2001年)

传颛顼命飞龙氏铸洪钟,声振而远。

按:见《世本·作篇》(张澍稡集补注本)。

传颛顼命鱓为乐倡,令以其尾鼓其腹,发出"英英"的乐声。

按:《吕氏春秋·古乐》曰:"乃令鱓先为乐倡,鱓乃偃寝,以其尾鼓其腹,其音英英。"传鱓即"穿山甲",又称"猪婆龙"。

传颛顼时禺强为穆王子筮卦。

按:或以为禺强即玄冥,又名禺京。《路史》卷一四罗苹注引《归藏》曰:"穆王子筮卦于禺强。"

传颛顼裔昆吾作陶。

按:见《吕氏春秋·君守》,高诱注:"昆吾,颛顼之后,吴回之孙,陆终之子,己姓也。为夏伯制作陶冶,埏埴为器。"

传颛顼裔、昆吾弟彭祖善房中术而致寿八百岁。

按:《世本·帝系篇》(张澍稡集补注本)曰:"陆终娶于鬼方氏之妹,谓之女嬇,是生六子。孕三年而不育,剖其左胁,获三人焉,剖其右胁,获三人焉。其一曰樊,是为昆吾;其二曰惠连,是为参胡;其三曰籛铿,是为彭祖;其四曰求言,是为郐人;其五曰安,是为曹姓,其六曰季连,是为芈姓。……彭祖,姓籛,名铿,在商为守藏史,在周为柱下史,年八百岁。"

传颛顼火正祝融作市,又取榣山之梓作琴。

按:祝融作市见于《世本·作篇》(茆泮林辑本)。其作琴见于《说郛》卷一百辑《古琴疏》:"祝融取榣山之榇作琴,弹之有异声,能致五色鸟舞于庭中。琴之至宝者,一曰皇来,二曰鸾来,三曰凤来;故生长子,即名曰琴。"

传颛顼时,共工与其争帝,怒触不周山,为水害,颛顼诛杀之。

按:《淮南子·兵略训》曰:"颛顼尝与共工争矣。……共工为水害,故颛顼诛之。"又《原道篇》曰:"昔共工之力触不周之山,使地东南倾。与高辛争为帝,遂潜于渊,宗族残灭,继嗣绝祀。"关于共工,有神农、颛顼、帝喾、舜时诸侯或炎帝之后等异说,据《山海经·海内经》曰:"祝融降处于江水,生共工。……共工生后土。"《大荒北经》曰:"后土生信,信生夸父"之世系,则共工之与颛顼争帝而怒触不周山系自黄帝、蚩尤以来反叛黄帝部族之延续。

传共工工臣浮游作矢。

按:见《荀子·解蔽篇》。

传共工之子句龙为后土,祀为社神。

按:《左传·昭公二十九年》曰:"共工氏有子曰句龙,为后土。……后土为社。"《国语·鲁语上》曰:"共工氏之伯九有也,其子曰后土,能平九土,故祀以为社。"《说文解字》曰:"社,地主也。从示土。《春秋传》曰:'共工之子句龙为社神。'《周礼》:'二十五家为社,各树其土所宜之木。'"

传共工之子修好远游,舟车所至,足迹所达,靡不穷览,故祀以为祖神。

按:见《风俗通义》卷八。祖神,意为旅行之神,古时出门旅行,定要先祭祖神,称为祖道或祖饯,取神灵护佐,一路平安之意。《左传·昭公七年》曰:"梦襄公祖。"注:"祖,祭道神。"《汉书·刘屈氂传》曰:"贰师将军李广利将兵出击匈奴,丞相为祖道,送至渭桥。"注:"祖者,送行之祭,因设宴饮焉。"

传颛顼卒后葬于鲋鱼山。

按：《山海经·海内东经》曰："汉水出鲋鱼之山,帝颛顼葬于阳,九嫔葬于阴,四蛇卫之。"又《大荒北经》曰："东北海之外,大荒之中,河水之间,附禺之山,帝颛顼与九嫔葬焉。爰有鸱久、文贝、离俞、鸾鸟、皇鸟、大物、小物。有青鸟、琅鸟、玄鸟、黄鸟、虎、豹、熊、罴、黄蛇、视肉、璿、瑰、瑶、碧,皆出卫于山。丘方员三百里,丘南帝俊竹林在焉,大可为舟。竹南有赤泽水,名曰封渊。有三桑无枝。丘西有沈渊,颛顼所浴。"鲋鱼山又称附禺、务隅山。

传颛顼作《六茎》之乐,又命飞龙效八风之音,作乐五音,为《承云》之乐。

按：《吕氏春秋·古乐》曰："帝颛顼生自若水,实处空桑,乃登为帝,惟天之合,正风乃行,其音若熙熙凄凄锵锵。帝颛顼好其音,乃令飞龙作(乐),效八风之音,命之曰《承云》,以祭上帝。"

传颛顼时作《颛顼历》,岁首建寅,以十月为岁首,后世因之,至汉武帝太初元年(前104)始废。

按：今本《竹书纪年》记颛顼"十三年初作历象"。《晋书·律历志》曰："董巴议曰：昔伏羲始造八卦,作三画以象二十四气。黄帝因之,初作《调历》,历代十一,更年五千,凡有七历。颛顼以今之孟春正月为元(岁首),其时正月朔旦立春,五星会于天历营室也。冰冻始泮,蛰虫始发,鸡始三号。天曰作时,地曰作昌,人曰作乐,鸟兽万物莫不应和。故颛顼圣人为历宗也。"《新唐书·历志》曰："《颛顼历》上元甲寅岁正月甲寅晨初合朔立春,七曜皆直艮维之首,盖重、黎受职于颛顼。九黎乱德,二官咸废,帝尧复其子孙,命掌天地四时,以及虞夏。故本其所由生,命曰《颛顼(历)》,其实《夏历》也。汤作《殷历》,更以十一月甲子合朔、冬至为上元。周人因之,距羲、和千祀,昏明中星率差半次。夏时直月节者,皆当十有二中,故因循夏令。其后吕不韦得之,以为秦法,更考中星,断取近距,以乙卯岁正月己巳合朔立春为上元。《洪范传》曰'历记始于颛顼上元太始阏蒙摄提格之岁,毕陬之月,朔日己巳立春,七曜俱在营室五度'是也。秦《颛顼历》元起乙卯;汉《太初历》元起丁丑,推而上之,皆不值甲寅,犹以日月五纬,复得上元本星度,故命曰阏蒙摄提格之岁,而实非甲寅。"由上述可知,黄帝时已有《调历》,不说历始于黄帝,而说始于颛顼,说明《调历》尚不完善,未为后世所继承。颛顼发展并完善了《调历》,故唐尧虞舜夏商周皆沿用之,史称之为《颛顼历》。

题颛顼之作而见载于《汉书·艺文志》者有：

《颛顼历》21卷("数术略"二"历谱")。

按：原注："亡。"

《颛顼五星历》14卷("数术略"二"历谱")。

按：原注："亡。"

帝　喾

帝喾(喾一作俈),号高辛氏,传为黄帝曾孙,颛顼近亲,继颛顼为帝,因十五岁佐颛顼有功,封为诸侯,邑于高辛,故曰高辛氏。一说帝喾即帝俊,其治民,如水之灌溉,平等而中正。相传尧和挚以及周之祖先弃(后稷)、商之祖先契,皆为帝喾之子。

按:《大戴礼记·五帝德》曰:"玄嚣之孙,蟜极之子也,曰高辛。生而神灵,自言其名。博施利物,不于其身。聪以知远,明以察微;顺天之义,知民之急;仁而威,惠而信,修身而天下服。取地之财而节用之,抚教万民而利诲之,历日月而迎送之,明鬼神而敬事之。其色郁郁,其德嶷嶷。其动也时,其服也士。春夏乘龙,秋冬乘马,黄黼黻衣,执中而获天下,日月所照,风雨所至,莫不从顺。"又《世本·帝系篇》(张澍稡集补注本)曰:"喾,黄帝之曾孙。"又曰:"帝喾年十五岁,佐颛顼有功,封为诸侯,邑于高辛。"又曰:"帝喾卜其四妃之子,皆有天下。上妃有邰氏之女,曰姜嫄,而生后稷;次妃有娀之女,曰简狄,而生契;次妃陈锋氏之女,曰庆都,生帝尧;下妃诹訾氏之女,曰常仪,生挚。"《初学记》卷九引《帝王世纪》曰:"(帝喾)生而神异,自言其名曰夋。"夋即帝俊,则帝俊即帝喾。

传帝喾以木纪德,色尚黑。以五行名官,命重为木正,黎为火正,该为金正,修及熙为水正,句龙为土正。

按:见《路史》卷一八。此记与《帝王世纪》所记异。《帝王世纪》曰:"(高辛氏)以人事纪官,故以勾芒为木正,祝融为火正,蓐收为金正,玄冥为水正,后土为土正。是五行之官,分职而治诸侯,于是化被天下。"五正之官虽不同,然说明帝喾时代已有"五行"观念。

传帝喾妃有邰氏女姜嫄生后稷,后稷教民稼穑,树艺五谷。

按:姜嫄,一作姜原。《诗·大雅·生民》、《诗·鲁颂·閟宫》皆有载姜原生后稷,后稷播五谷,作稼穑之事迹。《史记·周本纪》曰:"周后稷,名弃。其母有邰氏女,曰姜原。姜原为帝喾元妃。姜原出野,见巨人迹,心忻然说,欲践之。践之而身动如孕者。居期而生子,以为不祥,弃之隘巷,马牛过者皆辟不践。徙置之林中,适会山林多人,迁之。而弃渠中冰上,飞鸟以其翼覆荐之。姜原以为神,遂收养长之。初欲弃之,因名曰弃。弃为儿时,屹如巨人之志。其游戏,好种树麻、菽,麻、菽美。及为成人,遂好耕农。相地之宜,宜谷者稼穑焉。民皆法则之。帝尧闻之,举弃为农师,天下得其利,有功。帝舜曰:'弃,黎民始饥,尔后稷时播百谷。'封弃于邰,号曰后稷,别姓姬氏。"《史记》前之《山海经》、《书》、《墨子》、《国语》、《孟子》等亦多有后稷事迹之记载。《山海经·海内经》曰:"后稷是播百谷。"《西次三经》曰:"又西三百二十里,曰槐江之山,……实惟帝之平圃,……西望大泽,后稷所潜也。"郭璞注:"后稷生而灵知,及其终,化形遁此泽而为之神,亦犹傅说骑箕尾也。"《海内经》曰:"西南黑水之间,有都广之野,后稷葬焉。爰有膏菽、膏稻、膏黍、膏稷,百谷自生,冬夏播琴。鸾鸟自歌,凤鸟自舞,灵寿实华,草木所聚。爰有百兽,相群爰处。此草也,冬夏不死。"又《书·吕刑》曰:"稷降播种,农殖嘉谷。"《墨子·尚贤中》曰:"稷隆播种,农殖嘉谷。"《孟子·滕文公上》曰:"后稷教民稼穑,树艺五谷。五谷熟而民人育。"《国语·鲁语上》曰:"稷勤百谷而山死。"韦昭注:"稷,周弃也。勤播百谷,死于黑水之山。"另《淮南子·汜论训》则曰:"后稷作稼穑,死而为稷。"

传后稷之孙叔均始作牛耕。

按:《山海经·海内经》曰:"后稷是播百谷。稷之孙曰叔均,是始作牛耕。大比赤阴,是始为国。"然《山海经·大荒西经》则以后稷为帝俊子,叔均为稷之侄。曰:"有西周之国,姬姓,食谷。有人方耕,名曰叔均。帝俊生后稷,稷降以百谷。稷之弟曰台玺,生叔均。叔均是代其父及稷播百谷,始作耕。"郭璞注:"俊宜为喾。喾第二妃生后稷也。"

传帝喾次妃有娀氏长女简狄生契,为商之先祖。

按:《史记·殷本纪》曰:"殷契,母曰简狄,有娀氏之女,为帝喾次妃。三人行浴,见玄鸟堕其卵,简狄取吞之,因孕生契。契长而佐禹治水有功,帝舜乃命契曰:'百姓不亲,五品不训,汝为司徒而敬敷五教,五教在宽。'封于商,赐姓子氏。契兴于唐、虞、大禹之际,功业著于百姓,百姓以平。"

传帝喾有才子八人,忠肃共懿,宣慈惠和,谓之"八元"。

按:《左传·文公十八年》曰:"高辛氏有才子八人:伯奋、仲堪、叔献、季仲、伯虎、仲熊、叔豹、季狸,忠肃共懿,宣慈惠和,天下之民谓之'八元'。"

传帝喾令乐工有倕作鼙、鼓、钟、磬、吹、苓、管、埙、篪、鞀、椎锺等乐器。

按:见《吕氏春秋·古乐》。

传帝喾命咸黑作《九招》、《六列》、《六英》之乐。

按:见《吕氏春秋·古乐》。

传帝喾妃有娀氏之女简狄、建疵见燕遗二卵,北飞遂不反,作歌《燕燕往飞》,乃为北音之始。

按:《吕氏春秋·音初》曰:"有娀氏有二佚女,为之九成之台,饮食必以鼓。帝令燕往视之,鸣若谥隘。二女爱而争搏之,覆以玉筐。少选(顷),发而视之,燕遗二卵,北飞,遂不反。二女作歌,一终曰《燕燕往飞》,实始作为北音。"

帝　　俊

帝俊为东方所奉之神,或以为即帝喾(兹姑列其于帝喾之后,裨以观彼此之异同)。

按:《帝王世纪》曰:"(帝喾高辛氏)生而神异,自言其名曰夋。"夋,《山海经》作帝俊。《大荒西经》曰:"帝俊妻常羲生月十有二。"《世本·帝系篇》(张澍稡集补注本)曰:"帝喾下妃诹訾氏之女,曰常仪,是生帝挚。"袁珂认为羲和非常仪,而常羲与常仪则为同一人(参见《山海经校注》)。

传帝俊妻羲和生十日,常羲(常仪)生十二月,掌四时之职。

按:《山海经·大荒南经》曰:"东南海之外,甘水之间,有羲和之国,有女子名曰羲和,方浴日于甘渊。羲和者,帝俊之妻,生十日。"郭璞注:"羲和盖天地始生,主日月者也。故《启筮》(《归藏》)曰:'空桑之苍苍,八极之既张,乃有夫羲和,是主日月,职出入,以为晦明。'又曰:'瞻彼上天,一明一晦,有夫羲和之子,出于旸谷。'故尧因此而立羲和之官,以主四时,其后世遂为此国。作日月之象而掌之,沐浴运转之于甘水中,以效其出入旸谷虞渊也。所谓世不失职耳。"而《大荒西经》又记曰:"有女子方浴月。帝俊妻常羲生月十有二,此始浴之。"

传帝俊娥皇生三身国,有渊四方,为舜之所浴。

按：见《山海经·大荒南经》。郭璞于《大荒东经》"帝俊生中容"下注云："'俊'亦'舜'字假借音也。"因此袁珂以为帝俊(帝喾)即帝舜。又《大荒北经》："(卫)丘方员三百里,丘南帝俊竹林在焉,大可为舟。"后代娥皇"斑竹"故事最初由此衍化而来(《中国神话传说》第233页)。

传帝俊生后稷,后稷播百谷,后稷弟台玺子叔均始作牛耕。

按：见《山海经·大荒西经》。此与帝喾事迹重合。

传帝俊有子八人,晏龙作良琴六。

按：见《山海经·海内经》。又《说郛》卷一百辑《古琴疏》曰："晏龙者,帝俊之子也,有良琴六:一曰'菌首';二曰'义辅';三曰'蓬明',四曰'白民';五曰'简开';六曰'垂漆'。"

传帝俊子晏龙生司幽,司幽生思士不妻、思女不夫。

按：《山海经·大荒东经》曰："有司幽之国。帝俊生晏龙,晏龙生司幽,司幽生思士不妻,思女不夫。食黍食兽,是使四鸟。"郭璞注："言其人直思感而气通,无配合而生子。此庄生所谓白鹄相视,眸子不运,而感风化之类也。"

传帝俊子三身生义均,义均为巧倕,是始作下民百巧,有作舟、弓、钟、铫、耨、耒耜、规矩、准绳等说。

按：《山海经·海内经》曰："帝俊生三身,三身生义均。义均是始为巧倕,是始作下民百巧。"则倕当为帝俊之孙。然有关倕之发明创造自神农至于帝俊时而出现,则倕实乃上古名匠之代表。

传帝俊生禺号,禺号生淫梁,淫梁生番禺,是始为舟。番禺生奚仲,奚仲生吉光,吉光是始以木为车。

按：见《山海经·海内经》。奚仲作车又见于《墨子》,其《非儒下》曰："奚仲作车。"又《管子·形势解》曰："奚仲之为车器也,方圜曲直,皆中规矩钩绳,故机旋相得,用之牢利,成器坚固。"

帝　挚

帝挚,一说即少昊(少皞),号金天氏、金穷氏,东夷首领。即位时凤鸟适至,遂以鸟纪,为鸟师而鸟名。百官皆以鸟名。相传为高辛氏帝喾之子,原都于东方鲁城曲阜,后迁居西方,为司西方之神,邑于穷桑。或以为帝挚在帝颛顼之前,颛顼曾先佐治之而后登帝位。

按：据《世本·帝系篇》(张澍稡集补注本),少昊帝挚与后稷、契、尧同为帝喾之子。《史记·五帝本纪》曰"帝喾崩,而挚代立。帝挚立,不善,崩,而弟放勋立,是为帝尧"云云,亦以帝挚为喾之子。然《淮南子·天文训》曰："西方金也,其帝少昊,其佐蓐收,执矩而治秋;其神为太白,其兽白虎,其音商,其日庚辛。"则列北方之帝颛顼之前。又《初学记》卷九引《帝王世纪》曰："颛顼……生十年而佐少昊,十二而冠,二十登帝位。"亦可见少昊于世系中先于颛顼。少昊氏,原居东方,《山海经·大荒东经》曰："东海之外大壑,少昊之国。"相传定都于鲁曲阜。《左传·定公四年》杜预注：

"少皞虚,曲阜也,在鲁城内。"《帝王世纪》曰:"(少昊)邑于穷桑,以登帝位,都曲阜。"故曲阜城有少皞陵。

传帝挚为司西方之神,蓐收权佐之,执矩而治秋,是为金神。

按:见《淮南子·天文训》。又同书《时则训》曰:"西方之极,自昆仑绝流沙、沈羽,西至三危之国,石城金室,饮气之民,不死之野,少皞、蓐收之所司者万二千里。"蓐收权,又为帝挚子。《礼记·月令》:"其帝少皞,其神蓐收。"郑玄注曰:"蓐收,少皞氏之子,曰该,为金官。"

传帝挚以鸟纪,百官皆以鸟名,以凤鸟氏为历正,玄鸟氏为司分,伯赵氏为司至,青鸟氏为司启,丹鸟氏为司闭,祝鸠氏为司徒,鴡鸠氏为司马,鸤鸠氏为司空,爽鸠氏为司寇,鹘鸠氏为司事。

按:见《左传·昭公十七年》。是为远古以鸟为图腾之证。

传帝挚子重为句芒,佐东方木帝,死而为木官之神。

按:《吕氏春秋·孟春》高诱注:"句芒,少皞氏之裔子曰重,佐木德之帝,死为木官之神。"

传帝挚子般始为弓、矢。

按:《山海经·海内经》曰:"少昊生般。般是始为弓、矢。"

传帝挚时作《九渊》之乐。

按:《绎史》卷六引《古史考》曰:"少昊之乐曰《九渊》。"

帝　尧

帝尧为帝喾之子。据说尧为谥号,名放勋,因曾为陶唐氏首领,史称唐尧,又称伊祁氏、伊耆氏。初居于冀方,后迁至晋阳,又迁于平阳。相传尧治天下,立老慈仁爱,使民如子弟。西教沃民,东至黑齿,北抚幽都,南道交趾。放灌兜于崇山,窜三苗于三危,流共工于幽州,殛鲧于羽山。而其本人则茅茨不翦,采椽不斫;粝粱之食,藜藿之羹;冬日麑裘,夏日葛衣,饭于土簋,饮于土铏,生活异常俭朴。故孔子赞曰:"大哉尧之为君也!巍巍乎,唯天为大,唯尧则之;荡荡乎,民无能名焉。巍巍乎!其有成功也;焕乎!其有文章。"(《论语·泰伯》)晚年由舜摄政,最后让位于舜,一说舜囚尧而夺其位。

按:《绎史》卷九引《帝王世纪》曰:"帝尧,陶唐氏,祁姓也。母庆都孕十四月而生尧于丹陵,名曰放勋。鸟庭荷胜,眉有八采,丰下锐上。或从母姓伊氏。年十五而佐帝挚,受封于唐为诸侯。身长十尺,尝梦天而上之故。二十而登帝位都平阳。"《淮南子·修务训》曰:"尧眉八彩,九窍通洞,而公正无私。"《白虎通义·圣人》曰:"尧眉八彩,是谓通明;历象日月,璇玑玉衡。"因尧舜传为上古之盛世,故往往多有溢美之辞。儒家之《论语》、墨家之《墨子》、法家之《韩非子》、道家之《淮南子》,皆不例外。

传尧有进善之旌,立诽谤之木,置欲谏之鼓。

按：《史记·孝文本纪》曰："古之治天下，朝有进善之旌、诽谤之木。"《史记集解》曰："应劭曰：'旌，帆也。尧设之五达之道，令民进善也。'如淳曰：'欲有进善者，立于旌下言之。'服虔曰：'(诽谤之木)尧作，桥梁交午柱头。'应劭曰：'桥梁边板，所以书政治之愆失也。至秦去之，今乃复施也。'"《古今注》卷下曰："程雅问曰：'尧设诽谤之木，何也？'答曰：'今之华表木也。以横木交柱头，状若花也，形似桔槔，大路交衢悉施焉。或谓之表木，以表王者纳谏也，亦以表识衢路也。秦乃除之，汉始复修焉，今西京谓之交午也。'"《吕氏春秋·自知》曰："务在自知，尧有欲谏之鼓。"高诱注："欲谏者，击其鼓也。"

传帝尧师子州父，一称师君畴(尹畴、尹寿)。

按：子州支父称子州(友)父。《吕氏春秋·尊师》曰："帝尧师子州父。"《荀子·大略篇》曰："尧学于君畴。"杨倞注："君畴，《汉书·古今人表》作尹寿。"

传帝尧造围棋，教于子丹朱，后以其不肖徙于丹渊，旋又诛杀之。徙其子孙至南海，并立庙祀之。

按：《世本·作篇》(张澍稡集补注本)曰："尧造围棋，丹朱善之。"梁孝元帝《金楼子·兴王篇》曰："初，尧教丹朱棋，以文桑为局，犀象为子。"又《路史·后纪十》曰："(丹朱)鸷很媢克，兄弟为阋，嚚讼嫚游而朋淫，帝悲之，为制奕棋以闲其情。"传丹朱为帝尧与散宜氏女皇所生，因其不肖，乃流徙于丹渊。《太平御览》卷六三引《尚书逸篇》谓此系舜所为："尧子不肖，舜使居丹渊为诸侯，故号曰丹朱。"而《史记·高祖本纪》正义引《括地志》则引《汲冢纪年》曰："后稷放帝子丹朱于丹水。"又古书多载帝尧诛子人服南蛮事。《汉学堂丛书》辑《六韬》曰："尧与有苗战于丹水之浦。"《太平御览》卷六三引《六韬》曰："尧伐有扈，战于丹水之浦。"又《吕氏春秋·召类》曰："尧战于丹水之浦，以服南蛮。"《庄子·盗跖》曰："尧杀长子。"《吕氏春秋·当务》曰："尧有不慈之名。"据童书业《丹朱与讙兜》考证："丹朱、讙兜音近；讙兜《古文尚书》作鴅吺，鴅字从鸟，丹声；吺或作吂，或作咮，从口，朱声；皆可为丹朱可读为讙兜之证。"(《浙江图书馆馆刊》四卷五期。)再考《山海经·海外南经》有载"讙(驩)头国"："讙头国在其南。其为人人面有翼，鸟喙，方捕鱼。一曰在毕方东。或曰讙朱国。"郭璞注："驩兜，尧臣，有罪，自投南海而死。帝怜之，使其子居南海而祠之，画亦似仙人也。"亦有归于舜篡尧位，先囚尧，立丹朱，俄又夺之之说(见范祥雍《古本竹书纪年辑校订补》)。

传帝尧以舜为司徒，契为司马，禹为司空，后稷为田畴，夔为乐正，倕为工师，伯夷为秩宗，皋陶为大理，益掌驱禽。

按：《说苑·君道》曰："当尧之时，舜为司徒，契为司马，禹为司空，后稷为田畴，夔为乐正，倕为工师，伯夷为秩宗，皋陶为大理，益掌驱禽。尧体力便巧，不能为一焉。尧为君而九子为臣，其何故也？尧知九职之事，使九子者各受其事，皆胜其任，以成九功。尧遂成厥功，以王天下。"又见《淮南子·齐俗训》。

传帝尧时十日并出，万物焦枯，令羿上射十日，中其九日。

按：《山海经·海外东经》郭璞注引《淮南子》曰："尧乃令羿射十日，中其九日，日中乌尽死。"又唐虞世南《北堂书钞》卷一四九引《淮南子》曰："尧时十日并出，草木焦枯。尧命羿仰射十日，中其九。乌皆死，堕羽翼。"传羿作弓，《墨子·非儒下》曰："古者羿作弓"。又谓羿精射。《荀子·解蔽篇》曰："倕作弓，浮游作矢，而羿精于射。"又传逢蒙学射于羿，并精于射，后竟杀羿。《荀子·王霸篇》曰："羿、蜂门(蒙)者，善服射者也。"《孟子·离娄下》曰："逢蒙学射于羿，尽羿之道，思天下惟羿为愈己，于是杀羿。"

传帝尧时洪水泛滥，举舜而治之，舜以鲧治水无功，杀之，又以禹继之

治水。

按：《书·尧典》曰："帝曰：'咨！四岳。汤汤洪水方割，荡荡怀山襄陵，浩浩滔天。下民其咨，有能俾乂？'佥曰：'於！鲧哉。'帝曰：'吁！咈哉。方命圮族。'岳曰：'异哉！试可乃已。'帝曰：'往，钦哉！'九载，绩用弗成。"又同书《洪范》曰："鲧堙洪水，汨陈其五行，帝乃震怒，不畀洪范九畴，彝伦攸斁。鲧则殛死，禹乃嗣兴。天乃锡禹洪范九畴，彝伦攸叙。"《孟子·滕文公上》曰："当尧之时，天下犹未平，洪水横流，泛滥于天下。草木畅茂，禽兽繁殖。五谷不登，禽兽逼人。兽蹄鸟迹之道，交于中国。尧独忧之，举舜而敷治焉。舜使益掌火，益烈山泽而焚之，禽兽逃匿。禹疏九河，瀹济漯而注诸海，决汝汉、排淮泗，而注之江，然后中国可得而食也。当是时也，禹八年于外，三过其门而不入。"鲧被殛于羽山见《书·洪范》、《山海经·海内经》、《国语》等。《国语·晋语八》曰："昔者鲧违帝命，殛之于羽山，化为黄熊，以入于羽渊。"

传鲧尝筮注洪水，而枚占于大明，曰："不吉，有初无后。"

按：晋张华《博物志》卷九曰："昔鲧筮注洪水，而占于大明，曰：'不吉。有初无后。'"

传帝尧禅让于舜，妻以二女，臣以十子。

按：《吕氏春秋·求人》曰："尧传天下于舜，礼之诸侯，妻以二女，臣以十子，身请北面朝之，至卑也。"又《去私》曰："尧有子十人，不与其子而授舜；舜有子九人，不与其子而授禹，至公也。"然对此禅让事，古书尚有不同记载。《广弘明集》卷十一引《汲冢竹书》曰："舜囚尧于平阳，取之帝位。"据此说，则尧并未禅让，而为舜窃取。

传帝尧臣鲧作城廓，咎繇（或云即许由）作耒耜。

按：《吕氏春秋·君守》曰："夏鲧作城。"《世本·作篇》（茆泮林辑本）曰："鲧作城郭。"《淮南子·原道训》曰："昔者夏鲧作三仞之城。"宋高承《事物纪原》曰："《吴越春秋》曰'鲧筑城以卫君，造郭以守民'，记以为城郭之始。《世本》则云'鲧作郭'。按《轩辕本纪》以谓黄帝筑城邑，则鲧不作城第，为郭而已。"咎繇作耒耜见《世本·作篇》（张澍稡集补注本），同书又称"垂作耒耜"。

传帝尧臣伯夷作五刑。

按：《太平御览》卷六三六引《世本》曰："伯夷作五刑。"又《书·吕刑》曰："伯夷降典，折民惟刑。"据《世本·帝系篇》（张澍稡集补注本）曰："祝融曾孙生伯夷，封于吕，为舜四岳。"又据《吕氏春秋·尊师》等载，伯夷尝为颛顼师。

传帝尧时皋陶作刑，尝于审理案件时用神判之法。

按：《北堂书钞》卷一七引《纪年》曰："命咎陶作刑。"《世本·作篇》（张澍稡集补注本）曰："皋陶作五刑。"《淮南子·修务训》曰："皋陶马喙，是谓至信，决狱明白，察于人情。"又《主术篇》曰："皋陶瘖而为大理，天下无虐刑。"又有载皋陶为舜时刑官。《管子·法法》曰："舜之有天下也，……皋陶为李。"原注："古治狱之官，作此李官。"《论语·颜渊》曰："舜有天下，选于众，举皋陶，不仁者远矣。"皋陶所用之"神判"法，见《墨子》、《论衡》、《路史》等。

传稷为帝尧使，西见王母。

按：《焦氏易林》卷一曰："稷为尧使，西见王母，拜请百福，赐我嘉子，长乐富有。"又《焦氏易林》卷三所载同。

传帝尧让天下于许由，许由坚辞不受，隐遁于箕山之下，躬耕而食。又闻尧请为九州长，因不屑多听而至颍水之滨洗耳。

按：许由事见《庄子》、《韩非子》、《高士传》等。

传帝尧时巢父因闻许由拒受九州长而洗耳于颍水之滨，念其水已污，乃牵犊再至颍水上游饮之。

按：许由、巢父之高风逸情为后世奉为隐士楷模而不断咏叹。《庄子·逍遥游》、《韩非子·说林下》及《高士传》、《琴操》等均载有两人事迹。《高士传》卷上曰："许由，字武仲，阳城槐里人也。为人据义履方，邪席不坐，邪膳不食，后隐于沛泽之中。尧让天下于许由，曰：'日月出矣，而爝火不息，其于光也，不亦难乎？时雨降矣，而犹浸灌，其余泽也，不亦劳乎！夫子立而天下治，而我犹尸之，吾自视缺然，请致天下。'许由曰：'子治天下，天下既已治矣，而我犹代子，吾将为名乎？名者，实之宾也，吾将为宾乎？鹪鹩巢于深林，不过一枝；偃鼠饮河，不过满腹。归休乎君，予无所用天下为。庖人虽不治庖，尸祝不越樽俎而代之矣。'不受而逃去。啮缺遇许由，曰：'子将奚之？'曰：'将逃尧。'曰：'奚谓邪？'曰：'夫尧知贤人之利天下也，而不知其贼天下也。夫唯外乎贤者知之矣。'由于是遁耕于中岳，颍水之阳，箕山之下，终身无经天下色。尧又召为九州长，由不欲闻之，洗耳于颍水滨。时其友巢父牵犊欲饮之，见由洗耳，问其故。对曰：'尧欲召我为九州长，恶闻其声，是故洗耳。'巢父曰：'子若处高岸深谷，人道不通，谁能见子？子故浮游，欲闻求其名誉，污吾犊口！'牵犊上流饮之。许由没，葬箕山之巅，亦名许由山，在阳城之南十余里。尧因就其墓号曰箕山公神，以配食五岳，世世奉祀，至今不绝也。"亦有以许由、巢父为一人者。《文选·与从弟君苗君胄书》注引《古史考》曰："许由夏常居巢，故一号巢父。"

传帝尧时已行蜡祭。

按：宋王质《诗总闻》卷一四曰："八蜡，八方之神也。各随其所来之方祀之。举此礼端用《豳》诗，八章当分歌，以乐八神。郑氏以为一先啬、二司啬、三农、四邮表畷、五猫虎、六坊、七水庸、八昆虫，恐未必然，止祝辞可见。土归于宅，土神一也，宅神二也，宅山之间也；水归于壑，水神三也；壑神四也，壑岩穴之间也；昆虫毋作，昆虫神五也；草木归其泽，草神六也；木神七也；泽神八也，泽陂湖之间也。昆当作蜫，虫之总名也。既蜡，收民息已。故既蜡，君子不兴功，盖神人各来其所也。"

传帝尧时壤父年八十击壤于道中，以此为戏。

按：《太平御览》卷七五五引《释名》曰："击壤，野老之戏也。"引《艺经》曰："击壤，古戏也。壤以木为之，前广后锐，长尺四，阔三寸，其形如履。将戏，先侧一壤于地，遥于三四十步，以手中壤敲之，中者为上。"又引《风土记》曰："击壤者，以木作之，……腊节僮少以为戏，分部如摛博也。"则土壤之戏或起源于腊祭。又《高士传》卷上曰："壤父者，尧时人也。帝尧之世，天下太和，百姓无事。壤父年八十余而击壤于道中，观者曰：'大哉！帝之德也。'壤父曰：'吾日出而作，日入而息，凿井而饮，耕田而食，帝何德于我哉！'"此处虽重在彰扬壤父之高士形象，但击壤亦是文献所载最早之游戏。

传帝尧在位七十载，又试舜三载，老不听政二十八载，乃卒，有葬于蛮山、岳山、狄山之说。

按：《书·舜典》曰："二十有八载，帝（尧）乃殂落，百姓如丧考妣。三载，四海遏密八音。"蔡沈《书集传》："尧十六即位，在位七十载，又试舜三载，老不听政二十八载乃崩。在位通计百单一年。"又《墨子·节葬下》曰："昔者尧北教乎八狄，道死，葬蛮山之阴，衣衾三领，穀木之棺，葛以缄之，既??而后哭，满埳无封，已葬，而牛马乘之。"或谓葬于岳山、狄山，见《山海经·大荒南经》及《海外南经》。葬于成阳说见《吕氏春秋·安死》"尧葬于穀林，通树之"下高诱注。又《水经注·瓠子河》曰："《地理志》曰：'成阳有尧冢、灵台。'今成阳县西二里，有尧陵。陵南一里，有尧母庆都陵，于城为西南，称曰灵台。"

传帝尧臣夔仿山川溪谷之音而作乐《大章》，又击石拊石，百兽率舞。

按：《太平御览》卷八〇引《帝王世纪》曰："（尧）命伯夔访（仿）山川溪谷之音，作乐《大章》，天下大和，百姓无事。有八十老人击壤歌于道。观者叹曰：'大哉！帝之德也。'"《书·舜典》曰："夔曰：'於！予击石拊石，百兽率舞。'"

传帝尧著《尧典》。帝尧命羲和掌管天子历法，以366日为一年，置闰月以正四时。

按：今、古文《尚书》均有《尧典》一篇，《书序》曰："昔在帝尧，聪明文思，光宅天下，将逊于位，让于虞舜，作《尧典》。"今文之《尧典》包括《舜典》之大部分文字，今文《尚书》无《舜典》，古文之《舜典》系从今文《尚书》中所析出。《尧典》较为完整地记载了尧舜禅让之事和尧命羲、和掌管天文、历法之事。后者见于《史记·五帝本纪》，记载为："乃命羲、和，敬顺昊天，数法日月星辰，敬授民时。分命羲仲，居郁夷，曰旸谷。敬道日出，便程东作。日中，星鸟，以殷中春。其民析，鸟兽字微。申命羲叔，居南交。便程南为，敬致。日永，星火，以正中夏。其民因，鸟兽希革。申命和仲，居西土，曰昧谷。敬道日入，便程西成。夜中，星虚，以正中秋。其民夷易，鸟兽毛毨。申命和叔，居北方，曰幽都。便在伏物。日短，星昴，以正中冬。其民燠，鸟兽氄毛。岁三百六十六日，以闰月正四时。信饬百官，众功皆兴。"可概括为尧命羲和等分居四方观测鸟、火、虚、昴四仲中星，制定历法。不少学者对尧时用四仲中星定时令的记载进行过考察，有不同的结论：竺可桢《论用岁差定〈尧典〉四仲中星之时代》认为是殷末周初的天文记录；法国人卑奥根据东汉司马融以前对《尧典》四仲中星的解释，是一方并见，不是单独一星。他推出公元前2357年的二分二至所在点，确与《尧典》符合。这就是说，《尧典》中的四仲中星确是尧时的天文记录。高鲁采用其说，并认为"一方并见"一年只有四次，是一个很准确的定二分二至的方法。近年在河南郑州大河村仰韶文化遗址的陶器上，发现5000多年前所绘的太阳、月亮、星座等与天象有关的图纹。在山东莒县、诸城等滨海之地的大汶口文化遗址，4500年前可能是作为祭天礼器的陶尊上，出现了与农事、天象有关的刻文，也可与《尧典》"分命羲仲，宅嵎夷，曰旸谷，寅宾出日，平秩东作"相印证。1978年，山西襄汾发现了一个面积约300万平方米的大型龙山晚期遗址。考古学家或以为该遗址即尧时古王都，并探知其遗址城墙东南角有一半圆形建筑。该建筑基址由三层台基组成，各高40厘米，外圈半径25米，第二圈22米，内圈12米。在内圈台基平面上，筑有一排呈圆弧状排列的夯土柱，相邻夯土柱之间的狭缝宽度，平均为15至20厘米。这些柱间狭缝，呈正对圆心的放射状。于第三层生土台芯中部，还发现了当时观测点的夯土标志，这个标志共有四道同心圆。据分析，陶寺先民当时应该是透过柱与柱之间的缝隙，观测正东方向塔儿山日出的上切与下切，目的是以此确定当时的节气。这个建筑基址不仅是个祭天的天坛，还有可能即《尧典》所谓"历象日月星辰，敬授人时"的观象台。2003年至2005年，考古学家曾对此观象遗址进行了两年的实地模拟观测，总计观测了72次，在缝内看到天文现象20次。根据观测记录，并结合相关文献的记载，初步认定先民在这里可以观测到"冬至——夏至——冬至"一个太阳回归年中的20个时节。（《襄汾陶寺古观象台》，《中国国家天文》2008年第1期。）这些皆表明古人很早便开始观察天象，《尧典》包含了不少可信的史料。今按，《尧典》的成书年代，历来有唐、虞、夏、周、秦、汉诸说，刘起釪《尚书校释译论》以为大抵以写成于周代之说较近是（第363页）。

题帝尧或其臣之作见载于《汉书·艺文志》者有：

《务成子》11篇（"诸子略"十"小说家"）。

按：原注："亡。""称尧问，非古语。"《韩诗外传》："尧学乎务成子附。"

《逢门射法》2篇（"兵书略"四"兵技巧"）。

按：原注："亡。"师古曰："即逢蒙。"相传蓬蒙尝学射于羿。

《务成子灾异》14卷（"数术略"三"五行"）。

按：原注："亡。"

《务成子阴道》36卷（"方技略"三"房中"）。

按：原注："亡。"

《尧舜阴道》23卷（"方技略"三"房中"）

按：原注："亡。"

帝　舜

　　帝舜（传舜为谥号），名重华，姚姓，一说妫姓，居于虞，为有虞氏部落首领，故又称虞舜，颛顼七世孙。据《史记·五帝本纪》载，帝舜年二十以孝闻，年三十尧举之，年五十摄行天子事，年六十一代尧践帝位。在位凡三十九年，晚年因禹治水有功，让位于禹，南巡死于苍梧之野。一说为禹放逐，死于苍梧。

按：《世本·帝系篇》（张澍稡集补注本）曰："颛顼产穷系，穷系产敬康，敬康产句芒，句芒产蟜牛，蟜牛产瞽叟，瞽叟产重华，是为帝舜。"又曰："颛顼生穷蝉，六世生舜，处虞之沩汭，尧禅以天下。火生土，故为土德，天下号曰有虞氏，即位五十载。"《史记·五帝本纪》曰："虞舜者，名曰重华。重华父曰瞽叟，瞽叟父曰桥牛，桥牛父曰句望，句望父曰敬康，敬康父曰穷蝉，穷蝉父曰帝颛顼，颛顼父曰昌意，以至舜，七世矣。自从穷蝉以至帝舜，皆微为庶人。舜父瞽叟盲，而舜母死，瞽叟更娶妻而生象。象傲，瞽叟爱后妻子，常欲杀舜。舜避逃，及有小过，则受罪。顺事父及后母与弟，日以笃谨，匪有懈。舜，冀州之人也。舜耕历山，渔雷泽，陶河滨，作什器于寿丘，就时于负夏。"一说舜晚年为禹逐。《韩非子·说疑》曰："舜逼尧，禹逼舜。"

　　传帝舜耕历山，渔雷泽，陶河滨，一年而所居成聚，二年成邑，三年成都。

按：《史记·五帝本纪》曰："舜耕历山，历山之人皆让畔；渔雷泽，雷泽之人皆让居；陶河滨，河滨器皆不苦窳。一年而所居成聚，二年成邑，三年成都。"孙星衍《尸子》（辑本）卷上曰："舜兼爱百姓，务利天下。其田历山也，荷彼耒耜，耕彼南亩，与四海俱有其利。其渔雷泽也，旱则为耕者凿渎，俭则为猎者表虎。故有光若日月，天下归之若父母。舜南面而治天下，天下太平，烛于玉烛，息于永风，食于膏火，饮于醴泉，舜之行其由河海乎。"又卷下曰："舜一徙成邑，再徙成都，三徙成国。尧闻其贤，征之草茅之中，与之语礼乐而不逆；与之语政，至简而易行；与之语道，广大而不穷。于是妻之以媓，媵之以娥，九子事之而托天下焉。"

　　传帝舜以务成子为师，一说师许由。

按：务成子又称务成、务成昭。《荀子·大略篇》曰："舜学于务成昭。"杨倞注：

"《汉艺文志·小说家》有《务成子》十一篇。昭,其名也。《尸子》曰:'务成昭之教舜曰:避天下之逆,从天下之顺,天下不足取也;避天下之顺,从天下之逆,天下不足失也。'"《吕氏春秋·尊师》曰:"帝舜师许由。"

传帝舜为尧举以娥皇、女英二女,然后禅让于舜。

按:《史记·五帝本纪》曰:"(舜)三十,而帝尧问可用者,四岳咸荐虞舜,曰可。于是尧乃以二女妻舜,以观其内;使九男与处,以观其外。舜居妫汭,内行弥谨。尧二女不敢以贵骄事舜亲戚,甚有妇道。尧九男皆益笃。"《吕氏春秋·求人》曰:"尧传天下于舜,礼之诸侯,妻以二女;臣以十子,身请北面朝之,至卑也。"《列女传·有虞二妃》曰:"有虞二妃者,帝尧之二女也,长娥皇,次女英。"尔后经诸多考验,遂禅让于舜。或以为舜弟象种种害舜行为亦属成帝王之前所必经之考验。《吕氏春秋·去私》曰:"尧有十子,不与其子而授舜;舜有子九人,不与其子而授禹,至公也。"《孟子·万章上》曰:"尧崩,三年之丧毕,舜避尧之子于南河之南。天下诸侯朝觐者,不之尧之子而之舜;讼狱者,不之尧之子而之舜;讴歌者,不讴歌尧之子而讴歌舜。"

传帝舜流共工于幽州,放讙兜于崇山,窜三苗于三危,殛鲧于羽山,天下咸服。

按:见《书·舜典》。《韩非子·外储说右上》曰:"尧欲传天下于舜,鲧谏曰:'不祥哉!孰以天下而传之于匹夫乎?'尧不听,举兵而诛杀鲧于羽山之郊。共工又谏曰:'孰以天下而传之于匹夫乎?'尧不听,又举兵而流共公(工)于幽州之都。于是天下莫敢言无传天下于舜。"又《吕氏春秋·行论》曰:"尧以天下让舜,鲧为诸侯,怒于尧曰:'得天之道者为帝,得地之道者为三公。今我得地之道,而不以我为三公。'以尧为失论,欲得三公,怒甚猛兽,欲以为乱。比兽之角能以为城,举其尾能以为旌,召之不来,仿佯于野以患帝。舜于是殛之于羽山,副之以吴刀。"此为帝舜殛鲧于羽山之另一说。

传帝舜以德化三苗,易其风俗。

按:《吕氏春秋·上德》曰:"三苗不服,禹请攻之。舜曰:'以德可也。'行德三年,而三苗服。"又《召类》:"舜却三苗,更易其俗。"《淮南子·原道训》曰:"夫(舜)能理三苗,朝羽民,徙裸国,纳肃慎,未发号施令而移风易俗。"又《齐俗篇》曰:"当舜之时,有苗不服,于是舜修政偃兵,执干戚而舞之。"

传帝舜命伯禹为司空,平治水土;命契为司徒,管理百姓;命皋陶为士,主持刑罚;命弃为后稷,主持农事;命伯益为虞,管理山林。

按:《孟子·滕文公上》曰:"(尧)举舜而敷治焉。舜使益掌火,益烈山泽而焚之,禽兽逃匿,禹疏九河、瀹济漯而注诸海,决汝汉、排泗淮而注之江,然后中国可得而食也。当是时也,禹八年于外,三过其门而不入。"《焦氏易林·师之七》曰:"舜升大禹,石夷之野,征诣王阙,拜治水土。"《史记·殷本纪》曰:"契长而佐禹治水有功,帝舜乃命契曰:'百姓不亲,五品不训,汝为司徒而敬敷五教,五教在宽。'封于商,赐姓子氏。契兴于唐、虞、大禹之际,功业著于百姓,百姓以平。"《管子·法法》曰:"舜之有天下也,皋陶为李。"(原注:"古治狱之官,此作李官。")《论语·颜渊》曰:"舜有天下,选于众,举皋陶,不仁者远矣。"

传帝舜作室、筑墙,茨屋、辟地、树谷,令民皆知去岩穴,各有家室。

按:见《淮南子·修务训》。

传帝舜臣伯益佐舜而作井,又佐舜驯鸟兽。

按:《淮南子·本经训》曰:"伯益作井而龙登玄云,神栖昆仑。"高诱注:"伯益佐舜初作井,凿地而求水。"关于水井的发明,在文献记载中,最早为黄帝,如《世本》曰:

"黄帝见百物,始穿井。"(或说此为陷阱。参见黄帝条)或说虞舜时已发明凿井,如《孟子·万章上》曾记载瞽瞍设圈套要舜去"浚井"。然多持"伯益作井"之说。有学者认为,从考古发现来看,五帝时代特别是尧舜禹时期发明凿井之传说是可以相信的。水井最初出现在河姆渡遗址第1—2层相当于崧泽文化下层的时期,其C14测定的年代为3710BC±125年,即距今5700年。遗址处于长江三角洲水位较高的沼泽地带,由于水位较高,无需深挖即容易见水,故在较深的挖土中即可发现和悟出水井的道理。因而史前时期长江三角洲一带最先发明水井,且这一带的水井从崧泽期到良渚文化时期多为2米左右的浅井,亦不足为奇。将水井的最初发明归之于黄帝时期,那么长江下游崧泽文化下层的水井可以与之相当。在水位较低的黄河流域,开凿水井难度较大,故这里到了距今5000—4000年龙山时期才普遍发现有水井,这一时期与传说中的尧舜禹时期相当,而文献中关于虞舜、伯益,特别是伯益凿井的传说较多,值得注意。

又按:伯益佐舜驯鸟兽事见《书·舜典》:"帝(舜)曰'畴若予上下草木鸟兽?'佥曰'益哉!'帝曰:'俞,咨!益,汝作朕虞。'益拜稽首,让于朱虎、熊黑。帝曰:'俞,往哉!汝谐。'"《史记·秦本纪》曰:"佐舜调驯鸟兽,鸟兽多驯服。"

传帝舜始造箫,其形参差象凤翼,长二尺。

按:见《世本·作篇》(王谟辑本)。

传帝舜令乐师延将其父瞽瞍所作十五弦瑟改为二十三弦。

按:见《吕氏春秋·古乐》。

传帝舜受西王母所献白玉琯。

按:《尚书大传补遗》:"舜以天德嗣尧,西王母来献白玉琯。"

传帝舜妹敤首作画。

按:见《世本·作篇》(张澍稡集补注本)。张按曰:"舜母握登死,瞽瞍更娶东泽氏女,曰壬女,生敤手及象也。敤首一作敤手,又作媒首,或作擊手,又作繫手。颜师古云:'敤音口果反,作擊者误。'又案《列女传》云:'舜之女弟繫首,与二嫂谐。'《初学记》:'舜妹有敤手。'又案《易通·卦验》云:'伏羲氏《易》无书,以画事,此画之始也。'一云轩辕子苗龙,为绘画之祖。《事物原始》:'封膜作画。'"《说文》:"敤,研治也。从攴,果声。舜女弟名敤首。"段注:"首手古同,音通用。"故或以为若依《说文》,"敤手"即以手治事。

传帝舜臣倕作钟。

按:《世本·作篇》(张澍稡集补注本):"倕作钟。"宋均云:"舜臣,铸大钟。"

传帝舜时为璇玑、玉衡以观测天象。

按:《史记·五帝本纪》曰:"舜乃在璇玑、玉衡,以齐七政。"《集解》:"郑玄曰:'璇玑、玉衡,浑天仪也。七政,日月五星也。'"是舜时已有类似于后来观测星象的浑天仪之器。

传帝舜巡死于苍梧之野,娥皇、女英二女以涕挥竹,竹尽斑,后衍为湘夫人神话传说。帝舜葬于九嶷山,名之为零陵。

按:《史记·五帝本纪》曰:"(舜)南巡狩,崩于苍梧之野。"《博物志·史补》曰:"尧之二女,舜之二妃,曰湘夫人。帝崩,二妃啼,以涕挥竹,竹尽斑。"《山海经·大荒南经》曰:"有苍梧之野,舜与叔均之所葬也。"《海内南经》曰:"苍梧之山,帝舜葬于阳,帝丹朱葬于阴。"《海内经》曰:"南方苍梧之丘,苍梧之渊,其中有九嶷山,舜之所葬。在长沙零陵界中。"

传帝舜令乐师质修《九招》、《六英》、《六列》等乐，又传乐正夔作乐舞《韶》。

按：《九招》亦作《九韶》、《箫韶》、《韶箾》、《韶虞》等，简称《韶》。《周礼·春官·大司乐》曰："九德之歌，《九韶》之舞。"《庄子·至乐》曰："奏《九韶》以为乐，具太牢以为膳。"成玄英疏："《九韶》，舜乐名也。"一说，帝喾时所作。《吕氏春秋·古乐》曰："帝喾命咸黑作为声歌：《九招》、《六列》、《六英》。"南朝梁刘勰《文心雕龙·颂赞》曰："昔帝喾之世，咸墨为颂以歌《九韶》。"唐杨炯《盂兰盆赋》曰："铿《九韶》，撞六律；歌千人，舞八佾。"《论语·述而》曰："子在齐闻《韶》，三月不知肉味，曰：'不图为乐之至于斯也。'"又《八佾》曰："子谓《韶》，尽美矣，又尽善也。"《书·益稷》曰："《箫韶》九成，凤凰来仪。"传云："《韶》，舜乐名，言箫见细器之备。"周定为六代舞之一。

传帝舜弹五弦之琴，以歌《南风》。其诗曰："南风之薰兮，可以解吾民之愠兮；南风之时兮，可以阜吾民之财兮。"

按：见《孔子家语·辩乐解》。

传帝舜著《舜典》。

按：古文《尚书》有《舜典》一篇。《书序》曰："虞舜侧微，尧闻之聪明，将使嗣位，历试诸难，作《舜典》。"《舜典》篇述帝舜在即位前经受各种考验，即位后巡行祭祀四岳，制定刑法，惩处共工、驩兜、三苗和鲧，举贤授能，任用百官，勤劳民事而鞠躬尽瘁之事迹。刘起釪《尚书校释译论》以为《舜典》即《尧典》篇之下半而归于之（第391页）。

传舜治理四方，设立居方官，别姓分类。作《汩作》、《九共》九篇、《稾饫》。

按：三篇《尚书》存有其目、序，正文已佚。

传舜时，禹、益、皋陶均为其臣，君臣讨论政务，史官作《大禹谟》、《皋陶谟》、《益稷》。

按：《书序》曰："皋陶矢厥谟，禹成厥功，帝舜申之。作《大禹》、《皋陶谟》、《益稷》。"三篇均见于古文《尚书》。《大禹谟》今文无，今文《皋陶谟》包括《益稷》。或以为虞书已有《尧典》、《舜典》，但二典述记尚有不够完备之处，于是又记君臣间之嘉言善政而成《大禹谟》、《皋陶谟》与《益稷》三篇，以补充二典。《皋陶谟》篇可以看作我国最早、最完整之会议记录。《皋陶谟》或谓伯夷所作。孙星衍曰："史公云'禹、伯夷、皋陶相与语帝前'，经文无'伯夷'者。《大戴礼·诰制篇》（孔）子引虞史伯夷曰'明，孟也。幽，幼也'，似解'幽明庶绩咸熙'，是伯夷为虞史官。史迁以'皋陶方祗厥叙'及'夔曰戛击鸣球'至'庶尹允谐'为史臣叙事之文，则即伯夷所述语也。"或谓《皋陶谟》篇在《尚书》系于《尧典》之后，而《尧典》述事至尧死，故当为夏时所撰。今暂系于此。刘起釪《尚书校释译论》以为此篇大抵定稿于春秋时期（第511页）。

题帝舜之作而见载于《汉书·艺文志》者有《尧舜阴道》23卷（"方技略"三"房中"）。

夏　朝
（约前 2070 至前 1600 年）

按：从夏商周断代工程公布之《夏商周年表》所采470年说。依《纪年》、《帝王世纪》、《资治通鉴外纪》所记夏帝年数，列夏朝各帝系年。

夏之世系如下：

1. 帝禹（约前2070年至前2027年）禹，姒姓，名曰文命，原为夏后氏部落领袖，亦称夏禹。据《史记·夏本纪》，禹之父曰鲧，鲧之父曰帝颛顼，颛顼之父曰昌意，昌意之父曰黄帝。禹者，黄帝之玄孙，帝颛顼之孙也。

2. 帝启（约前2026年至前2017年）启，禹之子，其母涂山之女。启居阳翟，在位十年（从《史记·夏本纪》集解引《帝王世纪》，尚有他说），子太康立。

3. 帝太康（约前2016年至前1988年）太康，启之子。居斟鄩，在位二十九年（从《帝王世纪》，尚有他说），失政而崩。太康卒，后羿立其弟仲康，而权归后羿。

4. 帝仲康（约前1987年至前1975年）相传仲康居斟鄩。仲康在位十三年（从《资治通鉴外纪》，尚有他说）卒。子相立。

5. 帝相（约前1974年至前1947年）相，又作后相，亦名相安。自太康以来，夏政凌乱，乃徙帝丘。依同姓部落斟灌氏。帝相元年，征淮夷、畎夷。二年，征风夷及黄夷。七年，于夷来宾。相在位二十八年。

6. 无王之世（约前1946至前1907年）相死后，寒浞篡立，夏祀中绝者四十年，是为无王之世（无王之世有二说：一为寒浞篡夏四十年，见《历代帝王表》；一为羿、浞篡立四十年，见《资治通鉴外纪》。姑从前说。伯靡灭寒浞而立相遗子少康。

7. 帝少康（约前1906年至前1886年）少康，相遗子。初，少康生于有仍氏，及长，为有仍氏牧正；因被寒浞追捕，逃奔有虞氏，为庖正。有虞氏乃舜之后裔，其君虞思不忍贤者大禹绝后，遂以二女妻少康，并封之于纶，有田方十里，奴隶五百。少康"能布其德，而兆其谋，以收夏众，抚其官职"。使大臣女艾至浇处为间谍；使子季杼诱豷（寒浞子）。遂灭浇于过，杀豷于戈，回故都阳翟，重建夏朝。少康即位，方夷来宾，史称"少康中兴"。少康在位二十一年（从《资治通鉴外纪》，尚有他说）。少康卒，子杼立。

8. 帝杼（约前1885年至前1869年）杼（又作季杼、伯杼、伫、予等）北渡黄河，迁于原，又南渡，迁老丘。杼在位十七年（从《帝王世纪》，尚有他说），杼卒，子槐立。

9. 帝槐（约前1868年至前1843年）传槐（一说帝芬或后芬）三年九夷来朝。槐在位二十六年（从《帝王世纪》，尚有他说），槐卒，子芒立。

10. 帝芒（约前1842年至前1825年）芒（又作后芒或后荒）即位，元年，以玄珪宾于河，东狩于海，获大鱼。芒在位十八年（从《资治通鉴外纪》，尚有他说）卒，子泄立。

11. 帝泄（约前1824年至前1809年）泄（又作洩、世）在位十六年（从《帝王世纪》，尚有他说）卒，子不降立。

12. 帝不降（约前1808年至前1750年）不降（一说降或北成）即位，六年，伐九苑。不降在位五十九年（从《资治通鉴外纪》，尚有他说）卒，其弟扃立。

13. 帝扃（约前1749年至前1729年）扃（一说局或禺）在位二十一年（从《帝王世

纪》,尚有他说)卒,子廑立。

14. 帝廑(约前1728年至前1708年)廑(一说顼或胤甲)时,夏又衰,退居西河。传廑时天有妖孽,十日并出。廑在位二十一年(从《资治通鉴外纪》,尚有他说)卒,不降子孔甲立。

15. 帝孔甲(约前1707年至1677年)孔甲好方术鬼神事,淫乱;又喜豢龙,蛊惑民众,故诸侯多叛,夏国势日衰。孔甲在位三十一年(从《资治通鉴外纪》,尚有他说),孔甲卒,子皋立。

16. 帝皋(约前1676年至前1666年)皋(一说后昊或皋苟)在位十一年(从《资治通鉴外纪》,尚有他说)卒,子发立。

17. 帝发(约前1665年至前1653年)发(一说敬或发惠)元年诸夷宾于王门,诸夷入舞。发在位十三年(从《资治通鉴外纪》,尚有他说)卒,子履癸立,是为桀。

18. 帝桀(约前1652年至前1600年)帝桀,名履癸。发子;一说皋子,发弟。桀居斟鄩。桀不务德而荒淫暴虐,宠爱妹喜,为之"作琼宫瑶台,殚百姓之财";为肉山酒池,一鼓而牛饮者三千余人;以虎入市,而视其惊;太史令终古泣谏,不听,终古奔商;大臣关龙逄(一作豢龙逄)多次进谏,为桀囚杀。由于桀"残贼海内,赋敛无度",遂使"万民甚苦","百姓弗堪"。故夏民曰:"时日曷丧? 予及汝偕亡!"是以夏亡有日。是时商使伊尹至夏,告以尧舜之道,桀不听,伊尹复归于亳。桀召汤,囚之夏台,已而释之。桀会诸侯于仍,有缗氏叛夏。桀灭有缗,而夏之元气大伤。汤率诸侯伐桀,战于鸣条之野,桀败走,死于南巢(一说死于鸣条),约在位四十九年(尚有他说)。夏遂亡。

又按:考古界对于夏文化的认识,大致有以下几种意见:

1. 河南龙山文化(王湾类型)晚期与二里头文化一、二期是夏代文化,二里头文化三、四期遗存是商代文化。并认为河南登封王城岗遗址可能是禹都阳城。

2. 河南龙山文化晚期与二里头文化1—4期都是夏代文化遗存。

3. 二里头文化第一、二、三期是夏代文化,第四期为早商文化。

4. 二里头文化1—4期都是夏文化。河南龙山文化是夏代以前的一种原始文化,它与夏文化在面貌上存在着质的不同。

5. 豫、晋南的二里头文化和河南龙山文化都是夏人活动地域内发展起来的古代文化,它们之间有承袭关系,又都在夏代纪年之内,所以都是夏文化。甚至认为陶寺类型的龙山文化也应列为探索夏文化的对象。

1995年至2000年,夏商周断代工程在前人研究的基础上,进行多学科论证,基本确认:二里头文化一至四期都是夏文化,但还不能覆盖夏代纪年的早段。或以为早夏文化还应该上溯到龙山文化晚期,登封王城岗遗址和禹县瓦店遗址可作为早夏文化的代表。目前能够完全确定下来的夏代都城遗址只有二里头遗址。此遗址面积达375万平方米以上,有大型宫殿建筑和墓葬,有青铜冶铸、陶器、骨器作坊和祭祀坑等遗迹,还出土了相当数量且工艺又较复杂的青铜器、玉器等,说明是典型的都城遗址形式。或以为二里头都城遗址即夏都斟鄩。

帝禹　约前2070年至前2027年

公元前2038年，阿摩利人入乌尔。

公元前2029年，乌尔王伊比辛继位。

传禹平治水患。初，相传尧之时，洪水滔天，求能治水者。四岳皆举鲧，尧以为不可，然卒以四岳意用之，九年不成。传鲧治水，是用"障"和"湮"的方法，故九年"功用不成，水害不息"。舜摄政，诛鲧于羽山，举禹续鲧之业。禹乃劳身焦思，居外十三年，三过家门而不入。采用疏决之法，终于疏川导滞，取得治水成功。后人赞曰："丰水东注，维禹之绩。""美哉，禹功；微禹，吾其鱼乎！"禹之功绩甚大，因称"大禹"。

按：《史记·夏本纪》曰："禹伤先人父鲧功之不成受诛，乃劳身焦思，居外十三年，过家门不敢入。薄衣食，致孝于鬼神；卑宫室，致费于沟淢。陆行乘车，水行乘船，泥行乘橇，山行乘檋。左准绳，右规矩，载四时，以开九州，通九道，陂九泽，度九山。令益予众庶稻，可种卑湿；命后稷予众庶难得之食。食少，调有余相给，以均诸侯。"《荀子·成相篇》曰："禹有功，抑下鸿，辟除民害逐共工。北决九河，通十二渚，疏三江。禹傅土，平天下，躬亲为民行劳苦，得益、皋陶、横革、直成为辅。"又传因治水，东巡狩，至于茅山，大会诸侯，计功授爵，防风氏后至，禹斩之。乃更名茅山为会稽山。《越绝书·外传记地》曰："禹始也，忧民救水，到大越，上茅山大会计，爵有德，封有功，更名茅山曰会稽。"

又按：保利艺术博物馆新藏《遂公盨》青铜器有"天令（命）禹尃（敷）土，陞（堕）山濬川"之铭文，与《禹贡》"禹敷土，随山刊木，奠高山大川"及《书序》"禹别九州，随山濬川，任土作贡"之记载相同，为"大禹治水"之最早记录。

传禹于夏立国前为舜臣时，三苗大乱，乃奉舜命伐之，以行其教。

按：自尧至禹，屡有伐三苗之传说，《吕氏春秋·召类》曰："尧战于丹水之浦，以服南蛮。"《尚书·舜典》曰："（舜）流共工于幽州，放驩兜于崇山，窜三苗于三危，殛鲧于羽山，四罪而天下咸服。"《史记·五帝本纪》曰："三苗在江淮、荆州数为乱。于是舜归而言于帝，请流共工于幽陵，以变北狄；放驩兜于崇山，以变南蛮；迁三苗于三危，以变西戎；殛鲧于羽山，以变东夷。"禹之征伐三苗之事，凡见于《书·大禹谟》、《墨子·非攻下》、《战国策·魏策》、《吕氏春秋》、《竹书纪年》、《韩诗外传》卷三等，几乎皆与舜有关，且多在禹为舜臣时。《吕氏春秋·召类》曰："舜却苗民，更易其俗。禹攻曹、魏、屈、骜、有扈，以行其教。"《韩诗外传》卷三则载虽禹请伐三苗，然舜不许，终以德化之。"当舜之时，有苗氏不服。以其不服者，衡山在南、岐山在北，左洞庭之波，右彭泽之水，由此险也。以其不服，禹请伐之，而舜不许，曰：'吾喻教犹未竭也。'久喻教而有苗氏请服。天下闻之，皆薄禹之义而美舜之德。诗曰：'载色载笑，匪怒伊教。'舜之谓也。问曰：'然则禹之德不及舜乎？'曰：'非然也。禹之所以请伐者，欲彰舜之德也。故善则称君，过则称己，臣下之义也。'"据有关专家推断，禹伐三苗时在公元前2106年，先于夏代始年30余年（江林昌《夏商周文明新探》，浙江人民出版社2001年）。

传禹继舜位，国号曰夏后，初都阳，后迁阳翟，夏朝建立。

按：传尧曾封禹为"夏伯"。舜年老时，荐禹于天，为嗣。舜辛，禹辞避舜之子商均于阳城,天下诸侯皆往朝禹而不拜商均,禹遂即天子位,国号曰夏后。禹,初都阳。后迁阳翟。尚有都安邑、平阳之说。夏之建立,近代史学家作为我国奴隶社会之开端。禹完成了从酋邦到国家的过渡。

又按：近年在登封告城镇颍水北岸五渡河畔王城岗发现一古城遗址,东西两城相连,各有约百米见方,可能是禹都阳城之所在。(见河南省文物研究所等《登封王城岗与阳城》,文物出版社1992年。)

又按：上古帝王尧、舜、禹禅让之传说,见于孔子以来的诸子百家,尤其是儒、墨二家对此极为称道。《论语·尧曰》曰："尧曰：咨,尔舜,天之历数在尔躬,允执其中,四海困穷,天禄永终。舜亦以命禹。"《论语·颜渊》曰："舜有天下,选于众,举皋陶,不仁者远矣！"《孟子·万章上》曰："万章曰,尧以天下与舜,有诸？孟子曰,否。天子不能以天下与人。然则舜有天下也,孰与之？曰天与之。……昔者尧荐舜于天而天受之,暴之于民而民受之。……尧崩,三年之丧毕,舜避尧之子于南河之南。天下诸侯朝觐者,不之尧之子而之舜；讼狱者,不之尧之子而之舜；讴歌者,不讴歌尧之子而讴歌舜。故曰天也。夫然后之中国,践天子位焉。"又："万章问曰：人有言,至于禹而德衰,不传于贤,而传于子,有诸？孟子曰：否,不然也。天与贤则与贤,天与子则与子。昔者,舜荐禹于天,十有七年,舜崩,三年之丧毕,禹避舜之子于阳城,天下之民从之,若尧崩之后,不从尧之子而从舜也。禹荐益于天,七年,禹崩,三年之丧毕,益避禹之子于箕山之阴。朝觐讼狱者不之益而之启。……启贤,能敬承继禹之道。益之相禹也,历年少,施泽于民未久。舜、禹、益相去久远,其子不贤不肖,皆天也。"《荀子·成相篇》曰："尧授能,舜遇时,尚贤推德天下治,……舜授禹以天下,尚德推贤不失序,外不避仇,内不阿亲,贤者予。"《墨子·尚贤》曰："古者尧举舜于服泽之阳,授之政,天下平。"又曰："古者舜耕历山,陶河濒,渔雷泽。尧得之服泽之阳,举以为天子,与接天下之政,治天下之民。"战国时其他各家,如道家(见《庄子》中《逍遥游》、《盗跖》、《徐无鬼》等篇)、法家(见《韩非子》中《十过》、《外储说右上》、杂家(见《吕氏春秋》中《求人》、《慎人》、《长利》等篇)等,皆有关于尧、舜禅让之记述。可见尧、舜、禹帝王禅让之传说,必有其史实根据,而非完全出于虚造。亦有认为舜之晚年为禹所逼让位,正与当年舜逼尧让位同。《韩非子·说疑》曰："舜逼尧,禹逼舜。"

传禹"卑宫室而尽力乎沟洫"(《论语·子罕》),"身执耒臿以为民先"(《韩非子·五蠹》)。

按：耒、臿为启土工具,在龙山文化遗址及以后的商代遗址中,都发现有木耒痕迹。故夏代有木耒是可信的。但臿的出现较晚,大约在商代前期。禹时已有耦耕。耦耕的工具是耜。早在磁山、裴李岗、河姆渡文化时期,在成套的农业生产工具中就有了石耜和骨耜、木耜。石耜相当于大的石铲,为北方地区用来翻土耕种的工具；骨耜、木耜为河姆渡人经营稻作水田时开挖排灌渠道和翻土整地的农具。在文献中,耜耕常与耦耕结合在一起。《考工记》曰："耜广五寸,二耜为耦。"《荀子·大略篇》曰："禹见耕者,耦立而式。"《大戴礼记·曾子制言下》曰："昔者,禹见耕者五耦而式。"《吕氏春秋·长利》曰："尧治天下,伯成子高立为诸侯。尧授舜,舜授禹,伯成子高辞诸侯而耕,禹往见之,则耕在野。"据《世说新语·言语第二》曰："昔伯成耦耕,不慕诸侯之荣。"可知与尧舜禹同时的伯成在野之耕,也是耦耕。耦耕的基础是劳动协作,它可以弥补生产工具落后、个体劳动条件不充分之类的弱点,形成家族内乃至家族间的劳动协作和个体农户间的换工互助,极大地促进了古代农业的发展。

传禹平水土定九州,所谓"茫茫禹迹,画为九州"。

按：《山海经·海内经》曰："帝乃命禹,卒布土以定九州。"《楚辞·天问》曰："鲧何能营？禹何所成？……九州安错？川谷何洿？"王逸注："言九州错厕,禹何所分别之?"《左传·襄公四年》曰:"茫茫禹迹,画为九州。经启九道,民有寝庙。"《左传·昭公四年》曰:"四岳、三涂、阳城、太室、荆山、中南:九州之险也。"

传禹治水时左准绳,右规矩,又命竖亥、太章丈量大地面积,已掌握测量、计算工具和方法。

按:左准绳,右规矩,见《史记·夏本纪》。丈量土地面积见《山海经》、《淮南子》等。《山海经·海外东经》曰:"帝命竖亥步,自东极至于西极,五亿十选九千八百步。竖亥右手把算,左手指青丘北。"《淮南子·地形训》曰:"禹乃使太章步,自东极至于西极,二亿三万三千五百里七十五步;使竖亥步,自北极至于南极,二亿三万三千五百里七十五步。凡鸿水渊薮,自三百仞以上,二亿三万三千五百五十里,有九渊。禹乃以息土填洪水,以为名山。"此"算"可能为古时计算工具。

传禹治水时陆行乘车,水行乘船,泥行乘橇,山行乘樏,已有较为先进之交通工具。又传帝俊玄孙奚仲于夏后时作车。

按:此见《史记·夏本纪》。《说文解字》一四上曰:"车,舆轮之总名,夏后时奚仲所造。"《墨子·非儒下》曰:"奚仲作车。"参见"帝俊"条下。

传禹以铜为兵,以凿伊阙,通龙门,决江导河,东注于海。又传"禹铸九鼎"。

按:相传商周皆以禹鼎象征王权。是时,或能用铜做兵器、传国宝器。据《墨子·耕柱》,夏后开(启)使蜚廉折金于山川,而陶铸之于昆吾。使翁难卜于白若之龟。曰:"鼎成三足而方,不炊而自烹,不举而自臧,不迁而自行,以祭于昆吾之虚。"九鼎既成,迁于三国。又禹铸之九鼎原配以图乃至文字。《左传·宣公三年》曰:"昔夏之方有德也,远方图物,贡金九牧。铸鼎象物,百物而为之备,使民知神奸。故民入川泽山林,不逢不若,螭魅罔两,莫能逢之。用能协于上下,以承天休。"杜预注:"图画山川奇异之物而献之。……象所图物,著之于鼎。"明人杨慎《山海经后考》、胡应麟《少室山房笔丛》甚至认为禹之九鼎图乃《山海经》古图,《山海经》乃禹之文字说明。

传禹因治水而得腿病,只能小步行走,称"禹步"。后来巫觋舞蹈常用此步,又称"巫步"。

按:《广博物志》卷二五引《帝王世纪》曰:"世传禹病偏枯,足不相过,至今巫称禹步是也。"

禹作宫室。又禹之有世室,相当于殷之重屋,周之明堂,为宫殿或宗庙建筑。

按:《考工记·匠人》曰:"夏后氏世室……殷人重屋……周人明堂。"《艺文类聚·礼部》引《周书》曰:"明堂方百一十二尺。……东方曰青阳,南方曰明堂,西方曰总章,北方曰玄堂,中央曰太庙,左为左个,右为右个。"有学者归纳其功能有十项:(1)天子发布政令;(2)天子祭祀先王及祖先;(3)天子"享上帝,礼鬼神";(4)天子朝会诸侯;(5)天子"顺四时,行月令";(6)天子"制礼作乐,颁度量"及"行教化";(7)天子设立国家"大学";(8)天子"观四方";(9)天子"养民以公"并"示节俭";(10)天子封爵赏赐以及举行飨礼、射礼、献俘馘礼等(江林昌《夏商周文明新探》,浙江人民出版社2001年)。

传禹多承袭舜时祭法,增修社祀,祭土地及稼穑之神。

按:《墨子·明鬼下》曰:"昔者虞夏商周,三代之圣王,其始建国营都,日必择国之正坛,置以为宗庙;必择木之修茂者,立以为菆位(丛社)。""是故赏必于祖,而僇必于社。"《史记·封禅书》曰:"自禹兴而修社祀。"《论语·八佾》曰:"哀公问社于宰我,宰我对曰：'夏后氏以松,殷人以柏,周人以栗。'"《风俗通义·祀典》曰："社者,土地之主。土地广博,不可遍敬,故封土以为社而祀之,报功也。"可见社兴于禹夏,且又与祖即宗庙相对应,分别位于王宫之左右,即《周礼》所谓"左宗右社"。陈剩勇归纳三代社坛特征为六项:(1)封土为社,即祭坛是由泥土垒筑起来的;(2)社坛一般呈方形,体现古人天圆地方的观念;(3)垒筑社坛的泥土是多种颜色的;(4)社坛是露天的;(5)社坛一般筑在高地上;(6)社坛周围有大树丛。并以此与良渚文化祭坛相比较,彼此大体相合(见《中国第一王朝崛起》第四章"夏后氏社祀与良渚文化祭坛")。要之,世室与社坛,在王宫左右两相对立,皆体现阴阳五行观念。然又有祭祀祖宗与社稷之不同,后代一直沿此体制而直至晚清才告终结。又《韩非子·十过》曰："舜禅天下而传之于禹。禹作为祭器,墨漆其外,而朱画其内,缦帛为茵,蒋席颇缘。觞酌有采,而樽俎有饰,此弥侈矣,而国之不服者三十三。"禹所作祭器墨漆其外,而朱画其内,似与龙山文化相当。

传禹以五音听治,悬钟、鼓、磬、铎,置鞀,以待四方之士,传禹闻善言则拜。

按：《淮南子·汜论训》曰："禹之时,……为号曰：'教寡人以道者,击鼓;谕寡人以义者,击钟;告寡人以事者,振铎;语寡人以忧者,击磬;有狱讼者,摇鞀。'当此之时,一馈而十起,一沐而三捉发,以劳天下之民。""闻善言则拜"见《孟子·公孙丑上》。又《孟子·离娄下》曰："禹恶旨酒而好善言。"

传禹学于西王国。

按：《荀子·大略篇》曰："舜学于务成昭,禹学于西王国。"杨倞注："君畴,《汉书·古今人表》作'尹寿'。又《汉书·艺文志·小说家》有《务成子》十一篇。昭,其名也。《尸子》曰：'务成昭之教舜曰：避天下之逆,从天下之顺,天下不足取也;避天下之顺,从天下之逆,天下不足失也'。西王国,未详所说。或曰'大禹生于西羌。西王国,西羌之贤人也'。《新序》：'子夏对哀公曰：黄帝学于大填,颛顼学于录图,帝喾学于赤松子,尧学于尹寿,舜学于务成,禹学于西王国,汤学于成子伯,文王学于时子思,武王学于郭叔。'此明圣人亦资于教也。"

传禹授政于皋陶作禹刑。

按：据《左传》,夏有乱政而作禹刑。《夏书》曰："昏、墨、贼、杀,皋陶之刑也。"据说在五帝时期,尧主持的联盟议事会就出现了早期刑罚,即《史记·五帝本纪》："象以典刑,流宥五刑,鞭作官刑,扑作教刑,金作赎刑。眚灾过,赦;怙终贼,刑。"在舜主盟华夏部落联盟时,皋陶成了专门主刑的"狱官之长",他施刑"五刑有服,五服三就,五流有度,五度三居",其刑罚逐渐完善和严酷。到了禹主持华夏部落联盟时,便首先选中了皋陶,"且授政焉"。除上举《夏书》所云五种具体的刑罚外,相传"夏刑三千条"(《尚书大传·甫刑》),"夏刑大辟二百,膑辟三百,宫辟五百,劓墨各千"(《周礼·司刑》郑玄注)。故夏时,其刑罚制度已相当完备。

传禹晚年时行"禅让",荐皋陶于天,为嗣。未几皋陶卒,而后举益为嗣。

按：皋陶、伯益均历任尧、舜、禹三朝。《说苑·启道》曰："当尧之时,舜为司徒,契为司马,禹为司空,后稷为田畴,夔为乐正,倕为工师,伯夷为秩宗,皋陶为大理,益掌驱禽。"大理,即刑官。《淮南子·主术训》曰："皋陶瘖而以为大理,天下无虐刑。"《世本·作篇》(张澍稡集补注本)曰："皋陶作五刑。"驱禽即驱禽,"益掌驱禽"云云,可见益为帝尧时驯兽官,《史记·秦本纪》曰："(伯益)佐舜调训鸟兽,鸟兽多驯服。"《汉书·地理志》曰："伯益知禽兽。"《汉书人表考》卷二曰："益知禽兽之言,能与鸟语。"可证之。帝舜时伯益又尝佐舜作井、占岁。至禹时,皋陶仍为刑官,末几卒。而伯益先是佐禹治水有功,后禹举以为嗣,禹卒,启继位,杀伯益。《汉书人表考》卷二曰:"益又作化益,又作伯翳,字虞馀。禹举益于阴方之中。舜封之费,故曰大费,亦曰费侯,亦曰百虫将军,赐姓嬴。父大业,母少典之子女华。益知禽兽之言,能与鸟语,年过二百,以夏启六年薨。"《墨子·尚贤上》曰:"禹举益于阴方之中,授之政,九州成。"《孟子·万章上》曰:"禹荐益于天。七年,禹崩。三年之丧毕,益避禹子于箕山之阴。朝觐讼狱者,不之益而之启,曰:'吾君之子也。'讴歌者,不讴歌益而讴歌启,曰:'吾君之子也。'"《古本竹书纪年辑校订补》曰:"益干启位,启杀之。"《战国策·燕策一》曰:"禹授益而以启为吏。及老,而以启为不足任天下,传之益也。启与支党攻益而夺之天下。"《史记·秦本纪》以伯益为秦之先祖,曰:"(伯益)秦之先,帝颛顼之苗裔。孙曰女脩。女脩织,玄鸟陨卵,女脩吞之,生子大业。大业取少典之子曰女华,女华生大费。与禹平水土,已成,帝赐玄圭。禹受曰:'非予能成,亦大费为辅。'帝舜曰:'咨尔费,赞禹功,其赐尔皂游,尔后嗣将大出。'乃妻之姚姓之玉女,大费拜受。佐舜调驯鸟兽,鸟兽多驯服,是为柏翳,舜赐姓嬴氏。大费生子二人:一曰大廉,实鸟俗氏;二曰若木,实费氏。其玄孙曰费昌,子孙或在中国,或在夷狄。费昌当夏桀之时,去夏归商,为汤御,以败桀于鸣条。大廉玄孙曰孟戏、中衍,鸟身人言。"

传禹时仪狄始作酒醪,变五味。

按:《战国策·魏策二》曰:"昔者帝女令仪狄作酒而美,进之禹,禹饮而甘之,遂疏仪狄,绝旨酒,曰:'后世必有以酒亡其国者。'"《世本·作篇》(张澍稡集补注本)曰:"帝女令仪狄始作酒醪,变五味。"宋衷注:"仪狄,夏禹之臣。"

传夏之学校为序、校。

夏之教育,有序,有校。《礼记·明堂位》曰:"序,夏后氏之序也。"《孟子·滕文公上》曰:"夏曰校。"乡校一曰公堂。《诗·豳风·七月》曰:"跻彼公堂。"毛《传》:"公堂,学校也。"国学则曰学,入学以春仲吉日,行礼则舞干戚。《大戴礼记·夏小正》曰:"(二月)丁亥,万用入学。"《传》曰:"丁亥者,吉日也。万也者,干戚舞也。入学也者,大学也。"国之老者,亦养于学。《礼记·王制》曰:"夏后氏以飨礼。"又曰:"养国老于东序,养庶老于西序。"国学特重教射。《孟子·滕文公上》曰:"序者,射也。"

传禹东巡狩而卒,葬于会稽山。又因治水有功,死后封为社神。

按:《山海经·南次二经》曰:"又东五百里,曰会稽之山。四方,其上多金玉,其下多砆石。勺水出焉,而南流注于湨。"郭璞注:"今在会稽郡山阴县南,上有禹冢及井。"《墨子·节葬下》曰:"禹东教乎九夷,道死,葬于会稽之山。衣衾三领,桐棺三寸,葛以缄之。绞之不合,道之不埳。土地之深,下毋及泉,上毋通臭。既葬,收馀壤其上,垄若参耕之亩,则止矣。"《史记·太史公自序》曰:"二十而南游江淮,上会稽,探禹穴。"《史记集解》引张晏曰:"禹巡狩至会稽而崩,因葬焉。上有孔穴,民间云禹入此穴。"又《淮南子·氾论训》曰:"禹劳天下,死而为社。"高诱注:"劳力天下,谓治水之功也,托祀于后土之神。"

传禹别九州,随山浚川,任土作贡。此为《禹贡》。

按:《禹贡》见于今、古文《尚书》。颂禹披九山,通九泽,决九河,定九州大功,记述其政治制度、行政区划、山川分布、交通物产、水土治理、贡赋等级等,为我国最早、最有价值的地理著作。《汉书·地理志》、《水经注》等历代地理专著无不以《禹贡》为依据。从汉代以来,研究《禹贡》之著述不下数百种,蔚然成为专门学问。《禹贡》全篇只有近一千二百字,由"九州"、"导山"、"导水"和"五服"四部分组成。"九州"即冀州（郑玄注曰"两河间曰冀州"）、兖州（济、河间）、青州（海、岱间）、徐州（海、岱及淮间）、扬州（淮、海间）、荆州（荆、衡之阳）、豫州（荆、河间）、梁州（华阳、黑水间）、雍州（黑水、西河间），主要依据河流、山脉、海洋等自然分界线划分，其自然分区富有地理意义，带有自然区划思想之萌芽。各州就山川、湖泽、土壤、植被、田赋、特产和运输路线等特点进行区域对比，为早期区域地理之杰出著作。"导山"部分，专列山岳20余座，并归纳成几条自西向东的脉络。"导水"部分专写河流，共9条水系。为我国地理学专就山岳和水系进行研究之始。"五服"部分反映了作者的大一统思想，把广大地区作为一个整体来研究。在当时诸侯割据的形势下，这种大一统思想具有进步意义。

另外有学者认为，"任土作贡"即据"九州"土地肥饶，各定其贡赋标准。故我国之贡赋制度可以向上追溯到夏禹时。顾炎武《日知录》曰："古来田赋之制，实始于禹。水土既平，咸则三壤，后之王者，不过因其成迹而已。故《诗》曰：'信彼南山，维禹甸之。畇畇原隰，曾孙田之。我疆我理，南东其亩。'然则周之之疆理，犹禹之遗法也。《孟子》乃曰：'夏后氏五十而贡，殷人七十而助，周人百亩而彻。'夫井田之制，一井之地，画为九区，故苏洵谓'万夫之地，盖三十二里有半，而其间为川为路者一，为浍为道者九，为洫为涂者百，为沟为畛者千，为遂为径者万。'使夏必五十，殷必七十，周必百，则是一王之兴，必将改畛涂、变沟洫、移道路以就之，为此烦扰而无益于民之事也，岂其然乎？盖三代取民之异，在乎贡、助、彻，而不在乎五十、七十、百亩。其五十、七十、百亩，特丈尺之不同，而田未尝易也，故曰'其实皆什一'也。……夏时土旷人稀，故其亩特大，殷周土易人多，故其亩渐小。以夏之一亩为二亩，其名殊而实一矣。"是谓田赋制度实肇始于禹。

禹伐三苗作《禹誓》。

按：《墨子·兼爱下》曰："且不惟《泰誓》为然，虽《禹誓》即亦犹是也。禹曰：'济济有众，咸听朕言。非惟小子，敢行称乱。蠢兹有苗，用天之罚。若予既率尔群对诸群，以征有苗。'"篇中所引《禹誓》为《书》古佚篇。或以为与《书·甘誓》篇文字大同小异，故《禹誓》即《甘誓》。

传伯益曾佐禹治水并著《山海经》。

按：西汉刘歆《上山海经表》曰："禹别九州，任土作贡，而益等类物善恶，著《山海经》。"东汉王充在《论衡·别通篇》亦曰："禹益并治洪水，禹主治水，益主记异物，海外山表无远不至，以所闻见而作《山海经》。"或认为禹所铸之九鼎图，即《山海经》古图，其文字则为《山海经》。明杨慎《山海经后叙》曰："此《山海经》之所由始也。神禹既锡玄圭以成水功，遂受舜禅以家天下，于是乎收九牧之金以铸鼎。……九鼎既成，以观万国。……则九鼎之图，……谓之曰《山海图》，其文则谓之《山海经》。至秦而九鼎亡，独《图》与《经》存。……今则《经》存而《图》亡。"明胡应麟《少室山房笔丛》云《山海经》"盖周末之人，因禹铸九鼎，图象百物，使民入山林川泽，备知神奸之说，故所记多魑魅魍魉之类"。清毕沅《〈山海经〉新校正·古今本篇目考》也曰："《海外经》四篇，《海内经》四篇，周秦所述也。禹铸鼎象物，使民知神奸，案其文有国名，有山川，有神灵奇怪之所际，是鼎所图也。鼎亡于秦，故其先时人尤能说其图以著于册。"清阮元《山海经笺疏考》亦称："《左传》称'禹铸鼎象物，使民知神奸'，禹鼎今不可见，今《山海经》或其遗象欤？"今人江绍原、袁珂等亦认为禹鼎图与《山海经》有内在联系。江林昌则以为《山海经》乃禹鼎图之文字说明的推测是有道理的。并认为《山海经》一书，应作"图谱解说"性质来读（参见《夏商周文明新探》第356、382页）。

传禹兴《九招》之乐。又皋陶作乐舞称《夏籥》，颂禹治水功绩。周代时定为六代舞之一。

按：《史记·五帝本纪》曰："四海之内咸戴帝舜之功，于是禹乃兴《九招》之乐。"司马贞《史记索隐》曰："招音韶，即舜乐《箫韶》。九成，故曰《九招》。"《吕氏春秋·古乐》曰："禹立，勤劳天下，日夜不懈，通大川，决壅塞，凿龙门，降通潦水以导河，疏三江五湖，注之东海，以利黔首。于是命皋陶作为《夏籥》九成，以昭其功。"

传涂山氏女娇令其妾候禹于涂山之阳，女乃作曰："候人兮猗！"实始作为南音，后周公、召公取风而为《周南》、《召南》。

按：见《吕氏春秋·音初》。

传禹时有神龟出于洛水，背有文字，禹取法以作书，或谓即《尚书·洪范》之起源。

按：传夏代有治国之大法九条"洪范九畴"，亦曰"洪范九等"。《尚书·周书·洪范》曰："维十有三祀，王访于箕子。王乃言曰：'呜呼！箕子，惟天阴骘下民，相协厥居，我不知其彝伦攸叙。'箕子乃言曰：'我闻在昔，鲧陻洪水，汩陈其五行。帝乃震怒，不畀洪范九畴，彝伦攸斁。鲧则殛死，禹乃嗣兴，天乃锡禹洪范九畴，彝伦攸叙。初一曰五行，次二曰敬用五事，次三曰农用八政，次四曰协用五纪，次五曰建用皇极，次六曰乂用三德，次七曰明用稽疑，次八曰念用庶征，次九曰向用五福，威用六极。"又，《史记·宋微子世家》曰："武王既克殷，访问箕子。武王曰：'于乎？维天阴定下民，相和其居，我不知其常伦所序。'箕子对曰：'在昔鲧陻水，汩陈其五行，帝乃锡禹洪范九等，常伦所叙。初一曰五行，二曰五事，三曰八政，四曰五纪，五曰皇极，六曰三德，七曰稽疑，八曰庶征，九曰向用五福，畏用六极。'"

《洪范》为我国古代政治哲学思想极其重要之文献。于西周末东周初已有流传，至春秋战国时期流传更广，如《诗》、《左传》、《墨子》、《庄子》、《荀子》、《管子》、《韩非子》、《逸周书》、《礼记》、《吕氏春秋》等都曾引用其中一些文句。至汉代始以《洪范》与阴阳五行说结合，并与谶纬附会成说，遂使原属统治之术的思想神学化。是时之著作有夏侯始昌《洪范五行传》、许商《洪范五行传记》、刘向《洪范五行传论》、刘歆《五行传》等。

《洪范》之作成年代，主要有下列一些观点：刘节《洪范疏证》（载《东方杂志》1928年1月号，收入《古史辨》第五册）指出《洪范》不仅不是箕子所作，也不是两周之作，而是秦统一中国以前战国之末的作品。童书业以为《洪范》成于战国初期（《五行说起源的讨论》，《古史辨》第五册）。张西堂以为成于战国中世（《尚书引论》）。陈梦家则以为不早于战国（《尚书通论》）。郭沫若有两说，一是在《中国古代社会研究》中认为"《洪范》这篇文章即使不是箕子所做，但也不会是东周以后的儒者所假造"，并引《左传》、《庄子》、《诗·小旻》等几处资料为旁证。二是在《先秦天道观之进展》一文中，则说为战国时子思所作。刘起釪在《〈洪范〉这篇统治大法的形成过程》（载《中国社会科学》1980年3期，收入《古史续辨》）一文中认为，虽然今《尚书》将《洪范》列于《周书》，但古代则常列其为《商书》，就此推断《洪范》原本为商代文献。并以《洪范》之中心思想反映商代奴隶主专政之统治思想支持其成于商代说。至于《洪范》所杂入之周代思想，刘氏则以顾颉刚之古史与古代史料往往是层累地造成之说解释。

题夏禹或其臣之作而见载于《汉书·艺文志》者有：

《大禹》37篇（"诸子略""八""杂家"）。

按：原注："亡。""传言禹所作，其文似后世语。"

《夏殷周鲁历》14卷（"数术略""二""历谱"）。

按：原注："亡。"

《夏龟》26卷（"数术略"四"蓍龟"）。

按：原注："亡。"

帝启　约前2026年至前2017年

传夏后启筮徙九鼎。又使蜚廉析金于山川，命人在昆吾铸鼎。

按：《墨子·耕柱》曰："昔者夏后开，使蜚廉析金于山川，而陶铸之于昆吾。是使翁难卜于白若于龟。曰：'鼎成三足而方，不炊而自烹，不举而自臧，不迁而自行，以祭于昆吾之虚，上乡。'卜人言兆之由，曰：'飨矣，逢逢白云，一南一北，一西一东，九鼎既成，迁于三国。'夏后氏失之。殷人受之。殷人失之，周人受之。"又《路史·后纪十三上》罗苹注引《归藏》曰："启筮徙九鼎，启果徙之。"古人多系铸九鼎之事于禹时（参见"帝禹"条）。

传启数占卜于皋陶。

按：《太平御览》卷九二九引《归藏》曰："《明夷》曰：'昔夏后启上乘龙以登于天，睪，皋陶占之，曰：'吉'"。《玉函山房辑佚书》辑《归藏·启筮篇》曰："昔夏后启筮享神于大陵而上钧台，枚占皋陶，不吉。"

传启岁善牺牲以祠益。

按：《越绝书·吴内传》曰："夏启献牺于益。启者，禹之子。益与禹臣于舜，舜传之禹，荐益而封之百里。禹崩，启立，晓知王事，达于君臣之义。益死之后，启岁善牺牲以祠之。经曰：'夏启善牺牲于益，'此之谓也。"

传启即位后，西方同姓诸侯有扈氏不服，启伐之，大战于甘。战前作《甘誓》。

按：《甘誓》见于今、古文《尚书》。《书序》曰："启与有扈战于甘之野，作《甘誓》。"《史记·夏本纪》曰："有扈氏不服，启伐之，大战于甘。将战，作《甘誓》，乃召六卿申之。启曰：'嗟！六事之人，予誓告女：有扈氏威侮五行，怠弃三正，天用剿绝其命。今予维共行天之罚，左不攻于左，右不攻于右，女不共命，御非其马之政，女不共命。用命，赏于祖；不用命，僇于社。予则帑僇汝。'遂灭有扈氏。"然《淮南子·齐俗训》对此则有另说："昔有扈氏为义而亡。"高诱注："有扈，夏启之庶兄也。以尧舜举贤，禹独与子，故伐启。启亡之。"《甘誓》篇为"五行"一词始见文献。或说《甘誓》即《墨子·兼爱下》所引之《禹誓》。

传启登后九年作《九韶》乐舞，并在大穆之野举行乐舞会，演奏《九韶》、《九歌》等音乐，会上"万舞翼翼，章闻于天"。

按：《九歌》之名见于《山海经·大荒西经》："西南海之外，赤水之南，流沙之西，有人珥两青蛇，乘两龙，名曰夏后开（启）。开上三嫔于天，得《九辩》与《九歌》以下。此天穆之野，高二千仞。开焉得始歌《九招》。"《九招》即《九韶》。《路史》注引古本《竹书纪年》曰："启登后九年，舞《九韶》。"（今本《竹书纪年》作"十年"。）《玉函山房辑佚书》辑《归藏·启筮篇》："昔彼九冥，是与帝辨同宫之序，是为《九歌》。"又曰："不得

公元前2017年，阿摩利人入乌尔，遂建伊辛及拉萨尔国。

窃《辨》与《九歌》以国于下。"《楚辞·离骚》曰:"启《九辩》与《九歌》兮,夏康娱以自纵;不顾难以图后兮,五子用失乎家巷。"意指由此引起启五子内讧。《天问》曰:"启棘宾商(帝),《九辩》《九歌》。"《墨子·非乐上》曰:"启乃淫溢康乐,野于饮食,将将锽锽,管磬以方,湛浊于酒,渝食于野,万舞翼翼,章闻于天,天用弗式。"(据孙诒让《墨子间诂》改)

帝太康　约前 2016 年至前 1988 年

公元前 2006 年,乌尔第三王朝亡。

公元前 2000 年,赫梯人入小亚安纳托利亚地区。又,克里特文明早期王国时代始。又,操希腊语的阿卡亚人入希腊半岛中部及南部。

苏美尔人始分恒星与行星。埃及人约于此时制金属镰、兴水利,应用 10 进位制记数法、分数计算,三角形、圆面积、正方角锥体、锥台体积度量法。发明防腐剂。制作铜兵器、铜镜等物。

公元前 1991 年,埃及第十二王朝始。

传太康"盘于游田,不恤民事",田猎于洛水之北,十旬不归。是时,东夷族有穷氏首领后羿,乘夏之衰,入居斟鄩,"因夏民以代夏政"。太康被拒之于河,不得归国。其昆弟五人与其母待太康于洛水之北,怨其不返,乃作《五子之歌》以述太康之戒。

按:《书序》曰:"太康失邦,昆弟五人须于洛汭,作《五子之歌》。"《五子之歌》篇已佚,今见于古文《尚书》者,不可尽信。

帝仲康　约前 1987 年至前 1975 年

仲康五年日食。此为世界上最早之日食记录。

按:《左传·昭公十七年》引《夏书》曰:"辰不集于房,瞽奏鼓,啬夫驰,庶人走。"《新唐书·律志》著其事为仲康五年癸巳岁九月庚戌日蚀。近代学者有人推算在前 2165 年,有人推算在前 1948 年,二者相差甚远(见《中国大百科全书·天文学》)。现存《尚书》系于《胤征》篇中,今姑列此。

传仲康时,羲、和沉迷于酒,废时乱日。王命胤往征之,乃作《胤征》。

按:《书序》曰:"羲和湎淫,废时乱日,胤往征之,作《胤征》。"羲、和为远古掌天文历象之官。相传黄帝时,专司占日。尧时,羲仲、羲叔、和仲、和叔奉命驻东西南北四方,观测日月星辰,制作历法。至夏,改为二人。《胤征》久佚,今《尚书·胤征》系伪古文,不可尽信。春秋时孔子主张"行夏之时"(《论语·卫灵公》),在夏代适应农业生产的需要,已有了简单的历法应当是可信的。此相传羲、和占日之说,反映了夏代确有历法,今农历又称"夏历",是其一证。这种以建寅之月为岁首的古历,可能多少保存着一部分夏时的历法。《大戴礼记》中有一篇《夏小正》,由"经"和"传"两部分组成,按十二个月,分别记录各月的物候、气象、星象等。旧说认为这是夏时的历法。其中"经"部分大多是二字、三字或四字为一独立句,文句极为简奥,其行文不似战国以来的文体。从其所透露的历法上看,只将一年分为十二个月,既无置闰痕迹,又无四时分别,在五月记"时有养日",在十月记"时有养夜"。其传曰:"养者长也。"是谓五月里有白天最长的一天,十月里有夜间最长的一天。这与《礼记·月令》中仲夏之月"日长至"(夏至),仲冬之月"日短至"(冬至)的说法相当,只不过十月"养夜"比冬至早了一个月,没有《月令》精确。所以,有的学者认为《夏小正》虽然还没有提出历法上的"二至",但已有一种雏形,这"说明了《夏小正》产生时代的古老;说明它还只是一种比较原始的观念授时的历法"(夏纬瑛、范楚玉《夏小正及其在农业上的意义》,《中国史研究》1979年第3期)。

帝少康 约前1906年至前1886年

传禹葬会稽,"少康恐禹祭之绝祀,乃封其庶子于越,号曰无余",以奉守禹之祀。

按:见《吴越春秋·越王无余外传》。此系东南越族远至夏朝已与华夏文化有接触。

传少康作箕帚、秫酒(用粘高粱制酒)。

按:《说文解字》曰:"古者少康初作箕帚、秫酒。少康,杜康也。"故今有酒曰杜康,杜康又为酒神。

帝杼 约前1885年至前1869年

传杼作甲、矛。传杼佐其父定寒浞之乱,成中兴之功。

按:杼或作帝宁,一曰季杼。事见《史记正义·夏本纪》引《帝王(世)纪》与《史记索隐·吴太伯世家》。

帝槐 约前1868年至前1843年

传槐(一说帝芬或后芬)三年九夷来朝。

按:"九夷"之名又见于《书·旅獒》、《礼记》、《论语》、《尔雅》等书。《尔雅·释地》曰:"九夷、八狄、七戎、六蛮,谓之四海。"注云:"九夷在东,八狄在北,七戎在西,

公元前1934年,伊辛王利皮特—伊什塔颁布苏美尔文《利皮特—伊什塔法典》。

公元前1900年,克里特岛克诺索斯王宫约建于此时,克里特岛亦约于此时出现奴隶制。

公元前1894年,阿摩利人约于此时建古巴比伦王国,是为巴比伦第一王朝。

公元前1842年,埃及第十二王朝法老阿美涅麦斯三世即位,大王权,削强藩。

六蛮在南,次四荒者。"《后汉书·东夷传》注有"九夷"即"畎夷、于夷、方夷、黄夷、白夷、赤夷、玄夷、风夷、阳夷"之说,或说"一曰玄菟,二曰乐浪,三曰高丽,四曰满饰,五曰凫臾,六曰索家,七曰东屠,八曰倭人,九曰天鄙"为九夷(见《论语注疏·子罕》正义曰)。

传槐作"圜土"(监狱)。

按:见今本《竹书纪年》。

帝泄　约前 1824 年至前 1809 年

公元前 1813 年,亚述国王沙姆希—阿达德即位。

公元前 1800 年,赫梯人约于此间形成部落联盟。与此同时,印欧语系部落约于此间自北方横越阿尔卑斯山脉,陆续移居意大利半岛。

克里特岛约于此间产生米诺斯象形文字。

传泄时,畎夷、白夷、赤夷、玄夷、风夷、阳夷等受夏爵。

按:今本《竹书纪年》曰:"(帝泄)二十一年,命畎夷、白夷、玄夷、风夷、赤夷、黄夷。"

帝孔甲　约前 1707 年至 1677 年

公元前 1792 年,汉穆拉比即任第六代古巴比伦王,古巴比伦极盛期始。《汉穆拉比法典》制于此间。

公元前 1786 年,埃及第十三王朝始,大分裂,始进入第二中间期。

公元前 1764 年,汉穆拉比与亚述、埃什南纳、埃兰三国联军战。

公元前 1763 年,汉穆拉比灭拉尔萨。

公元前 1759 年,汉穆拉比灭马里。

公元前 1757

传孔甲田于东阳萯山作《破斧之歌》,为东音之始。

按:《吕氏春秋·音初》曰:"夏后氏孔甲田于东阳萯山。天大风晦盲,孔甲迷惑,入于民室,主人方乳。或曰:'后来见良日也,之子必大吉。'或曰:'不胜也,之子是必有殃。'后乃取其子以归,曰:'以为余子,谁敢殃之?'。子长成人,幕动坼橑,斧斫斩其足,遂为守门者。孔甲曰:'呜呼!有疾,命矣夫!'乃作为《破斧之歌》。实始为东音。"

题孔甲之作而见载于《汉书·艺文志》者有:《盘盂》26 篇。("诸子略"八"杂家")。

按:原注:"亡。""黄帝之史,或曰夏帝孔甲,似皆非。"

帝发　约前 1665 年至前 1653 年

帝发七年,泰山震。

按:据今本《竹书纪年》。此为世界上最早之地震记录。

帝桀　约前1652年至前1600年

桀十年,"夜中星陨如雨";地震,伊、洛竭。

按:见今本《竹书纪年》。此或为我国最早流星雨之记录。

桀暴虐无道,汤率兵伐之,战于鸣条,桀败被俘于焦门,同其宠妃妹喜流徙至南巢,三年后,桀卒于南巢。

按:《史记·夏本纪》曰:"桀走鸣条,遂放而死。"《列女传·夏桀末喜》曰:"汤受命而伐之,战于鸣条,桀师不战,汤遂放桀,与末喜嬖妾自舟流于海,死于南巢之山。"

年,汉穆拉比灭埃什南纳。

公元前1750年,埃及贫民、奴隶叛,遍及全境。

克里特岛约于此间产生线形文字A。

公元前1749年,古巴比伦衰。

公元前1720年,希克索斯人入埃及。

公元前1700年,克里特岛克诺索斯王称霸于海上。

公元前1680年,赫梯古王国始建,定都库萨尔。

公元前1674年,希克索斯人入埃及,建国。

公元前1650年,埃及第十七王朝始建于底比斯。希腊人之阿卡亚人入希腊半岛中、南部。

公元前1620年,赫梯入幼发拉底河流域。

商　朝
(约前 1600 年至前 1046 年)

按：从《夏商周年表》，商前期汤至盘庚各王年代，依《资治通鉴外纪》、《今本纪年》等书所记商朝诸帝年数而略有增减，商后期则从《夏商周年表》说，列商朝各帝系年。

商（包括商汤前）之世系如下：

1. 汤（约前1600年至前1585年）　又名成汤或成唐，卜辞称大乙（《史记》作天乙）、成、唐等。汤始都亳。以伊尹为右相，仲虺为左相，共谋伐夏。陆续攻灭夏之属国葛、韦、顾、昆吾等国，历"十一征而无敌于天下"（《古本竹书纪年》曰"汤有七名而九征"），遂伐桀。一举灭夏，建立商朝。汤即天子位，平定海内，天下始定。汤卒。太子太丁未立而卒，乃立太丁之弟外丙。

据《史记·殷本纪》，结合甲骨文，汤前之商世系共十四代。如下：

（1）契，卜辞未见。契为商之始祖，相传为帝喾高辛氏之后裔，契母简狄，吞玄鸟卵而生契，故曰："天命玄鸟，降而生商。"是商族曾以鸟作为氏族的图腾。《史记·殷本纪》称契"兴于唐虞大禹之际，功业著于百姓"，夏时曾任司徒，佐禹治水有功，被封于商，商因以为族名，赐姓子氏，传位于子昭明。又，卜辞另有先公名夒，王国维释为帝喾。但各家分歧很大，未能定论。

（2）昭明，卜辞未见。昭明传位于子相土。

（3）相土，卜辞作土。据清·崔述《商考信录》，相土"为契之孙，当在夏太康世"。入为王官之伯、出长诸侯。传相土作乘马（以马挽车），故古书或称相土为"乘杜"。陶唐氏之火正阏伯居商丘，祀大火星，并据其移动轨迹定时节。相土承此业，故商主大火，以大火星为祭祀之主星。《诗·商颂·长发》曰："相土烈烈，海外有截。"谓相土势力达于海外。相土传位于子昌若。

（4）昌若，卜辞未见。昌若传位于子曹圉。

（5）曹圉（一作粮圉、根圉或根国），卜辞未见。曹圉传位于子冥。

（6）冥，卜辞有一先公"季"，为王亥、王恒之父，或以为即"冥"。传夏时冥任司空之职。冥从事农业，善于治水，后因"勤其官而水死"。冥传位于子王亥。

（7）振，卜辞作王亥。传王亥作服牛（以牛驾车），从事畜牧，在各部落间贸易，以贝为货币，后被有易氏之君緜臣杀死，夺去牛群。王亥传位于弟王恒。王亥之名字，各书所记最为分歧。《世本》作"核"和"胲"，《楚辞·天问》作"该"，《山海经·大荒东经》、《竹书纪年》作"亥"，《汉书·古今人表》作"垓"，《吕氏春秋·勿躬》作"冰"，《史记》作"振"。

（8）王恒。《史记·殷本纪》未见，王国维据卜辞补。传世文献多不见，唯《楚辞·天问》中有"恒秉季德"之句。王恒为王亥之弟，季之子。王恒传位于王亥子上甲微。

（9）上甲微，《史记》作"微"，《国语·鲁语》作"上甲微"，卜辞作"上甲"（商王以十干为名，自上甲始）。传上甲微时借河伯之兵，攻杀緜臣，商族复兴。上甲微传位于子报乙。

(10) 报乙,"三报"之首位。报乙传位于子报丙。据甲骨文,"三报"之序为报乙、报丙、报丁,《史记》误为报丁在前。

(11) 报丙,报丙传位于子报丁。

(12) 报丁,报丁传位于子示壬。

(13) 示壬,《史记》作主壬。示壬传位于子示癸。

(14) 示癸,《史记》作主癸。示癸传位于子大乙(即汤)。

自上甲微至示癸六世,卜辞合称"上甲六示",其排列次序如上。王国维《殷卜辞中所见先公先王考》指出,《史记·殷本纪》中"三报"的次序被颠倒了,二示之"示"又讹为"主",并认为:"上甲以降皆以日名,是商人数先公当自上甲始。"上甲至示癸依十天干顺序排列,推其名号可能为后人所追定。然二示两世庙号与上甲以下四世不相连接,且有明确配偶,又为开国之君商汤之父祖辈,故或以为商朝有史可考之谱系当从示壬始,而自上甲以上则为神话传说时代。

2. 帝外丙(约前1584年至前1583年) 外丙(卜辞作卜丙),名胜,居亳。外丙在位二年卒,其弟中壬立。商代王位传弟与传子兼行。

3. 帝中壬(约前1582年至前1579年) 中壬(卜辞作南壬)居亳,以伊尹为卿士。中壬在位四年卒,伊尹乃立太丁之子太甲。

4. 帝太甲(约前1578年至前1563年) 太甲(卜辞同)初立,不明,暴虐,"颠覆汤之典刑",于是伊尹放逐太甲于桐。太甲居桐宫三年,悔过反善,伊尹乃迎太甲而授之政。史称"太宗"。太甲卒,子沃丁立。另,《古本竹书纪年》称"伊尹即位于七年,大甲潜出自桐,杀伊尹,乃立其子伊陟、伊奋,命复其父之田宅而中分"。与上说异。

5. 帝沃丁(约前1562年至前1540年) 沃丁(卜辞未见),名绚,居亳。沃丁卒,弟太庚立。

6. 帝太庚(约前1539年至前1531年) 太庚(卜辞同)居亳。太庚卒,子小甲立。

7. 帝小甲(约前1530年至前1510年) 小甲(卜辞同),名高,居亳。小甲卒,弟雍己立。

8. 帝雍己(约前1509年至前1494年) 雍己(卜辞同)居亳。是时,殷道衰,诸侯或不朝。雍己卒,弟太戊立。

9. 帝太戊(约前1493年至前1419年) 太戊(卜辞同)修德补阙,谨慎小心,不敢怠惰。是时,以伊陟(伊尹子)为相,以巫咸"治王家",治国有绩,诸侯归之,殷复兴,史称太戊为"中宗"。太戊在位七十五年卒,子中丁立。

10. 帝中丁(约前1418年至前1404年) 中丁(卜辞同,或作仲丁)元年,自亳迁于嚣(《史记》作隞)。是时,蓝夷为寇,中丁征之。中丁卒,弟外壬立。

11. 帝外壬(约前1403年至前1385年) 外壬(卜辞作卜壬),居嚣。外壬卒,弟河亶甲立。

12. 帝河亶甲(约前1384年至前1376年) 河亶甲(卜辞作戔甲,《吕氏春秋·音初》作整甲)自嚣迁相。是时,先征蓝夷,再征班方,商复衰。河亶甲在位九年卒,子祖乙立。

13. 帝祖乙(约前1375年至前1357年) 祖乙(卜辞同)时,巫贤(巫咸子)任职,商复兴。史称祖乙与汤、太甲、武丁齐名,为"天下之盛君"。卜辞祖乙与汤(大乙)、大甲合称"三示"。祖乙迁都邢(另有迁耿、迁庇说),在位十九年卒,子祖辛立。

14. 帝祖辛(约前1356的至前1339年) 祖辛(卜辞同)卒,弟沃甲立。

15. 帝沃甲(约前1338年至前1330年) 沃甲(卜辞作羌甲,《竹书纪年》、《世本》作开甲)居庇。沃甲卒,立祖辛之子祖丁。

16. 帝祖丁(约前1329年至前1317年)　祖丁(卜辞同)居庇。祖丁卒,立沃甲之子南庚。

17. 帝南庚(约前1316年至前1307年)　南庚(卜辞同),名更,自庇迁于奄。南庚卒,立祖丁子阳甲。

18. 帝阳甲(约前1306年至前1299年)　阳甲(卜辞作虎甲、《竹书纪年》作和甲)居奄。商自中丁至阳甲,前后五代九王,因"废嫡而更立诸弟子,弟子或争相代立",商道复衰,诸侯莫朝。阳甲卒,弟盘庚立。

19. 帝盘庚(约前1298年至前1271年)　盘庚(卜辞同)名旬,自奄迁殷(自后商不再徙都)。盘庚于殷行汤之政,"百姓由宁,殷道复兴,诸侯来朝",称为"中兴贤王"。殷成为商后期全国政治经济文化中心。盘庚在位二十八年卒,弟小辛立。

20. 帝小辛(约前1270年至前1263年)　小辛(卜辞同)名颂。是时,殷复衰。小辛卒,弟小乙立。

21. 帝小乙(约前1262年至前1251年)　小乙(卜辞同)名敛,卒,子武丁立。

22. 帝武丁(约前1250年至前1192年)　武丁(卜辞同)名昭,少时"久劳于外",生活于平民中,因知"稼穑之艰难"。即位后,思复兴殷,以未得其佐,三年不言政事,政事决于冢宰,以观国风。后夜梦得圣人,名曰说。令百官求之,乃得说于傅险中。是时,说为胥靡,筑于傅岩,武丁举以为相,殷国大治,遂以傅姓之,号曰傅说。于是,百姓皆欢,"小大无怨",殷复兴。殷人嘉武丁之德,立其庙为"高宗"。武丁在位五十九年卒,子祖庚立。

23. 帝祖庚(约前1191年至前1181年)　祖庚(卜辞同)名跃(或作曜),卒,弟祖甲立。

24. 帝祖甲(约前1180年至前1158年)　祖甲(卜辞同)名载,"旧为小人"。及即位,"爰知小人之依,能保惠于庶民,不敢侮鳏寡"。迨其末年,"重作汤刑",淫乱,殷复衰。祖甲卒,子廪辛立。

25. 帝廪辛(约前1157年至前1154年)　廪辛(卜辞无)名先,卒,弟康丁立。

26. 帝康丁(约前1153年至前1148年)　康丁(卜辞同,又作康祖丁。《史记》作庚丁)在位八年(从《今本纪年》,还有他说)卒,子武乙立。

27. 帝武乙(约前1147年至前1113年)　武乙(卜辞同)无道,作革囊盛血,射之,曰"射天"。武乙猎于河渭间,为暴雷震死,在位三十五年卒,子文丁立。

28. 帝太丁(约前1112年至前1102年)　太丁(卜辞作文武丁)时,周王季历屡征戎,三克之,周成为商朝西方一强大方国。文丁为遏制周人势力,杀死季历,季历子昌立,是为"西伯",晚年自号文王。文丁在位十一年卒,子乙立。

29. 帝乙(约前1101年至前1076年)　帝乙时,西伯出兵伐商,未胜,仍臣服于商,暗中扩张自己势力。帝乙在位二十六年卒,子辛立,天下谓之纣。

30. 帝辛(约前1075年至前1046年)　帝辛即纣,名受。其人"资辨捷疾,闻见甚敏,材力过人,手格猛兽"。然好酒淫乐,宠爱妲己,惟其言是从;造鹿台,为琼室玉门,厚赋税,以实鹿台之财,盈钜桥之粟;益广王都范围,"南距朝歌,北据邯郸及沙丘,皆为离宫别馆"。大聚乐戏于沙丘,以酒为池,悬肉为林,为长夜之饮;更重刑辟,为炮烙之刑,暴虐百姓;自恃才智,拒谏饰非,逼走微子,杀死比干,残害忠良;又连年征东夷,俘获"亿兆夷人",激化社会矛盾,使小民视商王为仇敌。商之败亡,已经注定。1046年,周武王率诸侯伐纣,战于牧野。甲子日,纣兵败,纣走鹿台,自焚而死,在位三十年,商亡。

商代先公先王之名号有一明显特点:从上甲微以下37人,毫无例外皆以天干为名。对此命名之来源与意义,历代众说纷纭,主要有以下几种:(1)生日说:《白虎通义·姓名》曰:"殷家质,故直以生日名子也。"《史记索隐·殷本纪》:"皇甫谧曰:'微字上甲,其母以甲日生故也。'商家生子以日为名,盖自微始。"《易纬·乾凿度》、《太平御览》八三引《帝王世纪》等书有相同的说法。(2)庙主说:《史记索隐·殷本纪》曰:"谯周以为死称庙主曰甲也。""谯周云:夏、殷之礼,生称王,死称庙主。"(3)祭名说:王国维说:"殷之祭先,率以其所名之日祭之。祭名甲者用甲日,祭名乙者用乙日,此卜辞之通例也。"(见《殷卜辞中所见先公先王考》,《观堂集林》卷九)陈梦家推论,认为某一先王在祀谱中规定于哪一天干日致祭,即以该日为其庙号。这就是说,商人命名来源于祭日名。(4)死日说:董作宾《甲骨文断代研究例》谓成汤以来,以日为名,当是死日,非生日。(5)致祭次序说:陈梦家认为商人命名及庙号,"既无关于生卒之日,也非追名,乃是致祭的次序;而此次序是依了世次、长幼、及位先后、死亡先后,顺着天干排下去的。凡未及王位的,与及位者无别。"又说:"我们则进一步以为庙名即祭名,而祭名者某一先王在祀谱中规定于哪一天干日致祭,即以该日为其庙号。"(《商王庙号考》,《考古学报》第 8 册)(6)选日说:李学勤认为商人以日为名,不是依生、死日次序等固定不变,而是在商王刚死去后,用占卜法选择日名。他曾以具体的卜辞例为证来加以说明这一看法(见《论美澳收藏的几件商周文物》,《文物》1979 年第 12 期)。(7)生前政治势力之分类说:张光直提出,商人天干命名是以死者生前在亲属宗族中的地位为根据而作的死后在祭仪系统中所属范畴的归类。张氏论证,以商王世系表中的甲、乙、戊、己为一组(A 组),丙、丁、壬、癸为一组(B 组),庚、辛暂不分组。A、B 两大组很有规律地隔世轮流出现,即兄弟或祖孙属于同组,而父子不同组。商王室的亲属制度是以"父方交表婚配为经","舅甥继承王位为纬"构成的。商族子姓王室之内,政治势力最大的两组,隔代轮流执政(见《商王庙号新考》,《中国青铜时代》,三联书店 1999 年)。

汤 约前 1600 年至前 1585 年

汤以桀无道,因使人哭吊无辜交祸者,而被桀囚于夏台之重泉。

按：《帝王世纪集校》第四曰："夏桀无道,汤使人哭之,桀囚汤于夏台而后释之。"《绎史》卷一四引《太公金匮》曰："桀怒汤,以谀臣赵梁计,召而囚之均台,置之种泉,嫌于死。汤乃行赂,桀遂释之。"神泉,《楚辞·天问》作重泉。

汤废桀之暴政,以仁德治天下。

按：《吕氏春秋·异用》曰："汤见祝网者,置四面,其祝曰：'从天坠者,从地出者,从四方来者,皆离吾网。'汤曰：'嘻!尽之矣。非桀,其孰为此也?'汤收其三面,置其一面,更教祝曰：'昔蛛蝥作网罟,今之人学纾。欲左者左,欲右者右,欲高者高,欲下者下,吾取其犯命者。'汉南之国闻之曰：'汤之德及禽兽矣。'四十国归之。"《帝王世纪集校》第四曰："汤自伐桀,大旱七年。殷史卜曰：'当以人祷。'汤曰：'吾所请雨者,民也。若必以人祷,吾请自当。'"《说苑·君道》曰："汤之时,大旱七年,雒坼川竭,煎沙烂石,于是使人持三足鼎祝山川,教之祝曰：'政不节耶?使人疾耶?苞苴行耶?谗夫昌耶?宫室营耶?女谒盛耶?何不雨之极也!'盖言未已而天大雨。"《尸子》(辑本)卷上曰："汤之救旱也,乘素车白马,著布衣,身婴白茅,以身为牲,祷于桑林之野。"《文选·思玄赋》注引《淮南子》曰："汤时大旱七年,卜用人祀天。汤曰：我本卜祭为民,岂乎自当之。乃使人积薪,剪发及爪,自洁,居柴上,将自焚以祭天。火将然,即降大雨。"

汤举伊尹"以为己相,与接天下之政,治天下之民"。

按：伊尹,一名挚,又号阿衡(或以伊尹、阿衡为二人,或说阿衡为官名),为中国历史上一代名相,其出身,有"媵臣"(汤妻陪嫁奴隶)和"处士"二说。《史记·殷本纪》曰："负鼎俎以滋味说汤,致于王道。"伊尹相成汤、太甲。曾"从汤言素王及九主事",画"法君、专君、授君、劳君、等君、寄君、破君、国君、三岁社君"等九主劝诫汤王。《孟子》称成汤于伊尹"学焉而后臣之,故不劳而王"。《诗·商颂·长发》"实维阿衡,实左右商王",即对伊尹辅佐成汤功绩的肯定与颂扬。

伊尹之为汤用,古书说者不同。《墨子·尚贤中》曰："伊挚,有莘氏女之私臣,亲为庖人。汤得之,举以己相,与接天下之政,治天下之民。"《孟子·万章》曰："伊尹以割烹要汤。"《史记·殷本纪》曰："伊尹名阿衡。阿衡欲奸汤而无由,乃为有莘氏媵臣,负鼎俎以滋味说汤,致于王道。"此谓尹自干汤说。《孟子·万章》曰："伊尹耕于有莘之野,而乐尧舜之道焉。……汤使人以币聘之,嚣嚣然曰：'我何以汤之聘币为哉!'……汤三使往聘之,既而幡然改,……"《史记·殷本纪》曰："或曰：伊尹处士,汤使人聘迎之,五反然后肯往从汤,……"此谓汤先聘尹。《吕氏春秋·本味》曰："(伊尹)长而贤。汤闻伊尹,使人请之有侁氏。有侁氏不可。伊尹亦欲归汤。汤于是请取妇为婚。有侁氏喜,以伊尹为媵,送女。……汤得伊尹,祓之于庙,爝以爟火,衅以牺豭。明日,设朝而见之,说汤以至味。"乃折衷二说。

汤时氐羌来朝,汤之势力,远达黄河上游。

按：《诗·商颂·殷武》曰："昔有成汤,自彼氐羌,莫敢不来享,莫敢不来王,曰商是常。"

公元前 1600 年,阿卡亚人建迈锡尼王国。

公元前 1595 年,赫梯灭巴比伦第一王国。

公元前 1590 年,赫梯内乱。

公元前 1570 年,埃及第十七王朝法老雅赫摩斯尽逐希克索斯人,遂建十八王朝。

公元前 1567 年,埃及新王国时期始(至第二十五王朝)。

公元前 1530 年,泰利皮努斯约于此时为赫梯王,遂制《泰利皮努斯立法》,立储贰之法。

公元前 1503 年,法老图特摩斯三世及埃及哈特舍普苏特共治。

古巴比伦创世神话《埃努玛·埃利什》、《吉尔伽美什史诗》约于此间完成。

公元前 1500 年,印度前吠陀时代始。又,胡里特人的米坦尼王国兴起。克里特岛文明始衰。

埃及人约于此时发现汞。

伊尹就汤而说之以伐夏救民。

按：《孟子·万章上》曰："伊尹耕于有莘之野，而乐尧、舜之道焉。非其义也，非其道也，禄之以天下弗顾也，系马千驷弗视也。非其义也，非其道也，一介不以与人，一介不以取诸人……汤三使往聘之，既而幡然改曰：'与我处畎亩之中，由是以乐尧、舜之道，吾岂若使是君为尧、舜之君哉！吾岂若使是民为尧、舜之民哉！吾岂若于吾身亲见之哉！天之生此民也，使先知觉后知，使先觉觉后觉也。予，天民之先觉者也，予将以斯道觉斯民也，非予觉之而谁也？'思天下之民，匹夫匹妇有不被尧、舜之泽者，若己推而内之沟中，其自任以天下之重如此，故就汤而说之以伐夏救民。吾未闻枉己而正人者也，况辱己以正天下者乎？圣人之行不同也，或远或近，或去或不去，归洁其身而已矣。吾闻其以尧、舜之道要汤，未闻以割烹也。"

伊尹为四方献令。

按：《逸周书·伊尹朝献》曰："汤问伊尹曰：'诸侯来献，或无马牛之所生，而献远方之物，事实相反，不利。今吾欲因其地势所有献之，必易得而不贵。其为四方献令。'伊尹受命，于是为四方令，曰：'臣请正东，符娄、仇州、伊虑、沤深、九夷、十蛮、越沤、剪发、文身，请令以鱼皮之鞞、鰂鯷之酱、鲛瞂、利剑为献。正南，瓯邓、桂国、损子、产里、百濮、九菌，请令以珠玑、玳瑁、象齿、文犀、翠羽、菌鹤、短狗为献。正西，昆仑、狗国、鬼亲、枳巴、闟耳、贯胸、雕题、离丘、漆齿，请令以丹、青、白旄、纰罽、江历、龙角、神龟为献。正北，空同、大夏、莎车、姑他、旦略、豹胡、代翟、匈奴、楼烦、月氏、纤犁、其龙、东胡，请令以橐驼、白玉、野马、駒騟、駃騠、良弓为献。'"

汤始居亳，从先王居，作《帝诰》、《釐沃》。汤征诸侯，葛伯不祀，汤始征之，作《汤征》。汤于出征伐夏前，作《汤誓》，斥桀为害夏邑，庶众离心，号召臣民同心协力，"致天之罚"，遂一举灭夏，建立商朝。汤既胜夏，欲迁其社，不可，作《夏社》、《疑至》、《臣扈》。汤既黜夏命，复归于亳，作《汤诰》。

按："帝诰"又作"帝告、帝俈"。以上《帝诰》、《釐沃》、《汤征》、《夏社》、《疑至》、《臣扈》六篇，《尚书》存其目、序，正文已佚。《汤誓》见于今文《尚书》。《汤诰》见于古文《尚书》，不可尽信。

伊尹去亳适夏，既丑有夏，复归于亳。入自北门，乃遇女鸠、女房。作《女鸠》、《女房》。

按：伊尹原为有莘氏女师仆，随有莘氏女嫁汤而为汤之庖人。因不受重用乃去亳适夏。尝举觞进谏于桀。《新序·刺奢》曰："伊尹知天命之至，举觞而告桀曰：'君王不听臣之言，亡无日矣。'桀拍然而作，唒然而笑曰：'子何妖言，吾有天下，如天之有日也，日有亡乎？日亡，吾亦亡矣。'"《尚书大传》（辑本）卷二曰："夏人饮酒，醉者持不醉者，不醉者持醉者，相和而歌曰：'盍归于亳，盍归于亳，亳亦大矣！'伊尹退而闲居，深听歌声，更曰：'觉兮较兮，吾大命格兮，去不善而就善，何不乐兮！'……是以伊尹遂去夏适汤。"《女鸠》、《女房》二篇，《尚书》存其目、序，作《汝鸠》、《汝方》，正文已佚。

汤放桀于大水，环天下自立为王，事成功立，无大后患，因先王之乐，又自作乐，命曰《护》，又修《九招》。

按：据《墨子·三辩》。

传汤时曾大旱七年，汤祈祷于桑林，果降甘霖，人们歌舞以庆，舞称《大濩》，亦称《桑林》或《大护》。舞《大濩》时，歌《晨露》（已佚）。旧传《那》（《诗·商颂》）为祭汤乐歌。

公元前1482年，埃及法老图特摩斯三世亲政。十八王朝始极盛。

公元前1450年，迈锡尼人取克里特岛克诺索斯王宫。

公元前1400年，雅利安人入印度。又，希伯来人入迦南。

炼铁技术约于此时出现。

现存最早迦南语文献《阿玛那文书》约于此时出现。

公元前1380年，苏皮卢利乌马斯为赫梯王，赫梯帝国始。

公元前1379年，埃及法老阿蒙霍特普四世即位，遂推行新太阳神阿顿崇拜，称"埃赫那顿"。

公元前1370年，赫梯取叙利亚中部诸地。

公元前1365年，亚速尔·乌巴利特为亚述王，古亚述王国兴起。

公元前1362年，埃赫那顿卒。

公元前1360年，赫梯臣服米坦尼王国。

公元前1320年，埃及第十九王朝建。亚述王阿里克迪尼鲁建王都亚述城。

《赫梯编年史》纂成。

公元前1304年，埃及法老拉美

西斯二世即位,埃及极盛。

公元前1300年,线形文字B流行于希腊各地。

公元前1283年,赫梯人及埃及人盟。

公元前1270年,赫梯人及埃及联姻。

公元前1244年,亚述败赫梯,取美索不达米亚。

公元前1230年,赫梯帝国遂亡。

公元前1208年,亚述王遇弑,亚述王国始衰。

亚述史诗《图库尔蒂—尼努尔塔史诗》约于此前编撰。

公元前1204年,腓尼基字母约创于此前后。

公元前1200年,犹太"士师时代"始,希伯来人约于此时崇拜雅赫维。相传,特洛伊战争始。

公元前1176年,埃兰入巴比伦城,取汉穆拉比法典石碑。

公元前1120年,操希腊语的多利安人入伯罗奔尼撒。

公元前1115年,亚述复兴。

公元前1100年,多利安人攻灭迈锡尼诸王国。希腊荷马时代约始于此。

古希腊始用双

按：据《吕氏春秋·古乐》。

汤平定海内,咎单作《明居》以歌颂之。

按：《史记·殷本纪》："咎单作《明居》。"《集解》引马融曰："咎单,汤司空也。明居民之法也。"《明居》篇,《尚书》存其目、序,正文已佚。

汤伐桀后,又伐三朡,俘其宝玉,义伯、仲伯作《典宝》。

按：义伯、仲伯为汤之二臣。《典宝》篇,《尚书》存其目、序,正文已佚。

汤归自夏至于大坰,仲虺作《诰》。

按：仲虺为汤之左相。《书序》曰："汤归自夏,至于大坰,仲虺作诰。"《诰》篇已佚,见于伪古文《尚书》之《仲虺之诰》,不可尽信。

帝太甲　约前1578年至前1563年

太甲立元年,伊尹作《伊训》,言列祖之德;作《肆命》,陈政教所当为;作《徂后》,言成汤之法度,以教太甲。又作《咸有一德》,述君臣皆应一德。

按：《书序》曰："成汤既没,太甲元年,伊尹作《伊训》、《肆命》、《徂后》。"又曰："伊尹作《咸有一德》。"《伊训》、《咸有一德》二篇见于古文《尚书》,不可尽信。《肆命》、《徂后》二篇《尚书》存其目、序,正文已佚。另,新近发现之清华简有《尹诰》篇,存简4枚共112字。《尹诰》见于《礼记·缁衣》所引,即古文《尚书》之《咸有一德》篇,根据清华简《尹诰》之内容,可判断今本伪古文尚书《咸有一德》为伪作(参见2010年1月19日《文汇报》第1版《两千年后首见古文〈尚书〉》)。

太甲立三年,不明,暴虐,"颠覆汤之典刑",于是伊尹放逐太甲于汤之葬地桐宫。太甲居桐宫三年,悔过反善,伊尹乃迎太甲而授之政。太甲修德,诸侯咸归,百姓以宁。伊尹作《太甲》三篇,以褒太甲。

按：《书序》曰："太甲既立,不明,伊尹放诸桐。三年,复归于亳,思庸,伊尹作《太甲》三篇。"《太甲》篇已佚,今见于古文《尚书》者,不可尽信。伊尹放太甲之事,有二说。一为主摄政说,《史记·殷本纪》曰："汤崩,太子太丁未立而卒。于是乃立太丁之弟外丙,是为帝外丙。帝外丙即位三年,崩。立外丙之弟中壬,是为帝中壬。帝中壬即位四年,崩。伊尹乃立太丁之子太甲。……帝太甲元年,伊尹作《伊训》,作《肆命》,作《徂后》。帝太甲既立三年,不明,暴虐,不遵汤法,乱德,于是伊尹放之于桐宫。三年,伊尹摄行政当国,以朝诸侯。帝太甲居桐宫三年,悔过自责,反善。于是伊尹乃迎帝太甲而授之政。帝太甲修德,诸侯咸归殷,百姓以宁。伊尹嘉之,乃作《太甲训》三篇,褒帝太甲,称太宗。"一为自立说,今本《竹书纪年》曰："伊尹放太甲于桐,乃自立。……七年,王潜出自桐,杀伊尹。"然《书序》曰："太甲既立,不明,伊尹放诸桐。三年复归于亳,思庸,伊尹作《太甲》三篇。"又曰："沃丁既葬伊尹于亳,咎单遂训伊尹事,作《沃丁》。"是伊尹事太甲,至沃丁时始卒,太甲何尝杀之?故世人多信从《史记》,而以《孟子》之论为归。《孟子·尽心上》曰："公孙丑曰:'伊尹曰:"予不狎于不顺,放太甲于桐,民大悦。太甲贤,又反之,民大悦。"贤者之为人臣也,其君不贤,则固可放与?'孟子曰:'有伊尹之志则可,无伊尹之志则篡也。'"

帝沃丁　约前1562年至前1540年

伊尹于沃丁时卒。沃丁以天子礼葬于亳,亲身临丧三年,以报其德。咎单遂述伊尹之事以戒王,作《沃丁》。

按:《书序》曰:"沃丁既葬伊尹于亳,咎单遂训伊尹事,作《沃丁》。"《尚书》存其目、序,正文已佚。

《汉书·艺文志》著录题为伊尹之作有:
《伊尹》51篇("诸子略"二"道家")。

按:原注:"亡。""汤相"。考隋、唐《经籍志》《艺文志》均不著录,此书可见亡佚已久。马国翰有《伊尹书》辑佚一卷。有关伊尹之学说,可略见于《史记》。《殷本纪》曰:"汤曰:'予有言,人视水见形,视民知治不?'伊尹曰:'明哉!言能听道乃进。君国子民,为善者皆在王官。勉哉,勉哉!'……从汤言素王及九主之事。"《史记集解》引刘向《别录》曰:"九主者,有法君、专君、授君、劳君、等君、寄君、破君、国君、三岁社君,凡九品,图画其形。"《史记索隐》曰:"按素王者太素上皇,其道质素,故称素王。九主者,三皇、五帝及夏禹也。或曰,九主谓九皇也。然按注刘向所称九主,载之《七录》,名称甚奇,不知所凭据耳。法君,谓用法严急之君,若秦孝公及始皇等也。劳君,谓勤劳天下,若禹、稷等也。等君,等者平也,谓定等威,均禄赏,若高祖封功臣,侯雍齿也。授君,谓人君不能自理,而政归其臣,若燕王哙授子之,禹授益之比也。专君,谓专己独断,不任贤臣,若汉宣之比也。破君,谓轻敌致寇,国灭君死,若楚戊、吴濞等是也。寄君,谓人困于下,主骄于上,离析可待,故孟轲谓之'寄君'也。国君,国当为'固',字之讹耳。固,谓完城郭,利甲兵,而不修德,若三苗、智伯之类也。三岁社君,谓在襁褓而主社稷,若周成王、汉昭、平等是也。又注本九主,谓法君、劳君、等君、专君、授君、破君、国君,以三岁社君为二,恐非。"

《伊尹说》27篇("诸子略""十""小说家")。

按:原注:"亡。""其语浅薄,似依托也。"鲁迅《中国小说史略》说:"《汉志》'道家'有《伊尹说》五十一篇,今佚。在小说家之二十七篇,亦不可考。《史记·司马相如传》注引《伊尹书》曰:'箕山之东,青鸟之所,有卢橘夏熟。'当是佚文之仅存者。《吕氏春秋·本味》述伊尹以至味说汤,亦云'青鸟之所有甘栌',说极详尽,然文丰赡而意浅薄,盖亦本《伊尹书》。伊尹以割烹要汤,孟子尝所详辨,则此殆战国之士所为矣。"

帝太戊　约前1493年至前1419年

传太戊臣巫咸发明鼓,始用筮占卜,长于占星术,后世有假托其名之

牛牵引犁,手工业和农业分工,出现铁器。

公元前1085年,后埃及时代始。

恒星图。

> 按：《书·君奭》曰："巫咸乂王家。"《楚辞·离骚》曰："巫咸将夕降兮，怀椒糈而要之。"王逸注："巫咸，古神巫也，当殷中宗之世。"《史记·殷本纪》曰："巫咸治王家有成，作《咸艾》，作《太戊》。"《吕氏春秋·勿躬》曰："巫彭作医，巫咸作筮。"巫咸又为黄帝时人。《太平御览》卷七九引《归藏》曰："昔黄神与炎神争斗涿鹿之野，将战，筮於巫咸。"或为唐尧时人。晋郭璞《巫咸山赋》序曰："盖巫咸者，实以鸿术为帝尧医。"参见相关条目。

伊陟相大戊，亳有祥，桑穀共生于朝（显示不吉利的凶兆）。伊陟告于巫咸（时为商王臣），作《咸乂》四篇，以劝诫大戊。太戊则表示改过自新，告于伊陟和原（太戊臣子），作《伊陟》、《原命》。

> 按：伊陟，商大臣，据传为伊尹之子。以上《咸乂》、《伊陟》、《原命》三篇，《尚书》存其目、序，正文已佚。又，《书·伪孔传》、《史记·殷本纪》、郑玄《诗·烈祖》笺及今本《竹书纪年》并以中宗为太戊。然今本《竹书纪年》祖乙条下亦曰："商道复兴，庙为中宗。"此与太戊条下所言相舛，必有一误。王国维《殷卜辞中所见先公先王续考》曰："《戬寿堂所藏殷契文字》中，有断片，存字六，曰：'中宗祖乙牛，吉'。称祖乙为中宗，全与古来《尚书》学家之说违异，惟《太平御览》八三引《竹书纪年》曰：'祖乙滕即位，是为中宗，居庇'。今由此断片知《纪年》是而古今《尚书》学家非也。"《史记·殷本纪》曰："帝祖乙立，殷复兴。"《晏子春秋·内篇谏上》曰："汤、太甲、武丁、祖乙，天下之盛君也。"是王氏之说可从。如此，则殷中宗应为祖乙，而非太戊。今暂从旧说。

旧传《烈祖》（《诗·商颂》）出于太戊时。

> 按：《毛序》曰："《烈祖》，祀中宗也。"朱熹《诗序辨说》则曰："详此诗，未见其为祀中宗，而末言汤孙，则亦祭成汤之诗耳。"此从《毛序》。

帝中丁　约前1418年至前1404年

仲丁迁于嚣，作《仲丁》。

> 按：《仲丁》篇《尚书》存其目、序，无正文。

帝河亶甲　约前1384年至前1376年

河亶甲居相，作《河亶甲》。

> 按：《河亶甲》篇，《尚书》存其目、序，无正文。

帝祖乙　约前 1375 年至前 1357 年

祖乙时，因相地为水所毁而迁于耿，作《祖乙》。

按：《祖乙》篇《尚书》存其目、序，无正文。

帝盘庚　约前 1298 年至前 1271 年

盘庚将迁殷，臣民不悦，有怨言，乃作《盘庚》三篇，以告臣民：言迁都之举，乃为臣民"永建乃家"，如不服从，将"罚及尔身"。乃迁殷。

按：《盘庚》篇见于今、古文《尚书》，是较为可信的商代文献之一。《书序》曰："盘庚五迁，将治亳殷，民咨胥怨。作《盘庚》三篇。"《史记·殷本纪》则曰："百姓思盘庚，乃作《盘庚》三篇。"是所记文字或为后人追作。

帝武丁　约前 1250 年至前 1192 年

武丁西北伐鬼方，三年克之；北边打败土方和工方；南"伐荆楚，深入其阻"；东征夷方，西击羌方。其妻妇好亦曾统兵攻羌、夷等族。是时，商之势力，远及四方，达于极盛时期。据古本《竹书纪年》曰："自盘庚徙殷，至纣之灭，二百七十三年更不徙都。"

按：妇好墓于 1976 年在安阳殷墟发现，墓中殉葬武器多达一百二十余件，证明妇好是一位统兵征战的女将。

武丁得傅说，作《说命》三篇，任命傅说为相。

按：《书序》曰："高宗梦得说，使百工营求诸野，得诸傅岩，作《说命》三篇。"《史记·殷本纪》曰："武丁夜梦得圣人，名曰说。以梦所见，视群臣百吏，皆非也。于是乃使百工营求之野，得说于傅险中。是时，说为胥靡，筑于傅险。见于武丁，武丁曰：'是也。'得而与之语，果圣人，举以为相，殷国大治。故遂以傅险姓之，号曰傅说。"今文《尚书》无《说命》，故伪古文《尚书》之《说命》三篇人多不信。但最近发表的清华简却发现了久佚之《说命》,亦可分三篇,存约 30 多简。其简背篇题作"尃敩之命",是《书序》所谓"《说命》"当为其缩写。清华简《傅说之命》三篇内容与《国语·楚语上》所载傅说事迹相近,而与古文《尚书·说命》文字有较大出入,很可能是真正的《尚书》原本。(见廖名春《清华简与〈尚书〉研究》,《学灯》第十七期。)

武丁(即高宗)祭成汤,有飞雉升鼎耳而雊,祖己(武丁贤臣)训诸王,作《高宗肜日》、《高宗之训》。

按:《书序》曰:"高宗祭成汤,有飞雉升鼎耳而雊,祖己训诸王,作《高宗肜日》、《高宗之训》。"《高宗肜日》见于今、古文《尚书》,《高宗之训》仅存其目、序,无正文。关于《高宗肜日》,按《书序》及《史记·殷本纪》,都说是高宗武丁祭成汤时事,近人根据甲骨卜辞的记载,认为肜日之上的人名,是被祭祀的祖先,而不是主持祭祀的人,则"高宗肜日"应该是后人祭高宗,而不是高宗祭成汤。一般认为,这是武丁死后,他的儿子祖庚继承帝位,在肜祭武丁时,祖己训导祖庚的记录。但此说证据尚不足,今暂从《书序》和《史记》而系于此。

旧传《玄鸟》、《长发》、《殷武》三篇(均见《诗·商颂》)出于武丁时。

帝康丁　约前 1153 年至前 1148 年

康丁在位八年卒,子武乙立。

按:商王位原传弟与传子兼行,康丁以后,确立嫡长子继承制。

帝武乙　约前 1147 年至前 1113 年

武乙时,周渐强大。

按:武乙时,周王季历朝商。时,周为商的方国。季历(又名公季、王季),公亶父幼子,其始祖名弃,相传是黄帝曾孙帝喾之妃有邰氏之女姜原所生。弃善于农作,始种植稷和麦,尧时为农师,舜时被封于邰,后曰"后稷",姓姬氏。其后三传至公刘,迁至豳。公刘于豳,复修后稷之业,民赖其庆,百姓"多徙而保归",周道之兴自此始。其后九传至公亶父,从豳迁于岐山下周原,豳人举国归之。公亶父于此,划分田界,挖沟泄水,发展农业;贬戎狄之俗,营城郭室屋,"邑别居之";作五官有司,管理庶务,国号曰"周";并开始"翦商",周朝王业自此始。公亶父有子三人:长子太伯,次子仲雍(又称虞仲),奔江南,后建吴国,都吴。公亶父卒,幼子季历立。季历内修古公遗道,外与商贵族任姓挚姓通婚,并亲自朝商,武乙赐予土地三十里,玉十珏,马八匹,周之势力日益壮大。

帝文丁　约前 1112 年至前 1102 年

文丁为祭祀其母作《司母戊》青铜鼎（一说是商朝贵族为祭祀其祖先母戊而作）。

按：《司母戊》方鼎于 1938 年在安阳武官村殷墟王陵区出土，重达 875 公斤。鼎通耳高 133 厘米，横长 110 厘米，宽 78 厘米，不仅为中国青铜时代最大之铜器，也为古代世界青铜文化所罕见。其著名，不仅在于其器形庞大，更在于其高度的工艺技术。经光谱定性分析与化学沉淀法之定量分析，证明其为铜、锡与铅三种金属元素所熔成之青铜合金。三种金属元素所占比例为：铜 84.77%、锡 11.64%、铅 2.79%。如若将锡与铅加在一起则为 14.43%。成书于战国时代的《周礼·考工记》曰："六分其金，锡居其一，谓之钟鼎之齐。"即所谓"六齐"。也即鼎、钟之类合金，锡占六分之一，即 14% 左右。司母戊鼎的锡与铅所占比例正好与《考工记》所记载一致。司母戊方鼎鼎身与四足为整体铸造，鼎耳则在鼎身铸造后再在其上安模、翻范、浇铸而成。根据其体积和重量估计，所需金属料在 1000 公斤以上，冶铸时可能采用经地槽流之方法浇铸。

帝辛　约前 1075 年至前 1046 年

帝辛即纣王。纣王命乐师师涓作新声，逼师延奏迷淫之曲。武王即以纣亦乱正声为其罪名之一。

周武王率诸侯伐纣，战于牧野。甲子日，纣兵败，纣走鹿台，自焚而死，在位三十年，商亡。

按：帝辛时，西伯好仁，敬老慈少，礼贤下士，士多归之。纣王以西伯积善，将不利于己，囚西伯于羑里，周臣太颠、闳夭、散宜生等献美女名马于纣，纣乃释西伯，使之专"征伐"。西伯欲成后稷、公刘之业，访贤于渭水之阳，遇吕尚（太公望姜子牙），拜之为军师。吕尚辅佐西伯，政和讼平，民心大定，河东小国纷纷归附，西伯乃受命称"文王"。文王乘专伐之机，西伐犬戎，攻灭密须、黎、邘、崇等国，势力达于江、汉、巴、蜀，并建丰邑为国都，至是，文王"三分天下有其二"，奠定下灭商的基础。文王称王九年而卒，在位五十年。太子发即位，是为武王。武王即位，以太公望为"师"，负责军事；以周公旦为辅佐，负责政务；以召公奭、毕公高为左右助手，师修文王之业。武王二年，东观兵于孟津，诸侯至者八百，皆曰"纣可伐矣"，武王以为"未可"，乃还师。

祖伊作《西伯戡黎》，论"天既讫我殷命"。

按：祖伊为纣王贤臣。《书序》："殷始咎周，周人乘黎。祖伊恐，奔告于受，作《西伯戡黎》。"《西伯戡黎》篇见于今、古文《尚书》，是较为可信的商代文献之一。新出清华简《耆夜》篇有简文"武王八年征伐（黎），大戡之，还，乃饮之于文大室"之语，学者以为可支持武王戡黎之说（沈建华《"武王八年伐耆"刍议》，载《光明日报》2009年8月24日12版）。

周公作诗，或即《诗经·唐风·蟋蟀》。

按：据清华简《耆夜》简文记载，周公、毕公等随武王戡黎，班师后在典礼中饮酒赋诗，其中有周武王致毕公的诗、周公致毕公的诗等内容。周公所作诗与今本《诗经·唐风·蟋蟀》一诗有关。学者或以为周公所作为仿《蟋蟀》之作，则《蟋蟀》一诗的年代还要提前；或以为周公所作即《蟋蟀》一诗。（见李学勤、刘国忠《清华简与中国古代文明研究》，《国学学刊》2009年第4期。）今取后说而系于此。

微子以殷商既废天命，作诰父师、少师。此为《微子》篇。

按：微子名启，帝乙长子，纣王的同母庶兄。纣王淫乱不止，微子多次规劝，纣不听。微子只得出逃。后被周公封于宋。《微子》篇见于今、古文《尚书》，是较为可信的商代文献之一。

商亡，殷都毁废，是为殷墟。

按：汉扬雄《解嘲》曰："昔三仁去而殷墟，三老归而周炽。"《文选·陆机〈演连珠〉》曰："是以殷墟有感物之悲，周京无伫立之迹。"刘孝标注："殷墟，谓纣也；周京，幽王也。弃性逐欲，遂令身死，国家为墟。"殷墟位于今河南安阳西北部的洹河两岸。遗址发现于20世纪初期，1928年开始正式发掘。殷墟总面积约24平方公里。洹河将遗址分为两大部分，洹河南岸为宫殿区，洹河北岸为王陵区。宫殿区周围分布有手工业作坊、一般居址和平民墓地等。殷墟文化又称"小屯文化"。现考古界一般将其分为四期：第一期相当于盘庚、小辛和小乙时期；第二期相当于武丁、祖庚、祖甲时期；第三期相当于廪辛、康丁、武乙和文丁时期；第四期相当于帝乙和帝辛时期。殷墟文化四期为一连续不断之发展过程，各期具体年代之上下限，学术界看法仍稍有出入。殷墟出土有大量陶器、青铜器、玉器、骨器、漆器，其工艺水平之高，为商代文明高度发展之反映（参见胡厚宣等《殷商史》、杨锡璋等《中国考古学·夏商卷》、李济等《安阳发掘报告》、《殷墟发掘报告（1958—1961）》、《殷墟的发现与研究》等）。

殷墟大量甲骨文之发现，商代遂进入信史时代。

按：自清光绪二十五（1899年）金石学家王懿荣发现甲骨文以来，安阳殷墟已出土甲骨15万片以上，约150万余字。全部甲骨文约有单字4000多个，已识字约为1200多个。甲骨文为占卜后之刻（写）辞记录文字，即卜辞。甲骨文不见于古代史书记载，其命名不一，有龟卜文、契文、殷契、甲骨刻辞、殷墟文字、殷墟卜辞、贞卜文等不同名称。今多称"甲骨文"或"甲骨卜辞"。卜辞一般皆为短篇，辞式率同，内容简单。一条完整卜辞，大体由前辞（或称叙辞）、命辞、占辞、验辞四部分组成。前辞记占卜日期与贞人名；命辞为命龟之辞，即对占卜具体内容之询问，为卜辞主要部分；占辞为占卜者据卜兆所作吉凶祸福之判断，一般由商王亲自判断；验辞为记所卜事情之应验情况。此外，在卜兆旁有一些数字和"小告"、"二告"、"吉"等小字，称为"兆序"和"兆记"。甲骨文也有少量记事刻辞。甲骨文一般分为五期：第一期，盘庚、小辛、小乙、武丁（二世四王）；第二期，祖庚、祖甲（一世二王）；第三期，廪辛、康丁（一世二王）；第四期，武乙、文丁（二世二王）；第五期，帝乙、帝辛（二世二王）。第一期武丁卜辞数量最多。甲骨卜辞为中国目前最早之文献记录，涉及商代社会各个领域，于商代史、商代学术文化研究价值巨大。因甲骨文为中国迄今发现之最早成系统文字,为现有汉字最早源头,在古文字学与汉语史研究中占有重要地位。

甲骨文所见之商代世系与殷商王权。

按:甲骨文有关商代先公、先王之祭祀记录,使《史记·殷本纪》和《帝王世纪》等书所传殷代王统获得物证,其中之讹传得以改正,商代世系从而得以正确排出,商代遂成为信史。商代王室组织及宗法结构可于甲骨卜辞较为系统得以反映。据卜辞,商王不但称王,尚有"一人"、"余一人"之称,表现出独尊与至高之权力。商代王室组织,以商王为首,王族以及与商王有血亲关系之子族、多子族结合成亲族核心。商王以宗子身份,主持诸宗族贵族对帝和共同王室祖先之祭祀活动,并庇护诸同姓宗族,为其休咎祸福而占卜。卜辞常见之妇妌、妇好、子商、子渔、子央等商王族、子族和多子族成员,多有己之封地。他们参与商王祭祀、征伐、田猎,在宗法关系制约下,为商王担负起各种经济和军事义务,成为商王朝主要社会支柱。

甲骨文所见商代之农业、畜牧业和手工业生产。

按:据卜辞,殷代乃以农业为主之社会。所种庄稼主要有禾、黍、秬、稷(或粱)和来(麦),其耕作过程有"䠶"(耕田)、"耤"(人踏耒而耕)、种黍及其收获。其时已知用粪肥田。并进行"协田"(集体耕作)。一年之内耕作过程大致为:二、三月种黍,四、五月锄禾田与收麦,七、八月收植禾与䠶田,十二月、正月耨麦田。殷人已有堆放粮食之仓廪。历代商王对农业皆非常重视,甲骨文中有许多商王举行占卜、祭祀,以祈求好年成之记录,如"祈年、求雨、告秋"等。商王不仅为大邑、中商这些商王直接控制之农业区域祈年禳灾,而且也为四土、四方之广大国土祈求农业好收成,同时还为王室亲贵、方国诸侯祈求。商王经常命令其臣子至全国各地垦田,并亲自到各地"省田"。商王室于农业管理非常重视,专设有管理农业之官吏,如"小耤臣"。所有农业活动,也委派官吏主司其事。

据卜辞,商代经济生活中,畜牧业乃非常重要之生产活动,与畜牧业相关之田猎渔猎活动也为商代一大生产来源。当时放牧畜养之牲畜主要有马、牛、羊、猪、犬、象、鹿等,家禽有鸡、鸭、鹅等,此不仅为满足商王贵族日常食用之需,更是为维持殷商王朝长期周而复始祭祀活动之需。商王祭祀动辄用祭牲上百、千,如有一次祭祀曾贞问是否用一千头牛,还有一次祭祀兄丁,一次便用300羊、300牛,若畜牧业不发达,根本不可能如此长期大规模进行祭祀活动。据卜辞,殷商畜牧业,已采用圈养与放牧相结合之饲养法。商代王室于王畿内外皆设有许多专门牧场,并设有管理畜牧之官,如"牧、亚牧、芻正、马小臣、牛正、牛臣"等。从事畜牧生产者则称为"芻",地位相当低。

据卜辞,田猎渔业于当时社会经济政治生活仍为不可缺少之活动。田猎活动内容于卜辞中占有较大比重。商王田猎地点,经初步统计有220余处。田猎方法多种多样,主要有设陷、网罗、箭射、围猎几种。田猎所捕获动物有鹿、麋、麂、兔、虎、豕、兕、象、狐、雉、隹等。商王设置狩猎活动专门管理机构,重要狩猎区设有负责狩猎之官员,称为"犬"。田猎捕获之物,不少用以献祭祖先神灵。商代田猎与军事有密切关系,一定程度上田猎活动即军事演习。商代捕渔业也为一项重要之生产活动,卜辞中有占卜商王捕鱼之记录。手工业生产为商代重要经济部分,商王朝设专门职官专司其事,其职官多称"百工"、"多工"和"司工"。从殷墟出土之器物与作坊遗址来看,当时各种手工业有独立分工,已从其他生产活动中分立出来,创造了商代辉煌之器物文明。

甲骨文所见殷商社会之宗教与祭祀。

按:殷商社会政治结构中,宗教与各种相关祭祀活动,占有举足轻重之地位。

全部甲骨文字资料,涉及殷代社会各个方面,但几乎皆直接或间接与宗教祭祀、神权观念发生关系。全部甲骨文资料,可以说乃殷人神权崇拜之记录。据甲骨文,其时宗教信仰主要有三类:祖先神崇拜与祭祀,天帝崇拜与祭祀,多神自然崇拜与祭祀。祖先神崇拜,为殷人祭祀、祈祷之主要对象。殷人崇拜祖先,对先公、先王、先妣进行频繁而隆重祭祀。据迄今所能见之卜辞统计,祭祀上甲卜辞达1000多条,祭祀成汤有800多条,祭祀祖乙有900多条,祭祀武丁有600多条。殷人对先祖祭祀,一般分成若干组进行,如大示、小示、若干示,其分组标准,目前尚不清楚,可能乃以时代先后划分。分组祭祀进一步发展,便形成了以五种祭祀为循环之周祭制度。卜辞资料显示,上帝具有很大权威。上帝掌握大自然之风云雷雨与水旱灾涝,决定禾苗生长、农作物收成。上帝主宰人间灾疾祸福,可以降旱、降祸、降若、降永,对于商王,帝也可以福之,祸之。总之,上帝对万物,包括天时、人事、农作物丰歉,皆有干预与左右能力。卜辞中,祈祷上帝之卜辞便有不少。殷人也崇拜日月星云、风雨雷电、山河土地诸神。对这些自然神祇均有祭祀。卜辞有四方和四方风神之名,殷人禘祀它们以求得好收成。在自然神祭祀中,对土(社神)、河(神)、岳(神)祭祀品丰盛,礼仪隆重,并用人牲祭之,说明这三种神要高于其他自然神灵。从甲骨卜辞内容可以看出,商代社会一切民事皆被涂上了神事色彩,卜筮决疑,向鬼神请命等巫术活动弥漫于整个社会。专司占卜之贞人、巫师集团,掌握特殊技能,他们凭借专门法器、道具,通过某种神圣仪式,成为沟通天上与人间之桥梁。其贞人、巫师集团,直接隶属于商王,在商代政治生活和宗教活动中,占有举足轻重之地位。

甲骨文所见殷商社会之国家机构。

按:据卜辞,殷代内服百官名目繁多,大体可分为政务、事务、宗教三类。尹为辅助商王执政重要职官,其下佐僚,总称多尹,下辖御事,分管其他政务。如卜辞对成汤后之重要辅臣伊尹、黄尹、咸戊、盡戊等皆有祭祀。武丁以后,除一般称尹外,还有多尹、工尹、族尹、右尹等。尹之职责繁多,他可与侯伯一起率兵征伐,可接受王命督造宫寝,可参与重大祭祀活动,可主管王室田地之垦辟、农业收获等,显然负有很大权力。卜辞所见各种大小臣正,为管理王家事务之官。臣之名目繁多,有"臣、小臣、王臣、小耤臣、小丘臣、多臣、多辟臣、小众人臣、马小臣"等二十余种。部分小臣地位颇高,他们可参与祭祀与征伐,商王也常为其占卜祸福。宗教神职官员,如贞人、卜人与巫最为庞大,为重要神职官员。殷商时期,商王室存在着一庞大贞人集团。今可获知其姓之贞人,武丁时达二十余人,祖庚、祖甲两朝合计也有二十余人,从武丁到商末,共计有一百二三十人。当时贞人和卜人有所区别,各有执事。巫之种类,也有"大巫"与"小巫"之别。殷商后期,贞人、卜人与大巫掌管王室贞卜事务,参与所有政务、宗教祭祀与军事征战等大事之决策,是为特殊阶层,地位十分显贵。商代尚有一批史官与宗教、政务相关,甲骨文称"多尹、作册、卜、多卜、史、大史、小史、御史、东史、南史、北史"等。这些史官负责记录和管理王室典册、档案。商代史官,地位高,权力大,其职责不仅记录政事,还同时参与占卜、祭祀、天文、历算。还有部分史官由商王派遣出使四方方国,并率兵征战。商王室除设有内服职官机构外,对王畿外广大领土,则实行外服封建诸侯制。在卜辞中有"侯、甸、男、卫、邦伯"等不同爵位之区分,当为已受商王封号之诸侯,他们拥有领土,有相对独立权力,但必须以臣服商王为前提,且担负一定贡纳,接受商王派遣,为商王戍守边邑,从事征战,并为王室提供耕耤与参与其他劳役。同时,商王也在一定范围内保护其安全,使其不受其它方国侵犯。商代已形成常备军队,有"师、旅、戍、行"等编制。武丁、文丁卜辞有"王作三师右、中、左"之记载,还有"右旅、左旅"与"右戍、中戍、左戍"等,军"行"有"大行、右行、东行、上行"等。卜辞中出现许多称为"马、亚、射"等名称之武官,如

"马、多马、亚、多亚、箙、多箙、师、射、多射、卫、戍、牧、犬、多犬"等。

甲骨文所见商代之历法。

按：商历法为阴阳合历：以月亮圆缺一次为一个月，一年十二个月；有大月小月之分，大月三十天，小月二十九天；闰月置于年末，称为"十三月"；祖甲以后，已出现年中置闰。或三年一闰，或五年再闰，或十九年七闰。用置闰调整朔望月与回归年之长度，故称"阴阳合历"。商代还有干支纪日法：以十天干配十二地支组成六十干支，以一干支单位代表一日，六十日一循环。武乙时一片牛胛骨上刻有六十干支是其明证。还有纪旬法：以十日为一旬，三旬为一月。还有纪时法，如武丁卜辞用"旦、明、大采、大食、中日、昃、小食、小采、夕"来表示。武丁以后卜辞或用"妹旦、朝、大食、中日、昃、小食、郭兮、暮、昏、落日、夕"来表示。甲骨文记录了4次日食，7次月食。说明商人已在观测日月星辰之变化规律。甲骨文中有东、南、西、北四方之名及四方风名。其名称与《山海经》、《尚书·尧典》可互相印证。甲骨文中还有大量关于商代天气、气象之占卜，涉及"雨、云、雷、风、雪、雹、晕、虹、雾、霁、霾、阴、启（晴）、易日"等名称。

甲骨文所见商代之数学。

按：商代陶文与卜辞中均有记数文字，除"一"到"九"单位数外，还有十、百、千、萬（万），复位数至少已记至四位。用十进制，已能进行一般算术运算，绘制较复杂几何图形。

甲骨文所见商代之医药。

按：商代巫、医不分，巫主持占卜祭祀，兼给治病。其方法由巫祭祀祝祷以祈病愈，或用药物治疗。《山海经·大荒西经》称：有巫咸、巫彭等十巫，因能与神灵相通，故"百药爰在"。卜辞记载疾病近五百条，涉及疾病部位有十余种，称作"疾首"、"疾口"、"疾目"、"疾自（鼻）"、"疾耳"、"疾齿"、"疾身"、"疾足"等。关于龋齿之记载为世界最早，比古代埃及、印度早七百至一千年。传"伊尹为汤液"，是汤药之用已始于商代。

甲骨文所见商代之学校教育。

按：商代贵族已有学校教育。卜辞"于大学寻？"（《小屯南地甲骨》60）其中的"大学"是处所名，与后代西周时学校"小学""大学"同名，应为商代贵族学校名称。甲骨文"学"字还有学习或教学之义，如："丙子卜贞：多子其延学疾，不遘大雨？"（《甲骨文合集》3250）意思是"多子"（商王众子辈）将要去学习某种治病技艺，不会遭遇大雨吗？可证商代已有学校教育。

商代传疑之制度。

按：柳诒徵《中国文化史》（上）第十七章"传疑之制度"文首谓："夏、殷之礼，文献无征。而古书所言古代制度，多有莫知何属者。汉、晋诸儒解释其制，往往托于夏、殷，谓其与周代制度不合也。今以诸说为一篇，标曰'传疑之制度'。"所述有九州之界域、封建之制、八州封国之数、王畿封国之数、九州封国之总数、方伯连帅之制、王室之官制、冢宰制国之用、质成之法、司空制地之法、司徒及乐正教民之法、司马官人之法、司寇正刑明辟之法、田里关市之法等十四则。并谓："上十四则，见于《尔雅》者一，《小戴记·曲礼》者一，《王制》者十二。其谓为殷制者，皆以其与周制不合，故用反证之法，以为殷制。夫《商颂》之'九围'、'九有'，既未言其异于夏、周，《殷祝》称诸侯三千，何以九州仅容千八百国？其余诸制亦多可疑。卢植谓《王制》为汉文帝博士诸生所作。郑玄谓《王制》之作在周赧王之后，其时距殷甚远，固不待言。俞樾、皮锡瑞谓《王制》为孔氏之遗书，七十子后学者所记，当亦未必尽弃周制而远法殷商。

刘师培纂《中国历史教科书》直以《王制》所云悉属殷制,使学者据以为说,不复究其由来,则袭谬沿讹,其误非浅矣。愚意《王制》之言自属周、秦间学者理想中之制度,第此等理想亦必有其由来。今文家所谓变周之文从殷之质者,故非无见。……大抵人类之思想不外吸集、蜕化两途。列国交通,则吸集于外者富;一国独立,则蜕化于前者多。三代制度虽有变迁,而后之承前大都出于蜕化。即降至秦、汉学者,分别质文,要亦不过集合过去之思想为之整理而引申,必不能谓从前绝无此等影响。而后之人突然建立一说,乃亦条理秩然,幻成一乌托邦之制度。故谓《王制》完全系述殷制未免为郑、孔所愚,而举其说一概抹杀,谓其绝若干成分由殷制度绌绎而生者,亦未免失之武断。"柳氏此说不失公允。今治殷商文化思想史者多据甲骨文证文献之不足,然甲骨文远非殷商完整之材料,柳氏所述列为殷商传疑之制度,读者可参阅。

西　周
（前 1046 世纪—前 771 年）

按：西周纪年从《夏商周年表》。

周本为后起之姬姓部族，相传从始祖后稷起，至周文王时，仅十五代。据《史记·周本纪》与《世本》(《尚书·酒诰》正义、《史记·周本纪》《索隐》和《集解》所引)，十五王世系为：

1. 后稷(名弃)为周始祖，相传兴于陶唐、虞夏之际。后稷又被尊为稷神。今按，传后稷兴于陶唐、虞夏之际说可能有误，因为以十五王经历夏商二代，相差太远。周室之兴基于农业，后稷尊为稷神，其事见于《山海经》、《诗·大雅·生民》等，反映了后稷重视发展农业，另《七月》、《思文》等诗篇也可见其农事之发达。

2. 不窋。

3. 鞠(《世本》作鞠陶)。

4. 公刘。周族建国可能即公刘时。《诗·大雅·公刘》为描写公刘迁都到豳之事。今按，有学者认为，公刘于周族世系首称"公"，应是周族人对国君之尊称。公刘为周首位营建国都者，周人称国都为"京"或"京师"即源于公刘时。此为公刘建国之一证。公刘之时，其宫室尚简陋，如《诗·公刘》曰："于时庐旅。""于豳斯馆。"《诗·豳风·七月》曰："上入执宫功。""入此室处。""跻彼公堂。"说明此时还只有庐馆宫室及公堂，尚不及后代公亶父时之规模。

5. 庆节。

6. 皇仆。

7. 差弗。

8. 毁隃(《世本》作伪榆)。

9. 公非(《世本》作公非辟方)。

10. 高圉(《世本》作高圉侯侔)。

11. 亚圉(《世本》作亚圉云都)。

12. 公叔祖类(《世本》作祖绀诸盩)。

13. 公亶父(《世本》作太王亶父)。公亶父从豳迁国都至岐山之南，称为周原。今按，公亶父从豳迁至岐阳之事见于《诗·大雅·緜》。开辟周原之事见于《诗·大雅·皇矣》。据《诗·緜》曰："古公亶父，陶复陶穴。未有家室。……乃召司空，乃召司徒，俾立室家。"又曰："捄之陾陾，度之薨薨。筑之登登，削屡冯冯。百堵皆兴，鼛鼓弗胜。廼立皋门，皋门有伉。乃立应门，应门将将。廼立冢土，戎丑攸行。"说明周至公亶父时始大规模营建城郭宫室。公亶父所迁之周原，殷墟甲骨文武丁卜辞之为"周"。公亶父有三子，《周本纪》谓"长子曰太伯，次曰虞仲，太姜生少子季历"。太伯、虞仲见季历的儿子昌很能干，两人乃亡如荆蛮，以让季历。太王死后，季历立为君，是为公季。

又按：周原遗址位于陕西省岐山、扶风两县北部，东西约3公里，南北约5公里。据史籍记载，周文王祖父公亶父约于商末之时，率周人由邠迁至此地，于此营建城郭，成为都邑。周文王迁都于丰后至西周末年犬戎入侵，周原仍为周人重要政治中心。相传自西汉至清末以来,周原便不断有西周青铜器出土,大丰簋、大盂鼎、毛公鼎等著名青铜重器即出自于此。

从1976年开始,陕西省文物管理委员会、北京大学考古系、西北大学考古系联合对周原遗址之大规模考古发掘,取得了轰动史学界之丰硕成果。周原遗址主要考古发现有:岐山凤雏和扶风召陈两处大型建筑基址之发掘,为目前考古发现西周时期建筑遗存中规模最大实例;在岐山凤雏和扶风齐家两处发现有字甲骨290片,共600多字。为区别于殷墟甲骨文,称其为"周原甲骨文",因其刻写笔画细如蚊足,又称为"小字甲骨文"。周原甲骨文的辞式与殷墟甲骨文多有相似之处,据《史记·殷本纪》:"殷之大师、少师乃其祭乐器奔周。"是两者相关,恐非偶然。周原甲骨文之发现为研究西周历史提供了新史料;新中国成立以来,在岐山董家与扶风齐家、庄白、召陈、强家、务子等处共发现铜器窖藏十多起,出土了包括裘卫四器与微氏器群在内约200多件西周重要铜器;历年来在岐山贺家、扶风刘家、庄白、云塘、齐家等处发掘了相当数量的中小型墓葬,年代最早可到商代的"姜戎墓葬",还有先周文化以及西周早、中、晚期墓葬;在周原遗址发现多处铸铜、制陶、制骨、制玉石等手工业作坊遗迹,其中扶风云塘西周中期制骨作坊遗址最大、遗物较多。

14. 季历(王季、公季)。季历时周国土扩大,势力增强,故周君此时称王,当为"王季"名称之由来。商王文丁见周人势力越来越强,于是借机杀死王季。王季死后,子昌嗣立,是为文王。

15. 文王。

周文王　前1096年至前1047年（与殷世重）

周文王（昌、西伯），季历子。时商纣王暴虐，诸侯多叛商附周，三分天下，周有其二。文王迁都丰邑，招纳贤士，著名者有吕尚（又称太公望、姜尚、姜太公、师尚父等）、楚人鬻熊、商臣辛甲，孤竹国伯夷、叔齐等。文王在位五十年。

按：据《国语·晋语四》记载胥臣对答晋文公的话，当时文王的辅臣还有不少：

文王……事王不怒（韦注："王谓王季。"），孝友二虢（韦注："二虢，文王弟虢仲、虢叔。"），而惠慈二蔡（韦注："三君云：二蔡，文王子。管叔初亦为蔡。"），刑于大姒（韦注："刑，法也。大姒，文王妃。"），比于诸弟（韦注："比，亲也。诸弟，同宗之弟也。"）。……及其即位也，询于八虞（韦注："贾、唐曰：八虞，周八士，皆在虞宫，伯达、伯括、仲突、仲忽、叔夜、叔夏、季随、季騧。"）而咨于二虢，度于闳夭而谋于南宫（韦注："南宫，南宫适。"），诹于蔡、原而访于辛、尹（韦注："蔡，蔡公；原，原公；辛，辛甲；尹，尹佚，皆周太史。"），重之以周、邵、毕、荣（韦注："周，周文公；邵，邵康公；毕，毕公；荣，荣公。"），亿宁百神，而柔和万民。其中有些人应为投奔于周之殷贵族知识分子，如辛甲即其中之一。楚人鬻熊为楚开国人物。文王重用一批有德有才之人，于建立新王朝作用巨大。

传文王曾被商纣王囚于羑里，而演《易》之八卦为六十四卦。

按：考古资料证明，筮法之出现，最迟不晚于商代武丁时期，且在文王以前或同时代之殷人已经广泛使用重卦筮法（参见张亚初、刘雨《从商周八卦数字符号谈筮法的几个问题》，载《考古》1981年第2期），《史记》等所传周文王演《易》之八卦为重卦之说似不可信。然或认为，文王时代，东方殷人之"易"已普遍采用了重卦筮法，而西方周人之"易"尚使用较落后之单卦筮法。故周人采用重卦法可能自文王始。文王于殷事纣王，后又为纣王囚于羑里，先后在殷多年。在殷期间，文王学会了殷人重卦筮法，并借鉴殷人重卦筮法将周人旧有之单卦革新为重卦，此或文王重卦说之真相。文王归周后，将其制作之新易传授于周人，遂为《周易》之滥觞（见王锦民《古学经子——十一朝学术史新证》，华夏出版社1996年）。

最早天体理论之"盖天说"约形成于周初。

按："盖天说"为我国古代最早之天体学说。始见于《周髀算经》。《全后汉文》卷六十二载《周髀算经序》曰："夫高而大者，莫大于天；厚而广者，莫广于地。体恢洪而廓落，形修广而幽清，可以玄象课其进退，然而宏达不可指掌也。可以晷仪验其长短，然其巨阔不可度量也。虽穷神知化不能极其妙，探颐索隐不能尽其微，是以诡异之说出，则两端之理生，遂有浑天、盖天，兼而并之。故能弥纶天地之道，有以见天地之颐，则浑天有灵宪之文，盖天有周髀之法，累代存之，官司是掌，所以钦若昊天，恭授民时。"其说主张天圆如伞盖，地方如棋盘；后主张天象斗笠，地象覆盘。日月星辰随天盖而运动，其东升西没系因近远所致，不是没入地下。

相传文王时著述见之于《逸周书》有：

昔在文王，商纣并立，困于虐政，将弘道以弼无道，作《度训》。

殷人作教，民不知极，将明道极，以移其俗，作《命训》。

纣作淫乱，民散无性习常，文王惠和，化服之，作《常训》。

上失其道，民散无纪，西伯修仁，明耻示教，作《文酌》。

上失其道，民失其业，□□凶年，作《籴匡》。

文王立，西距昆夷，北备猃狁，谋武以昭威怀，作《武称》。

武以禁暴，文以绥德，大圣允兼，作《允文》。

武有七德，文王作《大武》、《大明武》、《小明武》三篇。

□□□□□□□□□□□□□□□□□□□□□□□□□□，作《九开》。

文王唯庶邦之多难，论典以匡谬，作《刘法》。

文王卿士谂发教禁戒，作《文开》。

维美公命于文王，修身观天，以谋商难，作《保开》。

文王训乎武王以繁害之戒，作《八繁》。

文王在酆，命周公谋商难，作《酆保》。

文王在程，作《程寤》、《程典》。

文启谋乎后嗣以修身敬戒，作《大开》、《小开》二篇。

文王有疾，告武王以民之多变，作《文儆》。

文王告武王以序德之行，作《文传》。

《逸周书·程典》约写成于是年前后。

按：上为《逸周书》最后一篇《周书序》所记文王时所作文书篇目，有部分缺文。刘起釪《〈逸周书〉与〈周志〉》（载《古史续辨》）考证，现存《逸周书》所标篇次七十一篇。除最后为本书各篇之"序"集中为《周书序》一篇外，其七十篇中的第十三至二十、第四十一、四十二、五十三等共十一篇只存篇目而篇文已亡，故只存五十九篇。其中卅一、卅四、卅五、四十五篇只存十来句，显为残篇。全书各篇可分为以下几种情况。

1. 初步可以肯定为周代《书》篇者，是关于周武王的几篇和属于周公书篇中的少数几篇，即：《克殷》、《世俘》、《商誓》、《度邑》、《作雒》、《皇门》、《祭公》等七篇，虽然其文字在传写中受有东周影响，但大致仍保存原貌。其中《克殷》至《度邑》四篇，即周武王伐殷胜利之文献（《世俘》即《武成》）。《作雒》、《皇门》二篇则为周公建国之文献。《祭公》一篇参照《礼记·缁衣》，当作《祭公之顾命》，为祭公病危时对周王所讲之话（据原序为穆王时）。

2. 《程典》、《酆保》、《文儆》、《文传》、《宝典》、《寤敬》、《和寤》、《大匡三十七》、《武儆》、《大戒》、《尝麦》以及《常训》等十余篇，保存了西周原有史料，其文字写定至迟在春秋时，因其中一些文句曾被《左传》所采用。其中自《程典》至《文传》四篇为记周文王经营王业准备伐殷胜利后之文献。《大戒》则为周公当政时，《尝麦》为成王亲政后之纪录文献。《常训》则有同于《洪范》之文，惟此篇文字受战国影响较多。

3. 《大开》、《小开》、《大开武》、《小开武》、《酆谋》、《五权》、《成开》、《本典》等篇，虽然也是关于自文王历武王周公各时期史料，然已接近战国文字，当是战国时据流传下来的史料写成。

4. 在书中较前面的《度训》、《命训》等三、四篇及后半的《本典》、《官人》以至书未《周祝》、《铨法》等共十一、三篇,已经没有《尚书》所载周王朝统治者的"诰誓号令"等文体,而同于战国时诸子百家驰骋论说的文章,有的甚至近于战国后期文章,因此这些篇章与史臣的记言记事之文已完全不同。

5.《武称》、《允文》、《大武》、《大明武》、《小明武》、《柔武》、《武顺》、《武寤》、《文政》、《武纪》等十余篇,是战国兵家之作。

6.《籴匡》、《谥法》、《明堂》、《王会》、《职方》、《器服》等篇,与战国至汉的《礼》家书同。其中《职方》篇且即《周礼·夏官·职方氏》全文。

7.《周月》、《时训》、《殷祝》等篇,显然都是成于汉代之文。前两篇同于《月令》及《淮南子·时则训》等篇,亦近《春秋繁露》之文。《殷祝》同于《尚书大传》,文中尤不少汉代地名。

今系《逸周书》中文王时篇目如上,其余各篇系于相应王次,不再说明。

又按:新近发现的清华简《保训》篇,其文曰:"隹王五十年,不豫,王念日之多鬲,恐坠保训。戊子自演。己丑,昧[爽][□□□□□□□□王]若曰:'发,朕疾适甚,恐不女及训。昔前人传保,必受之以詞。今朕疾允病,恐弗念终,女以箸受之。钦哉,勿淫!昔舜旧作小人,新耕于鬲丘,恐救中,自诣厥志,不讳于庶,万生之多,欲厥有施,于上下远迩,乃易位迩诣,则阴阳之物,咸顺不逆。舜既得中,言不易实变名,身兹备,惟允,翼翼不解,用作三降之德。帝尧嘉之,用受厥绪。於呼!祗之哉!昔微叚中于河,以复有易,有易怀厥罪。微亡害,乃归中于河。微志弗忘,传贻子孙,至于成康,祗备不解,用受大命。於呼!发,敬哉!朕闻兹不旧,命未有所延。今女祗备毋解,其有所由矣。不及,尔身受大命。敬哉,毋淫!日不足,隹宿不羕。"或以为与上列《逸周书》之《文儆》、《文传》二篇内容有关。另外,"隹王五十年"一语还印证了周文王的在位年数为50年(参见《光明日报》2009年6月29日《清华简〈保训〉座谈会纪要》)。

又,清华简有《程寤》篇,存简9枚约270字。

《汉书·艺文志》著录题为文王时之作有:

《辛甲》29篇("诸子略"二"道家")。

按:原注:"亡。""(辛甲,)纣臣,七十五谏而去,周封之。"梁启超《诸子略考释》曰:"《左传》:'辛甲为太史命百官箴王阙。'此殆史官所传故书。"马国翰有《辛甲》辑佚一卷。

《鬻子》22篇("诸子略"二"道家")。

按:鬻子,亦作粥子,姓芈,名熊,祝融之后,陆终第六子季连之裔。年九十,见周文王,文王曰:"嘻!老矣!"鬻子曰:"若使臣捕虎逐鹿,则臣已老矣;使臣坐策国事,则臣年尚少。"因立为师。至武王、成王,皆师事之。成王大封异姓,会先卒,子熊丽、孙熊狂亦卒,因封其曾孙熊绎于楚,子孙皆以熊为氏(《太平御览》卷三八三引《鬻子》)。《隋》、《唐志》道家有《鬻子》1卷,小说家无。《新唐志》仍归入道家,而小说家无。明嘉靖年间刊《子汇》,以《鬻子》为首,列入儒家,未知何据。现存1卷,凡14篇,本唐永徽中逢行珪所献(叶梦得言)。严可均《全上古三代文》辑佚文14节。叶德辉有辑本2卷,载《观古堂所著书》。

《鬻子说》19篇("诸子略"二"小说家")。

按:原注:"后世所加。"《鬻子说》在隋唐已不传,故《隋志》小说家不载,其散佚盖在魏晋南北朝时期(参王齐洲《〈汉志〉著录之小说家〈伊尹说〉〈鬻子说〉考辨》,《武汉大学学报》2006年第5期)。

据丁晏《毛诗谱考证》，出于文王时的诗有：

《周南》——《关雎》《葛覃》《卷耳》《樛木》《螽斯》《桃夭》《兔罝》《芣苢》《汉广》《汝坟》《麟之趾》。

《召南》——《鹊巢》《采蘩》《草虫》《采蘋》《行露》《羔羊》《殷其靁》《摽有梅》《小星》《江有汜》《驺虞》。

《小雅》——《四牡》《皇皇者华》《伐木》《天保》《出车》。

《大雅》——《棫朴》《旱麓》《思齐》《皇矣》《灵台》。

周武王发(周文王十一年) 前1046年

周武王(发)，文王子。即位后以吕尚为师、弟旦(世称周公旦)为辅。武王在位四年。

按：《史记·周本纪》曰："(文王)自歧下而徙都丰。明年，西伯崩，太子发立，是为武王。"又："武王即位，太公望为师，周公旦为辅，召公、毕公之徒左右王，师修文王绪业。"

是年1月20日，周武王克商。

按：据《夏商周断代工程1996—2000年阶段成果报告简本》，武王克商年的确定主要依据《利簋》铭文、《汉书·律历志》所引古文《尚书·武成》、《逸周书·世俘》、《国语·周语》伶州鸠语"昔武王克商，岁在鹑火"三种材料，通过现代天文方法回推得出三个克商年，再根据其他佐证材料而选定是年为克商年。

武王伐殷前曾观兵盟津(孟津)，八百诸侯会盟，武王"为文王木主，载以车"以号召诸侯。

按：《楚辞·天问》曰："武发杀殷，何所悒？载尸集战，何所急？"王逸注："言武王伐纣，载文王木主，称太子发，急欲奉行天诛，为民除害也。"洪兴祖补注："尸，神象也，以人为之。""木主"即神主，为一木牌书死者姓名作以供祭祀，与后世神主牌位相仿，甲骨文中"示"字即为其象形。"尸"即尸主，以人为之。王氏、洪氏二释不同。

吕尚佐武王伐纣，先行卜筮，占曰大凶，乃推蓍蹈龟，决意出师。

按：吕尚原姓姜，传先祖因佐大禹治水有功，封于吕，因又称吕尚或吕望，又称姜太公。年老遇文王而为相，武王时为国师。佐武王灭商。《论衡·卜筮篇》曰："周武王伐纣，卜筮之，逆，占曰'大凶'。太公推蓍蹈龟而曰：'枯骨死草，何知而凶？'"

吕尚随武王伐纣，遇伯夷、叔齐叩马而谏，称之为"义人"，扶而去之。

按：《史记·伯夷列传》曰："(武王)东伐纣。伯夷、叔齐叩马而谏曰：'父死不葬，爰及干戈，可谓孝乎？以臣弑君，可谓仁乎？'左右欲兵之。太公曰：'此义人也。'扶而去之。"

武王克殷之后，于牧野举行盛大告捷礼。

按：据《逸周书·世俘解》，告捷礼共举行了5天，具体为：

辛亥,荐(献祭)俘(所俘)殷王鼎。武王乃翼(敬),矢(陈设)珪、矢宪(一篇法令),告天宗(天神,指日月星辰)上帝。王不革服(不改换显祖服装),格(到)于庙,秉(执)黄钺(二字原脱,从朱右曾校增),语治庶国(向祖先报告统治众方国的情况),籥人(奏乐之官)九终(奏乐章九节)。王烈祖(即显祖)自太王、太伯、王季、虞公(即仲雍)、文王、邑考(即武王之兄伯邑考)以列升(神主以次升登到一定的位置),维告殷罪(向祖先报告殷的罪状)。籥人造(进),王秉黄钺,正国伯(确定诸侯之长的席位)。

壬子,王服衮衣(天子之服),矢琰,格庙。籥人造;王秉黄钺,正邦君(确定诸侯的席位)。

癸丑,荐殷俘王士百人。籥人造;王矢琰、秉黄钺、执戈。王入,奏庸(镛,大钟),大享一终(奏大享的乐章一节),王拜手稽首。王定,奏庸,大享三终。

甲寅,谒戎殷于牧野,王佩赤、白旂,籥人奏《武》。王入,进《万》(一种武舞),献《明明》三终。

乙卯,籥人奏《崇禹生开》(崇禹即崇伯鲧之子禹,开即禹子启)三钟终,王定。

武王克殷后追尊古公亶父为太王,季历为王季,西伯昌为文王。并建立宗法制,以昭、穆别庙次及墓次,始祖居中,以下父子(祖父)递为昭穆,左昭右穆。

按:宗法制为西周王权继承和统治之重要制度。所谓宗法,即以血缘关系为联系的宗族之法。宗法制度乃西周统治者为防止血缘关系对王权与君权干扰,对血缘关系进行改造、限制与利用,使之为王权服务而创立的一种宗族制度。西周实行分土封侯之政治制度,为加强控制分封诸侯,周天子维系于宗法关系。周王自谓天下大宗,即全体姬姓宗族之最高族长。王位由嫡长子继承,世代保持天下大宗之地位;其他庶子则为小宗,受封为诸侯,诸侯国君位也由嫡长子继承,在封国内为大宗;其他庶子受封卿大夫,分有采邑,其相对于诸侯君主而言则为小宗。卿大夫也由嫡长子继承,也分有封土,卿大夫之嫡长子于本宗族内对其他各分支而言又为大宗。异姓诸侯贵族也实行相同宗法制度。而姬姓与异姓诸侯贵族之间又利用婚姻关系联结起来。如此整个周王朝形成一种天子、诸侯、卿大夫、士之宝塔式等级结构,巩固了贵族统治阶级内部关系。

武王惟十有一年伐殷。一月戊午,师渡孟津,作《泰誓》三篇。

按:《书序》曰:"惟十有一年,武王伐殷。一月戊午,师渡孟津,作《泰誓》三篇。"《泰誓》篇已佚,今见于古文《尚书》之《泰誓》,不可尽信。"十有一年"指周文王受命十一年。《史记·周本纪》曰:"武王遍告诸侯曰:'殷有重罪,不可以不毕伐。'乃遵文王,遂率戎车三百乘,虎贲三千人,甲士四万五千人,以东伐纣。十一年十二月戊午,师毕渡盟津,诸侯咸会,曰:'孳孳无怠!'武王乃作《太誓》。"(王国维《周开国年表》以为此处的"十二"两字乃"一"字之误)是武王即位不改元,续文王受命年,示继成父业。另"一月戊午",《孔传》曰:"十三年正月二十八日。"曾运乾《尚书正读》曰:"《志》(指《汉书·律历志》)以伐殷观兵为十一年事,一月戊午师渡孟津为十三年事,似《书序》'一月'上当有'十三年'三字。"

伯夷、叔齐闻武王伐纣而谏武王,武王不听。伐殷后,二人义不食周粟,隐于首阳山而作《采薇歌》。

按:伯夷,孤竹君之长子,名允。叔齐,君之少子,名致。初,孤竹君死时,遗命立叔齐,叔齐不受,让位长兄,伯夷亦不就,相偕而去,依西伯姬昌。及闻武王伐纣,二人往见武王,叩马进谏:以为父丧用兵,不孝;"以臣弑君",不仁。武王不听。《史记·伯夷列传》曰:"武王已平殷乱,天下宗周,而伯夷、叔齐耻之,义不食周粟,隐于首阳山,采薇而食之。及饿且死,作歌。其辞曰:'登彼西山兮,采其薇矣。以暴易暴兮,不知其非矣。神农、虞、夏忽焉没兮,我安归矣?于嗟徂兮,命之衰矣!'遂饿死于首阳山。"伯夷、叔齐遂为古代文献最早记载之遗民形象。

武王伐商,发布《牧誓》。

按:《书序》曰:"武王戎车三百两(辆),虎贲三百人,与受战于牧野,作《牧誓》。"《牧誓》见于今古文《尚书》,为较可信之西周文献之一。据《夏商周断代工程1996—2000年阶段成果报告》(以下简称《断代工程报告》),武王克商之甲子日为公元前1046年1月20日。

武王克殷之后,曾发布《商誓》。

按:见《逸周书·商誓解》。《逸周书·周书序》曰:"武王命商王之诸侯绥定厥邦,申义告之,作《商誓》。"黄怀信认为篇中数言"商先哲王",篇名《商誓》当作《商哲》。此篇文字质古,为周初史臣所记的可能性很大(见《逸周书源流考辨》,西北大学出版社1992年,第108、109页)。《商誓》为武王安抚殷商旧臣、百姓而发布的诰辞,要求他们顺从统治,不得反抗。诰辞表现出浓厚宗教神学色彩,宣称上帝令文王"殪商之多罪纣",武王自述:"予其往追□纣,遂臻集之于上帝,天王其有命,尔百姓献民,其有缀芳"。这些反映了西周初期的天命神学观念。另据《逸周书·世俘解》曰:"越五日甲子朝,至,接于商,则咸刘商王纣,执天恶臣百人。太公望命御方来。丁卯,望至,告以馘俘。戊辰,王遂御,循自祀文王,时日王立政。"或以为《商誓》即武王于戊辰日(1月24日)之立政宣言(见《中国文学编年史·周秦卷》第4页)。

武王史官记载克殷之事及其善后之举而作《克殷》。

按:《逸周书·周书序》曰:"武王率六州之兵,车三百五十乘,以灭殷,作《克殷》。"《克殷》记武王于善后之举后"于归"表明此文作于武王班朝之际。据《利簋》,克殷后第七天武王在阑师(即管,今郑州)。故此文约于1月20日克殷后至27日在阑师之间所作。

武王克殷后,利作簋,铭记甲子朝克商天象及受武王赏赐之事。

按:利簋,1976年出土于陕西临潼零口。铭文有"武征商,唯甲子朝,岁鼎克昏夙有商"等语,以伐纣在甲子日,与《牧誓》、《逸周书·世俘》一致;器作于辛未(牧野战后第七天),时日甚确,堪称西周第一重器。

武王克殷后又擒获艾侯,献俘时史官诵读《禽艾》。

按:《墨子·明鬼下》曰:"且《禽艾》之道之曰:'得玑无小,灭宗无大。'"《吕氏春秋·报更》曰:"此《书》之所谓'德几无小'者也。"孙诒让《墨子间诂》引翟灏曰:"《逸周书·世俘解》有'禽艾侯'之语,当即此《禽艾》。"《中国文学编年史·周秦卷》系之为克殷后第41天(第4页)。

武王克殷之后,荐俘而燎于周庙,史佚向上帝诵读《武寤》。

按:《周书序》曰:"武王将行大事乎商郊,乃明德□众,作《和寤》、《武寤》二篇。"其中《武寤》篇由史佚所作。据《逸周书·世俘解》曰:"时四月,既旁生魄,越六日,庚戌,武王朝至燎于周,维予冲子绥文。武王降自车,乃俾史佚繇书于天号。武王乃废于纣矢恶臣人百人,伐右厥甲小子鼎大师。伐厥四十夫,家君、鼎帅、司徒、司马,初厥于郊号。武王乃夹于南门,用俘,皆施佩衣衣,先馘入。武王在祀,太师负商王纣,县首白旂,乃以先馘入,燎于周庙。"王国维《史籀篇疏证》谓"繇书"即"籀书"(诵书),为行献俘礼仪式之一。史佚所诵书即《武寤》,其为韵文,文曰:"王赫奋烈,八方咸发。高城若地，商庶若化。约期于牧，案用师旅。商不足灭，分祷上下。王食无疆，王不食言，庶赦定宗。尹氏八士，太师三公，咸作有绩，神无不飨。王克配天，合于四海，惟乃永宁。"其"八方"即随武王伐商之庸、蜀、羌、髳、微、卢、彭、濮。据李学勤《〈逸周书·世俘篇〉研究》，第二个甲辰旬的庚戌日为克殷后第四十六天（《史学月刊》1988年第2期），《武寤》当作于此时。

武王初封，作《分器》封先圣王之后、功臣、昆弟。

按：《书序》曰："武王既胜殷，邦诸侯，班宗彝，作《分器》。"《分器》篇《尚书》存其目、序，无正文。武王以殷初定未宁，封纣子武庚（禄父）于殷，统殷余民，封弟叔鲜（管叔）于管、弟叔度（蔡叔）于蔡、弟叔处（霍叔）于霍以监视之。或说武王以殷以东为卫，由管叔为监；殷以西为鄘，由蔡叔为监；殷以北为邶，由霍叔为监。而称为"三监"。命召公释箕子之囚，表彰商容（纣王乐官，以忠直被黜）之门闾。命南宫括散鹿台之财，发钜桥之粟，以振贫弱萌隶。命南宫括、史佚展九鼎宝玉。命闳夭整修比干之墓。命宗祝享祠于军，殷民大悦。皮锡瑞《今文尚书考证》曰："《书序》列《洪范》后，《史记》列《武成》后，武王访问箕子之前。武王访箕子在克殷后二年，《分器》当在初克殷时。史公用今文说，较古文次序为合。盖古文家误以克殷访范为一年内事，故移其次序耳。若知访范不在克殷之年，则《分器》不当在访范之后矣。"据此，今姑附于是。

武王往伐殷至归来巡狩，识其政事，作《武成》。

按：《书序》曰："武王伐殷。往伐归兽，识其政事，作《武成》。"《史记·周本纪》曰："命召公释箕子之囚。命毕公释百姓之囚，表商容之闾。命南宫括散鹿台之财，发钜桥之粟，以振贫弱萌隶。命南宫括、史佚展九鼎保玉。命闳夭封比干之墓。命宗祝享祠于军。乃罢兵西归。行狩，记政事，作《武成》。"《武成》篇已佚，今见于古文《尚书》者，不可尽信。章太炎谓："适记魏默深《书古微》以《逸周书·世俘解》当《武成》，因取《律历志》所引《武成》验之，与《世俘解》悉合。唯今本《逸周书》字有错乱耳。汉时得壁中书五十八篇，建武中亡《武成》一篇，今则逸篇尽亡，而建武中所亡者乃在。汉儒于《逸周书》不甚注意，作伪古文者，亦不取《世俘》为《武成》，而其书岿然竟存。默深他事多肊断，独此乃得其真。窃谓后人解《尚书》者，《世俘解》及《殷本纪》所录《汤诰》（此虽非全文，然文义相次），皆应增入也。"（《章炳麟论学集》第448页，北京师范大学出版社1982年）据《书序》，《武成》作于克殷后武王西归之时。《汉书·律历志》所引《武成》载武王于五月乙卯日"以庶国祀馘于周庙"，故《武成》或当作于此时。

天亡作簋，铭记武王五月乙亥祭祀文王、丁丑享太祖及其受武王赏赐事。

按：天亡簋，清道光末年于陕西岐山礼村出土。诸家断是器为武王时，唐兰《西周青铜器铭文分代史徵》（中华书局1986年，第16页）据《逸周书·世俘篇》记载，推定铭中"乙亥"为五月十七日。

传武王伐纣，前歌后舞，后演为《巴渝舞》。

按：《后汉书·南蛮西南夷列传》曰："阆中有渝水，其人多居水左右，天性劲勇……俗喜歌舞，高祖观之，曰：'此武王伐纣之歌也。'乃命乐人习之，所谓《巴渝舞》也。遂世世服从。"

周武王发（周文王十二年） 前 1045 年

四月，武王有疾，命周公立成王，告以为政之要，史录其言而作《武儆》《五权》。

按：《逸周书·武儆》曰："惟十有二祀四月，王告梦。丙辰，出金枝，郊宝，开和细书，命诏周公旦立后嗣，属小子诵文及宝典。"《周书序》曰："武王有疾，□□□□□□□□□□命周公辅小子，告以正要，作《五权》。"唐兰《西周青铜器铭文分代史徵》（中华书局 1986 年，第 4 页）以为二篇之作似于《金縢》同时，"十有二祀"指文王十二年，实武王二年。故系之于是。

周武王发（周文王十三年） 前 1044 年

箕子来降，周原甲骨文曾记其事。

按：箕子，纣王时贤臣。周原甲骨文 H31:2 片辞云："唯衣鸡子来降，其执䍐厥史。在旆，尔卜曰南宫辞其作。"学界多以为刻辞记载了箕子来降之事。其中"鸡子"读为"箕子"（陕西周原考古队等《岐山凤雏村两次发现周初甲骨文》，《考古与文物》1982 年第 3 期。陈全方《陕西岐山凤雏村西周甲骨文概论》，《四川大学学报丛刊》第十辑）。

武王访箕子，问以政事，箕子为陈《洪范》。

按：《书序》曰："武王胜殷，杀受，立武庚，以箕子归。作《洪范》。"《洪范》见于今、古文《尚书》，列入《周书》，然古代多列于商书。参见"帝禹"条。

"洪范"即大法。相传大禹得到《洛书》（《洛书》相传即《洪范》篇中"初一曰五行"到"威用六极"六十五字），历代十分重视。至殷商，传于箕子。周灭殷后，周武王向箕子询问治国方略，箕子依据《洛书》，详细阐述九种大法，史官记其言，写成《洪范》。

《洪范》记载箕子所述九类治国大法。(1)五行（水、火、木、金、土及其性质和作用）；(2)五事（对君主貌、言、视、听、思的要求）；(3)八政（食、货、祀、司空、司徒、司寇、宾、师八项政事）；(4)五纪（年、月、日、星辰、节气五种计时方法）；(5)皇极（君主建立的准则）；(6)三德（正直、刚、柔三种统治方法）；(7)稽疑（卜筮的运用）；(8)庶徵（雨、旸、燠、寒、风各种检验君主行为得失的征兆）；(9)五福六极（五种幸福、六种不幸）。

《洪范》乃《尚书》重要篇目，为研究上古政治、哲学与文化重要文献之一。据《书序》，本篇当作于武王时，历代学者颇多分歧，有人认为当写成于战国时代，但近年有学者考证其为西周初年之作,当以《书序》所言为是。

《洪范》已明确标出"五行"为"水、火、木、金、土"。《洪范》云:"……天乃锡禹洪范九畴,彝伦攸叙。初一曰五行……五行:一曰水,二曰火,三曰木,四曰金,五曰土。水曰润下,火曰炎上,木曰曲直,金曰从革,土爰稼穑。润下作咸,炎上作苦,曲直作酸,从革作辛,稼穑作甘。"《洪范》将"五行"作为"九畴"之首,并且从民生日用角度列举"五行"功能属性,据《尚书大传》:"水火者,百姓之所饮食也;金木者,百姓之所兴作也;土者,万物之所资生也,是为人用。""五行"即人们生活所必需五种实用之物。与之并列者尚有:"次八曰念用庶徵。……庶徵:曰雨,曰旸,曰燠,曰寒,曰风。"此五种"庶徵"本为五种气象,当时被看做为天神奖惩人间善恶之五种征兆。"五行"中不包括"庶徵"等范畴,"五行"在当时尚无后来所认为乃构成世界万物元素或本原之意义。

箕子朝周,感殷宫室毁坏而作《麦秀之诗》。

按:《史记·宋微子世家》曰:"箕子朝周,过故殷虚,感宫室毁坏,生禾黍,箕子伤之,欲哭则不可,欲泣为其近妇人,乃作《麦秀之诗》以歌咏之。其诗曰:'麦秀渐渐兮,禾黍油油。彼狡僮兮,不与我好兮!'"司马迁叙此于武王崩之前,今姑系于是年。

武王灭商以后,西方旅国向武王进献大犬。大保召公害怕武王玩物丧志,劝谏武王,而作《旅獒》。

按:召公姬姓,名奭,周文王分封邦岐召地为其采邑,故称召公。召公为周王太保。《书序》曰:"西旅献獒,太保作《旅獒》。"《旅獒》已佚,今见于古文《尚书》者,不可尽信。

巢伯来朝见武王,芮伯作《旅巢命》。

按:芮伯姬姓,周王朝大臣。《书序》曰:"巢伯来朝,芮伯作《旅巢命》。"《尚书》存其目、序,无正文。

武王有疾,周公作《金縢》。

按:周公姬姓,名旦,周文王分封邦岐周地为其采邑,故称周公。周公任周王太师和太宰,为周初之大政治家。成王时摄政六年。《书序》曰:"武王有疾,周公作《金縢》。"《金縢》见于今、古文《尚书》,为较为可信之周代文献之一,对研究周初复杂政治局面与社会生活,具有重要价值。又,最近发表的清华简有《金縢》篇,存14简约410字。

周武王发(周文王十四年)　前1043年

十二月,武王崩于镐京。

按:《逸周书·作雒解》曰:"武王既归,乃岁十二月崩镐。墠于岐周。"武王在位4年。

吕尚以佐武王伐纣之功首封于齐。至齐后,行尊贤尚功之举,因其俗,简其礼,通工商之业,便海盐之利,齐国渐强。

按:《史记·齐太公世家》曰:"于是武王已平商而王天下,封师尚父于齐营丘。"又《周本纪》:"(武王)于是封功臣谋士,而师尚父为首封。封尚父于营丘曰齐。"吕尚封齐实乃中原与东夷学术文化的一次大融合。《史记·齐太公世家》："太公至国,修政,因其俗,简其礼,通工商之业,便渔盐之利,而人民多归齐,齐为大国。"又《鲁周公世家》："鲁公伯禽之初受封之鲁,三年而后报政周公。周公曰:'何迟也?'伯禽曰:'变其俗,革其礼,丧三年然后除之,故迟。'太公亦封于齐,五月而报政周公。周公曰:'何疾也?'曰:'吾简其君臣礼,从其俗为也。'及后闻伯禽报政迟,乃叹曰:'呜呼,鲁后世其北面事齐矣!夫政不简不易,民不有近;平易近民,民必归之。'"吕尚以尊贤尚功治齐,成效卓著,《史记·货殖列传》曰:"于是太公劝其女功,极技巧,通鱼盐,则人物归之,繦至而辐辏。故齐冠带衣履天下,海岱之间敛袂而往朝焉。"《史记索隐》曰:"齐既富饶,能冠带天下,丰厚被于他邦,故海岱之间敛袵而朝齐,言趋利者也。"吕尚与伯禽治齐、鲁之不同对齐鲁学术文化影响至深至远。吕尚实已为春秋时管仲佐桓公成就霸业奠定基础,管仲思想亦多承吕尚而来。

堇铸鼎,铭记封召公奭于燕事。

按:堇鼎,其铭文记封召公奭于燕事,为周初封建之物证。

相传周武王时的其他著述。

按:据《逸周书·周书序》,武王时尚有以下著作:

文王既没,武王嗣位,告周公禁五戎,作《柔武》。

武王忌商,周公勤天下,作大小《开武》二篇。

武王评周公,维道以为宝,作《宝典》。

商谋启平周,周人将兴师以承之,作《酆谋》。

武王将起师伐商,寤有商儆,作《寤儆》。

周将伐商,顺天革命,申喻武义,以训乎民,作《武顺》、《武穆》二篇。

武王将行大事乎商郊,乃明德□众,作《和寤》、《武寤》二篇。

武王既克商,建三监以救其民,为之训范,□□□□□□□□□,作《大聚》。

□□□□□□□□□□。武王既释箕子囚,俾民辟宁之以王,作《箕子》。

武王秉天下,论德施□,而□位以官,作《考德》。

武王平商,维定保天室,规拟伊洛,作《度邑》。

据丁晏《毛诗谱考证》,出于武王时的诗尚有《小雅》中的《南陔》《华黍》,《大雅》中的《文王有声》。

周成王诵元年(周公摄政元年) 前1042年

周成王(诵),武王子。即位时年幼,周公旦摄政。是时,管、蔡及群弟流言于国曰:"公将不利于王。"周公乃告太公望、召公奭曰:"我之所以弗避而摄行政者,恐更进一步叛周,无以告我于先王。"于是卒相成王。七年后还政于成王。

按：文王第五子蔡叔、第三子管叔反对文王第四子周公摄政，联合纣之子武庚叛乱。商之属国奄君、蒲姑谓武庚曰："武王既死矣，成王尚幼矣，周公见疑矣，此百世之时也，请举事。"（《尚书大传》）武庚从之。于是"三叔及殷、东徐、奄及熊盈以略"（《逸周书·作雒》），周公乃奉命兴师征之，杀武庚、管叔，流放蔡叔于郭邻。

成王以武王卒，作诗《闵予小子》（《诗·周颂》）以祷告于祖庙。

按：或以为《闵予小子》非成王所作，乃周公托为成王以作进戒。

周公相成王，东征平叛，将黜殷，作《大诰》。

按：《书序》曰："武王崩，三监及淮夷叛，周公相成王，将黜殷，作《大诰》。"《大诰》篇见于今、古文《尚书》，文辞古奥，类似于西周金文，学界公认为西周初年作品。武王崩，三监及淮夷叛，周公乃兴师东征。周公东征，先后三年。《诗·豳风·破斧》亦有"周公东征，四国是皇"句，应为参与东征之战士回归后所作。《洛诰》孔疏引王肃云："周公摄政，遭流言，作《大诰》而东征。"此与《尚书大传》所言"周公摄政，一年救乱"相符，是《大诰》篇当作于周公摄政元年。

周公旦封其子伯禽于鲁，都曲阜，而为鲁侯。时徐、夷并兴，鲁东郊不宁，伯禽作《费誓》。

按：伯禽，周公子。《费誓》见于今、古文《尚书》。《书序》曰："鲁侯伯禽宅曲阜，徐、夷并兴，东郊不开。作《费誓》。"《史记·鲁周公世家》记载鲁公是周公子伯禽，本篇写于管、蔡叛乱之时；晚出《孔传》称作于周公归政成王后；曾运乾《尚书正读》曰："考《序》云伯禽宅曲阜，《经》云鲁人三郊三遂。若在管、蔡时，伯禽方就国，其郊遂区画，恐尚未臻完善也。当从成王初元说为当。"今从其说，叙次于此。

周公作《君奭》。

按：《书序》曰："召公为保，周公为师，相成王为左右。召公不说，周公作《君奭》。"召公奭时为太保，与周公分陕而治：自陕以西，召公主之；自陕以东，周公主之。成王幼，周公摄政，召公疑之，故周公作《君奭》，以明自己忠于王室，非为后代子孙而迷恋禄位。今、古文《尚书》均有《君奭》篇。本篇的写作年代，《史记·燕召公世家》认为作于周公摄政时，《书序》以为作于周公还政成王以后。王先谦《尚书孔传参证》从《史记》，论证有说服力。今从其说，系本篇于此。

周成王诵二年（周公摄政二年）　约前1041年

周公、成王命微子启代殷后，作《微子之命》。

按：《书序》曰："成王既黜殷命，杀武庚，命微子启代殷后，作《微子之命》。"《微子之命》已佚，今见于古文《尚书》者，不可尽信。《史记·宋微子世家》曰："周公既承成王命诛武庚，杀管叔，放蔡叔，乃命微子开代殷后，奉其先祀，作《微子之命》以申之，国于宋。微子故能仁贤，乃代武庚，故殷之余民甚戴爱之。"是周公诛武庚后，即封微子。故系于是年。

唐叔得嘉禾，献诸天子。王命唐叔东馈于周公，作《归禾》。周公既得命禾,旅天子之命,作《嘉禾》。

按:《书序》曰:"唐叔得禾,异亩同颖(禾各生一垄而合为一穗),献诸天子。王命唐叔归周公于东,作《归禾》。周公既得命禾,旅天子之命,作《嘉禾》。"《归禾》、《嘉禾》二篇,《尚书》仅存其目、序,无正文。

周公作东征期间,忧王业之将坏,陈《七月》以明先公风化之所由,致王业之艰难;既诛管、蔡,作《鸱鸮》以明其志(皆见《诗·豳风》)。

按:《毛序》曰:"《七月》,陈王业也。周公遭变故,陈后稷先公风化之所由,致王业之艰难也。"陈奂《诗毛氏传疏》曰:"此周公遭管、蔡之变而作也。"《史记·鲁周公世家》曰:"管、蔡、武庚等果率淮夷而反。周公乃奉成王命,兴师东伐,作《大诰》。遂诛管叔,杀武庚,放蔡叔。……宁淮夷东土,二年而毕定。……东土以集,周公归报成王,乃为诗贻王,命之曰《鸱鸮》。"

周成王诵三年　约前 1040 年

周公、成王东伐淮夷,遂践奄,作《成王政》。周公、成王既践奄,将迁其君于蒲姑,周公告召公,作《将蒲姑》。

周公、成王归自奄,在宗周,诰庶邦,作《多方》。

周公、成王伐东夷后,肃慎(北方诸侯国名,《史记》作"息慎")遣使来贺,王命大臣荣伯作《贿肃慎之命》,以示答谢。

按:以上《成王政》、《将蒲姑》和《贿肃慎之命》,《尚书》仅存其目、序,无正文。《多方》则见于今、古文。四篇次序,《书序》列《成王政》、《将蒲姑》、《多方》于《康诰》、《召诰》、《洛诰》、《多士》、《无逸》、《君奭》、《蔡仲之命》以后。《史记》也把"践奄"事记在"周公还政成王"之后。对此,郑玄曰:"此伐淮夷与践奄,是摄政三年伐管蔡时事,其编篇于此,即云未闻。"(《书序》孔疏引)伪《孔传》则以为"践奄"先后有两次,先是周公东征,再是成王亲征。杨宽《西周史》认为,周公摄政"三年践奄","践奄"是东征三年中的重大战役,成王确曾亲自参与,并以西周金文《禽簋》为证。是司马迁看到成王亲自参与这个战役,"偶有不照"误为成王亲政之后事。《书序》叙次亦误。今从其说,系二篇于此。另,《书序》将《贿肃慎之命》序于《周官》之后,亦误,今系于此。

周公东征凯还,劳归士而作《东山》之诗;东征士卒喜得生还,或作《破斧》之诗(皆见《诗·豳风》)。

按:《毛诗序》曰:"《东山》,周公亲征也。周公东征,三年而归,劳归士,大夫美之,故作是诗也。""《破斧》,美周公也,周大夫以恶四国焉。"诗无美周公之意,学者多不从《毛序》。闻一多《风诗类钞》曰:"《破斧》,东征士卒喜生还也。"今从闻说。

东人欲成王以礼迎周公归而作《伐柯》;周公获礼遇西归时,东人惜别而作《九罭》(皆见《诗·豳风》)。

按:《毛序》曰:"《伐柯》,美周公也,周大夫刺朝廷之不知也。""《九罭》,美周公也,周大夫刺朝廷之不知也。"朱熹《诗集传》谓二诗为东人所作。今从之而系于是年。

周成王诵四年(周公摄政四年)　约前 1039 年

周公封康叔及卫之建国。

按：康叔，名封，初封于康，故称康叔。是时，周公以殷民七族封康叔，居黄河、淇河间故商墟，仍都朝歌，国号卫。是为卫之初建国。据《左传·定公四年》曰："分康叔以大路、少帛、綪茷、旃旌、大吕，殷民七族：陶氏、施氏、繁氏、锜氏、樊氏、饥氏、终葵氏。封畛土略：自武父以南及圃田之北竟，取于有阎之土，以共王职，取于相土之东都，以会王之东蒐。聃季授土，陶叔授民，命以《康诰》而封于殷虚，皆启以商政，疆以周索。"康叔封于卫后，并未久留于卫，而回宗周做了司寇。卫国实由其子康伯统治。

周公广封亲族，以为周室屏藩。

按：《荀子·儒效篇》曰："(周公)兼制天下，立七十一国，姬姓独居五十三人，而天下不称偏焉。"

周公作《康诰》、《酒诰》、《梓材》，徙封康叔于卫。

按：《书序》曰："成王既伐管叔、蔡叔，以殷余民封康叔，作《康诰》、《酒诰》、《梓材》。"三篇均见于今、古文《尚书》。曾运乾《尚书正读》曰："三篇同序，皆诰康叔。《康诰》告以明德慎伐也；《酒诰》因康叔国于殷墟，殷民化纣俗，沈湎于酒，诰以刚制于酒也；《梓材》，令其宣布德意，招致庶殷，共营东周也。"(中华书局 1964 年，第 158 页)《康诰》反映了周初政治制度以及意识形态，对于研究古代政治史与思想史有参考价值。《韩非子·说林上》引用《酒诰》文句称为《康诰》，且《书序》三篇合用一序，故有学者认为周秦时只有《康诰》，乃西汉伏生将其析为三篇。

周公作《伯禽》封伯禽于鲁；作《唐诰》封唐叔于夏虚。

按：《左传·定公四年》曰："分之土田陪敦，祝、宗、卜、史，备物、典策，官司、彝器。因商奄之民，命以《伯禽》，而封于少皞之虚。……分唐叔以大路、密须之鼓，阙巩，沽洗，怀姓九宗，职官五正。命以《唐诰》，而封于夏虚，启以夏政，疆以戎索。"据《尚书大传》载，周公摄政四年建侯卫，故伯禽实际受封于鲁当在此时。其唐叔于夏墟也当在是年。

周公作《蔡仲之命》。

按：《书序》曰："蔡叔既没，王命蔡仲，践诸侯位，作《蔡仲之命》。"初，蔡叔、管叔偕同武庚叛周，周公东征，平定了叛乱。囚蔡叔于郭邻至死。蔡叔子蔡仲贤明敬德，周公请命成王，封蔡仲于蔡，践诸侯位，而作《蔡仲之命》。《蔡仲之命》已佚，今见于古文《尚书》者，难以据信。蔡沈《书集传》认为"此篇次叙，当在《洛诰》之前"。今从其说而系于此年。

周公东征归来，豳人述其进退为难之事而作《狼跋》(《诗·豳风》)。

按：《毛序》曰："《狼跋》，美周公也。周公摄政，远则四国流言，近则王不知，周大夫美其不失圣也。"陈奂《诗毛氏传疏》曰："此诗既归朝廷而作，在摄政四年后事。"王先谦《诗三家义集疏》曰："豳人于公之归，追记德音，故以是诗美之耳。"今从之。

周成王诵五年(周公摄政五年)　　约前 1038 年

三月甲子,周始大规模营建洛邑。分二城,西为王城,东为成周。

按:洛邑也作雒邑,于是年始营建,至七年才落成。历史文化名城洛阳建城始此。

是年何铸尊,铭记周王四月丙戌诰告宗小子之言。

按:何尊,1963年陕西宝鸡贾村出土。铭文载成王建立成周时于祭典上对宗室所作之诰辞,可与《尚书》中《洛诰》《召诰》等篇所记载相印证,极为珍贵。或断此为康王五年器。

周成王朝会群臣于武王庙,作《访落》(《诗·周颂》)以求祖宗保佑。又作《敬之》(《诗·周颂》)以自戒并告诫群臣。

周公作《洛诰》。

按:《书序》曰:"召公既相宅,周公往营成周,使来告卜,作《洛诰》。"篇中周公以兴建洛邑之事告成王,建议"肇称殷礼,祀于新邑",并授以新都统治之政策。成王却表示将回宗周即君位,而令周公留于成周,作为"四辅",主东都政务。至年终,成王因祭祀文王、武王,命史官撰文,册命周公,授予周公主东都政务之权,而作《洛诰》。《洛诰》见于今、古文《尚书》,为西周时重要文献之一。

周成王诵六年(周公摄政六年)　　约前 1037 年

是年,交趾南,有越裳国以三象胥重译而献白雉。

按:重译指通过多道翻译交流。《礼记·王制》载周代翻译官职,东方曰寄,南方曰象(即象胥),西方曰狄鞮,北方曰译。此为文献记载最早翻译记录。

成王即王位。宣布官制诰令,作《周官》。

按:《书序》曰:"成王既黜殷命,灭淮夷,还归在丰,作《周官》。"《周官》已佚,今见于古文《尚书》者,不可尽信。郑玄本《周官》在《立政》之前,《史记》之《周本纪》与《鲁周公世家》记载与郑本合。据此,今系于《立政》篇前。

周公制礼作乐,作《周礼》、《誓命》,作《大武》乐舞。

按:《尚书大传》曰:"周公摄政,一年救乱,二年克殷(指武庚),三年践奄,四年建侯卫,五年营成周,六年制礼作乐,七年致政成王。"《左传·文公十八年》记季文子使太史克对鲁宣公说:"先大夫臧文仲教行父事君之礼,行父奉以周旋,弗敢失队,曰:'见有礼于其君者事之,如孝子之养父母也;见无礼于其君者诛之,如鹰鹯之逐鸟雀也。'先君周公制《周礼》曰:'则以观德,德以处事,事以度功,功以食民。'作《誓命》曰:'毁则为贼,掩贼为藏,窃贿为盗,盗器为奸,主藏之名,赖奸之用,为大凶德,有常无赦,在九刑不忘。'"今存儒家经典之一《周礼》(亦作《周官》或《周官经》),旧传周公旦所作。或疑为汉人刘歆伪造。但所载官名多不出春秋时期周王室及鲁、郑、卫诸国官制范围,似尚未受战国官制影响,惟各官职掌有同于战国者,其最后成书当不晚于战国。刘起釪《〈周礼〉真伪之争及其书写成的真实依据》(载《古史续辨》)则认为《周礼》一书至迟成于春秋时期,它是依据自西周以来逐渐完整起来的由周、鲁、卫、郑四国所实行的姬周系统的官制写成。全书共有《天官冢宰》、《地官司徒》、《春官宗伯》、《夏官司马》、《秋官司寇》、《冬官司空》等六篇。《冬官司空》早佚,汉时补以《考工记》。《周礼》包括政治、乐舞、教育、科技等内容,为研究两周文化重要文献资料。

刘雨、张亚初《西周金文官制研究》(中华书局1986年)一书,从五百件西周铜器铭文中归纳出西周职官二百一十三种,将其分为五类,分别与《周官》职官进行比较,发现有十四个相当于《天官》六十四官职中的十九个,有二十个相当于《地官》八十官职中的二十六个,有十一个相当于《春官》七十一官职中的二十七个,有四个相当《秋官》六十七官职中的五个。这一情况表明《周礼》官职与西周中晚期官制所具有的某些一致性。

但《周礼》一书与学术史关系最密切者,为其于先秦学术之渊薮。古代政教不分,官师合一,学在王官,三代之旧法,皆以吏为师。官吏之职守,不仅分管行政,还要负责本职之教育与学术。故战国诸子百家之学,古人多以为渊源于古代之王官。"学在王官",汉刘歆《七略》始发其说。《汉书·艺文志》将诸子十家,尽归于学官,如儒家出司徒之官,道家出史官,阴阳家出羲和之官,法家出理官,名家出礼官,墨家出清庙之守,纵横家出行人之官,杂家出议官,农家出农稷之官,小说家出稗官。《隋书·经籍志》于百家源于王官说有较为系统之阐述,每论一家,均在《周官》中溯其根源。如认为法家源于《周官》司寇、司刑之职,墨家源于《周官》宗伯、肆师之职,纵横家源于《周官》掌交之职,小说家源于《周官》诵训与职方氏之职,兵家源于《周官》大司马之职,天文学家源于《周官》冯相之职,历数家源于《周官》太史之职,五行家源于《周官》保章、冯相、卜师、筮人、占梦、视寝、太史之职,医方家源于《周官》医师之职等等。对于"学在王官"之说,赞成者有之,如章太炎等;但反对者也有之,如梁启超、胡适等。

《周礼》在汉王莽时置博士,但后汉初即废,《周礼》转在民间。自刘歆以《周官经》六篇为《周礼》,授缑氏杜子春,贾徽、郑兴亦从刘歆学,通《周礼》。贾徽子逵,郑兴子众,俱从杜子春受《周礼》,并做《周礼解诂》,逵书行于世,众书不行。贾逵、郑众之后,后汉《周礼》传习渐广,如许慎、尹珍、卫宏、马融、张恭祖、胡广、赵岐、郑玄、李咸、卢植、徐淑、王朗、王肃、仲长统等均传《周礼》,而其中以马融、郑玄最为著名。马融之《周礼》不知传授所自,作《周官传》,授郑玄。郑玄本自张恭祖受《周礼》,又师马融,作《周礼注》。周礼行后,遂将《周礼》、《仪礼》、《礼记》并称为"三礼"。传习者多三礼并习,魏时均立博士,有郑玄,王肃两家。晋干宝作《周官礼注》,与当时学者发生论难,孙略作《周官礼驳难》,记孙略与干宝之问答;虞喜作《周官驳难》三卷,记孙琦与干宝之问答。又有傅元《周官论评》十三卷,是记傅元与陈劭之问答。此后《周礼》学或郑或王,传承不绝,但不复兴盛。《周礼》旧注旧疏,一般皆好。《十三经注疏》之郑玄注、贾公彦疏《周礼注疏》为较通用读本。对《周礼》资料汇集丰富、考订精审者当以清孙诒让《周礼正义》为最佳。

又按：《誓命》篇已佚。传周公所作为《大武》舞，共六段，有相应之歌六章，经考定为《诗·周颂》中《我将》、《武》、《赉》、《般》、《酌》、《桓》（一说以《昊天有成命》代《我将》）。孔子评此舞曰："尽美矣，未尽善也。"

周公尊后稷以配天而作《生民》（《诗·大雅》）。

按：《毛序》曰："《生民》，尊祖也。后稷生于姜嫄，文、武之功起于后稷，故推以配天焉。"朱熹《诗集传》曰："周公制礼，尊后稷以配天，故作此诗，以推本其始生之祥，明其受命于天，固有以异于常人也。"姑系之于是年。

周成王诵七年（周公摄政七年） 约前1036年

洛邑告成，史官记其规模形制，兼及周公平定三监之乱，封康叔及营洛始末而作《作雒》。

按：营建洛邑始于周公摄政五年，至是年方告落成。《逸周书·周书序》曰："周公既诛三监，乃述武王之志，建都伊洛，作《作洛》。"此篇详细记载洛邑的规模形制："城方千七百二十丈，郭方七十里。南系于洛水，北因于郏山，以为天下之大凑。"洛邑因建有王宫，故又称王城。相对于宗周而言，洛邑又称成周。20世纪50年代在洛阳中州路一带发现了东周王城，而西周王城也应该就在东周王城区域内，不过目前还未能得到确证；后来在瀍河西岸洛阳北窑庞家沟一带发现西周贵族墓地与大型铸铜遗址；近年来在洛阳老城东关一带发掘了西周早、中期殷人墓葬，在老城中部发现4座西周时期的车马坑，在瀍河东岸清理出一座西周初年有算窖等，这些都为寻找王城和成周的故址所在提供了重要线索。

三月，周公南郊祭天，歌奏《昊天有成命》；以后稷配天，歌奏《思文》；以先王配享，歌奏《天作》（皆见《诗·周颂》）。

按：《汉书·郊祀志》曰："周公加牲，告徙新邑，定郊礼于洛。"《召诰》："若翼日乙卯，周公朝至于洛，则达观于新邑营。越三日丁巳，用牲于郊，牛二。"孔颖达疏以为，乙卯为周公摄政七年三月十二日。或以为当时郊祭所用乐歌即《昊天有成命》。《毛序》曰："《思文》，后稷配天也。《天作》，祀先王先公也。"《孝经·圣治章》曰："昔者周公郊祀后稷以配天。"故学者以为《思文》、《天作》二篇均为郊祭时所奏之歌乐（参《中国文学编年史·周秦卷》第17页）。

周公在明堂祭祀文王以配上帝，歌奏《我将》（《诗·周颂》）。

按：《毛序》曰："《我将》，祀文王于明堂也。"学者或系于是年（参《中国文学编年史·周秦卷》第18页）。

周公庙祭文王、武王，歌《清庙》、《维清》、《维天之命》及《时迈》、《般》（皆见于《诗·周颂》）。

按：《洛诰》曰："予（周公）不敢宿，则禋于文王、武王。"郑玄注曰："既告明堂，则复禋于文、武之庙，告成洛邑。"《毛序》曰："《清庙》，祀文王也。周公既成洛邑，朝诸侯，率以祀文王焉。""《维天之命》，太平告文王也。""《维清》，奏《象》舞也。"陈奂《诗毛氏传疏》曰："《象》，文王乐。象文王之武功曰《象》；象武王之武功曰《武》。《象》有舞，故云《象》舞。……制《象》舞在武王时，周公乃作《维清》以节管下之乐，故《维清》

亦名《象》。《周颂》首三篇《清庙》、《维天之命》、《维清》皆文王诗。"《毛序》曰："《时迈》，巡守告祭柴望也。""《般》，巡守而祀四岳河海也。"今从《中国文学编年史·周秦卷》（第18页）之说系于是年。

三月，周公奉命至成周就职，为安定迁至洛邑之殷众贵族，对其重新宣布周朝之政令，此为《多士》篇。

按：《书序》曰："成周既成，迁殷顽民，周公以王命诰，作《多士》。"《史记·周本纪》曰："周公行政七年，成王长，周公反政成王，北面就群臣之位。……成王既迁殷遗民，周公以王命告，作《多士》、《无逸》。"今据之以系于是年。《多士》篇见于今古文《尚书》，为较为可信之周代文献之一。

召公为谐殷民、戒成王而作《召诰》。

按：《书序》曰："成王在丰，欲宅洛邑，使召公先相宅，作《召诰》。"营建洛邑后不久，成王于洛邑亲政。成王年少，太保召公以族中长老、监护者之身份，告诫成王，而作《召诰》。《召诰》见于今、古文《尚书》，为西周时重要文献之一。《召诰》作成时间，《中国文学编年·周秦卷》（第20页）据孔疏推断为周公摄政七年三月二十一日。

成王将亲政，召公戒之而作《公刘》、《泂酌》、《卷阿》（皆见于《诗·大雅》）。

按：《毛序》曰："《公刘》，召康公戒成王也。成王将莅政，戒以民事，美公刘之厚于民而献是诗也。""《泂酌》，召康公戒成王也。言皇天亲有德、飨有道也。""《卷阿》，召康公戒成王也。言求贤用吉士也。"今系之于是年。

周成王诵八年　约前 1035 年

一月，成王正式亲政，登基典礼时或歌奏《烈文》、《闵予小子》、《访落》、《小毖》、《敬之》等诗（皆见于《诗·周颂》）。

按：《毛序》曰："《烈文》，成王即政，诸侯助祭也。""《闵予小子》，嗣王朝于庙也。""《访落》，嗣王谋于庙也。""《小毖》，嗣王求助也。""《敬之》，群臣进戒嗣王也。"据此，或以为诸篇并皆成王登基典礼时所奏之歌诗（参《中国文学编年史·周秦卷》第22、23页）。

周公作《皇门》。

按：《周书序》曰："周公会群臣于闳门，以辅主之格言，作《皇门》。"据《今本竹书纪年》，《皇门》乃成王亲政之初，周公向百官所发布之诰辞，其中心内容为要求百官推荐贤能人才，辅佐成王治理好国家。刘师培《周书补正》（《刘申叔先生遗书》，江苏古籍出版社1997年，第615页）认为此篇当作于成王即政元年（即是年）。今从其说系于是年。又，近出清华简有相当完整之《皇门》篇，可证其确为西周作品（参见2010年1月19日《文汇报》第一版《两千年后首见古文〈尚书〉》一文）。

周公还政于成王后，恐成王贪图享乐，荒废政事，故告诫成王不可逸乐，史官记录周公之诰词，是为《无逸》。

按：《书序》曰："周公作《无逸》。"《无逸》篇见于今、古文《尚书》，为较为可信之周代文献之一。《无逸》篇名又作"毋勋"或"毋佚"。

　　周公戒成王辨百官而作《立政》。

　　按：《书序》曰："周公作《立政》。"《立政》篇见于今、古文《尚书》，为较为可信之周代文献之一。《书序》叙次于《多方》后，今暂次于此。

　　周公述文王、武王、太王之功业以戒成王而作《文王》、《大明》、《緜》（皆见于《诗·大雅》）。

　　按：《毛诗序》曰："《文王》，文王受命作周也。"陈奂《诗毛氏传疏》曰："诗作于成王、周公时，故以《文王》名篇。"《毛诗序》曰："《大明》，文王有明德，故天复命武王也。《緜》，文王之兴本由大王也。"《中国文学编年史·周秦卷》以为三诗内容相贯，皆陈王事，且编篇相次，并为周公戒成王之作，或与《无逸》作于一时。今从之而系于是年。

　　成王作《尝麦》。

　　按：《尝麦》见于《逸周书》。《逸周书·周书序》曰："成王既即政，因尝麦以语群臣而求助，作《尝麦》。"

周成王诵十一年　约前 1032 年

　　成王作《亳姑》。

　　按：《书序》曰："周公在丰，将没，欲葬成周。公薨，成王葬于毕，告周公，作《亳姑》。"《亳姑》篇《尚书》存其目、序，无正文。

　　周公既没，成王命君陈分正东郊成周，作《君陈》。

　　按：《书序》曰："周公既没，命君陈分正东郊成周，作《君陈》。"据《礼记·坊记》郑玄注，君陈为周公之子，伯禽弟。《君陈》篇已佚，今见于古文《尚书》者，不可尽信。

　　相传《仪礼》出自周公。

　　按：《仪礼》亦称《礼》、《士仪礼》、《士礼》等，是关于周代礼仪习俗、伦理关系的社会文化史料。《仪礼》为礼之本经，故又称《礼经》，在三礼中，成书最早，首先取得经之地位。《仪礼》作者及其成书年代，古文经学家以为出于周公旦，今文经学家则认为出自孔子。古代学者大都踵此二说。陆德明、贾公彦、郑樵、朱熹、胡培翚等持周公手作说。《礼记·明堂位》曰："周公践天子之位，以治天下。六年，朝诸侯于明堂，制礼作乐。"从者以为，文中周公所制之"礼"就是《仪礼》及《周官》等书，是周公损益三代之制而成。司马迁、班固等认为《仪礼》为孔子所作，说孔子慨叹周室衰微，礼崩乐坏，乃追迹三代之礼而作此书。邵懿辰《礼经通论》则曰："周公所制本有三百之多，……孔子所为礼乐者，独取此十七篇。"自孔子时《仪礼》已经成书，《礼记·杂记下》曰："恤由之丧，哀公使孺悲之孔子学《士丧礼》，《士丧礼》于是乎书。"此孔子作《仪礼》之明证。《史记》《汉书》亦认为《仪礼》即孔子采缀周礼而成。现代学者一般认为，《仪礼》一书乃春秋战国之际，由孔子、孔门弟子及后学陆续撰作。也可以这样说，《仪礼》制作出自周公，编纂于自孔子及其后学，故周公制礼之说并非没有根据。

　　《仪礼》在汉时尚称《礼》，至晋元帝时，荀崧请立郑玄《仪礼》博士，才始见"仪礼"之名。有学者推测，是魏时立《周礼》博士，为了使新立之《周礼》与旧有之《礼》区别开,遂将《礼》改称《仪礼》。今《仪礼》共十七篇,均为今文。但汉初除今文《礼》外,尚有古文《礼》。《汉书·艺文志》云古文《礼》有两个本子,分别出自鲁淹中及孔氏。鲁淹中本为河间献王所得,《隋书·经籍志》曰:"《古经》出于淹中,河间献王好古爱学,收集余烬,得而献之,合五十六篇,并咸仪之事。"孔氏本即鲁恭王坏孔壁所得,其篇数不详,由孔安国献诸武帝。传世古文《礼》主要指鲁淹中本,该本除包括今文十七篇外,还多出三十九篇。故此三十九篇,被称之为《逸礼》,秘藏在官,不为学者传习,故绝无师说。《汉书·艺文志》著录《礼古经》五十六卷,可见东汉时古文《礼》尚存。郑玄注《仪礼》只注与今文同者十七篇,注时参合今、古文。自郑玄以后,《逸礼》逐渐亡佚。

《仪礼》十七篇大体上可分为:《士冠礼》、《士昏礼》为冠婚类;《士丧礼》、《既夕礼》(本为《士丧礼》的一部分,后分出成篇)、《士虞礼》、《特牲馈食礼》、《少牢馈食礼》、《有司彻》(本为《少牢馈食礼》下篇,后分出成篇)和《丧服》为丧祭类;《聘礼》、《公食大夫礼》、《觐礼》为朝聘类;《士相见礼》、《乡饮酒礼》、《乡射礼》、《燕礼》和《大射礼》为射乡类。十七篇实际上只记述了十五种礼。1959年自甘肃武威得汉简《仪礼》九篇,学者考定为西汉末庆氏《礼》残本,为研究《仪礼》宝贵材料之一。从《仪礼》可以考知我国古代之亲族关系、宗教思想、内政外交情形以及当时宫室、车马、衣服、饮食、丧葬等制度,因而颇有史料与学术价值。历代学者《仪礼》有大量研究,留下了很多著作。比较重要者有汉郑玄《仪礼》注、唐贾公彦《仪礼注疏》、宋朱熹《仪礼经传通释》、清卢文弨《仪礼注疏详校》、徐乾学《读礼通考》、秦蕙田《五礼通考》、胡培翚《仪礼正义》等。其中胡氏积四十年之功,作《仪礼正义》四十卷,是为《仪礼》研究集大成之作,至今仍为《仪礼》研究必读之书。

《周髀算经》载周公与商高讨论天文学问题时提到"故折矩,以为勾广三,股修四,径隅五",即勾股弦三边之比为3:4:5的勾股定理。

按:《周髀算经》约成书于公元前一世纪,时代较晚。周公与商高所论之可靠性值得怀疑。有关勾股定理之发现年代,尚需要更多材料来证明。

周公旦卒于是年,生年不详。周公姬姓,名旦,周文王分封邦岐周地为其采邑,故称周公。周公任周王太师和太宰,为周初政治家、思想家、教育家。

按:周公旦除有前述主要见于《尚书》之诸多篇作外,尚传由他制礼作乐,而建立周代典章制度,为中国文化与学术发展奠定了基础。从这个意义上说,周公乃中国学术重要奠基人。周公还是一位教育家。《尚书·书序》载"周公为师",《君陈》说"昔周公师保万民",《大戴礼记·保傅》也说"周公为太傅"。周公提出"师保之教"之教育思想,所谓"师也者,教之以事而喻诸德也","保也者,慎其身以辅翼之而归诸道者也"(《礼记·文王世子》),提倡勤于德政与慎于修身之政教合一教育思想。并提出"敬德保民"之教育伦理观。周公于教育最大贡献为制礼作乐与六艺之教。

相传周公及所作其他著述。

按:据《逸周书·周书序》,周公尚作有以下著作。

武王既没,成王元年,周公忌商之孽,训敬命,作《成开》。

周公陈武王之言,以赞己言,戒乎成王,作《大戒》。

周公正三统之义,作《周月》,辩二十四气之应,以明天时,作《时训》。

周公制十二月赋政之法,作《月令》。

周公肇制文王之谥义,以垂于后,作《谥法》。

周公将致政成王,朝诸侯于明堂,作《明堂》。

周公为太师,告成王以五则,作《本典》。

成王访周公以民事,周公陈六征以观察之,作《官人》。

周室既宁,八方会同,各以其职来献,欲垂法厥后,作《王会》。

周成王诵二十二年　约前1021年

四月甲子成王病笃,翌日乃卒。

按:据《书·顾命》载,四月甲子日,成王于病笃,顾念太子,乃命"召太保奭、芮伯、彤伯、毕公、卫侯、毛公、师氏、虎臣、百尹、御事"至御前,命群臣辅佐太子。翌日,王卒,太子钊立,是为康王。

成王将崩,命召公、毕公(高)率诸侯相康王,作《顾命》。

按:毕公,名高。文王十五子,武王克殷,封于毕。今、古文《尚书》均有《顾命》篇,分合不同。本篇大部分内容记载周成王丧礼与周康王即位典礼,为研究周代礼制之珍贵史料。王国维曰:"古《礼经》既佚,后世得考周室一代之大典者,惟此篇而已。"《顾命》与《康王之诰》分合问题,一直有争议。马融、郑玄、王肃诸本以及《孔传》、《蔡传》各本均分为两篇。伏生今文《尚书》本则合为一篇。今分为两篇以次。

周初有刑书为《九刑》。

按:《九刑》之名见于《左传·昭公六年》,郑铸刑书,晋叔向致书子产,其中曰:"夏有乱政而作《禹刑》,商有乱政而作《汤刑》,周有乱政而作《九刑》,三辟之兴,皆叔世也。"又见于文公十八年,传文载鲁季文子命史克答文公之问:"先君周公制周礼曰:'则以观德,德以处事,事以度功,功以食民。'作誓命曰:'毁则为贼,掩贼为藏,窃贿为盗,盗器为奸。主藏之名,赖奸之用,为大凶德,有常无赦,在《九刑》不忘。'"杜注:"'誓命'以下皆《九刑》之书,《九刑》之书今亡。"孔颖达疏曰:"言'制周礼曰'、'作誓命曰',谓制礼之时有此语、为此誓耳。此非《周礼》之文,亦无'誓命'之书。在后作《九刑》者记其誓命之言,著于《九刑》之书耳。""九刑"谓刑书九篇之意。惠栋《春秋左传补注》引《逸周书·尝麦》"大史策刑书九篇,以升,授大正,乃降",指出"《九刑》谓刑书九篇"。沈家本《历代刑法考》二(中华书局1985年)亦曰:"窃谓《逸周书》言刑书九篇,是周初旧有九篇之名,后世本此为书,故谓之《九刑》,非谓刑有九也。"据《逸周书·周书序》曰:"成王既即政,因尝麦以语群臣而求助,作《尝麦》。"是《尝麦》作于成王时,故暂系《九刑》于此。

据丁晏《毛诗谱考证》,出于周成王时的诗尚有:

《小雅》——《由庚》《崇丘》《由仪》《湛露》。

《大雅》——《行苇》《既醉》《凫鹥》。

《周颂》——《执竞》《臣工》《噫嘻》《振鹭》《丰年》《有瞽》《潜》《雝》《载

见》《有客》《武》《载芟》《良耜》《丝衣》《酌》《桓》《赉》。

成王时的青铜器尚有《小臣单觯》、《保卣》、《保尊》、《德方鼎》、《献侯鼎》、《康侯鼎》等。

周初天文历法已较发达，传建有我国最早天文观测台。

按：西周天文历法已较发达，有关官吏职掌明确。据《周礼·春官》，时有视祲氏之官掌观察日晕，日晕已被区分为十一种现象；有冯相氏之官，掌十二岁、十二月、十二时辰、十日和二十八星宿之位次，并观察冬至、夏至之日与春分、秋分之月，以定四时；有保章氏，掌记录日月星辰之变动，通占星术；有挈壶氏掌刻漏。河南登封建有测景台，传为周公观测天象之所，测黄赤交角，为我国最早之天文台建筑，也为世界上最古老天文台遗迹之一。

周初已形成系统宗庙祭祀制度。

按：据《周礼》等载，周以稷祠代禹时之社祀，郊祀后稷，宗祀文王。周天子建七庙：三昭、三穆与太祖之庙。七庙为考庙、王考庙、皇考庙、显考庙、祖考庙及二祧庙。春祭曰祠，夏祭曰礿，秋祭曰尝，冬祭曰烝。天子祭天地于郊外称郊祭。天子为群姓立社曰太社，王自为立社曰王社，诸侯为百姓立社曰国社，诸侯自为立社曰侯社，大夫以下成群立社曰置社。诸侯皆祭社稷，社为土地神，稷为五谷神。

周初已有一整套乐舞，并制定"六代舞"。

按：据《周礼》等载，周初整理前代《云门》、《咸池》、《大韶》、《大夏》、《大濩》，连同新作之《大武》，制定为"六代舞"。前四舞为文舞，后二舞为武舞。文舞执龠（乐器）翟（鸟羽），武舞执干（盾）戚（斧钺），统称"干羽舞"。各舞演出皆有严格规定：《云门》以祀天神；《咸池》以祀地祇；《大韶》以祀四望；《大夏》以祭山川；《大濩》以享先妣，《大武》以享先祖。各舞皆配有乐歌。除"六代舞"外，尚有《帗舞》（祭祀后稷）、《羽舞》（祭祀四方之神）、《皇舞》（祈雨）、《旄舞》（祀辟雍）、《干舞》（祭祀山川）和《人舞》等"六小舞"。六代舞、六小舞皆贵族子弟所习事。西周乐舞名目颇多，重要的尚有《象舞》、《傩舞》、《方相舞》、《十二兽舞》等。民间歌舞有"散乐"，各少数民言辞舞蹈称"四裔乐"，用于燕享宾客及祭祀。《万舞》为舞蹈之总名，同时演出数个舞蹈则称"奏万舞"，用于盛大祭祀或习武活动。周设大司乐掌管乐舞。下有乐舞人员千余人，专司乐舞演出与教育。

周初已形成较为完善贵族学校与教育制度。

按：据《周礼》等载，周学校总称辟雍，共分五院，辟雍居中，南为成均，北为上庠，东为东序，西为瞽宗。学校又称学宫、射庐、大池。诸侯设立之学校称泮宫。教师称师氏，又分大师、小师。教育内容有三类，一为六德：知、仁、圣、义、中、和；一为六行：孝、友、睦、姻、任、恤；一为六艺：礼、乐、射、御、书、数。

周康王钊元年　前1020年

公元前1020　　康王（钊）即位，作《康王之诰》申戒诸侯。

按：《书序》曰："康王既尸天子，遂诰诸侯，作《康王之诰》。"今文《顾命》篇包括《康王之诰》，古文《尚书》分出《顾命》下半为《康王之诰》。姑从后者分次。

年，扫罗为以色列王，初，腓力斯丁人侵犹太。

周康王钊五年　前1016年

三月康王于洛邑祭祀武王，歌奏《执竞》(《诗·周颂》)。

按：《毛序》曰："《执竞》，祀武王也。"孔疏曰："《执竞》诗者，祀武王之乐歌也。谓周公、成王之时，既致太平，祀于武王之庙。时人以今得太平，由武王所致，故因其祀，述其功，而为此歌焉。《经》之所陈，皆述武王生时之功也。"是以为成王时所作。《中国文学编年史·周秦卷》(第35页)考证为康王五年所作，今从其说。

周康王钊六年　约前1015年

吕尚约卒于是年。吕尚名望，炎帝族后裔，姜姓，先祖封于吕，亦称吕姓。一说字子牙，以周初官太师，亦称师尚父。吕尚为周初杰出军事家、政治家与思想家，他参与并为文王兴周谋商大事与武王伐纣战争立下大功，受封于营丘，为齐国始祖，故亦称太公，俗称姜太公。太公治齐，"因其俗，简其礼，通商工之业，便鱼盐之利，而人民多归齐，齐为大国"(《史记·齐太公世家》)，其治国思想颇有特色。后世又传姜太公为驱神役鬼之神话人物。《汉书·艺文志》著录题吕尚之作有《太公》237篇("诸子略"二"道家")，其中《谋》81篇，《言》71篇，《兵》85篇。《隋书·经籍志》有著录为姜太公撰《六韬》。

按：据《太公吕望碑》引古本《竹书纪年》，吕尚约卒于此年。《隋书·经籍志》、《旧唐书·艺文志》与其他文献中列在姜尚名下之著作约有数十种之多，然多未能考实。《太公》一书原注亡佚，谓："吕望为周师尚父，本有道者。或有近世又认为太公术者所增加也。"周寿昌《汉书注校补》曰："《诗·大雅·大明》孔疏引《七略》、《别录》：'师之，尚之，父之。故曰师尚父。'"沈钦韩《汉书疏证》曰："《谋》者，即太公之《阴谋》，《言》者，即太公之《金匮》，凡善言书诸金版。《兵》者，即《太公兵法》。"钱大昕《汉书辨证》曰："《谋》、《言》、《兵》，就二百三十七篇而析言之，《太公》其总名也。"1972年在山东临沂银雀山西汉前期墓中发现了《六韬》残简，又于河北定县西汉墓出土一批被称为《太公》之竹简，其内容同今本《六韬》部分一致，似可以证明《六韬》为先秦古书。但这些简本与《六韬》及与姜太公之关系尚需进一步研究。

周康王钊十二年　约前 1009 年

康王命作册毕,分居里,成周郊,作《毕命》。

按：作册毕,又称毕公,周康王时人,其他不详。《书序》曰:"康王命作册毕,分居里,成周郊,作《毕命》。"《毕命》已佚,今见于古文《尚书》者,不可尽信。

周康王钊二十三年　（鲁炀公熙元年）　前 998 年

庚嬴作鼎,铭记四月丁巳受康王褒奖、赏赐。

按：《庚嬴鼎》,《西清古鉴》所载。《断代工程报告》断为康王二十三年时器。

康王策命臣盂,赐以人鬲等,盂铸鼎纪念,是为《大盂鼎》。

按：《大盂鼎》,相传于陕西岐山礼村出土。王世民《西周青铜器分期断代研究》断为康王时器,几无异说。其铭文有"余佳（唯）即朕小学"句,可证周代有小学。鼎高约 1 米,重 153.5 公斤,称"大盂鼎",为西周青铜铸造艺术珍品。

周康王钊二十五年　前 996 年

康王钊卒,子瑕立,是为昭王。旧传成康之际,天下安宁,"刑错四十余年不用"。史称"成康之治"。

按：《太平御览》卷八四引《帝王世纪》言康王在位二十六,《通鉴外纪》同。此乃并继位之年言之。《断代工程报告》断康王在位为二十五年。今从之。

康王命盂两次征伐鬼方,俘获告庙,盂亦铸鼎纪念,是为《小盂鼎》。

按：其鼎称"小盂鼎"（已佚,仅传铭文拓片）。并前述《大盂鼎》,两鼎铭文为研究西周史之重要资料。王世民《西周青铜器分期断代研究》断为康王二十五年时器,几无异说。

康王时的青铜器尚有《宜侯矢鼎》、《旅鼎》、《厚趠方鼎》、《史懋簋》、《小臣逨簋》、《师旂鼎》、《献簋》等。宜侯矢鼎记载康王册命矢为宜侯,分给其土地等。

按：据《宜侯夨簋》铭文所载，证明周初势力已达长江下游地区。

《下武》(《诗·大雅》)约作于周康王时。

按：此诗歌颂周先世太王、王季、文武、成王的德行，以及康王继往开来之功。

太保召公奭卒。人思其政，作《甘棠》之诗而咏之。

按：召公姬姓，名奭，周文王分封邦岐召地为其采邑，故称召公。召公为周王太保，为周初著名政治家、军事家。据《史记·燕召公世家》载，初，召公奭治西方，甚得民和。有表召民，至庭听讼。召公曰："不劳一身而劳百姓，非吾先君文王之志也。"乃巡行乡邑，听断于棠树之下。至是年卒，人思其政，不伐其树，作《甘棠》之诗歌咏之。

周昭王瑕十六年　前980年

昭王南征，涉汉水，伐荆楚，涉汉水，遇大兕，振旅凯旋。

按：《史墙盘》铭文有"弘鲁昭王，广笞荆楚，唯狩南行"，是昭王南征荆楚之证。

周昭王时青铜器有《旂尊》、《旂觥》、《令簋》、《令方彝》、《召尊》、《召卣》、《小臣宅簋》、《静方鼎》、《中方鼎》、《中甗》、《析尊》、《方彝》等。

周穆王满元年　前976年

昭王末年南征而不复，卒于江上，子满立，是为周穆王。

按：周穆王名满，昭王子。昭王南征不复之事见《左传·僖公四年》、《史记·周本纪》、《吕氏春秋·音初》等载。

穆王命伯冏为周太仆正，作《冏命》。

按：伯冏，为周太仆正，生卒年不详。《书序》曰："穆王命伯冏为周太仆正，作《冏命》。"《冏命》篇已佚，今见于古文《尚书》者，不可尽信。原不系年，今姑次于此。

穆王命君牙为大司徒，作《君牙》。

按：《书序》曰："穆王命君牙为周大司徒，作《君牙》。"《君牙》篇已佚，今见于古文《尚书》者，不可尽信。宋代吕祖谦认为本篇作于周穆王初年，姑次于此。

周穆王满十二年　前965年

穆王将伐□戎，祭公谋父谏之，论德与刑及"五服"制度。

按：据《国语·周语上》、《史记·周本纪》、《逸周书·祭公》等书记载，祭公提出"耀德不观兵"之德治思想，提倡继承周先王先德后刑之传统。并提到"五服"（甸服、侯服、宾服、要服、荒服）制度。

周穆王满十七年　前960年

传穆王西至昆仑丘，与西王母相见。其年西王母来朝，宾于昭宫。

按：《穆天子传》卷三曰："吉日甲子。天子宾于西王母。乃执白圭玄璧，以见西王母好献锦组百纯，□组三百纯西王母再拜受之。□乙丑，天子觞西王母于瑶池之上。西王母为天子谣，曰：白云在天，山陵自出。道里悠远，山川间之，将子无死，尚能复来。天子答之曰：予归东土，和治诸夏。万民平均，吾顾见汝。比及三年，将复而野。天子遂驱升于弇山，乃纪丌迹于弇山之石而树之槐。眉曰西王母之山。西王母之山还归丌□世民作忧以吟曰：比徂西土，爰居其野。虎豹为群，于鹊与处。嘉命不迁，我惟帝天子大命而不可称顾世民之恩，流涕茻陨，吹笙鼓簧，中心翱翔。世民之子，惟天之望。"揆穆王与西王母唱酬诗意，此人王之西王母当亦由中土"徂彼西土"者。又西王母或系西北某一部落女首领，后来与神话人物西王母混同一人。《穆天子传》（原称《周王游行》）六卷系战国时人根据穆王西行故事与西王母之神话传说，结合当时地理知识、少数民族情况等编撰成书。今本系晋代从汲冢中出土竹简整理而成，具有较高文学价值。

周穆王满二十一年　前956年

祭公谋父卒，临终前告穆王勤政守位之事，史录君臣问答之语而作《祭公》。

按：祭公谋父（生年不详），周公旦之后代，穆王时为王室卿士。《祭公》篇见于《逸周书》。《礼记·缁衣》引《叶公之顾命》曰："毋以小谋败大作，毋以嬖御人疾庄后,毋以嬖御士疾庄大夫卿士。"其文即见于《祭公》,清朱彬《礼记训纂》曰:"此文载《逸周书·祭公解》,盖祭公疾革,告穆王之言。'祭'字误作'叶'耳。"《今本竹书纪年》曰:"穆王二十一年,祭文公薨。"今据以系年。另,新近发现之清华简有相当完整之《祭公》篇,可证其确为西周作品(参见2010年1月19日《文汇报》第一版《两千年后首见古文〈尚书〉》一文)。

周穆王满二十四年　前953年

正月,穆王使左史戎夫记史之大事可为借鉴者,朔望讲述之。

按:《逸周书·史记解》曰:"维正月王在成周,昧爽,召三公、左史戎夫,曰:'今夕朕寤,遂事惊予。'乃取遂事之要戒,俾戎夫主之,朔望以闻。"《今本竹书纪年》以此为是年事。

周穆王满二十七年　前950年

卫作簋,铭记其三月戊戌受穆王册命、赏赐之事。

按:《二十七卫簋》,1975年陕西岐山董家村出土。同出有三年卫盉、五年卫盉、九年卫鼎等器,现藏陕西历史博物馆。《断代工程报告》断为是年器。

周穆王满三十年　前947年

虎作簋,铭记其四月初吉受穆王册命、赏赐之事。

按:《虎簋盖》,1996年陕西丹凤山沟村出土。《断代工程报告》断为是年器。

周穆王满三十四年　前943年

鲜作簋,铭记其五月戊午受穆王禘祀昭王及其受褒奖、赏赐之事。

按:《鲜簋》,早年出土,现藏法国吉美博物馆。《断代工程报告》断为是年器。

周穆王满五十一年　前926年

吕侯作《吕刑》。

按:吕侯(一说甫侯)言于王,修刑辟,故作《吕刑》以告四方。《吕刑》见今、古文《尚书》。依《吕刑》所记,周刑律有五:一曰墨刑一千条;二曰劓刑一千条;三曰剕刑五百条;四曰宫刑三百条;五曰大辟二百条。共三千条。五刑用以惩治奴隶和百姓。又定赎刑:墨刑罚黄铜百锾;劓刑二百;剕刑五百;宫刑六百;大辟千锾。赎刑以为贵族。穆王告诫官伯族姓,惟敬五刑,"其宁惟永"(原不系年,从《今本竹书纪年》)。

周穆王满五十五年(周共王繄扈元年)　前922年

穆王崩,子繄扈立,是为共(恭)王。

按:《太平御览》八四引《史记》言穆王在位五十五年,《通鉴外纪》同。《史记·周本纪》曰:"穆王立五十五年,崩,子共王繄扈立。"《国语·周语上》作"恭王"。

师訇作簋,铭记二月庚寅共王令其夹辅王室、勿使王陷于艰难之命辞。

按:《师訇簋》,早年出土,器今不见。《断代工程报告》断为是年器。

周穆王时青铜器尚有:《裘卫鼎》、《长甶盉》、《遹簋》、《柬鼎》、《班簋》、《静簋》、《丰尊》、《丰卣》等。

传穆王时之著述。

按:据《逸周书·周书序》,传穆王时著作尚有:

穆王遭大荒,谋救患分灾,作《大匡》。

穆王思保位惟难,恐贻世羞,欲自警悟,作《史记》。

王化虽弛,天命方永,四夷八蛮,攸尊王政,作《职方》。

晋侯尚力,侵我王略,叔向闻储幼而果贤,□复王位,作《太子晋》。

王者德以饰躬,用为所佩,作《王佩》。

周共王繄扈三年　　前920年

卫作盉,铭记三月壬寅以物易田之事。

按:《卫盉》为1957年陕西岐山董家村出土之青铜器。其铭文载裘卫以瑾璋、赤琥、鹿皮披肩、蔽膝等物交换贵族矩伯"十三田",执政大臣令三有司主持田地移交。此说明了当时之土地交易的情况,极为珍贵。《断代工程报告》断为是年器。

师遽作簋,铭记四月辛酉受共王赏赐之事。

按:《师遽簋》,相传陕西岐山出土。《断代工程报告》断为是年器。

周共王繄扈五年　　前918年

裘卫作鼎,铭记正月初吉划分田界之事。

按:《共王五年卫鼎》,此鼎铭文载裘卫控告贵族邦君厉,执政大臣判邦君厉付给裘卫"四田",并令三有司至现场勘明田地四界。《断代工程报告》断为是年器。

周共王繄扈八年　　前915年

齐生鲁作鼎,铭记十二月丁亥为其文考乙公作器。

按:《齐生鲁方彝盖》,1981年陕西岐山董家村出土。《断代工程报告》断为是年器。

周共王緊扈九年　前914年

裘卫作鼎,铭记正月庚辰以物易地之事。

按:《共王九年卫鼎》,此鼎铭文载裘卫以车辆、绢帛、马匹等物与矩伯交换一个"里"。西周规定"田里不鬻",《卫盉》、《卫鼎》铭文透露了当时井田制崩溃之信息。《断代工程报告》断为是年器。

周共王緊扈十二年　前911年

走作簋,铭记三月庚寅受共王册命之事。

按:《走簋》,已佚,铭载《西清续鉴甲编》。《断代工程报告》断为是年器。

周共王緊扈十三年　前910年

无吴作簋,铭记正月壬寅受共王马匹之赐。

按:《无吴簋》,现藏中国历史博物馆。《断代工程报告》断为是年器。

周共王緊扈十五年　前908年

趞曹作簋,铭记五月壬午共王于新宫行射礼及其受赐之事。

按:《十五年趞曹鼎》,现藏上海博物馆。《断代工程报告》断为是年器。

周共王繄扈二十年　前903年

休作盘，铭记正月甲戌受共王受赐之事。

按：《休盘》，现藏南京博物馆。《断代工程报告》断为是年器。

周共王繄扈二十三年　前900年

共王崩，子囏立，是为懿王。

按：《太平御览》八四引《帝王世纪》言共王在位二十年，《通鉴外纪》言在位十五年，《断代工程报告》断共王在位二十三年。

史墙作盘，铭记周王及其微氏祖先之明德。

按：《史墙盘》，1976年陕西扶风庄出土。其铭文歌颂文、武、成、康、昭、穆诸王业绩，并自叙家业，为研究西周历史文化极重要之资料。字体工整，笔画圆润有力，线条流畅，为金文书法之珍品。《断代工程报告》断为是年器。

公元前900年，《梨俱吠陀》约于此间编成。

周懿王囏元年　前899年

懿王元年，天再旦于郑。

按：见《古本竹书纪年》。"天再旦"即两次天亮，说明此年曾于一日黎明之后又发生过日全食。韩国方善柱《西周年代学上的几个问题》认为古本《纪年》所记此次日食，为发生于是年4月20日之环食。1997年3月刘次沅、周晓陆利用新疆塔城地区日全食恰在日出前生食甚之机会，于数十个观测点作了无光度定量观测，目验了"天再旦"之实况，证明古本《纪年》记载属于日食之可信性。他们利用现代天文学方法推算，认为"天再旦"发生于此年4月21日，其说与方善柱所说近同（参朱凤瀚、张荣明《西周诸王年代研究述评》，载《西周诸王年代研究》，贵州人民出版社1998年）。

师虎作簋，铭记六月甲戌懿王令其继承祖考职事。

按：《师虎簋》，现藏上海博物馆。《断代工程报告》断为是年器。

曶作鼎，铭记六月乙亥受懿王册命、四月丁酉讼效父背约及索赔于匡季三事。

按：《曶鼎》，传出土于陕西。《断代工程报告》断为是年器。

周懿王囏二年　前898年

吴作彝器，铭记二月丁亥受懿王册命之事。

按：《吴方彝盖》，旧为吴大澂所藏。《断代工程报告》断为是年器。

趞作尊，铭记三月乙卯懿王令其继承父祖业绩之册命。

按：《趞尊》，现藏上海博物馆。《断代工程报告》断为是年器。

周懿王囏七年　前893年

牧作簋，铭记十三月甲寅懿王令其辅佐百僚，敬狱恤刑之命辞。

按：《牧簋》，原器早佚，《考古图》有载。《断代工程报告》断为是年器。

周懿王囏八年　前892年

懿王囏卒，共王之弟辟方立，是为孝王。

按：《太平御览》八四引《史记》言懿王在位二十五年，《通鉴外纪》同。《断代工程报告》断懿王在位八年，今从之。

周共王、懿王时青铜器尚有《九年乖伯簋》、《十二年永盂》、《效卣》、《三年王臣簋》、《望簋》等。

据丁晏《毛诗谱考证》，出于周懿王时之诗有：

《齐风》——《鸡鸣》《还》《著》《东风之日》《东方未明》。

周孝王辟方元年　前891年

师旋作簋,铭记四月甲寅受孝王册命。

按:《元年师旋簋》,1961年陕西长安张家坡出土。《断代工程报告》断为是年器。

师颖作簋,铭记九月丁亥孝王重申先王之命,令其作司士并给予赏赐。

按:《师颖簋》,《断代工程报告》断为是年器。

周孝王辟方三年　前889年

达作盨,铭记五月壬寅受孝王赏赐之事。

按:《达盨》,1985年陕西长安张家坡出土。《断代工程报告》断为是年器。

周孝王辟方四年　前888年

散伯车父八月丁亥为鄩姞作鼎。

按:《散伯车父鼎》,1960年陕西陕西扶风召陈出土。《断代工程报告》断为是年器。

周孝王辟方五年　前887年

师旋作簋,铭记九月壬午受孝王册命。

按：《五年师旋簋》，1961年陕西长安张家坡出土。《断代工程报告》断为是年器。

周孝王辟方六年　前886年

孝王崩，诸侯复立懿王太子燮，是为夷王。

按：《太平御览》八四引《史记》言孝王在位十五年，《通鉴外纪》同。《断代工程报告》断孝王在位六年。

周夷王燮元年　前885年

师毁作簋，铭记正月丁亥龢毁父令其主家内外事之命。

按：《师毁簋》，已佚。《断代工程报告》断为是年器。

周夷王燮二年　前884年

王臣作簋，铭记三月庚寅受夷王册命。

按：《王臣簋》，1977年陕西澄城出土。《断代工程报告》断为是年器。

周夷王燮三年　前883年

师兑作簋，铭记二月丁亥受夷王册命。

按：《三年师兑簋》，现藏上海博物馆。《断代工程报告》断为是年器。

周厉王胡八年　前 870 年

芮良夫论德与利,作《芮良夫》。

按:芮良夫,周卿士,生卒年不详。《今本竹书纪年》曰:"厉王八年,芮良夫戒百官于朝。"《逸周书》有《芮良夫》篇。据黄怀信考证,《芮良夫》篇文辞较古,当属西周旧作,为史官所记(《〈逸周书〉源流考辨》第 125 页)。

周厉王胡十一年　前 867 年

师𠭰作簋,铭记九月丁亥受厉王册命事。

按:《师𠭰簋》,现藏上海博物馆。《断代工程报告》断为是年器。

周厉王胡十二年　前 866 年

大师虘作簋,铭记正月甲午受厉王虎裘之赐。

按:《大师虘簋》,相传 1941 年陕西西安出土。《断代工程报告》断为是年器。

大作簋,铭记三月丁亥受厉王赏赐事。

按:《大簋》,有二器,分藏中国历史博物馆与瑞典斯德哥尔摩皇宫。《断代工程报告》断为是年器。

周厉王胡十三年　前 865 年

厉王作宗周钟,铭记南国服子进犯中原,周师反击,夺其城邑,南夷、东夷二十六国来朝。

按：《宗周钟》，现藏台北故宫博物院，为现存最大甬钟。于省吾《双剑誃吉金文选》评此铭曰："渊奥宏朗，体势骏迈。惟《诗》、《书》有此境界。"张政烺《周厉王胡簋释文》断为是年器（《古文字研究》第三辑，中华书局）。

师望作簋，铭记六月戊戌受厉王册命事。

按：《师望簋》，器早佚，铭见《筠清馆金文》卷三。《断代工程报告》断为是年器。

癲作壶，铭记九月戊寅受厉王赏赐事。

按：《十三年癲壶》，1976年陕西扶风庄出土。《断代工程报告》断为是年器。

周厉王胡十五年　前863年

大作鼎，铭记三月丁亥厉王行飨礼及受马匹之赐事。

按：《大鼎》，有二器，铭文同。一现藏故宫博物院，一现藏台北故宫博物院。《断代工程报告》断为是年器。

周厉王胡十六年　前862年

伯克作壶，铭记七月乙未受白太师赏赐事。

按：《伯克壶》，出土于陕西岐山，器早佚，铭见《博古图录》。《断代工程报告》断为是年器。

周厉王胡二十六年　前852年

番匊生作壶，铭记十月乙卯为孟妃姜作器。

按：《番匊生壶》，现藏美国旧金山亚洲艺术博物馆。《断代工程报告》断为是年器。

周厉王胡二十八年　前850年

寰作盘，铭记五月庚寅受厉王册命事。
按：《寰盘》，现藏故宫博物院。《断代工程报告》断为是年器。

周厉王胡三十一年　前847年

鬲攸从作鼎，铭记三月壬辰讼攸卫牧于王并使攸卫牧誓盟之事。
按：《鬲攸从鼎》，现藏日本黑川古文化研究所。《断代工程报告》断为是年器。

周厉王胡三十三年　前845年

晋侯苏作钟，铭记其受王命征伐得王赏赐之事。
按：《晋侯稣编钟》，1992年于山西沃北赵晋侯墓地出土。其铭文证明《史记·周本纪》所载厉王共三十七年不误（膳夫山鼎纪年为三十七年，当为厉王最后一年）。还证明王国维《生霸死霸考》所说金文月相四分说不误，对夏商周断代工程有重要价值（李学勤《晋侯苏编钟的时、地、人》，《中国文物报》1996年12月1日；又《膳夫山鼎年世的确定》，均收入《夏商周年代学札记》）。《断代工程报告》断为是年器。

周厉王胡三十四年　前844年

召公谏厉王弭谤。
按：据《国语·周语》记载，厉王实现专制，政治暴虐。国人谤王。王使卫巫监谤,杀谤者,自诩能"弭谤"。召公以"防民之口,甚于防川"之譬喻劝谏厉王,认为应让民众讲话,否则"水壅而溃,伤人必多",厉王不听。召公谏云天子应"使公卿至于列士献诗,瞽献曲,史献书,师箴,瞍赋,矇诵,百工谏,庶人传语,近臣尽规,亲戚补察,瞽史教诲,耆艾修之",然后由国君斟酌以行事。

诸侯刺王暴虐无亲,不欲朝王而作《菀柳》(《诗·小雅》)。

按:《毛序》曰:"《菀柳》,刺幽王也。暴虐无亲,而刑罚不中,诸侯皆不欲朝。言王者之不可朝事也。"然魏源《诗古微》:"征以厉王诸诗,一则曰'上帝板板',再则曰'荡荡上帝',与此《菀柳》'上帝其蹈',皆监谤时不敢斥言而托讽之同文也。"今从之而系于是年。

凡伯作《板》(《诗·大雅》),以刺厉王。

按:凡伯,不详何人。或以为与幽王时作《瞻卬》、《召旻》之诗者非同一人。《毛序》曰:"《板》,凡伯刺厉王也。"今据此姑系于是年。

召穆公以厉王无道,作《荡》(《诗·大雅》),伤周室大坏。

按:《毛序》曰:"《荡》,召穆公伤周室大坏也。厉王无道,天下荡荡,无纲纪文章,故作是诗也。"

周厉王三十七年暨共和元年(鲁真公濞十五年 齐武公寿十年 晋靖侯宜臼十八年 秦秦仲四年 楚熊勇七年 宋釐公举十八年 卫釐侯十四年 陈幽公宁十四年 蔡武侯二十三年 曹夷伯喜二十四年 燕惠侯二十四年) 庚申 前841年

周厉王"专利作威,佐乱进祸",致使国人财力穷尽。于是国人暴动,攻厉王,王逃于彘。太子靖匿于召公之家,国人闻而围之,召公乃以己子代太子,太子得免。是时,王在彘,召公、周公二相行政,号曰"共和"。自是,西周分崩离析。

按:"共和"有二说,一说自《史记·周本纪》,云:"召公、周公二相行政,号曰共和。""共和"意为周、召二公共同行政。一说自《史记索隐》引古本《竹本纪年》曰:"共伯干王位。"《吕氏春秋·开春》曰"共伯和修其行,好贤仁",受诸侯拥戴,故号称"共和"。另有共伯和即卫武公之说。自是年起,中国历史始有传世文献记载之准确纪年。

芮良夫作《桑柔》,伤厉王贪暴而乱国。

按:《毛序》曰:"《桑柔》,芮伯刺厉王也。"《世本》:"芮,姬姓。厉王时芮伯,芮良夫也。"吴闿生《诗义会通》曰:"今考诗明言'天降丧乱,灭我立王',必非无故而为此危悚之词,其为厉王流彘后作甚明。其时天下已乱,芮伯盖忧乱亡之至,而追原祸本,作为此诗。"今从之而系于是年。

东国困于役而伤于财,谭大夫告病刺乱而作《大东》(《诗·小雅》)。

按:《毛序》曰:"《大东》,刺乱也。东国困于役而伤于财,谭大夫作是诗,以告病焉。"

善夫山作鼎,铭记正月庚戌受周王册命事。

按:《膳夫山鼎》,相传陕西扶风出土。《断代工程报告》断为是年器。

散氏作盘,铭记其与矢之间因土地之争而区画疆界、盟誓定约之事。

按:《散氏盘》,现藏台北故宫博物院。唐兰《西周青铜器铭文分代史徵》、马承源《中国青铜器》断为厉王时器。

厉王时青铜器尚有:《禹鼎》、《敔簋》、《南宫柳鼎》、《虢仲盨》、《伯大祝追鼎》、《伯窥父盨》等。

据丁晏《毛诗谱考证》,出于周厉王时诗尚有:

《桧风》——《羔裘》《素冠》《隰有长楚》《匪风》。

《陈风》——《宛丘》《东门之枌》。

《大雅》——《抑》。

周共和十四年　癸酉　前828年

厉王死于彘,子静立,是为宣王。

按:《史记·周本纪》曰:"共和十四年,厉王死于彘,太子静长于召公家,二相乃共立之为王,是为宣王。"

周宣王静元年(楚熊霜元年)　甲戌　前827年

虢文公谏周宣王,论"民之大事在农"。

按:虢文公,周宣王卿士,生卒年不详。《国语·周语上》载,宣王时"不籍千亩"。虢文公谏:民之大事在农,古人"三时务农而一时讲武,故征则有威,守则有财……今天子欲修先王之绪而弃其大功,匮神乏祀而困民之财,将何以求福用民?"又曰:"古者太史顺时覛土,阳瘅愤盈,土气震发……太史告稷曰:自今至于初吉,阳气俱蒸,土膏其动。……稷则偏诫百姓,纪农协功,曰:阴阳分布,震雷出滞,土不备垦,辟在司寇。"于此说明其时已用"气"与"阴阳"之概念。

流民自述辛劳而作《鸿雁》(《诗·小雅》)。

按:《毛序》曰:"《鸿雁》,美宣王也。万民离散,不安其居,而能劳来还定安集之,至于矜寡,无不得其所焉。"朱熹《诗集传》则以为:"流民以鸿雁哀鸣自比而作此歌也。"郑笺:"宣王承厉王衰乱之敝而起,兴复先之道,以安集众民为始也。"今从之而系于是年。

召穆公和乐宗室,抚慰公侯世卿而作《常棣》(《诗·小雅》)。

按:《左传·僖公二十四年》曰:"召穆公思周德之不类,故纠合宗族于成周而作诗,曰:'常棣之华,鄂不韡韡;凡今之人,莫如兄弟'其四章曰:'兄弟阋于墙,外御其侮。'"《中国文学编年史·周秦卷》(第61页)从赵逵夫说以为此诗为宣王初立,召伯虎为团结宗族兄弟共辅宣王而作。今从之说而系于是年。

辅国大臣作《伐木》(《诗·小雅》)。

按:《毛序》曰:"《伐木》,燕朋友故旧也。自天子至于庶人,未有不须友以成者。亲亲以睦,友贤不弃,不遗故旧,则民德归厚矣。"《中国文学编年史·周秦卷》(第61、62页)从赵逵夫说以为此诗为宣王初立时辅臣之作。今从之说而系于是年。

宣王行冠礼,辅国大臣作《假乐》以为冠礼之辞(《诗·大雅》)。

按:魏源《诗古微·诗序集义》曰:"《假乐》,美周宣之德也。宣王能顺天地,祚之子孙千亿,卿士多贤,皆德获天佑所致也。"《中国文学编年史·周秦卷》(第62、63页)从赵逵夫说以为此诗为宣王初立时行冠礼之词。今从其说而系于是年。

召伯虎作《天保》(《诗·小雅》),祝福宣王即政。

按:《毛序》曰:"《天保》,下报上也。君能下下以成其政,臣能归美以报其上焉。"姚际恒《诗经通论》以为"臣致祝于君之词",方玉润《诗经原始》以为"祝君福也",《中国文学编年史·周秦卷》(第63页)从赵逵夫说以为此诗为召公致政于宣王之时,祝贺宣王亲政之词。今从之说而系于是年。

宣王燕群臣嘉宾而有《鹿鸣》(《诗·大雅》)之作。

按:《毛序》曰:"《鹿鸣》,燕群臣嘉宾也。既饮食之,又实币帛筐筥,以将其厚意,然后忠臣嘉宾得尽其心矣。"《中国文学编年史·周秦卷》(第64页)从赵逵夫说以为此诗或作于宣王即位之初,为宣王燕群臣嘉宾,团结大臣,共理朝纲之作。今从其说而系于是年。

周宣王静二年　乙亥　前826年

遣作簋,铭记正月丁亥受周王册命事。

按:《遣簋》,早佚,铭见《考古图》。《断代工程报告》断为是年器。

周宣王静三年　丙子　前825年

颂作鼎,铭记五月甲戌受周王册命事。

按：《颂鼎》，现藏上海博物馆。《断代工程报告》断为是年器。

周宣王静五年　戊寅　前823年

兮甲作盘，铭记三月庚寅从周王伐玁狁，得马匹，驹车之赐及受王命治成周四方积以至于南淮夷之事。

按：《兮甲盘》，器今无下落。《断代工程报告》断为是年器。

尹吉甫作《六月》(《诗·小雅》)，述宣王北伐。

按：尹吉甫，号伯吉父。生卒年不详。《诗·小雅·六月》所述为周宣王北伐之事。《毛诗序》曰："《六月》，宣王北伐也。"《兮甲盘》记此事曰："唯五年三月，既死霸庚寅，王初各伐玁狁于䛒𢿌，兮甲从王，折首执讯，休，亡敃。"兮甲即尹吉甫，有学者以为《六月》作者即尹吉甫(刘毓庆《雅颂新考》第217页)。或以为《六月》诗末章有"吉甫燕喜，既多受祉。……侯谁在矣？张仲孝友"之句，而断为张仲为尹吉甫所作(《中国文学编年史·周秦卷》第69页)。今从前说。若此说不误，尹吉甫当为我国上古时代可确定之第一位诗人。《诗》中尚有另外二首署名为其所作之诗，一是《大雅·崧高》，诗曰："吉甫作诵，其诗孔硕，其风肆好，以赠申伯。"另一是《大雅·烝民》，诗曰："吉甫作诵，穆如清风，仲山甫永怀，以慰其心。"此外，《大雅》中的《韩奕》、《江汉》两篇，《毛诗序》亦云为尹吉甫所作。除以上五篇外，今人刘毓庆认为《小雅》之《车攻》、《吉日》，《大雅》之《云汉》、《常武》等，也可能与尹吉甫有关(见《雅颂新考》"诗人尹吉甫"节，山西高校出版社1996年)。

仍叔作《云汉》(《诗·大雅》)。美宣王遇旱而惧，侧身修行。

按：仍叔，周大夫。生卒年不详。《毛序》曰："《云汉》，仍叔美宣王也。宣王承厉王之烈，内有拨乱之志，遇灾而惧，侧身修行，欲销去之。天下喜于王化复行，百姓见忧，故作是诗也。"今从《中国文学编年史·周秦卷》(第66页)之说而系于是年。

周宣王静六年(晋献侯元年)　己卯　前822年

召穆公受王命伐淮夷，归来受赏而作《江汉》，又美宣王平定徐之乱而作《常武》诗(均见《诗·大雅》)。

按：《毛序》曰："《江汉》，尹吉甫美宣王也，能兴衰拨乱，命召公平淮夷。""《常武》，召穆公美宣王也。"《中国文学编年史·周秦卷》(第66页)从赵逵夫说以为此二篇诗皆召穆公所作。今从其说而系于是年。

周宣王静八年　辛巳　前820年

不其作簋，铭记伯氏命其伐玁狁及所受弓、矢、臣、田之赐。

按：《不其簋》，其盖早年出土，藏中国历史博物馆，器身于1980年山东滕县后荆沟村出土，现藏滕州博物馆。李学勤《秦国文物的新认识》(《文物》1980年9期)断为是年器。

诗人作《斯干》咏宣王筑宫室寝庙，作《无羊》诗咏牧事有成牛羊众多(均见《诗·小雅》)。

按：《毛序》曰："《斯干》，宣王考室也。"郑笺："德行国富，人民殷众，而皆佼好，骨肉和亲。宣王于是筑宫庙群寝，既成而衅之，歌《斯干》之诗以落之。"《毛序》曰："《无羊》，宣王考牧也。"陈奂《诗毛氏传疏》、胡承珙《毛诗后笺》等认为二诗言宣王遭乱中兴之事。今姑且系于是年。

周宣王静九年　壬午　前819年

诗人作《车攻》、《吉日》美宣王田于东都西都(均见《诗·小雅》)。

按：《毛序》曰："《车攻》，宣王复古也。宣王能内修政事，外攘夷狄，复文武之竟土。修车马，备器械，复会诸侯于东都，因田猎而选车徒焉。""《吉日》，美宣王也。能慎微接下，无不自尽以奉其上焉。"今从《中国文学编年史·周秦卷》(第68页)之说而系于是年。

宣王会诸侯于东都讲习武事，诸侯美之而作《瞻彼洛矣》；宣王美诸侯在威仪而作《裳裳者华》；宣王燕飨诸侯，诸侯作《桑扈》(均见《诗·小雅》)。

按：《毛序》以为上述三篇皆为刺幽王之作。朱熹《诗集传》于《瞻彼洛矣》则曰："此天子会诸侯于东都以讲武事，而诸侯美天子之诗。"于《裳裳者华》则曰："此天子美诸侯之辞，盖以答《瞻彼洛矣》也。"于《桑扈》则曰："此亦天子燕诸侯之作。"学者多以为三篇为一组诗。今从《中国文学编年史·周秦卷》(第68页)之说而系于是年。

周宣王静十二年　乙酉　前816年

虢季子作盘，铭记正月初吉丁亥因伐玁狁有功而受周王赏赐之事。

按：《虢季子白盘》，清道光间陕西宝鸡虢川司出土。盘长1302厘米宽827厘米，高413厘米，为传世最大之西周青铜器。此盘铭文载王命虢季子白"搏伐玁狁，于洛之阳，折首五百，执讯五十"，是谓虢季子白奉王命征伐玁狁，有所俘获，受赏于周，遂铸青铜巨盘以为纪念。铭文多为四字韵文，有较高文学价值。又字体规整，笔画遒劲流畅，为金文书法珍品。《断代工程报告》断为是年器。

南钟伐玁狁，凯旋归来，作《出车》叙其事（《诗•小雅》）。

按：蔡邕《谏伐鲜卑议》曰："周宣王命南仲、吉甫攘狁玁狁。"王国维《鬼方昆夷玁狁考》以《出车》为宣王时诗。今从《中国文学编年史•周秦卷》（第69页）之说而系于是年。

诗人作《采芑》（《诗•小雅》），咏方叔南征蛮荆，克敌制胜。

按：《毛序》曰："《采芑》，宣王南征也。"郑笺："方叔先与吉甫征伐玁狁，今特往伐蛮荆，皆使来服于宣王之威，美其功之多也。"今从《中国文学编年史•周秦卷》（第70页）之说而系于是年。

从军征伐玁狁士兵在归来之时，感时伤事而作《采薇》（《诗•小雅》）。

按：《毛序》次《采薇》为文王时作品，王先谦《诗三家义集疏》批评《毛序》曰："次于文王之世，可谓谬也。"王国维《鬼方昆夷玁狁考》曰："征之古器，则凡纪玁狁事者，亦皆宣王时器。"今从《中国文学编年史•周秦卷》（第70页）之说而系于是年。

宣王时，燕飨、祝福而有《鱼丽》、《南有嘉鱼》、《南山有台》之作。（皆见《诗•小雅》）。

按：《毛序》于《鱼丽》曰："美万物盛多能备礼也。文、武以《天保》以上治内，《采薇》以下治外。始于忧勤，终于逸乐，故美万物盛多，可以告于神明矣。"于《南有嘉鱼》曰："乐与贤也。太平之君子至诚，乐与贤者共之也。"于《南山有台》曰："乐得贤也。得贤则能为邦家立太平之基矣。"但毛氏此说多不行。朱熹《诗集传》以为三篇为"燕飨通用之乐歌"。今从《中国文学编年史•周秦卷》（第71页）之说而系于是年。

从军兵士之家室思念丈夫，而有《杕杜》（《诗•小雅》）之作。

按：《毛序》曰："《杕杜》，劳还役也。"其说不行。《中国文学编年史•周秦卷》（第71页）以为此诗当是室家思念从役丈夫之作。今从之说而系于是年。

行役之徒咏召穆公奉王命为申伯营谢而作《黍苗》（《诗•小雅》）。

按：周宣王封其母舅于申地为申伯，召穆公奉王命经营申地，营建谢城作为国都。《毛序》谓此篇为刺幽王，陈奂《诗毛氏传疏》以为陈古以刺今，皆不确。《中国文学编年史•周秦卷》（第71页）以为此诗当是召伯营谢功成归来时徒役之作。今从其说而系于是年。

尹吉甫作《崧高》（《诗•大雅》），送申伯徙封于谢。

按：此篇末章曰："吉甫作诵，其诗也硕，其风肆好，以赠申伯。"证其为吉甫所作。今从《中国文学编年史·周秦卷》(第72页)之说而系于是年。

尹吉甫作《韩奕》(《诗·大雅》)，咏韩侯入觐，受宣王策命赏赐，归国便道亲迎。

按：《毛序》曰："《韩奕》，尹吉甫美宣王也。能锡命诸侯。"今从《中国文学编年史·周秦卷》(第72页)之说而系于是年。

周宣王静十三年　丙戌　前815年

尹吉甫作《烝民》(《诗·大雅》)，送仲山甫受王命筑城于齐。

按：《毛序》曰："《烝民》，尹吉甫美宣王也。任贤使能，周室中兴焉。"诗篇末章曰："吉甫作诵，穆如清风。"是作者为尹吉甫之证。朱熹《诗集传》曰："宣王命樊侯仲山甫筑城于齐，而尹吉甫作诗以送之。"较毛氏说为优。今从《中国文学编年史·周秦卷》(第73页)之说而系于是年。

中兴大臣挽留贤臣而作《白驹》(《诗·小雅》)。

按：《毛序》曰："《白驹》，大夫刺宣王也。"郑笺："刺其不能留贤也。"《中国文学编年史·周秦卷》(第73页)从陈子展《诗三百解题》以此诗"当是所谓贤臣引退、同僚讽劝留职之诗"。今从其说而系于是年。

周宣王静十六年　己丑　前812年

克作钟，铭记九月庚寅以王命率循泾东至于京师，受宣王赏赐之事。

按：《克钟》，相传1890年于陕西扶法门寺任村出土，现存五件。《断代工程报告》断为是年器。

周宣王静十七年　庚寅　前811年

此作鼎，铭记十二月乙卯受宣王册命之事。

按：《此鼎》，1975年于陕西陕西岐山董家村出土。《断代工程报告》断为是年器。

周宣王静十八年　辛卯　前810年

　　善夫克作盨,铭记十二月庚寅受宣王册命之事。
　　按:《克盨》,相传1890年于陕西扶法门寺任村出土,共两件,其中一件现藏美国芝加哥美术馆。《断代工程报告》断为是年器。
　　吴虎作鼎,铭记十三月丙戌宣王重申先王之命,授其土地之事。
　　按:《吴虎鼎》,1992年于陕西长安县中店乡徐家寨村出土。《断代工程报告》断为是年器。

公元前810年,希腊多利安人建科林斯城。

周宣王静二十年　癸巳　前808年

　　诗人美宣王勤于早朝而作《庭燎》(《诗·小雅》)。
　　按:《毛序》曰:"《庭燎》,美宣王也。因以箴之。"今从《中国文学编年史·周秦卷》(第75页)之说而系于是年。

周宣王静二十七年　庚子　前801年

　　伊作簋,铭记正月丁亥受宣王册命之事。
　　按:《伊簋》,现为日本小川氏收藏。《断代工程报告》断为是年器。

周宣王静三十二年　乙巳　前796年

　　宣王伐鲁,诛伯御,立鲁孝公,诸侯不睦,诗人戒王而作《沔水》(《诗·

小雅》)。

  按：《毛序》曰："《沔水》,规宣王也。"陈启源《毛诗稽古编》曰："《周语》：'三十二年,宣王伐鲁,立孝公,诸侯从是而不睦。'不睦,则朝宗之典缺矣。宣王废长立少,仲山甫谏而不听,终致鲁人弑、立。鲁之乱,宣王为之也,何以服诸侯乎,宜有不朝者矣。《沔水》诗,其作于三十二年之后乎？"今从其说而系于是年。

周宣王静三十九年　壬子　前789年

宣王始"料民"。

  按：周宣王攻姜氏之戎,败于千亩；又用兵于东南淮夷、徐戎,也告失利。民不肯尽力于公田,民卒流亡,乃料民（调查户口人丁,企图补充军队）于太原。仲山甫谏曰："民不可料也！无故而料民,天之所恶也,害于政而妨于后嗣。"王不听,卒料民。此实为我国最早统计人口之记载。宣王"料民"之史实也反映了春秋时各国之"书社"组织。所谓"书社"是说井田公社把公社内所有户口、土地数字制成清册上缴于最高统治者国王或国君,以便于统治者直接了解人口数字与土地多少,作为向公社农民征收各种赋税之依据。因要制成名籍,书于版图,故称为"书社"。春秋时在各诸侯国,当土地之公社所有制即井田制由定期分配变为永久占有之后,皆先后出现整理户籍之记载。如齐国在"相地而衰征"后,有"正户籍"和"户籍田结"之记载（分别见于《管子》《国蓄》和《禁藏》篇）。晋国在"作爰田"之后,也有"损其户数"（见《国语·晋语九》）,即整理户籍之记录。"料民"之后,统治者将公社农民通过户籍与国家直接发生关系,从而把农民束缚在土地上,永远提供税役,此即中国编户齐民之始。

宣王战于千亩,王师败绩于姜氏之戎,军士怨而作《祈父》（《诗·小雅》）。

  按：《毛序》曰："《祈父》,刺宣王也。"今从《中国文学编年史·周秦卷》（第76页）之说而系于是年。

周宣王静四十五年　戊午　前783年

正考父得《商颂》十二篇于周太师,以《那》为首,归以祀其先王。

  按：正考父,宋大夫,生卒年不详。《诗·商颂·那》序曰："微子至于戴公,其间礼乐废坏。有正考甫者,得《商颂》十二篇于周之太师,以《那》为首。"今则仅存五首。今从《中国文学编年史·周秦卷》（第78页）之说而系于是年。

周宣王静四十六年　己未　前782年

宣王卒，子宫涅立，是为幽王。

按：《史记·周本纪》、《通鉴外纪》、《今本竹书纪年》、《断代工程报告》并断宣王在位46年。宣王时"内修政事，外攘夷狄，复文武之境土"，史称宣王中兴。

毛公作鼎，铭记周王令其夹辅王室之命辞。

按：《毛公鼎》，相传陕西岐山出土。共有铭文497字，记宣王诰诫和褒赏其臣下毛公之事，还反映出统治不稳之情形。《毛公鼎》为现存铭文最长之青铜器。学界公认《毛公鼎》为宣王时器，惟不知何年所作，姑系之于是年。

琱生作簋，铭记其以物请君氏使召伯虎息土地之讼，召伯虎平定狱讼之事。

按：《琱生簋》，共两件，一称"五年琱生簋"，现藏美国耶鲁大学博物馆；一称"六年琱生簋"，现藏中国历史博物馆。两器或原为一对，铭文分铸，合读则为完篇。唐兰《两周青铜器铭文分代史征》断为宣王时器，惟不知何年所作，今系之于是年。又近年新发现一件琱生尊，与上述两件琱生簋合称"琱生三器"（见《文物》2007年第8期）。

逨作盘，铭记周王之册命，并历述其先祖辅佐文、武、成、康、昭、穆、共、懿、夷、厉王之功绩及明德，为西周铭文之佳作。

按：《逨盘》，2003年于陕西眉县杨家村出土。李学勤《眉县杨家村新出青铜器研究》（《文物》2003年6期）断为宣王时器，惟不知何年所作，今系之于是年。

诸侯朝见，颂美天子而作有《蓼萧》；天子燕飨、赏赐诸侯而作有《湛露》、《彤弓》（皆见《诗·小雅》）。

按：《毛序》于《蓼萧》曰："泽及四海也。"于《湛露》曰："天子燕诸侯也。"于《彤弓》曰："天子锡有功诸侯也。"今从《中国文学编年史·周秦卷》（第78页）之说而系于是年。

天子视学，太学之士乐君子之育材而作《菁菁者莪》（《诗·小雅》）。

按：《毛序》曰："《菁菁者莪》，乐育材也。君子能长育人材，则天下喜乐之矣。"姜炳章《诗序广义》："此天子视学，太学之士乐君子之育材而作此诗。"今从《中国文学编年史·周秦卷》（第79页）之说而系于是年。

天子燕诸侯，诸侯美之而作《鱼藻》；天子赐命诸侯并作有《采菽》（皆见《诗·小雅》）。

按：《毛序》曰："《鱼藻》，刺幽王也。言万物失其性，王居镐京将不能以自乐，故君子思古之武王焉。""《采菽》，刺幽王也。侮慢诸侯。诸侯来朝，不能锡命以礼，数征会之而无信义。君子见微而思古焉。"毛说不行。朱熹《诗集传》于《鱼藻》曰："此天子燕诸侯，而诸侯美天子之诗也。"于《采菽》曰："此天子所以答《鱼藻》也。"后多依朱说。今从《中国文学编年史·周秦卷》（第79页）之说而系于是年。

妇人被弃而有《黄鸟》、《我行其野》之作(皆见《诗·小雅》)。

按：《毛序》谓《黄鸟》、《我行其野》皆"刺宣王"之诗，毛说不行。后说多以二篇为弃妇之词。今从《中国文学编年史·周秦卷》(第79页)之说而系于是年。

诗人咏幽王娶申后而作《鸳鸯》(《诗·小雅》)。

按：《毛序》曰："《鸳鸯》，刺幽王也。思古明王交于万物有道，自奉养有节焉。"毛说多不行。何楷《诗经世古本义》："《鸳鸯》，美大昏也。疑为咏幽王娶申后作。"又曰："幽王娶申后当在未即位时，诗人追美其初昏时祝以万年之福。"今从《中国文学编年史·周秦卷》(第80页)之说而系于是年。

传宣王时太史籀作《史籀篇》。

按：太史籀，宣王史官，生卒年不详。《史籀篇》为我国最早之字书。原为十篇，已佚。王国维从《说文解字》中辑得籀文二百二十三字，并逐字疏证。其字体与战国时秦系文字类同。原书似为四言句韵文，故或以为即学童识字课本。

据丁晏《毛诗谱考证》，出于周宣王时的诗尚有：

《鄘风》——《柏舟》。

《陈风》——《衡门》《东门之池》《东门之杨》。

周幽王宫涅元年　庚申　前781年

幽王即位。

按：《史记·周本纪》曰："宣王崩，子幽王宫涅立。"《集解》引徐广曰："一作生。"《今本竹书纪年》作"宫涅"。

周幽王宫涅二年(晋文侯、陈夷公元年)　辛酉　前780年

伯阳父以"阴阳"说论镐京大地震。

按：伯阳父，周大夫，《国语》又称史伯，生卒年不详。镐京大地震，《国语·周语上》载伯阳父评此事曰："周将亡矣。夫天地之气，不失其序；若过其序，民乱之也。阳伏而不能出，阴迫而不能烝，于是有地震。今三川实震，是阳失其所而镇阴也。阳失而在阴，川源必塞；源塞，国必亡。夫水土演而民用也。水土无所演，民乏财用，不亡何待！昔伊、洛竭而夏亡，河竭而商亡。今周德若二代之季矣，其川源又塞，塞必竭……夫国亡不过十年，数之纪也。夫天之所弃，不过其纪。"伯阳父此说，实为以阴阳灾异说人事、天人感应说之始。镐京大地震，破坏严重，是西周灭亡原因之一，伯阳父用阴阳学说解释此事，今天看来并不正确，却为阴阳五行说

之重要起源。

周幽王宫涅三年　壬戌　前779年

柞作钟,铭记四月甲寅受幽王册命之事。

按:《柞钟》,1960年陕西扶风齐家村出土,现藏陕西历史博物馆。《断代工程报告》断为是年器。

周幽王宫涅六年　乙丑　前776年

史伯硕父作鼎,铭记其八月己巳作器祈福。

按:《史伯硕父鼎》,早年出土。《断代工程报告》断为是年器。

周大夫作《十月之交》(《诗·小雅》),刺幽王宠褒姒、用小人。

按:《毛序》曰:"大夫刺幽王也。"今从《中国文学编年史·周秦卷》(第83页)之说而系于是年。

周之士作《北山》(《诗·小雅》),刺役使不均,己独劳于从事。

按:《毛序》曰:"《北山》,大夫刺幽王也。役使不均,己劳于从事,而不得养其父母焉。"今从《中国文学编年史·周秦卷》(第84页)之说而系于是年。

行役劳苦而忧思者感时伤乱而作《无将大车》(《诗·小雅》)。

按:《毛序》曰:"《无将大车》,大夫悔将小人也。"毛氏说不行。后人多从朱熹《诗集传》"此亦行役劳苦而忧思者之作"。今从《中国文学编年史·周秦卷》(第84页)之说而系于是年。

周大夫自伤久役,思归怀友而作《小明》(《诗·小雅》)。

按:《毛序》曰:"《小明》,大夫悔仕于乱世也。"毛氏说似未信。今从《中国文学编年史·周秦卷》(第84页)"自伤久役,思归怀友"之说而系于是年。

征夫苦其行役而作《何草不黄》(《诗·小雅》)。

按:《毛序》曰:"下国刺幽王也。四夷交侵,中国背叛,用兵不息,视民如禽兽。君子忧之,故作是诗也。"朱熹《诗集传》曰:"周室将亡,征役不息。行者苦之,故作此诗。"今从《中国文学编年史·周秦卷》(第84页)之说而系于是年。

公元前776年,据传希腊始举办第一次奥林匹亚竞技会,希腊纪年遂始于此。

周幽王宫涅八年　丁卯　前774年

申后自伤被黜而作《白华》(《诗·小雅》)。

按：据诗序与朱熹《诗集传》，周幽王立褒姒子伯服为太子，废申后和太子宜臼。申后作《白华》，抒发内心惆怅与痛苦。

卫武公作《青蝇》(《诗·小雅》)之诗，刺幽王信谗言，废申后、放太子。

按：《毛序》曰："大夫刺幽王也。"陈奂《诗毛氏传疏》曰："《左传·襄十四年》云：'赋《青蝇》而退。'则诗为刺谗明矣。《诗考》引袁孝政注《刘子》以为魏武公信谗诗。案'魏'当'卫'之误，三家诗以此合下篇(引按，指《宾之初筵》)皆卫武公所作，何楷说同。"今从《中国文学编年史·周秦卷》(第85页)之说而系于是年。

周幽王宫涅九年　戊辰　前773年

史伯以"五行""和同"论周之弊。

按：《国语·郑语》载，郑桓公惧周王室多故而及己，问于史伯"其何所可以逃死"，史伯教郑桓公迁居到雒东。桓公又问："周其弊乎？"史伯对曰："殆于必弊者也。《泰誓》曰：'民之所欲，天必从之。'今王弃高明昭显，而好谗慝暗昧，恶角犀丰盈，而近顽童穷固。去和而取同。夫和实生物，同则不继。以他平他谓之和，故能丰长而物归之；若以同裨同，尽乃弃矣。故先王以土与金、木、水、火杂，以成百物。是以和五味以调口，刚四支以卫体，和六律以聪耳，正七体以役心，平八索以成人，建九纪以立纯德，合十数以训百体。……声一无听，物一无文，味一无果，物一不讲。王将弃是类也而与剸同。天夺之明，欲无弊，得乎？"

又按：杨宽以为"史伯"即"伯阳父"，又称"太史伯"。史伯说"以土与金、木、水、火杂，以成百物"，这是把五行看作构成百物之元素，并以"土"作为主要元素。以五行解释万物之起源似始此。

周大夫作《小旻》(《诗·小雅》)之诗，刺幽王任用小人。

按：《毛序》曰："大夫刺幽王也。"朱熹《诗集传》："大夫以王惑于邪谋，不能断以从善，而作此诗。"陈奂《诗毛氏传疏》曰："此诗本刺幽王用小人而作。"今从《中国文学编年史·周秦卷》(第86页)之说而系于是年。

周宗族有人作《角弓》(《诗·小雅》)之诗，刺幽王不亲九族。

按：《毛序》曰："《角弓》，父兄刺幽王也。不亲九族，而好谗佞，骨肉相怨，故作是诗也。"朱熹《诗集传》、胡承珙《毛诗后笺》、陈奂《诗毛氏传疏》、方玉润《诗经原始》

等皆无异议。今从《中国文学编年史·周秦卷》(第86页)之说而系于是年。

太子宜臼奔放在申，作《小弁》(《诗·小雅》)之诗以抒其忧。

按：《毛序》曰："刺幽王也。太子之傅作焉。"陈奂《诗毛氏传疏》、方玉润《诗经原始》则以为宜臼自作。今从《中国文学编年史·周秦卷》(第87页)之说而系于是年。

苏信公作《何人斯》以绝暴公，伤于谗言而作《巧言》(皆见《诗·小雅》)。

按：苏信公，周卿士，生卒年不详。《毛序》曰："苏公刺暴公也。暴公为卿士而谮苏公焉，故苏公作是诗以绝之。"陈奂《诗毛氏传疏》、方玉润《诗经原始》皆从毛氏说。又曰："《巧言》，刺幽王也。大夫伤于谗，故作是诗也。"今从《中国文学编年史·周秦卷》(第87页)之说而系于是年。

周幽王宫涅十年　己巳　前772年

幽王作乐淮上，君子忧伤，诗人作《鼓钟》(《诗·小雅》)以刺之。

按：《毛序》曰："《鼓钟》，刺幽王也。"今从《中国文学编年史·周秦卷》(第87页)之说而系于是年。

东夷作乱，兴师征讨，征夫有作《蓼莪》、《四月》、《渐渐之石》之作(皆见《诗·小雅》)。

按：《毛序》曰："《蓼莪》，刺幽王也。民人劳苦，孝子不得终养尔。"郑笺："不得终养者，二亲病亡之时，时在役所，不得见也。"又曰："《四月》，大夫刺幽王也。在位贪残，下国构祸，怨乱并兴焉。"又曰："《渐渐之石》，下国刺幽王也。戎狄叛之，荆舒不至，乃命将率东征，役久病在外，故作是诗也。"今从《中国文学编年史·周秦卷》(第88页)之说并系于是年。

征夫行役，逾时不归，怨妇忧思而作《采绿》(《诗·小雅》)。

按：《毛序》曰："刺怨旷也。幽王之时，多怨旷者也。"方玉润《诗经原始》曰："幽王之时，政烦赋重，征夫久劳于外，逾时不归，故其室思之如此。"今从《中国文学编年史·周秦卷》(第88页)之说而系于是年。

幽王东征西伐，用兵不断，诗人感周室将亡而作《苕之华》(《诗·小雅》)。

按：《毛序》曰："大夫闵时也。幽王之时西戎、东夷交侵中国，师旅并起，因之以饥馑。君子闵周室之将亡，伤己逢之，故作是诗也。"方玉润《诗经原始》曰："周室衰微，既乱且饥，所谓大兵之后，必有凶年也。"今从《中国文学编年史·周秦卷》(第89页)之说而系于是年。

凡伯刺幽王嬖褒姒乱政而作《瞻卬》，刺幽王内乱地削作《召旻》(皆见《诗·大雅》)。

按：凡伯，周大夫，生卒年不详，与厉王世作《板》之凡伯，非同一人。《毛序》曰："《瞻卬》，凡伯刺幽王大坏也。"又曰："《召旻》，凡伯刺幽王大坏也。"今从《中国文学编年史·周秦卷》(第89页)之说而系于是年。

家父作《节南山》(《诗·小雅》)之诗,刺幽王用尹氏以致乱。

按:《节南山》末章曰:"家父作诵,以究王讻。"可证其作者为家父。家父,周大夫,生卒年不详。《毛序》曰:"家父刺幽王也。"今从《中国文学编年史·周秦卷》(第89页)之说而姑系于是年。

周大夫作《小宛》(《诗·小雅》),刺幽王以小智而登高位。

按:《毛序》曰:"《小宛》,大夫刺幽王也。"陈奂《诗毛氏传疏》曰:"此诗刺幽王以小智而登高位,故末章陈古明王居上位而不敢怠忽于政事者,恭人以言明王也。《韩诗外传》曰:'孔子曰:明王有三惧,一曰处尊位而恐不闻其过,二曰得志而恐骄,三曰闻天下之至道而恐不能行。三惧者,明君之务也。《诗》曰:温温恭人,如集于木;惴惴小心,如临于谷;战战兢兢,如履薄冰。此言大王居人上也。'《韩诗》说与《毛诗》首章兴义首尾相应,与《小旻》章末文义亦同。"今从《中国文学编年史·周秦卷》(第89、90页)之说而姑系于是年。

寺人孟子遭谗而作《巷伯》(《诗·小雅》)。

按:《巷伯》末章曰:"寺人孟子,作为此诗。"可证其为作者。郑笺:"巷伯,奄官。寺人,内小臣也。奄官上士四人,掌王后之命,于宫中为近,故谓之巷伯,与寺人之官相近。谗人谮寺人,寺人又伤其将及巷伯,故以名篇。"胡承珙《毛诗后笺》辨之曰:"寺人非一,而自称曰孟子,《传》所谓'罪已定矣,而将践刑,作此诗也'。《正义》云'自言孟子,以殊于余寺人不被谗者'是也。但诗为寺人所作,而名篇以巷伯,故《笺》有'寺人伤其将及巷伯'之语,然诗中未见此意。末章云'凡百君子',则不止于将及巷伯矣。故后儒以寺人即巷伯者,亦非无理。盖《诗》篇名,有作诗者自名,亦有采诗者所名。此诗或作者自称寺人,而采诗者名之以《巷伯》。巷伯不见《周官》,惟见于《襄公九年·左传》宋灾'令司官、巷伯儆宫',杜注即以巷伯为寺人。意巷伯本内奄之通称,故经言寺人,序称巷伯欤?"陈奂《诗毛氏传疏》有类似之说,是巷伯即寺人孟子。今从《中国文学编年史·周秦卷》(第90页)之说而姑系于是年。

天下俗薄,朋友道绝而有《谷风》(《诗·小雅》)之作。

按:《毛序》曰:"《谷风》,刺幽王也。天下俗薄,朋友道绝焉。"今从《中国文学编年史·周秦卷》(第90页)之说而姑系于是年。

周之同姓大臣忧孤危将亡而作《頍弁》(《诗·小雅》)。

按:《毛序》曰:"诸公刺幽王也。暴戾无亲,不能宴乐同姓,亲睦九族,孤危将亡,故作是诗也。"今从《中国文学编年史·周秦卷》(第90页)之说而姑系于是年。

刺幽王而有《隰桑》(《诗·小雅》)之作。

按:《毛序》曰:"《隰桑》,刺幽王也。小人在位,君子在野,思见君子,尽心以事之。"今从《中国文学编年史·周秦卷》(第91页)之说而姑系于是年。

微臣刺乱而作《绵蛮》(《诗·小雅》)。

按:《毛序》曰:"《绵蛮》,微臣刺乱也。大臣不用仁心,遗忘微贱,不肯饮食教载之,故作是诗也。"郑笺:"微臣,谓士也。古者卿大夫出行,士为末介。士之禄薄,或困于资财,则当賙赡之。幽王之时,国乱礼废恩薄,大不念小,尊不恤贱,故本其乱而刺之。"今从《中国文学编年史·周秦卷》(第91页)之说而姑系于是年。

周之大夫刺幽王而作《瓠叶》(《诗·小雅》)。

按:《毛序》曰:"《瓠叶》,大夫刺幽王也。上弃礼而不能行,虽有牲牢饔饩不肯用也。故思古之人不以微薄废礼焉。"今从《中国文学编年史·周秦卷》(第91页)之说而姑系于是年。

周幽王宫涅十一年　己巳　前771年

申侯与缯人、犬戎杀幽王、王子伯服及郑桓公，西周亡。太子宜臼立，是为平王。

按：《史记·周本纪》曰："幽王以虢石父为卿，用事，国人皆怨。石父为人佞巧善谀好利，王用之。又废申后，去太子也。申侯怒，与缯、西夷犬戎攻幽王。幽王举烽火征兵，兵莫至。遂杀幽王骊山下，虏褒姒，尽取周赂而去。于是诸侯乃即申侯而共立故幽王太子宜臼，是为平王，以奉周祀。"《史记·郑世家》曰："犬戎杀幽王于骊山下，并杀桓公。"《左传·昭公二十六年》疏引《古本竹书纪年》曰："伯盘（引按，服字之误）与幽王俱死于戏。"据《断代工程报告》，幽王在位十一年。

据丁晏《毛诗谱考证》，出于周幽王时的诗有：

《小雅》——《楚茨》《甫田》《大田》《车舝》《宾之初筵》《都人士》。

春　秋
（前770—前476年）

按："春秋"因鲁国编年史《春秋》而得名。杜预《春秋经传集解序》曰："《春秋》者，鲁史记之名也。记事者以事系日，以日系月，以月系时，以时系年，所以纪远近，别同异也。故史之所记，必表年以首事，年有四时，故错举以为所记之名也。"《春秋》编年从鲁隐公元年（前722年）至鲁哀公十四年（前481年）。因其所记历史之起止年代，与一个客观历史发展时期大体相当，故史学家便以书名"春秋"称此期历史。但为叙事方便计，一般将春秋时期之上限定于公元前770年（周平王元年），其下限止于公元前476年（周敬王四十四年），总共295年。本年表亦以此年限系年。

周平王宣臼元年(鲁孝公三十七年　秦襄公八年)
辛未　前 770 年

平王东迁雒邑。晋文侯、秦襄公、郑武公、卫武公率兵护送。东周开始,中国学术中心于黄河流域东移。

按:幽王被犬戎所杀,幽王大臣虢公翰拥立王子余由为王,史称"携王",与申、缯、许、鲁等国拥立于西申的天王宜臼相对峙,实际形成"二王并立"局面。《史记·周本纪》曰:"平王之时,周室衰微,诸侯强并弱,齐、楚、秦、晋始大,政由方伯。"《国语·郑语》曰:"及平王末,而秦、晋、齐、楚代兴。"是为历史上春秋时代之始。平王东迁雒邑,至十一年晋文侯杀携王,始定于一尊。

又按:平王东迁,周室式微,王室许多官史失去了昔日地位,始沦落至诸侯或民间,如《论语·微子》曰:"太师挚适齐,亚饭干适楚,三饭缭适蔡,四饭缺适秦,鼓方叔入于河,播鼗武入于汉,少师阳、击磬襄入于海。"从而造成"天子失学,学在四夷"之局面。从另一方面来说,中国学术中心始于黄河流域东移,并造成了春秋乃至战国时学术思想之繁荣。

秦始列诸侯。

按:据《史记·秦本纪》,庚午之变、王室东迁,秦襄公皆有功,周平王遂封秦襄公为诸侯,赐之岐以西之地,曰:"戎无道,侵夺我岐、丰,秦能攻逐戎,即有其地。"秦于是始列诸侯。

周大夫作《正月》(《诗·小雅》),闵宗周之亡,忧二王并立。

按:《正月》诗,《毛序》以来多以为刺幽王之作,然朱熹《诗集传》以为刺幽王亡国之篇皆于亡国后诗人所作,今从之说而姑系于是年。

周大夫作《雨无正》(《诗·小雅》)之诗,伤悼宗周覆亡,人心离散。

按:《毛序》曰:"大夫刺幽王也。雨自上下者也,众多如雨而非所以为政也。"朱熹《诗集传》则以为"亦东迁后诗"。何楷《诗经世本古义》引申培《传》亦云"此诗为东迁之初大夫有不忠于王室者,瞽御之臣闵之而作,《传》亦有王室播迁之语而中有阙文,其意亦同此。"今从之说而系于是年。

秦襄公始立为诸侯,秦人作《车邻》、《驷驖》(《诗·秦风》)之诗,以示颂美之意。

按:《车邻》,《毛序》曰:"美秦仲也。秦仲始大,有车马礼乐侍御之好焉。"《左传·襄公二十九年》服虔注:"秦仲始有车马礼乐之好,侍御之臣,戎车四牡田狩之事。其孙襄公列为侯伯,故有《蒹葭苍苍》之歌、《终南》之诗,追录先人。《车邻》、《驷驖》、《小戎》之歌,与诸夏同风,故曰夏声。"明何楷《诗经世本古义》曰:"秦臣美襄公也,平王初命襄公为秦伯,其臣荣而乐之。《子贡传》云:'襄公伐戎,初命为秦伯,国人荣之,赋《车邻》。'"《毛序》于《驷驖》曰:"美襄公也。始命有田狩之事,园囿之乐焉。"今从之说而姑系于是年。

秦大夫作《终南》(《诗·秦风》),颂秦襄公朝周王受赐朝服。

按：《毛序》曰："戒襄公也。能取周地，始为诸侯，受显服，大夫美之，故作是诗以戒劝之。"李黻平《毛诗紬义》曰："《驷驖》序言始命，此《序》亦始为诸侯……至是始受显服，《序》故以能取周地表之。《小雅·采菽》云：'又何予之？玄衮及黼。'《大雅·韩奕》云：'王锡韩侯，玄衮赤舄。'僖公二十八年《左传》：'晋文公献楚俘于王，赐之大路之国、戎辂之服。'诸侯朝于天子有赐服之事。此诗言终南，言君子至止，襄公亦当朝京师，受服归国，大夫因而进而戒也。"今从之说而系于是年。

桧人作《匪风》、《隰有苌楚》（《诗·桧风》）等诗，闵国之将亡。

按：郑玄《桧谱》曰："周夷王、厉王之时，桧公不务政事，而好洁衣服，大夫去之，于是桧变风始作。"《中国文学编年史·周秦卷》（第99页）以为二诗为桧将亡时之作，今从之说而系于是年。

周平王宜臼三年（鲁惠公元年　郑武公四年）
癸酉　前768年

周史官作《缁衣》（《诗·郑风》），美郑武公受王命为伯。

按：《毛序》曰："《缁衣》，美武公也。父子并为周司徒。"《中国文学编年史·周秦卷》（第100页）以为时史官作此诗美郑武公之作，今从之说而系于是年。

周平王宜臼四年（鲁惠公二年　秦襄公十一年）
甲戌　前767年

秦人作《小戎》（《诗·秦风》），咏秦襄伐戎之事。

按：《毛序》曰："《小戎》，美襄公也。备其兵甲以讨西戎，西戎方强而征伐不休，国人则矜其车甲，妇人能闵其君子焉。"《中国文学编年史·周秦卷》（第100页）以为秦人美秦襄公打败西戎之作，今从之说而系于是年。

周平王宜臼八年（鲁惠公六年　秦文公三年）
戊寅　前763年

秦文公将兵东猎而作十石鼓，铭记其事。

按：《史记·秦本纪》曰："三年，文公以兵七百人东猎。"《石鼓文》即记此事之遗物，成为我国现存最早之刻石文字。十块鼓形石上各刻四言诗一首，歌咏秦国君游猎、战争之情况,故又称"猎碣"。石鼓唐初发现于天兴。其字体为大篆(即籀文),今尚存三百余字,清劲挺拔,工整俊秀,在书法艺术上有较高价值。但其制作时代还有秦襄公、穆公、献公等说。今从文公说而系于是年。

周平王宣臼十一年(鲁惠公九年　晋文侯二十一年)　辛巳　前760年

晋文侯杀携王余臣,周二王并立至此结束。
按:《古本竹书纪年》曰:"(晋文侯)二十一年,携王为晋文侯所杀。"

周平王锡晋文侯命,周作册史官作《文侯之命》。
按:《书序》曰:"平王锡晋文侯秬鬯、圭瓒,作《文侯之命》。"《文侯之命》见于今、古文《尚书》,为周平王表彰文侯功绩之册书。文侯指晋文侯仇。《史记》之《周本纪》与《晋世家》、《新序·善谋篇》皆以为本篇作于周襄王时,文侯为晋文公重耳,注家多从此说,非是。现据《左传》、《国语》所记录有关史实,结合本篇,从《书序》之说而系于是年。宋代青铜器著录收有《晋姜鼎》,传得于陕西边境之韩城。其铭文恰与《文侯之命》篇内容彼此呼应,可证明文侯乃晋文侯仇(参见李学勤《东周与秦代文明》,文物出版社1984年)。

周平王宣臼十二年(鲁惠公十年)　壬午　前759年

周西都畿内之人作《野有死麇》(《诗·召南》),咏婚姻之事。
按:据王先谦《诗三家义集疏》所考,今文家以为此诗为东迁后畿内人刺男女婚姻失节而作,《韩诗》曰:"平王东迁,诸侯侮法,男女失冠昏之节,《野麇》之刺兴焉。"今从之说而系于是年。

周平王宣臼十三年(鲁惠公十一年　卫武公五十六年)　癸未　前758年

卫武公年老而作《懿》自诫,国人为赋《淇澳》而颂其德(皆见《诗·卫风》)。

按:《国语·楚语上》曰:"昔卫武公年数九十有五矣,犹箴儆于国,曰:'自卿以下至于师长士,苟在朝者,无谓我老耄而舍我,必恭恪于朝,朝夕以交戒我;闻一二之言,必诵志而纳之,以训导我。'在舆有旅贲之规,位宁有官师之典,倚几有诵训之谏,居寝有亵御之箴,临事有瞽史之导,宴居有师工之诵。史不失书,矇不失诵,以训御之,于是乎作《懿》戒以自儆也。及其没也,谓之睿圣武公。"韦注:"《懿》,《诗·大雅·抑》之篇也。"《毛序》曰:"《淇澳》,美武公之德也。有文章,又能听其规谏,以礼自防,故能入相于周,美而作是诗也。"今从其说系之于是年。

周平王宣臼十八年(鲁惠公十六年　秦文公十三年　卫庄公五年)　戊子　前753年

公元前753年,据传,罗慕洛兄弟建罗马城,罗马纪年始,称"王政时代"。

秦初有《史》以记事,民多化者。

按:《史记·秦本纪》曰:"(秦文公)十三年,初有《史》以纪事,民多化者。"又《六国年表》序言"独有《秦记》","余于是用《秦记》"等,《秦记》抑或即其书。

卫庄公娶齐庄姜为夫人,卫人为之作《硕人》(《诗·卫风》)。

按:《毛序》曰:"《硕人》,闵庄姜也。"《左传·隐公三年》曰:"卫庄公娶于齐东宫得臣之妹,曰庄姜,美而无子,卫人所为赋《硕人》也。"今从之而系于是年。

周平王宣臼二十四年(鲁惠公二十二年)　甲午　前747年

公元前747年,希腊科林斯名年官始于是年。

宗周宫室坏,周大夫作《黍离》(《诗·王风》)以伤之。

按:《毛序》曰:"《黍离》,闵宗周也。周大夫行役至于宗周,过故宗庙宫室,尽为禾黍。闵周室之颠覆,彷徨不忍去,而作是诗也。"今从《中国文学编年史·周秦卷》(第109页)之说而系于是年。

周平王宣臼二十六年(鲁惠公二十四年　晋昭公元年)　丙申　前745年

晋之国人将叛而归曲沃,作《扬之水》(《诗·唐风》)以刺晋昭公。

按:《毛序》曰:"《扬之水》,刺晋昭公也。昭公分国以封沃,沃盛强,昭公微弱,国人将叛而归沃焉。"郑笺:"封沃者,封叔父桓叔于沃也。沃,曲沃,晋之邑也。"

晋人师服之流作《椒聊》(《诗·唐风》)以刺晋昭公。

按：《毛序》曰："《椒聊》，刺晋昭公也。君子见沃之盛强，能修其政，知其蕃衍盛大，子孙将有晋国焉。"孔疏："作《椒聊》诗者，刺晋昭公也。君子之人，见沃国之盛强，桓叔能修其政教，知其后世稍复蕃衍盛大，子孙将并有晋国焉。昭公不知，故刺之。此序序其见刺之由。经二章，皆陈桓叔有美德，子孙蕃衍之事。"今从《中国文学编年史·周秦卷》(第110页)之说而系于是年。

周平王宣臼三十一年(鲁惠公二十九年 卫庄公十七年) 辛丑 前740年

卫庄公宠嬖人之子公子州吁，卫大夫石碏陈辞，以"六逆"、"六顺"之论谏之。

按：《左传·隐公三年》曰："卫庄公娶于齐东宫得臣之妹，曰庄姜，美而无子，卫人所为赋《硕人》也。又娶于陈，曰厉妫，生孝伯，早死，其娣戴妫，生桓公，庄姜以为己子。公子州吁，嬖人之子也，有宠而好兵，公弗禁，庄姜恶之。石碏谏曰：'臣闻爱子，教之以义方，弗纳于邪。骄奢淫泆，所自邪也，四者之来，宠禄过也。将立州吁，乃定之矣；若犹未也，阶之为祸。夫宠而不骄，骄而能降，降而不憾，憾而能眕者，鲜矣。且夫贱妨贵，少陵长，远间亲，新间旧，小加大，淫破义，所谓六逆也；君义，臣行，父慈，子孝，兄爱，弟敬，所谓六顺也。去顺效逆，所以速祸也。君人者，将祸是务去，而速之，无乃不可乎？'"《史记·卫世家》载石碏进谏在卫庄公十八年，当平王三十一年。今依其载说而系之于是年。

卫人作《绿衣》(《诗·邶风》)而悼念亡妻。

按：《毛序》曰："《绿衣》，卫庄姜伤己也。妾上僭，夫人失位而作是诗也。"郑笺："妾上僭者，谓公子州吁之母。母嬖而吁骄。"朱熹《诗集传》亦认可毛氏说。今人则多以为乃悼亡之诗。《中国文学编年史·周秦卷》(第111页)从今人说，今从之而系于是年。

卫庄姜作《日月》(《诗·卫风》)以自伤。

按：《毛序》曰："《日月》，卫庄姜伤己也。遭州吁之难，伤己不见答于先君，以至于困穷之诗也。"朱熹《诗集传》不认可序庄姜伤己说，以为乃庄姜为庄公而作。《中国文学编年史·周秦卷》(第112页)从朱氏说，今从之而系于是年。

卫庄姜怨庄公暴谑侮慢，作《终风》(《诗·卫风》)以自伤。

按：《毛序》曰："《终风》，卫庄姜伤己也。遭州吁之暴，见侮慢而不能正也。"朱熹《诗集传》则以此篇为卫庄姜不见答于庄公而作。《中国文学编年史·周秦卷》(第112页)从朱氏说，今从之而系于是年。

周平王宣臼三十二年(鲁惠公三十年 晋昭公七年) 壬寅 前739年

晋昭公无道,晋人悲观失望而作《山有枢》(《诗·唐风》)。

按:《毛序》曰:"《山有枢》,刺晋昭公也。不能修道以正其国,有财不能用,有钟鼓不能以自乐,有朝廷不能洒扫,政荒民散,将以危亡,四邻谋取其国家而不知,国人作诗以刺之也。"惟不知何年所作,今姑系于昭公卒年。

周平王宣臼三十六年(鲁惠公三十四年) 丙午 前735年

戍申之民怨思而作《扬之水》(《诗·王风》)。

按:周平王遣畿内之民戍申,戍者怨思,作《扬之水》。《毛序》:"《扬之水》,刺平王也。不抚其民而远屯戍于家,周人怨思焉。"《今本竹书纪年》曰:"(周平王三十六年)王人戍申。"今从其说而系于是年。

周平王命王人戍申,行役者作《君子于役》(《诗·王风》),刺久戍失时。

按:《毛序》曰:"《君子于役》,刺平王也。君子行役无期度,大夫思其危难以风焉。"《中国文学编年史·周秦卷》(第114页)以为是时周平王遣畿内之民戍申,时久不归,其室家思夫之作应有之。今从其说而系于是年。

周平王宣臼四十八年(鲁惠公四十六年) 戊午 前723年

史角来鲁。

按:史角,墨子之师。时当为周史官,生卒年不详。《吕氏春秋·当染》曰:"鲁惠公使宰让请郊庙之礼于天子,桓王使史角往,惠公止之,其后在于鲁,墨子学焉。"据纪年,鲁惠公在位46年,卒于公元前723年,而周桓王于公元前719年方即位,二者相差四年,故或《吕氏春秋》所记有误;或谓鲁惠公曾请郊庙之礼,四年后桓公即位方遣史角前往,其中详情已不可考。今姑于系于此。

周平王宣臼四十九年（鲁隐公元年　郑庄公二十二年）　己未　前722年

郑人作《叔于田》、《太叔于田》(《诗·郑风》)，刺郑庄公。

按：《毛序》于二诗皆曰："刺庄公也。叔处于京，缮甲治兵，以出于田，国人说而归之。"郑笺："叔往田，国人注心于叔，似如无人处。"今从其说而系于是年。

孔子《春秋》编年始于是年，终于公元前481年。干支纪日亦始于是年。

按：《春秋》为我国最早编年史书，相传乃孔子据鲁国史官所编《春秋》整理修订而成。为后世编年体史书之滥觞。书中文字简短，寓有褒贬之意，后世称之为"春秋笔法"。干支记日在晚商（见于甲骨文）已然，但自《春秋》起，中国古代之干支记日从未间断，为世界上使用最长之记日法。

《左传》记事亦从本年始，终于公元前464年。

按：《左传》为儒家经典之一，一般认为系左丘明所撰。《左传》多用事实解释《春秋》，书中保存大量古代史料，文字优美，记事详明，成为中国古代一部史学与文学名著。

公元前722年，亚述王沙尔莫尼泽尔五世入撒马利亚，灭以色列。

周平王宣臼五十年（鲁隐公二年　卫桓公十四年）　庚申　前721年

卫人作《伯兮》(《诗·卫风》)，刺征战频繁，过时不返。

按：《毛序》曰："刺时也。言君子行役，为王前驱，过时而不返焉。"郑笺："卫宣公之时，蔡人、卫人、陈人从王伐郑伯也。为王前驱久，故家人思之。"《中国文学编年史·周秦卷》（第116页）以为郑笺非是，今从其说而系于是年。

周人作《谷中有蓷》(《诗·王风》)，以闵乱离。

按：《毛序》曰："闵周也。夫妇日以衰薄，凶年饥馑，室家相弃尔。"诸家皆以为作于平王之时，今从之而系于是年。

周平王宣臼五十一年（鲁隐公三年　郑庄公二十四年）　辛酉　前720年

四月，周、郑交质，君子引《诗》论忠信之道。

按：据《左传》，郑武公、庄公并秉周之政。周平王欲分政于虢，不复专任郑伯。郑伯怨王，王曰："无之。"故周郑交质。王子狐为质于郑，郑公子忽为质于周。四月，郑祭足帅师取温之麦。秋，又取成周之禾。周、郑遂交恶。君子曰："信不由中，质无益也。明恕而行，要之以礼，虽无有质，谁能间之？苟有明信，涧、溪、沼、沚之毛，苹、蘩、蕰藻之菜，筐、筥、锜、釜之器，潢、污、行潦之水，可荐于鬼神，可羞于王公。而况君子结二国之信，行之以礼，又焉用质？《风》有《采蘩》、《采苹》，《雅》有《行苇》、《泂酌》，昭忠信也。"杜预注云："《采蘩》、《采苹》，《诗·国风》。义取于不嫌薄物。《行苇》、《泂酌》，《诗·大雅》也。《行苇》篇，义取忠厚也。《泂酌》篇，义取虽行潦可以共祭祀也。"

石碏论"六逆"、"六顺"。

按：石碏，卫大夫，生卒年不详。《左传》是年载，卫庄公初娶庄姜，美而无子，又娶于陈，曰厉妫，生孝伯，早死。其娣戴妫，生桓公，庄姜以为己子。公子州吁，嬖人之子也。有宠而好兵，公弗禁。庄姜恶之。石碏谏曰："臣闻爱子，教之以义方，弗纳于邪。骄奢淫泆，所自邪也。四者之来，宠禄过也。将立州吁，乃定之矣。若犹未也，阶之为祸。夫宠而不骄，骄而能降，降而不憾，憾而眕者，鲜矣。且夫贱妨贵，少陵长，远间亲，新间旧，小加大，淫破义，所谓六逆也。君义，臣行，父慈，子孝，兄爱，弟敬，所谓六顺也。去顺效逆，所以速祸也。君人者，将祸是务去，而速之，无乃不可乎？"弗听。石碏子厚与州吁游，禁之，不可。桓公立，乃老。

据丁晏《毛诗谱考证》，出于周平王时的诗有：
《卫风》——《考槃》。
《魏风》——《葛屦》《汾沮洳》《园有桃》《陟岵》《十亩之间》。
《唐风》——《绸缪》《羔裘》《鸨羽》。
《秦风》——《蒹葭》。
《王风》——《君子阳阳》《葛藟》。

周桓王林元年（鲁隐公四年　卫桓公十六年）　壬戌　前719年

众仲以"治丝而棼、众叛亲离"论州吁必败之理。

按：众仲，鲁大夫。生卒年不详。夏，宋公、陈侯、蔡人、卫人伐郑。《左传》载，鲁隐公问于众仲曰："卫州吁其成乎？"对曰："臣闻以德和民，不闻以乱。以乱，犹治丝而棼之也。夫州吁，阻兵而安忍。阻兵，无众。安忍，无亲。众叛亲离，难以济矣。夫兵，犹火也。弗戢，将自焚也。夫州吁弑其君，而虐用其民，于是乎不务令德，而欲以乱成，必不免矣。"

石碏大义灭亲。

按：《左传》是年载，石碏子石厚从州吁谋反，石碏诱其至陈让陈桓公执之，并派家宰獳羊肩去杀死石厚。时君子曰："石碏，纯臣也，恶州吁而厚与（参与）焉。大义灭亲，其是之谓乎！"

庄姜作《燕燕》(见《诗·邶风》)。

按：卫州吁杀桓公，桓公母戴妃受牵连，被遣送回娘家陈国。临行，庄姜作《燕燕》一诗以送之。《燕燕》为我国最早的一篇送别诗。

卫人作《击鼓》(《诗·卫风》)，怨州吁用兵暴乱，勇而无礼。

按：《毛序》曰："《击鼓》，怨州吁也。卫州吁用兵暴乱，使公孙文仲将而平陈与宋，国人怨其勇而无礼也。"郑笺："将者，将兵以伐郑也。平，成也。将伐郑，先告陈与宋，以成其伐事也。《春秋传》曰：'……及卫州吁立，将修先君之怨于郑，而求宠于诸侯，以和其民。使告于宋曰：君若伐郑，以除君害，君为主，敝邑以赋与陈、蔡从，则卫国之愿也。'宋人许之。于是陈、蔡方睦于卫，故宋公、陈侯、蔡人、卫人伐郑是也。伐郑在鲁隐公四年。"此诗所述与州吁弑君伐郑之事相符，故系于是年。

周桓王林二年(鲁隐公五年　卫宣公元年)　癸亥　前718年

春，臧僖伯谏鲁隐公如棠观鱼，称疾不从。

按：臧僖伯，字子臧，名彄，鲁大夫，孝公之子，生卒年不详。《左传》载，春，鲁隐公将如棠观鱼者。臧僖伯谏曰："凡物不足以讲大事，其材不足以备器用，则君不举焉。君，将纳民于轨、物者也。故讲事以度轨量谓之轨，取材以章物采谓之物。不轨不物，谓之乱政。乱政亟行，所以败也。故春蒐、夏苗、秋狝、冬狩，皆于农隙以讲事也。三年而治兵，入而振旅；归而饮之，以数军实。昭文章，明贵贱，辨等列，顺少长，习威仪也。鸟兽之肉不登于俎，皮革、齿牙、骨角、毛羽不登于器，则公不射，古之制也。若夫山林川泽之实，器用之资，皂隶之事，官司之守，非君所及也。"公曰："吾将略地焉。"遂往，陈鱼而观之，僖伯称疾不从。

九月，众仲答鲁隐公用六佾之万舞。

按：《左传》载，九月，鲁隐公考仲子之宫。将万焉。鲁隐公问羽数于众仲。对曰："天子用八，诸侯用六，大夫四，士二。夫舞，所以节八音而行八风，故自八以下。"公从之。于是初献六羽，始用六佾。

周桓王林三年(鲁隐公六年)　甲子　前717年

东都之人作《兔爰》(《诗·王风》)，闵桓王失信，诸侯背叛，构怨连祸，君子不乐其生。

按：《毛序》曰："《兔爰》，闵周也。桓王失信，诸侯背叛，构怨连祸，王师伤败，君子不乐其生焉。"今从《中国文学编年史·周秦卷》(第120页)之说而系于是年。

周桓王林五年(鲁隐公八年　郑庄公二十九年)　丙寅　前715年

四月,陈鍼子责郑公子忽诬祖非礼。

按:鍼子,陈大夫,生卒年不详。《左传》载,四月甲辰,郑公子忽如陈迎娶妇妫。辛亥,以妫氏归。甲寅,入于郑。陈鍼子送女,先配而后祖。鍼子曰:"是不为夫妇,诬其祖矣。非礼也,何以能育?"

十二月,众仲说姓氏与命名之法、论谥号与赐族之制。

按:《左传》载,十二月,鲁卿无骇卒,羽父为之请求谥号和氏族,隐公问于众仲,众仲曰:"天子建德,因生以赐姓,胙之土而命之氏。诸侯以字为谥,因以为族,官有世功,则有官族,邑亦如之。"隐公因命无骇之后为展氏。童书业认为,众仲所说反映了春秋时大夫之"宗法"世族制,即"宗法封建制"之最下一级(见《春秋左传研究》,上海人民出版社1980年)。此说也大体反映了先秦时期姓氏与命名之法、谥号与赐族之制。

周桓王林八年(鲁隐公十一年　郑庄公三十二年)　己巳　前712年

七月,君子论郑庄公知"礼"。

按:《左传》载,郑庄公取许,而使许叔居东鄙。君子谓郑庄公于是乎有礼。礼,经国家,定社稷,序民人,利后嗣者也。许无刑而伐之,服而舍之,度德而处之,量力而行之,相时而动,无累后人,可谓知礼矣。孔疏曰:"经谓纪理之,若《诗》之经营、经始也。国家非礼不治,社稷得礼乃安。故礼所以经理国家,安定社稷。以礼教民,则亲戚和睦;以礼守位,则泽及子孙。故礼所以次序民人,利益后嗣。"

君子论郑庄公用巫术而失政刑。

按:《左传》载,郑取许时,颖考叔被射杀。郑庄公使卒出豭,行出犬鸡,以诅射颖考叔者。君子谓郑庄公:"失政刑矣。政以治民,刑以正邪。既无德政,又无威刑,是以及邪。邪而诅之,将何益矣?""诅"为诅咒,古代巫术仪式之一。据君子所论,可见当时社会于巫术有所抵制而重政刑之思想。

君子以"五不韪"论息国之亡。

按:《左传》载,郑、息有违言,息侯伐郑。郑伯与战于竟(境),息师大败而还。君子是以知息之将亡也:不度德,不量力,不亲亲,不征辞,不察有罪。犯五不韪(是),而以伐人,其丧师也,不亦宜乎?

周桓王林十年（鲁桓公二年　宋庄公冯、燕宣侯元年）　辛未　前710年

四月，臧哀伯谏鲁桓公弗纳郜鼎。

按：臧哀伯，鲁大夫，生卒年不详。《左传》载，臧哀伯谏鲁桓公弗纳郜鼎。曰："君人者，将昭德塞违，以临照百官，犹惧或失之，故昭令德以示子孙；是以清庙茅屋、大路越席，大羹不致，粢食不凿，昭其俭也。衮、冕、黻、珽、带、裳、幅、舄、衡、紞、纮、綖，昭其度也。藻、率、鞞、鞛、鞶、厉、游、缨，昭其数也。火、龙、黼、黻，昭其文也。五色比象，昭其物也。钖、鸾、和、铃，昭其声也。三辰旂旗，昭其明也。夫德，俭而有度，登降有数，文、物以纪之，声、明以发之，以临照百官。百官于是乎戒惧而不敢易纪律。今灭德立违，而置其赂器于大庙，以明示百官。百官象之，其又何诛焉？国家之败，由官邪也，官之失德，宠赂章也。郜鼎在庙，章孰甚焉？武王克商，迁九鼎于洛邑，义士犹或非之，而况将昭违乱之赂器于大庙，其若之何？"公不听。周内史闻之曰："臧孙达其有后于鲁乎。君违，不忘谏之以德。"案臧哀伯之谏所论之礼，多见于《周礼》及《礼记》所载。

周桓王林十四年（鲁桓公六年　郑庄公三十八年　晋侯潘、陈厉公元年）　乙亥　前706年

春，季梁以忠信之道谏随侯，曰"先成民而后致力于神"，表现出较明确之民本思想。

按：季梁，随国大夫，生卒年不详。《左传》载，春，楚师诈以嬴师诱随侯，随侯欲从少师请追击楚师之命，季梁谏言有曰："所谓道，忠于民而信于神也。上思利民，忠也；祝史正辞，信也。"又曰："夫民，神之主也，是以圣人先成民而后致力于神。"季梁继承发展了西周以来"敬德保民"、"以德配天"之思想。"所谓道，忠于民而信于神也。上思利民，忠也；祝史正辞，信也"，即认为道包括两方面的内容，一是忠于民，为民谋福利，二是信于神，敬而不矫。"夫民，神之主也，是以圣王先成民而后致力于神"，是强调信于神必须依从于忠于民，指出不修人事，鬼神不佑；不务于民，则鬼神失主。反映了西周以来天命鬼神思想之动摇与注重人事之务实精神。此重民轻神思想之始见。

六月，郑太子忽辞婚《诗》论"善自为谋"。

按：《左传》载，六月，北戎伐齐，郑太子忽帅师救齐，大败戎师。齐侯欲以文姜妻郑太子忽。太子忽辞，人问其故，太子曰："人各有耦，齐大，非吾耦也。《诗》云：'自求多福。'在我而已，大国何为？"君子曰："善自为谋。"及其败戎师也，齐侯又请妻之，固辞。人问其故，太子曰："无事于齐，吾犹不敢。今以君命奔齐之急，而受室以

归,是以师昏也。民其谓我何?"遂辞诸郑伯。

九月,申繻论名与名讳。

按:申繻,鲁大夫,生卒年不详。《左传》载,九月,鲁桓公妻生子,桓公举以太牢之礼。上古初生婴儿要举行仪式,庶人用特豚,士特豕,大夫少牢,国君世子太牢。鲁桓公问名于大夫申繻,对曰:"名有五:有信,有义,有象,有假,有类。以名生为信,以德命为义,以类命为象,取于物为假,取于父为类。不以国,不以官,不用山川,不以隐疾,不以畜牲,不以器币。周人以讳事神,名,终将讳之。"申繻之说概括了古人起名之大体,也说明了避讳之俗起于西周,但西周生时不讳,死然后讳。

周桓王林十九年(鲁桓公十一年 郑庄公四十三年) 庚辰 前701年

公元前701年,雅典约于此前后有"提修斯改革",制宪,开府,定尊卑。

亚述王辛那赫里布围耶路撒冷。

郑昭公奔卫,厉公立。郑人作《有女同车》(《诗·王风》),以刺忽不婚于齐而婚于陈,致失系援。

按:《毛序》曰:"刺忽也。郑人刺忽之不昏于齐。太子忽尝有功于齐,齐侯请妻之。齐女贤,而不娶,卒以无大国之助,至于见逐,故国人刺之。"今从《中国文学编年史·周秦卷》(第126页)之说而系于是年。

周桓王林二十年(鲁桓公十二年 郑厉公元年楚武王四十一年 卫宣公十九年) 辛巳 前700年

公元前700年,雅典始立。

马其顿王国始建。

亚述入迦勒底。

巴比伦人约于此时发现日食和月食重复出现的沙罗周期。

屈原先祖屈瑕伐绞。

按:《左传》载,楚屈瑕伐绞,讨其去年与郧、随、州、蓼四国谋楚。楚师诱绞师出,败之,迫其订城下之盟而还。《元和姓纂》曰:"楚武王子瑕食采于屈,因氏焉。屈重、屈荡、屈建、屈平,并其后。"是屈瑕为屈原之始封氏祖。

冬,郑、鲁盟于武父,君子引《诗》以论盟。

按:《左传》载,秋,鲁桓公及宋公盟于句渎之丘。(句渎之丘,即谷丘也。宋以立厉公故,多责赂于郑。郑人不堪,故不平。)宋成未可知也,故又会于虚。冬,又会于龟。宋公辞平。故与郑伯盟于武父,(宋公贪郑赂,故与鲁桓公三会,而卒辞不与郑平。)遂帅师而伐宋,战焉,宋无信也。君子曰:"苟信不继,盟无益也。《诗》云:'君子屡盟,乱是用长。'无信也。"(《诗·小雅》。言无信故数盟,数盟则情疏,情疏而憾结,故云长乱。)

赫西奥德卒(约前750—)。

卫人是年前后作《新台》、《墙有茨》、《君子偕老》等诗刺宣公。

按:是年卫宣公卒。在位十九年。据《左传》,卫宣公曾为其子急子娶齐国女子为妻,因齐国女子美,自娶之。卫国人厌恶宣公之行,作《新台》(见《诗·邶风》)讽刺之。卫宣公及其夫人宣姜生活淫乱,卫人甚恶之。有关讥讽卫宣公及其夫人宣姜之诗有《鄘风》之《墙有茨》与《君子偕老》。

古希腊诗人。著有《劳动与时令》、《神谱》。

周桓王林二十三年（鲁桓公十五年　齐襄公、秦武公、燕桓公元年）　甲申　前697年

夏,周桓王林卒,子佗立,是为庄王。

据丁晏《毛诗谱考证》,出于周桓王时的诗尚有:
《邶风》——《日月》《凯风》《雄雉》《匏有苦叶》《谷风》《旄丘》《简兮》《泉水》《北门》《北风》《静女》《新台》《二子乘舟》。
《鄘风》——《桑中》《鹑之奔奔》。
《卫风》——《氓》《竹竿》《芄兰》《伯兮》《有狐》。
《郑风》——《羔裘》《遵大路》《女曰鸡鸣》《褰裳》。
《魏风》——《伐檀》《硕鼠》。
《陈风》——《墓门》。
《王风》——《采葛》《大车》。

周庄王佗元年（鲁桓公十六年　卫惠公四年）　乙酉　前696年

冬,卫惠公出奔,左公子洩、右公子职作《芄兰》(《诗·卫风》),以刺惠公诬兄谋国,骄而无礼。

按：据《左传》载,初,卫宣公夺其子急子之妇而恶急子。公子朔谋君位,又诬其兄急子于宣公,宣公设计使盗杀急子,朔于是得立,为惠公。宣公之弟公子洩、公子职不服,逐惠公,惠公奔齐。《毛序》据《左传》以《芄兰》为刺卫惠公年少在位,骄而无礼之作。郑笺："惠公以功重即位,自谓有才能,而骄慢于大臣,但习威仪,不知为政之礼。"今从《中国文学编年史·周秦卷》(第128页)之说而系于是年。

周庄王佗二年(鲁桓公十七年　郑厉公六年)　丙戌　前695年

夏,鲁桓公说"将在外有事不谒"之理。

按:《左传》载,夏,齐侵鲁疆,疆吏请于鲁桓公。公曰:疆场之事,备其不虞,事至而战,又何谒焉?鲁边卒御齐师于奚。鲁桓公此说似为后来"将在外,君命有所不受"说之蓝本。

郑人歌《山有扶苏》、《萚兮》、《狡童》(《诗·郑风》)等诗,刺公子忽君弱臣强,不能用贤去奸,以致亡身。

按:《毛序》于《山有扶苏》曰:"刺忽也。所美非美然。"郑笺:"言忽所美之人实非美人。"于《萚兮》云:"刺忽也。君弱臣强,不倡而和也。"郑笺:"不倡而和,君臣各失其礼,不相倡和。"于《狡童》云:"刺忽也。不能与贤臣图事,权臣擅命也。"今从《中国文学编年史·周秦卷》(第128、129页)之说而系于是年。

郑同姓之臣作《扬之水》(《诗·郑风》),闵公子忽兄弟相争,又无忠臣良士,终以死亡。

按:《毛序》曰:"闵无臣也。君子闵忽之无忠臣良士,终以死亡,而作是诗也。"郑笺:"忽兄弟争国,亲戚相疑,后竟寡于兄弟之恩,独我与女有耳。作此诗者,同姓臣也。"今从《中国文学编年史·周秦卷》(第129页)之说而系于是年。

周庄王佗三年(鲁桓公十八年　齐襄公四年)　丁亥　前694年

齐大夫作《南山》(《诗·齐风》),以刺齐襄公淫于其妹,行恶无礼。

按:据《左传》载,春,鲁桓公会齐襄公于泺,夫人姜氏与往,将行,鲁大夫申繻曰:"女有家,男有室,无相渎也。谓之有礼。易此,必败。"遂及文姜如齐,齐襄通焉。《毛序》曰:"《南山》,刺襄公也。鸟兽之行,淫乎其妹,大夫遇是恶,作诗而去之。"郑笺:"襄公之妹,鲁桓公夫人文姜也。襄公素与淫通。及嫁公谪之。公与夫人如齐,夫人愬之襄公。襄公使公子彭生乘公而搚杀之,夫人久留于齐。"今从其说而系于是年。

周庄王佗四年（鲁庄公元年　齐襄公五年）　戊子　前693年

三月，文姜私奔于齐，齐人作《敝笱》（《诗·齐风》），以刺文姜淫乱，为二国之患。

按：《毛序》曰："《敝笱》，刺文姜也。齐人恶鲁桓公微弱，不能防闲文姜，使至淫乱，为二国患焉。"今从之而系于是年。

周庄王佗七年（鲁庄公四年　齐襄公八年）　辛卯　前690年

二月，文姜享齐侯于鲁地祝丘，齐人作《载驱》（《诗·齐风》），刺齐襄公无礼义，播其恶于万民。

按：《毛序》曰："《载驱》，齐人刺襄公也。无礼义故，盛其车服，疾驱于通道大都，与文姜淫，播其恶于万民焉。"今从之而系于是年。

周庄王佗十年（鲁庄公七年　齐襄公十一年）　甲午　前687年

四月，辛卯，夜，恒星不见。夜中，星陨如雨。

按：此为世界最早之天琴座流星记录。见《春秋》及《公羊传》、《谷梁传》。

周庄王佗十一年（鲁庄公八年　齐襄公十二年）　乙未　前686年

鲁庄公引《夏书》论修德以待时。

按：《左传》载，夏，鲁师及齐师围郕。郕降于齐师。仲庆父请伐齐师。鲁公曰：

"不可。我实不德,齐师何罪?罪我之由。《夏书》曰:'皋陶迈种德,德,乃降。'姑务修德以待时乎。"秋,鲁师还。君子是以善鲁庄公。

齐人作《猗嗟》(《诗·齐风》),刺鲁庄公有威仪技艺,而不能防闲其母文姜。

按:《毛序》以《猗嗟》为:"刺鲁庄公也。齐人伤鲁庄公有威仪技艺,然不能以礼防闲其母。"此诗之作,旧有作于鲁庄公四年、二十二年及二十二年至二十四年间三说,今从《中国文学编年史·周秦卷》(第133页)之说而系于是年。

周庄王佗十二年(鲁庄公九年 齐桓公元年) 丙申 前685年

齐桓公(公子小白)即位。

按:小白自少善高傒。高氏、国氏,齐之世卿。及雍廪杀无知,议立新君,高、国氏阴召小白于莒。鲁闻无知死,发兵送公子纠,而使管仲将兵遮莒道,管仲射中小白带钩。小白详死以欺管仲,又得高氏、国氏之助,故得先入而立,是为齐桓公。

鲍叔牙荐管仲为相。

按:鲍叔牙,齐大夫,生卒年不详。《史记·管晏列传》等载,桓公立,欲以鲍叔牙为相。叔牙辞而荐管仲,曰:"君将治齐,高傒、叔牙足矣;君若欲霸王,非管夷吾不可。""臣不若夷吾者五:宽惠柔民,弗若也;治国家不失其柄,弗若也;忠信可结于百姓,弗若也;制礼义可法于四方,弗若也;执枹鼓立于军门,使百姓皆加勇焉,弗若也。"桓公从之。乃以鲍叔牙率师赴鲁,遗书鲁君,曰:"子纠,兄弟,弗忍诛,请鲁自杀之。召忽、管仲,仇也,请得而甘心,醢之。不然,将围鲁。"鲁君杀子纠,召忽自杀,囚管仲于齐。鲍叔牙释之,桓公郊迎,问以富国强兵之道。管仲对曰:"定四民(士、农、工、商)之居,使各安其业;制国(城)、鄙(乡)之制,三其国而五其鄙;军政合一,寄军令于内政;尽地利,官山海,正盐策;尊王室,亲邻国,攘夷狄……"桓公大悦,遂以管仲为相。管仲为相,总理国政,中国宰相制度始此,对后世影响深远。

管仲冬荐五子。

按:《管子·小匡》载,管仲为相三月,荐隰朋、宁戚、王子城父、宾须无、东郭牙于桓公,曰:进退闲习,臣不如隰朋,请立为大行。艺粟尽地利,臣不如宁戚,请立为大司田。三军之士,视死如归,臣不如王子城父,请立为大司马。决狱折中,臣不如宾须无,请立为大理。进谏不避死亡,臣不如东郭牙,请立为大谏之官。公皆任其事,受令于管仲。

传齐桓公时《九九歌》(乘法歌诀)已流行。

周庄王佗十三年（鲁庄公十年）　丁酉　前684年

曹刿论战。

按：曹刿，鲁大夫，生卒年不详，《史记》作"曹沫"。齐桓公出师侵鲁，鲁庄公用曹刿谋，在长勺大败齐师。《左传》中名篇《曹刿论战》所叙史事即发生在此年。曹刿论战，有"三鼓"之说，春秋时鼓以进兵，金以退兵之惯例已形成。

管仲在齐推行改革。

按：管仲既为相，在齐国推行一系列改革：(1)实行"轨里连坐"制，加强基层管理；(2)"相地而衰征"，按照土地的肥瘠而制定征税的标准；(3)"叁其国而伍其鄙"，把都城分为三区，郊野分为五区。士、农、工、商勿使杂居；(4)"作内政而寄军令"，改革内政的同时，增强军备。如《国语·齐语》载，桓公曰："成民之事若何？"管子对曰："四民者，勿使杂处，杂处则其言咙，其事易。"公曰："处士、农、工、商若何？"管子对曰："昔圣王之处士也，使就闲燕；处工，就官府；处商，就市井；处农，就田野。"……桓公曰："定民之居若何？"管子对曰："制国以为二十一乡。"桓公曰："善。"管子于是制国以为二十一乡：工商之乡六；士农之乡十五，公帅五乡焉，国子帅五乡焉，高子帅五乡焉。参国起案，以为三官，臣立三宰，工立三族，市立三乡，泽立三虞，山立三衡。桓公曰："吾欲从事于诸侯，其可乎？"管子对曰："未可，国未安。"桓公曰："安国若何？"管子对曰："修旧法，择其善者而业用之；遂滋民，与无财，而敬百姓，则国安矣。"桓公曰："诺。"……管子于是制国："五家为轨，轨为之长；十轨为里，里有司；四里为连，连为之长；十连为乡，乡有良人焉。以为军令：五家为轨，故五人为伍，轨长帅之；十轨为里，故五十人为小戎，里有司帅之；四里为连，故二百人为卒，连长帅之；十连为乡，故二千人为旅，乡良人帅之；五乡一帅，故万人为一军，五乡之帅帅之。……桓公曰："伍鄙若何？"管子对曰："相地而衰征，则民不移；政不旅旧，则民不偷；山泽各致其时，则民不苟；陆、阜、陵、墐、井、田、畴均，则民不憾；无夺民时，则百姓富；牺牲不略，则牛羊遂。"桓公曰："定民之居若何？"管子对曰："制鄙。三十家为邑，邑有司；十邑为卒，卒有卒帅；十卒为乡，乡有乡帅；三乡为县，县有县帅；十县为属，属有大夫。五属，故立五大夫，各使治一属焉；立五正，各使听一属焉。是故正之政听属，牧政听县，下政听乡。"桓公曰："各保治尔所，无或淫怠而不听治者！"……桓公问曰："夫军令则寄诸内政矣，齐国寡甲兵，为之若何？"管子对曰："轻过而移诸甲兵。"桓公曰："为之若何？"管子对曰："制重罪赎以犀甲一戟，轻罪以鞼盾一戟，小罪谪以金分，宥间罪。索讼者三禁而不可上下，坐成以束矢。美金以铸剑戟，试诸狗马；恶金以铸锄、夷、斤、斸，试诸壤土。"甲兵大足。

上博简《曹沫之陈》底本约成于鲁庄公之时。

按：马承源主编《上海博物馆馆藏战国楚竹书（四）》（上海古籍出版社2004年）载有竹书《曹沫之陈》篇。此篇存有65支简，共1680字，记载鲁庄公与曹沫（即《左传》曹刿）问对之事，主要内容从鲁庄公将铸大钟始，述曹沫入谏及庄公毁钟型听政等事。此篇性质有兵书、子书、史书等说。王青以为此篇于形式当属原始语录体散文,与《国语·鲁语》非常相似,很可能即原始《鲁语》之一部分。竹书《曹沫之陈》虽经后人传抄与修改,但底本成书时间很早,即在鲁庄公时期,应为鲁国史官之著述。它既有鲁国史官记言之特征,也有后人整理痕迹,在学术史上当处于"王官文化"向"诸子文化"转化之过渡阶段。有向先秦"语"文体发展演变之轨迹(参见王青《论上博简〈曹沫之陈〉的性质——兼论先秦时期"语"文体的起源与发展》,《学术月刊》2008年第2期)。

周庄王佗十四年(鲁庄公十一年　齐桓公三年)　戊戌　前683年

公元前683年,雅典约于此时废王政。

齐人作《何彼襛矣》(《诗·召南》),赞美王姬下嫁于齐桓公。

按:《毛序》曰:"《何彼襛矣》,美王姬也。虽则王姬亦下嫁于诸侯,车服不系其夫,下王后一等,犹执妇道,以成肃雍之德也。"全诗四句。先以唐棣之华比喻贵族男女结婚时之盛况,次以桃李赞喻新婚男女之美貌,最后再以钓鱼要选用恰当钓具来赞美他们匹配相当。全诗是一首新婚赞歌。今从《中国文学编年史·周秦卷》(第135页)之说而系于是年。

据丁晏《毛诗谱考证》,出于周庄王时的诗尚有:
《郑风》——《丰》《东门之墠》《风雨》《子衿》。
《齐风》——《甫田》《庐令》。
《王风》——《丘中有麻》。

周釐王胡齐元年(鲁庄公十三年　齐桓公五年　宋桓公元年)　庚子　前681年

公元前681年,亚述王辛那赫里布遇弑。

管仲力促,齐鲁盟于柯。

按:《史记·齐太公世家》曰:"五年,伐鲁,鲁师将败。鲁庄公请献遂邑以平,桓公许,与鲁会柯而盟。鲁将盟,曹沫以匕首劫桓公于坛上,曰:'反鲁之侵地!'桓公许之。已而曹沫去匕首,北面就臣位。桓公后悔,欲无与鲁地而杀曹沫。管仲曰:'夫劫许之而倍信杀之,愈一小快耳,而弃信于诸侯,失天下之援,不可。'于是遂与曹沫三败所亡地于鲁。诸侯闻之,皆信齐而欲附焉。"管仲力劝桓公守信,齐鲁盟于柯,管仲开始辅佐桓公对外盟会诸侯,成就霸业。

周釐王胡齐二年（鲁庄公十四年　郑厉公二十二年　楚文王十年）　辛丑　前680年

申繻答鲁桓公问妖。

按：《左传》载，初，内蛇与外蛇斗于郑南门中，内蛇死。六年而厉公入，公闻之，问于申繻曰："犹有妖乎？"对曰："人之所忌，其气焰以取之。妖由人兴也。人无衅焉，妖不自作。人弃常，则妖兴，故有妖。"

君子论楚子伐蔡。

按：《左传》载，楚文王以息妫归，生堵敖及成王焉。息妫从未言，楚子问之，曰："吾一妇人而事二夫，纵弗能死，其又何言？"楚子以蔡侯灭息，遂伐蔡。君子曰："《商书》所谓'恶之易也，如火之燎于原，不可向迩，其犹可扑灭'者，其如蔡哀侯乎。"息妫事还见于前666年。其人其事因此成了后代诗人吟咏之题材。如唐宋之问《息夫人》"可怜楚破息，肠断息夫人"，韦庄《庭前桃》"带露似垂湘女泪，无言如伴息妫愁"等。

郑子仪作炉，有铭记。

按：《王子婴齐炉》，1923年出土于新郑。王国维因器有"王子"字，说为楚子重婴齐器，器出新郑，则以为鄢陵之役楚师宵遁所遗（见《王子婴齐炉跋》，《观堂集林》第899—900页，中华书局1959年）。郭沫若则以为即郑子仪之器（《两周金文辞大系图录考释》第182—183页，上海书店1999年）。今从郭说，系于是年。

周釐王胡齐三年（鲁庄公十五年　齐桓公七年）　壬寅　前679年

齐桓公始称霸。

按：《左传》载，春，齐桓公再会宋桓公、陈宣公、卫惠公、郑厉公于鄄，诸侯咸服，齐始称霸。此为春秋称霸之始。《左传》称此次盟会"齐始伯也"，《史记》亦以此为齐桓公称霸之始。

管仲答桓公，陈辞论"成民"之术。

按：《国语·齐语》载，桓公曰："成民之事若何？"管子对曰："四民者，勿使杂处，杂处则其言哤，其事易。"公曰："处士、农、工、商若何？"管子对曰："昔圣王之处士也，使就闲燕；处工，就官府；处商，就市井；处农，就田野。

"令夫士，群萃而州处，闲燕则父与父言义，子与子言孝，其事君者言敬，其幼者言弟。少而习焉，其心安焉，不见异物而迁焉。是故其父兄之教不肃而成，其子弟之学不劳而能。夫是，故士之子恒为士。

"令夫工,群萃而州处,审其四时,辨其功苦,权节其用,论比协材,旦暮从事,施于四方,以饬其子弟,相语以事,相示以巧,相陈以功。少而习焉,其心安焉,不见异物而迁焉。是故其父兄之教不肃而成,其子弟之学不劳而能。夫是,故工之子恒为工。

"令夫商,群萃而州处,察其四时,而监其乡之资,以知其市之贾,负、任、担、荷,服牛、轺马,以周四方,以其所有,易其所无,市贱鬻贵,旦暮从事于此,以饬其子弟,相语以利,相示以赖,相陈以知贾。少而习焉,其心安焉,不见异物而迁焉。是故其父兄之教不肃而成,其子弟之学不劳而能。夫是,故商之子恒为商。

"令夫农,群萃而州处,察其四时,权节其用,耒、耜、枷、芟,及寒,击草除田,以待时耕;及耕,深耕而疾耰之,以待时雨。时雨既至,挟其枪、刈、耨、镈,以旦暮从事于田野。脱衣就功,首戴茅蒲,身衣袯襫,霑体涂足,暴其发肤,尽其四支之敏,以从事于田野。少而习焉,其心安焉,不见异物而迁焉。是故其父兄之教不肃而成,其子弟之学不劳而能。夫是,故农之子恒为农,野处而不昵。其秀民之能为士者,必足赖也。有司见而不以告,其罪五。有司已于事而竣。"

管仲答桓公,陈辞论"定民制国"之术。

按:《国语·齐语》载,桓公曰:"定民之居若何?"管子对曰:"制国以为二十一乡。"桓公曰:"善。"管子于是制国以为二十一乡:工商之乡六;士乡十五,公帅五乡焉,国子帅五乡焉,高子帅五乡焉。参国起案,以为三官,臣立三宰,工立三族,市立三乡,泽立三虞,山立三衡。

桓公曰:"吾欲从事于诸侯,其可乎?"管子对曰:"未可,国未安。"桓公曰:"安国若何?"管子对曰:"修旧法,择其善者而业用之;遂滋民,与无财,而敬百姓,则国安矣。"桓公曰:"诺。"遂修旧法,择其善者而业用之;遂滋民,与无财,而敬百姓。国既安矣,桓公曰:"国安矣,其可乎?"管子对曰:"未可。君若正卒伍,修甲兵,则大国亦将正卒伍,修甲兵,则难以速得志矣。君有攻伐之器,小国诸侯有守御之备,则难以速得志矣。君若欲速得志于天下诸侯,则事可以隐令,可以寄政。"桓公曰:"为之若何?"管子对曰:"作内政而寄军令焉。"桓公曰:"善。"

管子于是制国:"五家为轨,轨为之长;十轨为里,里有司;四里为连,连为之长;十连为乡,乡有良人焉。以为军令:五家为轨,故五人为伍,轨长帅之;十轨为里,故五十人为小戎,里有司帅之;四里为连,故二百人为卒,连长帅之;十连为乡,故二千人为旅,乡良人帅之;五乡一帅,故万人为一军,五乡之帅帅之。三军,故有中军之鼓,有国子之鼓,有高子之鼓。春以蒐振旅,秋以狝治兵。是故卒伍整于里,军旅整于郊。内教既成,令勿使迁徙。伍之人祭祀同福,死丧同恤,祸灾共之。人与人相畴,家与家相畴,世同居,少同游。故夜战声相闻,足以不乖;昼战目相见,足以相识。其欢欣足以相死。居同乐,行同和,死同哀。是故守则同固,战则同强。君有此士也三万人,以方行于天下,以诛无道,以屏周室,天下大国之君莫之能御。"

据丁晏《毛诗谱考证》,出于周釐王时的诗有:
《郑风》——《出其东门》《野有蔓草》《溱洧》。
《唐风》——《无衣》《有杕之杜》。

周惠王阆五年（鲁庄公二十二年） 己酉 前672年

周史以《周易》见陈厉公，厉公使筮其子陈完。

按：据《左传》载，陈厉公，蔡出也。故蔡人杀五父而立之。生敬仲。其少也，周史有以《周易》见陈侯者，陈侯使筮之。遇《观》之《否》，曰："是谓'观国之光，利用宾于王'，此其代陈有国乎？不在此，其在异国；非此其身，在其子孙。光，远而自他有耀者也。坤，土也；巽，风也；乾，天也。风为天，于土上，山也；有山之材，而照之以天光，于是乎居土上，故曰：'观国之光，利用宾于王。'庭实旅百，奉之以玉帛，天地之美具焉，故曰：'利用宾于王。'犹有观焉，故曰：'其在后乎？'风行而著于土，故曰：'其在异国乎？'若在异国，必姜姓也。姜，大岳之后也。山岳则配天，物莫能两大，陈衰，此其昌乎？"及陈之初亡也，陈桓子始大于齐，其后亡也，成子得政。

又按：此记载为文献所见《周易》之最早书名。周史筮占陈完，也为我国古代最早之卜筮记录。

周惠王阆六年（鲁庄公二十三年） 庚戌 前671年

夏，曹刿谏鲁庄公如齐观社。

按：《左传》载，二十三年，夏，公如齐观社，非礼也。曹刿谏曰："不可。夫礼，所以整民也。故会以训上下之则，制财用之节，朝以正班爵之义，帅长幼之序，征伐以讨其不然。诸侯有王，王有巡守，以大习之。非是，君不举矣。君举必书，书而不法，后嗣何观？"《国语·鲁语上》载略有不同。社即祀社神之仪式。《诗·小雅·甫田》曰："以社万方。"《墨子·明鬼下》曰："燕之有祖，当齐之社稷、宋之有桑林、楚之有云梦也，此男女之所属而观也。"沈钦韩《左传地名补注》谓即聚男女而相游观者也。

公元前671年，亚述入埃及之孟斐斯。

周惠王阆七年（鲁庄公二十四年） 辛亥 前670年

春，匠师御孙庆谏鲁庄公丹楹刻桷。

按：御师庆，鲁国掌匠大夫，生卒年不详。《国语·鲁语上》载，庄公丹桓宫之槜,而刻其桷。匠师庆言于公曰:"臣闻圣王公之先封者,遗后之人法,使无陷于恶。其为后世昭前之令闻也,使长监于世,故能摄固不解以久。今先君俭而君侈,令德替矣。"公曰:"吾属欲美之。"对曰:"无益于君,而替前之令德,臣故曰庶可已矣。"公弗听。《左传·庄公二十四年》所载略有不同。

周惠王阆十年(鲁庄公二十七年)　甲寅　前667年

公元前667年,亚述征埃及,入孟斐斯。

冬,士蔿以礼、乐、慈、爱之说谏晋献公欲伐虢。

按:士蔿,字子舆,或称士舆。晋大夫,生卒年不详。《左传》载,晋侯将伐虢,士蔿曰:"不可。虢公骄,若骤得胜于我,必弃其民。无众而后伐之,欲御我,谁与?夫礼、乐、慈、爱,战所畜也。夫民,让事、乐和、爱亲、哀丧,而后可用也。虢弗畜也,亟战,将饥。"

周惠王阆十一年(鲁庄公二十八年)　乙卯　前666年

冬,鲁大饥荒,臧文仲依荒礼告籴于齐。

按:臧文仲(?—前617),即臧孙辰,春秋时鲁国大夫,历仕庄、闵、僖、文四君。《春秋》曰:"冬……大无麦、禾,臧孙辰告籴于齐。"《左传》曰:"礼也。"《国语·鲁语上》载:鲁饥,臧文仲言于庄公曰:"夫为四邻之援,结诸侯之信,重之以婚姻,申之以盟誓,固国之艰急是为。铸名器,藏宝财,固民之殄病是待。今国病矣,君盍以名器请籴于齐?"公曰:"谁使?"对曰:"国有饥馑,卿出告籴,古之制也。辰也备卿,辰请如齐。"公使往。从者曰:"君不命吾子,吾子请之,其为选事乎?"文仲曰:"贤者急病而让夷,居官者当事不避难,在位者恤民之患,是以国家无违。今我不如齐,非急病也。在上不恤下,居官而惰,非事君也。"文仲以鬯圭与玉如齐告籴,曰:"天灾流行,戾于弊邑,饥馑荐降,民羸几卒,大惧乏周公、太公之命祀,职贡业事之不共而获戾。不腆先君之币器,敢告滞积,以纾执事,以救弊邑,使能共职。岂唯寡君与二三臣实受君赐,其周公、太公及百辟神祇实永飨而赖之!"齐人归其玉而予之籴。

又按:《周书·籴匡》曰:"大荒……卿参告籴。"备言周人备荒之礼,其中文句为臧文仲所引述,并以大荒告籴为古制。《中国文学编年史·周秦卷》(第141页)认为此说明《籴匡》篇至迟于是年前已在鲁流传。

周惠王阆十二年(鲁庄公二十九年)　丙辰　前665年

《周礼·夏官·圉师》之文约成于是年。

按：《春秋》曰："春，新延厩。"《左传》曰："新作延厩，书，不时也。凡马，日中而出，日中而入。"此传文为概括《圉师》相关内容而成。可知《圉师》篇之成必不晚于是年(参见《中国文学编年史·周秦卷》第141页)。

周惠王阆十五年(鲁庄公三十二年)　己未　前662年

七月，有神降于虢之莘地，周内史过对周惠王之问，史嚚论"国将兴，听于民"。

按：内史过，周惠王大夫，内史其职，过是其名，生卒年不详。史嚚，春秋时虢国史官，生卒年不详。《左传》载，秋，七月，有神降于莘。惠王问诸内史过曰："是何故也？"对曰："国之将兴，明神降之，监其德也；将亡，神又降之，观其恶也。故有得神以兴，亦有以亡，虞、夏、商、周，皆有之。"王曰："若之何？"对曰："以其物享焉，其至之日，亦其物也。"王从之，内史过往，闻虢请命，反曰："虢必亡矣。虐而听于神。"神居莘六月。虢公使祝应、宗区、史嚚享焉，神赐之土田。史嚚曰："虢其亡乎？吾闻之国将兴，听于民；将亡，听于神。神，聪明正直而壹者也，依人而行。虢多凉德，其何土之能得？"史嚚此论表现出明显的民本思想。

周惠王阆十六年(鲁闵公元年　齐桓公二十五年　卫懿公八年)　庚申　前661年

管仲论"尊王攘夷"，劝桓公救邢。

按：《左传》载，狄人伐邢。管仲言于齐侯曰："戎狄豺狼，不可厌也。诸夏亲暱，不可弃也。宴安酖毒，不可怀也。《诗》云：'岂不怀归，畏此简书。'简书，同恶相恤之谓也。请救邢以从简书。"齐人救邢。齐桓公称霸所遵循之政治路线，后人总结为管仲此论即"尊王攘夷"之道，此于当时有团结华夏诸侯之功。

公元前661年，亚述置行省于埃及尼罗河三角洲。

卫人作《式微》(《诗·邶风》),刺卫国君臣。

按:卫国君臣昏庸无能,又北受狄人侵扰,南遭齐、晋争霸,百姓生活困苦,怨声载道。《诗·邶风·式微》为此时卫国百姓生活之反映。

周惠王阆十七年(鲁闵公二年 卫文公元年 郑文公十三年) 辛酉 前660年

十二月,狄人灭卫,许穆夫人思归唁之,许人不许,作《蝃蝀》(《诗·鄘风》)。

按:《毛序》:"《蝃蝀》,止奔也。卫文公能以道化其民,淫奔之耻,国人不齿也。"今从《中国文学编年史·周秦卷》(第144页)之说而系于是年。

许穆夫人作《载驰》(《诗·鄘风》),闵其宗国卫国颠覆,而不能救之。

按:许穆夫人,卫懿公妹,生卒年不详。《毛序》曰:"许穆夫人作也。闵其宗国颠覆,自伤不能救也。卫懿公为狄人所灭,国人分散,露于漕邑。许穆夫人闵卫之亡,伤许之小,力不能救,思归唁其兄,又义不得,故赋是诗也。"许穆夫人可称为我国诗歌史上首位爱国女诗人,也为同时代世界上最早知名女诗人之一。

郑公子素恶高克事君不以礼,又恶郑文公逐臣不以道,作《清人》(《诗·郑风》)之诗以刺之。

按:《左传》曰:"郑人恶高克,使帅师次于河上,久而弗召,师溃而归,高克奔陈,郑人为之赋《清人》。"《毛序》曰:"《清人》,刺文公也。高克好利而不顾其君,文公恶而欲远之不能。使高克将兵而御狄于竟,陈其师旅,翱翔河上。久而不召,众散而归,高克奔陈。公子素恶高克进之不以礼,文公退之不以道,危国亡师之本,故作是诗也。"今从《中国文学编年史·周秦卷》(第144页)之说而系于是年。

周惠王阆十九年(鲁僖公二年 卫文公二年) 癸亥 前658年

公元前658年,希腊移民建拜占庭。

卫人作《定之方中》(《诗·鄘风》),美卫文公能复国养民。

按:《毛序》曰:"《定之方中》,美卫文公也。卫为狄所灭,东徙渡河,野处漕邑。齐桓公攘戎狄而封之。文公徙居楚丘,始建城市而营宫室,得其时制,百姓说之,国家殷富焉。"今从之而系于是年。

周惠王阆二十二年（鲁僖公五年　晋献公二十二年）　丙寅　前655年

晋大司空士蒍作诗，以言政出多人，无所适从之忧。

按：《左传》曰："公使让之……（士蒍）退而赋曰：'狐裘尨茸，一国三公，吾谁适从？'"此赋当为自作诗。

周惠王阆二十四年（鲁僖公七年　齐桓公三十三年）　戊辰　前653年

闰十二月，周惠王卒。

按：周惠王卒，太子郑立，是为襄王。襄王患其弟带争立，秘不发丧而求助于齐。明年，襄王始以惠王之丧讣告诸侯（《左传》从实，系于本年；《春秋》从讣，系于下年）。

管仲以礼德说桓公。

按：《左传》曰："秋，盟于宁母，谋郑故也。管仲言于齐侯曰：'臣闻之，招携以礼，怀远以德，德礼不易，无人不怀。'齐侯修礼于诸侯，诸侯官受方物。郑伯使大子华听命于会，言于齐侯曰：'泄氏、孔氏、子人氏三族，实违君命。若君去之以为成。我以郑为内臣，君亦无所不利焉。'齐侯将许之。管仲曰：'君以礼与信属诸侯，而以奸终之，无乃不可乎？子父不奸之谓礼，守命共时之谓信。违此二者，奸莫大焉。'公曰：'诸侯有讨于郑，未捷。今苟有衅。从之，不亦可乎？'对曰：'君若绥之以德，加之以训辞，而帅诸侯以讨郑，郑将覆亡之不暇，岂敢不惧？若总其罪人以临之，郑有辞矣，何惧？且夫合诸侯以崇德也，会而列奸，何以示后嗣？夫诸侯之会，其德刑礼义，无国不记。记奸之位，君盟替矣。作而不记，非盛德也。君其勿许，郑必受盟。夫子华既为大子而求介于大国，以弱其国，亦必不免。郑有叔詹、堵叔、师叔三良为政，未可间也。'齐侯辞焉。子华由是得罪于郑。"

据丁晏《毛诗谱考证》，出于周惠王时的诗还有：

《鄘风》——《相鼠》《干旄》。

《卫风》——《木瓜》。

《唐风》——《采苓》。

《曹风》——《蜉蝣》。

周襄王郑元年（鲁僖公八年　晋献公二十五年）　己巳　前652年

公元前652年，亚述内战起。

晋人作《葛生》（《诗·唐风》），刺晋献公好攻战，国人多丧。

按：《毛序》曰："《葛生》，刺晋献公也。好攻战，则国人多丧矣。"郑笺："丧，弃亡也。夫从征役弃亡不反，则其妻居家而怨思。"今从《中国文学编年史·周秦卷》（第148页）之说而系于是年。

晋人作《采苓》（《诗·唐风》），刺晋献公听信谗言，致使晋乱。

按：《毛序》曰："《采苓》，刺晋献公也。献公好听谗焉。"胡辰琪《毛诗后笺》曰："此《序》语简意明，后儒从之皆无异义。范氏《补传》、王氏《总闻》并引申生事以实之。《吕记》引朱氏曰：献公好听谗，观骊姬潜杀太子及逐群公子之事可见也。及作《集传》，则第以为刺听谗之诗，谓未见其果作于献公时。郝氏仲舆曰：事之可据孰有如献公听谗者乎？如是犹谓不信，则诗必有年月日时、作者姓名乃可。"今从其说而系于是年。

周襄王郑二年（鲁僖公九年　齐桓公三十五年）　庚午　前651年

九月，齐桓公与宋、鲁、卫、郑、曹之君及王使盟于葵丘。

按：《孟子·告子下》载：九月，齐桓公与宋、鲁、卫、郑、曹之君及王使盟于葵丘。初命曰："诛不孝，无易树子，无以妾为妻。"再命曰："尊贤育才，以彰有德。"三命曰："敬老慈幼，无忘宾旅。"四命曰："士无世官，官事无摄。取士必得，无专杀大夫。"五命曰："无曲防，无遏籴，无有封而不告。"齐桓公与诸侯盟于葵丘时，周王派宰孔来参加，赐给桓公"彤弓矢、大路"，已认可齐桓公之霸主地位，并使其获得"专征伐"之权利。自此开始了"礼乐征伐自诸侯出"之局面。

十月，君子引《诗》论荀息死君。

按：《左传》载，冬，十月，里克杀奚齐于次。书曰"杀其君之子"，未葬也。荀息将死之，人曰："不如立卓子而辅之。"荀息立公子卓以葬。十一月，里克杀公子卓于朝。荀息死之。君子曰"《诗》所谓'白圭之玷，尚可磨也；斯言之玷，不可为也。'（《诗·大雅》。言此言之缺，难治甚于白圭。）荀息有焉。"

是年管仲谏桓公封禅。

按：《管子·封禅》载，桓公既霸，会诸侯于葵丘，而欲封禅。管仲谏止。相传早在伏羲氏前无怀氏时即曾举行封禅，管仲称古有七十二家。然见于文字记载始此。

周襄王郑六年（鲁僖公十三年　秦穆公十三年　晋惠公四年）　甲戌　前647年

冬，秦输粟于晋，人称"汎舟之役"。

按：《左传》载，是年冬，晋饥，乞籴于秦。秦穆公问诸大夫曰："与诸乎？"百里奚对曰："天灾流行，国家代有，救灾恤邻，道也。"丕郑之子丕豹则请乘机伐晋。秦穆公曰："其君是恶，其民何罪？"秦于乎输粟于晋，自雍及绛相继，人称"汎舟之役"。此为我国历史上最早之人道主义救助。另大规模船运记载也始此。

公元前647年，希腊诗人、音乐家泰尔潘德罗斯活动时期约为是年。

周襄王郑七年（鲁僖公十四年　齐桓公四十年）　乙亥　前646年

管仲病中论相。

按：《韩非子·十过》曰："昔者齐桓公九合诸侯，一匡天下，为五伯长，管仲佐之。管仲老，不能用事，休居于家。桓公从而问之曰：'仲父家居有病，即不幸而不起，政安迁之？'管仲曰：'臣老矣，不可问也。虽然，臣闻之，知臣莫若君，知子莫若父。君其试以心决之。'君曰：'鲍叔牙何如？'管仲曰：'不可。鲍叔牙为人，刚愎而上悍。刚则犯民以暴，愎则不得民心，悍则下不为用。其心不惧，非霸者之佐也。'公曰：'然则竖刁何如？'管仲曰：'不可。夫人之情，莫不爱其身。公妒而好内，竖刁自獖以为治内。其身不爱，又安能爱君？'公曰：'然则卫公子开方何如？'管仲曰：'不可。齐、卫之间，不过十日之行。开方为事君，欲适君之故，十五年不归见其父母，此非人情也。其父母之不亲也，又能亲君乎？'公曰：'然则易牙何？'管仲曰：'不可。夫易牙为君主味。君之所未尝食，唯人肉耳，易牙蒸其子首而进之。君所知也，人之情莫不爱其子。今蒸其子以为膳于君，其子弗爱，又安能爱君乎？'公曰：'然则孰可？'管仲曰：'隰朋可。其为人也，坚中而廉外，少欲而多信。夫坚中，则足以为表；廉外，则可以大任；少欲，则能临其众；多信，则能亲邻国。此霸者之佐也，君其用之。'君曰：'诺。'"另《史记·齐太公世家》、《管子·戒》、《管子·小称》、《庄子·徐无鬼》、《韩非子·难一》、《吕氏春秋·知接》、《说苑·权谋》等记载与上略同。

周襄王郑八年（鲁僖公十五年　晋惠公六年　齐桓公四十一年）　丙子　前645年

卜徒父筮秦伯伐晋。

按：卜徒父，秦卜官，生卒年不详。《左传》载，秦伯伐晋，卜徒父筮之吉："涉河，侯车败。"诘之，对曰："乃大吉也。三败必获晋君。其卦遇《蛊》，曰：'千乘三去；三去之余，获其雄狐。'夫狐《蛊》，必其君也。《蛊》之贞，风也；其悔，山也。岁云秋矣，我落其实而取其材，所以克也。实落材亡，不败何待？"此为《左传》所见占卜单卦筮例之一，但其筮辞不见于《周易》，有学者以为乃出于与《周易》同类筮书如《连山》、《归藏》之类。

管仲卒（？— ）。管仲，名夷吾，字仲，谥号敬，故又名管敬仲，颍上人。公元前685年至是年卒，相齐达四十年，辅佐齐桓公"九合诸侯，一匡天下"，为我国历史上著名政治家、军事家与思想家，在古代中国影响深远。管子言论见于《国语·齐语》，其思想散见于各种文献中，集中体现于《管子》一书。事迹见《史记·管晏列传》。

按：《汉书·艺文志》道家著录有《管子》八十六篇。今存《管子》七十六篇，托名管仲著，实出于战国齐稷下学者之手，其中也有西汉学者附益部分。八十六篇可分为八个部分，分别是：(1)经言九篇：自《牧民》第一至《幼官图》第九；(2)外言八篇：自《五辅》第十至《兵法》第十七；(3)内言九篇：自《大匡》第十八至《戒》第二十六（亡佚二篇，有目无文）；(4)短言十八篇：自《地图》第二十七至《九变》第四十九（亡佚一篇）；(5)区言五篇：自《任法》第四十五至《内业》第四十九）；(6)杂篇十三篇：自《封禅》第五十至《问霸》第六十二（亡佚三篇）；(7)管子解五篇：自《牧民解》第六十三至《明法解》第六十七（亡佚一篇）；(8)轻重十九篇：自《臣乘马》第六十八至《轻重庚》第八十六（亡佚三篇）。其中，《牧民》、《形势》、《权修》、《乘马》等篇，为管仲思想之记录，保存了管仲遗说；《大匡》、《中匡》、《小匡》几篇，则记录了管仲遗事；而《轻重》十九篇反映了西汉初年经济政策与思想。其他诸篇，皆表现了战国时代稷下学派之观点。

《管子》可视为春秋战国以来政治、经济、教育、哲学、科学等思想学说之总集，包括儒、道、名、法、兵、农、阴阳五行等诸家言论，内容极为丰富，却又不能截然将各家分出，而成为有所交汇、贯通、结合与变形之思想体系。其主要思想特点有如下几个方面：(1)尊黄帝。"黄帝之治天下也，其民不引而来，不推而往，不使而成，不禁而止。故黄帝之治也，置法而不变，使民安其法者也。"（《任法》）《管子》认为，黄帝乃造福于人者，善于因自然条件发展生产，教人不行机权之道，还善于巩固君主集权，用兵统一天下与用法治理国家。《管子》不遗余力宣传黄帝形象，为齐国统治者统一天下提供了精神支柱，也为诸子之学合流于齐国提供了一面共同旗帜。(2)重道法。管仲相桓公之初，便提出："君霸王，社稷定。君不霸王，社稷不定。"（《管子·大匡》）当时强国较多，互相争衡，只宜于图霸，而难以称王，故"强国众，而言王势者，愚人之智也。"（《管子·霸言》）但《管子》并不否定"王道"，而是从现实出发，将目标定在图霸上，给"王道"以虚悬地位。无论称王还是图霸，皆不能违背"道"。《管子》将"道"看成天地万物之本原与规律。"立政出令用人道，施爵禄用地道，举大事用天道"。（《管子·霸言》）"道"为立法依据，"事督乎法，法出乎权，权出乎道。"（《管子·心术上》）"法者，天下之至道也，圣君之实用也。"（《管子·托法》）可见，《管子》道法思想在其整个思想体系中居于统率地位。若说"道论"乃《管子》宇宙观之核心，那么"法论"即为其社会观之核心。"任法"也即"任大道"。在《管子》中，道具有法之性质，道即宇宙大法；同样，法具有道之性质，法即社会大道。故法并不仅限于法律、法令等"小法"，而是普遍存在于社会各个领域之纲纪大要。"所谓仁义礼乐者，皆出于法，此先圣之所以一民者也。""万物百事非在法之中者，不能动也。"（《管子·托法》）。

(3)用礼义。《牧民》篇将"礼"、"义"、"廉"、"耻"看作治国立政之"四维",认为"一维绝则倾,二维绝则危,三维绝则覆,四维绝则灭。"至于"礼义"内容,《五辅》篇曾概括为"礼有八经","义有七体"。简言之,即用"孝悌慈惠"、"恭敬忠信"等宗法道法与宗法关系,建立并维护君臣上下之封建等级制度。在《管子》中,礼义与道法又有机结合在一起。《管子》认为万物禀"道"而生,而一旦产生出来也即有了一定形状与一定性质,而各有所宜。它体现在社会中,即为"义"。将各种不同事物、人事关系制度化,即为"礼"。将这些关系、制度统一起来,并由国家强力加以保证,便为"法"。可见,"道"为仁义礼法之结合点,它们皆以"道"为本体。(4)尚无为。《管子》"无为"观也由"道"引申而来。作为世界本原之"道"原本"无设无形"、"无形无为",因此君主治理天下除靠法律政令外,还应以道为依循,在政治上实行"无为而治"。总之,《管子》一书博采兼容各家学说,却没有变成思想之大杂烩:取道家之自然观而不绝弃礼学;取法家之重刑理论而不否定德礼教化;取儒家之伦理道德而不取其法古守旧;取阴阳家之季节时令说,而避其"怪迂"之谈。因此,《管子》思想虽杂,但不是杂家。

《管子》一书还包含我国古代某些自然科学知识。如《地员》篇包含有动植物生态学知识。《地员》基于"草"与"土"之辨证认识,将植物与环境视为统一整体,明确指出"凡草之道,各有穀造,或高或下,各有草土(物)"。意为植物与生长环境——地势是相互联系、有规律可循的,不论山地、平原或水泉皆各有其所宜于生长之植物。《地员》还在考察"九州之土"十八种土壤之性能及其植被(包括农、林、牧、渔)分布状况基础上提出"每州(土)有常,而物有次"概念,认为人们可以根据每种土壤各有其所宜生长之动植物这一规律来计划农业布局。有关《管子》一书研究著作从唐代即已出现,历经辽、明、清几朝,各家论述颇为丰富,较著名者有唐代尹知章《管子注》、辽代刘续《管子补注》、明代翁正春《管子评林》、清代洪颐煊《管子义证》、许光清《管子校》、俞樾《管子平议》、近代章炳麟《管子余义》、现代郭沫若《管子集校》等。

周襄王郑九年(鲁僖公十六年　秦穆公十六年)　丁丑　前644年

叔兴以阴阳之气释灾变。

按:叔兴,又称叔兴父、内史兴,春秋时周内史,曾聘于宋,生卒年不详。《左传》载,是年"春,陨石于宋五,陨星也。六鹢退飞过宋都,风也。"叔兴聘于宋,宋襄公问焉,曰:"是何祥也?吉凶焉在?"对曰:"今兹鲁多大丧,明年齐有乱,君将得诸侯而不终。"退而告人曰:"君失问。是阴阳之事,非吉凶所生也。吉凶由人,吾不敢逆君故也。"叔兴以阴阳之气解释自然灾变,否定自然灾害为人事吉凶之预兆,认为"吉凶由人",于当时有进步意义。

周襄王郑十年(鲁僖公十七年　齐桓公四十三年)　戊寅　前643年

十月乙亥,齐桓公卒,诸子争立,易牙、竖刁立公子无亏。

按：事见《左传》、《国语·晋语》、《史记·齐世家》及《管子·戒篇》等。齐桓公在位四十三年，任用管仲进行改革，以"尊王攘夷"为口号，助燕打败北戎，破狄救邢、卫，北逼戎狄南下；南阻楚国北进，旨在保卫中原先进经济文化，同时反映少数民族与中原经济、政治文化联系已较密切。曾多次大会诸侯，订立盟约，成为春秋时第一位霸主。

周襄王郑十二年（鲁僖公十九年　宋襄公十年　卫文公十九年）　庚辰　前641年

子鱼谏宋襄公用人殉祭社。

按：左师子鱼，宋左师，生卒年不详。《左传》载，宋襄公欲继齐桓公之后为侯霸，主持诸侯盟会，乃会曹、邾、鄫等国之君于曹南鄫。鄫君后至，襄公使邾君执而祭于睢水之社。左师子鱼曰："古者六畜不相为用，小事不用大牲，而况敢用人乎？祭祀以为人也。民，神之主也。用人，其谁飨之？齐桓公存三亡国（鲁、邢、卫）以属诸侯，义士犹曰薄德，今一会而虐二国（滕、鄫）之君，将以求霸，不亦难乎？"宋为殷后，当时尚留有人殉之习。子鱼说"六畜不相为用"，意为如在祭祀马神时不用马作牺牲。这大概是图腾所谓"禁忌"。"小事"就是小的祭祀，不用牛羊豕等大牲。民是神的主人，用人作为牺牲，自然神是不能接受的。

卫人作《相鼠》（《诗·鄘风》），刺无礼之人。

按：《毛序》曰："《相鼠》，刺无礼也。卫文公能正其群臣，而刺在位承先君之化无礼仪也。"今从之说姑系于是年。

周襄王郑十三年（鲁僖公二十年　楚成王三十二年）　辛巳　前640年

冬，君子引《诗》论随之见伐。

按：《左传》载，随以汉东诸侯叛楚。冬，楚斗谷于菟帅师伐随，取成而还。君子曰："随之见伐，不量力也。量力而动，其过鲜矣。善败由己，而由人乎哉？《诗》曰：'岂不夙夜，谓行多露。'"（《诗·召南》。言岂不欲早暮而行，惧多露之濡己，以喻违礼而行，必有污辱，是亦量宜相时而动之义。）

鲁人以僖公重视马政，鲁地牧马繁盛，并带来了国家昌盛，乃作《駉》、《有駜》、《閟宫》、《泮水》（皆见《诗·鲁颂》）等诗以颂之。

按：据《毛序》，《駉》之作者为史克，而三家诗认为是奚斯。《有駜》诗后人或以为燕饮颂寿之乐歌。而《閟宫》、《泮水》二诗主要歌颂了鲁僖公振兴祖先事业之功绩,祷祝其福禄长寿,永保国土。

周襄王郑十四年(鲁僖公二十一年)　壬午　前639年

臧文仲以鲁僖公祭祀求雨,谏请修城郭、贬食、省用、务农、劝分(施舍)。

按:《左传》载,时鲁大旱,僖公欲燎行祭祀,焚巫尪以求雨。臧文仲力谏,僖公从之,故饥而不害。臧文仲不迷信巫尪,劝"修城郭、贬食、省用、务穑、劝分"之见解,反映了其节俭、重农民本思想;而认为大旱乃自然现象之一,而非巫尪所为,反映了其尊重自然之无神论思想。

公元前639年,亚述灭埃及。

周襄王郑十五年(鲁僖公二十二年　宋襄公十三年　楚成王三十四年)　癸未　前638年

十一月,宋子鱼论战。

按:《左传》载,宋襄公欲继齐桓公称霸,与楚军战于泓水。楚师未全渡,宋师已成列。子鱼以彼众我寡,请半渡而击之。襄公不听。楚师既渡而未成列,子鱼又曰:"可击。"公曰:"待其已列。"既陈而后击之,宋师败绩,襄公伤股。国人皆咎公。公曰:"君子不重伤,不禽二毛。古之为军也,不以阻隘也。寡人虽亡国之余,不鼓不成列。"子鱼曰:"君未知战。勍敌之人,隘而不列,天赞我也。阻而鼓之,不亦可乎?犹有惧焉。且今之勍者,皆吾敌也。虽及胡耉,获则取之,何有于二毛?明耻教战,求杀敌也,伤未及死,如何勿重?若爱重伤,则如勿伤;爱其二毛,则如服焉。三军以利用也,金鼓以声气也。利而用之,阻隘可也;声盛致志,鼓儳可也。"宋襄公这一看似愚蠢行动,子鱼显然持批评态度。而司马迁却说:"孔子称'微子去之,箕子为之奴,比干谏而死,殷有三仁焉'。春秋讥宋之乱自宣公废太子而立弟,国以不宁者十世。襄公之时,修行仁义,欲为盟主。其大夫正考父美之,故追道契、汤、高宗,殷所以兴,作《商颂》。襄公既败于泓,而君子或以为多,伤中国阙礼义,褒之也,宋襄之有礼让也。"此论则肯定宋襄公,大概旨在礼让上肯定其言行一致,即其"修行仁义",而不于战事之成败立论。

周襄王郑十六年(鲁僖公二十三年　晋惠公十四年)　甲申　前637年

叔詹言"男女同姓,其生不蕃"。

按：叔詹,郑大夫,生卒年不详。《左传》载,是年叔詹言"男女同姓,其生不蕃"语。是古人早已认识到近亲结婚之不良后果。

赵衰引《礼志》之语谏重耳纳秦女。

按：《国语·晋语四》载,公子重耳欲纳子圉之妻秦女怀嬴,谓子犯曰:"何如?"对曰:"将夺其国,何有于妻,唯秦所命从也。"又问于子余(赵衰)曰:"何如?"对曰:"《礼志》有之曰:'将有请于人,必先有入焉。欲人之爱己也,必先爱人。欲人之从己也,必先从人。无德于人,而求用人,罪也。'今将婚媾以从秦,受好以爱之,听从以德之,惧其未可也,又何疑焉?"重耳乃归女而纳币,且逆之。《左传》是年亦载此事。《礼志》盖其时记载诸礼仪制度之书,后代史书即或用此名称以纂集礼制史料。

周襄王郑十七年(鲁僖公二十四年　晋文公、宋成公元年)　乙酉　前636年

介之推退隐并被焚而死。

按：介之推,晋士,生卒年不详。《左传》载,是年春,晋重耳以秦国相助,于流亡十九年年后入晋为主,是为文公。晋文公遍赏随从臣属,介之推独退隐绵上山中,文公访寻不到,遂以绵上为其封田。传文公曾烧山逼其出仕,介之推执意不出被焚而死,后人为表怀念,每年是日遂不举火,传为寒食节之起源。

君子引《诗》及《夏书》论子臧好聚鹬冠。

按：《左传》是年载,郑子华之弟子臧出奔宋,好聚鹬冠(即以翠鸟羽毛饰冠)。郑伯闻而恶之,使盗诱之。八月,盗杀之于陈、宋之间。君子曰:"服之不衷,身之灾也。《诗》曰:'彼己之子,不称其服。'子臧之服,不称也夫。《诗》曰'自诒伊慼',其子臧之谓矣。《夏书》曰'地平天成',称也。"时流行之冠式有鹬冠、雄鸡冠、獬豸冠等。獬豸冠流行于楚国,秦灭楚后改为执法官专用。时视冠极重,去冠则失礼,以为大耻。

康公作《渭阳》(《诗·秦风》)。

按：康公,秦穆公之子。相传康公以晋公子重耳返晋,作《渭阳》诗以送之。

周襄王郑十八年（鲁僖公二十五年　晋文公二年）　丙戌　前635年

晋狐偃劝晋文公尊王。

按：狐偃，晋大夫，字子犯，为文公之舅，故又称舅犯，生卒年不详。《左传》载，是年四月，秦驻军河上，将纳襄王。晋狐偃谓文公曰：求霸莫如尊周，方今尊王，晋之资也。请先于秦而纳襄王。晋师出，左师围王带于温，右师迎王于汜。纳王于王城，取王子带而杀之。襄王予文权以阳樊、温、原、攒茅四邑。于是晋拓疆至南阳。此实为晋文公采取"尊王攘夷"政策之所成就。

周襄王郑十九年（鲁僖公二十六年　齐孝公九年）　丁亥　前634年

鲁使展喜犒齐师请和。

按：展喜，鲁使展禽之弟，生卒年不详。《左传》载，是年夏，齐师又伐鲁北鄙。鲁使展禽之弟展喜犒齐师请和。齐侯未入竟，展喜从之，曰："寡君闻君亲举玉趾，将辱于敝邑，使下臣犒执事。"齐侯曰："鲁人恐乎？"对曰："小人恐矣，君子则否。"齐侯曰："室如县罄，野无青草，何恃而不恐？"对曰："恃先王之命。昔周公、大公股肱周室，夹辅成王。成王劳之而赐之盟，曰：'世世子孙，无相害也。'载在盟府，大师职之。桓公是以纠合诸侯而谋其不协，弥缝其阙而匡救其灾，昭旧职也。及君即位，诸侯之望曰：'其率桓之功。'我敝邑用不敢保聚，曰：'岂其嗣世九年而弃命废职，其若先君何？'君必不然。恃此以不恐。"齐侯乃还。

周襄王郑二十年（鲁僖公二十七年　楚成王三十九年　晋文公四年　宋成公四年）　戊子　前633年

冬，楚围宋。晋作三师，谋救宋。赵衰引《夏书》，论郤縠可为元帅。

按：《左传》载，冬，楚子及诸侯围宋。宋公孙固如晋告急。先轸曰："报施救患，取威定霸，于是乎在矣。"狐偃曰："楚始得曹，而新昏于卫，若伐曹、卫，楚必救之，则齐、宋免矣。"于是乎蒐于被庐，作三军，谋元帅。赵衰曰："郤縠可。臣亟闻其言矣，说礼乐而敦《诗》、《书》。《诗》、《书》，义之府也；礼乐，德之则也。德义，利之本也。

《夏书》曰:'赋纳以言,明试以功,车服以庸。'君其试之。"乃使郤縠将中军,郤溱佐之;使狐偃将上军,让于狐毛而佐之;命赵衰为卿,让于栾枝、先轸;使栾枝将下军,先轸佐之;荀林父御戎,魏犨为右。

周襄王郑二十一年(鲁僖公二十八年 楚成王四十年 晋文公五年) 丁丑 前632年

楚成王引《军志》,论晋文公不可犯。

按:《左传》是年载,楚成王撤兵入居于申,命楚将子玉撤围宋之兵,曰:"无从晋师。晋侯在外,十九年矣,而果得晋国。险阻艰难,备尝之矣;民之情伪,尽知之矣。天假之年,而除其害。天之所置,其可废乎?《军志》曰'允当则归',又曰'知难而退',又曰'有德不可敌'。此三志者,晋之谓矣。"《军志》盖为其时之兵书。

君子论晋文公能刑。

按:《左传》是年载,城濮之战,晋中军风于泽,亡大旆之左旃。祁瞒奸命,司马杀之,以徇于诸侯。使茅茷代之。师还,壬午,济河。舟之侨先归,士会摄右。秋,七月丙申,振旅,恺以入于晋。献俘授馘,饮至大赏,征会讨贰。杀舟之侨以徇于国,民于是大服。君子谓:"文公其能刑矣,三罪而民服。《诗》云:'惠此中国,以绥四方。'不失赏刑之谓也。"(《诗·大雅》。言赏刑不失,则中国受惠,四方安靖。)

子犯作钟,铭记受晋文公赏赐之事。

按:《子犯编钟铭》,为晋文公舅父狐偃所作器铭。据裘锡圭、李学勤等人研究,铭作于晋文公五年。铭辞述及晋楚城濮之战,追记晋文公即位之事(参见李学勤《子犯编钟考释》,《四海寻珍》,清华大学出版社1998年)。

曹人作《侯人》(《诗·曹风》),刺曹共公滥用小人。

按:《毛序》曰:"刺近小人也。共公远君子而好近小人焉。"三家诗及、郑、孔诸家无异说。今从《中国文学编年史·周秦卷》(第162页)说系之于是年。

周襄王郑二十六年(鲁僖公三十三年 晋襄公、郑穆公元年 秦穆公三十三) 甲午 前627年

公元前627年,亚述王亚述巴尼拔卒,亚述遂衰。

迦勒底王那波帕拉萨建新巴比伦王国。

四月辛巳,晋败秦于殽。秦穆公作《秦誓》(《尚书》)以悔过。

按:《左传》载,是年四月殽之战,秦全军覆没,穆公引咎自责。《书序》曰:"秦穆公伐郑,晋襄公帅师败诸崤,还归,作《秦誓》。"篇中多穆公自责之辞。

周襄王郑二十七年（鲁文公元年　秦穆公三十四年）　乙未　前626年

由余使秦论政。

　　按：由余，春秋时西戎大臣。由余祖先为晋人，亡入西戎，故能晋言。《史记·秦本纪》载，戎王使由余入秦。由余，其先晋人，亡入戎。穆公示以宫室、积聚。由余曰："使鬼为之，则劳神矣；使人为之，亦苦民矣。"穆公感到奇怪，问曰："中国以诗书礼乐法度为政，然尚时乱。今戎夷无此，何以为治，不亦难乎？"由余答曰："此乃中国所以乱也。夫自上圣黄帝作为礼乐法度，身以先之，仅以小治。及其后世，日以骄淫，阻法度之威，以责督于下。下罢极，则以仁义怨望于上，上下交争怨而相篡弑，至于灭宗，皆以此类也。夫戎夷不然，上含淳德以遇其下，下怀忠信以事其上。一国之政，犹一身之治，不知所以治。此真圣人之治也。"《汉书·艺文志》有《由余》三篇，已佚。

周襄王郑二十八年（鲁文公二年　晋襄公三年　秦穆公三十五年　楚穆王元年）　丙申　前625年

春，君子赋《诗》论晋狼瞫为勇不犯上，勇而知礼之君子。

　　按：《左传》载，（秦、晋）战于殽也，晋梁弘御戎，莱驹为右。战之明日，晋襄公缚秦囚，使莱驹以戈斩之。因呼，莱驹失戈，狼瞫取戈以斩囚，禽之以从公乘，遂以为右。箕之役，（箕役在僖三十三年。）先轸黜之，而立续简伯。狼瞫怒。其友曰："盍死之？"瞫曰："吾未获死所。"其友曰："吾与女为难。"瞫曰："《周志》有之，'勇则害上，不登于明堂'。死而不义，非勇也。共用之谓勇。吾以勇求右，无勇而黜，亦其所也。谓上不我知，黜而宜，乃知我矣。子姑待之。"及彭衙，既陈，以其属驰秦师，死焉。晋师从之，大败秦师。君子谓："狼瞫于是乎君子。《诗》曰：'君子如怒，乱庶遄沮。'（《诗·小雅》。言君子之怒必以止乱。）又曰：'王赫斯怒，爰整其旅。'（《诗·大雅》。言文王赫然奋怒，则整师旅以讨乱。）怒不作乱，而以从师，可谓君子矣。"

八月，时君子引《鲁颂》论鲁逆祀失礼。

　　按：《左传》载，是年秋八月丁卯，鲁在太庙行祭，升鲁僖公神位在鲁闵公之上，是逆祀也。时夏父弗忌为宗伯，尊僖公，并宣称："吾见新鬼大，故鬼小。先大后小，顺也。跻圣贤，明也。明、顺，礼也。"君子以为失礼。礼无不顺。祀，国之大事也，而逆之，可谓礼乎？子虽齐圣，不先父食久矣。故禹不先鲧，汤不先契，文、武不先不窋。宋祖帝乙，郑祖厉王，犹上祖也。是以《鲁颂》曰："春秋匪解，享祀不忒，皇皇后帝，皇祖后稷。"君子曰礼，谓其后稷亲而先帝也。《诗》曰："问我诸姑，遂及伯姊。"君子曰礼，谓其姊亲而先姑也。仲尼曰："臧文仲，其不仁者三，不知者三。下展禽，废六关,妾织蒲,三不仁也。作虚器,纵逆祀,祀爰居,三不知也。"

又按:以上君子所论之语,《国语·鲁语上》为"宗有司"所言,故知《左传》所谓"君子曰"者,有些可能为当时人所言,而非《左传》编者所托言。

周襄王郑二十九年(鲁文公三年　秦穆公三十六年)　丁酉　前624年

四月,君子引《诗》论秦穆公用人之道。

按:《左传》是年载,四月,秦师渡河伐晋。孟明视贤,虽屡败,而秦穆公信之不移,复以率师伐晋。孟明视率秦师济河焚舟,示必死,取晋王官。晋师守城不出。秦师渡茅津至殽,埋葬殽之役秦军尸骨而还。秦遂霸西戎,是用孟视明之功。君子是以知秦穆公之为君也,举人之周也,与人之壹也;孟明之臣也,其不解也,能惧思也;子桑之忠也,其知人也,能举善也。《诗》曰:"于以采蘩,于沼于沚,于以用之,公侯之事",秦穆有焉。"夙夜匪解,以事一人",孟明有焉。"诒阙孙谋,以燕翼子",子桑有焉。

周襄王郑三十年(鲁文公四年　秦穆公三十七年)　戊戌　前623年

秋,君子引《诗》论秦穆公为江灭而素服。

按:《左传》载,是年秋,楚师灭江。秦穆公为之穿素服,出居别室,减膳撤乐,超过了应有的礼数。大夫谏,穆公曰:"同盟灭,虽不能救,敢不矜乎?吾自惧也。"君子曰:"《诗》云:'惟彼二国,其政不获,惟此四国,爰究爰度。'其秦穆之谓矣。"

周襄王郑三十一年(鲁文公五年　晋襄公六年)　己亥　前622年

宁嬴从晋阳处父半途而返。

按:宁嬴,宁地之民,生卒年不详。《左传》是年载,晋阳处父聘于卫,返时过宁,宁嬴从之,及温而还。其妻问之。嬴曰:"以刚。《商书》曰:'沈渐刚克,高明柔克。'夫子壹之,其不没乎!天为刚德,犹不干时,况在人乎?且华而不实,怨之所聚也。犯而聚怨,不可以定身。余惧不获其利而离其难,是以去之。"宁嬴此论涉及貌、言、情之关系及由言观人之理,对后来文学理论有深远影响。

周襄王郑三十二年(鲁文公六年 秦穆公三十九年 晋襄公七年) 庚子 前621年

臾骈引《前志》,论忠、勇之道。

按:《左传》是年载,十一月,丙寅,晋杀续简伯,贾季奔狄。宣子使臾骈送其帑,夷之蒐,贾季戮臾骈。臾骈之人,欲尽杀贾氏以报焉。臾骈曰:"不可。吾闻《前志》有之曰'敌惠敌怨,不在后嗣,忠之道也'。夫子礼于贾季,我以其宠报私怨,无乃不可乎?介人之宠,非勇也;损怨益仇,非知也;以私害公,非忠也。释此三者,何以事夫子?"臾骈,晋大夫,见知于赵盾。生卒年不详。《前志》盖其时记载前言往行之志。

相马专家伯乐约活动于秦穆公时。

按:一说伯乐即孙阳,称为孙阳伯乐。同时相马名家九方皋曾为穆公相马。又春秋末期赵简子之臣邮无恤(一作无正),字子良,亦号为伯乐,善御马、相马。

秦人哀秦穆公卒以人殉,为作诗《黄鸟》(《诗·秦风》)非之。

按:《左传》载,夏,秦穆公任好卒,以一百七十七人殉葬,其中有奄息、仲行、鍼虎三人,皆秦之贤大夫,号称"三良",秦人哀之,为作《黄鸟》之诗。《毛序》曰:"《黄鸟》,哀三良也。国人刺穆公以人从死而作是诗也。"其说是。《左传》君子曰:"秦穆之不为盟主也,宜哉。死而弃民。先王违世,犹诒之法,而况夺之善人乎!《诗》曰:'人之云亡,邦国殄瘁。'无善人之谓。若之何夺之?古之王者知命之不长,是以并建圣哲,树之风声,分之采物,著之话言,为之律度,陈之艺极,引之表仪,予之法制,告之训典,教之防利,委之常秩,道之礼则,使毋失其土宜,众隶赖之,而后即命。圣王同之。今纵无法以遗后嗣,而又收其良以死,难以在上矣。"君子是以知秦之不复东征也。这说明人殉制度在当时已渐遭非议。

公元前621年,希腊雅典执政官德拉古制定成文法。

犹太国王约西亚约于此时实行改革,发动修复圣殿为中心的民族复兴运动。

周襄王郑三十三年(鲁文公七年 晋灵公、秦康公元年) 辛丑 前620年

郤缺论"六府三事"。

按:郤缺,晋大夫,生卒年不详。《左传》是年载:晋郤缺言于赵宣子曰:"日卫不睦,故取其地,今已睦矣,可以归之。叛而不讨,何以示威?服而不柔,何以示怀?非威非怀,何以示德?无德,何以主盟?子为正卿,以主诸侯,而不务德,将若之何?《夏书》曰:'戒之用休,董之用威,劝之以《九歌》,勿使坏。'九功之德皆可歌也,谓之九歌。六府、三事,谓之九功。水、火、金、木、土、谷,谓之六府。正德、利用、厚生,谓之三事。义而行之,谓之德、礼。无礼不乐,所由叛也。若吾子之德莫可歌也,其谁

来之？盍使睦者歌吾子乎？""六府"为五行加上"谷",强调了农业之重要。"三事"将"正德"即端正品德放置于首位,其次为便利器用(工具器物)与丰厚生活。"六府三事"合称为"九功之德"或"九德"。郤缺引《夏书》曰:"……劝之以九歌",将其解释为"九功之德,皆可歌也";《国语·周语下》载周乐官伶周鸠亦说及"九德"。此说明"六府三事"之说在当时已较为流行,为当时社会既注重道德精神生活,又注重物质生产与生活价值观念之反映。

据丁晏《毛诗谱考证》,出于周襄王时的诗尚有：
《卫风》——《河广》。
《秦风》——《晨风》《无衣》《权舆》。
《陈风》——《防有鹊巢》《月出》。
《曹风》——《候人》《鸤鸠》《下泉》。

周顷王壬臣五年(鲁文公十三年)　丁未　前614年

邾文公论君民。

按：邾文公,泗上小国邾之君,生卒年不详。《左传》是年载,泗上小国之邾文公欲由邹迁都于绎,史官说：迁都于绎"利于民而不利于君"。邾文公曰："苟利于民,孤之利也。天生民而树之君,以利之也。民既利矣,孤必与焉。"左右曰："命可长也,君何弗为？"邾文公曰："命在养民。死之短长,时也。民苟利矣,迁也,吉莫如之！"终迁于绎。邾文公这种"天生民而树之君"思想乃古代贵族之民主思想,后来为孔孟所继承发扬。也为后来师旷与史墨(见前560年和前510年)思想之来源。

季文子、子家赋《诗》传意。

按：季文子(？—前568),姓姬,字行父,鲁三桓季孙氏。历相宣公、成公、襄公三君,长期掌握鲁国国政。子家,郑大夫,生卒年不详。《左传》是年载："冬,公如晋,朝,且寻盟。卫侯会公于沓,请平于晋。公还,郑伯会公于棐,亦请平于晋。公皆成之。郑伯与公宴于棐。子家赋《鸿雁》。季文子曰：'寡君未免于此。'文子赋《四月》。子家赋《载驰》之四章。文子赋《采薇》之四章。郑伯拜。公答拜。"是郑大夫子家赋《小雅·鸿雁》第一章,寓意希鲁君哀恤,为之说情。鲁大夫季文子答赋《小雅·四月》首章,以示拒绝。子家又赋《鄘风·载驰》第四章,取其小国有急,希大国援助之意。季文子又答赋《小雅·采薇》第四章,以示可为郑国奔走。此说明当时赋《诗》盛行于外交礼节场合。

周匡王班元年(鲁文公十五年　齐懿公元年)　己酉　前612年

公元前612

秋,季文子论礼。

按：《左传》是年载，秋，齐伐鲁西鄙。谓诸侯不能救之，遂伐曹，入其外城，讨其朝鲁。季文子曰："齐侯其不免乎。己则无礼，而讨于有礼者，曰：'女何故行礼！'礼以顺天，天之道也。己则反天，而又以讨人，难以免矣。诗曰：'胡不相畏，不畏于天？'君子之不虐幼贱，畏于天也。在周颂曰：'畏天之威，于时保之。'不畏于天，将何能保？以乱取国，奉礼以守，犹惧不终，多行无礼，弗能在矣！"

年，米底王基亚克萨里斯、新巴比伦王那波帕拉萨入尼尼微，灭亚述。

周匡王班二年（鲁文公十六年　楚庄王三年　蔡文公元年）　庚戌　前611年

楚庄王一鸣惊人。

按：楚庄王（？—前591），名侣，一作旅。《左传》是年载，楚庄王是年始听政。初，庄王即位三年，不出号令。伍举、苏从相继进谏，举曰："有鸟在于阜，三年不飞不鸣，是何鸟也？"庄王曰："三年不动，将定意志；不飞，将长羽翼；不鸣，将览民则。"又曰："三年不飞，飞将冲天；三年不鸣，鸣将惊人。"于是听政，所诛者数百人，所进者数百人，任伍举、苏从以政，国人大悦。楚庄王"一鸣惊人"之事为著名之设隐艺术。

周匡王班六年（鲁宣公二年　晋灵公十四年　郑穆公二十一年　宋文公四年）　甲寅　前607年

董狐直书"赵盾弑其君"。

按：董狐，赵太史，生卒年不详。《左传》是年载，晋灵公暴虐，因赵盾屡谏而欲杀之，设宴伏甲士攻之。盾逃脱出奔，赵穿（盾从弟）杀灵公，乃回。太史董狐记其事，称"赵盾弑其君"。孔子赞董狐为"古之良史也，书法不隐"，又称赵盾为"古之良大夫也，为法受恶"。董狐于我国史家秉公直书之传统影响巨大。

是年君子以"失礼违命"非狂狡，以"人之无良"非羊斟。

按：《左传》载，是年春，郑受楚命以公子归生率师伐宋，宋华元、乐吕御之。战于大棘，宋师败绩，郑囚华元，获乐吕，及甲车四百六十乘，俘二百五十人，馘百人。宋狂狡战时遇郑人，郑人入于井，狂狡倒戟而出之，郑人抓获了狂狡。君子曰："失礼违命，宜其为禽也。戎，昭果毅以听之谓礼，杀敌为果，致果为毅。易之，戮也。"始战时，宋华元宰羊犒劳军士，其车夫羊斟未能吃到。及战，羊斟曰："畴昔之羊，子为政；今日之事，我为政。"与入郑师，宋故败。君子谓："羊斟，非人也！以其私憾，败国殄民。于是刑孰大焉。《诗》所谓'人之无良'者，其羊斟之谓乎？残民以逞。"宋人以兵车百乘，文马百驷，以赎华元于郑。车马刚入半，华元逃归。后宋筑城，华元为植。役人歌而讽之，曰："睅其目，皤其腹，于思于思，弃甲复来。"

周定王瑜元年（鲁宣公三年　楚庄王八年　晋成公元年）　乙卯　前606年

楚庄王问鼎中原。

按：《左传》载，是年春，楚庄王伐陆浑之戎，至于洛水，观兵于周疆，周定王使王孙满慰劳。楚王问九鼎大小、轻重，王孙满以"在德不在鼎"答之。楚庄王又对王孙满曰："楚国折鉤之喙，足以为九鼎。"此载楚王虽为夸其武备，但也反映了楚国盛产铜。时楚国以铜绿山铜矿最著名。其开采规模、巷道设置、选矿技术、冶炼工艺皆已至较高水平。楚国大量产铜，铜广泛用于工具、兵器、礼器、乐器等制作。传禹铸九鼎，象征九州，夏、商、周奉为传国之宝。楚庄王问九鼎，意在取周而代之。成语"问鼎中原"即源于此。

周定王瑜二年（鲁宣公四年　郑灵公元年）　丙辰　前605年

公元前605年，尼布甲尼撒二世为新巴比伦王。

君子论郑公子归生弑灵公。

按：《左传》载，是年六月，楚献鼋于郑灵公。郑公子宋（字子公）、公子归生（字子家）将朝灵公，子公之食指动，谓子家曰："他日我如此，必尝异味。"及入，宰夫将解鼋，两人相视而笑。公问之，子家以告。及请大夫食鼋，灵公独勿与子公。子公怒，染指于鼎，尝之而出。公怒，欲杀之。子公与子家谋，先杀灵公，立灵公弟坚，是为襄公。书曰："郑公子归生弑其君夷。"权不足也。君子曰："仁而不武，无能达也。"凡弑君，称君，君无道也；称臣，臣之罪也。

周定王瑜三年（鲁宣公五年　楚庄王十年　郑襄公元年）　丁巳　前604年

公元前604年，尼布甲尼撒二世入耶路撒冷犹太圣殿。

孙叔敖约是年前后见举于海。

按：孙叔敖，蒍氏，名敖，字孙叔，一字艾猎。《说苑·敬慎》载，楚大夫蒍贾之子孙叔敖贤，庄王使为令尹。人多来贺，而一老者戒之曰："身已贵而骄人者，民去之；位已高而擅权者，君恶之；禄已厚而不知足者，患处之。"孙叔敖拜谢。传孙叔敖隐处耕於海滨，楚庄王举之以为令尹。故《孟子》曰"孙叔敖举于海"。

周定王瑜七年（鲁宣公九年） 辛酉 前600年

单襄公引《夏令》、《周制》、《秩官》、《先王之令》等前代文献，论陈违法度，必将亡国。

按：单襄公，周大夫，生卒年不详。《国语·周语中》载，单子归，告王曰："陈侯不有大咎，国必亡。"王曰："何故？"对曰："夫辰角见而雨毕，天根见而水涸，本见而草木节解，驷见而陨霜，火见而清风戒寒。故先王之教曰：'雨毕而除道，水涸而成梁，草木节解而备藏，陨霜而冬裘具，清风至而修城郭宫室。'故《夏令》曰：'九月除道，十月成梁。'其时儆曰：'收而场功，偫而畚挶，营室之中，土功其始，火之初见，期于司里。'此先王所以不用财贿，而广施德于天下者也。今陈国火朝觌矣，而道路若塞，野场若弃，泽不陂障，川无舟梁，是废先王之教也。《周制》有之曰：'列树以表道，立鄙食以守路，国有郊牧，疆有寓望，薮有圃草，囿有林池，所以御灾也。其余无非谷土，民无悬耜，野无奥草。不夺民时，不蔑民功。有优无匮，有逸无罢。国有班事，县有序民。'今陈国道路不可知，田在草间，功成而不收，民罢于逸乐，是弃先王之法制也。周之《秩官》有之曰：'敌国宾至，关尹以告，行理以节逆之，候人为导，卿出郊劳，门尹除门，宗祝执祀，司里授馆，司徒具徒，司空视途，司寇诘奸，虞人入材，甸人积薪，火师监燎，水师监濯，膳宰致饔，廪人献饩，司马陈刍，工人展车，百官以物至，宾入如归。是故小大莫不怀爱。其贵国之宾至，则以班加一等，益虔。至于王吏，则皆官正莅事，上卿监之。若王巡守，则君亲监之。'今虽朝也不才，有分族于周，承王命以为过宾于陈，而司事莫至，是蔑先王之官也。《先王之令》有之曰：'天道赏善而罚淫，故凡我造国，无从非彝，无即慆淫，各守尔典，以承天休。'今陈侯不念胤续之常，弃其伉俪妃嫔，而帅其卿佐以淫于夏氏，不亦渎姓矣乎？陈，我大姬之后也。弃衮冕而南冠以出，不亦简彝乎？是又犯先王之令也。"单襄公所引《夏令》、《周制》、《秩官》、《先王之令》盖为其时文献，皆佚不传。

周定王瑜八年（鲁宣公十年 陈灵公十五年） 壬戌 前599年

陈夏征舒弑陈灵公。陈人作《株林》（《诗·陈风》），刺陈灵公。

按：《毛序》曰："《株林》，刺灵公也。淫乎夏姬，驱驰而往，朝夕不休息焉。"三家诗说同。今从之姑系于是年。

公元前600年，印度入十六国时代，摩羯陀王国兴起。

安申统治者、波斯阿契美尼德家族首领冈比西斯一世约于此时即位。

希腊奥林匹亚赫拉神庙约建于此时。

周定王瑜九年（鲁宣公十一年　楚庄王十六年）　癸亥　前598年

公元前598年，新巴比伦王尼布甲尼撒二世围耶路撒冷。

孙叔敖秋筑沂城。又传主持芍坡水利工程。

按：《左传》是年载，秋，楚令尹蒍艾猎（即孙叔敖）筑沂城，使封人筹度工程，上报司徒，"量功命日，分财用，平板榦，称畚筑，程土物，议远迩，略基址，具餱粮，度有司"三旬城成，完全符合封人计划。此载反映了中国古代之工程管理水平。蒍艾猎又在其家乡期思率民排涝，在雩楼兴办灌溉。相传芍坡水利工程亦其主持。

周定王瑜十年（鲁宣公十二年　楚庄王十七年）　甲子　前597年

公元前597年，新巴比伦王尼布甲尼撒二世入耶路撒冷。

楚庄王是年论"武"。

按：《左传》是年载，楚子曰："……夫文，止戈为武。武王克商，作《颂》曰：'载戢干戈，载櫜弓矢。我求懿德，肆于时夏，允王保之。'又作《武》，其卒章曰：'耆定尔功。'其三曰：'铺时绎思，我徂维求定。'其六曰：'绥万邦，屡丰年。'夫武，禁暴、戢兵、保大、定功、安民、和众、丰财者也。（此武七德。）故使子孙无忘其章。今我使二国暴骨，暴矣；观兵以威诸侯，兵不戢矣。暴而不戢，安能保大？犹有晋在，焉得定功？所违民欲犹多，民何安焉？无德而强争诸侯，何以和众？利人之几，而安人之乱，以为己荣，何以丰财？武有七德，我无一焉，何以示子孙？其为先君宫，告成事而已。武非吾功也。古者明王伐不敬，取其鲸鲵而封之，以为大戮，于是乎有京观，以惩淫慝。今罪无所，而民皆尽忠以死君命，又何以为京观乎？"

周定王瑜十一年（鲁宣公十三年　晋景公四年　卫穆公四年）　乙丑　前596年

冬，君子论晋人罪杀先縠。

按：《左传》载，是年冬，晋人讨邲之败与清之师，归罪于先縠而杀之，尽灭其族。君子曰："恶之来也，己则取之，其先縠之谓乎。"

卫人作诗《击鼓》（《诗·邶风》）。

按：是年，卫出兵救陈，晋不满，出师讨卫，卫屈于晋。时留戍陈、宋之卫国士兵，因悲观绝望，作诗《击鼓》。

周定王瑜十五年（鲁宣公十七年　楚庄王二十二年）　己巳　前592年

楚优孟扮已故令尹孙叔敖作歌。

按：《史记·滑稽列传》载，优孟，故楚之乐人也。长八尺，多辩，常以谈笑讽谏。楚相孙叔敖知其贤人也，善待之。病且死，属其子曰："我死，汝必贫困。若往见优孟，言我孙叔敖之子也。"居数年，其子穷困负薪，逢优孟，与言曰："我，孙叔敖子也。父且死时，属我贫困往见优孟。"优孟曰："若无远有所之。"即为孙叔敖衣冠，抵掌谈语。岁余，像孙叔敖，楚王及左右不能别也。庄王置酒，优孟前为寿。庄王大惊，以为孙叔敖复生也，欲以为相。优孟曰："请归与妇计之，三日而为相。"庄王许之。三日后，优孟复来。王曰："妇言谓何？"孟曰："妇言慎无为，楚相不足为也。如孙叔敖之为楚相，尽忠为廉以治楚，楚王得以霸。今死，其子无立锥之地，贫困负薪以自饮食。必如孙叔敖，不如自杀。"因歌曰："山居耕田苦，难以得食。起而为吏，身贪鄙者馀财，不顾耻辱。身死家室富，又恐受赇枉法，为奸触大罪，身死而家灭。贪吏安可为也！念为廉吏，奉法守职，竟死不敢为非。廉吏安可为也！楚相孙叔敖持廉至死，方今妻子穷困负薪而食，不足为也！"于是庄王谢优孟，乃召孙叔敖子，封之寝丘四百户，以奉其祀。优孟扮人作歌实为后世演戏之滥觞。

周定王瑜十六年（鲁宣公十八年　楚庄王二十三年）　庚午　前591年

七月，楚庄王卒，子审立，是为共王。

按：楚庄王在位期间，整顿内政，兴修水利，国力大振，陆续使鲁、宋、郑、陈等国归附，成为春秋霸主之一。

庄王使士亹傅太子箴而问于申叔时。

按：《国语·楚语上》载：庄王使士亹傅太子箴，辞曰："臣不才，无能益焉。"曰："赖子之善善之也。"对曰："夫善在太子，太子欲善，善人将至；若不欲善，善则不用。故尧有丹朱，舜有商均，启有五观，汤有太甲，文王有管、蔡。是五王者，皆有元德也，而有奸子。夫岂不欲其善，不能故也。若民烦，可教训。蛮夷戎狄，其不宾也久矣，中国所不能用也。"王卒使傅之。

问于申叔时，叔时曰："教之《春秋》，而为之耸善而抑恶焉，以戒劝其心；教之《世》，而为之昭明德而废幽昏焉，以休惧其动；教之《诗》，而为之导广显德，以耀明其志；教之《礼》，使知上下之则；教之《乐》，以疏其秽而镇其浮；教之《令》，使访物官；教之《语》，使明其德，而知先王之务用明德于民也；教之《故志》，使知废兴而戒惧焉；教之《训典》，使知族类，行比义焉。

"若是而不从，动而不悛，则文咏物以行之，求贤良以翼之。悛而不摄，则身勤之，多训典刑以纳之，务慎淳笃以固之。摄而不彻，则明施舍以导之忠，明久长以导之信，明度量以导之义，明等级以导之礼，明恭俭以导之孝，明敬戒以导之事，明慈爱以导之仁，明昭利以导之文，明除害以导之武，明精意以导之罚，明正德以导之赏，明齐肃以耀之临。若是而不济，不可为也。

"且夫诵诗以辅相之，威仪以先后之，体貌以左右之，明行以宣翼之，制节义以动行之，恭敬以临监之，勤勉以劝之，孝顺以纳之，忠信以发之，德音以扬之，教备而不从者，非人也。其可兴乎！夫子践位则退，自退则敬，否则??。"

由上申叔时语，可略知春秋时教育教学之内容。原无系年，今暂系于此。

鄂君子皙请人翻译《越人歌》。

按：楚庄时大夫庄辛曾提到鄂君子皙请人翻译《越人歌》，为我国历史上第一篇诗歌翻译（见《说苑·善说》）。

周定王瑜十八年（鲁成公二年　宋文公二十二年　晋景公十一年　齐顷公十年）　壬申　前589年

八月，君子论弃君于恶。

按：《左传》载，是年八月，宋文公卒。始厚葬，用蜃炭，益车马，始用殉。重器备，椁有四阿，棺有翰桧。君子谓："华元、乐举（时为宋执政大夫），于是乎不臣。臣治烦去惑者也，是以伏死而争。今二子者，君生则纵其惑，死又益其侈，是弃君于恶也。何臣之为？"

十一月，君子论名位。

按：《左传》载，是年十一月，鲁成公及楚公子婴齐、蔡侯、许男、秦右大夫说、宋华元、陈公孙宁、卫孙良夫、郑公子去疾及齐国之大夫盟于蜀。卿不书，匮盟也。于是乎畏晋而窃与楚盟，故曰匮盟。蔡侯、许男不书，乘楚车也，谓之失位。君子曰："位其不可不慎也乎！蔡、许之君，一失其位，不得列于诸侯，况其下乎？《诗》曰：'不解于位，民之攸塈。'其是之谓矣。"

君子论用众。

按：《左传》是年载，晋伐齐，楚率众师以救齐。晋辟楚，畏其众也。君子曰："众之不可已也。大夫为政，犹以众克，况明君而善用其众乎？《大誓》所谓'商兆民离，周十人同'者，众也。"（《大誓》，《周书》。万亿曰兆。民离则弱，合则成众。言殷以散亡，周以众兴。）

据丁晏《毛诗谱考证》，出于周定王时诗尚有《陈风》之《泽陂》。

周简王夷二年(鲁成公七年　吴王二年)　丁丑　前584年

季文子论吴伐郯。

按：《左传》载，吴伐郯。郯成。季文子曰："中国不振旅，蛮夷入伐，而莫之或恤。无吊者也夫！《诗》曰：'不吊昊天，乱靡有定。'其此之谓乎！有上不吊，其谁不受乱？吾亡无日矣。"君子曰："知惧如是，斯不亡矣！"

周简王夷三年(鲁成公八年　晋景公十七年)　戊寅　前583年

君子引《诗》论"从善如流"。

按：《左传》载，是年春晋栾书侵蔡，遂侵楚，获申骊。楚师之还也，晋侵沈，获沈子揖初，从知、范、韩也。君子曰："从善如流，宜哉！《诗》曰：'恺悌君子，遐不作人？'求善也夫！作人，斯有功绩矣。"君子所引《诗》即《大雅·旱麓》。

周简王夷四年(鲁成公九年　晋景公十八年　楚共王九年)　己卯　前582年

春，季文子论晋于蒲之盟。

按：《左传》载，是年春，晋屡失信，诸侯多有离心。晋患之，会齐、宋、鲁、卫、郑、莒之君于蒲，以重温马陵之好。季文子谓范文子曰："德之不竟，寻盟何为？"晋欲会吴王，吴王不至。

十一月，君子引《诗》论"恃陋不备"。

按：《左传》载，是年冬，十一月，楚子重自陈伐莒，围渠丘。渠丘城恶，众溃，奔莒。戊申，楚入渠丘。莒人囚楚公子平。楚人曰："勿杀，吾归而俘。"莒人杀之。楚师围莒。莒城亦恶，庚申，莒溃。楚遂入郓，莒无备故也。君子曰："恃陋而不备，罪之大者也；备豫不虞，善之大者也。莒恃其陋，而不修城郭，浃辰之间，而楚克其三都，无备也夫！《诗》曰：'虽有丝麻，无弃菅蒯；虽有姬姜，无弃蕉萃。凡百君子，莫不代匮。'言备之不可以已也。"

公元前582年，希腊科林斯约于是年出现新寡头政治。

周简王夷五年（鲁成公十年　晋景公十九年）　庚辰　前581年

公元前581年，雅典增加执政官至10名。

医缓时为良医。

按：医缓，秦医，生卒年不详。《左传》载，是年夏，晋景公病，求医于秦，秦伯使医缓往。医曰：病在肓之上，膏之下，"攻之不可，达之不及，药不至焉，不可为也"，晋侯以为良医，厚礼遣归。

周简王夷八年（鲁成公十三年　晋厉公三年　秦桓公二十七年）　癸未　前578年

公元前578年，罗马王塞尔维乌斯·图利乌斯以财产定尊卑为五等，各设百人队，以地域分四部落而去氏族之分。

刘康公"国之大事，在祀与戎"之说。

按：刘康公，周大夫，生卒年不详。《左传》是年载，晋厉公及周大夫刘康公、成肃公率诸侯伐秦。晋以栾书、荀庚、士燮、郤锜、韩厥、荀罃、赵旃、郤至率四军（中、上、下、新中）。诸侯之师败秦师于麻隧，至侯丽而还。获秦成差及不更女父。成肃公、曹宣公皆卒于师。伐秦前，成肃公受脤于社，不敬。刘子曰："吾闻之，民受天地之中以生，所谓命也。是以有动作礼义威仪之则，以定命也。能者养以之福，不能者败以取祸。是故君子勤礼，小人尽力，勤礼莫如致敬，尽力莫如敦笃。敬在养神，笃在守业。国之大事，在祀与戎。祀有执膰，戎有受脤，神之大节也。今成子惰，弃其命矣，其不反乎？"

周简王夷十年（鲁成公十五年）　乙酉　前576年

曹子臧引《前志》之言以辞君位。

按：子臧即曹公子喜时，为曹宣公子，子臧为其字，生卒年不详。《左传》是年载，诸侯既执曹成公，将见子臧于王而立之，子臧辞曰："《前志》有之曰'圣达节，次守节，下失节'，为君，非吾节也。虽不能圣，敢失守乎？遂逃，奔宋。《前志》盖为其时文献。

周简王夷十一年（鲁成公十六年　晋厉公六年　楚共王十六年）　丙戌　前575年

晋厉公筮晋楚之战。

按：晋厉公（？—前573），名寿曼。《左传》是年载，晋、楚遇于鄢陵，……苗贲皇言于晋侯曰："楚之良在其中军王族而已，请分良以击其左右，而三军萃于王卒，必大败之。"晋公筮之。史曰："吉。其卦遇《复》，曰：'南国蹙，射其元王，中厥目。'国蹙王伤，不败何待？"晋公从之。此为《左传》所见占卦之一。但所引筮辞不见于《周易》，有学者认为可能出于与《周易》同类筮书如《连山》、《归藏》之类。

鲁穆姜论《周易·随》"元、亨、利、贞"之义。

按：鲁穆姜，鲁宣公夫人，成公之母。事虽见于《左传·襄公九年》，然明言"初"，是为追述此年之事，故仍系于是年。

周灵王泄心元年（鲁襄公二年　齐灵公十一年　楚共王十六年）　庚寅　前571年

公元前575年，巴比伦城建伊什塔尔城门，饰有彩色琉璃砖浮雕。

夏，君子引《诗》论季孙非礼。

按：《左传》载，是年夏，齐姜薨。初，穆姜使择美槚，以自为榇与颂琴。季文子取以葬。君子曰："非礼也。礼无所逆，妇，养姑者也。亏姑以成妇，逆莫大焉。《诗》曰：'其惟哲人，告之话言，顺德之行。'季孙于是为不哲矣。且姜氏，君之妣也。《诗》曰：'为酒为醴，烝畀祖妣。以洽百礼，降福孔偕。'"

老子约生于此年前后，卒年不详。

按：老子其人及其生平、生活年代，历代纷争不断。或以为即太史儋，或以为即老莱子，然多认为其即李耳。李耳字伯阳，亦称老聃或老耽，楚国苦县历乡曲仁里人。曾任周守藏室之史（管理藏书之史官），又称作柱下史。《史记·老子韩非列传》曾谓孔子"将问礼于老子"，据此推测其生活年代稍早于孔子，或与孔子同时。老子晚年退隐，躬耕授徒，讲道论德。其语录被最后整理成《道德经》上下篇，即今本《老子》。有关《老子》写成年代，历来意见不一，有三种观点：一以马叙伦、郭沫若为代表主张春秋成书说；二以梁启超、冯友兰、范文澜等为代表主张战国成书说；三顾颉刚等认为成于秦汉之间。今天看来，当以第一说为妥。1993年在湖北荆门郭店楚墓中出土了竹简本《老子》，比马王堆帛书本《老子》要早一百二三十年。根据抄写年代当早于墓葬年代推论，简本《老子》传抄约于战国中期或更早。而推断其成书年代，当在春秋年间。郭店楚简《老子》出土，实际上推翻了《老子》成书晚出说。

《老子》一书版本，共有三种：一为传世文献本（今本）；二为1973年马王堆汉墓出土之甲、乙帛书本；三为郭店楚简之甲、乙、丙三组竹简本（简本）。一、二两种版本内容上没有根本性区别，仅于具体篇目排列顺序上有所不同。今本《道经》在前，《德经》在后，而帛书本次序则刚好相反。第三种简本差别较大，简本甲、乙、丙三组现存2046字，约为今本五分之二。其大部分文句与今本《老子》相近或相同，但不分《德经》和《道经》，且章次与今本截然不同。与今本相较，简本甲：包括今本之十九章，六十六章，四十六章中、下段，三十章上、中段，十五章，六十四章下段，三十七章，六十三章，二章，三十二章/二十五章，五章中段/十六章上段/六十四章上段，五十六章，五十七章/五十五章，四十四章，九章；简本乙：五十九章，四十八章上段，二十章上段，十三章/四十一章/五十二章中段，四十五章，五十四章；简本丙：十七章，十八章/三十五章/三十一章中、下段/六十四下段。简本思想内容在一些关键性字句上与今本、帛书本有较大差别。

简本《老子》思想与今本、帛书本基本相同者有：老子认为"道"为整个事物之基础与核心。具有朴素辩证法思想。政治上主张统治者应"清静"、"无为"、"无欲"、"不争"。不同者有：简本《老子》没有今本所谓对儒家仁义、孝慈学说之批判与否定，而认为仁义、孝慈本在大道之中。此体现了春秋晚期儒道关系之现实，也反映了老子思想真实面貌。简本《老子》同样有儒家尚中思想。简本《老子》关于宇宙生成论"有"与"无"这对哲学范畴之表述为"天下万物生于有、生于无"，而今本则为"天下万物生于有，有生于无"，虽一字之差，但在哲学解释上具有重大意义差别。简本之"有""无"本为道体之一体两面，相反相成，二者之间无先后问题，但今本则易理解为"以无为本"之宇宙生成解释。简本还证明了老子思想不仅不是对儒家思想之批判与否定，而是对儒家思想之补充。因此儒、道并不强烈冲突，而是互补互济。郭店楚墓竹简本《老子》之发现，澄清了中国古代哲学史与思想史之重大问题，具有极其重要意义与价值。

周灵王泄心二年（鲁襄公三年　晋悼公四年）　辛卯　前570年

公元前570年，优卑亚岛铸币和度量制衡流布全希腊。

羊舌赤谏悼公。

按：羊舌赤，晋士，羊舌职之子，生卒年不详。《左传》载，鸡泽之会，晋悼公之弟杨干触犯军法，扰乱行列，中军司马魏绛杀杨干车夫。悼公以绛辱其弟，与羊舌赤言："必杀魏绛。"赤谏之。言终，魏绛至，陈执法之由，并请归死于司寇。公跣而出，曰："寡人之言，亲爱也；吾子之讨，军礼也。寡人有弟弗能教训，使干大命，寡人之过也。"悼公以绛为能，使佐新军。

夏，君子引《商书》与《诗》论祁奚举善。

按：《左传》载，是年夏，晋中军尉祁奚告老，晋悼公问谁可代。祁奚荐解狐，其仇也，将立之而卒。悼公又问，祁奚荐其子午。值中军尉佐羊舌职死焉。晋侯曰："孰可以代之？"祁奚荐羊舌职之子羊舌赤。午为军尉，军无秕政。祁奚荐祁午为中军尉，羊舌赤佐之。君子谓祁奚："于是能举善矣。称其雠，不为谄；立其子，不为比；举其偏，不为党。《商书》曰：'无偏无党，王道荡荡。'其祁奚之谓矣！解狐得举，祁午得位，伯华得官，建一官而三物成，能举善也夫！唯善，故能举其类。《诗》云：'惟其有之,是以似之。'祁奚有焉。"

周灵王泄心三年(鲁襄公四年) 壬辰 前569年

穆叔如晋报聘,晋侯奏《诗》而享之。

按:穆叔(?—前538),即叔孙豹,鲁国大夫,生年不详。《左传》是年载,穆叔如晋,报知武子之聘也。晋侯享之,金奏《肆夏》之三,不拜。(注:《肆夏》,乐曲名。《周礼》以钟鼓奏九夏,其二曰《肆夏》,一名《樊》;三曰《韶夏》,一名《遏》;四曰《纳夏》,一名《渠》。盖击钟而奏此三《夏》曲。)工歌《文王》之三,又不拜。(注:工,乐人也。《文王》之三,《大雅》之首:《文王》、《大明》、《绵》。)歌《鹿鸣》之三,三拜。(注:《小雅》之首:《鹿鸣》、《四牡》、《皇皇者华》。)韩献子使行人子员问之,曰:"子以君命辱于敝邑,先君之礼,藉之以乐,以辱吾子。(注:藉,荐也。)吾子舍其大,而重拜其细,敢问何礼也"对曰:"三《夏》,天子所以享元侯也。使臣弗敢与闻。《文王》,两君相见之乐也,臣不敢及。(注:及,与也。《文王》之三,皆称文王之德,受命作周,故诸侯会同以相乐。)《鹿鸣》,君所以嘉寡君也,敢不拜嘉?(注:晋以叔孙为嘉宾,故歌《鹿鸣》之诗,取其"我有嘉宾"。叔孙奉君命而来,嘉叔孙,乃所以嘉鲁君。)《四牡》,君所以劳使臣也,敢不重拜?(注:《诗》言使臣乘四牡,騑騑然行不止。勤,劳也。晋以叔孙来聘,故以此劳之。)《皇皇者华》,君教使臣曰'必咨于周'。(注:《皇皇者华》,君遣使臣之诗。言忠臣奉使,能光辉君命如华之皇皇然。又当咨于忠信,以补己不及。忠信为周,其诗曰:"周爱咨诹,周爱咨谋,周爱咨度,周爱咨询。"言必于忠信之人,咨此四事。)臣闻之,访问于善为咨,咨亲为询,咨礼为度,咨事为诹,咨难为谋。臣获五善,敢不重拜?"

周灵王泄心四年(鲁襄公五年 楚共王二十三年) 癸巳 前568年

君子引《诗》及《夏书》论楚共王不刑。

按:《左传》是年载,楚人讨陈叛故,曰:"由令尹子辛实侵欲焉。"乃杀之。书曰"楚杀其大夫公子壬夫",贪也。君子谓:"楚共王于是不刑。《诗》曰:'周道挺挺,我心扃扃。讲事不令,集人来定。'已则无信,而杀人以逞,不亦难乎?《夏书》曰:'成允成功。'"

周灵王泄心五年(鲁襄公六年　齐灵公十五年)　甲午　前567年

公元前567年,新巴比伦侵埃及。

叔夷作钟,铭记齐灵公灭莱之事。

按:《叔夷钟》,共七器,铭辞相接。郭沫若《两周金文辞大系图录考释》以为铭文多记齐灭莱事,作于齐灭莱之时。铭文记载了商人后裔的叔夷从齐灵公伐莱有功,灵公行册命礼,封叔夷于莱邑之事。

周灵王泄心八年(鲁襄公九年　晋悼公十年)　丁酉　前564年

春,宋火灾,士弱对晋悼公之问,详论天道。

按:士弱,士渥浊之子,谥曰庄子。生卒年不详。《左传》是年载,春,宋火灾。晋侯问于士弱,曰:"吾闻之,宋灾,于是乎知有天道,何故?"对曰:"古之火正,或食于心,或食于咮,以出内火。是故咮为鹑火,心为大火。陶唐氏之火正阏伯居商丘,祀大火,而火纪时焉。相土因之,故商主大火。商人阅其祸败之衅,必始于火,是以日知其有天道也。"公曰:"可必乎?"对曰:"在道。国乱无象,不可知也。"士弱其言云治国在于人道,不在天道,已具有唯物思想倾向。后来子产所言"天道远,人道迩",为此类思想之进一步发展。

《左传》是年有"一星终也"语。

按:星指岁星,即今木星。岁星之确定虽在战国时代,但此载说明当时已行岁星纪年。岁星纪年划周天为星纪、玄枵、娵訾、降娄、大梁、实沉、鹑首、鹑火、鹑尾、寿星、大火、析木等十二星次,以为木星一年行一次,十二年满一周天,故称十二年为"一星终",并用以纪年。与今测木星绕周天(即公转周期)数值11.86年相近。

周灵王泄心九年(鲁襄公十年　宋平公十三年)　戊戌　前563年

宋平公以《桑林》之舞享晋悼公。

按:《左传》载,是年春,宋平公以《桑林》之舞享晋悼公。领舞者举五彩大旗率舞队出场。宋为殷后,传此舞即商汤乐舞《大濩》。

周灵王泄心十年（鲁襄公十一年　晋悼公十二年　宋平公十四年）　己亥　前562年

七月,晋、鲁、卫、曹、滕、邾、宋、齐、莒、杞、薛等国会盟于亳。

按：《左传》载,载书曰:"凡我同盟,毋蕴年,毋壅利,毋保奸,毋留慝,救灾患,恤祸乱,同好恶,奖王室。或间兹命,司慎、司盟,名山、名川,群神、群祀,先王、先公,七姓十二国之祖,明神殛之。俾失其民,队命亡氏,踣其国家。"此为春秋盟辞中较为典型者。

公元前562年,新巴比伦王尼布甲尼撒二世卒,新巴比伦遂衰。

周灵王泄心十二年（鲁襄公十三年　楚共王三十一年）　辛丑　前560年

楚共王请恶谥。

按：《左传》是年载,秋,楚王寝疾,自以无德,而亡师于鄢（前575年）,以辱社稷,为大夫忧,请谥为"灵"或"厉"（皆恶谥）。大夫不应,及王五命而后许之。卒。子囊曰:"赫赫楚国,而君临之,抚有蛮夷,奄征南海,以属诸夏,而知其过,可不谓'共（恭）'乎?"乃谥为共王。子昭立,是为康王。此为我国古代谥法具体记载之始见。

周灵王泄心十三年（鲁襄公十四年　晋悼公十五年）　壬寅　前559年

师旷引《夏书》论君民之道。

按：师旷,名旷,字子野。时为晋国乐师,生卒年不详。《左传》是年载,卫献公暴虐,卫人不附,又与孙林父、宁殖二卿不睦,二子逐之,献公奔齐。卫大夫立公孙剽,是为殇公。时师旷为晋之乐师,晋悼公谓师旷曰:"卫人出其君,不亦甚乎?"对曰:"或者其君实甚。良君将赏善而刑淫,养民如子,盖之如天,容之如地;民奉其君,爱之如父母,仰之如日月,敬之如神明,畏之如雷霆,其可出乎? 夫君,神之主而民之望也,若困民之主,匮神乏祀,百姓绝望,社稷无主,将安用之? 弗去何为? 天生民而立之君,使司牧之,勿使失性。有君而为之贰,使师保之,勿使过度。……天之爱民甚矣,岂其使一人肆于民上,以从其淫,而弃天地之性,必不然矣!"师旷此言论,为后来孟子"民为贵,社稷次之,君为轻"思想之根据。师旷以为,"出君"之事固必不得已,然当遵照神之意志,爱护人民,象父母一样,使他们能顺着性成长。若暴虐其民,匮神乏祀,则出其君也宜。师旷曰"天生民而立之君",是以人民利益为主,此即我国古代之民主思想。师旷与史墨(见前510年)言论几乎相同,反映了当时思想之进步性。

驹支作《青蝇》(《诗·小雅》)。

按：驹支,古羌族诗人,生卒年不详。古羌族诗人驹支用中原地区语言文字创作了具有民族风格之劝喻诗《青蝇》。该诗为现知最早一首少数民族文人诗作。事见于《左传》是年所载。

周灵王泄心十四年(鲁襄公十五年 楚康王二年)　癸卯　前558年

公元前558年,波斯居鲁士二世称王。遂统一伊朗高原。

王子午作鼎,自铭其功。

按：《王子午鼎》,出土于河南省淅川下寺楚墓。王子午即《左传》是年所载之令尹公子午。李零《楚国铜器铭文编年汇释》(《古文字研究》第13辑)、刘彬徽《楚系青铜器研究》(湖北教育出版社1995年)等皆以为作于楚康王二年到八年之间。今系之于是年。

王孙遗者作钟,铭记其自作器之事。

按：《王孙遗者钟》,该钟出土于湖北宜都,为春秋时期楚国遗物。上端略有残缺。其上铭文与常见楚国文字略有差别,字形瘦长齐整,笔划细长柔美大方,笔势趋于方折,由于线条呈平行状态,整个铭文看起来极富装饰性。刘翔、孙启康等人以为铭中"王孙遗者"即《左传·襄公十五年》为箴尹之公子追舒(刘翔《王孙遗者钟新释》,孙启康《楚器王孙遗者钟考释》,皆载《江汉论坛》1983年第4期)。今从其说而系之于是年。

周灵王泄心十五年(鲁襄公十六年 晋平公元年)　甲辰　前557年

晋平公论"歌诗必类"。

按：晋平公(？—前532),名彪。《左传》载,是年三月,晋平公新立,诸侯朝侯伯。平公宴诸侯于温。使各国大夫歌舞,要求"歌诗必类"(歌诗与舞蹈相配)。齐大夫高厚不类。晋荀偃谓其有异志。高厚逃归。春秋时诸侯盟会,大夫往往还多以"《诗》"言志,此其一例。

周灵王泄心十六年（鲁襄公十七年　齐灵公二十六年）　乙巳　前556年

晏婴继父任齐卿。
　　按：齐晏弱（桓子）于是年卒，其子晏婴粗缞斩，苴绖、带、杖，菅屦，食鬻，居倚庐，寝苫，枕草。晏婴继任齐卿。时孔子尚未出生，故《晏子春秋》之"孔子曰"，乃后人所为。

公元前556年，庇西特拉图归雅典。

周灵王泄心二十年（鲁襄公二十一年　齐庄公二年）　己酉　前552年

庚作壶，铭记述及晏弱（桓子）从伐莱因功受赏事。
　　按：《庚壶》，出土年代不明，现藏台北故宫博物院。张光远《春秋晚期齐庄公时庚壶考》（《故宫季刊》1982年第16卷第3期）确定为齐庄公（前553—前548年）时所作。张政烺《庚壶释文》（《出土文献研究》，文物出版社1986年）认为铭中"冉子"即《春秋》所言"晏弱"。今从其说而系之于是年。

周灵王泄心二十一年（鲁襄公二十二年）　庚戌　前551年

孔子（　—前479年）生。
　　按：孔子于是年八月廿七日生于鲁国陬邑昌平。因父母祷于尼丘山而生，故名丘，字仲尼。此从《史记·孔子世家》及《世本》。《公羊传》、《穀梁传》载孔子生于鲁襄公二十一年，则为前552年。

公元前551年，琐罗亚斯德卒（约前628—）。拜火教创始人。

周灵王泄心二十三年（鲁襄公二十四年　晋平公九年　郑简公十七年）　壬子　前549年

穆叔、范宣子论"人生不朽"。

按：范宣子，又称士匄、范匄，晋国大夫，生卒年不详。《左传》载，是年春，穆叔如晋。范宣子逆之，问焉，曰："古人有言曰，'死而不朽'，何谓也？"穆叔未对。宣子曰："昔匄之祖，自虞以上为陶唐氏，在夏为御龙氏，在商为豕韦氏，在周为唐杜氏，晋主夏盟为范氏，其是之谓乎？"穆叔曰："以豹所闻，此之谓世禄，非不朽也。……豹闻之，大上有立德，其次有立功，其次有立言，虽久不废，此之谓不朽。若夫保姓受氏，以守宗祊，世不绝祀，无国无之，禄之大者，不可谓不朽。"穆叔和范宣子所论之人生"不朽"，即人之生存意义与价值问题。范宣子认为，范氏自尧舜与夏商周三代以来，一直传宗接代，世为显贵，此即"死而不朽"。叔孙豹则指出，此仅为世禄，而非不朽。人生最有价值为立德，其次立功，再次立言。能够建立德行、功业与言论垂著后世，传之久远，为社会发展做出贡献，此谓之"不朽"，为人生意义所在。叔孙豹此一人生认识，影响了其后整个中国古代知识分子，即便现在也没有失去其价值与意义。又，叔孙豹举"立言"之例为："鲁有先大夫曰臧文仲，既没，其言立。"说者或以为臧文仲辈已有讲学之事。若是，则为最早之私人讲学之例。

郑子产与范宣子书，谏以轻币。

按：《左传》是年载，二月，子产使人与书于晋范宣子，曰："子为晋国，四邻诸侯，不闻令德，而闻重币，侨也惑之。侨闻君子长国家者，非无贿之患，而无令名之难。夫诸侯之贿聚于公室，则诸侯贰。若吾子赖之，则晋国贰。诸侯贰，则晋国坏。晋国贰，则子之家坏。何没没也！将焉用贿？夫令名，德之舆也。德，国家之基也。有基无坏，无亦是务乎！有德则乐，乐则能久。《诗》云：'乐只君子，邦家之基。'有令德也夫！'上帝临女，无贰尔心。'有令名也夫！"此即春秋有名之郑子产书，实乃著名之外交文件。范宣子得信后，不得不减轻诸侯贡赋负担。

孔子父叔梁纥卒，葬于防。孔母颜征在携孔子徙居曲阜阙里。

按：《孔子家语》："孔子三岁，而叔梁纥卒，葬于防。"

周灵王泄心二十四年（鲁襄公二十五年　郑简公十八年　齐庄公六年）　癸丑　前548年

齐太史秉笔直书。

按：《左传》载，是年五月，齐崔杼杀其君庄公，立庄公弟杵臼，是为景公。齐太史书曰："崔杼弑其君。"崔杼杀之；其弟仍书"弑"，又杀之；其弟又书"弑"，乃舍之。南史氏闻太史尽死，执简以往。闻已书，乃还。齐太史秉笔直书，不畏强暴，被后世推为史官直书之典范。

子产答子太叔"为政"之问。

按：《左传》是年载，郑子产少时，曾问然明"为政"事，然明答："视民如子。见不仁者诛之，如鹰鹯之逐鸟兽也。"子产赞同，并言于子太叔。一次，子太叔"问政"于子产，子产答曰："政如农功，日夜思之。思其始而成其终，朝夕而行之，行无越思，如农之有畔，其过鲜矣！"子产乃善于学习并创新者，其答子太叔问政之论，比然明所说要更进一步。后来子产执政，其内政外交即依其所论而行。

周灵王泄心二十五年(鲁襄公二十六年 楚康王十三年) 甲寅 前547年

蔡声子说"楚才晋用"。

按：蔡声子，即公子归生，蔡国太师子朝之子，生卒年不详。《左传》载，是年秋，大夫伍举获罪，将奔晋。蔡声子向楚令尹子木列举楚亡臣为晋效力以敌楚之事，云"虽楚有才，晋实用之"。楚召回伍举。"楚才晋用"反映春秋时期各国人才与经济文化之交流。

秦商生，卒年不详。

按：秦商字子丕(《孔子家语》为"字丕兹")，鲁国人(一说楚国人)。《左传·昭公十年》载："孟献子以秦堇父为右。生秦丕兹，事仲尼。"秦商父堇父与孔子父叔梁纥俱以力闻，曾协助孟献子从征。秦商于唐玄宗开元二十七年封为"上洛伯"。宋真宗大中祥符二年加封为"冯翊侯"。明嘉靖九年改称为先贤秦子。

周灵王泄心二十六年(鲁襄公二十七年 宋平公三十年 晋平公十二年) 乙卯 前546年

向戌弭兵。

按：向戌，又称为左师，宋大夫，为宋桓公曾孙，生卒年不详。《左传》是年载，诸侯苦于战争。宋大夫向戌与晋正卿赵武、楚令尹屈建皆友好，遂赴晋、赴楚。晋赵武谋于诸大夫，韩起(宣子)曰："兵，民之残也，财用之蠹也，小国之大菑也。……弗许，楚将许之，以召诸侯，则我失为盟主矣。"晋许之。楚亦许之。告于齐、秦及其它诸侯国，皆许。辛巳，将盟于宋西门之外，楚人衷甲(衣里裹上皮甲)。伯州犁曰："合诸侯之师，以为不信，无乃不可乎？夫诸侯望信于楚，是以来服。若不信，是弃其所以服诸侯也。"固请释甲。子木曰："晋、楚无信久矣，事利而已。苟得志焉，焉用有信？"大宰退，告人曰："令尹将死矣，不及三年。求逞志而弃信，志将逞乎？志以发言，言以出信，信以立志，参以定之。信亡，何以及三？"赵孟(武)患楚衷甲，以告叔向。叔向曰："何害也？匹夫一为不信，犹不可，单毙其死。若合诸侯之卿，以为不信，必不捷矣。食言者不病，非子之患也。夫以信召人，而以僭济之。必莫之与也，安能害我？且吾因宋以守病，则夫能致死，与宋致死，虽倍楚可也。子何惧焉？又不及是。曰弭兵以召诸侯，而称兵以害我，吾庸多矣，非所患也。"于是宋平公与晋、楚、齐、鲁、卫、陈、蔡、郑、许之大夫，滕、邾之君盟于蒙门之外(《左传》载秦许弭兵，而不载其与会)。楚屈建先歃血，赵武让之。盟曰："晋、楚之从(与国)交相朝"，"勿用兵、勿残民、利小国"。向戌弭兵为春秋大事之一。晋叔向表现其惊人之智慧与胆识，于盟会起了积

公元前546年，波斯王居鲁士二世灭吕底亚，遂次第征服小亚西部希腊诸邦。

庇西特拉图执政雅典，立民权，灭豪强。

斯巴达称霸伯罗奔尼撒。

泰勒斯卒(约前624—)。古希腊哲学家。

极作用。另楚伯州犁所说"志以发言,言以出信,信以立志"为关于意志、语言、信用三者关系之辨证论述,极有意味。

孔子六岁,由母亲教,自幼好礼,"为儿嬉戏,常陈俎豆,设礼容"。

颜无繇生,卒年不详。
按:颜无繇,字路。亦称颜由、颜路。鲁国人。孔子早期弟子,与其子颜回"各异时事孔子"。《孔子家语》:"孔子始教学于阙里,而受学。"其思想学说与生平均不详。因其为"复圣"颜回父亲,故亦受到历代官府尊崇与封赐。唐玄宗开元二十七年,颜由被追封为"杞伯"。宋真宗大中祥符二年,加封为"曲阜侯"。元至顺年间,又追封为"杞国公"。

曾点生,卒年不详。
按:曾点,字子皙,一作曾晳(晰)、曾蒧。鲁国南武城人。其子曾参也师事孔子,后来成为儒学大师。《孔子家语》载曾点"疾时礼教不行,欲修之,孔子善焉"。《孟子·尽心下》云"如琴张、曾晳、牧皮者,孔子之所谓狂矣",说明曾点为孔子弟子中少有狂放之士之一,鲁国执政者季武子死后,他没有任何悲戚之情,反而"倚其门而歌"。曾述其志向:"莫春者,春服既成,冠者五六人,童子六七人,浴乎沂,风乎舞雩,咏而归。"向往祥和安乐之太平社会,以至孔子亦为之其鸣,喟然叹曰:"吾与点也!"东汉明帝永平十五年始,曾点一直作为儒家一重要人物配祭孔子。唐玄宗开元二十七年,曾点被封为"宿伯"。宋真宗大中祥二年改封"莱芜侯"。

周灵王泄心二十七年(鲁襄公二十八年)
丙辰　前545年

公元前545年,波斯王居鲁士二世东征,取今阿富汗北部。

阿那克西曼德卒(约前611—)。古希腊天文学家、哲学家。

孔子七岁入学。
按:晏平仲治兖,于东阿设乡学,孔子七岁,因居近而往入其学。孔子大约于是年入齐国晏婴设立之乡学接受启蒙教育。小学毕业后,即"知洒扫应对之节、五礼六乐、五射五御、六书九数之文。"孔子曾曰:"人生十年曰幼学。"盖指此一阶段。

周景王贵元年(鲁襄公二十九年　齐景公四年)
丁巳　前544年

季札在鲁观周乐。
按:季札,又称公子札,寿梦少子,诸樊弟,生卒年不详。《左传》是年载,季札在鲁观周乐,乐工为歌《周南》、《召南》等国风及《小雅》、《大雅》等乐曲。此表明《诗》于其时皆可演唱。季札于诸乐舞皆有评论,实为史载最早之艺术评论家。当乐工为之歌《周南》与《召南》时，季札曰："美哉！始基之矣，犹未也，然勤而不怨矣。"为之歌《邶》、《鄘》、《卫》三国诗歌时，季札曰："美哉渊乎！忧而不困者也。吾闻卫康叔、武公之德如是，是其《卫风》乎！"为之歌《王》，季札曰："美哉！思而不惧，其周之东乎？"为之歌《郑》，季札曰："美哉！其细已甚，民弗堪也，是其先亡乎？"为之歌《齐》，季札曰："美哉，泱泱乎！大风也哉！表东海者，其大公乎！国未可量也。"以下每演奏一个单元，季札均能依据乐舞和歌曲判断为何《诗》，并能简短评论之。

晏婴荐司马穰苴治军。

按：此从《史记·司马穰苴列传》，而不记其年月，姑系于此。晋、燕伐齐，齐师败绩。晏婴荐田完苗裔穰苴于景公，使治兵。景公命其宠臣庄贾为穰苴监军。穰苴曰："将在军，君命有所不受。"膺斩之。士卒次舍，穰苴亲问饮食、疾病、医药，与之平分粮食。故争出为之赴战。晋师、燕师闻之，罢去。景公尊为大司马。

又按：司马穰苴，齐田氏之族，生卒年不详。曾为齐司马，故称司马穰苴。司马穰苴与吴孙武、伍子胥为春秋时著名军事家。其事迹主要见于《史记·司马穰苴列传》。传齐威王使大夫整理古司马法，而附穰苴于其中，称为《司马穰苴兵法》。

冉耕生，卒年不详。

按：冉耕字伯牛，鲁国人。冉耕与冉雍同宗，出身贫寒。冉耕自幼好学不倦，多次向孔子询问"仁"及"君子"之内涵，为人为事仁恕、宽和，孔子将他列入有德行之数弟子之一。他性格略显躁动而喜多言，孔子教以"仁者其言也讱"，他接受孔子教诲，潜心于仁德修养，为世人所重。他做事谨慎认真，尤其在处理日常事务方面独具才干。《尸子》曰："仲尼志意不立，子路侍；仪服不修，公西华侍；礼不习，子游侍；辞不辨，宰我侍；亡忽古今，颜回侍；节小物，冉伯牛侍。"此所谓"节小物"即指善于处理日常琐细事务。《白虎通义·奉命》曰："冉伯牛危言正行。"是谓冉耕言行端庄正派。孔子对其甚为器重，当孔子做鲁国司寇，行宰相之权时，曾让伯牛担任鲁国中都长官。冉耕小时便患上了无法治愈之"恶疾"，故自惭形秽，心里非常痛苦，整天闭门不出。孔子去看望他，深表同情，连声哀叹："亡之，命矣夫！斯人也而有斯疾也！斯人也而有斯疾也！"冉耕德行修养受当时及后代人们极力推崇，孟子曾说他掌握孔子思想"具体而微"（《孟子·公孙丑上》），《淮南子》说他为"孔子之通学"，王充说其修养已达称圣程度。唐玄宗开元八年，他被列入"十哲"，开元二十七年，追赠为"郓侯"。宋真宗大中祥符二年，追封为"东平公"，度宗咸淳三年又改封为"郓公"。

周景王贵三年（鲁襄公三十一年　郑简公二十四年）　己未　前542年

子产不毁乡校。

按：《左传》是年载，郑人游于乡校，以论执政。然明请毁乡校，子产不肯，谓："其所善者，吾则行之；其所恶者，吾则改之。是吾师也，若之何毁之？"后孔子据此评曰："以是观之，人谓子产不仁，吾不信也。"

仲由（子路）（　—前480）生。

周景王贵四年 （鲁昭公元年　晋平公十七年　郑简公二十五年）　庚申　前541年

子产论疾病并说"男女辨姓"之理。

按：《左传》是年载，秋，晋侯有疾，郑伯使公孙侨如晋聘，且问疾。叔向问焉，曰："寡君之疾病，卜人曰：'实沈、台骀为祟。'史莫之知，敢问此何神也？"子产曰："昔高辛氏有二子，伯曰阏伯，季曰实沈，居于旷林，不相能也。日寻干戈，以相征讨。后帝不臧，迁阏伯于商丘，主辰。商人是因，故辰为商星。迁实沈于大夏，主参。唐人是因，以服事夏、商。其季世曰唐叔虞。当武王邑姜方震大叔，梦帝谓己：'余命而子曰虞，将与之唐，属诸参，而蕃育其子孙。'及生，有文在其手曰'虞'，遂以命之。及成王灭唐而封大叔焉，故参为晋星。由是观之，则实沈，参神也。昔金天氏有裔子曰昧，为玄冥师，生允格、台骀。台骀能业其官，宣汾、洮，障大泽，以处大原。帝用嘉之，封诸汾川。沈、姒、蓐、黄，实守其祀。今晋主汾而灭之矣。由是观之，则台骀，汾神也。抑此二者，不及君身。山川之神，则水旱疠疫之灾，于是乎禜之。日月星辰之神，则雪霜风雨之不时，于是乎禜之。若君身，则亦出入饮食哀乐之事也，山川星辰之神，又何为焉？侨闻之，君子有四时：朝以听政，昼以访问，夕以修令，夜以安身。于是乎节宣其气，勿使有所壅闭湫底，以露其体。兹心不爽，而昏乱百度。今无乃壹之，则生疾矣。侨又闻之，内官不及同姓，其生不殖，美先尽矣，则相生疾，君子是以恶之。故《志》曰：'买妾不知其姓，则卜之。'违此二者，古之所慎也。男女辨姓，礼之大司也。今君内实有四姬焉，其无乃是也乎？若由是二者，弗可为也已。四姬有省犹可，无则必生疾矣。"叔向曰："善哉！肸未之闻也。此皆然矣。"晋侯闻子产此言，曾说其为"博物君子也"。子产博学、明于事理，不信天命鬼神，其思想有唯物倾向，于此可见。

医和与赵孟论六淫并引《周易》卦辞以释蛊。

按：医和，秦名医，生卒年不详。《左传》是年载，晋侯求医于秦。秦伯使医和往视之。和至晋，曰：天有阴、阳、风、雨、晦、明六气，过则为灾。阴淫（过度为淫）寒疾，阳淫热疾，风淫末（四支）疾，雨淫腹疾，晦淫惑疾，明淫心疾。君疾如蛊，淫于女室也，病不可为。赵孟问曰："何为蛊？"和对曰："淫溺惑乱之所生也。于文，皿虫为蛊，谷之飞亦为蛊。在《周易》，女惑男，风落山谓之蛊，皆同物也。"赵孟以为良医，厚礼遣归之。医和引《周易》卦为《左传》所见单卦筮例之一。但非占筮所得，而是引《周易》以说事理。

孔子十一岁。传孔子七岁入晏平仲学，十一岁才过平仲。

周景王贵五年（鲁昭公二年　晋平公十八年　楚灵王元年）　辛酉　前540年

韩起观书于鲁太史氏，见到《易象》、《鲁春秋》等书。

按：韩起，字宣子，韩厥之子，生卒年不详。春，晋使韩起（宣子）聘鲁。韩起观书于鲁太史氏，见《易象》与《鲁春秋》曰："周礼尽在鲁矣。吾乃今知周公之德与周之所以王也。"鲁国系周公封地，可用天子之礼乐，前544年吴公子季札聘鲁观周乐，今韩起观书于鲁太史，皆说明此类文献盖为鲁所专藏，也说明鲁国所保存之礼乐文化传统比王室还要多。鲁国此一文化背景成为儒家学派诞生之温床。孔子为殷人后裔。鲁国居民也有很多为殷商遗民后裔。殷商文化传统与周人礼乐文化相结合，于是孕育出温柔敦厚、崇尚礼义、重视传统、善于守成之儒家文化。

又按：关于《易象》，后人有不同看法。杨伯峻据王应麟《困学纪闻》将《易象》断开，分为二书。以为《易》指《周易》，《象》则为鲁国历代政令。古时公布政令常将其悬挂于太庙门阙（象魏）上，故称政令为"象魏"，省称为"象"。《左传·哀公三年》鲁国发生火灾，季桓子"命藏象魏"，即此。《周礼》也有正月一日公布政令于象魏之记载，可见古代确将政令称作"象魏"或"象"（参见杨伯峻《春秋左传注》，中华书局1983年版，第1227页）。杜预《春秋左传集解》"《易象》，上下经之象辞"，以为即《周易》经文。李学勤则认为《易象》应为分析讨论卦象之著作，类似于后出之《说卦》类书，并以为："可以推想，在《易传》撰成以前，已经在在类似讲卦象的书籍，供筮者习用。……《左传》韩起所见《易象》，应当就是这样的一部书，系鲁人所作所传，有其独到之处，以致韩起见后顿生赞叹的心情。"（李学勤《周易经传溯源》，长春出版社1992年版，第48页）韩起所观之《鲁春秋》盖为后来孔子所删编之《春秋》底本。

年，古希腊毕达哥拉斯学派约于此时论证大地为球形，提出地球每天绕地轴自转。

周景王贵六年（鲁昭公三年　齐景公九年晋平公十九年）　壬戌　前539年

晏婴、叔向议政。

按：《左传》是年载，正月，齐晏婴聘晋，与晋叔向相与言齐、晋。晏婴曰：齐政将归陈氏，公失其民。民参其力，二入于公（收三分之二赋税）。国之诸市，屦贱而踊贵。陈氏以家量贷民，而以公量收之。民爱之如父母，归之如流水。叔向曰：晋亦当末世。公室滋侈，厚赋为台池，庶民罢敝，民闻公命，如逃寇仇。公室将卑，政在家门。晏婴、叔向之议，乃当时诸侯大夫执政之表现。

公元前539年，波斯王居鲁士二世灭新巴比伦王国。

周景王贵七年（鲁昭公四年　郑简公二十八年）　癸亥　前538年

子产作丘赋。

按：据《左传》记载，郑子产创立按丘征赋制度，遭国人非议，国人谤之曰："其父死于路，已为虿尾。以令于国，国将若之何？"子产毫不动摇，曰："何害？苟利社稷，

公元前538年，波斯王居鲁士二世释犹太巴比伦

之囚。　死生以之。且吾闻为善者,不改其度,故能有济也。民不可逞,度不可改。……吾不迁矣。"丘赋内容,后说意见不一,多数学者认为系军赋改革,与鲁作丘甲近似,增加军赋,以丘为单位,令出甲士和车马。

孔子十四岁。孔子说:"吾少也贱,故多能鄙事。"说明孔子少年时代曾从事过各种劳动。

鲁穆叔(叔孙豹)卒,生年不详。其他不详。为鲁国大夫,为春秋时杰出政治家、外交家与思想家。

周景王贵八年(鲁昭公五年　晋平公二十一年)　甲子　前537年

孔子十五岁。孔子说:"吾年十有五而有志于学。"

按:见《论语·为政》。

晋平公作媵器,铭记晋公嫁其元女之事。

按:《晋公奠》,铭文拓本见《三代吉金文存》18.13.3与郭沫若《两周金文辞大系》。铭有"宗妇楚邦"、"於昭万年,晋邦惟翰"之语,故以为即《左传》、《国语》所载晋平公嫁女于楚灵王之事。

周景王贵九年(鲁昭公六年　郑简公三十年晋平公二十二年)　乙丑　前536年

子产铸刑书于鼎,叔向致书非之。

按:据《左传》记载,是年郑子产铸刑书于鼎。晋叔向致书反对,曰:"夏有乱政,而作《禹刑》;商有乱政,而作《汤刑》;周有乱政,而作《九刑》,三辟(即夏、商、周三刑)之兴,皆叔世也……铸刑书,将以靖民,不亦难乎?"子产不同意叔向的意见,答书坚决而委婉地说:"若吾子之言,侨不才,不能及子孙。吾以救世也。既不承命,敢忘大惠。"子产所铸刑鼎为我国最早之成文法典。子产此举也表明当时"礼治"衰替,法治渐起之社会现实。晋叔向反对公布刑书,与子思意见相左。此为其政治思想之严重分歧,其分歧焦点即待礼之态度。叔向主张"行之以礼,守之以信",防民有争心。子产铸刑书,则"民知争端矣,将弃礼而徵于书"。叔向看不到传统社会秩序必然要灭亡,仅想到刑书公布后可能会产生新矛盾。子产主张改变传统社会秩序,并不认为新办法便能彻底解决矛盾。故他说"侨不才,不能及子孙。吾以救世也"。

闵损(子骞)(　—前487年)生。

周景王贵十年(鲁昭公七年　郑简公三十一年)　丙寅　前535年

子产论鬼神。

按：《左传》是年载，郑人传言数年前已死之伯有为鬼作祟，赵简子问："伯有犹能为鬼乎？"子产答："能。人生始化曰魄，既生魄，阳曰魂。用物精多则魂魄强，是以有精爽至于神明。匹夫匹妇强死，其魂魄犹能冯依于人，以为淫厉。况良霄(伯有)……三世执其政柄，其用物也弘矣，其取精也多矣，其族又大，所冯厚矣，而强死，能为鬼，不亦宜乎！"这里，子产没有否认鬼神之存在，但对鬼神之解释已包含理性因素，且对鬼神作祟提出了条件限止。

孟僖子奇孔子之论。

按：《左传》是年载，孟僖子曰："孔丘，圣人之后也，而灭于宋。其祖弗父何，以有宋而授厉公。及正考父，佐戴、武、宣，三命兹益共，故其鼎铭云：'一命而偻，再命而伛，三命而俯，循墙而走，亦莫余敢侮。饘于是，鬻于是，以餬余口。'其共也如是。臧孙纥有言曰：'圣人有明德者，若不当世，其后必有达人。'今其将在孔丘乎？"孟僖子所说，有因其出身而奇孔子之意，但也说明孔子确有家学渊源。

《左传》是年载，"天有十日，人有十等，下所以事上，上所以共神也。故王臣公，公臣大夫，大夫臣士，士臣皂，皂臣舆，舆臣隶，隶臣僚，僚臣仆，仆臣台，马有圉，牛有牧，以待百事。"

按：此为春秋等级制度之总括说明。或说自"皂"以下皆为奴隶，故此段话常用来证明西周为奴隶社会之材料。

周景王贵十二年(鲁昭公九年　晋平公二十五年)　戊辰　前533年

孔子娶宋女亓(或作丌、开)官氏为妻。

按：《孔子家语·本姓解》曰："至十九娶于宋之丌官氏。"《世本·氏姓篇》(秦嘉谟辑本)曰："孔子娶宋并营氏。"亓(古其字)官，复姓，《世本》讹作"并营"。

师旷论乐。

按：《国语·晋语八》载，平公说新声，师旷曰："公室其将卑乎！君之明兆于衰矣。夫乐以开山川之风也，以耀德于广远也。风德以广之，风山川以远之，风物以听之，修诗以咏之，修礼以节之。夫德广远而有时节，是以远服而迩不迁。"

周景王贵十三年（鲁昭公十年） 己巳 前532年

孔子始任季氏史（管理文史档案），后调至鲁公室担任委吏（管理府库贡赋）。

按：《史记·孔子世家》曰："孔子贫且贱。及长，尝为季氏史，料量平；尝为司职吏而畜蕃息。"《孟子·万章下》曰："孔子尝为委吏矣，曰：'会计当而已矣。'"

孔鲤（伯鱼）（ —前483年）生。

按：因鲁昭公以鲤鱼赐孔子，故荣君之赐因名之曰鲤，字伯鱼。

周景王贵十四年（鲁昭公十一年 晋昭公、宋元公元年） 庚午 前531年

孔子改做乘田吏（管理宗庙祭祀的牺牲牛羊之小吏）。

按：《孟子·万章下》曰："孔子尝为委吏矣，曰：'会计当而已矣。'尝为乘田矣，曰：'牛羊茁壮长而已矣。'"孔子充任鲁国小吏数年间，直接参与接触了鲁国史籍、宗庙礼仪及列国间聘问交往事务，对鲁国政治文化有更为直观之了解。

时人约于是年作《扬之水》（《诗·唐风》）。

按：晋昭公封桓叔于曲沃。后七年，晋大臣潘父杀昭公，迎曲沃桓叔。时人作《扬之水》揭露了潘父阴谋政变之事。

周景王贵十五年（鲁昭公十二年 楚灵王十一年 蔡平侯、吴王余眜元年） 辛未 前530年

公元前530年，希腊伯罗奔尼撒同盟形成。

倚相能读《三坟》、《五典》、《八索》、《九丘》。

孔子论"克己复礼，仁也"。

按：倚相，楚国大夫，时任左史，生卒年不详。《左传》是年载，楚灵王右尹子革侍坐，左史倚相趋过，王曰："是良史也，子善视之。是能读《三坟》、《五典》、《八索》、《九丘》。"对曰："臣尝问焉。昔穆王欲肆其心，周行天下，将皆必有车辙马迹焉。祭

公谋父作《祈招》之诗,以止王心。王是以获没于祇宫。臣问其诗而不知也。若问远焉,其焉能知之?'王曰:"子能乎?"对曰:"能。其诗曰:'祈招之愔愔,式昭德音。思我王度,式如玉,式如金。形民之力,而无醉饱之心。'"王揖而入,馈不食寝不寐数日,不能自克,以及于难。孔子曰:"古也有志,克己复礼,仁也。信善哉!楚灵王若能如是,岂其辱于乾谿?"楚左史倚相提及之《三坟》、《五典》、《八索》、《九丘》应为当时尚存之图书,惜皆佚。

孔子二十二岁,始设教于阙里。

按:孔子于是年聚徒讲学,他提出了"有教无类"办学方针与"志于道,据于德,依于人(仁),游于艺(六艺)"之教育宗旨,以"诗书礼乐教",不论何人,只要愿意学习,皆可收为门徒。在当时,"学在王官",教育由官府垄断,但列国中,庶人议政、学术下移之潮流已经兴起。孔子博学多艺,鲁国各阶层人士早已纷纷向孔子请教学问,执经问难。孔子首开私人讲学之风,打破了"学在官府"旧传统。他的教育方针与宗旨很快取得了颇为显著的成功。数年之间,孔子门下便聚集众多弟子,诸如秦商、颜路、曾点、冉耕、牧皮等。

周景王贵十六年(鲁昭公十三年 郑定公元年) 壬申 前529年

孔子赞子产为郑争承事。

按:《左传》是年载,晋会诸侯于平丘,子产、子太叔相郑伯以会。……及盟,子产争承(争取使郑国少贡),曰:"昔天子班贡,轻重以列,列尊贡重,周之制也。卑而贡重者,甸服也。郑伯,男也,而使从公侯之贡,惧弗给也,敢以为请。诸侯靖兵,好以为事。行理之命,无月不至,贡之无艺,小国有阙,所以得罪也。诸侯修盟,存小国也。贡献无及,亡可待也。存亡之制,将在今矣。"自日中以争,至于昏,晋人许之。既盟,子大叔咎之曰:"诸侯若讨,其可渎乎?"子产曰:"晋政多门,贰偷之不暇,何暇讨?国不竞亦陵,何国之为?"为郑争承之事,是子产外交事务上杰出成就之一。孔子曾为此赞叹曰:"子产于是行也,足以为国基矣……子产,君子之求乐者也。"且曰:"合诸侯,艺贡事,礼也。"

公元前529年,波斯王居鲁士二世卒于军中。

周景王贵十七年(鲁昭公十四年 晋昭公四年 楚平王、燕共公元年) 癸酉 前528年

叔向不以亲枉法,孔子称其为"古之遗直"。

按:《左传》是年载,晋邢侯与雍子争鄐田,久而无成。士景伯如楚,叔鱼摄理。韩宣子命断旧狱,罪在雍子。雍子纳其女于叔鱼,叔鱼蔽罪邢侯。邢侯怒,杀叔鱼与雍子于朝。宣子问其罪于叔向。叔向曰:"三人同罪,施生戮死可也。雍子自知其罪

公元前528年,阿那克西米尼卒(约前585—)。古希腊哲学家。

而赂以买直,鲋也鬻狱,邢侯专杀,其罪一也。己恶而掠美为昏,贪以败官为墨,杀人不忌为贼。《夏书》曰:'昏、墨、贼、杀。'皋陶之刑也。请从之。"乃施邢侯而尸雍子与叔鱼于市。孔子曰:"叔向,古之遗直也。治国制刑,不隐于亲,三数叔鱼之恶,不为末减。曰义也夫,可谓直矣。平丘之会,数其贿也,以宽卫国,晋不为暴。归鲁季孙,称其诈也,晋不为虐。邢侯之狱,言其贪也,以正刑书,晋不为颇。三言而除三恶,加三利,杀亲益荣,犹义也夫!"

周景王贵二十年（鲁昭公十七年　晋顷公元年）　丙子　前525年

公元前525年,波斯取埃及孟斐斯,获埃及第二十六王朝法老萨姆提克三世,遂建埃及波斯王朝。

克里斯提尼约于本年任雅典首席执政官。

郯子聘鲁,述其先祖以鸟纪之事,孔子师之,提出"天子失官,学在四夷"之著名论断。

按：郯子,郯国之君,生卒年不详。《左传》是年载,秋,郯子来朝（鲁）,昭公与之宴。昭子问焉,曰:"少皞氏鸟名官,何故也？"郯子曰:"吾祖也,吾知之。昔者黄帝氏以云纪,故为云师而云名。炎帝氏以火纪,故为火师而火名。共工氏以水纪,故为水师而水名。大皞氏以龙纪,故为龙师而龙名。我高祖少皞挚之立也,凤鸟适至,故纪于鸟,为鸟师而鸟名。凤鸟氏,历正也。玄鸟氏,司分者也。伯赵氏,司至者也。青鸟氏,司启者也。丹鸟氏,司闭者也。祝鸠氏,司徒也。鴡鸠氏,司马也。鸤鸠氏,司空也。爽鸠氏,司寇也。鹘鸠氏,司事也。五鸠,鸠民者也。五雉,为五工正,利器用,正度量,夷民者也。九扈,为九农正,扈民无淫者也。自颛顼以来,不能纪远,乃纪于近。为民师而命以民事,则不能故也。"仲尼闻之,见于郯子而学之。既而告人曰:"吾闻之,天子失官,学在四夷,犹信。"

又按：孔子"天子失官,学在四夷"之说,表明了在此之前"学在王官"制度已破坏。此为形成战国时诸子蜂起,百家争鸣学术局面之前提。西周时"礼乐征伐从天子出",其宣传舆论与文化教育大权由周王或周王委派之王官直接掌管。《周礼》对周代掌管教育之官吏及其职责有详细记载,绝大部分官职皆同时负有教育责任,其时政教不分、官师不分。《周礼·地官》师氏、保氏等为负责教育主要官员,其教育对象为"国子",或称"国子弟"、"国之贵游子弟",可见当时教育大权为王官所掌握,受教育者主要为王公贵族子弟,普通平民百姓没有受教育权。周室东迁以后,王权逐渐衰落,诸侯国实力不断增强,政治上一元格局日益破坏。至春秋中期,周王已无法支配各个诸侯,出现了"礼乐征伐自诸侯出"之局面。"王道既微,诸侯力政,时君世主,好恶殊方"（《汉书·艺文志》）。形成多元政治格局,为多元文化之勃兴创造了绝好机会。王权衰微,首先使学在王官制度被打破,上述郯子为其一例。再如《论语·微子》篇载:"大师挚适齐,亚饭干适楚,三饭缭适蔡,四饭缺适秦,鼓方叔入于河,播鼗武入于汉,少师阳、击磬襄入于海。"也因为礼崩乐坏,天子失官,乐师们不得不逃往他处另谋生路。因四方流落之王官具有较高文化修养,不自觉充当了向边远地区传播文化之使者,从而为落后地区文化普及与发展作出了贡献。其次,学在官府局面被打破也体现于私学之兴起。春秋中后期,由于天子失官,王官已无法垄断教育大权,于是政教分离,官师分离。无官无职之平民便可凭己之学识招收门徒,兴办教育,于是便产生了迥异于官学之私学。私学兴起乃中国文化史、教育史上开天辟地之大事,为战国时期我国学术形成第一个高峰之重要原因。

原宪生,卒年不详。

按:原宪字子思,也称原思、原思仲、仲宪。鲁国人。曾任过孔子家宰。孔子死后,隐居于卫国,终身未仕。在孔门众贤中,原宪以安贫乐道著称,《论语·雍也》曰:"原思为之宰,与之粟九百,辞。子曰:'毋!以与尔邻里乡党乎!'"后人常他与颜回并论:"论古则知称夷、齐、原、颜,言今则必官爵职位。"(《潜夫论·交际》)他曾问孔子何为"耻辱",孔子教导说:"邦有道,谷;邦无道,谷,耻也。"对此,他始终遵循,终身不仕以实践己之信念。在修身方面,主张不行"克、伐、怨、欲",虽然孔子不认为若此便可以称"仁",仍肯定了原宪行为之难能可贵。孔子卒,原宪遂亡于草泽中,在卫国过起了"不厌糟糠,匿于穷巷"之隐居生活,他"清净守节,贫而乐道"。子贡闻知原宪隐居在卫国,专程"结驷连骑"前往看望。但见原宪居处,"环堵之室,茨以生蒿,蓬户瓮牖,揉桑以为枢,上漏下湿";再看原宪,"冠桑叶冠,杖藜杖而应门。正冠则缨绝,衽襟则衬见,纳履则踵决。"子贡以为原宪病了,但原宪却说:"宪闻之,无财之谓贫,学而不能行之谓病。宪,贫也,非病也。"(《新序·节士》)又说:"若夫希世而行,比周而交,学以为人,教以为己,仁义之匿,舆马之饰,宪不忍为也。"子贡听了原宪一席话,自觉非常惭愧,又无言以对,于是不辞而去。而原宪则"曳杖拖履行歌《商颂》而反,声满天地,如出金石。天子不得而臣也,诸侯不得而友也。"原宪穷不失志,"虽贫与贱尚容其行,以自好而乐生"(《春秋繁露·身之养重于义》),其品行与颜回、曾参相类似,但其旷达性格,又远超颜、曾二贤。东汉明帝永平十五年,汉明帝祭孔子,原宪配祭。此后历代不断封祭。唐玄宗开元二十七年,封原宪为"原伯"。宋真宗大中祥符二年,又追封为"任城侯"。

周景王贵二十一年(鲁昭公十八年 郑定公六年) 丁丑 前524年

子产论"天道远,人道迩"。

按:《左传》是年载,五月,宋、卫、陈、郑皆有火灾。郑国裨灶认为,如不祭天禳灾,郑将还有火灾。子产不同意此说,以为"天道远,人道迩,非所及也,何以知之?灶焉知天道?是亦多言矣,岂不或信?"。子产所言体现了春秋时期"天人有分"思想之发展轨迹。

单旗提出"子母相权"之货币论。

按:单旗,即单穆公,又称单子,时为周景王官伯,生卒年不详。《国语·周语下》载,是年周景王铸大钱,以代替此前已流通的子母钱。大钱重五十铢,文曰"大泉五十"。单旗针对此次币制更替,提出"子母相权论"。此为史载最早金属铸币,而单旗"子母相权论",则为我国最早货币理论。

闵子马论原伯鲁不悦学。

按:闵子马,一称马父,鲁大夫,生卒年不详。《左传》载,秋,诸侯参加曹平公葬礼,周大夫使者原伯鲁也前往参加。事后,鲁国使者拜见原伯鲁,与之语,不说(悦)学。鲁使归以告闵子马。闵子马曰:"周其乱乎!……夫学,殖也。不学将落,原氏

周景王贵二十二年（鲁昭公十九年） 戊寅 前523年

孔子适晋学琴于师襄子。

按：《孔子家语·辨乐解》载，孔子适晋学琴于师襄子（一说此为鲁昭公十七年事，今从《阙里志》）。襄子曰："吾虽以击磬为官，然能于琴。今子于琴已习，可以益矣。"孔子曰："丘未得其数也。"有间，曰："已习其数，可以益矣。"孔子曰："丘未得其志也。"有间，曰："已习其志，可以益矣。"孔子曰："丘未得其为人也。"有间，孔子有所谬然思焉，有所睪然高望而远眺，曰："丘殆得其为人矣。近黮而黑，颀然长，旷如望羊，奄有四方，非文王其孰能为此。"师襄子避席再拜而对曰："君子圣人也，其传曰《文王操》。"

商瞿生，卒年不详。

按：商瞿字子木，鲁国人，受《易》于孔子。孔子弟子精于《易》道者，无人能超过他。史载有关商瞿材料不多，且多有附会之辞。然《史记》中多次提到他，"孔子传《易》于瞿，瞿传楚人馯臂子弘，弘传江东人矫子庸疵，疵传燕人周子家竖，竖传淳于人光子乘羽，羽传齐人田子庄何"（《仲尼弟子列传》），田何再二传于汉武帝中大夫杨何（《儒林列传》）。说明商瞿为《易》之传人，于《易》学发展起了重要作用。唐玄宗开元二十七年，被封为"蒙伯"。宋真宗大中祥符二年加封为"须昌侯"。明嘉靖九年，改称为先贤商子。

冉求（ —约前462）约生于是年。

周景王贵二十三年（鲁昭公二十年 齐景公二十六年） 己卯 前522年

公元前522年，大流士一世称波斯王，遂奉琐罗亚斯德教为波斯国教。

晏婴借论乐而谏齐景公。

按：《左传》是年载，晏婴借论乐而谏齐景公，曰："先王之济五味，和五声也，以平其心，成其政也。声亦如味，一气（空气，一说动感情），二体（舞有文武），三类（风、雅、颂）、四物（四方之物制成乐器），五声（宫、商、角、徵、羽），六律（黄钟、太簇、姑洗、蕤宾、夷则、无射，阳声为律，阴声为吕），七音（宫、商、角、徵、羽、变宫、变徵），八风（八方之风），九歌（九功之德皆可歌颂），以相成也。清浊、小大、短长、疾徐、哀乐、刚柔、迟速、高下、出入、周疏，以相济也。君子听之，以平其心。心平德和。"晏婴原本借论乐讽谏齐景公一要"和而不同"，即多方听取不同意见，不要偏听；二是于一种意见之中,也要有可有否,作出一些分析,不要囫囵吞枣。但恰好因此而保存了当时一些音乐理论。

  孔子三十岁,谓"三十而立"。

  按:孔子谓己"三十而立",意即从此开始,已奠定治学、作人、为政等学问德业基础。

  孔子闻子产死,流泪赞之为"古之遗爱"。

  按:孔子认为子产有君子之德四焉:"其行己也恭,其事上也敬,其养民也惠,其使民也义。"(《论语·公冶长》)

  孔子以宗鲁为"非义"。

  按:《孔子家语·七十二弟子解》载,琴牢,卫人,字子开,一字张。与宗鲁友,闻宗鲁死,欲往吊焉,孔子弗许,曰:"非义也。"事又见《左传·昭公二十年》,琴张闻宗鲁死,将往吊之。仲尼曰:"齐豹之盗,而孟絷之贼,女何吊焉?君子不食奸,不受乱,不为利疚于回,不以回待人,不盖不义,不犯非礼。"

  子产卒(?—)。姓公孙,名侨,字子产,又字子美,号成子。 出生于郑国贵族之家,为郑穆公之孙、司马子国之子。子产为春秋郑国政治家、思想家、外交家、改革家,也为法家先驱人物。郑简公十二年(前554年)为卿,二十三年(前543年)执政,相郑简公、郑定公二十余年。事迹见《左传》、《史记·循吏列传》。

  按:子产执政期间,在郑国采取了一系列重大改革措施,包括严厉打击为非作歹旧贵族如驱丰卷等,流放公孙黑,大胆起用有才能者治理国家,铸造刑书,颁布成文法律,开放舆论,不毁乡校,允许人民议政,作封洫,改革田制,作丘赋,改革军制。郑子产又善于外交辞令,为出色外交家。在复杂外交斗争中不卑不亢,义正词严,既坚持原则,又表现出灵活策略。郑子产又为思想家。他提出:"天道远,人道迩,非所及也。"(《左传·昭公十八年》)认为天体运行之轨道与人事遵行之法则互不相干,否定占星术能预测人事。在国家遭到天灾人祸时反对求神禳祭,否定传统迷信思想。但他仍旧保留了灵魂不死观念,以为"人生始化曰魄,既生魄,阳曰魂。用物精多,则魂魄强。是以有精爽,至于神明。匹夫匹妇强死,其魂魄犹能冯依于人,以为淫厉。"(《左传·昭公七年》)此为中国哲学史上对形神关系之初步探讨。他还提出了人性观念,认为"夫小人之性,衅于勇,啬于祸。以足其性而求名焉者"(《左传·昭公二十六年》)。此为中国哲学史上探讨人性问题之开端。

  冉雍生,卒年不详。

  按:冉雍字仲弓,鲁国人,孔子得意门人。出身微贱,而学行精进,器识开阔,以德行见称。冉雍与冉伯牛、冉有同宗。早年拜师孔子,跟随孔子周游列国。41岁(前482年)时当上季氏家族总管。冉雍为人仁笃厚道,不苟言辞,且任劳任怨,器量宽宏。孔子非常欣赏他,当有人说冉雍"仁而不佞"时,孔子反驳道:"焉用佞?御人以口给,屡憎于人。不知其仁,焉用佞?"赞扬冉雍笃行仁德,不花语巧语。冉雍自幼好学,坚持不懈追求仁德。他多次向孔子求教"仁"之真谛,孔子便对其说:"出门如见大宾,使民如承大祭。己所不欲,勿施于人。在邦无怨,在家无怨。"冉雍听罢,受益匪浅,立即回答说:"雍虽不敏,请事斯语矣。"后来冉雍言行如一,笃行仁德。被孔子定为"德行"科代表之一,与颜回、闵子骞并列。子贡评价他说:"在贫如客,使其臣如借,不迁怒,不深怨,不录旧罪,是冉雍之行也。"即冉雍不以贫穷为累;不把臣下当私有财产,而当作可借重之使者;不拿别人出气;不怨恨他人;也不计较别人犯错。此足见冉雍品行之高洁与器量之宽宏。除品德修养外,冉雍还具有高明之政治见解与超群之政治才干,孔子曾比方为"犁牛之子骍且角,虽欲勿用,山川其舍诸?"意思是,那耕牛的儿子长着赤色的毛和整齐的角,虽然不想用它做牺牲来祭祀,山川之神也不会答应。说明冉雍虽然出身贫贱,但其超群拔俗之才能仍会有用武之地。孔子还说:"雍也可使南面。"也许正因为如此,冉雍随夫子回到鲁国后三年,被鲁国实权人物季氏看中,担任家族总管,取得了卓著政绩。冉雍既有德行著名,又凭其卓越政治才干著称,可谓德才兼备,为孔门弟子中比较全面者。战国时大儒荀子也非常推崇他,多次将他与孔子并列,与舜禹相匹配,所谓"上则法舜、禹之制,下则法仲尼、子弓之义"云云。历代朝廷对冉雍也很重视,自东汉明帝永平十五年祠冉雍后,列代封祀不绝。唐玄宗开元八年将他列入"十哲"之位,开元二十七年又追赠他为"薛侯"。宋真宗大中祥符二年,追封他为"下邳公",度宗咸淳三年,又改封为"薛公"。

周景王贵二十四年(鲁昭公二十一年) 庚辰 前521年

公元前521年,大流士一世立都萨苏。

孔子享瓦甒煮食而悦如受大牢之馈。

按:《孔子家语·致思》载,鲁有俭啬者,瓦甒煮食食之,自谓其美,盛之土型之器以进孔子。孔子受之,欢然而悦如受大牢之馈。子路曰:"瓦甀,陋器也;煮食,薄膳也。夫子何喜之如此乎?"孔子曰:"夫好谏者思其君,食美者念其亲。吾非以馔具之为厚,以其食厚而我思焉。"

颜渊(子渊、颜回)(—前481年)生。

宓不齐生,卒年不详。

按:宓不齐字子贱,鲁国人。宓子贱师从孔子学艺,深入钻研行政理论,学有所成。曾任鲁国单父宰。《吕氏春秋》、《韩诗外传》、《史记》、《新序》、《说苑》、等典籍皆详载其治理单父之政绩。宓子贱于政事卓有见识,政绩显著。《韩诗外传》曰:"子贱治单父,其民附。孔子曰:'告丘之所以治之者。'对曰:'不齐时发仓廪,振困穷,补不足。'孔子曰:'是小人附耳。未也。'对曰:'赏有能,招贤才,退不肖。'孔子曰:'是士附耳。未也。'对曰:'所父事者三人,所兄事者五人,所友者十有二人,所师者一人。'孔子曰:'所父事者三人,足以教孝矣。所兄事者五人,足以教弟矣。所友者十有二人,足以祛壅蔽矣。所师者一人,足以虑无失策,举无败功矣。惜乎!不齐之所为者小也。为之大,功乃与尧舜参矣。'《诗》曰:'恺悌君子,民之父母。'子贱其似之矣。"此说明了子贱仁民、举贤、孝亲、尊师之政治思想主张。子贱德行出众。孔子一生不轻以"君子"二字许人,在众多弟子中,仅两人被他称为"君子",一为南宫适,一为宓子贱。《论语》一书仅提及宓子贱一次,即孔子称许他"君子哉若人"。从《论语》内容来看,孔子君子之说,几乎涵盖了儒家所提倡之全部道德范畴。"君子"称呼非一般人所能承受。孔子用"君子"来称誉子贱,说明子贱具备作为一位君子应当具备之德行才学。相传宓子贱有著作《宓子》16篇传世,《汉书·艺文志》儒家类做了著录,可惜现失传。宓子贱为孔子弟子重要影响人物之一。自东汉明帝永平十五年起,开始配祭孔子,此后历代封祭不绝。唐玄宗开元二十七年,封"单伯"。宋真宗大中祥符二年又追封为"单父侯"。

高柴生,卒年不详。

按：高柴字子羔,亦称子高、子皋、季皋。卫国人（也有齐人、郑人之说）。他身材矮小,相貌丑陋。孔子曾对几位弟子作评述："柴也愚,参也鲁,师也辟,由也喭。"认为高柴直而不知通变。但高柴事奉父母特别孝顺,也很有行政能力,为孔子弟子中先后担任官职最多者。高柴对待父母竭尽孝道。《孔子家语》记载他"为人笃孝"。父母去世后,他痛苦无声,"执亲之丧也,泣血三年,未尝见齿。君子以为难。"(《礼记·檀弓上》)高柴年纪很小便拜师孔子学艺,但由于才智不足,学问上长进不大。因为子路推荐,高柴年纪轻时便任费城宰。孔子周游列国期间,他随子路任"卫之士师"即刑狱之官。回鲁国后又先后担任了武城宰、成邑宰,具有丰富行政经验。《说苑·至公》载：子羔为卫政,刖人之足。卫之君臣乱,子羔走郭门,郭门闭。刖者守门,曰："于彼有缺!"子羔曰："君子不逾。"曰："于彼有窦。"子羔曰："君子不遂。"曰："于此有室。"子羔入,追者罢。子羔将去,谓刖者曰："吾不能亏损主之法令而亲刖子之足,吾在难中,此乃子之报怨时也,何故逃我?"刖者曰："断足固我罪也,无可奈何。君之治臣也,倾侧法令,先后臣以法,欲臣之免于法也,臣知之。狱决罪定,临当论刑,君愀然不乐,见于颜色,臣又知之。君岂私臣哉? 天生仁人之心,其固然也。此臣之所以脱君也。"孔子闻之,曰："善为吏者树德,不善为吏者树怨。公行之也,其子羔之谓欤?"这则故事,很能说明高柴行政能力。自东汉永平十五年起,子皋一直配祠孔子。唐玄宗开元二十七年封子皋为"共伯"。宋真宗大中祥符二年被加封为"共城侯"。

巫马施生,卒年不详。

按：巫马施姓巫马,名施,字子旗,又作子期,亦称巫马旗,鲁国人,或说陈国人。相传师从孔子时,曾随子路在陈国宛丘砍柴,见陈国富人处师氏驱华车百乘至此游乐。子路对巫马施说："得此富,终身无复见夫子,子为之乎?"巫马施扔下镰刀叹息说："吾尝闻之夫子：'勇士不忘丧其元,志士仁人不忘在沟壑。'子不知予与? 试予与? 意者其志与?"子路听后非常惭愧,背起柴禾独自一个先回了住地。(《韩诗外传》卷二)此说明巫马氏为崇尚道义,不慕荣华富贵之人。巫马施专心向孔子学习治国方略,并身体力行,认真实践,形成了不同于其他孔门弟子行政风格。《吕氏春秋·察贤》载："宓子贱治单父,弹鸣琴,身不下堂而单父治。巫马施以星出,以星入,日夜不居,以身亲之,而单父亦治。巫马施问其故于宓子。宓子曰：'我之谓任人,子之谓任力；任力者故劳,任人者故逸。'"可能有人会说如此治理未达最高境界,仍足以说明巫马施以勤勉尽力,以身作则之工作作风。自东汉明帝永平十五年起,巫马施一直受到人们祭祀。唐玄宗开元二十七年,被封为"鄫伯"。宋真宗大中祥符二年,加封为"东阿侯"。

周景王贵二十五年(周悼王猛元年 鲁昭公二十二年) 辛巳 前520年

孔子赞欲学柳下惠者。

按：《孔子家语·好生》载,鲁人有独处室者,邻之嫠妇亦独处一室,夜暴风雨

公元前520年,大流士一世勒

至,嫠妇室坏,趋而诧焉。鲁人闭户而不纳,嫠妇自牖与之言:"何不仁而不纳我乎?"鲁人曰:"吾闻男女不六十不同居,今子幼,吾亦幼,是以不敢纳尔也。"妇人曰:"子何不如柳下惠然?妪不逮门之女,国人不称其乱。"鲁人曰:"柳下惠则可,吾固不可。吾将以吾之不可学柳下惠之可。"孔子闻之曰:"善哉!欲学柳下惠者,未有似于此者。期于至善而不袭其为,可谓智乎!"

《国语》有"岁之所在,则我有周之分野"之记载。

按:见《周语下》。此说明当时人们已将十二星辰位置与地上国、州相对应,就天文说,称某星宿为某州、国之分星,就地域来说,亦称某地为某星宿之分野,反映古代天文地理相统一观念。

端木赐(子贡)(—约前450)约生于是年。

旁注:碑《贝希斯敦铭文》。犹太人重建耶和华圣殿于耶路撒冷。

周敬王匄二年(鲁昭公二十四年) 癸未 前518年

旁注:公元前518年,大流士一世巡幸埃及。

孔子为鲁昭公相助得以与南宫敬叔适周都洛阳,观周朝文物制度,拜老聃与苌弘,学礼,学乐,所获极大,曰"周监于二代,郁郁乎文哉!吾从周"(《论语·八佾》)。孔子问礼于老聃。

按:《庄子·天运》载,孔子问于老聃。老聃曰:"子来乎?吾闻子北方之贤者也。子亦得道乎?"孔子曰:"未得也。"老子曰:"子恶乎求之哉?"曰:"吾求之于度数,五年而未得也。"曰:"子又恶乎求之哉?"曰:"吾求之于阴阳,十有二年而未得。"老子曰:"然。使道而可献,则人莫不献之于其君;使道而可进,则人莫不进之于其亲;使道而可以告人,则人莫不告其兄弟;使道而可以与人,则人莫不与其子孙。然而不可者,无他也;中无主而不止,外无正而不行。由中出者,不受于外,圣人不出;由外入者,无主于中,圣人不隐。"《史记·老子韩非列传》载,孔子适周,将问礼于老子。老子曰:"子所言者,其人与骨皆已朽矣,独其言在耳。且君子得其时则驾,不得其时则蓬累而行。吾闻之,良贾深藏若虚,君子盛德,容貌若愚。去子之骄气与多欲,态色与淫志,是皆无益于子之身。吾所以告子,若是而已。"孔子去,谓弟子曰:"鸟,吾知其能飞;鱼,吾知其能游;兽,吾知其能走。走者可以为罔,游者可以为纶,飞者可以为矰。至于龙,吾不能知其乘风云而上天。吾今日见老子,其犹龙邪!"

又按:《庄子·天运》曰:"孔子谓老聃曰:丘治《诗》、《书》、《礼》、《乐》、《易》、《春秋》六经,自以为久矣,孰知其故矣。"是其时已有"六经"。至秦始皇焚书坑儒,《乐》亡佚,汉时仅存五经。先秦是否有《乐》经,成了疑案。今睹郭店竹简《六德》篇有"六经"记载,文曰:"观诸《诗》、《书》,则亦在矣;观诸《礼》、《乐》,则亦在矣;观诸《易》、《春秋》,则亦在矣。"其六经之名次与《天运》所载相符。又《性自命出》:"《诗》、《书》、《礼》、《乐》,其始出皆生于人。《诗》,有为为之也。《书》,有为言之也。《礼》、《乐》,有为举之也。"亦言及《乐》。李学勤于此指出,"《庄子》是寓言,《天运》又在外篇,有晚出的嫌疑,因此现代著作多以为不足信",现在由竹简文字证明,先秦确有"六经"之说,且至迟在"战国中期儒家确实已有这种说法"(见李学勤《郭店楚简与儒家经籍》,《中国哲学》第 20 辑)。

孔子见苌弘。

按:《孔子家语·困誓》载,孔子见苌弘,言终,退。苌弘私谓刘文分曰:"吾观仲尼有圣人之表,河目而龙颡,黄帝之形貌也;修肱而龟背,长九尺六寸,成汤之容体也。言称先生,躬履谦让,洽闻强记,博物不穷,抑亦圣人之兴者乎?"刘文公曰:"方今周室衰微,诸侯力争,孔子布衣圣,将安施?"苌弘曰:"尧舜文武之道,或驰而坠,礼乐崩丧,亦正其统纪而已矣。"既而孔子闻之闻:"吾岂敢哉?亦好礼乐者也。"

孔子观周明堂。

按:《孔子家语·观周》载,孔子观乎明堂,睹四门墉有尧舜之容、桀纣之象,而各有善恶之状、兴废之诫焉;又有周公相成王,抱之负斧扆,南面以朝诸侯之图焉。孔子徘徊而望之,谓从者曰:"此周之所以盛也。夫明镜所以察形,往古所以知今,人主不务袭迹于其所以安存,而忽殆所以危亡,是犹未有以异却走而欲求及前人也,岂不惑哉?"

孔子观周入太祖后稷之庙。

按:《孔子家语·观周》载,孔子观周,遂入太祖后稷之庙。庙堂右阶之前有金人焉,三缄其口而铭其背曰:"古之慎言人也,戒之哉!无多言,多言多败;无多事,多事多患。安乐必戒,无所行悔。勿谓何伤,其祸将长;勿谓何害,其祸将大;勿谓不闻,神将伺人。焰焰不灭,炎炎若何?涓涓不壅,终为江河;绵绵不绝,或成纲罗;毫末不札,将寻斧柯。诚能慎之,福之根也;口是何伤,祸之门也。强梁者不得其死,好胜者必遇其敌。盗憎主人,民怨其上,君子知天下之不可上也,故下之;知众人之不可先也,故后之。温恭慎德,使人慕之;执雌持下,人莫踰之。人皆趋彼,我独守此;人皆惑之,我独不徙;内藏我智,不示人技;我虽尊高,人弗我害。谁能于此?江海虽左,长于百川,以其卑也。天道无亲而能下人,戒之哉!"孔子既读斯文也,顾谓弟子曰:"小子识之,此言实而中,情而信。《诗》曰:'战战兢兢,如临深渊,如履薄冰。'行身若此,岂以口过患哉!"

孔子答周史伯骞之问。

按:《孔子家语·三恕》载,伯常骞问于孔子曰:"骞固周之贱史也,不自以不肖将北面以事君子,敢问:正道宜行不容于世,隐道宜行然亦不忍,今欲身亦不穷道、亦不隐,为之有道乎?"孔子曰:"善哉!子之问也。自丘之闻,未有若吾子所问辩且说也。丘尝闻君子之言道矣,听者无察则道不入,奇伟不稽则道不信。又尝闻君子之言事矣,制无度量则事不成,其政晓察则民不保。又尝闻君子之言志矣,刚折者不终,径易者则数伤,浩倨者则不亲,就利者则无不弊。又尝闻养世之君子矣,从轻勿为先,从重勿为后,见像而勿强,陈道而勿怫,此四者丘之所闻也。"

又按:上述孔子问礼于老子、见苌弘、观周明堂和入太祖后稷之庙之事,或系于孔子自齐返周之后。

有若(—前 457)约生于是年。

按:据《孔子家语·弟子解》"少孔子 33 岁"说。《史记·仲尼弟子列传》说有若"少孔子 43 岁",即生于前 508 年,比《孔子家语》说晚 10 年,录此备考。

周敬王匃三年（鲁昭公二十五年）　甲申　前517年

孔子三十五岁。路过泰山时慨叹"苛政猛于虎"。

按：孔子因鲁乱带弟子适齐，路经泰山，遇一妇人哭诉亲人皆被虎咬死仍不愿去，不由发出"苛政猛于虎"之感慨。又，此事或系于孔子自齐返鲁之时。

孔子答齐景公问政。

按：《论语·颜渊》《孔子家语·六本》载，孔子至齐后为高昭子家臣以通乎景公。景公问政于孔子。孔子对曰："君君，臣臣，父父，子子。"公曰："善哉！信如君不君，臣不臣，父不父，子不子，虽有粟，吾得而食诸？"孔子在齐，舍于外馆，景公造焉。宾主之辞既接，而左右白曰周使适至，言先王庙灾。景公复问："灾何王之庙也？"孔子曰："此必釐王之庙。"公曰："何以知之？"孔子曰："《诗》云：'皇皇上天，其命不忒。天之以善，必报其德。'祸亦如之。夫釐王变文武之制，而作玄黄华丽之饰，宫室崇峻，舆马奢侈，而弗可振也，故天殃所宜加其庙焉。以是占之为然。"公曰："天何不殃其身而加罚其庙也？"孔子曰："盖以文武故也。若殃其身，则文武之嗣无乃殄乎？故当殃其庙以彰其过。"俄顷，左右报曰："所灾者釐王庙也。"景公惊起再拜曰："善哉！圣人之智过人远矣。"齐景公欲以尼谿之田封孔子，但因晏婴阻挠，没有成功。后返鲁，不仕而教授。弟子益进。

鲁国贵族叔孙阁如宋迎女，赋《车舝》（见《诗·小雅》）。

按：春秋时期，贵族婚嫁之礼节，称为六礼：纳采、问名、纳吉、纳征、请期、亲迎。据《左传》载，鲁国贵族叔孙阁如宋迎女，赋《车舝》，此诗描写"六礼"最后一礼亲迎之情形。

周敬王匃四年（鲁昭公二十六年　齐景公三十二年）　乙酉　前516年

十一月，王子朝及召氏之族、毛伯得、尹氏固、南宫嚚奉周之典籍以奔楚。

按：《左传》是年载，十一月辛酉，晋师克巩。召伯盈逐王子朝，王子朝及召氏之族、毛伯得、尹氏固、南宫嚚奉周之典籍以奔楚。此为春秋时"天子失官，学在四夷"重要记载之一。

晏子与齐侯论礼。

按：《左传》是年载，齐侯与晏子坐于路寝，公叹曰："美哉室！其谁有此乎？"晏婴说:"公厚敛焉,陈氏厚施焉,民归之矣。"晏婴接着又说:"唯礼可以已之。在礼,家施不及国,民不迁,农不移,工贾不变,士不滥,官不滔,大夫不收公利。"按当时礼制,大夫不应收取公利,陈氏"厚施于民"实为收公利。此为陈氏夺取齐姜氏政权之前奏,晏婴虽已知之(他曾与晋叔向谈过类似的话,见前539年),但他也无可奈何。

孔子听乐"三月而不知肉味"。

按:《论语·述而》载,孔子在齐,与齐太师语乐,听到《韶》乐,三月不知肉味,曰:"不图为乐之至于斯也!"

周敬王匄五年(鲁昭公二十七年 楚昭王元年) 丙戌 前515年

孔子自齐返鲁。

按:孔子在齐,齐大夫扬言欲害孔子,齐景公也对孔子曰:"吾老矣,弗能用也。"于是孔子自齐返鲁。据说返鲁时迫于形势危急,仓促中将在淘之米未及煮即提起来一面走路一面滤干(见《孟子·万章下》:"孔子之去齐,接淅而行。")。孔子居齐有七年和一年之说,则自齐返鲁年代约为前515年(或前516年)和前510年两说。此据钱穆《先秦诸子系年》姑系于此年。

公元前515年,大流士一世取色雷斯。

周敬王匄六年(鲁昭公二十八年 晋顷公十二年) 丁亥 前514年

孔子赞魏子之举。

按:《左传》是年载,晋魏舒执政,灭祁氏、羊舌氏,分祁氏之田为七县,羊舌氏之田为三县,选派贤能之士(包括其子在内)为县宰。孔子十分赞赏魏子之举,说其"近不失亲,远不失举,可谓义矣"。

周敬王匄七年(鲁昭公二十九年 晋顷公十三年) 戊子 前513年

范宣子为刑书著于晋鼎,孔子评之。

按:晋铸刑鼎,为我国成文法公布之始。古代刑法,实即军事法。后来法家变法,兵农合一,军事法便引申为民法。据《左传》是年载,孔子认为此做法会"贵贱无序",叹曰:"晋其亡乎,失其度矣。"

蔡墨答魏献子问龙。

按:蔡墨,春秋末期思想家,曾任晋太史,故又称史墨、蔡史墨,生卒年不详。《左传》是年载,秋,龙见于绛郊,魏献子问龙于晋大夫蔡墨。蔡墨谓舜时有豢龙氏,赐姓董,善驯龙,龙多归之。夏代孔甲时黄河、汉水各有一雌一雄两条龙。有刘累,学驯龙于董氏,为孔甲饲龙,被赐氏为御龙。后一雌龙死,刘累偷用龙肉食孔甲,孔甲复求,刘累只好逃遁,迁于鲁县,龙亦潜而不见。

蔡墨论五行之官(神)。

按:《左传》是年载,蔡墨谓五行之官(神)有"木正曰句芒,火正曰祝融,金正曰蓐收,水正曰玄冥,土正曰后土",为社稷五祀之贵神。

周敬王匄八年(鲁昭公三十年 吴王阖闾三年) 己丑 前512年

孔子四十岁。

按:孔子尝自称"四十而不惑",盖指"而立"时确立世界观、人生观已坚定不移。

孙武进献《兵法》13篇于吴,被吴王用为将。

按:孙武,字长卿,春秋末年齐国人,生卒年不详,约与孔子同时。为我国古代杰出军事家。他原为齐国田氏后代,其祖父田书伐莒有功,景公赐姓孙氏,食采于乐安。后因齐国内乱,举家逃至吴国。吴王阖庐当政时,孙武进献《兵法》十三篇以见,被任为将军。司马迁在《史记·孙子吴起列传》中对孙武评价曰:"(吴国)西破强楚,入郢,北威齐晋,显名诸侯,孙子与有力焉。"是于吴国称霸诸侯之争中,孙武起了巨大作用。作为我国古代伟大军事家,孙子不但为杰出军事指挥家,而且是不朽军事理论家。其主要著作《孙子》十三篇,即今之《孙子兵法》。

又按:《孙子兵法》共十三篇,即始计、作战、谋攻、军形、兵势、虚实、军争、九变、行军、地形、九地、火攻、用间。此十三篇,不同版本《孙子兵法》于其先后次序略有区别,但文字出入不大。1972年4月,于山东临沂银雀山一座汉墓中发现《孙子兵法》竹简共300多枚,篇名与文字均与流行本基本相同。另有佚文四篇《吴问》、《四变》、《黄帝伐赤帝》、《地形二》等不见于今本。《孙子兵法》系统而完整地反映了孙子军事思想。大体有以下几个方面:(一)战争观。孙子已认识到战争并非纯粹军事行为,而与政治、经济等密切相关。经济与政治既为战争之基础、根源、目的,同时也即决定战争胜负最重要因素。(二)战略战术思想。孙子具有丰富而杰出之战略战术思想。主要表现于:1."始计"思想,即"先计而后战"。2.谋攻思想。《谋攻》说:"凡用兵之法,全国为上,破国次之;全军为上,破军次之;全旅为上,破旅次之;全卒为上,破卒次之;全伍为上,破伍次之。是故百战百胜,非善之善者也;不战而屈人之兵,善之善者也。"3.速胜思想。《作战》说:"故兵闻拙速,未睹巧之久也。""故兵贵胜,不贵久"。《九地》也说:"兵之情主速。"不过,孙子于此指为进攻性战争而非防御性战争。4.进攻思想。《孙子兵法》有一重要特点,大多数情况下,孙子考虑进攻而非防守。《兵势》说:"任势者,其战人也,如转木石。木石之性,安则静,危则动,方则止,圆则行。故善战人之势,如转圆石于千仞之山者,势也。"(三)建军、治军论。孙子强调军队必须保持一定数量,同时,又不主张养太多军队。所以他说:"兵非益多也。"(《行军》)在治理军队问题上,孙子主张文武兼施、刑赏并重之原则。《孙子兵法》为我国现存最古老兵书,也为我国历史上影响最大兵书,给后来军事家以深刻启示。战国时期,著名军事家吴起、孙膑等皆受到孙武影响。《荀子·议兵篇》:"善用兵者,感忽悠闇,莫知其所从出。孙吴用之无敌于天下。"《汉书·刑法志》亦称战国时期"驰说者以孙吴为宗"。三国时期著名军事家曹操在《孙子序》中说:"吾观兵书战策多矣,孙武所著深矣。"宋代列《孙子兵法》于《武经七书》之首,号称《兵经》。《孙子》继曹操注释之后,迄至唐宋,有孟氏、李筌、杜佑、杜牧、陈皥、贾林、梅圣俞、王晢、何延锡、张预等各家注。直至今天,《孙子兵法》尚对各行各业产生广泛影响。其影响并不仅仅局限于中国,而且跨出国门,走向了世界,成为一部具有跨时代、跨国家影响力之军事名著。约在七世纪,《孙子兵法》传入日本。十八世纪以后,陆续有了法、英、德、俄等文译本,受到了国外军事界重视。《孙子兵法》版本较多。其古本主要有银雀山汉简本《孙子兵法》(残本)、敦煌晋写本《孙子注残纸》(罗振玉《汉晋书影》,1918年出版)、影宋本《武经七书》之《魏武帝注孙子》和《十一家注孙子》。今人有李零《〈孙子〉古本研究》一书汇集资料最新。

梁鳣(叔鱼)生,卒年不详。
按:梁鳣字叔鱼,少孔子三十九岁。唐玄宗开元二十七年封为"梁伯"。宋真宗大中祥符二年加封为"千乘侯"。

周敬王匄九年(鲁昭公三十一年) 庚寅 前511年

陈亢生,卒年不详。
按:陈亢字子元,一字子禽,陈国人,少孔子四十岁。孔鲤趋而过庭,尝以学《诗》学《礼》而问于陈亢,鲤退而学《诗》、《礼》。唐玄宗开元二十七年封"颍伯"。宋真宗大中祥符二年加封为"南顿侯"。明嘉靖九年改称先贤陈子。

周敬王匄十年(鲁昭公三十二年) 辛卯 前510年

史墨答赵简子问"物生有两"。
按:《左传》是年载,十二月,鲁昭公卒,季孙氏立昭公弟宋,是为定公。晋赵简子问于史墨(蔡史)曰:"季氏出其君,而民服焉,诸侯与之;君死于外而莫之或罪,何也?"对曰:"物生有两、有三、有五、有陪贰(匹配)。故天有三辰,地有五行,体有左右,各有妃耦。王有公,诸侯有卿,皆有贰也。天生季氏,以贰鲁侯,为日久矣。民之

公元前510年,罗马"王政时代"终。

服焉,不亦宜乎？鲁君世从(纵)其失(佚,安逸),季氏世修其勤,民忘(鲁)君矣,虽死于外,其谁矜之？社稷无常奉,君臣无常位,自古以(已)然。故《诗》曰:'高岸为谷,深谷为陵。'三后之姓,于今为庶,主(赵简子)所知也。在《易》卦,雷乘乾曰大壮,天之道也。"

又按：此为《左传》所见单卦筮例之一,史墨引《易》以说事理。史墨长于天文星象、五行术数与筮占。在此,史墨从具体事物中看到"物生有两"之矛盾,而分析鲁君与季氏君臣关系之必然性与合理性,得出"社稷无常奉,君臣无常位,自古以然"之结论,含有朴素辩证法思想。他曾提议设置"五行之官",即木正、火正、金正、水正、土正,认为五行之物当有其官,"官宿其业,其物乃至",有利于天下财用。史墨常用筮占与星占之术,推究人事变化,曾提出"火胜金"、"水胜火"之类预言,为"五行相胜"说之先河。此段言论,史墨乃处于卿大夫贵族立场评论季氏赶走鲁昭公之事。他认为公、卿贵族为君主之副贰,因而他们代替君位合乎自然规律。此显然不符合周时礼制,但反映了当时士大夫阶层之进步思想,且为后代谮取者理论来源之一。

漆雕开(　—前450)约生于是年。

周敬王匃十一年(鲁定公元年)　壬辰　前509年

公元前509年,克里斯提尼改革始。

罗马共和国约创于是年。

孔子答齐侯问一足鸟。

按：《孔子家语·辩政》载,传齐有一足鸟飞集于朝,舒翅而跳。齐侯怪之,使使聘鲁问孔子。孔子曰："此鸟名曰商羊,水祥也。昔童儿有屈其一脚,振迅两肩而跳,且谣曰'天将大雨,商羊鼓舞',今齐有之,其应至矣。"急告民趋治沟渠、修堤防,将有大水为灾。顷之大霖雨,水溢泛诸国,伤害民人,唯齐有备不败。景公曰："圣人之言,信而征矣。"

公西赤生,卒年不详。

按：公西赤字子华,鲁国人,少孔子42岁。公西赤从学于孔子后,喜学宾客接待礼仪,立志从事相礼活动。尝侍孔子言志曰："宗庙之事,如会同,端章甫,愿为小相焉。"孔子曰："宗庙会同,非诸侯而何？赤也为之小,孰能为之大？"因公西赤熟习礼仪,长于应对,孔子曾派其出使齐国,孔子死后,公西赤全权操持了先生葬礼。东汉明帝永平十五年起,历代统治者祭祀孔子,公西赤也一同受到祭祀。唐玄宗开元二十七年,封为"邵伯"。宋真宗大中祥符二年又加封为"钜野侯"。

周敬王匄十三年(鲁定公三年)　甲午　前507年

孔子答孟懿子问冠礼。

按：《孔子家语·冠颂》载，邾隐公即位，将冠。使大夫因孟懿子问礼于孔子，子曰："其礼如世子之冠，冠于阼者，以著代也，醮于客位，加其有成，三加弥尊，导喻其志。冠而字之，敬其名也。虽天子之元子，犹士也，其礼无变，天下无生而贵者故也。行冠事必于祖庙，以祼享之礼以将之，以金石之乐节也。所以自卑而尊先祖，示不敢擅。"懿子曰："天子未冠即位，长亦冠也？"孔子曰："古者王世子虽幼，其即位则尊为人君。人君，治成人之事者，何冠之有？"懿子曰："然则诸侯之冠异天子与？"孔子曰："君薨而世子主丧，是亦冠也已，人君无所殊也。"懿子曰："今邾君之冠非礼乎？"孔子曰："诸侯之有冠礼也，夏之末造也，有自来矣。今无讥焉。天子冠者，武王崩，成王年十有三而嗣立，周公居冢宰，摄政以治天下。明年夏六月既葬，冠成王，而朝于祖，以见诸侯，示有君也。周公命祝雍作颂曰：'祝王达而未幼。'祝雍辞曰：'使王近于民，远于年，啬于时，惠于财，亲贤而任能。'其颂曰：'令月吉日，王始加元服，去王幼志，服衮职，钦若昊天，六合是式，率尔祖考，永永无极！'此周公之制也。"懿子曰："诸侯之冠，其所以为宾主何也？"孔子曰："公冠，则以卿为宾，无介，公自为主，迎宾，揖升自阼，立于席北。其醴也，则如士，飨之以三献之礼。既醴，降自阼。诸侯非公而自为主者，其所以异，皆降自西阶，玄端与皮弁异，朝服素毕。公冠，四加玄冕祭。其酬币于宾，则束帛乘马。王太子、庶子之冠拟焉，皆天子自为主，其礼与士无变。飨食宾也，皆同。"懿子曰："始冠必加缁布之冠，何也？"孔子曰："示不忘古。太古冠布，斋则缁之。其緌也，吾未之闻。今则冠而币之可也。"懿子曰："三王之冠，其异何也？"孔子曰："周弁，殷冔，夏收，一也。三王共皮弁素积。委貌，周道也；章甫，殷道也；毋追，夏后氏之道也。"

卜商(子夏)(　—前420)约生于是年。

周敬王匄十四年(鲁定公四年　秦哀公三十一年)　乙未　前506年

秦哀公许楚出兵，并为赋《无衣》诗。

按：十二月，吴伐楚于柏举，楚大败，吴师入郢都，楚昭王出奔。楚臣申包胥赴秦乞援，哭秦庭七日，秦哀公为之赋《无衣》(见《诗·秦风》)，乃许出兵。

孔子携弟子观欹器。

按：《荀子·宥坐篇》载，孔子携孔鲤与部分弟子观鲁桓公庙宥坐之欹器，孔子

公元前506年，雅典败奥提亚人及优卑亚人。

云:"吾闻宥坐之器者,虚则欹,中则正,满则覆。"顾谓弟子曰:"注水焉。"弟子挹水而注之,中而正,满而覆,虚而欹。孔子喟然而叹曰:"吁!恶有满而不覆者哉!"子路曰:"敢问持满有道乎?"孔子曰:"聪明圣智,守之以愚;功被天下,守之以让;勇力振世,守之以怯;富有四海,守之以谦;此所谓挹而损之之道也。"

言偃(　—前445)约生于是年。

周敬王匄十五年(鲁定公五年)　丙申　前505年

孔子见阳虎。

按:《论语·阳货》载,阳虎欲见孔子,孔子不见。于是馈孔子豚,欲待孔子回拜时使孔子见。孔子伺其不在时往谢,却在路上二人相遇了。阳虎劝孔子出仕,孔子口头答应,但终不仕。退而修《诗》、《书》、《礼》、《乐》,以教弟子。孔子曰:"不义而富且贵,于我如浮云。"

孔子吊季平子。

按:《孔子家语·曲礼子夏问》:"季平子卒,将以君之璵璠敛,赠以珠玉。孔子初为中都宰,闻之历级而救焉,曰:'送而以宝玉,是犹曝尸于中原也。其示民以奸利之端,而有害于死者,安用之?且孝子不顺,情以危亲;忠臣不兆,奸以陷君。'乃止。"

孔子答桓子问怪物。

按:《国语·鲁语下》载,桓子穿井,获如土缶,其中有羊焉。使使问于孔子曰:"吾穿井而获狗,何也?"孔子曰:"以丘之所闻,羊也。丘闻之,木石之怪曰夔、蝄蜽,水之怪曰龙、罔象,土之怪曰羵羊。"

曾参(　—前436)生。
樊须生,卒年不详。

按:樊须一名樊迟,字子迟,鲁国人(郑玄谓齐人,此据《孔子家语》)。樊迟自小勇武过人,善于谋略。20岁任职于季孙家族时便善于谋断,且勇于冲锋陷阵,曾受到季氏倾心嘉奖。樊迟师从孔子,勤学好问,据《论语》统计,他四次问"仁",两次问"知",一次问"孝",一次问"崇德、修慝、辨惑",一次请学"稼、圃"。所问问题涉及儒学极其广泛之道德范畴,为孔门弟子所罕见。樊迟请学种庄稼与蔬菜之记载,有不同观点。《论语·子路》曰:"樊迟请学稼,子曰:'吾不如老农。'请学为圃,曰:'吾不如老圃。'樊迟出。子曰:'小人哉,樊须也!上好礼,则民莫敢不敬;上好义,则民莫敢不服;上好信,则民莫敢不用情。夫如是,则四方之民襁负其子而至矣,焉用稼?'"于孔子对樊迟之论可见,樊迟问"稼""圃"并非简单学习种植问题,而有深刻政治含义。孔子认为,只要统治者好礼、好义、好信,老百姓则不敢不"敬"、"服"、"用情"。樊迟很年轻便进入仕途,关心政治当为其主要内容。所问学"稼"学"圃"不会仅为耕作,实含有统治者当亲自参加劳动,为天下树楷模之意。此类思想不合于其时之等级礼制,难怪孔子要说他"小人"。但樊迟此类思想对后世影响很大,可以说开启了墨家学术之先河。樊迟之学行对后世有较大影响,为历代官府祭孔时配祀对象。唐玄宗开元二十七年被封为"樊伯"。宋真宗大中祥符二年又被加封为"益都侯"。

周敬王匄十六年（鲁定公六年） 丁酉 前504年

孔子四十八岁，在鲁答"童子将命"。
按：《论语·宪问》载，阙党童子将命，或问之曰："益者与？"孔子曰："吾见其居于位也，见其与先生并行也，非求益者也，欲速成者也。"

孔子故人原壤母死，助之以沐椁。
按：《礼记·檀弓下》载，孔子之故人曰原壤，其母死，夫子助之沐椁。原壤登木曰："久矣！予之不托于音也。"歌曰："狸首之班然！执女手之卷然！"夫子为弗闻也者而过之。从者曰："子未可以已乎？"夫子曰："丘闻之，亲者毋失其为亲也，故者毋失其为故也。"

周敬王匄十七年（鲁定公七年） 戊戌 前503年

孔子埋畜狗。
按：《礼记·檀弓下》载，孔子之畜狗死，使子贡埋之，曰："吾闻之也：敝帷不弃为埋马也；敝盖不弃为埋狗也。丘也贫，无盖于其封也，亦予之席，毋使其首陷焉。"

颛孙师（ —约前450）约生于是年。
颜幸生，卒年不详。
按：颜幸字子柳，鲁人，小孔子48岁。事迹不详。《礼记·檀弓下》载有反对鲁哀公为其幼子举丧"设拨"一事之颜柳，有人认为他熟知礼仪，或许即孔门弟子颜幸。唐玄宗开元二十七年被封为"萧伯"。宋真宗大中祥符二年加封为"阳谷侯"。

周敬王匄十八年（鲁定公八年） 己亥 前502年

孔子五十岁。自谓"五十而知天命"。是年以公山不狃使人召，欲往，不果。

按：《史记·孔子世家》载，公山不狃以费畔季氏，使人召孔子，孔子欲往，因子路反对而未成行。

澹台灭明生，卒年不详。

按：澹台灭明姓澹台，名灭明，字子羽，鲁国武城人。子羽由子游推荐，得拜孔子为师从学，为孔子晚年弟子。《论语·雍也》篇唯一记载子羽："子游为武城宰。子曰：'女得人焉耳乎？'曰：'有澹台灭明者，行不由径；非公事未尝至于偃之室也。'"说明子游甚欣赏子羽，赞其他走路不插小道，非公事从不到子游住所。由此可见，子羽乃不贪近利，光明正大，注重自身修养之人。关于澹台子羽之容貌与才品，史籍记载或殊异。《孔子家语·七十二弟子解》曰："有君子之姿，孔子尝以容貌望其才，其才不充孔子之望。"《子路见》篇亦说："澹台子羽有君子之容，而行不胜其貌。"《史记·仲尼弟子列传》曰："状貌甚恶。欲事孔子，孔子以为才薄。既以受业，退而修行，行不由径，非公事不见卿大夫。"似以司马迁所记当更接近事实。据《史记》载：后来澹台灭明"南游至江，从弟子三百人，设取予去就，名施乎诸侯。孔子闻之，曰：'吾以言取人，失之宰予；以貌取人，失之子羽。'"孔子去世后，"七十子之徒散游诸侯，大者为师傅卿相，小者友教士大夫，或隐而不见"，此时"澹台灭明居楚"，继续在楚国授徒讲学，为孔子学术思想南播江南起了很大作用。澹台灭明虽形象欠佳，但未因此自惭形秽，而是严于修身，洁身自好，持政廉洁。死后受到后人推崇。东汉明帝永平十五年，澹台灭明受到皇帝的祭祀，此后历代封祭不断。唐玄宗开元二十七年，封澹台灭明为"江伯"。宋真宗大中祥符二年，又封为"金乡侯"。

又按：关于澹台灭明之年龄，《史记·仲尼弟子列传》说"少孔子三十九岁"，《孔子家语·七十二弟子解》说"少孔子四十九岁"。据子游小孔子45岁和子游对澹台灭明作过评价来推断，澹台灭明年龄当以《孔子家语》说小孔子49岁为宜。今从后说，系于此年。

周敬王匄十九年（鲁定公九年 郑献公十三年） 庚子 前501年

公元前501年，释迦摩尼于此前后创立佛教。

拉丁字母形成。

孔子约于是年为鲁中都宰。

按：《孔子家语·相鲁》载，定公以孔子为中都宰，制为养生送死之节，长幼异食，强弱异任，男女别途，路无拾遗，器不雕伪。为四寸之棺，五寸之椁，因丘陵为坟，不封不树。行之一年，而西（一作四）方之诸侯则焉。定公谓孔子曰："学子此法以治鲁国，何如？"孔子对曰："虽天下可乎，何但鲁国而已哉。"

邓析为郑执政驷歂所杀。

按：邓析，郑人，法家先驱人物，曾为大夫。生年不详。相传邓析"好为智巧"，作桔槔以取水（即利用杠杆原理提水）。"操两可之说，设无穷之词"，办私学，教人诉讼。邓析办私学早于孔子，据《吕氏春秋·离谓》谓邓析办学授徒，"民之献衣、襦、袴而学讼者，不可胜数"。制刑书，刻于竹简，称竹刑。驷歂即以此《竹刑》杀邓析。《竹刑》后佚。传世作品有《邓析子》一书，乃后人伪托。

冉孺生，卒年不详。

按：冉孺字子曾，鲁国人，少孔子五十岁，勤学好问。（唐开元二十七年被封为"纪伯"。宋真宗大中祥符二年加封"临沂侯"。）

伯虔生，卒年不详。

按：伯虔字子析（或子皙），鲁国人。（唐开元二十七年被封为"聊伯"。宋真宗大中祥符二年加封"沭阳侯"。）

叔仲会生，卒年不详。

按：叔仲会字子期，鲁国人，一说晋人。《孔子家语·七十二弟子解》曰："与孔璇年相比，每孺子之执笔记事于夫子，二人迭侍左右。孟武伯见孔子而问曰：'此二孺子之幼也，于学岂能识壮哉？'孔子曰：'然。少成则若性也，习惯若自然也。'"知叔仲会年幼则师从孔子，勤奋好学，甚受先生喜爱。唐玄宗开元二十七年封"瑕丘伯"。宋真宗大中祥符二年加封为"博平侯"。明嘉靖九年改称"贤叔仲子"。

曹卹生，卒年不详。

按：卹字子循，蔡国人。事迹不详。唐玄宗开元二十七年封为"曹伯"，宋真宗大中祥符二年加封为"上蔡侯"。

周敬王匄二十年（鲁定公十年　齐景公四十八年）　辛丑　前500年

孔子由中都宰升小司空，又由小司空升大司寇。

按：《史记·孔子世家》载，鲁定公与齐侯会于夹谷，孔子以大司寇身份为定公相礼，孔子认为"虽有文事，必有武备"（《左传·定公十年》），事前做了必要的武事准备。齐人欲以兵劫鲁公，孔子以礼斥之，齐景公敬畏，遂定盟约，并归还侵占之郓、讙、龟阴等地以谢过。

名医扁鹊约活动于此时前后。

按：扁鹊姓秦，名越人，渤海郡郑人，生卒年不详。曾随长桑君学医，遍游列国为民治病。能为带下医（妇产科）、小儿医，能治耳聋眼花与肢体无力之痹症，创望、闻、问、切四诊法，被尊为脉学倡导者。医疗方法有砭法、针灸、按摩、汤剂、熨贴等。传著有《难经》（亦称《黄帝八十一经》）。今《难经》八十一章（疑系后人伪托），为中华医学之经典文献。现存扁鹊生平资料年代相距甚大，最早为春秋初年鲁隐公时，最迟为战国末年秦武王时。或说扁鹊本为黄帝时名医，后作为良医泛称，故现存扁鹊史料不当归之一人。此据《史记·扁鹊列传》载其为赵简子治病一事而系此。

晏婴卒，生年不详。婴字仲，谥平，又称婴平仲，齐夷维人。齐灵公二十六年（前556年），其父晏弱死后，继任齐卿，历仕齐灵公、齐庄公、齐景公三朝，前后从政56年，声名显于诸侯。为春秋时著名思想家、政治家。事迹见《晏子春秋》、《史记·管晏列传》。

按：晏婴主张修文德、轻鬼神，以俭朴著称。主张以礼治国，屡劝齐景公轻赋税，省刑罚，听取臣下不同意见。景公因病欲治罪祝史，他以为不可："虽其善祝，岂

公元前500年，亚历山大一世为马其顿王。

毕达哥拉斯卒（约前580—　）。古希腊数学家、哲学家。

能胜亿兆人之诅?"因彗星现于天际,他用"天道不谄,不贰其命"之理,劝齐景公举行禳祭。他要求齐君善理政事,多关心民众疾苦。从现实生活出发,说明事物矛盾"相成相济",提出"可"与"不可"对立统一之观点。指出"君所谓可,而有否焉"。他还明确指出清浊、大小、长短、疾徐、哀乐、刚柔、高下、出入、周疏等相反相济之规律。晏子哲学思想主要见诸《左传》。传世《晏子春秋》一书,系后人依托并采缀晏子言行而成。书共八卷,二百十五章。山东银雀山汉墓出土《晏子》残简与今本有关内容大体一致。《晏子春秋》一书作者及成书年代,历来颇多争论。或认为此书为晏婴本人所撰。或认为墨家后学所为,如唐"柳宗元以为墨子之徒,有齐人者为之"(《四库全书总目》)。又或怀疑为六朝后人伪造。今一般认为,此书成书于战国中后期,作者可能不止一人,而出自众手。《晏子春秋》归属于何学派,过去与现在看法不同。《汉书·艺文志》、《七略》等将其归入儒家,而柳宗元则将其归入墨家,近人或认为其亦墨亦儒,也或认为其非墨非儒。现存《晏子春秋》分内篇、外篇,内篇分谏上、谏下、问上、问下、杂上、杂下六篇,外篇分上、下二篇。谏上、谏下主要记叙晏婴劝谏齐君之言行,问上、问下主要记叙君臣之间、卿士之间以及外交活动中之问答,杂上、杂下主要记叙晏婴其他各种各样事件。外篇两篇内容较为驳杂,与内篇六篇相通而又相别。各篇间内容既相对独立,又互有联系,个别还有互相矛盾之处。清吴则虞撰有《晏子春秋集释》为今常用本,另有上海古籍出版社《二十二子》本中所收清孙星衍《晏子春秋》七卷附《音义》二卷,另有近人张纯一《晏子春秋校注》(《诸子集成》本)。

周敬王匄二十一年(鲁定公十一年)　壬寅　前499年

公元前499年,小亚西部希腊诸城叛波斯。波希战争爆发。

罗马人败拉丁人于勒吉鲁斯湖。

孔子为鲁大司寇,鲁国大治。

按:据《吕氏春秋·乐成》等记载,鲁之贩羊有沈犹氏者,常朝饮其羊以诈市人;有公慎氏者,妻淫不制;有慎溃氏者,奢侈逾法;鲁之鬻六畜者,饰之以储价。及孔子之为政也,则沈犹氏不敢朝饮羊,公慎氏出其妻,慎溃氏越境而徙。三月,则鬻牛马者不储价,卖羊豚者不加饰,男女行者别其涂,道不拾遗,男尚忠信,女尚贞顺,四方客至于邑,不求有司,皆如礼焉。初,孔子为司寇时,国人谤之曰:"麛裘而韠,投之无戾;韠之麛裘,投之无邮。"既而政化盛行,国人诵之曰:"衮衣章甫,实获我所;章甫衮衣,惠我无私。"

周敬王匄二十二年(鲁定公十二年)　癸卯　前498年

孔子五十四岁,见信于季孙。堕三桓。

按:《史记·孔子世家》载,孔子弟子仲由(子路)为季氏宰,将拆毁三桓之都邑;

费、郈、成。叔孙氏帅师毁郈,季孙、仲孙帅师将毁费,费宰公山不狃等袭鲁,大司寇孔子命申句须、乐颀败之,乃堕。将堕成,弗克。孔子堕三桓之事,今从《春秋》、《左传》、《史记·鲁周公世家》系于是年,《孔子世家》系于下年。

周敬王匄二十三年（鲁定公十三年 晋定公十五年） 甲辰 前497年

晋赵盟,其盟辞后出土于山西侯马。

按：《史记·赵世家》载,十一月,晋赵鞅叛,范氏、中行氏往攻,荀跞、韩不信、魏曼多助赵氏,奉定公攻范氏、中行氏,旋请定公复赵鞅位。赵鞅入绛,盟于晋宫。此盟辞见于1965年所出土山西侯马盟书。盟书埋于长方形竖坑内,坑底多有马、牛、羊等牲骨。盟辞用朱笔写于圭形玉石片上,最大者长32厘米、宽4厘米。盟辞内容主要为赵氏为解决家族内部矛盾,以及赵氏与范氏、中行氏之间争斗而所订立之盟约。侯马盟书对于了解春秋会盟仪式、内容及三家分晋前后晋国历史文化有重要参考价值。

孔子五十五岁。是年,诛少正卯。

按：《孔子家语·始诛》载,孔子由大司寇摄行相事,有喜色。仲由问曰："由闻君子祸至不惧,福至不喜。今夫子得位而喜,何也？"孔子曰："然。有是言也。不曰乐以贵天下人乎？"于是朝政七日而诛乱政大夫少正卯,戮之于两观之下,尸于朝三日。子贡进曰："夫少正卯,鲁之闻人也,今夫子为政而始诛之,或者为失乎？"孔子曰："居,吾语女以其故。天下有大恶者五,而窃盗不与焉。一曰心逆而险；二曰行辟而坚；三曰言伪而辩；四曰记丑而博；五曰顺非而泽。此五者,有一于人则不免于君子之诛,而少正卯兼有之；其居处足以撮徒成党,其谈说足以饰褒荧众,其强御足以反是独立。此乃人之奸雄者也,不可以不除。"

又按：孔子诛少正卯事,史载多有异辞,已难详考。此事最早记载为《荀子·宥坐篇》,《淮南子》、《史记》、《说苑》、《论衡》、《后汉书》皆记有其事,但述事稍有出入。南宋朱熹始倡异辞,以为"若少正卯之事,则予尝窃疑之。盖《论语》所不载,子思、孟子所不言,虽以《左氏春秋》内、外传之诬且驳,而犹不道也,乃独荀况言之。是必齐、鲁陋儒愤圣人之失职,故为此说,以夸其权耳。吾又安敢轻信其言,而遽稽其以为决乎？聊并记之,以俟来者"（《晦庵先生朱文公文集》卷六七）。至清人阎若璩、崔述、梁玉绳、江永等皆不信,以为"此盖申韩之徒言刑名者,诬圣人以自饰,必非孔子之事"（《洙泗考信录》卷二）。不信者其由约有三焉：一是秦古书如《春秋》、《左传》、《论语》、《孟子》皆不载此事；二是孔子主张"为政为德",反对"齐之以刑"；三是少正卯为鲁大夫,孔子在当时无力杀一著名大夫。相信者则对此三端皆有辩。

孔子以春郊,膰肉不至,去鲁适卫。始在外游诸侯十四年。

按：《孔子家语·子路初见》载,此时,鲁国大治,齐人患其将霸,欲败其政。乃选好女子八十人,衣以文饰而舞容玑,及文马四十驷以遗鲁君,陈女乐,列文马于鲁城南高门外。季桓子微服往观之再三,将受焉,告于鲁君为周道游观。观之终日,怠于政事。孔子谏,不用。子路言于孔子曰："夫子可以行矣。"孔子曰："鲁今且郊,若致膰于大夫,是则未废其常,吾犹可以止也。"桓子既受女乐,君臣淫荒,三日不听国政。郊又不致膰俎。孔子遂行。

孔子至卫、去卫适陈、后又返卫。

按:《史记·孔子世家》载,孔子至卫,居卫都帝丘子路妻兄颜浊邹家。卫灵公始以孔子在鲁之待遇给俸禄。后又听信谗言,监视孔子。于是孔子便于是年十月去卫适陈。过匡地时,匡人误认孔子为阳虎而围困之。后经蒲地,适逢公叔氏欲起事,又被围困。孔子与蒲人订盟,返于卫都,住在蘧伯玉家。

孔子过匡被围。

按:《史记·孔子世家》、《孔子家语·困誓》载,(孔子)过匡,颜渊为仆,以其策指之曰:"昔吾入此,由彼缺也。"匡人闻之,以为鲁之阳虎。阳虎尝暴匡人,匡人于是遂止孔子。孔子状类阳虎,拘焉五日……弟子惧,孔子曰:"文王既没,文不在兹乎?天之将丧斯文也,后死者不得与于斯文也;天之未丧斯文也,匡人其如予何!"匡人简子以甲士围之。子路怒,奋戟将与战,孔子止之曰:"恶有修仁义而不免世俗之恶者乎?夫《诗》、《书》之不讲,礼乐之不习,是丘之过也。若以述先王好古法而为咎者,则非丘之罪也。命也夫!由歌,予和汝。"子路弹琴而歌,孔子和之,曲三终,匡人解甲而罢。

周敬王匄二十四年(鲁定公十四年) 乙巳 前496年

孔子返卫,曾见卫灵公夫人南子,子路不悦;灵公与南子还让孔子为次乘招摇过市。

按:《史记·孔子世家》载,卫灵公夫人南子使人谓孔子曰:"四方之君子不辱欲与寡君为兄弟者,必见寡小君。寡小君愿见。"孔子辞谢,不得已而见之。夫人在絺帷中,孔子入门,北面稽首,夫人自帷中再拜,环佩玉声璆然。孔子曰:"吾乡(向)为弗见,见之礼答焉。"子路不说(悦),孔子矢之曰:"予所否者。天厌之!天厌之!"居卫月余,灵公与夫人同车,宦者雍渠参乘,出,使孔子为次乘,招摇市过之。孔子曰:"吾未见好德如好色者也。"于是丑之,去卫。

周敬王匄二十七年(鲁哀公二年) 戊申 前493年

公元前493年,《卡西安条约》,罗马人加入拉丁同盟。

孔子五十九岁。是年去卫适晋,临河而返。后又去卫如曹,适宋、郑、陈诸国。

按:《史记·孔子世家》载,孔子见卫灵公不能用,喟然叹曰:"苟有用我者,期月而已,三年有成。"卫灵公曾问阵于孔子,孔子曰:"俎豆之事则尝闻之,军旅之事未之学也。"由此决计离卫西去，投晋赵简子。至河，闻赵简子已杀贤人二，临河而叹，返卫。后又去卫如曹适宋。适宋之途间，孔子曾与弟子习礼于枍树之下，宋司马桓魋欲害孔子，派人砍倒大树。孔子微服而行，逃至郑国，郑国也未接待他，只好取道适陈。

又按：孔子去卫适陈之事，最为凌杂，各家说法不一，今从钱穆《先秦诸子系年》所考定之年代而系其行述。

孔子适晋临河而返。

按：《史记·孔子世家》载，卫灵公老，怠于政，不用孔子。晋赵简子使人来聘，孔子将西见之。至于河而闻窦鸣犊、舜华之死也，临河而叹曰："美哉水，洋洋乎！丘之不济此，命也夫！"子贡趋而进曰："敢问何谓也？"孔子曰："窦鸣犊、舜华，晋国之贤大夫也。赵简子未得志之时，须此两人而后从政，及其已得志，杀之乃从政。丘闻之也，刳胎杀夭则麒麟不至其郊；竭泽涸渔则蛟龙不合阴阳；覆巢毁卵则凤皇不翔。何则？君子讳伤其类也。夫鸟兽之于不义也尚知辟之，而况乎丘哉？"乃还息乎陬乡，作《陬操》以哀之。

孔子去卫适宋、郑，与弟子相失。

按：《史记·孔子世家》载，孔子去曹适宋，与弟子习礼于大树下。宋司马桓魋欲杀孔子，拔其树。孔子去。弟子曰："可以速矣。"孔子曰："天生德于予，桓魋其如予何？"又《孔子家语·困誓》载，孔子适郑，与弟子相失，独立东郭门外。或人谓子贡曰："东门外有一人焉，其长九尺有六寸，河目隆颡，其头似尧，其颈似皋繇，其肩似子产，然自腰以下，不及禹之三寸，累然如丧家之狗。"子贡以告，孔子欣然而叹曰："形状末也。如丧家之狗，然乎哉！然乎哉！"

周敬王匄二十八年（鲁哀公三年） 己酉 前492年

秋，鲁季桓子病，悔未能久用孔子而使国兴，卒前嘱其子季康召回孔子以相鲁。

按：《史记·孔子世家》载，季桓子病，辇而见鲁城，喟然叹曰："昔此国几兴矣，以吾获罪于孔子，故不兴也。"顾谓其嗣康子曰："我即死，若必相鲁；相鲁，必召仲尼。"及桓子卒，康子立，欲召孔子，公之鱼曰："昔吾先君用之不终，终为诸侯笑，今又用之，不能终，是再为诸侯笑。"康子曰："则谁召而可？"曰："必召冉求。"于是使使召冉求。

孔子六十岁，自谓"六十而耳顺"。

孔子在陈，与陈侯登陵阳之台。

按：《孔丛子·嘉言》载，陈侯大城，因起陵阳之台，未毕而坐法死者数十人，又执三监吏。孔子闻之，见陈侯，与俱登台而观焉。孔子曰："美哉！斯台。自古圣王之为城台，未有不戮一人而能致功若此者也。"陈侯默而退，遂窃赦所执吏，既而见孔子曰："昔周作灵台亦戮人乎？"对曰："文王之兴，附者六州。六州之众，各以子道来，故区区之台，未及期日而已成矣，何戮之有乎？夫以少少之众，能立大大之功，唯君尔。"

公元前492年，大流士一世伐希腊，取色雷斯、马其顿。

冉求应鲁之召，孔子叹曰"归与"。

按：《史记·孔子世家》载，冉求应鲁之召，将行，孔子曰："鲁人召求，非小用之，将大用之也。"于是孔子曰："归乎！归乎！吾党之小子狂简，斐然成章，不知所以裁之。"

子贡送冉求，诫其"即用，必以孔子为招"。

按：《史记·孔子世家》载，子贡知孔子思归，送冉求，因诫曰"即用，必以孔子为招"云。

周敬王匄二十九年（鲁哀公四年） 庚戌 前491年

公元前491年，斯巴达、雅典杀波斯使节。

计然（文子）游越。

按：计然，姓辛。名研，字文子，葵丘濮上人。博学无所不通，尤善计算。尝曰："夫粜，二十病农（谷贱伤农），九十病末（谷贵伤商）。末病则财不出，农病则草不辟矣……平粜齐物，关市不乏，治国之道也。"南游于越，范蠡师事之。文子所著有《文子》。《汉书·艺文志》道家类著录《文子》九篇，班固注曰："老子弟子，与孔子并时，而称周平王问，似依托者也。"无名字籍贯。北魏李暹作《文子注》，传曰："姓辛，葵丘濮上人，号曰计然。范蠡师事之。本受业于老子，录其遗言为十二篇。"宋人南谷子杜道坚《通玄真经缵义序》则据此曰："文子，晋之公孙，姓辛氏，名钘，字计然，文子其号。家睢之葵丘，属宋地，一称宋钘。师老子学，早闻大道，著书十有二篇，曰《文子》。"现在看来，文子生平仍有疑窦。然文子为老子弟子无疑，与卜商子夏同时，而少于孔子，曾问学于子夏与墨子，乃一学无常师者。王充曾称："老子、文子，似天地者也。"对其极为推崇。文子学道早通，游学于楚。楚平王孙白公胜曾向他询问"微言"。后又游学到齐国，将道家兼容仁义礼之思想带到齐国，彭蒙、田骈、慎到、环渊等皆为其后学，形成齐国黄老之学。后来文子又到南方之吴越游历，隐居于吴兴禺山，不知所终，或云成仙而去。

《隋书·经籍志》著录《文子》十二篇。前人认为今本系汉唐间伪书，或认为抄袭《淮南子》之西汉后期作品。如唐柳宗元即认为此书夹杂抄袭了儒、墨、名、法诸家语句以解释《道德经》，故称之为"驳书"。但1973年河北定县40多号汉墓出土竹简中，有《文子》残简，河北省文物研究所定州汉简整理小组编为《定州西汉中山怀王墓竹简〈文子〉释文》（载《文物》1995年第12期），其中与今本《文子》相同文字有6章，不见于今本者尚有一些内容，或系《文子》佚文，但确证了《文子》一书之存在，其实为西汉时已有先秦古书。文子在唐代时与老子、庄子并重，天宝元年唐玄宗诏封文子为"通玄真人"，诏改《文子》为《通玄真经》，与《老子》、《庄子》、《列子》并列为道教四部经典。《文子》之整理本，有《通玄真经》默希子注，十二卷；宋朱弁注，七卷，（八卷以下已佚）；元杜道坚《文子缵义》，十二卷；清钱熙祚《文子校勘记》，俞樾《俞楼杂纂读文子》。现今流传版本有：《正统道藏》十二卷本；《通玄真经赞义》十二卷本；《道藏》七卷本；《道藏辑要》本；《四部丛刊》缩印《通玄真经》十二卷本；《四部备要》本等。今本《文子》分十二篇八十八章。十二篇分别为：一、道原，二、精诚，三、九守，四、符言，五、道德，六、上德，七、策明，八、自然，九、下德，十、上仁，十一、上义，十二、上礼。

周敬王匄三十一年（鲁哀公六年） 壬子 前489年

孔子被困陈蔡之间。

按：《论语·卫灵公》载，卫灵公问陈于孔子，孔子对曰："俎豆之事，则尝闻之。军旅之事，未之学也。"明日遂行。在陈绝粮，从者病，莫能兴。子路愠见曰："君子亦有穷乎？"孔子曰："君子固穷，小人穷斯滥矣。"（孔子又）曰："赐也，女以予为多学而识之者与？"（子路）对曰："然。非与？"（孔子）曰："非也。予一以贯之。"

《孔子家语·在厄》载，楚昭王聘孔子，孔子往拜礼焉。路出陈、蔡。陈、蔡大夫相与谋曰："孔子圣贤，其所刺讥，皆中诸侯之病。若用于楚，则陈、蔡危矣。"遂使徒兵距孔子。孔子不得行，绝粮七日，外无所通，藜羹不充，从者皆病。孔子愈慷慨讲诵，弦歌不衰。乃召子路而问焉，曰："《诗》云：'匪兕匪虎，率彼旷野。'吾道非乎？奚为至于此？"子路愠，作色而对曰："君子无所困。意者夫子未仁与？人之弗吾信也；意者夫子未智与？人之弗吾行也。且由也昔者闻诸夫子：'为善者，天报之以福；为不善者，天报之以祸。'今夫子积德怀义，行之久矣，奚居之穷也？"孔子曰："由，未之识也，吾语汝。汝以仁者而必信也，则伯夷、叔齐不饿死首阳。汝以智为必用也，则王子比干不见剖心。汝以忠者为必报也，则关龙逢不见刑。汝以谏者为必听也，则伍子胥不见杀。夫遇不遇者，时也；贤不肖者，才也。君子博学深谋而不遇时者众矣，何独丘哉？且芝兰生于深林，不以无人而不芳；君子修道立德，不谓困穷而改节。为之者，人也；生死者，命也。是以晋重耳之有霸心，生于曹卫；越王勾践之有霸心，生于会稽。故居下而无忧者，则思不远；处身而常逸者，则志不广。庸知其终始乎？"子路出。召子贡，告如子路。子贡曰："夫子之道至大，故天下莫能容。夫子盍少贬焉？"孔子曰："赐，良农能稼，不必能穑；良工能巧，不能为顺。君子能修其道，纲而纪之，不必其能容。今不修其道，而求其容。赐，尔志不广矣，思不远矣！"子贡出，颜回入问，亦如之。颜回曰："夫子之道至大，天下莫能容。虽然，夫子推而行之，世不我用，有国者之丑也，夫子何病焉。不容然后见君子！"孔子欣然叹曰："有道哉！颜氏之子。吾亦使尔多财，吾为尔宰。"

孔子答叶公问政。

按：《论语·子路》载，孔子至楚地负函，见叶公，叶公问政，孔子曰："近者说（悦），远者来。"又《述而》载：叶公问孔子于子路，子路不对。孔子曰："女奚不曰：'其为人也，发愤忘食，乐以忘忧，不知老之将至云尔。'"

孔子使子路问津。

按：《论语·微子》载，长沮、桀溺耦而耕，孔子过之，使子路问津焉。长沮曰："夫执舆者为谁？"子路曰："为孔丘。"曰："是鲁孔丘与？"对曰："是也。"曰："是知津矣。"问于桀溺。桀溺曰："子为谁？"曰："为仲由。"曰："是鲁孔丘之徒与？"对曰："然。"曰："滔滔者天下皆是也，而谁以易之？且而与其从辟人之士，岂若从辟世之士哉！"耰而不辍。子路以告，夫子怃然，曰："鸟兽不可与同群也，吾非斯人之徒与而谁与？天下有道，丘不与易也。"

子路遇荷蓧丈人。

公元前489年，雅典及埃伊那战。

按：《史记·孔子世家》载，他日，子路行，遇荷蓧丈人，曰："子见夫子乎?"丈人曰："四体不勤，五谷不分，孰为夫子!"植其杖而芸。子路以告，孔子曰："隐者也。"复往，则亡。

楚狂接舆歌而过孔子。

按：《论语·微子》载，楚狂接舆歌而过孔子之门，曰："凤兮凤兮，何德之衰也!往者不可谏也，来者犹可追也。已而已而，今之从政者殆而!"孔子下，欲与之言。趋而辟之，不得与之言。

周敬王匄三十二年（鲁哀公七年）　癸丑　前488年

<small>公元前488年，雅典修宪，改执政官为10名，遂行贝壳放逐法。</small>

孔子再次返卫。

按：《论语·子路》载，子路问孔子："卫君待子而为政，子将奚先?"孔子曰："必也正名乎!"子路曰："有是哉，子之迂也! 奚其正?"孔子曰："野哉，由也! 君子于其所不知，盖阙如也。名不正则言不顺，言不顺则事不成，事不成则礼乐不兴，礼乐不兴则刑罚不中，刑罚不中则民无所错手足；故君子名之必可言也，言之必可行也。君子于其言，无所苟而已矣。"

周敬王匄三十三年（鲁哀公八年）　甲寅　前487年

闵损卒（前536—　）。 闵损字子骞，鲁国人。在孔门弟子中以德行与颜渊并称，成为孔子"仁""德"理想之忠实推行者与积极宣传者，以孝行名闻天下。事迹见《史记·仲尼弟子列传》。

按：孔子曾称曰："孝哉闵子骞! 人不间于其父母昆弟之言。"（《论语·先进》）闵损沉静寡言，老成持重，为人恭谨端正，孔子赞他"夫人不言，言必有中"。闵子以德行见长，与颜回并列七十二贤之首，后被列为"十哲"之一。自东汉明帝永平十五年祠祭孔子及七十二弟子起，历代对子骞祭封不断。唐玄宗开元二十七年追赠他为"费侯"。宋真宗大中祥符二年又追封为"琅玡公"，南宋度宗咸淳三年又改封为"费公"。

周敬王匄三十六年（鲁哀公十一年）　丁巳　前484年

冉求向季康子荐孔子。

周敬王匄三十六年(鲁哀公十一年)　丁巳　前484年

按：《孔子家语·正论解》载，齐以二卿国书、高无邳率师伐鲁，讨其去年会吴师伐齐。叔孙州仇、孟孙何忌皆不欲战，季孙斯患之。其宰冉求(孔子弟子)曰：季氏一家之车多于伐鲁齐师，子何患焉？鲁师与齐师战于鲁郊。孟孺子泄(武伯)所率右师不敢战，奔。冉求率左师以矛冲入齐军，克之。季康之谓冉求曰："子之于战，学之乎？性达之乎？"对曰："学之。"康子曰："从事孔子，恶乎学？"冉求曰："即学之孔子也。夫孔子者，大圣；无不该，文武并用兼通。求也适闻其战法，犹未之详也。"康子悦。又《儒行解》载，孔子在卫，冉求言于季孙曰："国有圣人而不能用，欲以求治，是犹却步而欲求及前人，不可得已。今孔子在卫，卫将用之，已有才而以资邻国，难以言智也，请以重币迎之。"季孙以告哀公，公从之。

孔子六十八岁。是年因冉求之荐应鲁召由卫返鲁。

按：《左传》本年载，时卫孔文子将攻大叔，访于孔子，孔子曰："胡簋之事则尝学之矣，甲兵之事未之闻也。"退，命驾而行。曰："鸟则择木，木岂能择鸟。"文子遽止曰："圉岂敢度私，访卫国之难也。"将止。鲁人以币召之，乃归。

孔子答鲁哀公问政。

按：《孔子家语·儒行解》载，孔子既至，舍哀公馆焉。公自阼阶，孔子宾阶，升堂立侍。公曰："夫子之服，其儒服与？"孔子对曰："丘少居鲁，衣逢掖之衣；长居宋，冠章甫之冠。丘闻之，君子之学也博，其服以乡，丘未知其为儒服也。"又《哀公问政》载，哀公问政于孔子，孔子对曰："文武之政，布在方策。其人存，则其政举；其人亡，则其政息。天道敏生，人道敏政，地道敏树。夫政也者，犹蒲卢也，待化以成。故为政在于得人，取人以身，修道以仁。仁者，人也，亲亲为大；义者，宜也，尊贤为大。亲亲之杀，尊贤之等，礼所以生也。礼者，政之本也。是以君子不可以不修身。思修身，不可以不事亲；思事亲，不可以不知人；思知人，不可以不知天。天下之达道有五，其所以行之者三，曰：君臣也，父子也，夫妇也，昆弟也，朋友也。五者，天下之达道。智、仁、勇三者，天下之达德也。所以行之者，一也。或生而知之，或学而知之，或困而知之，及其知之，一也。或安而行之，或利而行之，或勉强而行之，及其成功，一也。"公曰："子之言，美矣！至矣！寡人实固，不足以成之也。"孔子曰："好学近乎智，力行近乎仁，知耻近乎勇。知斯三者，则知所以修身。知所以修身，则知所以治人。知所以治人，则能成天下国家者矣。"公曰："政其尽此而已乎？"孔子曰："凡为天下国家，有九经，曰：修身也，尊贤也，亲亲也，敬大臣也，体群臣也，子庶民也，来百工也，柔远人也，怀诸侯也。夫修身则道立，尊贤则不惑，亲亲则诸父兄弟不怨，敬大臣则不眩，体群臣则士之报礼重，子庶民则百姓劝，来百工则财用足，柔远人则四方归之，怀诸侯则天下畏之。"公曰："为之奈何？"孔子曰："斋洁盛服，非礼不动，所以修身也；去谗远色，贱货而贵德，所以尊贤也；爵其能，重其禄，同其好恶，所以笃亲亲也；官盛任使，所以敬大臣也；忠信重禄，所以劝士也；时使薄敛，所以子百姓也；日省月考，既廪称事，所以来百工也；送往迎来，嘉善而矜不能，所以绥远人也；继绝世，举废邦，治乱持危，朝聘以时，厚往而薄来，所以怀诸侯也。治天下国家有九经，其所以行之者，一也。凡事豫则立，不豫则废。言前定则不跆，事前定则不困，行前定则不疚，道前定则不穷。在下位不获于上，民弗可得而治矣；获于上有道，不信于友，不获于上矣；信于友有道，不顺乎亲，不信于友矣；顺于亲有道，反诸身不诚，不顺于亲矣；诚身有道，不明于善，不诚于身矣。诚者，天之道也；诚之者，人之道也。夫诚，弗勉而中，不思而得。从容中道，圣人之所以定体也，诚之者，择善而固执之者也。"公曰："子之教寡人备矣，敢问行之所始？"孔子曰："立爱自亲始，教民睦也；立敬自长始，教民顺也。教之慈睦而民贵有亲，教之以敬而民贵用命。民既孝于亲，又顺以听命，措诸天下，无所不可。"公曰："寡人既得闻此言也，惧不能果行而获罪咎。"

孔子修《诗》、《书》、《礼》、《乐》以教弟子。

按：《史记·孔子世家》载，鲁终不能用孔子，孔子亦不求任。时周室微而《礼》、《乐》废，《诗》、《书》缺。于是追迹三代之《礼》序《书》传，上纪唐虞，下至秦穆，编次其事。观夏殷所损益，以一文一质监于二代，曰："夏礼吾能言之，杞不足徵也；殷礼吾能言之，宋不足徵也。足则吾能徵之矣。"故《书传》《礼记》自孔子。古者《诗》三千余篇，及孔子取可施于礼义，上采契、后稷，中述殷周之盛至幽、厉之缺。以《关雎》为"风"始，《鹿鸣》为"小雅"始，《文王》为"大雅"始，《清庙》为"颂"始。凡三百五篇，皆弦歌之，以求合《韶》《武》《雅》《颂》之音。故曰："吾自卫反鲁，然后乐正，《雅》、《颂》各得其所。"礼、乐至此可得而述，以备王道，成六艺。晚而读《易》，韦编三绝。于是序《彖》、《系》、《象》、《说卦》、《文言》，曰："假我数年，若是，我于《易》则彬彬矣。"以《诗》、《书》、《礼》、《乐》教弟子。弟子盖三千焉，身通六艺者七十有二人。

又按：据明夏洪基《孔子年谱纲目》。孔子弟子，《家语》所载者七十六人，《史记》所载者七十七人，俱不合七十二之数。而《家语》琴牢、陈亢、县亶三人则《史记》不载，《史记》公伯寮、鄡单、秦冉、颜何四人又《家语》所无。且其名字亦多异同，殊不可考。然而琴牢、陈亢见于《论语》、《孟子》，公伯寮未闻从事孔子，则《史记》疑误也。今从《家语》而附记《史记》，以备参考。

孔子七十二弟子名：

颜回，字子渊，鲁人。

闵损，字子骞，鲁人。

冉耕，字伯牛，鲁人。

冉雍，字仲弓，伯牛之宗族。

宰予，字子我，鲁人。

端木赐，字子贡，卫人。

冉求，字子有，伯牛之宗族。

仲由，字子路，一字季路，卞人。

言偃，字子游，吴人。

卜商，字子夏，卫人。

颛孙师，字子张，陈人。

曾参，字子舆，鲁南武城人。

澹台灭明，字子羽，武城人。

高柴，字子羔，齐人。《史记》作卫人。

宓不齐，字子贱，鲁人。

樊须，字子迟，鲁人。《史记》作齐人。

有若，字子有，一云字子若，鲁人。

公西赤，字子华，鲁人。

原宪，字子思，宋人。《史记》作鲁人。

公冶长，字子长，鲁人。《史记》作齐人。

南宫韬，字子容，鲁人。《论语》作南宫适，史作南宫括。

公皙哀，字季沉，齐人。《史记》作字季次。

曾点，字子皙，参之父。《史记》作曾蒧，字皙。

颜繇，字季路，回之父。《史记》作颜无繇，字路。

商瞿，字子木，鲁人。

漆雕开，字子若，蔡人。《史记》作字子开，鲁人。

公良儒，字子正，陈人。《史记》作公良孺。

周敬王匄三十六年(鲁哀公十一年) 丁巳 前484年

秦商,字不慈,鲁人。《左传》作丕兹,《史记》作字子丕,楚人。
颜刻,字子骄,鲁人。《史记》作颜高。
司马犁耕,字子牛,宋人,《史记》作司马耕。
巫马期,字子期,鲁人。《史记》作巫马施,字子旗。
梁鱣,一作鲤,字叔鱼,齐人。
琴牢,字子开,一字张,卫人。《史记》无。
冉儒,字子鱼,鲁人。《史记》作冉孺,字子鲁,一作曾。
颜辛,字子柳,鲁人。《史记》作颜幸。
伯虔,字楷。《史记》作字子析。
公孙宠,字子石,卫人。《史记》作公孙龙,楚人。
曹卹,阙字。《史记》云字子循。
陈亢,字子亢,一字子禽,陈人。《史记》无。
叔仲会,字子期,鲁人。《史记》作晋人。
秦祖,字子南,《史记》云秦人。
奚葴,字子偕。《史记》作奚容葴,字子皙,卫人。
公祖兹,字子之。《史记》作公祖句兹。
廉洁,字子曹,《史记》作字子庸,卫人。
公西舆,字子上。《史记》作公西舆如。
宰父黑,字子黑。《史记》作罕父黑,字子素。
公西葴,字子尚。《史记》作字子上,鲁人。
穰驷赤,字子从。《史记》作壤驷赤,字子徒,秦人。
冉季,字子产,鲁人。
薛邦,字子从。《史记》作郑国,字子徒。盖薛误为郑,而邦则避汉高祖讳也。
石处,字里之。《史记》作后处,字子里,齐人。
县亶,一作亶,字子象。《史记》无。
左郢,字子行。《史记》作左人郢,鲁人。
狄黑,字皙之,卫人。《史记》作字皙。
商泽,字子秀。《史记》作字子季。
任不齐,字子选。《史记》作字选,楚人。
荣祈,字祺。《史记》作荣旂。
颜哙,字子声。《史记》云鲁人。
原桃,字子籍。《史记》作原亢籍。
公肩,字子仲。《史记》作公肩定,字子中,鲁人或曰晋人。
秦非,字子之,鲁人。
漆雕从,字子文。《史记》作漆雕徒父,字子有。
燕级,字子思,鲁人。《史记》作燕伋,字思。
公夏守,字子乘,鲁人。《史记》作公夏首,字人。
勾井疆,字子疆,《史记》云卫人。
步叔乘,字子车,齐人。
石子蜀,字子明。《史记》作石作蜀,成纪人。
邽选,字子饮。《史记》作邽巽,字子敛,鲁人。
施之常,字子常。《史记》作字子恒。
申绩,字子周。《史记》作申党,字周,鲁人。一作申棠,或以党为棠之误而棠为帐。

乐欣,字子声。《史记》作乐欬,鲁人。
颜之仆,字子叔。《史记》作字叔,鲁人。
孔弗,字子蔑,孔子兄孟皮之子。《史记》作孔忠。
漆雕侈,字子敛。《史记》作漆雕哆,鲁人。
县成,字子横。《史记》作字子祺,鲁人。
颜相,字子襄。《史记》作颜祖,字襄,鲁人。
公伯寮,字子周,鲁人。(见《史记》)
鄡单,字子家。(见《史记》)
秦冉,字开。(见《史记》)
颜何,字冉,鲁人。(见《史记》)

伍员卒,生年不详。伍员,字子胥,又称申胥。楚国人。父名伍奢,兄伍尚。其先人伍举,以直谏事楚庄王,有显名。子胥为报父仇而事吴,为春秋时著名军事家与政治家之一。其事迹见于《吴越春秋·阖闾内传》、《史记·伍子胥列传》等。

按:子胥主张"治国之道,安君理民是其上者",立城郭,设军备,实仓廪、治兵库为安君理民之手段。他奉命所建吴都姑苏,周回四十七里,有陆门八,水门八,为当时大规模之城。他还奉命训练兵卒习术战骑射御。这些措施,提高了吴国在军事上进攻防守之水平。他还提出了一整套伐楚之战略方针,并数次取得伐楚重大胜利。但为报父仇,他鞭戮死尸,倒行逆施,以致好友为之反目,最终落了个被迫自刎,鸱夷浮江,尸首葬于鱼腹之下场。伍子胥有兵书行世,《汉书·艺文志》兵书类载《伍子胥》十篇,《图》一卷,久佚。

周敬王匄三十七年(鲁哀公十二年)　戊午　前483年

孔子正月答冉求问田赋。

按:《左传》是年载,先是,季康子欲用田赋,使冉求访诸仲尼。仲尼曰:"君子之行也,度于礼:施取其厚,事举其中,敛从其薄。如是,则以丘亦足矣。若不度于礼,而贪冒无厌,则虽以田赋,将又不足。"季康子不听,卒用田赋。用田赋为按亩征税,其征收量较前为多,故孔子加以反对。一说"田"通"甸","田赋"即"甸赋"。《司马法》曰:"四邑为丘,四丘为甸。"可见甸在丘外。按孔子之意,若"敛从其薄","丘亦足矣"(鲁在公元前590年曾实行"作丘甲"),不然"虽以田(甸)赋,将又不足"。故甸赋让农民负担加重了也便无国、野之别了。

孔子与鲁太师论乐。

按:《论语·八佾》载,孔子与鲁太师论乐,孔子曰:乐其可知也,始作,翕如也;从之,纯如也,皦如也,绎如也,以成。"又曰:"吾自卫反鲁,然后乐正,《雅》、《颂》各得其所。"

孔子答季孙问蝗灾。

按:《左传》是年载,冬十二月(相当于夏历十月),鲁国发生蝗灾,季孙问于孔子,孔子曰:"丘闻之,火伏而后蛰者毕,今火犹西流,司历过也。"十二月属冬季,不该有蝗灾,孔子以为非自然界反常,而是司历者算错了时间。

孔鲤卒(前532—)。孔鲤字伯鱼,孔子长子。年五十先孔子而卒。曾趋庭而过子禽,退而学《诗》学《礼》,其余生平事迹不详。

孔伋(子思)(—约前402)约生于是年。

周敬王匄三十八年(鲁哀公十三年)　己未　前482年

孔子七十岁。自谓:"七十而从心所欲,不逾矩。"(《论语·为政》)。

孔子晚而喜《易》,"读《易》,韦编三绝"(《史记·孔子世家》)。

公元前482年,雅典建成强大海军。

周敬王匄三十九年(鲁哀公十四年)　庚申　前481年

孔子观麟而叹其道穷。

按:《左传》是年载,春,鲁猎人西狩获麟,以为不祥以赐虞人。鲁获麟,孔子观之曰:"麟也。"然后取之,曰:"吾道穷也。"

孔子闻陈恒弑君,亟请鲁君讨之。

按:《左传》是年载,夏,齐陈恒杀简公,立简公弟骜,是为平公。孔子闻陈恒弑其君简公,三朝鲁君,请讨之。哀公辞以鲁弱。丘曰:"陈恒弑其君,民之不与者半。以鲁之众,加齐之半,可克也。"哀公终不许。

孔子修订《春秋》,传绝笔于是年春"西狩获麟"句。

按:孔子修《春秋》从隐公元年起,至此二百四十二年。此以下至孔子去世时,其《春秋》经文,皆出其弟子之手。

公元前481年,全希腊同盟于科林斯,斯巴达为首。

颜渊卒(前521—)。颜渊名回字渊,又字子渊,鲁国人,孔子得意门人。颜回父颜无繇,为孔子早期弟子,父子同从一师。事迹见《史记·仲尼弟子列传》等。

按:颜回天资聪颖,贫而好学。在上千弟子中,孔子独赞颜回"好学",对于"仰之弥高"之孔门哲理,他以毕生精力"钻之弥坚",深得孔子赞赏。他坚守先生"不耻下问"之教诲,"以能问于不能,以多问于寡"。他内向沉静,有时给人以愚钝之感。连孔子亦谓:"吾与回言终日,不违,如愚",但"退而省其私,亦足以发。回也不愚"。说明颜回并非学无心得,只是不外露而已。正如其自述己志:"无伐善,无施劳。"即不夸耀自己好处,不表白自己功劳。颜回正凭其聪慧内秀,勤于思索,因而学业进步很快,孔子也称赞他"吾见其进也,未见其止也"。颜回更以德行见称,孔子赞他"不迁怒,不贰过",贫居陋巷,箪食瓢饮,而不改其乐。孔子将仁看作人生最高精神追求,从不轻易以"仁"许人,尤其对己之门人,但却说:"回也,其心三月不违仁,其余则日月至焉而已矣。"意即颜回长久不违仁德,而其余弟子仅短时偶尔回想一下罢了。

颜回与孔子之间的师生情谊常为后世所传颂。颜回十分崇敬孔子的思想,时时追随孔子,"夫子步亦步,夫子趋亦趋"。孔子说过:"回也视予犹父也。"且以颜回为众弟子中唯一的志同道合者:"用之则行,舍之则藏,惟我与尔有是夫!"后人也作评论曰:"颜回之于孔子也,犹曾参之事父也。"(《吕氏春秋·勤学》)颜回的高尚品行,深深地打动并影响着其他弟子,故孔子说:"自吾有回,门人益亲。"(《史记·仲尼弟子列传》)孔子最赏识颜回,甚至有意培养他做接班人。但不幸的是颜回英年早逝,孔子极为悲恸,曰:"噫!天丧予!天丧予!"孔子死后,儒分八派。其中"颜氏之儒",有学者认为就是指颜回一派。自汉代开始,颜回也被列为七十二贤之首,有时祭孔时独以颜回配享。唐太宗尊之为"先师",唐玄宗尊之为"兖公"。宋真宗加封为"兖国公"。元文宗又尊为"兖国复圣公"。明嘉靖九年改称"复圣"。

司马耕卒,生年不详。耕字子牛,亦称司马牛,宋国人。生年不详。相传他出身于宋国贵族。

按:据《左传·哀公十四年》载:其兄司马魋作乱于宋,司马耕坚决反对,发誓与其兄不共事一君。其兄作乱失败逃奔卫国,他便立即离开卫国投奔齐国,其兄又跟踪奔齐,他又离齐奔吴,坚决与其兄长断绝关系。认为"人皆有兄弟,我独亡",同学子夏还鼓励他说:"死生有命,富贵在天。……四海之内皆兄弟也,君子何患乎无兄弟也!"(《论语·颜渊》)司马牛性格浮躁,喜欢多言。当他向孔子请教"仁"时,孔子针对他性格解释说:"仁者,其言也讱。"(同上)指出仁者说话稳重和缓。司马耕还时常因为其兄作乱而忧虑不已,孔子知道后,特别对他说:"君子不忧不惧。"(同上)自东汉明帝永平十五年起配祀孔子。唐玄宗开元二十七年被封为"向伯"。宋真宗大中祥符二年被加封为"楚丘侯",后又改称"睢阳侯"。

周敬王匄四十年(鲁哀公十五年) 辛酉 前480年

公元前480年,希腊海军大败波斯。

子贡为鲁副使,出使齐国。

按:冬,鲁以子服景伯为使,子贡为副,出使齐国,请归还侵地。是时,陈恒因杀简公惧诸侯来讨,为结好于鲁,许鲁所请,将成归还鲁国。

子路被杀。

按:闰十二月,卫执政孔圉卒,蒯聩(灵公太子,出公生父,前496年被逐)自戚入卫都,逐出公,自立为君,是为庄公。出公辄奔鲁(从《左传》。《春秋》失闻,系于下年正月,《史记》系于上年)。是役,卫大夫孔悝之邑宰子路被杀。

仲由卒(前542—),仲由字子路,又字季路,鲁国人。孔子得意门人,以政事见称。事迹见《论语》、《史记·仲尼弟子列传》。

按：子路性爽直勇敢。孔子任鲁国司寇时，他任季孙氏家宰，后又在卫任卫大夫孔悝家宰，在与蒯聩交战时被杀，孔子恸甚。子路生性耿直，不时现出粗野鲁莽之态。在孔子身边"行行如也"，一幅刚强威猛之形象。答老师提问总是不多加思索"率尔而对"。直言不讳表达自己对老师观点与看法。孔子在卫时，不得已拜见卫灵公宠姬南子，子路甚不悦，怒形于色。孔子一再解释，仍不能消除其误会，无奈发誓："予所否者。天厌之！天厌之！"一次，孔子提出必须"正名"思想，子路却直言表示反对，曰："有是哉，子之迂也！奚其正？"孔子大为生气，斥为："野哉，由也！"于子路急躁草率之行，孔子曾提出批评说："片言可以折狱者，其由也与？"且专就子路此性格因材施教。当鲁莽之子路与懦弱之冉有问孔子同一问题："闻斯行诸？"孔子答子路曰："有父兄在，如之何其闻斯行之？"答冉有则曰："闻斯行之。"此为孔子有意搬出父兄来让子路收敛自己急躁冒进之情绪。子路为人好勇尚义，重信守职。孔子说其"好勇过我"，"由也果"。曾自述志向云："千乘之国，摄乎大国之间，加之以师旅，因之以饥馑，由也为之，比及三年，可使有勇，且知方也。"不时向孔子问起"君子尚勇乎？"之类话，足见子路尚勇之性。子路认为人应该为世出力，看重长幼君臣之义，曾批评一位隐士："不仕无义。长幼之节，不可废也，君臣之义，如之何其废之？"还说："士不能勤苦，不能轻死亡，不能恬贫穷，而曰我能行义，吾不信也。"(《韩诗外传》)他最终在卫乱中，挺身入难，为救主人而死，实践己之尚勇好义信念。子路重视信用，"子路无宿诺"，"子路有闻，未之能行，唯恐有(又)闻"，他虽然对老师屡有批评唐突之言，但仍对孔子忠心耿耿，尽心尽力。孔子周游列国，子路始终追随左右；未尝须臾离开。无论困于匡人，或厄于陈蔡，子路缘凭其过人勇武保护孔子。孔子曾说："自吾得由，恶言不闻于耳。"在孔门众弟子中，子路除好勇尚义外，更以长政事而著名。他时常向孔子请教治国之道，为孔子评价长于政事二弟子之一。子路才华首先为季氏看中，孔子入仕鲁司寇时，他同时入仕于季氏，当上总管之职。后被卫国执政孔悝用为蒲邑令，三年之后，孔子专程来蒲察其治绩，入境而三次称善，受到了孔子大力赞扬。子路原为一介武夫，自拜师孔子后，受仁义礼乐之熏陶，学问修养日有长进。然显得保守呆板，不会举一反三，多不能领会孔子融会贯通之道。于为学还有轻视倾向。孔子既肯定子路之勇武忠心，善于行政，也评论他"不知其仁"，学问方面"升堂矣，未入于室也"。好在子路"闻过则喜"，乐于纠正错误，因而也学有所成。子路作为孔子之忠诚卫士，于孔门弟子中有很高地位。孟子评论他"闻过则喜"之品德可与禹舜相比。他见义勇为，杀身成仁，言诺行信之美德对后世也产生了深远影响。唐玄宗开元八年把他列为"十哲"之一，开元二十七年赠"卫侯"。宋真宗大中祥符二年诏封为"河内侯"，度宗咸淳三年又改封为"卫公"。

周敬王匄四十一年（鲁哀公十六年） 壬戌 前479年

孔子病，子贡请见。

按：《史记·孔子世家》载，孔子病，子贡请见。孔子方扶杖逍遥于门，曰："赐，汝来何其晚也。"孔子因叹歌曰："太山坏乎！梁木摧乎！哲人萎乎！"因以泣下谓子贡曰："天下无道久矣，莫能宗予。夏人殡于东阶，周人于西阶，殷人两柱间。昨暮予梦坐奠两柱之间,予始殷人也。"后七日卒。鲁哀公诔之曰:"旻天不吊,不慭遗一老,俾屏余一人以在位,茕茕余在疚。呜呼哀哉!尼父,毋自律!"子贡曰:"君其不没于鲁乎!夫子之言曰:'礼失则昏,名失则愆。失志为昏,失所为愆。'生不能用,死而诔之,非礼也。称'余一人',非名也。"

孔子弟子续笔之《春秋》至是年记事结束。

按:《春秋》为我国最早一部编年史著作。其记事始于鲁隐公元年(前722年),下迄本年。其中鲁哀公十四年(前481年)以前为孔子据鲁史改编而成,以后两年为其门人续作。《春秋》以鲁十二君(隐、桓、庄、闵、僖、文、襄、昭、定、哀)纪年,共记二百四十四年史事。据史载,"春秋"为周代列国国史之通称,但到汉代时,其他各国《春秋》皆已失传,仅存鲁国史《春秋》。

《春秋》至汉代列入"五经",被儒家奉为经典。历代学者对其进行注释考证繁多,仅《四库全书》经部春秋类所载有关著作就有115部,外加存目118部,此外在史部中专谈春秋历史者尚有多部。实际上《春秋》成为中国古代一个研究门类,形成了所谓的"春秋学"。为《春秋》作传的原有《左氏传》、《公羊传》、《穀梁传》、《邹氏传》、《夹氏传》五家,后来只有前三传留传至今,被称作"春秋三传"。

《春秋》记事形式,"以事系日,以日系月,以月系年"(杜预《春秋左氏经传集解·序》)。凡一年以下标出四时,每年之始在时、月之间加一"王"字,日书干支,按年、时、月、日记事。全书16000余字,分条记录,每年记录数条至十数条,各条最长者47字,最短者仅一字。本书内容,据元代陈则通《春秋提纲》分类,共有"侵伐"272例,"朝聘"154例,"会盟"198例,"杂事"217例,均为当时鲁国国君及史官认为应书于简册之史事,以及周王室与其他诸侯国正式向鲁国通报之史事。其中大多记政治、军事、外交活动,"杂事"则有祭祀、婚丧、城筑、搜狩与田赋等记载,还有日月食、地震、虫灾、水旱、陨石等自然现象之记录。成为春秋时史事基本信实之原始记录。所载天文现象,除个别误记或存在错误以外,多数准确无误,如其中记录日食37次(一说36次),33次准确(从《中国科学技术史稿》。一说32次准确)。为世界上最早最完整之日食记录。书中有反映与农业生产有关之逐年"灾变"情况,为这一时期自然史方面之唯一记录,为研究我国黄河中下游地区自然灾害史提供了珍贵史料。总之,《春秋》为我国乃至世界上现存第一部系统记事之历史文献。

《春秋》又为政治化历史著作。作为儒家经典之一,其特殊而简短之记事方式被称为"微言大义",历代不少治《春秋》者认为它通过"微言"对善恶作出价值判断并予以褒贬,对封建统治秩序、名分等级进行界定,对封建制度极力维护而阐发了"大一统"、"尊王攘夷"等"大义"。从而它成为了历代封建帝王治世经邦之"政治教科书"。《春秋》一书,通行本为阮元刻《十三经注疏》本。研究《春秋》重要参考书有顾栋高《春秋大事年表》等。

孔子卒(前551年—　)。孔子,名丘,字仲尼,鲁国陬邑人。先世为宋国贵族,本为殷后、子姓,孔乃其氏。因遭家难迁居鲁国。父叔梁纥早亡。少贫。及长,任过"乘田"及"委吏"等微职。在母教影响下,潜心学习,同时四出游学,学无常师。据文献记载,他曾问礼于老聃,学乐于苌弘,学琴于师襄子。中年时开始授徒讲学,并从事政治活动。生平除从政及周游列国外,主要时间从事教育及整理古籍,为春秋末年伟大思想家、教育家,为儒家学派创始人。著有《春秋》。其《论语》为弟子所编纂。事迹见《论语》、《孔子家语》、《史记孔子世家》等。

按：孔子因提倡"克己复礼"，幻想恢复西周社会政治礼仪制度，与当时社会风起云涌变革形势不相适应，故其政治主张得不到统治者响应，政治上极不得意，仕途颇多坎坷。唯鲁定公信仰其说，他得以出现在政治舞台上。在鲁国任中都宰、大司空、大司寇，由大司寇并"摄相事"。治国期间取得一定政绩，但最终因政治观念不被君侯所接受而离开鲁国。遂周游卫、曹、宋、郑、陈、蔡等国，寻求政治发展，称"如有用我者，吾其为东周乎？"终不得其愿。孔子年六十八岁时才回到鲁国，开始潜心授业与著述。相传《诗》、《书》、《礼》、《易》、《春秋》等多种古代文献都经其整理与删修。授徒成绩斐然，所传弟子先后多达三千人，其中受业"身通六艺者"七十余人。

"礼"、"仁"为孔子思想核心。孔子"仁"之含义为："爱人"，修身，人本位。除"仁"外，孔子认为"礼"之意义重大。他曾说："丘闻之，民之所由生，礼为大。非礼，无以节事天地之神也；非礼，无以辨君臣上下长幼之位也；非礼，无以别男女父子兄弟之亲，昏姻疏数之交也。君子以此之为尊敬然。然后以其所能教百姓，不废其会节。"（《礼记·哀公问》）可见，"礼"为社会政治生活中最为重要。孔子主体思想为：其宇宙观，认为"天何言哉？四时行焉，百物生焉"（《论语·阳货》）。对商周以来鬼神迷信持怀疑态度，以为"未知生，焉知死"，"未能事人，焉能事鬼"（《先进》），不崇拜与夸大天之作用；其伦理思想，以"仁"为核心；其政治思想，强调"礼"，认为"为国以礼"，"礼""仁"结合，主张天命论；其经济思想，主张"均无贫，和无寡，安无倾"，强调"义"、"利"之辨；其认识论，承认"生而知之"，又强调"学而知之"；其历史观倾向于"述古"、"好古"；其教育论，主张"有教无类"，教育方法提倡"因材施教"，"学而不厌，诲人不倦"。

《论语》为孔门师生问答记录，为研究孔子思想主要著作之一，也为研究儒家思想之重要文献。从东汉起，《论语》被列入儒家经典之一。至南宋，通过理学大师朱熹集注以后又归入"四书"之列，成为二千来士大夫必读之入门典籍，对中国古代思想文化领域有重大而深远影响。《论语》之编纂，郑玄《论语注》认为即仲弓、子游与子夏。或认为原为弟子们所记录，体例不一，最后编纂成书者为曾参之弟子。理由为《论语》中记载曾参话特别多，而且《论语》每涉及曾参，均称之为"子"，与孔子其他弟子称呼不同。《论语》在汉代有今文《论语》和古文《论语》之分，其中今文《论语》又分为"鲁论"与"齐论"。传授"鲁论"者有常山都尉龚奋、长信少府夏侯胜、丞相韦贤及其子韦玄成、鲁扶卿、前将军萧望之、太子太傅夏侯建等。因传授者皆汉初鲁国人，故谓之"鲁论"。"鲁论"共二十篇，与今通行本《论语》篇数相同。传授"齐论"者有昌邑中尉王吉、少府宋畸、琅邪王卿、御史大夫贡禹、尚书令五鹿充宗、胶东庸谭，而以王吉最为名家。因传授者皆汉初齐国人，故谓之"齐论"。"齐论"共二十二篇，比今通行本《论语》多出两篇，文字与"鲁论"也颇有出入。西汉鲁共王刘余都于曲阜，欲拆孔子旧宅以广宫室，于孔子宅壁中发现一批古书，其中有《论语》，称之为古文《论语》。古文《论语》二十一篇，其中二十篇与"鲁论"同，《尧曰》篇则分为两篇，且篇次不同于"鲁论"。西汉孔安国与东汉马融曾先后为古文《论语》作注。汉代安昌侯张禹初从夏侯建受"鲁论"，后又从庸谭、王吉受"齐论"，亦曾下苦功研究古文《论语》。于是综合诸家，各有所取，集成《论语》二十篇，称之为"张侯论"。因为张禹位尊望重，世之儒生学《论语》皆用张禹定本，于是"张侯论"大行于世，当时有"欲为论，念张文"之语。"张侯论"后出，传布又广，"鲁论"、"齐论"及古文《论语》寖微。东汉包咸、周氏、郑玄等为"张侯论"作注，列于学官，三国时魏人何晏等作《论语集解》亦用"张侯论"。于是"张侯论"遂流传至今，其他各种《论语》均先后亡佚。《论语》一书，流传版本极多，目前所见通行本有：宋刻递修《九经正文》两卷本，明崇祯十三年锡山秦氏求古斋刻《九经》本，清嘉庆二十五年《浮溪精舍丛书》宋翔凤辑《论语郑注》十卷本，明崇祯间永怀堂刻、清同治八年浙江书局校刻《十三经注疏》何晏《论语集解》二十卷本，明经厂刻朱熹《论语集注》，清嘉庆二十一年扬州阮氏文选楼刻阮氏《十三经注疏》本，清同治八年刘宝楠、刘恭冕《论语正义》本，现代杨伯峻《论语译注》等。

左丘明约与孔子同时或稍前，传据孔子《春秋》而著《左氏春秋》，又著《国语》。

按：左丘明，生卒年不详，春秋时鲁国人。史学家。与孔子同时或稍前。曾任鲁国太史。目盲。著有《左氏春秋》和《国语》，为先秦两部重要史籍。《史记·十二诸侯年表》："鲁君子左丘明惧弟子人人异端，各安其意，失其真，故因孔子史记，具论其语，成《左氏春秋》。"《汉书·司马迁传赞》："孔子因鲁史记而作《春秋》，而左丘明论辑其本事，以为之《传》，又纂异同为《国语》。"

又按：左丘明生平事迹，古籍罕有记载，别无可考。《史记》、《汉书》并说是鲁人或鲁太史，为《左传》、《国语》作者。但唐以后学者多有异议。游国恩等《中国文学史》认为："《左传》记事到智伯灭亡为止，它的作者显然是战国初年或稍后的人。"并认为："其实《国语》记事虽亦终于智伯，而所起则远自周初，显然各自为书，与《春秋》不是一个系统，号为'春秋外传'很不恰当。而且书中所记，多与《左传》重复、抵触，又彼此之间往往详略互异，这都说明《国语》和《左传》的编纂并非出于一手。"考左丘明也见于《论语·公冶长》："巧言、令色、足恭，左丘明耻之，丘亦耻之。匿怨而友其人，左丘明耻之，丘亦耻之。"虽有人怀疑此"左丘明"与传为《左传》、《国语》之作者非同一人，但也无法证实这一怀疑是对的。若为同一人，则可证其与孔子或当为同时之人，故班、迁所说，恐不为无据。今无法系年，暂附记于此。

周敬王匄四十四年（鲁哀公十九年） 乙丑 前476年

公元前476年，雅典西门败波斯人于色雷斯。

冬，周敬王卒，子仁立，是为元王。春秋时代结束。

按：周敬王积年，据《左传》为四十四年，《史记·十二诸侯年表》作四十三年，《史记·周本纪》作四十二年。

长沙马王堆汉墓出土帛书《春秋事语》，为春秋时史书。

按：帛书约出现于春秋后期。帛书《春秋事语》共十六章，残破严重。记事多与《左传》同，而言论略异。亦有少量《左传》未载史实。

《夏小正》至春秋末已行世。

按：《夏小正》传为夏代历书。其成书年代众说纷纭。然至迟春秋时已有此书。以十二个月为顺序，分别记述每月中天文、气象、物候及所应从事之农事与政事。原为《大戴礼记》一篇，后单行于世。《夏小正》为我国现在最古天文历法文献之一，为我国现在最早记载物候之专著。全书只有四百来字，然内容相当丰富。于植物物候，木本与草本植物皆有观察记录。如正月物候为柳树长出了花序，梅、杏、山桃相继开花。七月物候为芦苇长出了芦花。于动物方面，鸟、兽、虫、鱼皆有所注意。如正月物候为大地回春，田鼠出来活动，野鸡鸣叫，雌雄交配，鱼儿从水底上升到近冰层地方，蝼蛄也叫了。有学者认为，《夏小正》之记载可能为淮河至长江沿海一带物候。

《考工记》至春秋末已行世。

按：《考工记》一卷，春秋末年齐人作（从郭沫若说。清人江永认为战国时期齐人所作），为我国最早之手工业技法汇集。其中记青铜六种合剂（六齐）曰："六分其金（铜）而锡居一，谓之钟鼎之齐。五分其金而锡居一，谓之斧斤之齐。四分其金而锡居一，谓之戈戟之齐。三分其金而锡居一，谓之大刃之齐。五分其金而锡其二，谓之削杀矢之齐。金锡半，谓之鉴燧之齐。"其比例比较准确，为世界上有关合金之最早科学总结。书中谓"戟广寸有半寸，内三之，胡四之，援五之，倨句中矩"，说明春秋时已能应用勾股定理。书中谓"匠人营国，方九里，旁三门，国中九经九纬，经涂九轨，左祖右社，面朝后市"，反映了春秋时城市规划模式，对中国后代都城建设影响深远。书中记载"百工"之分类，说明当时手工业工场分工已经很细。如百工中治木的工匠 7 种：轮人（造车轮、车盖）、舆人（制车身）、弓人（制弓）、庐人（造兵器把柄）、匠人（建宫城）、车人（制器具）、梓人（制乐器架和饮器）；冶金（铜）工匠 6 种：冶氏（掌合金，制镞）、筑氏（掌合金，制曲刀）、凫氏（制乐器）、㮚氏（制量器）、段氏（制田器）、桃氏（制刀剑）；治皮工匠 5 种：函人（制甲）、鲍人（柔革）、韗人（制鼓）、韦氏、裘氏；施色工匠 5 种：画人、缋氏（调色）、锺氏（染羽毛）、筐人、氏（练丝）；琢磨工匠有：玉人（制玉器）、榔人、雕人、磬氏（制磬）、矢人（制矢）；制陶工匠有：陶人（制甗、盆、甑等）、瓬人（制簋、豆）等。《考工记》有不少物理学知识。如有力学，《考工记·矢人》详细记载了矢杆、矢镞、羽三部分构造与比例，特别讨论了矢之结构与飞行之关系，认为矢之结构直接影响到飞行状况及射击准确性。若矢杆部太软，矢即往下俯冲；若后部太软，矢会往上飘；中部太软则飞行纡曲；中部太硬就会向上飞扬；羽毛太多则速度慢；羽毛太少较易偏斜。这些讨论已涉及初步空气动力学内容。其它如对浮力已有一定利用，对惯性现象有一定认识。

战　国
（前 475 年—前 222 年）

按:"战国"一词原是文士对东周以来连年参与征战之诸侯国统称。至齐、楚、燕、韩、赵、魏、秦七国争雄时代,策士、谋臣将其时有实力参与军事战争之强国称为"战国",其义与汉人称"六国"、"七国"略同。其后,人们又将七雄混战之时代称为"战国时代","战国"一词乃具"历史时代"名称之义,此过程至迟于刘向编定《战国策》时已完成。其后"征战之国"、"时代名称"二义项共存并行。约隋、唐时,"时代名称"之义项基本取代"征战之国"义项,成"战国"一词第一义项沿用至今。

作为"历史时代"之"战国",其下限年代定于秦灭六国之年即公元前221年,一般无异议。然"战国"时代当始于何年,史家历来众说纷纭。有一点是可以肯定的,即"战国"紧承"春秋"之后,这一点自司马迁、刘向、班固、司马光至今日学界皆无异辞。颜师古《汉书·高帝纪》注曰:"春秋之后,周室卑微,诸侯强盛,交相攻伐,故总谓之战国。"可谓代表性意见。故"战国"当始于何年也即"春秋"当止于何年的问题。历史上关于"春秋"止年、"战国"始年影响较大之观点有四种:其一,因《春秋》绝笔于鲁哀公十四年,即周敬王三十九年(前481年),故以战国始于鲁哀公十四年(前481年),以与《春秋》纪年相接。宋代吕祖谦《大事记》记事即始于是年。其二,因《左传》纪事止于周贞定王元年(前468年),遂以是年为战国始年。清代林春溥《战国纪年》、黄式三《周季编略》记事皆始于是年。其三,始于韩、赵、魏始为侯之年(前403年)。《资治通鉴》卷一《周纪一》曰:"周威烈王二十三年(前403年),(周威烈王)初命晋大夫魏斯、赵籍、韩虔为诸侯。"宋神宗《资治通鉴序》曰:"尝命龙图阁直学士司马光论次历代君臣事迹……光之志以为周积衰,王室微,礼乐征伐自诸侯出,平王东迁,齐、楚、秦、晋始大。桓、文更霸,犹托尊王为辞,以服天下。威烈王自陪臣命韩、赵、魏为诸侯,周虽未灭,王制尽矣,此亦古人述作造端立意之所繇也。"故司马光编纂《资治通鉴》、《稽古录》皆以是年为战国之始。其四,始于周元王元年(前475年)。《史记·六国年表》记事即始于周元王元年。但《史记》载周元王元年时间有二说,《十二诸侯年表》曰:"四十三年敬王崩。"则周敬王崩于前477年。《春秋左传正义》卷五:"经:(桓公)元年春,王正月,公即位。"以下载杜预注曰:"嗣子位定于初丧,而改元必须逾年者,继父之业、成父之志,不忍有变于中年也。诸侯每首岁必有礼于庙,诸遭丧继位者因此而改元正位,百官以序,故国史亦书即位之事于策。"可知当时有"逾年改元"之常礼,新王改元当在即位次年,则周元王元年应在前476年。而《周本纪》又云:"四十二年敬王崩。"比《十二诸侯年表》所记早一年,则周元王元年也应再往前推一年,即前477年。后人于此二说疑义甚多。考《左传》载"冬,叔青如京师,敬王崩故也。"(中华书局1980年10月版《十三经注疏》缩印本第2180页)则周敬王崩于鲁哀公十九年(前476);清秦嘉谟《世本辑补》(见商务印书馆1957年《世本八种》)亦云敬王崩于哀公十九年;《史记集解》引徐广曰:"皇甫谧曰敬王四十四年,元己卯,崩壬戌也。"敬王四十四年、哀公十九年皆为前476年,依例改元应在次年,则周元王元年应在前475年。《史记》前二说有误。今学界多从"前475年"说,以是年为"战国"时代之始,如中华书局点校本《二十四史》之《史记·六国年表》、上海辞书出版社 1979 年 10 月版《辞海》附《中国历史纪年表·战国纪年表》、商务印书馆 1980 年 8 月版《新华辞典》附录（五）《我国历史纪元表》、陈梦家《六国纪年表》、方诗铭《中国历史纪年表·战国纪年表》、张习孔等《中国历史大事编年》等皆断周元王元年为前 475 年，本编年也以是年为战国之始。

周元王元年　丙寅　前 475 年

战国之初，原周王朝所定多项礼仪制度皆遭废弛，如用鼎制度、棺椁享用制度、乐器使用制度等皆被打乱。有多处出土文物可证。

按：周制规定：天子九鼎，诸侯七鼎，大夫五鼎，士三鼎。天子之棺四重，诸公三重，诸侯再重，大夫一重，士不重。天子用编钟四套，诸侯三套，大夫二套，士一套。而据燕下都九女台 16 号墓、辉县固周村 1 号墓、随县曾侯乙墓等战国前期列国君主及公室墓葬，其中均发现有升鼎 9 件，编钟 4—5 套。而在山西长治分水岭 14 号墓、陕县后川 2040 号墓等上大夫之墓中则发现有升鼎 7 件，编钟 2—3 套。此情况与战国时诸侯纷纷僭称"王"号，天子微，诸侯僭，大夫强之现象相符。

战国之期，人殉制度尚普遍。

按：春秋晚期至战国初，奴隶自身力量逐步体现，个体生命意识有所增强，奴隶主渐次作木俑或陶俑以代活人殉葬。然人殉制度远未废弛，据《史记·秦始皇本纪》载，秦末秦始皇死时，二世胡亥尝下令"先帝后宫非有子者，出焉不宜"，皆令从死。（《史记》卷六）据已发掘之多座战国早期墓葬看，其中皆有人殉，或一人或几十人不等。可知战国初期人殉制度尚普遍。

战国初期，秦及中原一带多国大量出现屈肢葬者（奴隶）之独立墓葬。此标志其时奴隶地位普遍提高，新的社会关系逐渐形成。

按：学界认为，"屈肢葬仪"盛行于奴隶社会，屈肢葬者为殉葬奴隶，其生前不能占有财产，死后亦不能独立营造坟墓，而只能屈肢殉葬于奴隶主贵族墓中。至春秋时，少数建有特殊功绩之奴隶已拥有独立墓葬。据当代考古发现，战国初期，在我国现今青海、甘肃、陕西及中原一带，大量存在屈肢葬者之独立墓葬。此乃墓主有一定私有财产及政治地位显著提高之体现。甚或有人认为，此也说明我国封建制替代奴隶制这一伟大变革于战国初期已经完成。此类问题可参看高去寻《黄河下游的屈肢葬问题》（载《中国考古学报》1947 年第 2 期）、《洛阳烧沟附近的战国墓葬》其中屈肢葬骨架图（《考古学报》1954 年第 8 期）、韩伟《试论战国秦的屈肢葬仪渊源及其意义》（中国考古学会编辑、文物出版社 1980 年出版的《中国考古学会第一届年会论文集》）。

战国初期，《足臂十一脉灸经》、《五十二病方》等医书已传世。

按：马王堆出土之帛书《足臂十一脉灸经》为我国迄今为止所发现最古之经脉学著作。二书出土时抄录于一高约 24 厘米、长 450 厘米之帛书长卷。该书全文 34 行，原书无书题，《足臂十一脉灸经》书名乃帛书整理小组据该书内容所定。该书正文有"足"、"臂"两个篇题，由此可知该书是由《足》篇及《臂》篇两部组成。"足"、"臂"两个篇题书写在各篇正文首行上端，明显高出正文两个字位置，非常醒目。在"足"、"臂"两个篇题下又分若干章节，每章首行开始用黑圆点"·"符号作标志，篇、章分明。《五十二病方》与《足臂十一脉灸经》抄录于同一幅长帛上，二书为现知我国最古之医学方书。原帛书无名称，释文者据内容定名。因全书共载五十二题内容。每一题述治疗一类疾病之方法，故称《五十二病方》。每病少则介绍一两方，多则有二十几方,总数达 283 个处方。其所载病名涉及内、外、妇、儿、五官等各科疾病,甚至包括了外伤、动物咬伤等病种,其中尤以外科病最为多见。抄在同一幅长帛上的还有《阴阳十一脉灸经》甲本、《脉法》、《阴阳脉死候》(均系释者拟题)等共 15 种,研究者多认为其成书年代最早当在春秋末战国初,最迟约在战国末期。今姑且系于战国初期。

十一月,越人伐吴,赵襄子遣家臣楚隆往吴慰问,示其不忘赵简子当年"黄池之盟",以显诚信。

按:鲁哀公十三年,吴王夫差图霸中原,于黄池与中原诸侯会盟,与晋定公争为诸侯长。其时,赵简子随晋定公在场,吴王曾与赵简子盟誓:"好恶同之。"史称"黄池之盟"。《史记·赵世家》曰:"晋定公三十年,定公与吴王夫差争长于黄池,赵简子从晋定公。卒长吴。"《左传·哀公二十年》曰:"十一月,越围吴。赵孟降于丧食。(杜预注:赵孟,襄子无恤。时有父简子之丧。)楚隆曰:'三年之丧,亲暱之极也,主又降之,无乃有故乎?'赵孟曰:'黄池之役,先主与吴王有质,曰:好恶同之。今越围吴,嗣子不废旧业而敌之,非晋之所能及也。吾是以为降。'楚隆曰:'若使吴王知之,若何?'赵孟曰:'可乎?'隆曰:'请尝之。'乃往。"赵襄子不忘旧盟,是以诚信示诸侯,刚继位便显出其雄心和谋略。

吴公子庆忌被杀。

按:初,公子庆忌劝谏吴王革除弊政,吴王不听,遂出居于艾,后至楚。闻越人将伐吴,遂归吴,欲除国中佞臣并与越人讲和,竟为吴人所杀(或谓被吴王所杀)。史家以为庆忌之被杀,一如伍子胥之被赐死,足证其时吴国佞臣当道,忠奸不分,后亡于越乃情理中事。

晋赵简子卒,其子赵襄子立。

按:赵简子名鞅,又名志父,继赵景叔位。善为政,强攻伐。重用周舍等直谏之臣,以"能附赵邑而怀晋人"(《史记卷四十三·赵世家》)著称于当时;拔取邯郸,后为赵都城。赵简子名为晋卿,实专晋权,奉邑侔于诸侯。《史记·赵世家》、《六国年表》皆系赵简子卒年为晋出公十七年(周定王十一年,前 458 年)。翦伯赞《中外历史年表》系赵简子亡年为周定王十二年(前 457 年)。今据《左传·哀公二十年》赵孟居丧称"先主"之事,杜预注"时有父简子之丧",及钱穆《先秦诸子系年》、张习孔等《中国历史大事编年》所载改。赵襄子名无恤(《史记》作毋恤),又称赵孟。为政三十三年,倡文任武,平代灭知,史有盛名。

曾申(　—前 405)、申详(　—前 405)、田子方(　—约前 400)生。

按:曾申字子西,曾参次子,曾为鲁穆公师。申详,字子莫,子张(为孔子弟子七十二贤人之一)之子(参见《礼记·檀弓》郑玄注),曾为鲁穆公师。田子方,名无择,曾学于子贡。《庄子》外篇有《田子方》篇。钱穆《先秦诸子系年》据《庄子》及《吕氏春秋》考证,田氏曾受魏文侯礼遇。曾申、申详、田子方皆战国初期儒家名人,今据钱穆《先秦诸子系年》系三子生年于战国初期。

周元王二年　丁卯　前474年

八月，鲁哀公与齐侯、邾子盟于顾，时人歌之。

按：《左传·哀公二十一年》曰："秋八月，公及齐侯、邾子盟于顾。齐人责稽首。因歌之，曰：'鲁人之皋，数年不觉，使我高蹈。唯其儒书，以为二国忧。'"此歌属一种文学性极强之创作，略可体现春秋诸侯赋诗言志之余风。

周元王三年　戊辰　前473年

十一月，吴王夫差乞和于越，勾践欲许之，范蠡谏，遂灭吴。吴王不愿受辱，自缢而亡。自此吴亡，越代吴国与中原诸侯争雄。越文化加速向中原渗透，并与中原文化交融。

按：《左传·哀公二十二年》曰："冬十一月丁卯，越灭吴。请使吴王居甬东。辞曰：'孤老矣，焉能事君。'乃缢。越人以归。"《国语·越语》载勾践灭吴时间不明，曰："败吴于囿，又败之于没，又郊败之。夫差行成。曰：'寡人之师徒，不足以辱君矣。请以金玉、子女赂君之辱。'勾践对曰：'昔天以越予吴，而吴不受命。今天以吴予越，越可以无听天之命而听君之令乎？吾请达王甬句东，吾与君为二君乎。'夫差对曰：'寡人礼先壹饭矣。君若不忘周室，而为弊邑宸宇，亦寡人之愿也。君若曰："吾将残汝社稷，灭汝宗庙。"寡人请死！余何面目以视于天下乎？'越君其次也。遂灭吴。"

又按：《史记·六国年表》周元王四年楚栏记："越灭吴。"《史记·吴太伯世家》曰："二十三年十一月丁卯，越败吴。越王勾践欲迁吴王夫差于甬东，予百家居之。吴王曰：'孤老矣，不能事君王也。吾悔不用子胥之言，自令陷此。'遂自刭死。"《史记·越王勾践世家》曰："其后四年，越复伐吴。吴士民疲弊，轻锐尽死于齐、晋。而越大破吴，因而留围之三年，吴师败，越遂复栖吴王于姑苏之山。吴王使公孙雄肉袒膝行而前，请成越王曰：'孤臣夫差敢布腹心，异日尝得罪于会稽，夫差不敢逆命，得与君王成以归。今君王举玉趾而诛孤臣，孤臣唯命是听，意者亦欲如会稽之赦孤臣之罪乎？'勾践不忍，欲许之。范蠡曰：'会稽之事，天以越赐吴，吴不取；今天以吴赐越，越其可逆天乎？且夫君王蚤朝晏罢，非为吴邪？谋之二十二年，一旦而弃之，可乎？且夫天与弗取，反受其咎。"伐柯者其则不远"，君忘会稽之厄乎？'勾践曰：'吾欲听子言，吾不忍其使者。'范蠡乃鼓进兵，曰：'王已属政于执事，使者去，不者且得罪。'吴使者泣而去。勾践怜之，乃使人谓吴王曰：'吾置王甬东，君百家。'吴王谢曰：'吾老矣，不能事君王！'遂自杀。乃蔽其面，曰：'吾无面以见子胥也。'越王乃葬吴王而诛太宰嚭。"记越灭吴时间也不明。今从《左传》。

赵襄子灭代国，封其侄赵周为代成君。赵襄子姊前为代王夫人，闻灭代，泣而呼天，摩笄自杀。代人怜之，传其事。其时似已有节烈观念。

按：《史记·赵世家》曰："襄子姊前为代王夫人。简子既葬，未除服，北登夏屋，请代王。使厨人操铜枓以食代王及从者，行斟，阴令宰人各以枓击杀代王及从官，遂兴兵平代地。其姊闻之，泣而呼天，摩笄自杀。代人怜之，所死地名之为摩笄之山。"时人怜其节烈，传其事。翦伯赞《中外历史年表》系此条于周定王十二年（前457）。

孔子葬鲁城北泗上，弟子皆服三年。弟子及鲁人往从冢而家者百有余室，因命曰孔里。有若被子夏等孔门弟子尊事为师。

按：《史记·孔子世家》曰："孔子葬鲁城北泗上，弟子皆服三年。三年心丧毕，相诀而去，则哭，各复尽哀；或复留。唯子赣庐於冢上，凡六年，然后去。弟子及鲁人往从冢而家者百有余室，因命曰孔里。鲁世世相传以岁时奉祠孔子冢，而诸儒亦讲礼乡饮大射于孔子冢。孔子冢大一顷。故所居堂弟子内，后世因庙藏孔子衣冠琴车书，至于汉二百余年不绝。"（《史记》卷四十七）又据《史记·仲尼弟子列传》载："孔子既没，弟子思慕，有若状似孔子，弟子相与共立为师，师之如夫子时也。他日，弟子进问曰：'昔夫子当行，使弟子持雨具，已而果雨。弟子问曰："夫子何以知之？"夫子曰："诗不云乎？'月离于毕，俾滂沱矣'。昨暮月不宿毕乎？"他日，月宿毕，竟不雨。商瞿年长无子，其母为取室。孔子使之齐，瞿母请之。孔子曰："无忧，瞿年四十后当有五丈夫子。"已而果然。敢问夫子何以知此？'有若默然无以应。弟子起曰：'有子避之，此非子之座也！'"（《史记》卷六十七）其事也见于《孟子·滕文公上》、《论衡·讲瑞》等文献。

范蠡辞别越王，与其徒属乘舟浮海，不知所终。或云在齐经商成巨富，号陶朱公。

按：范蠡，字少伯，楚国宛人。事勾践二十余年，受封为大将军，曾随勾践侍吴王夫差，为勾践出奇谋，定良策，使越转弱为强，最终灭吴。《史记·越王勾践世家》曰："范蠡事越王勾践，既苦身戮力，与勾践深谋二十余年，竟灭吴，报会稽之耻。北渡兵于淮以临齐、晋，号令中国，以尊周室。勾践以霸，而范蠡称上将军。还反国，范蠡以为大名之下，难以久居，且勾践为人可与同患，难与处安。为书辞勾践曰：'臣闻主忧臣劳，主辱臣死。昔者君王辱于会稽，所以不死，为此事也。今既以雪耻，臣请从会稽之诛。'勾践曰：'孤将与子分国而有之。不然，将加诛于子。'范蠡曰：'君行令，臣行意。'乃装其轻宝珠玉，自与其私徒属乘舟浮海以行，终不反。于是勾践表会稽山以为范蠡奉邑。"又传说，越伐吴时，范蠡曾发明杠杆抛石机攻城，时称"炮"，使越兵威力大增。或云，范蠡既去越游齐，后经商成巨富，号鸱夷子皮、陶朱公，成为中国历史上功成身退、得以善终的明哲之士之楷模。相传范蠡著有《计然》七篇，今佚。钱穆《先秦诸子系年》三四有"'计然'乃范蠡著书篇名非人名辨"，考辨详尽，可参阅。又，《百子全书》杂家类有《计倪子》一卷，署为周·计然著，其文述金木水火土五德始终之说，其言也不似周文，当为汉以后人假托无疑。学界多认为计然即文子，为老子弟子，或为范蠡之师。如此，则传为范蠡所著《计然》七篇，抑或为范蠡整理其师之作？此事只能存疑备考。《史记·货殖列传》还载有《范蠡》二篇，亦佚。其言"农末俱利"、"平粜齐物"（即控制谷物价格使农民、商人互不伤害）等农业经济理论，魏文侯时，李悝等人也曾倡导之，对后世统治者制订农业政策有很大影响。宋刘恕《资治通鉴外纪》系范蠡离越、文种被杀时在周元王五年（前471年）。范蠡离越当在灭吴不久，故仍系于越灭吴之年。

范蠡离越后，作书以"鸟尽弓藏"、"兔死狗烹"之理劝文种离越，文种未听，遂被杀。

按：文种，字少禽，楚国郢人。与范蠡同为越王勾践左膀右臂，辅助勾践理国事，励精图治，终灭吴。范蠡曾对勾践曰："兵甲之事，种不如蠡；填抚国家，亲附百姓，蠡不如种。"(《史记卷四十一·越王勾践世家》)范蠡离越后，曾致书文种："蜚（同飞字）鸟尽，良弓藏；狡兔死，走狗烹。越王为人长颈鸟喙，可与共患难，不可与共乐。子何不去？"文种见书，称病不朝。有人趁机谗文种将作乱，越王赐剑命文种自杀。东汉赵晔《吴越春秋》、袁康《越绝书》记范蠡、文种事迹较多，然属小说家者言，未可全信也。

周元王四年　己巳　前472年

公元前472年，开俄斯岛加入提洛同盟。

六月，晋知瑶率师攻齐，未卜而战，大败齐师，活捉齐将颜庚，时人奇之。颜庚或即为孔子弟子颜浊邹，但不在孔门七十二贤人之列。

按：《左传·哀公二十三年》曰："夏六月，晋荀瑶（即知瑶）伐齐。高无㔻帅师御之。知伯视齐师，马骇，遂驱之。曰：'齐人知余旗，其谓余畏而反也。'及垒而还。将战，长武子请卜，知伯曰：'君告于天子，而卜之以守龟于宗祧，吉矣。吾又何卜焉？且齐人取我英丘，君命瑶，非敢耀武也，治英丘也。以辞伐罪，足矣，何必卜？'壬辰，战于犁丘，齐师败绩，知伯亲禽颜庚。"知瑶未卜而战，并且能胜利，在当时被认为是很反常的事。《史记·六国年表》于周元王五年齐栏系此事，今依《左传·哀公二十三年》所记。

又按：杜预《春秋左传注》谓颜庚即齐大夫颜涿聚。《韩非子·外储说左下》、《吕氏春秋·尊师》、《淮南子·氾论训》也提到过颜涿聚。《汉书·古今人表》有"颜浊邹"。《史记·孔子世家》曰："孔子以《诗》、《书》、《礼》、《乐》教，弟子盖三千焉，身通六艺者七十有二人。如颜浊邹之徒，颇受业者甚众。"《史记正义》曰："浊音卓，邹音聚。颜浊邹非七十二人数也。"则颜浊邹即颜涿聚，而颜庚可能即为颜浊邹，为孔子弟子，但不在七十二贤人之列。

八月，鲁人使叔青始聘越，越使诸鞅赴鲁报聘。

按：《左传·哀公二十三年》载："秋八月，叔青如越，始使越也。越诸鞅来聘，报叔青也。"鲁为御齐，先与南方吴国交好；吴亡后，又与越结盟以自卫。越也依靠鲁国以牵制强大的齐、晋两国，发展自己的势力。鲁、越各有所取，故聘盟频繁。

楚人主动赂秦，与秦通好。此为楚人赂秦之首见。

按：《史记·六国年表》于周元王五年秦栏系此事，依《秦史编年》改系周元王四年。此为楚人赂秦之首见。此事《楚世家》未载。

周元王五年　庚午　前471年

夏四月，晋出公将伐齐，鲁人遣臧石领兵与晋军合，取齐邑廪丘。晋军撤还，送活牛与臧石，不符合礼仪。

按：《左传·哀公二十四年》曰："夏四月，晋侯将伐齐，使来乞师，曰：'昔臧文仲以楚师伐齐，取穀，宣叔以晋师伐齐，取汶阳。寡君欲徼福于周公，愿乞灵于臧氏。'臧石帅师会之。取廪丘。军吏令缮。将进，蔡（原作莱）章曰：'君卑政暴，往岁克敌，今又胜都，天奉多矣，又焉能进？是蠱言也。役将班矣。'晋师乃还，饩臧石牛。太史谢之曰：'以寡君之在行，牢礼不度，敢展谢之。'"此事可证，鲁人固讲礼也。

鲁哀公立妾为夫人，立妾子荆为太子，被国人指责为非礼。

按：《左传·哀公二十四年》曰："公子荆之母嬖，将以为夫人，使宗人衅夏献其礼。对曰：'无之。'公怒曰：'女（汝）为宗司，立夫人，国之大礼也，何故无之？'对曰：'周公及武公娶于薛，孝、惠娶于商，自桓以下娶于齐，此礼也则有。若以妾为夫人，则固无其礼也。'公卒立之，而以荆为太子。国人始恶之。"看来，"礼崩乐坏"，实公侯自为之。而大夫庶人中犹有极力维护者。

邾隐公无道，越人执之以归，立公子何。公子何亦无道。

按：《左传·哀公二十四年》曰："邾子又无道，越人执之以归，立公子何。何亦无道。"

杞潜公弟阏路杀潜公自立，是为哀公。

按：春秋以降，天子微，侯国霸，君主弱，大夫强，故孔子叹"礼崩乐坏"，上述数例可见一斑。

周元王六年　辛未　前470年

五月，卫国褚师比及诸大夫作乱，卫侯辄被逐奔宋，使人赴越请师平卫乱。

按：此又属"礼崩乐坏"之一例证也。

秦国见彗星。

按：马非百《秦集史》曰："据英人克劳密博士推测，厉共公七年之彗星，即哈雷彗星。其运行轨道为每七十六年出现一次，其后始皇七年出现之彗星亦哈雷彗星也。"

公元前470年，古希腊画家兼陶工欧夫罗尼奥斯活动期约终于是年（约前520—　）。

周元王七年　壬申　前469年

是年冬，周元王仁崩，子姬介立，是为周贞定王。

按：周贞定王今本《史记》作周定王；《世本》、《帝王世纪》及《太平御览》作贞定王；《汉书》、《后汉书》作周贞王。

越徙都琅琊，越文化跨越中原，与齐鲁文化全面交融。

按：《史记·越王勾践世家》载："勾践已平吴，乃以兵北渡淮，与齐晋诸侯会于徐州，致贡于周。周元王使人赐勾践胙，命为伯。……当是时，越兵横行江、淮东，诸侯毕贺，号称霸王。"《越绝书·外传本事》曰："越伐强吴，尊事周室，行霸琅琊。"《越绝书·记吴地传》曰："越王勾践徙琅琊。"《汉书·地理志》载："琅琊，越王勾践尝治此，起馆台。"《水经注·潍水》曰："琅邪，山名也。越王勾践之故国也。勾践并吴，欲霸中国，徙都琅邪。"此数处皆述及勾践徙都琅琊事，但皆未明言徙都时间。今考其事在周元王时，而周元王卒于本年。又据王国维《今本竹书纪年疏证》、钱穆《先秦诸子系年·越徙琅琊考》、蒙文通《越史丛考》等说，故断为本年前后。越徙都琅琊推动越文化挺进中原，深入齐、鲁腹地，真正与齐鲁文化相交融碰撞，此乃春秋战国时文化大事。

卫出公使人问候子赣（即孔子弟子子贡），求教回卫国之计。

按：《左传·哀公二十六年》曰："卫出公自城鉏使以弓问子赣，且曰：'吾其入乎？'子赣稽首受弓，对曰：'臣不识也。'私于使者曰：'昔成公孙于陈，宁武子、孙庄子为宛濮之盟而君入。献公孙于齐，子鲜、子展为夷仪之盟而君入。今君再在孙矣，内不闻献之亲，外不闻成之卿，则赐不识所由入也。《诗》曰：无竞惟人，四方其顺之。若得其人，四方以为主，而国于何有？'"文中子赣自称"赐"，子贡姓端木，名赐。下文《左传·哀公二十七年》载季康子因外交上受辱于越，而"言及子赣，曰：'若在此，吾不及此夫！'"由《左传》哀公七年、十一年、十五年、十六年记事可知，子贡曾多次为鲁国完成外交使命，则季康子所言及"子赣"应为子贡。《史记·货殖列传》中称"子赣"、"赐"为七十子之徒中最为饶富者。此三证似可说明子赣即孔子弟子子贡。

周贞定王元年　癸酉　前468年

曾参居武城，季康子礼之。鲁哀公借越师伐费，曾子欲离去，鲁君固请，曾子说服鲁君罢兵。

按：此事承《左传·哀公二十七年》所记鲁哀公因惧三桓（季康子、叔孙文子、孟武伯)势盛而有害公室,欲借越师除三桓事而来,《左传》未记。据钱穆《先秦诸子系年》三十五《曾子居武城有越寇考》。此曾子当是孔子弟子曾参,而非曾参子曾申。钱氏考证,曾申约生于周元王元年(前475年),此年仅8岁(钱氏作11岁,有误)。曾参为孔门七十二贤人中年龄最小者,约生于周敬王十五年(前505年),此年约38岁。

《左传》编年至本年止。

按:《左传》编年至本年止,末附有鲁悼公四年(前463年)晋知瑶攻郑、辱赵无恤事并述及晋三桓灭知伯事,属总述语,疑为后儒增益。《左传》作者,旧说以为是春秋末鲁国的孔子弟子左丘明,今人多认为当系战国初某国史官所编,且编者很可能不止一人。《史记·十二诸侯年表序》曰:"鲁君子左丘明,惧弟子人人异端,各安其意,失其真,故因孔子史记具论其语,成《左氏春秋》。"左丘明事迹今无考,后世说者聚讼纷纭。《四库全书总目提要》卷二十六述《左传》事最撮要,可参。又,1935年商务印书馆排印本《〈左传〉通论》附方孝岳《左丘明生世大略表》竟排出左氏身世,其周定王六年、鲁悼公四年(前468)条下有"《左传》终此,是岁丘明年当四十三"语。又周威烈王元年、鲁元公四年(前425年)条下有"赵襄子卒,《左传》记赵襄子谥,则丘明是时尚未卒,是岁年当八十一"语,录此备考。

墨翟(—约前376年)是年前后生。

按:墨子生年说法甚多,早至与孔子同时,迟至战国中期。钱穆《先秦诸子系年通表》系墨子生于前480年。此据孙诒让《墨子间诂》附《墨子传略》及《墨子年表》说。梁启超也有专文考定墨子生于本年(见梁启超《墨经校释》)。

周贞定王二年 甲戌 前467年

鲁哀公归国,卒于有山氏家。鲁人立其子宁,是谓悼公。

按:《史记·鲁周公世家》记此事于鲁哀公二十七年八月,曰:"八月,哀公如陉氏,三桓攻公,公奔于卫,去如邹,遂如越。国人迎哀公复归,卒于有山氏。子宁立,是为悼公。"《史记·六国年表》楚栏:楚惠王二十二年(前467)记"鲁哀公卒",又于次年记"鲁悼公元年"。今依《史记·六国年表》系鲁哀公卒于本年。

公元前467年,雅典西门大败波斯海军。

雅典堕纳克索斯岛。

周贞定王三年 乙亥 前466年

晋国地震七日,台舍尽坏,死伤多人。

公元前466年,

雅典围塔索斯岛。

按：此为我国较早之地震灾候记录。见《史记·晋世家》。

是年前后，《仪礼》部分篇章如有关丧礼各篇已著成。

按：《仪礼》一书成于何时向有争议，公允之说称其书非一人一时所作也。当代治"三礼"名家沈文倬先生认为，《仪礼》一书当是由孔门弟子及后学者于公元前五世纪中叶至公元前四世纪中期陆续撰作而成（沈文倬《宗周礼乐文明考论·略论礼典的实行和〈仪礼〉书本的撰作》杭州大学出版社1999年版）。彭林进一步认为其中有关丧礼四篇内容相贯通，著成年代最早，约在鲁哀公末年至鲁悼公初年（见《中国哲学》第二十一辑《郭店简与儒学研究·郭店简与〈礼记〉的年代》第44页）。

周贞定王四年　丙子　前465年

十一月，越王勾践卒，子鹿郢立。

按：鹿郢，《史记》谓"子王鼫与"，司马贞《史记索隐》引《竹书纪年》作"鹿郢"。勾践卒年异说纷纭，此从陈梦家《六国纪年表》说。勾践时代，属越国史上最辉煌时期。前半期虽败于吴，然君臣一心，卧薪尝胆，励精图治，终于东山再起，灭了吴国。后半期，兵北渡淮，挺进中原，调停诸侯，号称霸王，一时威震华夏。国内经济、文化也高度发展。如青铜冶炼、铸造技术已达到了很高水平。1965年在湖北江陵望山楚墓1号墓出土的"越王勾践自作用剑"即系青铜铸造，剑面有花纹，剑身经硫化处理而成，剑刃极锋利，其工艺水平令世人叹服。可参考陈振裕文《精美的吴越青铜剑与矛》（收在国家文物局研究室资料组编《文物考古工作三十年》一书中，文物出版社1979年）及钟少异著《龙泉霜雪》（三联书店1998年出版）等。

段干木（　—约前395）生。

按：段干木，姓段干，名木，晋国高士。《孟子》、《吕氏春秋》等均载有段干木事迹。今据钱穆《先秦诸子系年》系段干木生于此年。

周贞定王六年　戊寅　前463年

晋、楚赂秦，与秦通好。

按：缪文远《战国史系年辑证》附录《〈史记·六国年表〉校读札记》引俞樾曰："不以聘问礼来，而曰'来赂'，先王轻财重礼之意不复存矣，春秋所以为战国也。"缪氏认为这标志着战国风气的变化。

周贞定王七年　己卯　前462年

冉求卒(约前523—　)。冉求字子有,故亦称冉有,鲁人,为孔门七十二贤人之一。事迹见《史记·仲尼弟子列传》。

按:《史记·仲尼弟子列传》及《孔子家语》均云冉求:"少孔子二十九岁。"孔子称其千室之邑,百乘之家,可使为宰(见《论语·公冶长》)。与子路同以政事见长。冉有言志,自谓"方六七十,如五六十,求也为之,比及三年,可使足民。如其礼乐,以俟君子"(《论语·先进·侍坐章》),盖长于理财者。尝为季康子家臣,助季氏聚敛。孔子怒曰:"非吾徒也,小子鸣鼓而攻之可也。"冉求个性内敛,与子路之率直正相反。故孔子曰:"求也退,故进之;由也兼人,故退之。"(《论语·先进篇》)为孔子因材施教之范例。明代包大爟有《冉求年谱》,记冉求生于周景王二十三年(前522年),年谱编至周元王四年(前473年),卒年不详(包氏《冉求年谱》北京图书馆、上海图书馆有藏)。清代林春溥也编过《冉求年表》记冉求生于周景王二十二年(前523年),编至周敬王四十一年(前479年),卒年不详。其书藏华东师大图书馆。1992年9月台湾商务印书馆出版《孔门弟子志行考述》第二版《孔门师弟年表》,收有蔡仁厚编《冉求年表》,可参阅。今据钱穆《诸子生卒年世约数》表系于此。

公元前462年,雅典逐西门。厄菲阿尔特执政,遂抑贵族,大复公民大会、500人会议及陪审法庭之权。

周贞定王八年　庚辰　前461年

秦堑河旁,以二十万兵伐大荔,取其王城。

按:《史记·六国年表》周贞定王八年秦栏曰:"堑阿(当作河)旁,伐大荔,补庞戏城。""堑河旁"即沿黄河边筑城墙,"大荔",古戎国,今陕西大荔东。《秦本纪》也载:"(厉共公)十六年,以兵二十万伐大荔,取其王城。"

公元前461年,伯利克里为雅典执政官。

周贞定王十一年　癸未　前458年

晋知瑶与韩、赵、魏共灭范氏、中行氏,分其地以为己邑。

按:此据《史记·晋世家》。《史记·六国年表》系此条于周贞定王十五年,误。

禽滑釐（　—前400）约生于是年。

按：禽滑釐为墨子大弟子，墨学主要传人。钱穆以墨子生于前480年，以禽滑釐晚墨子10年生，故系禽滑釐生年为前470年。钱氏所定墨子生年不确，本年表依孙诒让等系墨子生年于前468年（说见前墨子生年条），仍参据钱穆说后推10年，系禽滑釐生于前458年，备考。

周贞定王十二年　甲申　前457年

公元前457年，雅典取埃伊那。

蔡声侯产卒，其子蔡元侯立。

按：1962年，安徽淮南市蔡家岗赵家孤堆发现一组战国墓葬，其中的2号墓被断为蔡声侯产之墓。该墓早年被盗，发掘时未出礼器，仅有兵器和车马器。其中铜剑13把，有错金铭文的4把，3把铭文中有"蔡侯产"字样，一把有"太子姑发"等字。有关资料可参考由安徽省文化局文物工作队撰写的《安徽省淮南市蔡家岗赵家孤堆战国墓》一文（载《考古》1963年第4期）。

有若卒（约前518—　）。有若姓有名若，字子有，后世尊为有子，鲁人（或谓郑人），为孔门七十二贤人之一。因其貌似孔子，曾一度受孔门弟子特别尊重。事迹见《史记·仲尼弟子列传》。

按：《史记·仲尼弟子列传》述有若事曰："有若少孔子四十三岁。有若曰：'礼之用，和为贵，先王之道斯为美。小大由之，有所不行；知和而和，不以礼节之，亦不可行也。''信近于义，言可复也；恭近于礼，远耻辱也；因不失其亲，亦可宗也。'孔子既没，弟子思慕，有若状似孔子，弟子相与共立为师，师之如夫子时也。"《礼记》则谓有若之言似孔子。故有若为同门所共尊敬无疑也。《论语》记有若言行者凡三处，分别在《学而》、《颜渊》、《卫灵公》三篇，《孟子》中时有提及，其主张"礼之用，和为贵"，"孝弟也者，其为仁之本与"，"信近于义，言可复也"。无由知其更多思想也。唐开元二十七年（739），追封有子为"汴伯"，宋大中祥符二年（1009）加封为"平阴侯"。明代包大爟著有《有若年表》，记有若生于周敬王五年（前515年），编至周定王十二年（前457年），卒年不详。清代林春溥也编过《有若年表》。清代冯云鹓校刊《有子年表》，认为有若生于周景王七年、鲁昭公四年（前538年）九月初四日，七十二岁（前467年）甲戌五月初九日，即今之三月初九日卒。可备一说。1992年9月台湾商务印书馆出版《孔门弟子志行考述》第二版《孔门师弟年表》，收有蔡仁厚编《有子年表》。今据钱穆《先秦诸子系年·诸子生卒年世约数》表系有若卒于此年。

周贞定王十三年　乙酉　前456年

秦在频阳设县。

按：此开商鞅变法为秦设郡县制之先。

齐田成子卒，其子盘立，是为田襄子。

按：田成子，名恒（避汉文帝讳被改名常），本姓陈，故又称陈成子、陈恒子，陈厉公完之后，其先为避陈国乱来齐。田成子曾为齐简公、平公相国，执政二十九年，慷慨好士，以大斗出贷，小斗收进来笼络民心。又暗中杀戮齐国公族，为田氏篡齐打下基础，后终使齐政归于田氏。事见《史记·田敬仲完世家》。

公元前456年，雅典灭斯巴达海军。

埃斯库罗斯卒（约前525—　）。古希腊悲剧作家。

周贞定王十四年　丙戌　前455年

李克（　—约前395）生。

按：李克，又称里克。钱穆《先秦诸子系年·魏文侯礼贤考》疑李克即李悝，恐非是。李克事迹见其卒年（前395年）记事。李克、李悝辨证也见本编年李克卒年（前395年）记事。

周贞定王十六年　戊子　前453年

张孟谈以唇亡齿寒之理说韩、魏之君，促成晋三桓赵、韩、魏合力灭杀知瑶，三分其地，知氏由此亡。韩、魏、赵控制晋公室，"三家分晋"局面基本形成。张孟谈又以"前事之不忘，后事之师"说赵襄子，"纳地释事以去权尊，而耕于负亲之丘。"功成身退。

按：张孟谈，太史公司马迁避父讳作"张孟同"。张孟谈为赵襄子解晋阳之围而说韩、魏，共灭知伯事于《战国策·赵策一》、《韩非子·十过》、《吕氏春秋·义赏》、《淮南子·人间训》、《史记·赵世家》、《说苑·复恩》等处皆有载，而以《战国策·赵策一》、《韩非子·十过》二处为早且述之较详。

据《战国策·赵策一》第一章曰："知伯从韩、魏兵以攻赵,围晋阳而水之,城下不沉者三板。郄疵谓知伯曰:'韩、魏之君必反矣。'"知伯疑而不用郄疵之计,郄疵请使齐以避祸。第二章载张孟谈为赵说韩、魏曰:"三国之兵乘晋阳城,遂战。三月不能拔,因舒军而围之,决晋水而灌之。围晋阳三年,城中巢居而处,悬釜而炊,财食将尽,士卒病羸,襄子谓张孟谈曰:'粮食匮,城力尽,士大夫病,吾不能守矣。欲以城下,何如?'张孟谈曰:'臣闻之,亡不能存,危不能安,则无为贵知士也。君释此计,勿复言也。臣请见韩、魏之君。'襄子曰:'诺唇'张孟谈于是阴见韩、魏之君曰:'臣闻唇亡则齿寒,今知伯帅二国之君伐赵,赵将亡矣,亡则二君为之次矣。'二君曰:'我知其然。夫知伯为人也,怛中而少亲,我谋未遂而知,则其祸必至,为之奈何?'张孟谈曰:'谋出二君之口,入臣之耳,人莫知之也。'二君即与张孟谈阴约三军,与之期日,夜,遣入晋阳。张孟谈以报襄子,襄子再拜之。张孟谈因朝知伯而出,遇知过辕门之外。知过入见知伯曰:'二主殆将有变。'君曰:'何如?'对曰:'臣遇张孟谈于辕门之外,其志矜,其行高。'知伯曰:'不然。吾与二主约谨矣,破赵三分其地,寡人所亲之,必不欺也。子释之,勿出于口。'知过出见二主,入说知伯曰:'二主色动而意变,必背君,不如令杀之。'知伯曰:'兵箸晋阳三年矣,旦暮当拔之,而飨其利,乃有他心?不可,子慎勿复言。'知过曰:'不杀则遂亲之。'知伯曰:'亲之奈何?'知过曰:'魏宣子之谋臣曰赵葭,康子之谋臣曰段规,是皆能移其君之计。君其与二君约,破赵则封二子万家之县一,如是则二主之心可不变,而君得其所欲矣。'知伯曰:"破赵而三分其地,又封二子者各万家之县一,则吾所得者少,不可。"知过见君之不用也,言之不听,更其姓为辅氏,遂去不见。张孟谈闻之,入见襄子曰:'臣遇知过于辕门之外,其视有疑臣之心,入见知伯,出更其姓。今暮不击,必后之矣。'襄子曰:'诺。'使张孟谈见韩、魏之君曰:'夜期杀守堤之吏,而决水灌知伯军。'知伯军救水而乱,韩、魏翼而击之,襄子将卒犯其前,大败知伯军而禽知伯。知伯身死,国亡地分,为天下笑,此贪欲无厌也。夫不听知过,亦所以亡也。知氏尽灭,唯辅氏存焉。"《战国策·赵策》第三章《张孟谈既固赵宗》还载有张孟谈以"前事之不忘,后事之师"说赵襄子,"纳地释事以去权尊,而耕于负亲之丘。"功成身退事。知瑶灭范氏、中行氏,辱赵襄子,戏韩康子,跋扈至极。又不听郄疵、知过之言,俗云:"多行不义必自毙。"韩、魏、赵终于联手,铲灭知氏,良有以也。而张孟谈以其善说忠君扬名后世,知过因能明辨而在知伯亡后独存其族,亦其宜也。

知瑶家臣豫让谋刺赵襄子,未遂,被捕。后求得赵襄子衣,以剑击衣后自杀。

按:豫让为知伯报仇事见《战国策·赵策一》及《史记·刺客列传》、《资治通鉴》卷一等处,无系年,其时当在晋三桓灭知伯不久,故系于本年。豫让舍身为旧主报仇,颇得儒人褒奖,后世目之为忠义楷模,倍加尊敬。其所叹"士为知己者死,女为悦己者容",也为后世名言。

周贞定王十八年　庚寅　前451年

公元前451年,　　　秦左庶长在南郑筑城置县,实施管辖。

按：缪文远《〈史记·六国年表〉校读札记》曰："汉中入秦，在秦惠王时，此南郑乃汉中一隅之地。""左庶长"下失记人姓名。《水经注·沔水》记南郑得名之由曰："(郑)桓公死于犬戎，其民南奔，故以南郑为称，即汉中郡治也。"

雅典及斯巴达缔和约。

罗马始撰成文法典。

周贞定王十九年　辛卯　前 450 年

颛孙师卒（约前503—　）。颛孙师字子张，陈人（据太史公《史记·仲尼弟子列传》说），一说为鲁人（《吕氏春秋·尊师》："子张，鲁之鄙家也"），传为孔门七十二贤人之一。事迹见《史记·仲尼弟子列传》。

按：《史记·仲尼弟子列传》及《孔子家语》均云子张："少孔子四十八岁。"今据《论语》、《礼记》等书述子张言事可知，其性情、气度与子夏（卜商）稍异，盖子夏性情笃实，气度未免狭小；子张气度宽大，性情有些偏急浮夸。《论语·先进篇》曰："子贡问：'师（颛孙师，字子张）与商（卜商，即子夏）也孰贤？'子曰：'师也过，商也不及。'曰：'然则师愈与？'子曰：'过犹不及。'"同篇，孔子在概括其四个弟子的性格时说："柴也愚，参也鲁，师也辟，由也喭。"朱熹释"辟"为"便辟"（见《论语集注》）。"谓习于容止，少诚实也"。义多贬损，后人不取。从《论语·子张篇》载"子张曰：'执德不弘，信道不笃，焉能为有？焉能为亡？'"语和《礼记》中语可知，说子张"少诚实"、"不直"的确不妥。而释"辟"为"偏"，偏急之意较符合实际）。《韩非子·显学》曰："自孔子之死也，有子张之儒，有子思之儒，有颜氏之儒，有孟氏之儒，有漆雕氏之儒，有仲良氏之儒，有孙氏之儒，有乐正氏之儒……儒分为八。"子张为八儒之首，因此，子张在政治学术上肯定是有成就的。但对其具体思想观点据现有文献可知者甚少。《论语·子张》曰："子张曰：'士，见危致命，见得思义；祭思敬，丧思哀，其可已矣。'"据此后人称其为"勇武"（李启谦《孔门弟子研究·子张》引《太平御览》卷九一五曰："子路勇且多力，其次子贡为智，曾子为孝，颜回为仁，子张为武"）。另外，《论语》中《为政》、《颜渊》、《卫灵公》等篇还记载了孔子与子张谈论道德、忠信问题，对后人也有巨大影响。唐开元二十七年，追封子张为"陈伯"，宋大中祥符二年加封为"宛邱侯"，后又尊之为"陈公"。今山东嘉祥县武氏祠文物馆，存有东汉画像石《孔子见老子图》，图中画有孔子随行弟子很多，但仅注明子张、子路、子贡数人，足见子张在汉人心目中就有很高的地位。明代包大爟有《子张年谱》，清代林春溥也编过《子张年表》，清代冯云鹓曾校刊《颛孙师年表》，蔡仁厚编有《颛孙师年表》，可互参。

漆雕开卒（约前510—　）。漆雕开字子开（《史记·仲尼弟子列传》），一云字子若（《孔子家语》），本名启，汉人避景帝讳改开。鲁人，或说蔡人（《孔子家语》），为孔门七十二贤人之一。事迹见《史记·仲尼弟子列传》。

按：《论语》仅在《公冶长》一篇中提到过一次漆雕开，他的事迹只能从其他文献中去寻找。漆雕开早年似乎犯过罪，受过刑（《墨子·非儒》曰："漆雕刑残"；《孔丛子·诘墨》曰："漆雕开形残非行己之致，何伤于德哉！"）。随孔子学而有成，大概也曾设坛授徒，其弟子后来声势日大，至战国中期，形成学派。《韩非子·显学》曰："有漆雕氏之儒。"当属孔子后"儒分为八"之一也。陶潜《圣贤群辅录》曰："漆雕氏传礼

公元前 450 年，雅典约于是年统一货币及度量衡制于提洛同盟。

罗马《十二铜表法》正式公布。

爱利亚学派的芝诺提出悖论。

迦太基航海家希米尔科的活动期终于是年（约前480—　）。

为道,为恭俭庄敬之儒。"王充《论衡·本性》曰:"宓子贱、漆雕开、公孙尼子之徒亦论情性,与世子(周人世硕)相出入,皆言性有善有恶。"《汉书·艺文志·诸子略·儒家》著录《漆雕子》十三篇,久佚,遂无法知其具体思想及事迹。唐开元二十七年(739),追封他为"滕伯",宋大中祥符二年(1009)加封为"平舆侯"。明代包大燿有《漆雕开年谱表》,记漆雕开生于周景王五年(前540年),编至周敬王四十九年(前457年)止,卒年不详(包氏《漆雕开年谱表》北京图书馆、上海图书馆有藏)。清代林春溥也编过《漆雕开年表》,认为漆雕开生于周景王四年(前541年),又附包大燿说。记谱主63岁不乐仕一事(其依据盖为《论语·公冶长》"子使漆雕开仕"云云),亦未记卒年。1992年9月台湾商务印书馆出版《孔门弟子志行考述》第二版《孔门师弟年表》,收有蔡仁厚编《漆雕开年表》,云:周敬王十年(前510年)、鲁昭公三十二年、孔子42岁时漆雕开生(林、蔡二书华东师大图书馆有藏)。钱穆《先秦诸子系年》二十九《孔子弟子通考》可参阅。

端木赐卒(约前520—　)。端木赐,字子贡,一字子赣(《左传》、《史记·货殖列传》),卫人。传为孔门七十二贤人之一。事迹见《史记·仲尼弟子列传》、《史记·货殖列传》、及《孔子家语》等。

按:《史记·仲尼弟子列传》及《孔子家语》均云子贡:"少孔子三十一岁。"据《左传》、《论语》、《史记》等文献可知,子贡早年和随孔子学习期间都曾从事过经商活动。《吕氏春秋·察微》、《史记·货殖列传》、《论衡·知实》等处都记载了子贡经商致富的情况。《史记·货殖列传》记述了十七人的经商活动,子贡列其二。说子贡(称作子赣)"废著鬻财于曹、鲁之间",因能"与时转货赀"即善于经营,而"家累千金"(《史记·仲尼弟子列传》),"七十子之徒,赐最为饶益"。《论衡·知实篇》曰:"子贡善居积,意贵贱之期,数得其时,故货殖多,富比陶朱。"子贡长期从事商业活动,故在孔子众弟子中以能言善辩和擅长从事政治外交活动著名。《论语·先进》曰:"言语,宰我、子贡。"《韩诗外传》卷九载子贡自言其志曰:"得素衣缟冠,使于两国之间,不持尺寸之兵、升斗之粮,使两国相亲如兄弟。"孔子称他为"辩士哉"。(《新书》、《孔子家语》中也有类似记载)《左传》哀公七年、十一年、十二年、十五年记事载子贡曾为鲁游楚使齐,存鲁、乱齐、破吴、强晋而霸越,颇有政绩。《韩非子·五蠹》、《史记·仲尼弟子列传》并记有子贡为鲁游说之事。《史记·孔子世家》载子贡从孔子游,被困陈蔡,孔子"使子贡至楚,楚昭王兴师迎孔子,然后得免"。盖子贡确为孔门弟子中以言语见长者。唐开元二十七年(739),追封子贡为"黎侯",宋大中祥符二年(1009)加封为"黎阳公",旋又改封"黎公"。《史记·儒林列传》说"子贡终于齐",未载卒年。明代包大燿有《子贡年表》记子贡生于周景王二十五年(前520年),该年表编至周定王元年(前468年),卒年不详。清代林春溥也编过《端木赐年表》,记子贡生于周景王二十四年、鲁昭公二十一年(前521年),生于卫。清代冯云鹓校刊《端木子年表》约有两千字,载子贡卒于周定王十三年(前456年),卒年六十五岁,可备一说。1992年9月台湾商务印书馆出版《孔门弟子志行考述》第二版《孔门师弟年表》,收有蔡仁厚编《子贡年表》。今据钱穆《诸子生卒年世约数表》系于本年。

李悝(　—约前390)**生**。

按:李悝,魏人,被后人誉为法家始祖。事迹见李悝卒年(前390年)记事。

列御寇(　—约前375)**生**。

按:列御寇,也称列圄寇、列子。《庄子》中多见提及,然事迹无考,后人目为庄生荒诞无端崖之语也。刘向《列子叙录》曰:"列子者,郑人也。与郑缪公(或以为乃鲁缪公之误)同时。"班固《汉书·艺文志·诸子略·道家》著录《列子》八篇,有东晋张湛注《列子》，后人多斥其伪。盖《列子》一书当系战国道家者流言论荟萃而成，经刘向校定者。今存之本，则又散佚之余，补编而成，多所窜入，已非原书之旧也。钱穆《先秦诸子系年》五九有《列御寇考》，论其为战国初人，属道家学派，主张因名责实，无为而治。钱氏于书末附《诸子生卒年约数》中署列御寇生卒年为前450—375年，录此备考。

周贞定王二十年　壬辰　前449年

越王不寿被杀，其子朱句立。朱句时代为越文化持续繁荣时期，尤其是青铜文化。

按：朱句又称州勾，系越王勾践重孙。朱句时代为越文化持续繁荣时期，尤其是青铜文化。19世纪至20世纪曾多次出土州勾时期青铜器多件。如著名的"州勾剑"与越王勾践剑、越王丌北古剑并称"三件国宝"。有关资料可参考陈振裕文《精美的吴越青铜剑与矛》（收在国家文物局研究室资料组编制的《文物考古工作三十年》一书中，文物出版社1979年）及钟少异著《龙泉霜雪》（三联书店1998年出版）等。

公元前449年，雅典胜波斯于塞浦路斯岛萨拉米斯，遂订《卡利亚斯和约》。希波战争结束。

罗马人是年规定，保民官神圣不可侵犯。

周贞定王二十一年　癸巳　前448年

晋大夫知宽（知瑶子，一说为知开，知瑶族人）率其邑人奔秦。知氏并未绝祀。

按：《史记·六国年表》曰："晋大夫智宽率其邑人来奔。"缪文远《〈史记·六国年表〉校读札记》引金履祥《资治通鉴前编》曰："知伯既灭六年，而宽始率邑人奔秦，或者别守邑而未下，若燕将守聊城之类欤？"又引杭世骏《史记疏证》曰："本记不载，疑是前二十五年知开事重出。"缪文远按："百足之虫，死而不僵，智氏之族陆续奔秦，乃意中事。据此，益知晋阳一败而智氏尽灭之说为诬矣。"是说可从，杭氏之说非。

公元前448年，巴门尼德卒（约前515—）。古希腊哲学家。

周贞定王二十二年　甲午　前447年

楚惠王灭蔡，蔡侯齐亡，蔡遂绝祀。

公元前447年，

雅典人大建卫城。

> **按**：蔡为周武王封蔡叔度之国，为周初所封国之一，地在今河南南部。传五百多年，竟亡于楚。刘向《说苑·奉使》载，蔡使师强、王坚之楚，其命倨傲，其貌丑陋，触怒楚王，因使司马子发将兵攻蔡，执蔡侯齐以归，竟灭蔡。录此备考。

周贞定王二十三年　乙未　前446年

魏桓子驹卒，子文侯斯立。

> **按**：魏文侯斯为战国初名君，然其始立之年、始侯之年向无定说。《史记》、《竹书纪年》、《世本》于魏桓子驹以下纪年较乱，陈梦家《六国纪年表考证》于此作了详细考证，曰："考《六国表》周定王十六年'魏桓子败知伯于晋阳'，于《纪年》为晋出公二十二年，后八年当周定王二十四年，于《纪年》为魏文侯元年。"按当时惯例，即位当在始元前一年，则魏文侯立应在周定王二十三年，即本年。

周贞定王二十四年　丙申　前445年

公元前445年，第一次伯罗奔尼撒战争结束。

楚惠王灭杞。

> **按**：杞，姒姓，周初所封国，故址在今河南杞县一带。据《史记·六国年表》载："杞，夏之后。"又《史记·杞世家》曰："周武王克殷纣，求禹之后，得东楼公，封之于杞，以奉夏后氏祀。"《论语·八佾》曰："子曰：夏礼，吾能言之，杞不足征也；殷礼，吾能言之，宋不足征也；文献不足故也。足，则吾能征之矣。"也证杞为夏之后。有成语"杞人忧天"。

楚东扩至泗水上，拥淮北之地，常与越人水战。

> **按**：楚土东扩，楚风随之东移，后兼越地共有之。至秦汉间，淮上至于江左一带已多与荆土同俗者。

子夏是年前后居西河教授（设案授徒），为魏文侯师。

> **按**：《史记·仲尼弟子列传》曰："孔子既没，子夏居西河教授，为魏文侯师。"《史记·儒林列传》谓田子方、段干木、吴起、禽滑釐之属皆受业于子夏，足见西河设教之盛。据钱穆《先秦诸子系年》考证，子夏居西河当在魏文侯初立不久，时子夏63岁，授文侯经艺正宜。若是在魏文侯始称侯之年，即魏文侯二十二年（前424年），其时子夏已近84岁。陈梦家《六国纪年表考证》曰："余考之，魏斯（文侯）在位五十年，立十二年而自称侯，故《史记索隐·晋世家》云：'按《纪年》文侯初立在敬公十八年。'据《纪年》，敬公十八年当周考王七年，魏斯既立之十二年也；其明年，周考王八年、晋幽公元年，文侯改元称元年，下至周安王六年，为称侯之三十八年，在位之五十年。由

此上推五十年至周定王二十四年为魏斯元年。"陈说是也,则钱说"魏文侯始称侯之年,即魏文侯二十二年"有误。钱氏证"子夏居西河教授"当在文侯初立不久,而非始称侯之后,其说可取,故系"子夏居西河教授"于本年。另,吕世宏有《卜子夏"西河设教"辩》一文(先刊于内部刊物《汾州民俗》2006年版,后正式发表于《吕梁高专学报》2007年版),可参看。

子夏晚年丧子,失明,曾子往吊之,数其罪三。

按:据《礼记·檀弓上》载:"子夏丧其子而丧其明,曾子吊之曰:'吾闻之也,朋友丧明则哭之。'曾子哭。子夏亦哭,曰:'天乎!予之无罪也!'曾子怒曰:'商,女何无罪也?吾与女事夫子于洙、泗之间,退而老于西河之上,使西河之民疑女于夫子,尔罪一也;丧尔亲,使民未有闻焉,尔罪二也;丧尔子,丧尔明,尔罪三也。而曰尔何无罪与?'子夏投其杖而拜,曰:'吾过矣,吾过矣!吾离群而索居亦已久矣。'"其事也见于《论衡·祸虚篇》,味其言,当子夏晚年事,也系于此。

魏国"西河学术中心"在是年及稍后数年间形成。

按:春秋末,学术中心在鲁国。春秋战国之百家争鸣由鲁国儒墨显学之争始。战国初第一个学术中心形成于三晋之魏的西河。这其中两个人物最为关键:其一是魏文侯,另一人即卜子夏。魏文侯乃魏国史上最出色之国君。文侯励精图治:任李悝为相,尚法严令;用吴起为西河守,加强边防;任用西门豹治邺,正肃民风;以乐羊子为将攻取中山,拓展疆土;终使魏国成诸侯强国。魏文侯礼贤下士,广揽天下贤人,卜子夏即是魏文侯揽请至魏之重要贤人。

《史记·儒林列传》称"是时独魏文侯好学"。《汉书·礼乐志》曰:"至于六国,魏文侯最为好古。"《史记·仲尼弟子列传》曰:"孔子既没,子夏居西河教授,为魏文侯师。"当是子夏在孔子殁后不久,即被魏文侯由鲁国请至魏国。以魏国之强盛、文侯之尚贤、卜子夏之学问及名声,一时间,天下贤人蜂拥而至魏国西河。有研究者认为,当时及稍后,仅子夏门人就达三百余人齐聚西河。《史记·儒林列传》曰:"如田子方、段干木、吴起、禽滑厘之属,皆受业于子夏之伦。"除子夏门人外,当时还有魏成子、翟角、翟黄、李可、屈侯鲋、赵苍唐等名人皆云集于魏文侯周围,其时之魏国文化学术真可谓彬彬之盛,终使西河成为战国早期第一个学术中心。学界认为,"西河学术中心"与春秋中后期鲁国曲阜学术中心以及战国中期之齐国稷下学术中心、晚期之楚国兰陵学术中心、秦国咸阳学术中心共为春秋战国五大学术中心。在中国学术史上有着重大影响。

西河学术最重要特点是兼容并蓄:儒、墨、兵、法、道等各家各派学者互相切磋交流,互相渗透交融。吴起兼学儒、法、兵几家,禽滑厘兼学儒、墨二家。由前二子可见子夏之学此时已由纯粹儒学而呈现出开放型态势。有学者甚至认为子夏本人为儒法交融、儒家向法家转化之重要人物。因而,在子夏的后代弟子中出现像吴起、荀况这样颇具法家色彩的人才绝非偶然。西河学术中心之形成促进了战国早期学术的发展,加快了战国时期学术融合的步伐,抒写了战国时期学术的华丽篇章,对后代学术的发展乃至整个封建社会的学术都产生了重要的影响。刘毓庆、郭万金《战国〈诗〉学传播中心的转移与汉四家〈诗〉的形成》一文就认为:"汉代四家诗在先秦的师承源流,除《毛诗》自谓传自子夏,并有谱系流传外,其余三家,史皆无载。三家不言师承,并非数典忘祖,实由战国《诗》学传播混乱、师承不明所致。研究者多从传播主体入手,设定其为封闭型传播渠道,希图理清三家在先秦的师承脉络,然终劳而少功,他们忽略了战国《诗》传播的全开放性与学术中心的地域性转移对《诗》学观念与流派形成的影响。战国学术中心有四次大转移,第一个学术中心形成于三晋之魏的西河,其学术以古史为根底,以好古为特色。第二个学术中心转移于齐之稷下,其学术以杂学著称,而又侈谈阴阳五行。第三个学术中心转移于燕国,其特色由中和三晋之古学与齐之阴阳学说而成。第四个学术中心转移于楚之兰陵,实即鲁之次室,由荀子居兰陵而形成。其学杂帝王之术,有鲜明的政治倾向性。四次学术中心的大转移,也是《诗》学传播中心的四次大转移,直接影响了汉代四家《诗》学的形成,成为四家《诗》各自不同的思想资源。"(《文史哲》2005年第1期第85页)

公输般(鲁班)自鲁游楚,为楚王造舟战之器以与越人水战,败越人。造云梯等攻城器械,将以攻宋。

按:公输般,姓公输,名般,鲁人,民间习称"鲁班"(班般同音,古通用),长于制作器械,后人尊为木匠祖师。传说木匠工具如刨子、铲子、凿子、钻子、锯子、斧子以及曲尺(又叫矩或鲁班尺)都是鲁班发明或改进的。又传说为其母制作木车马,机关具备,由木人驾驶,载母其上,一驱不返。《世本》载鲁班发明石磨以去谷皮,碎豆麦。《墨子·鲁问篇》曰:"公输子削竹木以为鹊,成而飞之,三日不下。"又曰:"楚人与越人舟战于江,楚人顺流而进,迎流而退。见利而进,见不利则其退难。越人迎流而进,顺流而退。见利而进,见不利则其退速。越人因此若势,亟败楚人。公输子自鲁南游楚焉,始为舟战之器,作为钩强之备,退者钩之,进者强之,量其钩强之长,而制为之兵。楚之兵节,越之兵不节,楚人因此若势,亟败越人。"故鲁班实为我国古代能工巧匠之代表也。其事迹无编年,盖主要生活于战国初期。钱穆《先秦诸子系年》有《公输般自鲁游宋考》,系其事在楚惠王四十四年(前445年)间,今将公输般事迹附系于此。另,传说公输般之妻云氏也为能工巧匠,曾发明雨伞等器具,特附记之。

言偃卒(约前506—)。言偃,字子游,一作子由,又称叔氏,吴人(《史记·仲尼弟子列传》),一云鲁人(《孔子家语》),孔门七十二贤人之一。

按:《史记·仲尼弟子列传》曰:"吴人……少孔子四十五岁。"《孔子家语》曰:"鲁人。"今从《史记》。《论语》、《礼记》载子张、子夏、子游语较多,三子年齿相若,故《史记·仲尼弟子列传》所记为是。《论语·雍也》载子游尝仕鲁,"为武城宰"。《论语·阳货篇》载子游为武城宰时,以礼乐教化百姓,得到了孔子的肯定评价。《论语·阳货》曰:"子之武城,闻弦歌之声。夫子莞尔而笑曰:'割鸡焉用牛刀?'子游对曰:'昔者偃也闻诸夫子曰:君子学道则爱人,小人学道则易使也。'子曰:'二三子,偃之言是也。前言戏之耳。'"

《论语·先进》曰:"文学:子游、子夏。"盖子游与子夏同以文学见长。后人或以为二子当是《论语》编纂人。但有关子游之与文学(当是文献之意为主)还不如子夏多。《礼记·礼运篇》中有一段孔子与子游谈话,描述孔子对"大道之行也,天下为公"的向往及对"今大道既隐,天下为家"的忧虑。殆为子游门人所记,从中约略可以看出子游之思想。孟子以后儒者对子游评价都很高,如《孟子·公孙丑上》曰"子夏、子游、子张皆有圣人之一体"。唐开元二十七年,追封子游为"吴侯",宋大中祥符二年加封为"丹阳公",后改尊之为"吴公"。明代包大燿有《子游年谱》,清代林春溥也编过《子游年表》,蔡仁厚编有《子游年表》,可参阅。

宁越(—前385)生。

按:《汉书·艺文志》、《吕氏春秋·博志》皆云:宁越,赵国中牟(今河南鹤壁市西)人,《吕氏春秋·不广》、《说苑·尊贤》等处均载有宁越事,钱穆《先秦诸子系年》第五五有《宁越考》,可参阅。

周贞定王二十五年　丁酉　前 444 年

晋大夫韩、魏灭伊洛阴戎,其逃脱者,迁至汧、陇以西,自此中原无戎族

按：此据《后汉书·西羌传》。

是年前后,墨子至楚,献书楚王,与公输般斗攻守之法,胜之,遂止楚攻宋。旋即墨子归鲁过宋,宋昭公封之为大夫。

按：墨子止楚攻宋事见于《墨子·鲁问篇》、《战国策·宋卫策》、《吕氏春秋·爱类》、《淮南子·修务训》等处也有载,《史记·孟荀列传》言墨子曾仕宋为大夫,年代均无考。现据钱穆《先秦诸子系年》而断。蒋伯潜《诸子通考》断其事在周考王二年（前 439 年）。孙诒让《墨子间诂》附《墨子年表》系此事于楚惠王四十九年（前 440 年）。梁启超《先秦学术年表》（见上海古籍出版社 1982 年 8 月版《古史辨》四）同孙诒让说。

公元前 444 年,罗马执政官职位始向平民开放。

周贞定王二十六年　戊戌　前 443 年

秦日蚀,昼晦,能见星星。

按：此记录见于《史记·六国年表》,盖太史公据秦时文献直录。缪文远引朱文鑫《历代日食考·战国及秦日食表》谓《六国年表》所记系全食之象："查是年,并无全食为中国所见。次年,即西历纪元前 442 年 3 月 11 日,有全食,经长城内外,秦都咸阳可见九分余",则秦之日蚀当在次年。

公元前 443 年,伯利克里时代始。

罗马始设 2 名贵族检察官。

周考王元年　辛丑　前 440 年

周考王封其弟揭于王城,号西周。史称西周桓公,或称西周君。

吴起（　—前 381）生。

按：吴起,卫人,或云楚人,战国前期政治、军事名家。曾仕于鲁、魏、楚等国。

公元前 440 年,雅典围萨摩斯。

古希腊默冬发现月球位相有 19 年重复出现之周期。

米隆卒（约前480— ）。古希腊雕塑家。波利格诺托斯卒（约前500— ）。古希腊壁画家。

其事多见于《国策》、《韩非子》、《说苑》等，《史记·孙子吴起列传》。《资治通鉴·周纪一》叙其事曰："吴起者，卫人，仕于鲁。齐人伐鲁，鲁人欲以为将，起娶齐女为妻，鲁人疑之。起杀妻以求将，大破齐师。或谮之鲁侯曰：'起始事曾参，母死不奔丧，曾参绝之；今又杀妻以求为君将。起，残忍薄行人也！且以鲁国区区而有胜敌之名，则诸侯图鲁矣。'起恐得罪，闻魏文侯贤，乃往归之。文侯问诸李克，李克曰：'起贪而好色，然用兵，司马穰苴（齐景公时名将）弗能过也。'于是文侯以为将，击秦，拔五城。"魏文侯任之以为西河守，秦人不敢东窥。魏文侯死，子武侯立，初仍任之，后信谗言，吴起惧祸去魏奔楚。此以前事无系年，附于此。奔楚以后事详下。

周考王二年　壬寅　前439年

公元前439年，雅典堕萨摩斯。
希腊克雷西拉斯约于此时完成青铜伯利克里半身塑像。

墨子游楚，见楚惠王，王以老辞，未能用墨子。墨子复归鲁。

按：墨子南游于楚，献书惠王，事见于《墨子·贵义篇》，《渚宫旧事》卷二也有载。孙诒让《墨子间诂·墨子年表》系于本年，并将《鲁问篇》所叙墨子至楚，止公输般为楚惠王造云梯攻宋事系于周考王元年（楚惠王四十九年）。钱穆《墨子的生卒年代·墨子事迹年表》(见上海古籍出版社1982年8月出版《古史辨》四)也将墨子止楚攻宋与楚王不能用系在一起。墨子既倡"非攻"，而楚正以征伐为务，连并中原小国，则墨子定不止一次到楚国，非为爵禄，只为非攻。则惠王"以老辞"非必在止公输般为楚惠王造云梯攻宋那次，倒是墨子因多次劝谏惠王而致惠王故意"以老辞"的可能性大些。故将墨子"止楚攻宋"事系于前444年，而将惠王"以老辞"系于本年也。

周考王五年　乙巳　前436年

曾参卒(前505—)。曾参字子舆，鲁国南武城人。少随父曾点师从孔子，并随孔子周游列国。性格内向，处事谨慎，显得迟钝。孔子曾说"参也鲁"。但学习非常努力、刻苦，强调"内省"的修养方法，对孔子的仁道理论作深入的研究，并进而发扬光大，尤以"孝"的理论和实践著称，对后世产生了重大影响。事迹见《史记·仲尼弟子列传》。

按：据《史记·仲尼弟子列传》载："曾参，(鲁国)南武城人。字子舆，少孔子四十六岁。孔子以为能通孝道，故授之业。作《孝经》，死于鲁。"曾参少随父曾点师从孔子，并随孔子周游列国。学界一般认为曾参乃孔门七十二贤人中年龄最小者，是曾参及其弟子为主编纂了《论语》。故后世儒者习惯称其为曾子。

曾子终身阐释孔子之仁道，将儒家"仁"的实现作为自己至上追求。指出："士不可以不弘毅,任重而道远。仁以为己任,不亦重乎?死而后已,不亦远乎?"(《论语·泰伯》)又说:"晋楚之富,不可及也;彼以其富,我以吾仁,彼以其爵,我以吾义,吾何慊乎哉?"(《孟子·公孙丑章句下》)又说:"是故君子将说富贵必勉于仁也。"(《大戴礼记·曾子制言》)对孔子之仁义思想作了创造性发挥。他将孔子之"仁"学体系进行分解,对其中一些关键性内容进行单独改进,使之具体化,现实化,以利于各阶层人实践。孔子曾对曾参说"吾道一以贯之"(《论语·里仁》),是孔子少数几个得其真传的弟子之一。曾参以"忠恕"释孔子的一贯之道,首开将儒家致思方向导向"心"这一路线。曾子一方面固守维护等级名分之礼,认为礼可以避免"犯其上,危其下,衡道而强立之"(《大戴礼记·曾子制言》)之类行为的出现。另一方面把礼阐释为主观之道德情操,认为"夫礼,贵者敬焉,老者孝焉,幼者慈焉,少者友焉,贱者惠焉。此礼也,行之则行也,立之则义也"(同上)。这种礼适用于一切社会等级之人,使原来主要施行于贵族阶层的"礼不下庶人"之礼靠近了普通民众。

在曾子一生中,比较突出的还有他的孝行和孝道理论。在孔门弟子中,在孝行方面表现突出的除了闵子骞之外,就是曾子。就其对后世的影响来说,则曾子远远超过了闵子骞。曾子师承孔子"孝"道之后,经过他自己的体悟,把在孔子那里还只是伦理观内涵之一的孝扩大,膨胀成包括所有道德范畴的"大经大法"。如说"夫孝,德之本也,教之所由生也"(《孝经》卷一),"夫孝者,天下之大经也"(《大戴礼记·曾子大孝》)。而且"孝"无所不在,无所不用,适用于一切领域,是指导人类一切行为之普遍法则,"置之而塞于天地,衡之而衡于四海。施诸后世,而无朝夕,推而放诸东海而准,推而放诸西海而准,推而放诸南海而准,推而放诸北海而准"(同上)。曾子人伦孝道之基本内容可以概括为"养亲、敬亲、谏亲、慎终追远、全体贵生"五个方面,若将人伦孝道扩展到政治关系上,就构成了他孝道理论体系的另一重要内容"忠"。"孝"除了是调节社会关系之准则外,曾子还把它作为调节人类与自然关系之准则。他认为宇宙间一切变化、运动,都会对人类的生存和发展产生影响,人类的行为自然也会对自然界产生意义不一的作用,要求人们遵守一定的自然规律,"草木以时伐焉,禽兽以时杀焉。夫子曰:'伐一木,杀一兽,不以其时,非孝也。'"(《大戴礼记·曾子大孝》)

曾子之所以学问修养皆有很高成就,主要凭借他"内省"及"慎独"之修养方法。他曾说:"吾日三省吾身。为人谋而不忠乎?与朋友交而不信乎?传不习乎?"(《论语·学而》)这是内省的方法。"慎独"指独处中谨慎不苟。

孔子卒后,曾子继续修道鲁、卫之间,教化洙泗之上,以著书立说和聚徒讲学方式维持儒学于不坠。曾参弟子达70余人,学者们或将曾参及其弟子称为"洙泗学派"。据考证,其成员主要有孟敬子、阳肤、单居离、沈犹行、公明仪、公明高、公明宣、子襄、曾元、曾申、乐正子春等人。另外,据说子思也曾师事曾参,而孟子又曾受业于子思之门人。因此,从曾参到子思到孟子,是孔子卒后邹鲁一带儒学传授的基本线索。

《汉书·艺文志》著录《曾子》18篇,已亡佚。《曾子》言论散见于《说苑》、《列子传》、《搜神论》、《韩非子》、《晏子》、《史记》、《新语》、《中论》、《颜氏家训》等书中,后世多人加以整理、校刊;较著者如崇川冯云鹓校刊之《曾子》共八卷:第一卷《年谱》,第二卷《王言》,第三卷《立事》、《本孝》、《立孝》、《大孝》、《事父母》,第四卷《制言上》、《制言中》、《制言下》、《疾病》、《天圆》,第五卷《补遗》,第六卷《附录》,第七卷《祠墓古迹》,第八卷《宗子世表》。虽不能复《曾子》原貌,然也可据以窥见原《曾子》之精华。由其弟子后学写成之《孝经》，基本反映了曾子思想，自西汉起影响巨大。自东汉明帝十五年始，曾子得以配祭孔子。唐高宗总章元年被封"太子少保"，唐玄宗开元二十七年封"郕伯"。宋真宗大中祥符二年封"郕侯"，政和元年改封"武城侯"，宋度宗咸淳三年封为"郕国公"。元至顺元年封为"郕国宗圣公"。明世宗改称"宗圣"。

周考王七年　丁未　前434年

《孔子诗论》写成于本年前后。

按：1994年5月，上海博物馆从香港文物市场购得一批战国楚竹简，其后陆续摄影出版（学界一般简称"上博简"），《孔子诗论》即在其中。上博简《孔子诗论》问世以来，学界对《孔子诗论》之作者、主旨及先秦时期诗学、经学、史学等问题展开研讨。可参看陈桐生著《〈孔子诗论〉研究》（中华书局2004年版）等论著。赵逵夫主编《中国文学编年史·周秦卷》将《孔子诗论》写成时间系在本年，今从之。

周考王八年　戊申　前433年

晋韩、赵、魏益强大，晋公室衰微，仅剩绛与曲沃之地，余皆归三家。晋幽公柳反朝于三家之君。

按：《史记·六国年表》系晋幽公柳元年于周考王甶四年（前437年），并曰："晋幽公柳元年，服韩、魏。"缪文远据雷学淇、钱穆、陈梦家诸氏所考，断为是年。又据《晋世家》断"服韩、魏"之"服"为"朝"字之误。录此备考。

曾侯乙卒，楚惠王为其铸造"宗彝"，助曾治丧。

按：曾国乃楚国北部一小国，春秋至战国前期存在，其史料一直不见于文献。1978年夏，湖北省随县擂鼓墩发现曾侯乙墓，使湮没两千多年之曾国重见天日。从曾侯乙墓中共发掘出各种文物700多件，总重量在10吨以上。其中有一套64件编钟（不包括楚王送的一件镈钟）尤其引人注目，其外观华丽，音律准确，至今尚能演奏各种中外名曲，乃当时科技昌盛之最好证明。又其中一漆衣箱盖中央绘有北斗，两旁绘青龙、白虎，环绕北斗，并按顺时针方向写有二十八宿名称。此为迄今发现文物中完整的二十八宿星名之最早文字记载。另有一些磬、鼓、琴、瑟、箫、笛等乐器及漆棺画、漆箱画、漆盒画皆造型精美，纹样华丽，反映出当时很高的音乐与绘画艺术水平。可参阅湖北省博物馆1978年10月编印之《随县擂鼓墩一号墓发掘的重要收获》及李学勤《曾国之谜》一文（载《光明日报》1978年《文物与考古》专栏第92期）。

周考王十年　庚戌　前431年

楚北伐灭莒。

　　按：莒国，为西周封国。故址在今山东莒县一带。原都介根。《史记正义》曰："《括地志》云：'密州莒县，故国也。'言'北伐'者，莒在徐、泗之北。"蒙文通《越史丛考》谓：齐先灭莒，时在齐威王九年至十四年间（前348—前343年）。后楚又取莒于齐，时在楚顷襄王年间（前298—前263年）。《史记》称是年楚灭莒，乃太史公之误。今存之备考。

卫昭公附属于赵。

　　按：卫，侯国；赵，晋大夫之国也。侯国附属于大夫之国，由此可见战国局势之变。

公元前431年，第二次伯罗奔尼撒战争开始。斯巴达人遂入阿提卡。

周考王十五年　乙卯　前426年

周考王嵬卒，子姬午立，是为周威烈王。

周威烈王四年　己未　前422年

秦作上、下畤。

　　按：此据《史记·六国年表》，《秦本纪》不载。畤为祭祀场所。一般认为上畤祭祀黄帝，下畤祭祀炎帝。

公元前422年，雅典、斯巴达人战于安菲波利斯。

周威烈王六年　辛酉　前420年

公元前420年，亚西比德当选雅典将军。

克拉提诺斯卒，生年不详，古希腊诗人。波利克里托斯卒（约前465—　）。古希腊雕塑家。

卜商卒（约前507—　）。卜商字子夏，卫人，一云魏人。《史记·仲尼弟子列传》云："少孔子四十四岁。"孔子生前评论其才干，曾称赞子夏是好学深思有志务实的人："博学而笃志，切问而近思"（《论语·子张》）。

按：《论语·子路篇》言子夏曾为莒父宰，是子夏又尝仕于鲁也。《史记·仲尼弟子传》曰："孔子既没，子夏居西河教授，为魏文侯师。"此当是子夏晚年时事。大致在孔子没后，子夏去鲁至魏，被魏文侯延请为师。晚年子夏聚徒讲学于魏国故卫地之西河，从学者三百余人，其中有许多后来颇有名。《史记·儒林列传》曰："如田子方、段干木、吴起、禽滑厘之属，皆受业于子夏之伦。"足见西河设教之盛。战国时期一批著名思想家、军事家如李悝、吴起、商鞅，俱出其门下。而荀子、李斯、韩非则也是其隔二三代之弟子。其门风之盛，使魏国的西河成为当时的学术中心，甚至许多人误以为他就是孔子。这个西河学术中心既传授儒家经典"六艺"，也传播讨论法家思想，许多人成为了法家思想的先驱。

又按：《韩诗外传》卷六记载，孔子没后，子夏还曾去过卫国，事卫灵公，有后世蔺相如之勇。若其事果真，则当在"居西河教授"之前。《论语·先进篇》曰："文学，子游、子夏。"《论语·子张篇》记其言曰："日知其所亡，月无忘其所能，可谓好学也已。"盖子夏好学且长于文学，而又能温故知新者。《论语·先进篇》载："子贡问：'师（颛孙师，字子张）与商（卜商，即子夏）也孰贤？'子曰：'师也过，商也不及。'曰：'然则师愈与？'子曰：'过犹不及。'"朱熹《论语集注》释曰："子张才高意广，而好为苟难，故常过中；子夏笃信谨守，而规模狭隘，故常不及。"盖子夏在性格方面比较内敛，且有些拘泥和谨小慎微。《孔子家语》载子夏正"晋师三豕涉河"为"晋师己亥涉河"之误，此校雠学之滥觞也。经学家又谓六经多为子夏所传（《后汉书·邓张徐张胡列传》载徐防曰："臣闻诗、书、礼、乐定自孔子，发明章句，始于子夏。"可为代表），故后儒以子夏为传经之儒，与曾参为传道之儒并列，而汉儒宗子夏，宋儒宗曾子。至如子夏作《易传》（《四库全书·经部·易类一》即收有《子夏易传》十一卷），公羊高、穀梁赤皆受业于子夏门人，所传《春秋公羊传》、《春秋穀梁传》乃得之于子夏诸说，则又愚而难决者。子夏晚年因丧子，悲痛过度导致双目失明。又有人据此推测卜子夏可能就是晚年失明而修有《国语》之左丘明，也录此备考。唐开元二十七年（739），追封子夏为"卫侯"，宋大中祥符二年（1009）加封为"东阿公"，旋又改封"魏公"。今人陈立以为上海博物馆藏战国楚竹书《孔子诗论》或为子夏所作。可参阅陈立《〈孔子诗论〉的作者与时代》，载《上博馆藏战国楚竹书研究》，上海书店出版社2002年出版。

周威烈王九年　甲子　前417年

秦初以君主妻河,有为河伯娶妇之俗。后有魏西门豹为邺令,禁为河伯娶妇事,百姓称快。

按:《史记·六国年表》曰:"城堑河濒,初以君主妻河。"司马贞《史记索隐》曰:"初以此年取他女为君主,君主犹公主也。妻河,谓嫁之河伯,故魏俗犹为河伯娶妇。"宋吕祖谦《大事记》曰:"用诸河以求福也。戎狄之俗也。魏文侯使西门豹为邺令,邺民苦岁为河伯娶妇,豹始禁之,正与此同时。魏与秦邻,意者染秦俗欤?"杨宽《战国史料编年辑证》曰:"盖龙门以上、黄河上游有部族河宗氏,以河伯为其始祖而崇拜。河伯娶妇之俗,疑即河宗氏之巫术信仰,世界各地沿河部族皆有此风俗。"魏西门豹治邺事于《史记·滑稽列传》、《淮南子·人间训》所述甚详,但无系年。《资治通鉴》系西门豹治邺事于前403年,为魏文侯政绩综述之属(详本编年前403年记事)。而依《史记·六国年表》系秦初有为河伯娶妇之俗于本年。

周威烈王十七年　壬申　前409年

秦初令吏带剑。

按:《史记·六国年表》本年秦栏曰:"初令吏带剑。"以自卫也。

周威烈王十八年　癸酉　前408年

秦"初租禾"。

按:《史记·六国年表》本年秦栏曰:"堑洛,城重泉。初租禾。""租禾"即效法中原用实物地租制。

吴起为魏西河守。

按:魏文侯以吴起为将伐秦,拔西河五城,并以吴起为西河守。《资治通鉴》系此事于周威烈王二十三年(前403年),然视其叙事乃属综论,多追述往事语,不足凭。《史记·六国年表》本年魏栏记载文侯多处用兵，连克诸侯，大破秦兵，虽未明言吴起为将事，然综合观之，则庶几也，故依《史记》系于此。《资治通鉴》记吴起初为鲁将，大破齐师，被谮而奔魏。魏文侯问诸李克，李克曰："起贪而好色，然用兵，司马穰苴弗能过也。"于是文侯以为将，击秦，拔五城。以吴起为西河守，筑洛阴、合阳两城。秦退守洛水，沿洛水筑城，并修重泉城。李克、文侯用其所长之人才观颇有远见卓识。

周威烈王二十年　乙亥　前406年

公元前406年，来山德任斯巴达海军统帅，是年败亚西比德于以弗所提翁角。亚西比德遂走赫勒斯滂。

索福克勒斯卒（约前496—　）。古希腊悲剧作家。

欧里庇得斯卒（约前480—　）。古希腊悲剧作家。

魏文侯使乐阳灭中山国，封乐阳于灵寿。

按：灵寿在今河北灵寿西北，此据《史记·魏世家》。

魏文侯任李悝为相，行变法。

按：李悝变法当为多年进行，其内容主要为：(1)废除"世卿世禄"制；(2)"尽地力之教"，鼓励耕作以增加粮食产量；(3)实行"平籴法"以平粮价；(4)"赏有贤，罚必当"，实行法治；(5)军事上建常备"武卒"。魏国自此走向富强。李悝因此被誉为先秦法家之先驱人物。

周威烈王二十一年　丙子　前405年

公元前405年，来山德灭雅典海军于伊戈斯波塔米之役。

曾申卒（约前475—　）。

按：《礼记·檀弓上》曰："曾子寝疾病，乐正子春坐于床下，曾元、曾申坐于足。"又曰："(鲁)穆公之母卒，使人问于曾子曰：'如之何？'对曰：'申也闻诸申之父，曰哭泣之哀，齐斩之情，饘粥之食，自天子达。'"刘向《别录》曰："左丘明授曾申，申授吴起。"知申为曾参次子（或谓曾参三子：长曾元，次曾华，曾申第三），尝为吴起师并受鲁穆公礼遇。

申详卒（约前475—　）。

按：申详事迹不详。《礼记·檀弓上》郑注曰："子张（孔子弟子颛孙师，字子张）子。"《孟子·公孙丑下》第十一章曰："泄柳、申详，无人乎缪公之侧，则不能安其身。"钱穆以为申详即魏公子子莫，参阅其《先秦诸子系年》卷三第八一章《子莫考》。

周威烈王二十二年　丁丑　前404年

三晋假王命伐齐，入长城（齐长城西起防门，东至琅琊入海）。

按：《水经注·汶水》引《古本竹书纪年》曰："晋烈公十二年，王命韩景子、赵烈子、翟员（魏军主帅）伐齐，入长城。"又《吕氏春秋·下贤》记魏文侯"南胜荆于连隄，东胜齐于长城，虏齐侯，献诸天子，天子赏文侯以上闻（或说上卿）"。三晋声威大震。

宋君用子罕之计，囚墨翟。

按：此据梁启超《先秦学术年表》。

公元前404年，来山德围雅典，遂堕城防，解散提洛同盟。伯罗奔尼撒战争结束。斯巴达称霸全希腊。遂立雅典三十僭主。

周威烈王二十三年　戊寅　前403年

韩、赵、魏始为列侯。

按：三晋始侯的年代尚有异说。《史记·六国年表》系于本年；《史记·晋世家》、《楚世家》又谓在晋烈公十九年、楚简王八年（前423年）；钱穆《先秦诸子系年》曰："三晋之侯，魏最先，赵次之，韩又次之。周威烈二十三年，特赵人始侯年。其前二十二年，魏已称侯。其后十六年，韩始侯。此三晋称侯之始末也。"今人一般从《六国年表》说。史家认为，三晋始侯，乃战国大事变，不仅意味着贵族内部权力的大调整，还标志着当时政治、经济、文化、学术风气的大波动和大改变。正如《资治通鉴》在论三晋称侯之事时所曰："今晋大夫暴蔑其君，剖分晋国，天子既不能讨，又宠秩之，使列于诸侯……先王之礼于斯尽矣。"

魏文侯是年前后以田子方等人为师，每过段干木之庐必式（凭轼行礼）。四方贤士多归之。

按：魏文侯礼贤之事多见于《国策》及《史记》，实无系年。《资治通鉴》记事自本年始，并将魏文侯礼子夏、田子方、段干木诸贤事记于本年，实有误。子夏约于前420年去世，此为追述、综述耳。姑记之。

田子方是年前后傲视魏公子击，公子击礼之。

按：是年前后，乐羊为魏文侯伐中山，克之。文侯以中山封子击。《资治通鉴》曰："子击出，遭田子方于道，下车伏谒，子方不为礼。子击怒，谓田子方曰：'富贵者骄人乎？贫贱者骄人乎？'子方曰：'亦贫贱者骄人耳，富贵者安敢骄人！国君而骄人则失其国，大夫而骄人则失其家。失其国者未闻有以国待之者也，失其家者未闻有以家待之者也。夫士贫贱者，言不用，行不合，则纳履而去耳，安往而不得贫贱哉！'

子击乃谢之。"《通鉴》记此事当本于《史记·魏世家》及《说苑·尊贤篇》。子击为魏文侯长子,初,文侯立次子䜣为太子,封子击于中山。数年后,子击又凭自己的贤能重被立为太子。此事可见子击一如乃父胸襟气度。魏文侯父子乃较早以礼贤下士闻名者,实开战国时期贵族礼贤下士之风;而田子方傲视子击则开战国士人傲视王侯之风气。

西门豹是年前后为邺令,惩溺恶巫,修水利,一改邺地民间为"河伯娶妇"恶习。

按:《史记·滑稽列传》"褚少孙补曰"述西门豹治邺,惩巫者为"河伯娶妇"事甚详。《史记·河渠书》也述及"西门豹引漳水溉邺,以富魏之河内"。《淮南子·人间训》曰:"西门豹治邺,廪无积粟,府无储钱,库无甲兵,官无记会,人数言其过于文侯。文侯身行其县,果若人言。文侯曰:'翟璜任子治邺而大乱,子能道则可,不能则将加诛于子。'西门豹曰:'臣闻王主富民,霸主富武,亡国富库。今王欲为霸王者也,臣故蓄积于民,君以为不然,臣请升城鼓之,甲兵粟米可立具也。'于是乃升城而鼓之。一鼓,民被甲括矢操兵弩而出;再鼓,负輂粟而至。"其叙西门豹政绩较为周详,可参。

魏成(魏文侯弟季成)、翟璜等是年前后为魏文侯相。

按:魏文侯广揽人才闻名于当时,《资治通鉴》系魏文侯师子夏、田子方于本年虽不甚切,然以本年为叙事之始,并总叙文侯政绩则无疑。盖是年为周王承认晋三桓始侯之年,文侯尚盛壮,其延揽人物如子夏、田子方、段干木、翟璜、翟角、李悝、李克、任座、吴起、乐羊、屈侯鲋、西门豹之属当在为政间(前445年,文侯立)各时不同,因无系年,并于本年叙之,也无不可。李悝为相约在前406年,姑系李克、翟璜为相及西门豹治邺事于本年。

李克是年前后与魏文侯论置相道理。

按:《史记·魏世家》与《资治通鉴》皆记此事。文侯谓李克曰:"先生尝有言曰:'家贫思良妻,国乱思贤相。今所置非成(魏成)则璜(翟璜),二子何如?'对曰:'卑不谋尊,疏不谋戚。臣在阙门之外,不敢当命。'文侯曰:'先生临事勿让!'克曰:'君弗察故也。居视其所亲,富视其所与,达视其所举,穷视其所不为,贫视其所不取,五者足以定之矣,何待克哉!'文侯曰:'先生就舍,吾之相定矣。'"李克所论居、富、达、穷、贫"五视"察人法颇具哲学深度。

周威烈王二十四年　己卯　前402年

公仲相赵,赵烈侯用公仲所举牛畜、荀欣、徐越三贤人。

按:据《史记·赵世家》载:赵烈侯好音乐。初,欲使郑歌者枪、石二人富且贵,赐二人田各万亩。相国公仲连连称诺却迟迟不执行。赵烈侯屡屡催问,公仲称病不朝以避之。后有番吾君向公仲荐举牛畜、荀欣、徐越三贤,公仲又荐之于赵烈侯,烈侯用之。牛畜教以仁义,徐越教以节俭,荀欣教以选贤使能。赵烈侯悦,使三人官而止使歌者枪、石富贵之事。公仲革君之弊而烈侯见贤思齐皆可赞也。且牛畜辈三人三家,持学不同,然共事一君,各显其能,足显战国风气。

周威烈王午崩,子姬骄立,是为周安王。

孔伋卒(约前483—)。孔伋字子思,孔子嫡孙。父孔鲤(字伯鱼),伯鱼年五十先孔子死,伯鱼生子思。子思幼时曾跟随孔子活动,亲聆夫子教诲。孔子卒后又曾师事曾参,后来曾为鲁缪公重臣,又尝仕于卫。子思为儒学流传中由孔子至孟子之中间人物,有着十分重要的地位。从曾参到子思到孟子,当是孔子卒后邹鲁一带儒学传承之基本线索。

按:《史记·孔子世家》言子思"尝困于宋","作《中庸》"。班固《汉书·艺文志·诸子略·志·儒家》著录《子思》二十三篇,《隋志》、《新唐志》、《宋志》并言《子思子》七卷,《旧唐志》独言《子思子》八卷,皆未及详目。《隋书·音乐志》引梁沈约曰:"(《礼记》之)《中庸》、《表记》、《坊记》、《缁衣》皆取《子思子》。"盖《子思子》其书至隋、唐间已亡佚。子思言论、事迹散见于《孟子》、《吕氏春秋》、《尸子》、《孔丛子》、《韩非子》、《论衡》等文献中,有宋儒汪晫辑《子思子全书》一卷,清儒辑本有多种,以黄以周所辑《子思子》七卷为优。观子思之学主"劝学"、"修己"、"以心导耳目",其"心学"对孟子、荀子及宋明理学家都有很大影响。

又按:《资治通鉴·周纪一》于周安王二十五年(前377年)记子思荐苟变于卫侯事一则(《中国历史大事编年》也于前377年收录此事),实据《孔丛子》而来,钱穆、蒋伯潜等已辩其误。若其事为真,实无可系年。现附记于此:子思荐苟变于卫侯曰:"其才可将五百乘。"卫侯知其可将,然苟变为吏时,曾"赋于民而食人二鸡子",故不用。子思曰:"夫圣人之官人,犹大匠之用木也,取其所长,弃其所短;故杞梓连抱而有数尺之朽,良工不弃……今君处战国之世,选爪牙之士,而以二卵焉弃干城之将,此不可使闻于邻国也。"此事真假已难考,所言则与李克与魏文侯说吴起相似,舍短取长。盖早期儒者论人也非求全责备。

又按:1993年10月于湖北荆门市郭店一号楚墓出土800多枚竹简,其中部分简文被学者认定乃埋没多年之《子思子》残篇。1998年5月《郭店楚墓竹简》原简相片及释文由文物出版社出版,为学界进一步研究古文献上记载的"思孟学派"理论,探寻由子思到孟子思想的发展轨迹,并进一步认识儒家思想提供了宝贵的第一手资料。研究者大多认为书中《缁衣》、《唐虞之道》、《五行》、《性自命出》、《穷达以时》、《鲁穆公问子思》、《六德》及《成之闻之》的前半部极有可能为子思或其弟子所作,但有关子思生平,尚乏可靠资料,其生卒年更是只能推其大概。蒋伯潜《诸子通考》系子思卒年在周威烈王二十年(前406年),亦存之备考。

周安王二年　辛巳　前400年

禽滑釐卒(约前458—)。

按:《史记·儒林列传》以为禽滑釐初学于子夏之伦。孙诒让则以为禽滑釐先学于子夏,后为墨子大弟子,事墨子三年,手足胼胝,面目黎黑,役身给使。墨子遂授

公元前400年,印度人约于此时观测雨量。

修昔底德卒（约前469— ）。古希腊历史学家。

以守备之法。《墨子·公输般》载,楚惠王将攻宋,墨子至楚,与公输般斗攻守之道,并使禽滑釐率弟子三百人持守圉之器于宋城上以待楚寇。传禽滑釐尝闻"先质后文"之说于墨子。《墨子·公输般》、《耕柱》、《备梯》、《备城门》各篇载有禽子事。《列子·杨朱篇》中有禽子与杨朱问答语。《吕氏春秋·当染》、《尊师》二篇及《说苑·反质篇》也有禽滑釐事,可参阅。

田子方卒（约前475— ）。

按：其学受之于子贡,常不以世事为务,为一时高士,以气节骄人,跨君卿贵族之上,魏文侯礼之,魏太子击敬之,后人目之为世外高人。事迹散见于见《庄子·田子方》、《吕氏春秋·当染》、《史记·魏世家》等处。

申不害（ —约前337）生。

按：申不害,郑人。《史记》有传,事迹详其卒年（前337年）记事。

周安王五年　甲申　前397年

秦国日蚀。

聂政刺杀韩相侠累（韩傀）。

按：聂政刺杀韩傀事亦见于《韩非子·内储说下》、《战国策·韩策二》、《史记·刺客列传》、《资治通鉴》等处,所叙略有不同。因其中涉及韩哀侯事,故论者或以为其事当在韩哀侯时（前376—前375年）。事由大致如下：韩国贵族严仲子与相国侠累（也称韩傀）争权结怨,严仲子用聂政行刺侠累。聂政将欲杀相国累,累走抱韩哀侯,因并中哀侯。事毕,聂政毁己容并自杀。韩取聂政尸暴于市,以千金慕识之者,久之,莫知谁子。政姐不顾菹醢之诛,趋市抱尸而哭之,聂政并姐氏遂扬名。此聂政亦战国士人为知己者死之代表也。自太史公《刺客列传》始,后人多有壮其事者。今人郭沫若有历史剧《棠棣之花》,铺陈其事,则属小说家者言。

周安王六年　乙酉　前396年

公元前396年,罗马人终取维爱城。

魏文侯卒,太子击立。是为武侯。

按：魏文侯,名斯。前445—前396年在位。当政达50年之久。周考王七年（前434年）始称侯。在位期间,师子夏、田子方；任用李悝、李克为相,改革政治,富国强兵；用西门豹为邺令,治理地方,稳定民心。以礼贤下士、励精图治闻名于战国初期,在位期间,一大批人才云集魏国,使当时魏国的西河成为战国早期的学术中心。魏文侯礼贤下士对战国时期及后世统治者尊贤重士之风的形成影响很大。前

403年,周王承认魏、赵、韩为侯以后,魏是三国之核心和最强者。文侯之世,是魏国历史上最辉煌时期。

周安王七年　丙戌　前395年

秦伐绵诸。

按：绵诸国事迹此后不见于史,抑秦此役已灭绵诸欤？惠公以后,秦东扩西拓,颇振作,后终有天下,非一日之功也。

公元前395年,科林斯战争爆发,雅典遂败斯巴达。

吴起是年前后与魏武侯及诸大夫泛舟游西河,纵论为政"在德不在险"之理,武侯授吴起为西河守。

按：《战国策·魏策》、《史记·吴起传》皆记此事,然无系年。《战国策·魏策》曰："魏武侯与诸大夫浮于西河,称曰：'河山之险,岂不亦信固哉！'王钟侍王,曰：'此晋国之所以强也。若善修之,则霸王之业具矣。'吴起对曰：'吾君之言,危国之道也,而子又附之,是重危也。'武侯忿然曰：'子之言有说乎？'吴起对曰：'河山之险,信不足保也。是伯王之业,不从此也。昔者,三苗之居,左彭蠡之波,右洞庭之水,文山在其南,而衡山在其北。恃此险也,为政不善,而禹放逐之。夫夏桀之国,左天门之阴,而右天溪之阳,庐睪在其北,伊、洛出其南。有此险也,然为政不善,而汤伐之。殷纣之国,左孟门而右漳、釜,前带河,后被山,有此险也,然为政不善,而武王伐之。且君亲从臣而胜降城,城非不高也,人民非不众也,然而可得并者,政恶故也。从是观之,地形险阻奚足以霸王矣？'武侯曰：'善,吾乃今日闻圣人之言也！西河之政,专委之子矣！'"由此观之,吴起非但军事杰出,于政治亦能人也。魏、楚用之而国强,失之而国弱,信夫！《资治通鉴》系此事于周安王十五年(前387年),盖因《六国年表》以魏文侯卒于该年而误。今学者多以为此事宜为武侯初立时事,故系于本年。

李克卒(约前455—　)。李克,魏人,魏文侯礼之,为中山守。其事迹首见于《韩非子·外储说左下》："臣(指翟黄)荐李克而中山治。"《吕氏春秋·适威》、《应难》二篇也记有李克事。班固《汉书·艺文志》曰《李克》七篇,在儒家。

按：罗焌《诸子学述》曰："李克,子夏弟子,为魏文侯相。书七篇,久亡佚,马氏辑本一卷。"引马国翰曰："李克先从曾申受《诗》,为子夏再传弟子。后子夏居魏,亲从问业。故班固以为子夏弟子也。其书《隋》、《唐志》不著录,佚已久。惟《文选·魏都赋》张载注引一条,称《李克书》,曰：'言语辩聪之说而不度于义者,谓之胶言。'考《吕子》、《淮南子》、《韩诗外传》、《史记》、《新序》、《说苑》,巫引李克对文侯语,虽互有异同,要从本书取之。兹据辑录凡七节。其论夺淫民之禄以来四方之士,与不禁技巧则国贫民侈,皆能扼政术之要。"

又按：史家对李克、李悝究竟为一人,还是二人,说法不一,此公案至今悬而未决。《史记》载李克、李悝事迹牴牾参差，《平准书》谓："魏用李克，尽地力。"《货殖列传》略同，然《孟子荀卿列传》又曰："魏有李悝，尽地力之教。"克、悝一字之差，遂种后世聚讼之根。班固《汉书·食货志》详述李悝为魏文侯尽地力与平籴之法。且于《古今人表》中列李悝为上下，李克为中上；又于《汉书·艺文志·诸子略·儒家》曰"李克七篇"，班固自注"子夏弟子，为魏文侯相"；又于《汉书·艺文志·诸子略·法家》曰"李子三十二篇"，班固自注"名悝，相魏文侯，富国强兵"。显然分克、悝为二人。唐司马贞《史记索隐》、宋刘恕《通鉴外纪》、吕祖谦《大事记》、清梁玉绳《史记志疑》、林春溥《战国纪年》、黄式三《周季编略》、王先谦《汉书补注》皆同班固之说。至崔适《史记探源》复以为"魏有李悝尽地力之教，《魏世家》、《吴起列传》皆有李克对魏文侯语，且尝为中山守，尽地力即为守之职，是李克即李悝，悝、克一声之转，古书通用。唐人不通汉读，故以不误为误"。顾实《汉书艺文志讲疏》亦谓克、悝叠韵，古字通，故知克、悝为一人。钱穆《先秦诸子系年·魏文侯礼贤考》述及李克事迹，也疑李克即李悝。愚以为，克、悝为二人，自韩非子、吕不韦、太史公即分述之。《史记》述二人事迹言论时虽有互羼现象（《史记》述及李克事迹共四处：为卷三十《平准书》、卷四四《魏世家》、卷六五《孙子吴起列传》、卷一二九《货殖列传》；提到李悝仅《孟子荀卿列传》一处），然细究《魏世家》、《吴起列传》所载李克对魏文侯语，以居、富、达、穷、贫皆能自修为要，此与孟子之言修养、荀子之言慎独同道，与《韩非子》、《吕氏春秋》所记李克事迹合。盖李克之学源于子夏，以儒为宗，故班固列李克书在《艺文志·儒家》。而《史记·孟子荀卿列传》述李悝为魏文侯"尽地力之教"及《汉书·食货志》述李悝为魏文侯定平籴之法则酷似商鞅、韩非之道，也与《韩非子》、《吕氏春秋》所记李悝事迹合。盖李悝所倡属法家者流，班固列李悝书在《艺文志·法家》。后世亦多尊李悝为法家之祖。班固《汉书·古今人表》列李悝在上下等，李克在中上等，更显然为二人之证。史迁、班固去古未远，其说必有所据，最可信，且班固著《汉书》时，克、悝二子之书尚在，故能明列二处，且加自注说明之，此克、悝本为二人已明，无需再辩。千年之后，岂能因克、悝二字声近，古字可通，而推翻班固旧说，判二人为一人耶？况人之姓名相近，乃或完全相同且处同时者，岂特克、悝二人哉？故本编年列克、悝为二人。另，《淮南子·道应训》、《韩诗外传》卷三、《说苑》、《新序》皆提及李克，内容多与《韩非子》、《吕氏春秋》、《史记》、《汉书》所记李克事迹同。

段干木卒（约前465—　　）。段干木，晋人，为子夏弟子，生前有贤名，曾受魏文侯礼遇，为一时名人。后世儒生常提及。段干木事迹较零散。

按：《吕氏春秋·尊师》曰："晋国之大驵也，学于子夏。"《孟子》载：魏文侯欲见段干木，段干木踰垣而避之。《吕氏春秋·期贤》曰："魏文侯过段干木闾而轼（凭轼行礼）之。"《期贤篇》及《史记·魏世家》皆载，秦欲兴兵攻魏，或谏曰：段干木贤人也，魏文侯礼之，不可加兵云云。今据钱穆《先秦诸子系年》系卒年于此年。

季梁（　　—约前340）生。

按：《列子·力命篇》曰："杨朱之友曰季梁。"《仲尼篇》又曰："季梁之死，杨朱望其门而歌。"则知季梁乃杨朱友也，先杨朱而卒。钱穆《先秦诸子系年》署其生卒年为前395—前340年，今从之，系于此；另有《季梁考》（七九）一文，谓季梁之于杨朱如惠施之于庄周也。死杨朱前。

杨朱（　　—约前335）生。

按：《孟子》有曰："杨朱、墨翟之言盈天下"，又曰："能言距杨墨者圣人之徒。"后世学人读《孟子》，未有不知杨朱之名者，且知杨、墨皆一时显学。然杨朱身世却难详悉。非但《史记》无传,《汉志》、《古今人物表》也无其名。钱穆《先秦诸子系年》署其生卒年为前395—335年,另有《杨朱考》一文可参。今从之,系于此。

周安王八年　丁亥　前394年

齐伐鲁,取最(今山东曲阜南),鲁君质子于晋、楚以求外援,犁鉏以"远水不救近火"说鲁君。

按：据《韩非子·说林上》载,鲁穆公为御强齐而使二公子一质于晋,一质于楚以求外援。犁鉏曰："假人于越而救溺子,越人虽善游,子必不生矣;失火而取水于海,海水虽多,火必不灭矣,远水不救近火也。今晋与荆虽强,而齐近,鲁患其不救乎?"今成语"远水不救近火"即出于此。后韩师救鲁,得解。今依《资治通鉴》系于此。

公元前394年,波斯人败斯巴达舰队于小亚尼多斯海角。

周安王九年　戊子　前393年

墨子是年前后止鲁阳文君(楚封君,又称鲁阳公)攻郑。

按：此事始见于《墨子·鲁问》,鲁阳文君以"郑人三世杀其父(按,一说"父"当为"君",事指哀、幽、三君皆被弑而非善终),天加诛焉,使三年不全,我将助天诛也"为由,举兵将以伐郑,墨子曰："天诛足矣……譬有人于此,其子强梁不材,故其父笞之。其邻家之父举木而击之,曰:'吾击之也,顺于其父之志'。则岂不悖哉!"鲁阳文君服,乃辍兵。此墨子兼爱、非攻又一例也。

公元前393年,斯巴达围科林斯。

是年前后,柏拉图始撰早期对话。

周安王十二年　辛卯　前390年

鲁败齐田和之师于平陆。

按：据《史记·田敬仲完世家》载,齐康公十四年(前391),齐相田和迁其君齐康公于海上,使食一城,以奉其先祀。田氏实有齐国。其后田齐君主更欲以武力一统天下,与邻国多有战事,进而影响战国格局。

李悝卒（约前450—　）。李悝曾相魏文侯、武侯两朝，武侯时，一度为上地守。其事迹首见于《韩非子·内储说上·七术》："李悝为上地守"、"断讼以射"。《吕氏春秋·骄恣》记有李悝谏魏武侯骄恣事，故《三国志·魏书·文帝纪第二》裴注曰："昔魏武侯谋而当，有自得之色，见讥李悝。"《汉书·古今人表》列李悝为上下（三等），《汉书·艺文志·诸子略·法家》曰："李子三十二篇。"班固自注："名悝，相魏文侯，富国强兵。"《晋书·刑法志》有李悝《法经》六篇，已佚。后世尊其为法家始祖。

按：李悝任魏文侯相期间，在魏文侯支持下变法革新。在政治上，废除世卿世禄制，赏有贤，罚必当，实行法治。经济上实行重农抑商政策。一方面"尽地力之教"（《史记·孟子荀卿列传》卷七四），设法增加农业粮食产量，平时实行"平籴法"（控制粮食价格），"虽遇饥馑水旱，籴不贵而民不散，取有余以补不足"（《汉书·食货志》卷二四）。另一方面，为突出农业的地位而轻商、抑商、禁技巧，打击商人和手工业者，把农业跟工商业对立起来。李悝是我国历史上第一个提出并实行重农抑商政策的人，他的理论对后来的商鞅变法，韩非、李斯的观点，乃至我国整个封建社会政策的制订都产生过很大的影响。魏文侯任用李悝变法是战国前期的重大政治事件，或以为战国变法之始（齐思和《中国史探研·商鞅变法考》）。通过变法终使魏国"民以殷盛，国以富强"，一度使魏国的影响力超过秦、齐、楚三个大国，诸侯纷纷来朝。魏文侯也因此成为战国初期政坛上的风云人物。史载李悝事迹常与李克事迹相混。可参见本编年前395年李克卒年记事按语有关李克、李悝辨证文字。

许行（　—前315）生。

按：此处从钱穆《先秦诸子系年》。

尸佼（　—约前330）生。

按：钱穆《先秦诸子系年》卷三有《尸佼考》，所附《诸子生卒年约数》断尸子生卒年为前390—前330年。

商鞅（　—前338）生。

按：商鞅，姓公孙氏，其祖本姬姓，卫人，或称卫鞅。《史记》有《商君传》，然叙事无纪年，此处商鞅生年从钱穆《先秦诸子系年》。

周安王十五年　甲午　前387年

公元前387年，波斯破雅典海军，遂结束科林斯战争。

柏拉图始在雅典郊外希腊学园讲学。

齐田和会魏武侯、楚人、卫人于浊泽，田和求为诸侯，魏武侯为之求于周安王及诸侯，周安王许之。田氏至此遂有齐国，田和为齐太公。

按：前672年，陈国内乱，陈公子完避乱奔齐，甚得齐桓公信任，使之为工正。陈完改姓田。传八世至陈恒（即田恒，避汉讳称田常）为齐相，杀齐简公，另立新君，始专齐政。至十一世田和终践君侯位。田氏为侯，结束了姜齐近六百年的统治。田代姜齐与三家分晋，是战国前期两次影响巨大的以和平方式取得政权的事件，在后代也有深远影响。《史记·田敬仲完世家》曰："（康公）贷立十四年……太公迁康公于海上……明年,鲁败齐平陆。三年,太公与魏文侯(当为魏武侯)会浊泽,求为诸侯。"裴骃《史记集解》引徐广曰:"康公之十六年。"司马贞《史记索隐》曰:"徐广云'康公十六年',盖依《年表》为说,而不省此上文'贷立十四年'又云'明年会平陆''又三年会浊泽,'是十八年。《表》及此注并误也。"《史记索隐》之说是,今从之。

周安王十七年　丙申　前385年

　　宁越卒(约前445—　)。宁越,赵国中牟人。为周威王师。班固《汉书·艺文志·诸子略》有《宁越》一篇,列儒家,久佚。
　　按:《吕氏春秋·贵应》称其苦耕稼、勤读书,十五岁而周威王师之。《吕氏春秋·不广》载其教赵国大将孔青归齐尸事。贾谊《过秦论》曰:"宁越、徐尚、苏秦、杜赫之属为之谋。"盖宁越乃早期纵横之士,惟其苦耕稼、勤读书之举可嘉,足为后世师。钱穆《先秦诸子系年》五五有《宁越考》,可参。

　　淳于髡(　—前305)、邹忌(　—前319)生。
　　按:此处从钱穆《先秦诸子系年》。

公元前385年,雅典人平反苏格拉底。

周安王十八年　丁酉　前384年

　　秦宣布"止从死"。即取消以活人殉葬制度。
　　按:《左传·僖公五年》曰:"鬼神非人实亲,惟德是依。故《周书》曰:'皇天无亲,惟德是辅'。"故春秋以降,人殉减少,而以陶俑、木俑代之。秦宣布"止从死"。即取消以活人殉葬制度。这是战国中期人们的宗教信仰发生根本性变化的体现。但人殉制度并未废止。即便秦国,至秦二世时,尚以宫女千人及工匠为秦始皇殉葬。

　　吴起去魏入楚。
　　按:《吕氏春秋·长见》曰:"吴起治西河之外,王错(魏大夫,魏武侯宠臣)谮之于魏武侯。武侯使人召之。吴起至于岸门,止车而望西河,泣数行而下,其仆谓吴起曰:'窃观公之意,视释天下如释蹝。今去西河而泣,何也?'吴起抿泣而应之曰:'子不识,君知我,而使我毕能西河,可以王。今君听谗人之意而不知我,西河之为秦取不久矣,魏从此削矣!'吴起果去魏入楚。"郭沫若《青铜时代》曰:"吴起去魏入楚,不知究在何年。其在楚为令尹仅及'期年',其前则曾为宛守一年……吴起在楚至少当得有三年。而吴起之入楚则当在楚悼王十八年,魏武侯之十三年。"

周安王二十年　己亥　前 382 年

吴起为楚悼王令尹,实施变法。

按：据《说苑·指武》,吴起在楚,初,楚王以为宛守。据《史记·孙子吴起列传》,是年前后,吴起为楚悼王令尹,在楚实施变法。其事也见于《韩非子·和氏》、《战国策·秦策三》、《吕氏春秋·贵卒》、《淮南子·道应训》、《史记·孙子吴起列传》、《说苑·指武》、《资治通鉴》等处。所述变法内容小异。大致如《资治通鉴》所云:"楚悼王素闻其贤,至则任之为相。起明法审令,捐不急之官,废公族疏远者,以扶养战斗之士,要在强兵,破游说之言从横者。于是南平百越,北却三晋,西伐秦,诸侯皆患楚之强;而楚之贵戚大臣,多怨吴起者。"郭沫若《青铜时代》总结吴起变法内容共五条:1.抑制贵族的权势,充裕民生;2.节省骈枝的浪费,加强国防;3.采取移民的政策,疏散贵族;4.屏除纵横的说家,统一舆论;5.严厉法令的执行,集权中央。

周安王二十一年　庚子　前 381 年

吴起卒(前 440—)。起,卫人,或云楚人。初学于曾子,后学兵法,善用兵。为鲁将,大破齐师。为魏将,大破秦军。为魏守西河,秦人不敢东向。至楚,行变法,虽使楚国富民强,然大伤公族利益。故楚贵戚尽欲害吴起。及悼王卒,贵族作乱,攻吴起,起走而伏悼王尸上,击起之徒因射刺吴起,并中悼王。悼王既葬,子肃王即位,使令尹尽诛射吴起而并中王尸者,坐射起而夷宗死者七十余家。吴起虽死,其学流波甚远。著有兵法四十八篇,今传世六篇。

按：因楚悼王卒,楚公族射杀吴起,车裂之。其后,同为卫人的商鞅助秦孝公变法,使秦富国强兵,而终有天下,续起志也。吴起初习儒,后习富国强兵之刑名之法,又通军事,史载有兵法《吴子》传世,今存《吴子》六篇:《图国》、《料敌》、《治兵》、《论将》、《应变》、《励士》,清以来,研究者多以为伪书。

《韩非子·五蠹》曰:"藏孙吴之书者家有之。"盖韩子时代,吴起之书已传世。司马迁《史记·孙子吴起列传》曰:"吴起兵法,世多有,故弗论。"说明太史公时,吴起兵法普遍流行。班固《汉书·艺文志》著录"吴起四十八篇"。《隋书·经籍志》曰:"《吴起兵法》一卷,贾诩注。"《旧唐志》未著录,《新唐志》曰:"贾诩注《吴子兵法》一卷。"注云:"吴起。"《宋志》云:"吴起《吴子》三卷。"疑《吴子》为伪书,始于清人姚鼐、姚际恒,盖与其时疑古之风有关。张心澂《伪书通考》引姚鼐曰:"魏晋以来乃以笳笛为乐,彼吴起安得云'夜以金鼓笳笛为节乎'?"又引姚际恒曰:"《汉志》四十八篇,今六篇,其论肤浅,自是伪托。中有屠城之语,尤为可恶。"郭沫若《青铜时代·述吴起》曰:"现存的《吴子》,仅有《图国》、《料敌》、《治兵》、《论将》、《应变》、《励士》,共六篇,总计不上五千字……每于无关重要处袭用《孙子兵法》语句;更如下列数语,则显系袭用《曲礼》或《淮南子·兵略训》……故今存《吴子》实可断言为伪。以笔调觇之,大率为西汉中叶时人所依托。"今细究之,姚、郭诸论,殊不可据。《吴子》之书,《韩子》、《史记》即有所论。《汉志》明确著录,其四十八篇今存六篇,乃年代久远,自然亡佚,其因多多,许多先秦典籍皆有类似经历。姚际恒以其所传篇少而断其伪,自是不妥。一部古籍流传过程中,后人有所增删,也是常事,也不能因其中有一两处汉、魏之俗而断其为汉魏时书。其中有《孙子兵法》语句,可能是吴子引用前人成说,很是正常,古人引文可不像今人须得一一注明出处。至于其中有《曲礼》、《淮南子·兵略训》同者则更难说是谁抄谁了,因其时《吴子》其书已盛传。宋晁公武《郡斋读书志》著录"《吴子》三卷"曰:"魏吴起撰,言兵家机权法制之说。唐陆希声类次为之说。"且录篇名,除《图国》一篇外,余五篇皆与今本同。王应麟曰:"《隋志》:《吴起兵法》一卷,今本三卷六篇,《图国》至《励士》,所阙亡多矣。"说明《汉志》所言《吴起》四十八篇,至宋已亡大半。而宋人所记篇名与今本同,也可证今本不伪。要之,《吴子》其书,始为吴起自著,至迟韩非时代已见传世。今本《吴子》乃属人祸兵劫所余,虽经由后人增删,当属少量,骨架未动,故而仍能反映吴起军事思想,而其书也应目为战国之书也。

周安王二十二年　辛丑　前380年

孙膑(　—前318)是年前后生。

按:孙膑(约前380—前318),齐国阿、鄄之间(今山东阳谷、鄄城一带)人。约与商鞅同时期,而主要活动于田齐威王之时。《史记》载其为孙武的后代,早年"尝与庞涓俱学兵法",却遭到庞涓的嫉妒和诬陷,被害得在魏国受膑刑(两块膝盖骨被截去),因以膑为名。后逃回齐国,经田忌引荐,见齐威王,任军师。公元前353年(田齐威王四年)桂陵之战,齐将田忌采纳孙膑"批亢捣虚"、"围魏救赵"之计,大破魏军。公元前341年(田齐威王十六年)马陵之战,田忌用孙膑"退兵灭灶"、"因势利导"之计,消灭十万魏军,魏将庞涓自杀,魏太子申被俘。此后,孙膑"名显天下"。《战国策》载,田忌屡胜,遭到齐相邹忌的嫉妒和排斥,被迫出奔楚国;齐宣王即位后,召回田忌。其间孙膑很可能与田忌同时进退。世传有《孙膑兵法》,是一部有关战争和军事原理的兵法书,详后。今据钱穆《先秦诸子系年·诸子生卒年约数》系孙膑生于本年。

公元前380年,柏拉图学园始建。

阿里斯托芬卒(约前450—　)。古希腊喜剧作家。

周安王二十四年　癸卯　前378年

秦初行为市。

按：《史记·秦始皇本纪》后所列秦先君立年及行事曰："献公立七年，初行为市。"即秦国始设市场，以此知此时秦国商品经济已有一定发展。

周安王二十六年　乙巳　前376年

公元前376年，雅典再败斯巴达海军，底比斯遂复彼奥提亚同盟。

周安王骄崩，子姬喜立，是为烈王。

按：此据《史记·周本纪》。

魏武侯、韩哀侯、赵敬侯灭晋后三分其地，迁晋静公为家人，晋失国。

按：魏、韩、赵迁晋静公，三分晋地，晋失国之事可见《史记·六国年表》、《晋世家》、《魏世家》、《韩世家》、《赵世家》、《资治通鉴》等处。晋失国而非绝祀，《六国年表》之说有误。

墨家巨子墨翟卒（约前468——　）。墨子名翟，鲁人，或以为宋人，墨家学派的创始人。或以为"墨"非姓，乃刑徒之称、职业之称、学派之称。司马迁《史记》无传，其事迹散见于《墨子》、《韩非子》、《吕氏春秋》、《战国策》等文献。今存《墨子》五十三篇。

按：墨子已茫然无法确考。墨翟生卒年也无定说。今据孙诒让《墨子间诂·墨子年表》系其卒于本年。孙诒让《墨子传略》曰："墨氏之学亡于秦季，故墨子遗事在西汉时已莫得其详。太史公述其父（司马）谈论六家之恉，尊儒而宗道，墨盖非其所喜，故《史记》攟采极博，于先秦诸子自儒家外，老、庄、韩、吕、苏、张、孙、吴之伦，皆论列言行为传，唯于墨子则仅于孟荀传末附缀姓名，尚不能质定其时代，遑论行事？"后人掇拾墨子事迹略云：其出生低微，尝为工匠。其学初从儒，后创墨派，自称"贱人"，专一拯危济穷，为农与工肆之人鸣，"摩顶放踵利天下为之"，力倡"兼爱"、"非攻"之旨。一时信徒云集，号称"显学"。班固《汉志》著录《墨子》七十一篇，《隋书·经籍志》著录《墨子》十五卷，目一卷，《旧唐书·经籍志》著录《墨子》十五卷，今存《墨子》五十三篇，较之《汉志》尚缺十八篇。自西汉始，墨学不再为世所重，故很少有人为《墨子》作注释，仅西晋鲁胜曾为《经》、《经说》作注。宋郑樵说《墨子》还有乐舌注，不过鲁、乐之书都未流传下来。清代学者因治经而兼及诸子，于是卢文弨、孙星衍、毕沅等又都曾为《墨子》作校注。又有清儒曹耀湘《墨子笺》十五卷，考释精当，可参。

惟瑞安孙诒让《墨子间诂》十九卷考证详赡,汇各家之大成,最为当今墨学界所推重。

又按:《墨子》并非墨翟一人所著,当为墨家学派理论文献汇编。《四库全书》及《百子全书》列《墨子》一书于"杂家"。其成书时间也就先后不一。最早者为墨翟自著,当成于战国前期,迟者可至战国后期,皆系于墨子名下。墨学一派重感性经验,强调直观认识,其理论涉及面很广,成就颇丰。在政治上主张兼爱、非攻、尚同、尚贤;经济上主张节用、节葬、非乐。说理强调"三表"之法(有本之者;有原之者;有用之者),论证讲究逻辑推理。"墨辩逻辑"是并列于古希腊亚里士多德的形式逻辑和古印度佛教因明学逻辑的"世界三大逻辑体系"之一。墨家学者还从经验认识出发,涉及了一些自然科学问题,如机械运动原理(力,形之所以奋也;动,域徙也)、物体浮力原理(形之大,其沉浅也,说在衡)、杠杆平衡原理和"端"(点)可无限次分的原理等,这在中国科技史上也有着重要的地位。其中《备城门》等十余篇,专论守城技术,类兵家著作。诚如《四库全书总目提要》所曰:"第五十二篇(按当指《汉志》著录《墨子》七十一篇之第五十二篇《备城门》)以下皆兵家言,其文古奥,或不可句读,与全书为不类,疑因五十一篇言公输般九攻、墨子九拒之事,其徒因采撷其术,附记于末。"其实,墨学自墨子始即讲守战之术,此也"非攻"之旨也。故当今学者有直称墨子为军事家者。如仝晰纲著《青铜的战神——齐鲁兵家文化研究》(学林出版社1999年12月版)就专列一章论述墨子的军事理论。故而,今存《墨子》一书涉及政治、经济、伦理、教育、音乐、军事工程、物理、数学等多方面问题。确乎其"杂"也。有关墨子其人其书可参考以下研究文献:(1)毕沅《墨子注》,灵岩山馆刊本。(2)孙诒让《墨子间诂》,《诸子集成》本,中华书局1986年。(3)梁启超《墨子学案》,中华书局1936年。《墨经校释》,中华书局1941年。(4)高亨《墨经校诠》,科学出版社1958年。(5)谭戒甫《墨辩发微》,中华书局1977年。《墨经分类译注》,中华书局1981年。(6)詹剑峰《墨家的形式逻辑》,湖北人民出版社1956年。《墨子的哲学与科学》,人民出版社1981年。(7)沈有鼎《墨经的逻辑学》,中国社会科学出版社1982年。(8)金秋鹏《墨子科学思想探讨》,载《自然科学史研究》1984年第2期。(9)李渔叔《墨子今注今译》,台北商务印书馆1976年。(10)王冬珍《墨学新探》,台北世界书局1981年。(11)吴毓江《墨子校注》,西南师范大学出版社1992年。(12)姜宝昌《墨经训释》,齐鲁书社1993年。(13)邢兆良《墨子评传》,南京大学出版社1993年。(14)苏凤捷《平民理想:〈墨子〉与中国文化》,河南大学出版社2005年。(15)孙中原主编《墨学与现代文化》,中国广播电视出版社1998年。(16)王焕镳《墨子集诂》,上海古籍出版社2005年。(17)郑杰文《20世纪墨学研究史》,清华大学出版社2002年。《中国墨学通史》,人民出版社2006年。

附:墨翟、禽滑釐之外墨者名录

按:墨学一派一时号称显学,秦惠文王(前337—前311年在位)时仍盛于秦国(参秦惠王末年纪事)。《吕氏春秋·有度》曰:"孔、墨之弟子徒充属满天下。"《墨子·公输般》记墨子对楚王曰:"臣之弟子禽滑釐等三百人。"可见墨学弟子之多,足可与孔门弟子相抗衡。然墨学至秦汉间已基本消亡,故太史公未作墨子、禽滑釐传,致墨翟、禽滑釐之事缺失严重,而二子之外之墨者,更是事迹凋零,甚或名姓无存也。孙诒让《墨学传授考》、蒋伯潜《诸子通考》、钱穆《先秦诸子系年·墨子弟子通考》辑得墨者数十人,今综录于此,庶几可证当年墨学之盛。

1. 高何,齐人。事迹见《吕氏春秋·尊师》。

2. 公尚过。墨子使其游于越,以墨子之说说越王,越王悦。为束车五十乘,迎墨子于鲁。其事《墨子·贵义》、《鲁问》、《吕氏春秋·高义》均有载。

3. 县子硕，齐人。事迹见《墨子·耕柱》、《吕氏春秋·尊师》。

4. 高石子。尝仕于卫。三朝，必尽言。不见用，去之。墨子称其能背禄而向义。见《墨子·耕柱篇》。

5. 耕柱子。墨子尝使其仕于楚。二三子过之，耕柱待之不厚，而遗十金于墨子。见《墨子·耕柱篇》。

6. 魏越。墨子尝使其游越。见《墨子·鲁问》。

7. 随巢子。班固《汉志》有《随巢子》。《隋书·经籍志》注曰："巢似墨翟弟子。"梁玉绳谓"随巢当是氏"。《史记·太史公自序·正义》引韦昭曰："墨翟之术也尚俭，后有随巢子传其术也。"

8. 胡非子。班固《汉志》墨家有《胡非子》。

9. 管黔滶。见《墨子·耕柱篇》。

10. 高孙子。墨子使胜绰事齐将项子牛。项子牛三侵鲁，胜绰三从之。墨子使高孙子请而退之。见《墨子·鲁问》。

11. 胜绰。墨子使胜绰事齐将项子牛。项子牛三侵鲁，胜绰三从之。见《墨子·鲁问》。

12. 治徒娱前"悬于硕"！事迹见《墨子·耕柱篇》。

13. 跌鼻。见《墨子·公孟》。

14. 曹公子。墨子尝使其仕于宋。有违于墨道，为墨子所责。见《墨子·鲁问》。

15. 彭轻生子。见《墨子·鲁问》。

16. 孟山。见《墨子·鲁问》。

17. 弦唐子。见《墨子·贵义》。

18. 许犯。学于禽滑釐。见《吕氏春秋·当染》。

19. 索卢参。学于禽滑釐。见《吕氏春秋·尊师》。

20. 屈将子。胡非子之弟子。见《太平御览》卷四九六。

21. 田系。学于许范。见《吕氏春秋·当染》。

22. 田俅子。班固《汉志》墨家有《田俅子》。《吕氏春秋·首时》、《淮南子·道应训》、《韩非子·问田》、《外储说左上》均有田鸠。"俅"、"鸠"音近，故梁玉绳以为同一人。事迹参本编年前311年记事"田鸠"条。

23. 相里子。《韩非子·显学》称"有相里氏之墨"。《庄子·天下》作"相里勤"。《释文》引司马彪语以为姓"相里"，名"勤"。成玄英《疏》以为"南方之墨师"。

24. 相夫氏。《韩非子·显学》称"有相夫氏之墨"。

25. 邓陵子。《韩非子·显学》称"有邓陵子之墨"。

26. 苦获。见《庄子·天下》。

27. 己齿。《庄子·天下》以为"南方之墨者"。

28. 五侯。《庄子·天下》以为"相里勤之弟子"。

29. 我子。班固《汉志》墨家有《我子》。《元和姓纂》有我氏，并引《风俗通》以我子为六国时人。

30. 缠子。见《论衡·福虚》。

31. 孟胜。见《吕氏春秋·上德》。

32. 田襄子。见《吕氏春秋·上德》。

33. 徐弱。见《吕氏春秋·上德》。

34. 腹䵍。为秦惠文王时墨家巨子。事迹参前311年记事"腹䵍"条。

35. 夷之。事迹见《孟子·滕文公》。
36. 谢子、唐姑梁（一作唐姑果）。见《吕氏春秋·去宥》。参前311年"唐姑梁"条。
37. 翟。郑人翟为墨,其兄缓为儒,兄弟辩论,其父助翟,缓自杀。事见《庄子·列御寇》。

周烈王元年　丙午　前375年

秦"为户籍相伍"。

按："户籍相伍"即按五家一伍原则将百姓编入国家户籍,以利于管理。

韩灭郑,因徙都于郑都城新郑,并改新郑曰郑。其后,人多有以郑称韩,称韩王为郑王者。

按：《战国策·西周策》曰："郑恃魏而轻韩,魏攻蔡（应为楚,其时蔡已为楚属国）而郑亡。"《魏策四》曰："郑恃魏以轻韩,伐榆关而韩氏亡郑。"《韩非子·饰邪》曰："郑恃魏而不听韩,魏攻荆而韩灭郑。"看来,韩灭郑正是利用了魏、楚交兵,无暇顾及郑国之事的有利时机,可谓善于用兵者。韩国原都平阳,后徙都阳翟,灭郑后,徙都新郑,改新郑曰郑,故时人也有谓韩王为郑王者,考之《战国策》、《韩非子》可见。关于韩灭郑时间,《史记·六国年表》、《韩世家》、《资治通鉴》都在韩哀侯二年。陈梦家《六国纪年考证》曰："《六国表》郑康公元年在周安王七年,至周烈王元年为康公二十一年、韩哀侯之二年。《韩表》云：'灭郑,康公二十年灭,无后。''二十'下脱'一'字。"郑国自前806年周宣王封其弟友于郑,至本年亡,凡430年。

列御寇卒（约前450—　）。列御寇也称列圄寇、列子,《庄子》中多见提及,然事迹无考,后人目为庄生荒诞无端崖之语。刘向《列子叙录》曰："列子者,郑人也。与郑缪公（或以为乃鲁缪公之误）同时。"班固《汉书·艺文志·诸子略·道家者流》著录《列子》八篇,有东晋张湛注《列子》,后人多斥其伪。盖《列子》一书当系战国道家言论荟萃而成,经刘向校定者。今存之本,则又散佚之余,补编而成,多所窜入,已非原书之旧也。

按：钱穆《先秦诸子系年》五九有《列御寇考》,论其为战国初人,属道家学派,主张因名责实,无为而治。钱氏于书末附《诸子生卒年约数》中署列御寇生卒年为前450—前375年,录此备考。

周烈王二年　丁未　前374年

周太史儋是年前后入秦。或以为太史儋即为今本《老子》之作者。

按：《史记·秦本纪》曰："献公十一年，周太史儋见(秦)献公曰：'周故与秦国合而别，别五百岁复合，合十七岁而霸王出。'"未云何年，梁启超《先秦学术年表》系于前384年。蒋伯潜《诸子通考》系于本年。或谓太史儋即老子李耳，录此备考。今人郭沂认为太史儋即为今本《老子》作者。其略曰："我考察竹简《老子》的结果是，竹简《老子》出自春秋末与孔子同时的老聃，今本(包括帛书本)《老子》出自战国中期与秦献公同时的太史儋；后者曾将前者全部纳入并加以改造。也就是说，被当做老子的其人其书皆有二……太史儋是在出关时著书的，而函谷关为秦献公所置，故今本《老子》成书时代的上限为献公元年即公元前384年，根据我的考证，太史儋出关后见秦献公的时间为献公十一年，即公元前374年，这是今本《老子》成书时代的下限。所以此书成于公元前384—公元前374这十年间。"(详见郭著《郭店竹简与先秦学术思想》，上海教育出版社2001年2月版)

周烈王三年　戊申　前373年

田齐桓公(田午)是年前后创立稷下学宫，招揽文士。

按：《史记索隐·田敬仲完世家》引《竹书纪年》曰：齐田午杀其君田剡及孺子喜而自立，是为桓公(前374—前357年在位)。汉末徐幹《中论·亡国篇》曰："齐桓公(当指田齐桓公午，齐威王之父)立稷下之官(当为宫字)，设大夫之号，招致贤人而尊宠之，自孟轲之徒皆游于齐。"钱穆《先秦诸子系年》曰："此说极少见，《中论》以外，无言者。然田桓公之时，田氏得齐未久，又身行篡逆夺，正魏文礼贤之风方衰，继而为此，揽贤士，收名声以自固位，恐有之耳。"汉末徐幹，去古未远，其记述或有据，钱氏分析也有理，稷下学宫首创于田齐桓公时当属可信。桓公在位十八年(前374—前357年)，姑系稷下学宫首于桓公得位次年。

周烈王四年　己酉　前372年

孟轲(　—约前289)是年前后生。

按：孟子生年，《孟子》及《史记》本传皆未载。宋以后，孟子地位逐渐上升为儒家亚圣。后世研究推测孟子生平行状者众多，仅《中国年谱辞典》收录民国以前各家所著孟子"年谱"、"年表"、"图谱"之类就达二十九种之多。诸家于孟子生年各执一词，说法纷纭，其要者有以下几种：1. 朱熹《四书集注·离娄注》曰："自孔子卒，至孟子游梁时，方百四十余年，而孟子已老。然则孟子之生，去孔子未百年也。" 2. 约成书于宋末元初的《孟氏家谱》(或简称《孟氏谱》。由宋张九成作《孟子传》、朱熹作《四书集注》,都未见引用其有关孟子生年的说法,而成书于元中叶的程复心《孟子年谱》已引用,可知此书约编成于宋末元初)断孟子生于周定王三十七年己酉四月初二日,卒于周赧王二十六年壬申正月十五日,寿八十四岁。3. 元中叶程复心《孟子年谱》认为,孟子生于周烈王四年、鲁共王五年(前372),卒于周赧王二十六年、鲁文公六年(前289),寿八十四岁。4. 明代陈镐《阙里志》认为孟子生在安王十七年(前385年)。此外,有关孟子生年较有影响的说法尚有:明陈士元《孟子杂记》周安王初年(前400)说,清宋翔凤《孟子事迹考辨》周安王二十年(前382)说,清任兆麟《孟子时事略》周安王二十四年(前378)说,清臧庸《孟子编年略》周安王二十五年(前377)说,钱穆《先秦诸子系年·孟子生年考》前约390年(所附《诸子生卒年世约数》)说,杨伯峻《白话四书·孟子引言》前388年(《孟子译注·导言》认为前385年为宜)说等,都有一定影响。综上所述,朱熹之说只是大致推测,而未明言确数。《孟氏家谱》说无法说通。因周时有两个周定王,其一为春秋周定王瑜,前606—前586年在位;另一为战国周定王介,前468—前441年在位。若说孟子生春秋时,那绝对不可能;若说是战国周定王介时,则定王介在位仅二十八年,无由说三十七年。如此,则《孟氏家谱》所说孟子生年必然有误,清同治间修的《孟子世家谱》有关孟子生年已改用程复心说可为明证。陈镐《阙里志》的"安王十七年(前385年)"说影响较大,明代包大爟《孟子年谱》、清代周广业《孟子四考》、魏源《孟子年表》、近代梁启超《先秦学术年表》、今人杨宽《战国史》、董洪利《孟子研究》、裴登峰《战国文学七十年·前言》皆认为孟子生于前385年前后。此说实据《孟氏家谱》凭推测改字而成。周广业《孟子四考》说法较有代表性:"旧谱生年,当改'定'字去'三'字,为'安王十七年'则上距孔子卒九十五年,其卒当在赧王十三或十二年(前303或前302,以合《孟氏谱》'寿八十四岁'说)而《谱》倒为'二十',又衍六字也。"周说在缺乏充分证据的情况下改字作断,太过冒险,无法使人信服,故不取。程复心《孟子年谱》的周烈王四年(前372)说也据《孟氏谱》"卒于周赧王二十六年壬申正月十五日,寿八十四岁"之说逆推而成,但明清以来吕兆祥《三迁志》、曹之升《孟子年谱略》、黄本骥《孟子年谱》、狄子奇《孟子编年》、任光霖《孟子时事略》、陈宝泉《孟子时事考证》、马应麟《孟子年谱》、林春溥《孟子时事年表》、朱骏声《孟子纪年》、万斯同《孟子生卒年月辨》都赞同程复心说。清代考据之学大行,狄子奇、朱骏声辈皆非人云亦云、盲从盲信之人,各家于孟子生卒及年谱都有大量考证,最终归于程复心说,绝非偶然。各家皆认为程复心关于孟子生卒年的推断大体符合孟子一生所见历史人物及所经历的历史事件,较他说更为合理。尤其是狄子奇的《孟子编年》以《孟子》等文献所载孟子生平事迹为依据,纪年以《竹书纪年》、《史记》、《战国策》为准绳,辨证程复心、阎若璩、任启运、曹之升诸家之说,其所据经、史资料丰富集中,考据辨证精审得当,是对程说的补充和发展,很有说服力。近代以来,仍是响者云集。游国恩、社科院、章培恒、郭预衡等多种版本的文学史,任继愈主编《中国哲学史》、蒋伯潜《诸子通考》、刘鄂培《孟子大传》也从此说。然程复心前372年说仍属推测之说。孟子生年问题云遮雾障,如无新的文献发现,一时恐难有定论。故本编年弃他说而独取程复心说,实亦权宜之举。

周烈王六年　辛亥　前370年

惠施(　—前310)是年前后生。

公元前370年,

底比斯人入伯罗奔尼撒，取阿卡迪亚、美塞尼亚。斯巴达霸权遂告终。

德谟克利特卒（约前460—　）。古希腊哲学家。

按：据钱穆《诸子生卒年世先后一览表》及《惠施年表》、《惠施传略》(收入《古史辨》六)断惠施生卒年约为前370—前310年。

周烈王七年　壬子　前369年

公元前369年，雅典及斯巴达盟。

周烈王喜卒，弟姬扁立，是为周显王。

庄周（　—约前286)是年前后生。

按：庄子生年素无定论，言及者也少。《史记》本传寥寥数语，未言及庄子生年。近代马叙伦有《庄子年表》自周烈王七年(前369年)叙起，至周赧王二十九年(前286年)止。记叙庄子事迹多以《庄子》诸篇及其他文献证之，如于庄子生卒年之考证曰："《史记·庄子列传》曰：'周与梁惠王、齐宣王同时'，又曰：'楚威王闻庄周贤，使使厚币迎之。'威王立十一年卒。其聘周不知在何年。传言周却聘，而韩非《喻老篇》曰：'楚威王欲伐越，庄子谏曰：臣患智之如目也。'是庄子于威王时尝至楚，其能致楚聘，必已三四十岁。本书于魏文侯、武侯皆称谥(《田子方》、《徐无鬼》)，而于惠王初称其名(《则阳》)，又称其王(《逍遥游》、《山木》)，是周之生，或在魏文侯、武侯之世，最晚当在惠王之初。"其言颇允当。按楚威王于前339年至前329年间在位。自威王初年上溯三四十年则为前379—前369年；自威王末年上溯三四十年则为前369—前359年。取其交叉点前369年则为周烈王七年、魏惠王元年，与马说楚威王聘庄周至晚在魏惠王初年证合。钱穆《先秦诸子系年》八八《庄周生卒考》以惠施卒年作旁证，云："《徐无鬼篇》：'庄子送葬，过惠子之墓。'惠施卒在魏襄王九年(前310年)前，若威王末年庄子年三十，则至是年四十九；若威王元年庄子年三十，则至是年六十。以此上推，庄子生年当在周显王元年十年间。"并在《诸子生卒年世约数》中断庄周生年于前365年前后，与马说基本合。今人蒋伯潜《诸子通考》同马叙伦说。曹础基《庄子活动年表》也断庄子生于本年，其表于庄子生平、年代、事迹，考证精审，对于马、钱二说多所补证，颇得庄学界认同。故本《编年》仍沿用马叙伦等前369年说。

周显王元年　癸丑　前368年

魏大夫王错出奔韩。

按：雷学淇《竹书纪年义证》曰："《吕氏春秋·长见》、《观表》二篇并吴起治西河之外，王错谮之于魏武侯，起乃去魏入荆。据此，是错乃佞臣，非能利人国者。武侯既卒，错事惠王，故《国策》谓王与缓争为太子。公孙颀谓韩侯曰：'魏莹得王错，挟上党,固半国也,因而除之,破魏必矣。'据此,错虽仕魏,非时所重,此所以得罪而出奔欤?"

张仪(—前309)生。

按:《史记·张仪列传》曰:"张仪者,魏人。始尝与苏秦俱事鬼谷先生(姓名不闻,以其所隐地自号),学术。"《战国策·秦策一》曰:"楚攻魏,张仪谓秦王曰:'不如与魏以劲之。魏战胜,复听于秦,必入西河之外;不胜,魏不能守,王必取之。'王用仪言,取皮氏卒万人,车百乘,以与魏。犀首战胜威王,魏兵罢弊,恐畏秦,果献西河之外。"《史记·六国年表》周显王四十年(前329)楚栏:"魏败我陉山。"《战国策·秦策四》曰:"楚魏战于陉山,魏许秦以上郡,以绝秦于楚。"《楚世家》曰:"(威王)十一年(前329)……魏闻楚丧,伐楚,取我陉山。"据此,楚、魏陉山之战(前329)时,张仪已为秦王谋士,次年,秦惠文王又以张仪为相。张仪已为一成熟之政治家,其年龄当在40岁上下,据此上推,则张仪生在前368年前后。

周显王二年　甲寅　前367年

四月至八月,秦栎阳雨金。

按:《史记·六国年表》秦栏,献公十七年记此事,《史记·秦本纪》列于献公十八年。《史记·封禅书》又载:献公自以为得金瑞,故作畦畤栎阳,而祀白帝。

赵与韩分裂周为东、西周。

按:周考王时,都成周,封其弟揭于河南,以续周公之官职,是为西周桓公。桓公卒,子威公代立。是岁,威公卒,少公子根与太子朝争立,韩、赵助公子根叛立于巩,以奉周显王,是为东周惠公。太子朝居王城,称西周。雷学淇《竹书纪年义证》曰:"谷城、缑氏、王城为西周;平阴、偃师与巩为东周。周显王虽为天子,止居洛阳,依东周以存身,自是,王畿七城,始有'东周'、'西周'之称。《战国策》所谓'东、西周',即指此而言。"

公元前367年,柏拉图复赴叙拉古。

秦子向命为蓝君。

按:雷学淇《竹书纪年义证》曰:"子向姓氏未详。兰即蓝田。《汉志》京兆有蓝田县,出美玉。郦道元《水经注·渭水》云:'霸水又北历蓝田川,迳蓝田县东……盖子向之故邑也。'今县属陕西西安府,故城在县西十一里。"

周显王五年　丁巳　前364年

魏徙都于大梁。此后,魏国亦称梁国,魏惠王又称梁惠王。

按：魏徙都乃战国时大事。《水经注·渠水》引《竹书纪年》曰："梁惠成王六年四月甲寅，徙都于大梁。"方诗铭《古本竹书纪年辑证》曰："《水经注》、《史记集解》所引皆有'四月甲寅'之语，或据此推算，惠王六年夏正四月丙午朔，九日甲寅，与《水经注》所引合；至九年四月己未朔，是月有甲子、甲戌、甲申而无甲寅。共和以后年历较明，《纪年》用夏正，杜预《春秋经传集解·后序》已指出，似属可信，现列于六年。"陈梦家《六国纪年考证》曰："惠王迁梁之年，《魏世家》以为在惠王三十一年，于《六国年表》为周显王二十九年，表云'秦商君伐我，虏我公子卬'。其说之误，清儒已多辨正，见雷学淇之《介庵经说》卷九、《竹书纪年义证》、《考订竹书纪年》及朱右曾之《汲冢纪年存真》诸书。惟宋及其前诸书所引《纪年》，于迁梁一条年数有异：（一）六年，《水经·渠水注》曰'《竹书纪年》梁惠成王六年四月甲寅徙都大梁'，《汉书·高帝纪》注'臣瓒曰：汲郡古文云，惠王之六年，自安邑迁于大梁'，《路史·国名纪》戊曰'魏惠六年，自安邑徙大梁'，不言所自，实本瓒注者也。（二）九年，《史记·魏世家·集解》云'汲冢《纪年》曰梁惠成王九年四月甲寅徙都大梁'索隐云'纪年'以为惠王九年'，孙奭《孟子正义》同《集解》所引。今从郦道元、薛瓒所引，定迁梁于惠王六年，于《纪年》为周显王五年。"此说可从。魏迁都大梁不仅加强了对东部地区的控制，还摆脱了韩、赵、秦的包围。魏自此以后亦称梁。

梁惠王发逢忌之薮以赐民。

按：雷学淇《竹书纪年义证》曰："此（惠）王因迁都施惠于百姓也。逢忌之薮，一名逢泽，此乃圃田之余波，被于梁城东北者，非宋之逢泽矣。《秦本纪集解》引徐广《音义》云：'开封东北有逢泽。'《正义》引《括地志》云：'逢泽亦名逢池，在汴州浚仪县东南四十里……'战国时，薮泽皆有厉禁，今王徙都于此，故驰其禁以加惠于民。"

周显王七年　己未　前362年

公元前362年，底比斯人及雅典、斯巴达诸城战，胜之。

秦献公卒，子秦孝公立。

按：《资治通鉴》卷二曰："秦献公薨，子孝公立。孝公生二十一年矣。是时河、山以东强国六，淮泗之间小国十余，楚、魏与秦接界。魏筑长城，自郑滨洛以北有上郡（胡三省注：郑县，周宣文母弟郑桓公封邑，班《志》属京兆。洛，水名，非伊、洛之洛也。《水经注》：渭水东过华阴县北，洛水入焉。洛水，古漆、沮之水也。又有长涧水，南出泰华之山侧长城东，而北流注于渭。《史记》所谓'魏筑长城，自郑滨洛'者也。宋白曰：今华州东南魏长城是也。上郡，汉属并州；隋、唐之绥州、延州，秦、汉之上郡地也），楚自汉中，南有巴、黔中（胡三省注：汉中郡，汉属益州，自晋以后为梁州。巴，即春秋巴子之国，汉为巴郡，属益州唐为巴、渝、渠、果诸州之地。黔中，汉为牂柯郡之地，唐为黔中节度），皆以夷翟（胡三省注：翟与狄同）遇秦，摈斥之，不得与中国之会盟。于是孝公发愤，布德修改，欲以强秦。"

公叔痤为魏将，魏败韩师、赵师于浍。

按：公叔痤又作公孙痤，为魏王师，以荐商鞅闻名后世，也曾多次为魏将，盖亦文武皆通,如吴起之伦。《水经注·浊漳水》引《纪年》曰:梁惠成王八年,伐邯郸(指赵),取列人,取肥。《史记·赵世家》曰:"(成侯十三年)魏败我浍,取皮牢。"《战国策·魏策一》曰:"魏公叔痤为魏将,而与韩、赵战浍北,禽乐祚(赵将)。魏王说,迎郊,以赏田百万禄之。公叔痤反走,再拜辞曰:'夫使士卒不崩,直而不倚,挠拣而不辟者,此吴起余教也,臣不能为也。前脉形势之险阻,决利害之备,使三军之士不迷惑者,巴宁、爨襄之力也。县赏罚于前,使民昭然信之于后者,王之明法也。见敌之可也,鼓之不敢怠倦者,臣也。王特为臣之右手不倦赏臣,何也?若以臣之有功,臣何力之有乎!'王曰:'善。'于是索吴起之后,赐之田二十万。巴宁、爨襄田各十万。王曰:'公叔岂非长者哉!既为寡人胜强敌矣,又不遗贤者之后,不掩能士(指巴宁、爨襄)之迹,公叔何可无益乎!'故又与田四十万,加之百万之上,使百四十万。"

公孙痤率魏师与秦战于少梁,兵败,被俘。

按:《史记·秦本纪》曰:"(献公)二十三年,与魏晋战少梁,虏其将公孙痤。"《史记·赵世家》曰:"秦献公使庶长国伐魏少梁,虏其太子、痤。"《史记·六国年表》秦栏言"与魏战少梁,虏其(魏)太子",《史记·秦本纪》言"虏其将公孙痤",说既两歧,致后人生疑。诸家之说纷然杂陈,当以黄式三《周季编略》谓虏魏太子为是,非虏公孙痤。马非百《秦集史》谓当是魏太子名公孙痤,杨宽《战国史》谓虏魏相公孙痤。缪文远《战国史系年辑证》曰:"今日既无新材料发现,颇难定其是非,而梁氏《志疑》之说似更近情理。"梁玉绳《史记志疑》曰:"《年表》于秦、魏二表皆言'虏太子',盖因齐虏魏太子申而误,事在后二十一岁。而此《纪》(指《秦本纪》)及《魏世家》作'公叔痤',《赵世家》作'太子痤',皆误。盖秦虏公孙痤,非太子也,魏无二太子。太子名申,不名痤也。痤字公叔,非公孙也,当依《国策》称'公叔痤'为是。《商君传》与《策》同。所有可疑者,痤既被虏矣,而《商君传》仍《国策》载公叔痤病荐卫鞅之事,岂秦虏之而复归之欤?"

公孙痤临死之际,向魏王推荐卫鞅(商鞅)。

按:《吕氏春秋·长见》曰:"魏公叔痤疾。惠王往问之,曰:'公叔之疾,嗟,疾甚矣!将奈社稷何?'公叔对曰:'臣之御庶子鞅,愿王以国听之也。为不能听,勿使出境。'王不应,出而谓左右曰:'岂不悲哉!以公叔之贤,而今谓寡人必以国听鞅,悖也夫!'公叔死,公孙鞅西游秦。"

周显王八年　庚申　前361年

秦孝公下令求贤,欲以强秦。卫鞅(商鞅)始入秦。

按:《史记·秦本纪》曰:"孝公元年,河山以东强国六……周室微,诸侯力政,争相并。秦僻在雍州,不与中国诸侯之会盟,夷翟遇之。孝公于是布惠,振孤寡,招战士,明功赏。下令国中曰:'昔我缪公自岐雍之间,修德行武,东平晋乱,以河为界,西霸戎翟,广地千里,天子致伯,诸侯毕贺,为后世开业,甚光美。会往者厉、躁、简公、出子之不宁,国家内忧,未遑外事。三晋攻夺我先君河西地,诸侯卑秦,丑莫大焉。献公即位,镇抚边境,徙治栎阳,且欲东伐,复缪公之故地,修缪公之政令。寡人思念先君之意，常痛于心。宾客群臣有能出奇计强秦者，吾且尊官，与之分土。'于是乃出兵东围陕城，西斩戎之獂王。卫鞅闻是令下，西入秦，因景监求见孝公。"

又按：《史记·商君列传》曰："商君者，卫之诸庶孽公子也，名鞅，姓公孙氏，其祖本姬姓也。鞅少好刑名之学，事魏相公叔痤，为中庶子。公叔痤知其贤，未及进……孝公既见卫鞅，语事良久，孝公时时睡，弗听，罢而孝公怒景监曰：'子之客妄人耳，安足用邪！'景监以让卫鞅。卫鞅曰：'吾说公以帝道，其志不开悟矣。'后五日，复求见鞅。鞅复见孝公，益愈，然而未中旨。罢而孝公复让景监，景监亦让鞅。鞅曰：'吾说公以王道而未入也，请复见鞅。'鞅复见孝公，孝公善之而未用也，罢而去。孝公谓景监曰：'汝客善，可与语矣。'鞅曰：'吾说公以霸道，其急欲用之矣。诚复见我，我知之矣。'卫鞅复见孝公，公与语，不自知膝之前于席也，语数日不厌。景监曰：'子何以中吾君？吾君之欢甚也。'鞅曰：'吾说君以帝王之道，比三代，而君曰："久远，吾不能待。且贤君者，各及其身显名天下，安能邑邑待数十百年以成帝王乎！"故吾以强国之术说君，君大悦之耳，然亦难以比德于殷、周矣。'"《吕氏春秋·长见》曰："魏公叔痤疾。惠王往问之，曰：'公叔之疾，嗟，疾甚矣！将奈社稷何？'公叔对曰：'臣之御庶子鞅，愿王以国听之也。为不能听，勿使出境。'王不应，出而谓左右曰：'岂不悲哉！以公叔之贤，而今谓寡人必以国听鞅，悖也夫！'公叔死，公孙鞅西游秦，秦孝公听之，秦果用强，魏果用弱，非公叔痤之悖也，魏王则悖也。夫悖者之患，固以不悖为悖。"《战国策·魏策一》及《资治通鉴》也有类似记载。卫鞅相秦，实秦国之大幸，魏国之大悲也。秦国自是真正走向富强，并最终刈灭列国，一统天下，孝公用卫鞅之举，功不可没也。

周显王九年　辛酉　前 360 年

公元前 360 年，亚里斯提卜卒（约前 435— ）。古希腊哲学家。

魏人导河水入于莆田，又凿大沟（鸿沟）而引莆水。

按：莆，地名，址在今河南境内。其地当时为大泽。魏人所开"大沟"就是历史上著名的"鸿沟"。《竹书纪年》记此事于梁惠成王十年。雷学淇《竹书纪年义证》曰："大沟即《战国策》之鸿沟，在大梁东南者也。《史记·河渠书》叙大禹导水，卒之曰：'自是之后，荥阳下引河东南为鸿沟，以通宋、郑、陈、蔡、曹、卫，与济、汝、淮、泗会。'……至是年。惠王又引汳水所承河、济之流入于莆田，又于莆田之东为大沟，引莆水至大梁南合睢水，又东南合汳水，又东南合沙水，又东南入颍水，于是睢、汳、沙、颍皆分承莆田之流以达淮，而河、济、汳、睢、汳、沙、颍、汝、淮皆得径通，而鸿沟之名乃日以著矣。"多处引水工程的建设，有利于魏国农业的发展，使百姓安居乐业，进而使国力强盛。这都是魏国图谋霸业的准备工作。

是年前后，天文学著作《甘石星经》成书。

按：《甘石星经》是后人对甘德、石申二人所著的天文学著作的合称。甘德，齐人（一说楚人）。相传他测定恒星一百十八座，计五百十一颗星，著有《天文星占》八卷，今佚。石申，魏人。相传他测定恒星一百三十八座，计八百一十颗星，著有《天文》八卷,今佚。传世《甘石星经》已非二人原著。约于是年前后,二人精密记录黄道附近一百二十颗(一作一百二十一颗)恒星位置及其距离,此是世界上最古恒星表,它比欧洲第一个恒星表——希腊伊巴谷的恒星表早约二百年。(参见杨宽《战国史》第十一章)据我国科学家席泽宗研究证明:甘德已发现木星的三号卫星,比意大利伽利略和德国麦依耳的同一发现早近两千年。

是年前后,颛顼历修成。

按:颛顼历,每年计三百六十五又四分之一日,采用十九年七闰法,此系当时世界上最精确历法之一。它与西方的儒略历(创于前46年)相同,而早于儒略历近三百年。(一说成于春秋末,比欧洲早五百年)颛顼历以十月为岁首,闰月置于九月之后,故有"后九月"之称。颛顼历与黄帝历、夏历、殷历、周历、鲁历合称古六历。古六历皆取一回归年为365又1/4日,故云"四分历"。据云梦秦简,秦即用颛顼历,而魏用夏历。

宋钘(　—约前290)是年前后生。

按:《庄子·天下》以宋钘、尹文并称。尹文子书入名家。《荀子》杨倞注:"宋钘,宋人,与孟子、尹文、彭蒙、慎到同时。"王先慎《韩非子集解》曰:"宋荣即宋钘,荣钘偏旁相通(王氏以为"荣"、"钘"犹"萤"、"蚈")。"班固《汉书·艺文志·诸子略·小说家类》著录"宋子十八篇"。班固自注:"孙卿道宋子,其言黄老意。"钱穆《先秦诸子系年》一二三《宋钘考》举《庄子》、《荀子》、《韩非子》、《吕氏春秋》等处所引宋钘语,与《老子》相参证,以明二者相似之处,其说与班固所言合。又于附录《诸子系年生卒约数》系宋钘生卒年为前360—前290年。宋钘、尹文同游稷下,后世齐名。二人年齿、学术应相似。钱氏系尹文生年于前350年,晚宋钘10年。似觉证据不足。今姑存之。

周显王十年　壬戌　前359年

魏地"星昼坠,有声"。

按:此据《史记·六国年表》,可能为陨石现象。

卫鞅为秦以左庶长,卫鞅力排众议,初定变法之令。

按:《史记·商君列传》曰:"孝公既用卫鞅,鞅欲变法,恐天下议己。卫鞅曰:'疑行无名,疑事无功。且夫有高人之行者,固见非于世;有独知之虑者,必见敖于民。愚者闇于成事,知者见于未萌。民不可与虑始而可与乐成。论至德者,不和于俗;成大功者,不谋于众。是以圣人苟可以强国,不法其故;苟可以利民,不循其礼。'孝公曰:'善。'甘龙曰:'不然。圣人不易民而教,知者不变法而治。因民而教,不劳而成功;缘法而治者,吏习而民安之。'卫鞅曰:'龙之所言,世俗之言也。常人安于故俗,学者溺于所闻。以此两者居官守法可见,非所与论于法之外也。三代不同礼而王,五伯不同法而霸。智者作法,愚者制焉;贤者更礼,不肖者拘焉。'杜挚曰:'利不百,不变法;功不十,不易器。法古无过,循礼无邪。'卫鞅曰:'治世不一道,便国不法

公元前359年,腓力二世初为马其顿王。

古,故汤、武不循古而王,夏、殷不易礼而亡。反古者不可非,而循礼者不足多。'孝公曰:'善。'以卫鞅为左庶长,卒定变法之令。"又载卫鞅变法内容云:"令民为什伍,而相牧司(纠察)连坐,不告奸者腰斩,告奸者与斩敌首同赏(告奸一人,赐爵一级),匿奸者与降敌同罚(降敌者,诛其身,没其家)。民有二男以上不分异者,倍其赋。有军功者各以率受上爵;为私斗者,各以轻重被刑大小。僇力本业(农业),耕织致粟帛多者,复其身;事末利(商业)及怠而贫者,举以为收孥(奴隶)。宗室非有军功论,不得为属籍(不属于公族)。明尊卑爵秩等级,各以差次(分等)名田宅、臣妾、衣服以家次。有功者显荣,无功者虽富无所芬华。"《资治通鉴》也有类似记载。综合各种文献可知,卫鞅此次变法陆续所下法令,其要者有五:(一)编造户籍,五家为"伍",十家为"什",实行连坐,告奸者赏,不告奸者腰斩,匿奸者伍什同罪,以降敌论处。(二)居民有二男以上不分居者倍其赋。(三)奖励军功,按军功授爵位,定秦爵二十级,凡斩敌首一个,赐爵一级,依爵位等级占有田宅和奴婢,享受特定衣服车骑;宗室无军功者,不得列入宗室属籍,虽富亦不得逾制芬华;为私斗者,按其轻重处罪。(四)鼓励耕织,生产粟帛多者"复其身(即免除徭役)";从事末业(经商)及怠惰而贫者,连同妻子没为官奴婢。(五)烧毁《诗》、《书》,禁止私门请托、游说求官活动。

卫鞅为行新法,立木取信。

按:《史记·商君列传》曰:"令既具,未布,恐民之不信己,乃立三丈之木于国都市南门,募民有能徙置北门者予十金。民怪之,莫敢徙。复曰:'能徙者予五十金!'有一人徙之,辄予五十金,以明不欺。卒下令。"

周显王十一年　癸亥　前358年

魏将龙贾帅师筑长城于西边。

按:秦、赵、燕北邻戎狄,皆筑长城以自御。魏筑西长城,盖因其西邻强秦,而已欲东扩以成霸业。不得已,遂效秦、赵御戎、狄之策,筑城垣以固己后方也。雷学淇《竹书纪年义证》曰:"龙贾,魏臣名。《秦本纪》:'惠文王七年,公(子卬)与魏战,虏其将龙贾。'即此人。西边者,魏之西界也。《战国策》苏秦说魏王曰:'大王之地,西有长城之界。'《六国表》及《魏世家》曰:'惠王十九年,诸侯围我襄陵;筑长城,塞固阳。'《秦本纪》曰:'孝公元年,河山以东强国六,魏筑长城,自郑滨洛以北有上郡。'《正义》曰:'魏西界与秦相接,南自华州、郑县,西北过渭水,滨洛水东岸,向北有上郡鄜州之地,皆筑长城以界秦境。'又云:'魏筑长城,自郑滨洛,北达银州,至胜州固阳县为塞也。固阳有连山,东至黄河,西至夏会等州。'"缪文远《战国史系年辑证》曰:"秦孝公元年当梁惠王十年,此时长城尚未筑。元年以下,盖统论孝公即位以后之大势,不专指元年也。此(《秦本纪》)与《竹书》皆据始筑言之,故其说互异,郑县今华州,上郡今绥德州之上郡城,固阳今榆林府北之桐阳塞。"魏筑长城,非短时能就之工程。极可能始筑于是年前后,而至魏惠王十九年初成,历时八年之久。故《水经注·济水》所引《竹书纪年》将魏筑长城事系于魏惠王十一年,而《史记·六国年表》及《史记·魏世家》言"惠王十九年,诸侯围我襄陵;筑长城,塞固阳",所叙并不矛盾。

秦太子犯法令，商鞅制裁太子师、傅，以严肃法令。

按：《史记·商君列传》曰："（商鞅）令行于民期年（周年），秦民之国都言初令之不便者以千数，于是太子犯法。卫鞅曰：'法之不行，自上犯之。'将法太子。太子，君嗣也，不可施刑，刑其傅公子虔，黥其师公孙贾。明日，秦人皆趋令。"秦太子犯法，商鞅刑其师事，到底是两次还是一次，史家有争议，今两存之。

周显王十二年　甲子　前357年

田齐桓公午卒，子威王田因立。

邹忌入齐，见齐威王，以琴理喻政，威王以为善，三月后授之相印。

按：邹忌相齐时间史无定论。《史记·六国年表》周显王十一年（前358年）齐栏书："邹忌以鼓琴见威王。"周显王十一年当田齐桓公午十七年，威王尚未继位，"见威王"当然无从谈起。缪文远认为"邹忌子以鼓琴见威王"当移至本年。《史记·田敬仲完世家》曰："邹忌子以鼓琴见威王，威王说而舍之右室。须臾，王鼓琴，邹忌子推户入曰：'善哉鼓琴。'王勃然不说，去琴按剑曰：'夫子见容未察，何以知其善也？'邹忌子曰：'夫大弦浊以春温者，君也；小弦廉折以清者，相也。攫之深、醳之愉者，政令也。钧谐以鸣，大小相益，回邪而不相害者，四时也。吾是以知其善也。'王曰：'善语音。'邹忌子曰：'何独语音，夫治国家而弭人民，皆在其中。'王又勃然不说曰：'若夫语五音之纪，信未有如夫子者也。若夫治国家而弭人民，又何为乎丝桐之间？'邹忌子曰：'……夫复而不乱者，所以治昌也。连而径者，所以存亡也。故曰：'琴音调而天下治。夫治国家而弭人民者，无若乎五音者。'王曰：'善。'邹忌子见三月，而受相印……"

又按：有学者以《史记·田敬仲完世家》载"威王初即位以来，不治，委政卿大夫，九年之间，诸侯并伐，国人不治"及奖即墨大夫、烹阿大夫事为据，认为这是威王励精图治之始。邹忌助威王改革当在威王九年或之后（裴登峰《战国文学七十年》系邹忌以鼓琴见威王及相齐事于威王九年即前348年。张秉楠《稷下钩沉》附录一《稷下大事简表》系此事于威王十年即前347年）。其实，《史记·田敬仲完世家》"威王初即位以来，委政卿大夫"，说明威王初期，耽于安乐，不甚理政务，而将国政交给自以为放心的"卿大夫"。邹忌在威王即位之初，以鼓琴见威王，实可谓投其所好，果然"威王说而舍之右室（上等宾室）"。后邹忌以琴理说威王而使威王称善，三月后封邹忌为相，说明邹忌被任用，也成了威王委政的"卿大夫"之一，因而有威王四年（前353年）《史记·田敬仲完世家》所记"魏惠王围邯郸，赵求救于齐。齐威王召大臣而谋曰：'救赵，孰与勿救？'邹忌子曰：'不如勿救。'"之事。后威王听其他大臣所言，派田忌、孙膑领兵围魏救赵，正说明威王对邹忌也非言听计从。故而不能因威王前九年国不治，而认为贤明的邹忌尚未在任，邹忌再贤明，毕竟威王委政的"卿大夫"非邹忌一人，若威王不甚用事，或未能支持邹忌，邹忌的改革就难以成功，这种例子在其他国家很多。威王二年（前355年）齐、魏二王论宝，威王以能臣为宝。《说苑·臣术》谓威王所任之数臣，皆出自邹忌推荐，也是邹忌于威王初立时即拜相之一证。因此，

公元前357年，希腊同盟战争爆发。

柏拉图退而著述，作《蒂迈欧》等。

仍依缪文远所断,将《史记·六国年表》所载邹忌以鼓琴见威王,三月后封为相事下移一年,系于田齐桓公卒威王初立年(前357年)为妥。

齐稷下名人淳于髡以微言(隐语)见说邹忌,淳于髡等五称,邹忌五知之,如应响。淳于髡等辞屈而去。邹忌声名大振。

按:《史记·田敬仲完世家》曰:"淳于髡见之(邹忌)曰:'善说哉!髡有愚志,愿陈诸前。'邹忌子曰:'谨受教。'淳于髡曰:'得全全昌,失全全亡。'(《史记索隐》:案,'得全',谓人臣事君之礼全具无失,故云'得全'也。'全昌'者,谓若无失则身名获昌,故云'全昌'也。)邹忌子曰:'谨受令,请谨毋离前。'淳于髡曰:'狶膏棘轴,所以为滑也,然而不能运方穿。'(《史记索隐》:狶膏,猪脂也。棘轴,以棘木为车轴,至滑而坚也。然而穿孔若方,则不能运转,言逆理反经也。故下忌曰'请谨事左右',言每事须顺从。)邹忌子曰:'谨受令,请谨事左右。'淳于髡曰:'弓胶昔(蜡)干,所以为合也,然而不能傅合疏罅。'邹忌子曰:'谨受令,请谨自附于万民。'淳于髡曰:'狐裘虽敝,不可补以黄狗之皮。'邹忌子曰:'谨受令,请谨择君子,毋杂小人其间。'淳于髡曰:'大车不较(调匀),不能载其常任;琴瑟不较,不能成其五音。'邹忌子曰:'谨受令,请谨修法律而督奸吏。'淳于髡说毕,趋出,至门而面其仆曰:'是人者,吾语之微言(隐语)五,其应我若响之应声,是人必封不久矣。'"

又按:《新序·杂事二》曰:"齐有稷下先生,喜议政事。邹忌既为齐相,稷下先生淳于髡之属七十二人皆轻忌,以谓设以辞,邹忌不能及,乃相与俱往见邹忌。淳于髡之徒礼倨,邹忌之礼卑。淳于髡等曰:'狐白之裘,补之以弊羊皮,何如?'邹忌曰:'敬诺,请不敢杂贤以不肖。'淳于髡曰:'方内而员釭,何如?'邹忌曰:'敬诺,请谨门内,不敢留宾客。'淳于髡等曰:'三人共牧一羊,羊不得食,人亦不得息,何如?'邹忌曰:'敬诺,减吏省员,使无扰民也。'淳于髡等三称,邹忌三知之,如应响。淳于髡等辞屈而去。邹忌之礼倨,淳于髡之礼卑。"由此事也可见,邹忌拜相时,淳于髡应已名扬稷下,公卿皆尊之,故众人推其往说邹忌。故淳于髡似应年长于邹忌。淳于髡见说邹忌而辞屈,更见邹忌才略。

周显王十三年 乙丑 前356年

公元前356年,马其顿人取西色雷斯的克伦纳兹,始控制潘加姆山金银矿藏之开采。

齐威王封邹忌为成侯。

按:《史记·六国年表》系此事于周显王十年(前359),其年,威王初立,《史记·田敬仲完世家》载,邹忌为齐相后,"居期年,封以下邳,号曰成侯"。邹忌既以威王初立年拜相,则封侯之事自当系于次年。

周显王十四年 丙寅 前355年

公元前355年,

齐与魏会田于郊,二王论宝。魏王以明珠为宝,齐以能臣为宝,魏王惭而去。

按：《史记·田敬仲完世家》曰："(威王)与魏王会田于郊。魏王问曰：'王亦有宝乎？'威王曰：'无有。'梁王曰：'若寡人国小也，尚有径寸之珠照车前后各十二乘者十枚，奈何以万乘之国而无宝乎？'威王曰：'寡人之所以为宝与王异。吾臣有檀子者，使守南城，则楚人不敢为寇东取，泗上十二诸侯皆来朝(泗上十二诸侯指齐、魏之间望风附势的小国)。吾臣有盼子者，使守高唐，则赵人不敢东渔于河。吾吏有黔夫者，使守徐州，则燕人祭北门，赵人祭西门(《史记集解》引贾逵曰：齐之北门、西门也。言燕、赵之人，畏见侵伐，故祭以求福)，徙而从者七千余家。吾臣有种首者，使备盗贼，则道不拾遗。[此四臣者]将以照千里，岂特十二乘哉！'梁惠王惭，不怿而去。"梁玉绳《史记志疑》曰："论宝一节，见《韩诗外传》十，惟《韩》误'威王'为'宣王'耳。"

又按：《说苑·臣术》谓威王所任之数臣，皆出自邹忌推荐。篇中载成侯邹忌对威王曰："忌举田居子为西河，而秦、梁弱。忌举田解子(即檀子)为南城，而楚人抱罗绮而朝。忌举黔涿子为冥州，而燕人给牲，赵人给盛。忌举田种首子(即种首)为即墨，而于齐足究，忌举北部刁勃子为大士，而九族益亲，民益富。举此数良人者，王枕而卧耳，何患国之贫哉！"邹忌能臣，举贤授能，本在职内，此说或为可信。

韩昭侯任郑国京人申不害为相。

按：《史记·韩世家》曰："(昭侯)八年，申不害相韩，修术行道，国内以治，诸侯不来侵伐。"昭侯八年当指韩昭侯八年，故系此。申子主张：国君要"因任而授官，循名以责实，操生杀之柄，课群臣之能"(《韩非子·定法》)；臣下要"治不逾官，虽知弗言"；君臣做到"君设其本，臣操其末；君治其要，臣行其详；君操其柄，臣事其常"，以此加强君主专制。韩国由是内修政教，外应诸侯，国治兵强，诸侯不敢侵伐。

又按：《战国策·韩策一》曰："大成午(赵相)从赵来，谓申不害于韩曰：'子以韩重我于赵，请以赵重子于韩，是子有两韩，而我有两赵也。'"由此亦可见此时申氏重于韩。

周显王十五年　丁卯　前354年

邯郸四噎，室多坏，民多死。

按：雷学淇《竹书纪年义证》曰："记异也。"此时魏师攻赵，邯郸被围，苦战之际，室坏民死，加之风云变色，天气阴冷，人祸天灾，汇聚一起，故所谓"室多坏，民多死"，当与邯郸攻防战事有关，并非单纯记异之笔。

季梁谏魏惠王攻邯郸。

按：《战国策·魏策四》曰："魏王欲攻邯郸，季梁闻之，中道而反，衣焦不申，头尘不去，往见王。"此事无系年，《史记·六年国表》系魏攻邯郸事在本年，则季梁谏魏王攻邯郸当在本年。

昭奚恤为楚相。

雅典败于同盟战争。

公元前354年，马其顿为帖萨利同盟之首。

色诺芬卒(约430—)。古希腊历史学家、作家。

按：昭、屈、景三姓世为楚之强族，所谓三闾者也。故昭奚恤者，楚公族也。其相楚之年，史载不一。《战国策》、《史记》无明文记载，秦简《大事记》系昭奚恤相楚事于周显王十五年（前354），《资治通鉴》周显王十六年（前353）有"楚昭奚恤为相"语，并述江乙恶昭奚恤事，盖本之《战国策》所述，无甚翻新。然究昭奚恤相楚事，有一客观尺度，即《战国策·楚策一》所载，赵邯郸之难，昭奚恤与景舍于楚王前论援赵事（见周显王十六年记事），言昭奚恤与景舍问答既毕，"楚因使景舍将兵救赵，邯郸拔"，则昭、景于楚宣王前争论，当在邯郸将拔之际，即周显王十六年，此时昭奚恤已是楚宣王廷前重臣，则其相楚不得晚于周显王十六年，故依秦简《大事记》系昭奚恤相楚事于周显王十五年即本年较妥。

江乙为魏使楚，恶楚王宠臣州侯及昭奚恤，以"恶狗溺井"、"狐假虎威"对楚宣王问。

按：江乙，《战国策》中又作江尹、江一，皆一人。《战国策·楚策一》曰："江乙为魏使于楚，谓楚王曰：'臣入境，闻楚之俗不蔽人之善，不言人之恶，诚有之乎？'王曰：'诚有之。'江乙曰：'然则白公之乱，得无遂乎？诚如是，臣等之罪免矣。'楚王曰：'何也？'江乙曰：'州侯相楚，贵甚矣，而主断，左右俱曰无有，如出一口矣。'"其中"白公"，为楚平王太子建子，名胜，出奔吴。楚惠王时召之，后白公杀令尹子西劫惠王，沈诸梁（即后来的叶公）起兵击败白公，助楚惠王复位，此为白公之乱。"州侯"盖为楚幸臣，时为楚权臣，封于州。至襄王时，庄辛谓襄王"左州侯，右夏侯"（《战国策·楚策四》）云云，也提到"州侯"之称，可知，此爵易得楚王宠信，非独楚宣王时然也。

又按：《战国策·楚策一》多处言江乙恶昭奚恤，盖也发生在昭奚恤为楚相时，故系于此。《江乙恶昭奚恤》章曰："人有以其狗为有执而爱之。其狗尝溺井，其邻人见狗之溺井也，欲入言之。狗（其它狗）恶之，当门而噬之。邻人惮之，遂不得入言。邯郸之难，楚进兵，大梁取矣。昭奚恤取魏之宝器，以臣居魏知之，故昭奚恤常恶臣之见王。"此事也见于《韩非子·内储说上·七术》及《资治通鉴》等处。《战国策·楚策一》又载江乙以昭奚恤"狐假虎威"对荆宣王问。其言曰："荆宣王问群臣曰：'吾闻北方之畏昭奚恤也，果诚何如？'群臣莫对。江乙对曰：'虎求百兽而食之，得狐。狐曰：子无敢食我也，天帝使我长百兽，今子食我，是逆天帝命也。子以我为不信，吾为子先行，子随我后，观百兽之见我而敢不走乎？虎以为然，故遂与之行，兽见之皆走。虎不知兽畏己而走也，以为畏狐也。今王之地方五千里，带甲百万，而专属之昭奚恤，故北方之畏昭奚恤也，其实畏王甲兵也，犹百兽之畏虎也。'"成语"狐假虎威"即出此。究江乙恶昭奚恤之由，盖因"邯郸之难，楚进兵大梁，取矣。昭奚恤取魏之宝器，臣（江乙）居魏知之。故昭奚恤常恶臣之见王"（《战国策·楚策一》）。据此，江乙似恶昭奚恤之所作为也，然综观《战国策》所载江乙恶昭奚恤全部内容，尚不足以断江、昭恩怨之是非，深究起来，须广索其他文献。而楚王也并未因江乙之言就不信任昭奚恤，当昭奚恤因魏氏（为江乙用计联合起来共恶昭奚恤者）之谮而担忧时，楚王仍安慰他："寡人知之，大夫何患？"

周显王十六年　戊辰　前353年

魏围邯郸，昭奚恤主张不救，楚使景舍救赵。邯郸拔，楚取睢、濊之间。

按：魏围邯郸，历时三年，其间众诸侯都有表现，然为一己私利考虑者居多，不然不会坐视魏拔邯郸。《战国策·楚策一》曰："邯郸之难，昭奚恤谓楚王曰：'王不如无救赵而以强魏，魏强，其害赵必深矣。赵不能听，则必坚守，是两弊也。'景舍曰：'不然。昭奚恤不知也。夫魏之攻赵也，恐楚之攻其后。今不救赵，赵有亡形，而魏无楚忧，是楚、魏共赵也，割必深矣！何以两弊也？且魏令兵以深割赵，赵见亡形而有楚之不救己也，必与魏合而以谋楚，故王不如少出兵以为赵援。赵恃楚劲，必与魏战。魏怒于赵之劲，而见楚救之不足畏也，必不释赵。赵、魏相弊而齐、秦应楚，则魏可破也。'楚因使景舍起兵救赵。邯郸拔，楚取睢、濊之间。"可见，楚之救赵，也非诚意，不过欲乘机取利耳。睢、濊，二水名，睢、濊之间属魏之东南境，其地近楚，故楚先取之，更见其私心。而魏拔邯郸也非一劳永逸，随后，齐师便大败魏师。

田忌、孙膑率齐师围魏救赵，大败魏师于桂陵，生擒魏师主帅庞涓。

按：《史记·田敬仲完世家》曰："魏惠王围邯郸，赵求救于齐。齐威王召大臣而谋曰：'救赵，孰与勿救？'邹忌子曰：'不如勿救？'段干朋曰：'不救则不义，且不利。'威王曰：'何也？'对曰：'夫魏氏并邯郸，其于齐何利哉？且夫救赵而军其郊，是赵不伐而魏全也，故不如南攻襄陵以弊魏，邯郸拔而乘魏之弊。'威王从其计……使田忌南攻襄陵。十月，邯郸拔。齐因起兵击魏，大败之桂陵。"《史记·孙子吴起列传》曰："孙膑尝与庞涓俱学兵法，庞涓既事魏，得为惠王将军，而自以为能不及孙膑，乃阴使召孙膑。膑至，庞涓恐其贤于己，疾之，则以法刑断其两足而黥之，欲隐勿见。齐使者如梁，孙膑以刑徒阴见，说齐使，齐使以为奇，窃载与之齐，齐将田忌善而客待之……忌进孙子于威王，威王问兵法，遂以为师。其后魏伐赵，赵急，请救于齐。齐威王欲将孙膑，膑辞谢曰：'刑余之人，不可。'于是乃以田忌为将而孙子为师，居辎车中，坐为计谋。田忌欲引兵之赵。孙子曰：'夫解杂乱纷纠者不控捲，救斗者不搏撠，批亢捣虚，形格势禁，则自为解耳。今梁、赵相攻，轻兵锐卒必竭于外，老弱罢（疲）于内。君不若引兵疾走大梁，据其街路，冲其方虚，彼必释赵而自救。是我一举解赵之围而收弊于魏也。'田忌从之。魏果去邯郸，与齐战于桂陵，大破梁军。"史称此役为"桂陵之战"，也称"围魏救赵"之战。成语"围魏救赵"典出于此。《资治通鉴》卷二所述与此相类。《史记》叙此事时常与齐魏"马陵之战"（前342年）相混，需加析别。

又按：山东临沂银雀山汉墓所出《孙膑兵法》，有《禽庞涓》篇述及桂陵之战经过，原简虽残缺，尚能见大意，与今本《史记》所述略同，可作参证。

申不害随韩昭釐侯朝魏。

按：《水经注·渠水》引《竹书纪年》曰："梁惠成王十七年，郑釐侯来朝中阳。"中阳，魏地，在今河南郑州市东南。魏军虽败于桂陵，邯郸犹在其手。此时将欲组织反击，故拉拢韩国，而韩也欲结盟魏国以固其边防。韩昭釐侯朝魏，乃当时魏国外交活动及韩相申不害内政外交政策所致。《战国策·韩策三》曰："昭釐侯，一世之明君也；申不害，一世之贤士也。韩与魏敌侔之国也，申不害与昭釐侯执珪而见梁君，非好卑而恶尊也，非虑过而议失也。申不害之计事曰：'我执珪于魏，魏君必得志于韩，必外靡于天下矣，是魏弊矣。诸侯恶魏必事韩，是我偓于一人之下，而信于万人之上也。夫弱魏之兵而重韩之权，莫如朝魏。'昭釐侯听而行之，明君也；申不害虑事而言之，忠臣也。"此所言昭釐侯执珪而见梁君，当即指朝魏中阳之事。《韩非子·论势》、《战国策·韩策一》也有类似记载。

惠施是年前后入魏,为魏王用事。

按:《吕氏春秋·不屈》曰:"惠子之治魏,为本其治,不治。当惠王之时,五十战而二十败,所杀者不可胜数,大将爱子有禽者也……围邯郸三年而弗能取。"乃总述之语。其言大将被擒,当指本年邯郸之役,庞涓被擒事;爱子被擒,则指马陵之役,魏太子申被擒事。惠子入魏,初用事(或为相或一般谋臣),当在本年前后。《说苑·杂言》曰:"梁相死,惠子欲之梁。渡河,而遽堕水中,船人救之。船人曰:'子欲何之,而遽也?'曰:'梁无相,吾欲往相之。'"蒋伯潜猜测其时死之梁相可能是公叔痤(《诸子通考》第十一章)。《战国策·魏策》载公叔痤临死而荐其门客卫鞅,曰或用之或杀之,后卫鞅入秦。《史记·商君列传》载卫鞅见秦孝公在孝公元年,当魏惠王九年(前361),前邯郸之役九年,其间魏不可能九年无相,故蒋说似不确。但钱穆以《吕氏春秋·不屈》所说为非,认为惠施入魏在马陵之役后,也欠说服力。愚以为惠子之入魏与相魏当在不同时间,前者在邯郸之役后;后者在马陵之役后,其间可能有来有去,并非一直留在魏国。如此则《吕氏春秋·不屈》及《战国策·魏策》等文献所记事可通。

周显王十七年　己巳　前352年

魏西长城筑成。疆域已至河套外。

按:魏筑西长城,当非短时能就之工程,初始于魏惠王十一年(前359),极可能于是年前后初成,至魏惠王十九年彻底完工,历时八年之久。故《水经注·济水》所引《竹书纪年》将魏筑长城事系于魏惠王十一年,是据始筑之时言之;而《六国年表》及《魏世家》惠王十九年皆有言:"诸侯围我襄陵;筑长城,塞固阳。"所叙二事:其一言"诸侯围我襄陵"。此事因魏攻赵邯郸而起,是魏与东方诸侯间事。其二言"筑长城,塞固阳"。乃承魏惠王十一年"魏将龙贾帅师筑长城于西边"而来,是魏与西方秦国间事。魏欲东扩以成霸业,不得已,遂效秦、赵御戎、狄之策,筑城垣以固己后方,并于魏惠王十一年前后遣大将龙贾帅师始筑长城于西边,约于本年筑成也。《史记正义》以魏固阳即汉固阳。杨宽《战国史》第七章322页注云:"《史记·魏世家·正义》以为魏'塞固阳'的固阳,就是汉的固阳县,在今河套外乌拉特的东北,但这时魏国的领土远不能到达这里,不足信。"《资治通鉴》胡云翼注:"魏有上郡,北至固阳,汉五原郡稠阳县是也。《括地志》:'固阳在银州银城县界。'按魏筑长城,自郑滨洛,北抵银州,至胜州固阳县为塞也。固阳有连山,东至黄河,西南至夏、会等州。"

卫鞅为秦大良造,伐魏旧都安邑,降之。

按:魏伐赵,诸侯皆不满,然表现不同。《史记·秦本纪》曰:"(孝公)十年,卫鞅为大良造,将兵围魏安邑,降之。"孝公十年,当周显王十七年。齐思和《战国制度考》说:"此爵及少上造,颜师古曰:'言皆主上造之事也。'按大上造乃汉爵名,秦爵当称大良造。金少英曰:'传世铜器有大良造鞅方量及戟,其铭文均有大良造鞅字样。方量制于十八年,戟无制作年月'。秦爵定于商鞅,而鞅所造器称大良造。直至昭襄王二十八年,犹有大良造之称,是当时固名大良造也。《史记·秦本纪》及《始皇本纪》无称大上造者,《汉表》始谓爵二十级皆秦制,疑秦爵本名大良造,汉承秦制,惟易良为上,故皆秦制也。'"金氏所言可信,大良造为秦最高官职或爵位,相当于中原国家之相国兼将军,此卫鞅权力之极致。安邑之役,乃秦乘魏耽于东方之际,渡过黄河,袭取魏旧都安邑,打击魏西部地区,以削弱魏,此亦卫鞅强兵之效也。

周显王十八年　庚午　前351年

卫鞅谋于秦王,以对付魏、赵及泗上十二诸侯联盟。

按：魏人主动归还赵邯郸,以结成魏、赵结盟,除赵国外,宋、鲁、邹、滕等泗上十二诸侯皆来盟,共朝天子。魏国东界暂时得以稳定,使它可以全力对付西方强秦。在魏、赵漳水之盟后,魏迅速回师西指,进围秦之定阳。《战国策·齐策五》曰:"昔者魏王拥土千里,带甲三十六万,〔恃〕其强而拔邯郸,西围定阳,又从十二诸侯朝天子,以西谋秦。秦王恐之,寝不安席,食不甘味,令于境内,尽堞中为战具,竟为守备,为死士置将,以待魏氏。卫鞅谋于秦王曰:'夫魏氏其功大而令行于天下,有十二诸侯而朝天子,其与必众。故以一秦而敌大魏,恐不如。'"魏国如此气势,终使强秦也为之震动,迫使秦人乃于下年与魏会于彤,谋求和解。是年,魏取玄武(或作泫氏)、濩泽(玄武、濩泽为韩、赵之邑)。(《水经注·沁水》引《竹书纪年》)

又按：《水经注·沁水》曰:"沁水又南与濩泽水合,水出濩泽城西白涧岭下,东迳濩泽,《墨子》曰:舜渔濩泽。应劭曰:泽在县西北。又东迳濩泽县故城南,盖以泽氏县也。《竹书纪年》梁惠王十九年,晋取玄武、濩泽者也。"陈逢衡《竹书纪年集证》以"玄武"为"泫氏"之误。缪文远以为:"此时晋早已式微,面临末日,何能取韩、赵之邑?则此处之晋,似指魏国。"此说是。

卫鞅围固阳,固阳降秦,秦筑关塞于商。

按：《史记·六国年表》秦栏:"城商塞。卫鞅围固阳,降之。"《资治通鉴·周纪二·显王十八年》胡云翼注:"魏有上郡,北至固阳,汉五原郡稒阳县是也。《括地志》:'固阳在银州银城县界。'按魏筑长城,自郑滨洛,北抵银州,至胜州固阳县为塞也。固阳有连山,东至黄河,西南至夏、会等州。"秦连克魏旧都安邑与固阳要塞,迫使魏放弃吞并赵国意图,与赵讲和。乃有魏、赵盟于漳水之事。或云商为秦、楚交界之地,秦筑塞乃为拒楚。

江乙为安陵君设计固宠于楚宣王。

按：安陵君,事迹不详。《水经注·渠水》引《竹书纪年》曰:"秦公孙壮率师城上枳、安陵、山民者也。"雷学淇《竹书纪年义证》曰:"安陵即安陵君之食邑,在楚、魏及韩之界上,《通典》谓在郾城东南七十里,《括地志》谓在鄢陵西北十五里,缘战国时,楚、魏皆有安陵君,故其说互异。"《说苑·权谋》有因"颜色美壮,得幸于楚共王"的"安陵缠",并载"江乙说安陵缠"事;班固《汉书·古今人表》有"安陵",或以为"楚共王"为"楚宣王"之误,前二处所载"安陵缠"、"安陵"皆为安陵君。《战国策·楚策一》曰:"江乙说于安陵君曰:'君无咫尺之地,骨肉之亲,处尊位,受厚禄,一国之众,见君

公元前351年,奥林索斯反马其顿,雅典遂组反马其顿同盟。

莫不敛衽而拜，抚委而服，何以也？'曰：'王过举而已，不然，无以至此。'江乙曰：'以财交者，财尽而交绝；以色交者，华落而爱渝。是以嬖女不敝席，宠臣不避轩。今君擅楚国之势，而无以深自结于王，窃为君危之。'安陵君曰：'然则奈何？''愿君必请从死，以身为殉，如此必长得重于楚国。'曰：'谨受令。'"其后三年，安陵君未得间说楚王，故江乙复见说安陵君，重申其计。后终在楚王游云梦大乐之时，安陵君得以进言，并遂其愿。其事原无编年，今据《资治通鉴》、《楚国编年资料》系于本年。裴登峰《战国七十年文学编年》则云前352年或后，江乙曾"说安陵君固宠楚王"，并"仕楚"，其本事同见《战国策·楚策一》，一并录此备考。

周显王十九年　辛未　前350年

公元前350年，铸币约于此前后首次出现在罗马。

希腊亚里士多德认识到声音由空气运动产生。

克尼杜斯的欧多克索斯卒（约前400—　）。古希腊数学家、天文学家。

秦孝公用卫鞅颁布第二次变法令，并徙都咸阳。

按：卫鞅二次变法令见于《史记·秦本记》、《商君列传》、《汉书·食货志》及《资治通鉴》等处。《战国策·秦策三》也述及变法内容。综合现有各种文献来看，卫鞅二次变法，其要者有五：(1)徙都咸阳（秦原都雍，后徙往栎阳，现又由栎阳徙往咸阳）。按鲁、卫国都规模建筑冀阙（古时宫廷门外一种高建筑，用以悬赏教令；人臣至此，必思其所阙失）和宫廷。(2)并诸小乡聚（村落）为县，凡四十一县（从《史记·秦本纪》。《商君列传》作三十一县，《六国年表》作三十县）。县置令（一县之长）、丞（县长助手）、尉，分掌全县民政和军事，令、丞、尉皆由国君任命。此开始皇时代"郡县制"之先河。(3)废井田，开阡陌，"以尽人力垦辟，弃地悉为田畴"，使民得买卖。(4)颁布标准度量衡器，统一斗、桶、权、衡、丈、尺。此为始皇时统一度、量、衡奠基。(5)革除戎狄陋习，禁止父子兄弟同室而居（上述法令，非颁之于一年，如"平斗桶权衡丈尺"，乃孝公十八年所布，为便于查阅，一并列于此）。秦由此正式走上国富民强之路。诚如李斯在《谏逐客书》中所曰："孝公用商鞅之法，移风易俗，民以殷盛，国以富强，百姓乐用，诸侯亲服，获楚、魏之师，举地千里，至今治强。"秦一统天下之基业由此奠定。

是年前后，儒家礼书《仪礼》全书著成。

按：沈文倬先生认为，《仪礼》一书当是由孔门弟子及后学者在公元前五世纪中叶至公元前四世纪中期陆续撰作而成（《宗周礼乐文明考论》）。今取其下限"前四世纪中期"即本年前后，《仪礼》全书著成。

是年前后，儒家礼书《礼记》中的《缁衣》、《表记》、《坊记》、《乐记》诸篇已写成。

按：《礼记》的作者及作成年代迄今尚无定论。此据彭林《郭店简与〈礼记〉的年代》一文（收入《郭店简与儒学研究》中国哲学第二十一辑，辽宁教育出版社2000年1月版）。彭文利用郭店楚简及上海博物馆从香港买回的一批战国竹简等文物资料，通过对《礼记》中具体人物、言论的分析来论证《礼记》部分篇章的写成年代，当属可信。

田骈（ —前275）、慎到（ —前275）、尹文子（ —前285）是年前后生。

按：田骈、慎到、尹文子事迹散见于《庄子》、《战国策》、《荀子》、《韩非子》、《吕氏春秋》、《史记》、《汉书》等处，皆只言片语，难知详情。钱穆《先秦诸子系年·诸子生卒年约数》断三子生于前350年，主要依据是《史记·田敬仲完世家》"（齐）宣王喜文学游说之士，自如邹衍、淳于髡、田骈、接予、慎到、环渊之徒七十六人，皆赐列第，为上大夫，不治而议论，是以齐稷下学士复盛，且数百千人"及《孟子荀卿列传》"自邹衍与齐之稷下先生，如淳于髡、慎到、环渊、接子、田骈、邹奭之徒，各著书言治乱之事，以干世主，岂可胜道哉"及其他史籍所载田骈、慎到、尹文三子与齐宣王（前319—前301年在位）同时，假设宣王初即位便广招文学士，三子游稷下且著书干政时年龄在30岁左右为宜，由此逆推而定三子生于前350年前后，今存之备考。史籍所载三子主要事迹见各自卒年。

接子（ —约前275）生。

按：钱穆《先秦诸子系年·诸子生卒年约数》断接子生卒年为前350—前275年。

陈仲子（ —约前260）生。

按：钱穆《先秦诸子系年·诸子生卒年约数》断陈仲子生卒年与田骈、慎到、尹文子皆为本年，今从之。

詹何（ —约前270）生。

按：此据钱穆《先秦诸子系年·诸子生卒年约数》。

周显王二十年　壬申　前349年

秦初为县置秩史。

按：秩史，指有定额俸禄之吏。"为县置秩史"可能也是卫鞅变法的内容。其制规定：县令（万户以上设县令）俸禄六百石至一千石；县长（不满万户设县长）俸禄三百石至五百石；令、长以下设丞和尉，俸禄二百石至四百石。丞、尉以上皆称"长吏"。百石以下之官称"少吏"。秦国在县置此专门官吏，使县级组织日趋完备。中国古代职官的收入由封邦采邑制进入到定额俸禄无疑是历史性的进步，是郡县制的必要补充。虽然后世很长时间内仍然存在分封制，但定额俸禄制随着时间的推移而日渐固定，最终完全取代分封制。商鞅之功不可抹。

楚欲攻齐，齐王使淳于髡往赵请救兵，淳于髡仰天大笑，设"穰田者"之喻以讽齐王礼轻，齐威王会意而益重礼。淳于髡至赵，请来精兵十万，楚兵退去。齐王置酒相谢，淳于髡又以"酒极则乱，乐极则悲，万事尽然"讽齐王，齐威王乃罢长夜之饮。

按：《史记·滑稽列传》曰："（齐）威王八年（前349）楚大发兵加齐，齐威王使淳于髡之赵请救兵，赍金百斤，车马十驷。淳于髡仰天大笑，冠缨索绝。王曰：'先生少

公元前349年，雅典及哈尔基季基同盟诸邦反马其顿。

之乎？'髡曰：'何敢！'王曰：'笑岂有说乎？'髡曰：'今者臣从东方来，见道傍有穰田者（《索隐》按：谓为田求福穰），操一豚蹄，酒一盂，祝曰：瓯窭满篝，汙邪满车，五谷蕃熟，穰穰满家。臣见其所持者狭而所欲者奢，故笑之。'于是齐威王乃益赍黄金千溢，白璧十双，车马百驷。髡辞而行，至赵，赵王与之精兵十万，革车千乘。楚闻之，夜引兵而去。威王大说，置酒后宫，召髡赐之酒。问曰：'先生能饮几何而醉？'对曰：'臣饮一斗亦醉，一石亦醉。'……'故曰酒极则乱，乐极则悲，万事尽然，言不可极，极之而衰。'以讽谏焉。齐王曰：'善。'乃罢长夜之饮。以髡为诸侯主客。宗室置酒，髡尝在侧……太史公曰：淳于髡仰天大笑，齐威王横行。"此事它书不载，殆若小说家者言，记此备参。

卫子南被魏惠王命为侯。

按：《水经注·汝水》曰："《汲冢古文》谓卫将军文子为子南弥牟，其后有子南劲。《纪年》：劲朝于魏，后惠成王如卫，命子南为侯。"方诗铭《古本竹书纪年辑证》曰："《韩非子·说疑》有'卫子南劲'，与齐田恒、宋子罕、楚白公、燕子之等并列，称为'皆朋党比周以事其君，隐正道而行私曲，上逼君，下乱治，援外以挠内，亲下以谋上'，当即其人。所谓'援外以挠内'，与《纪年》所云朝魏、惠成王命之为侯合。"梁玉绳《史记志疑》卷二〇所说同。

周显王二十一年　癸酉　前348年

公元前348年，马其顿王腓力二世入奥林索斯，遂解散哈尔基季基同盟。

齐威王重奖勤于吏治，却因不贿赂王之左右大臣而遭毁损之即墨大夫；处决毫无政绩，却因贿赂王之左右大臣而屡获赞誉之阿大夫及受贿大臣，以正朝纲。

按：《史记·田敬仲完世家》曰："威王初即位以来，不治，委政卿大夫，九年之间，诸侯并伐，国人不治。于是威王召即墨大夫而语之曰：'自子之居即墨也，毁言日至。然吾使人视即墨，田野辟，民人给，官无留事，东方以宁。是子不事吾左右以求誉也。'封之万家。召阿大夫语曰：'自子之守阿，誉言日闻。然使使视阿，田野不辟，民贫苦。昔日赵攻甄，子弗能救。卫取薛陵，子弗知。是子以币厚吾左右以求誉也。'是日，烹阿大夫，及左右尝誉者皆并烹之。"此事当即为《史记·滑稽列传》中所说"于是乃朝诸县令长七十二人，赏一人，诛一人"事，乃威王振作之始。

柏拉图作《法篇》等。遂约于次年卒。

淳于髡以楚臣谏楚庄王之三年不飞不鸣鸟之喻讽谏齐威王，激发其意志，威王始振作图治。

按：《史记·滑稽列传》曰："齐威王之时喜隐，好为淫乐长夜之饮，沉湎不治，委政卿大夫。百官荒乱，诸侯并侵，国且危亡，在于旦暮，左右莫敢谏。淳于髡说之以隐曰：'国中有大鸟，止王之庭，三年不蜚又不鸣，王知此鸟何也？'王曰：'此鸟不飞则已，一飞冲天；不鸣则已，一鸣惊人。'于是乃朝诸县令长七十二人，赏一人，诛一人

（参阅上文齐威王诛阿大夫，赏即墨大夫事），奋兵而出。诸侯震惊，皆还齐侵地。威行三十六年。语在《田完世家》中。"依据《田敬仲完世家》载"威王初即位以来，委政卿大夫，九年之间，诸侯并伐，国人不治"等语，此事当在威王九年，故系于本年。其中淳于髡说齐威王所用"三年不飞不鸣鸟"之喻也见于《韩非子·喻老》《吕氏春秋·重言》《史记·楚世家》《新序》卷二及《吴越春秋·王僚传》等处，其言乃楚臣谏楚庄王时所说，庄王所答辞也完全一样。裴登峰《战国七十年文学编年》曰："看来这是战国时很流行的故事。淳于髡向齐威王说此隐，是暗以之比楚庄王以激发其意志。齐威王也因而受到启发，以故事中楚庄王之说相对，反映出自己将学习楚庄王。《史记》所载，在'国人莫敢谏'的情况下，淳于髡谏以夸张之辞，其时邹忌亦有讽谏。但淳于髡于前一年曾劝退欲攻齐之楚兵，因而威王'以髡为诸侯主客。宗室置酒，髡尝在侧。'对淳于髡恩宠有加，在此情况下，淳于髡说齐威王当然更为方便。"此说可通。

商鞅更为赋税法行之，秦初为赋。

按：《史记集解·秦本纪》引徐广曰："制贡赋之法也。"《史记索隐》引谯周曰："初为军赋也。"《资治通鉴·周纪二·显王二十一年》记此事作"秦商鞅更为赋税法行之"。胡云翼注云："井田既废，则周什一之法不复用，盖计亩而为赋税之法。"此当为商鞅变法内容之一。

苏代（ —前284）生。

按：《史记》载苏代、苏秦、苏厉三兄弟事迹较混乱，互窜现象往往有之，且叙三苏长幼次序时以苏秦为兄，代、厉为弟也有误。历代学者多有考辨。《史记索隐·苏秦列传》引谯周曰："秦兄弟五人，秦最少，兄代，代弟厉及辟、鹄并为游说之士。"《战国纵横家书》附唐兰《司马迁所没有见过的珍贵史料》一文持代为秦兄、厉为秦弟之观点，以苏代为苏秦兄。今据《韩非子·外储说右下》"子之相燕，贵而主断。苏代为齐使燕"，及《史记·燕世家》"燕哙三年，与楚、三晋攻秦，不胜而还。子之相燕，贵重，主断。苏代为齐使燕"可知，燕王哙三年当周慎靓王三年，即前318年，因此事为苏代为诸侯做事之首见，依当时习惯，时苏代宜在30岁上下，由此逆推30年，则苏代之生约在本年前后。

周显王二十三年　乙亥　前346年

商鞅刑太子师、傅。

按：秦太子驷犯法，卫鞅以为"法之不行，自上犯之"，但"太子，君嗣也，不可施刑"，故劓（劓刑，割鼻）其傅公子虔，黥（脸上刺花）其师公孙贾，于是"法大用，秦人治"。《史记·商君列传》称太子犯法两次；杨宽《战国史》考证，"太子犯法当在秦孝公十六年，只有一次"。钱穆《先秦诸子系年》卷三曰："赵良说商鞅：'公子虔杜门不出，已八年矣'。赵良进说后五月，孝公卒。今姑定赵良之说在孝公卒前一年，其前八年，为孝公十六年，适当秦迁都行新法后四年。则公子虔之劓，断在是年。然本传

公元前346年，《费奥克拉提斯条约》缔结，马其顿遂取希腊北部、中部。

又云：鞅为左庶长，定变法之令，于是太子犯法。鞅曰：'太子，君嗣也，不可施刑，刑其傅公子虔。'鞅为左庶长在孝公六年，其时尚位微，何能遽刑及于太子之傅？且孝公是年不过二十七岁，太子尚幼，不能犯法。鞅亦何不称太子幼弱，而云君嗣不可刑，知太子非幼弱矣。然则刑公子虔自在（孝公）十六年，而史公误为在前，遂称公子虔复犯约耳。"今两系之，以备考。

周显王二十五年　丁丑　前344年

魏会十二诸侯于逢泽，以率诸侯朝周为名，合谋攻秦。秦使卫鞅说魏，魏惠王自称为王，秦派公子少官率师会诸侯。

按：魏率诸侯朝周，《战国策》中多处有载，实为当时大事。《战国策·秦策四》："魏伐邯郸，因退为逢泽之遇，乘夏车，称夏王，朝为天子，天下皆从。"又《秦策五》曰："梁君伐楚、胜齐，制赵、韩之兵，驱十二诸侯以朝天子于孟津。"又《齐策五》曰："昔者魏王拥土千里，带甲三十六万，恃其强而拔邯郸，西围定阳，又从十二诸侯朝天子以西谋秦。秦王恐之，寝不安席，食不甘味，令于境内，尽堞中为战具，境为守备，为死士置将，以待魏氏。卫鞅谋于秦王（此为秦孝公十八年事，称秦王乃事后追尊之辞）曰：'夫魏氏其功大而令行于天下，有从十二诸侯而朝天子，其与必众，故以一秦而敌大魏，恐不如，王何不使臣见魏王，则臣请必北败魏矣。'秦王许诺。卫鞅见魏王曰：'大王之功大矣，令行于天下矣。今大王之所从十二诸侯，非宋、卫也，则邹、鲁、陈、蔡，此固大王之所以鞭箠使也，不足以王天下。大王不若北取燕，东伐齐，则赵必从矣；西取秦，南伐楚，则韩必从矣。大王有伐齐、楚心而从天下（使天下服从）之志，则王业见矣。大王不如先行王服，然后图齐、楚。'魏王说于卫鞅之言也，故身广公宫，制丹衣，建九斿，从七星之旗，此天子之位也，而魏王处之。于是齐、楚怒，诸侯奔齐。齐人伐魏，杀其太子，覆其十万之军。"可见，逢泽之会，实为魏惠王在败赵胜齐的形势下，又以朝天子为名，纠合十二个小国以谋攻秦，秦使卫鞅入魏游说魏王，以离间计说魏王，劝魏王"不如先行王服，然后图齐楚"。魏王从之并自称为王。同时，召集宋、卫、邹、鲁等国会于逢泽（今河南开封市南），秦使公子少官率师会诸侯。之后，魏率诸侯朝见周天子，是为"逢泽之会"。

有关逢泽之会的年代、盟主及参加国的记载不一，钱穆《先秦诸子系年》有关于逢泽之会的考订较详，录于下备参。钱穆曰："吴师道曰：'伐邯郸乃魏惠十八年事。逢泽之遇，秦为之，非魏也。齐伐魏在会逢泽后，则指马陵之役。而伐邯郸后乃败于桂陵。魏既克邯郸，即为齐、楚所袭，天下未尝皆从。'是谓会诸侯于逢泽者，乃秦孝公，非梁惠王也。徐文靖《竹书统笺》则云：'秦孝公会诸侯于逢泽，即《秦策》魏拔邯郸而退为逢泽之遇之地。'是谓秦魏先后均会诸侯于逢泽也。余尝参稽以考，而知逢泽之遇，实在马陵战前，与伐赵邯郸、战桂陵无涉。又会逢泽者，乃梁惠成王，与秦孝公无涉。其事在梁惠王二十七年，今《史表》误系之周显王之二十七年，而又误属之秦孝公耳。何以言之？据《齐策》：'魏王从十二诸侯朝天子，以西谋秦，卫鞅劝以先行王服，而齐人伐魏，败于马陵。'齐伐魏在二十七年十二月，魏败在二十八年。故知逢泽之遇，实为梁惠王之二十七年也。秦自孝公以前，中国诸侯夷翟遇之，摈不得与朝盟。孝公用商鞅，变法图治，稍侵魏疆，犹不为中国诸侯所重，何来有会诸侯而朝天子之事？魏既败于马陵，其后二年，商鞅虏魏公子卬，以功得封邑。若其前已能会诸侯，朝天子，鞅之功烈大矣，不待至此始封。且马陵一役以前，魏尚为中国霸主，秦人何得远涉其地而会诸侯？《国策》三言魏会诸侯而不及秦，知此会乃魏惠王，非秦孝公矣。余读《秦纪》：'孝公二十年，秦使公子少官率师会诸侯逢泽，朝天子'，然后知秦特应魏之征而赴会，故使一公子往。若秦自会诸侯，朝天子，此何等事，孝公、商君皆不莅会，而使一公子主之耶？"（《先秦诸子系年》卷三）钱氏又谓："《赵世家》：'肃侯四年，朝天子……'……窃疑朝天子者，即魏会诸侯逢泽，而赵亦应召赴会也。其事应在肃侯六年。"（《先秦诸子系年》卷三）。又，缪文远谓："逢泽之会，韩国未尝参与。"依据是《战国策·韩策三》曰："魏王为九里之盟，且复天子。房喜谓韩王曰：'勿听之也。大国恶有天子，而小国利之。王与大国弗听，魏安能与小国立之？'"《韩非子·说林上》作"魏惠王为白里之盟，将复立于天子。彭喜谓郑君（韩王）曰"云云。黄丕烈《国策札记》曰："九白彭房皆一声之转，郑君、韩王同。此（指《韩策》）魏王依彼（指《韩子》）知为惠王。"钱穆曰："此亦魏惠会诸侯而尊周之一证。"（《先秦诸子系年》卷三）。故欲息"逢泽之会"聚讼，尚待时日。

齐君率卿大夫聘秦，秦以为荣，卫鞅铭之于量。
按：据商鞅量器方升铭文。

秦孝公欲传位商鞅，商鞅辞不受。
按：《战国策·秦策一》曰："孝公行之八年，疾且不起，欲传商君，辞不受。"缪文远《战国策新校注》引姚宏、王念孙之说，认为"八年"应作"十八年"并曰："窃意此'十八年'当指秦孝公十八年（前344）而言。传世商鞅方升铭文云：'十八年，齐率卿大夫来聘。冬十二月乙酉，大良造鞅爰积十八尊（寸）五分尊（寸）壹为升。重泉。'是孝公十八年，商鞅曾向秦境内颁行标准量器，为变法中重要年代，故《策》文特笔记之。'十八年'下当有'其后'二字而脱之耳……战国时有禅让思潮，此章所言，可为佐证。"类似观点也见于其著《战国策考辨》。

乐毅（　—约前278）生。
按：《史记·乐毅列传》曰："乐毅者，其先祖曰乐羊。乐羊为魏文侯将，伐取中山，魏文侯封乐羊以灵寿。乐羊死，葬于灵寿，其后子孙因家焉。中山复国，至赵武灵王时复灭中山，而乐氏后有乐毅。"未及乐毅生年。《战国策·赵策三》曰："齐破燕，赵欲存之。乐毅谓赵王曰：'今无约而攻齐，齐必雠赵。不如请以河东易燕地于齐……以燕以赵辅之，天下憎之，必皆事王以伐齐。是因天下以破齐也。'王曰：'善。'乃以河东易齐，楚、魏憎之，令淖滑、惠施之赵，请伐齐而存燕。"齐因燕相子之之乱而破燕，时在前314年（详前314年"燕乱，齐伐燕"条），其时乐毅已在赵活动，且为赵王定存燕伐齐之谋，其年龄当在三十岁以上，自前314年上推30年，则乐毅约生于前344年前后。又据《史记·乐毅列传》、《燕世家》载，昭王于破燕之后即位，吊死问孤，与百姓同甘苦，卑身厚币以招贤者。乐毅自魏往，剧辛自赵往。昭王以乐毅为上将军，任以国政。《六国表》记燕昭王元年在前311年，其间乐毅又曾活动在赵、魏（或也曾用事），足证其时之乐毅已是一成熟策士，其年龄必在三十岁以上，自前311年上推30年，则乐毅生于前341年之前。故断乐毅生于前344年较宜。

公元前344年，亚里士多德约于是年前后傅马其顿亚力山大。

周显王二十七年　己卯　前342年

公元前342年,马其顿人取南色雷斯。

中山君相魏。

按:《史记·魏世家》系此事于惠王二十八年,《六国年表》在二十九年。《史记索隐·魏世家》曰:"按魏文侯灭中山,其弟守之,后寻复国,至是始令相魏。其中山后又为赵所灭。"黄式三《周季编略》曰:"魏灭中山,守之,封其后以数邑,服于魏。至(周)安王末年,与赵战,则中山必渐强矣。至是为魏相,如靖郭君相齐之例,其国必益强矣,然犹臣于魏也。"黄氏之说可从。

齐将田盼十二月伐魏,战于马陵,马陵之役开始。

按:《史记索隐·孙子吴起列传》曰:"王劭按《纪年》……二十七年十二月,齐田盼败梁于马陵。"又《史记索隐·田敬仲完世家》引《竹书纪年》:"(齐)威王十四年,田盼伐梁,战马陵。"钱穆《先秦诸子系年》曰:"考《纪年》,惠成王十三年,齐桓公卒,威王立。威王之十四年,正当惠成王二十七年。而《魏世家索隐》引《纪年》:'惠王二十八年与齐田盼战于马陵',则又何也?窃疑齐伐魏,在惠成王二十七年之冬,而魏败则在二十八年。……今《史记》误在惠王三十年春,盖是年为周显王之二十八年,史公误以梁惠王为周显王耳。"今考之,《史记索隐·孙子吴起列传》言齐败梁马陵当是言其结果,实为齐魏马陵大战之始。有《竹书纪年》"(惠王)二十八年,与齐田盼战于马陵"可作旁证,钱氏于此条判断有误。究齐魏开战之由,缘于魏伐韩而韩求于齐,《战国策·齐策一》"韩自以专有齐国,五战五不胜,东愬于齐,齐因起兵击魏,大破之马陵。魏破,韩弱。韩、魏之君因田婴(《史记·田敬仲完世家》集解引徐广曰:"婴一作盼。")北面而朝田侯"也为总述之语,先将其后马陵之战结果总述于此,但可知韩魏之战实为齐魏马陵决战之缘由。故马陵之战应在韩魏之战后。又,"田盼"《战国策》作"田朌"。

齐孙膑以"添兵减灶"之计为疑兵,遂大败魏军。庞涓自刎,魏太子申被俘。

按:《史记·孙子吴起列传》曰:"魏与赵攻韩,韩告急于齐,齐使田忌将而往,直走大梁。魏将庞涓闻之,去韩而归,齐军既已过而西矣。孙子(孙膑)谓田忌曰:'彼三晋之兵,素悍勇而轻齐,齐号为怯。善战者因其势而利导之。兵法,百里而趣利者,蹶上将;五十里而趣利者,军半至。使齐军入魏地为十万灶,明日为五万灶,又明日为三万灶。'庞涓行三日,大喜曰:'我固知齐军怯,入吾地三日,士卒亡者过半矣。'乃弃其步军,与其轻锐倍日并行逐之。孙子度其行,暮当至马陵。马陵道狭,而旁多阻隘,可伏兵,乃斫大树,白而书之曰:'庞涓死于此树之下。'于是令齐军善射者万弩,夹道而伏,期曰:'暮见火举而俱发。'庞涓果夜至斫木下,见白书,乃钻火烛之,读其书未毕,齐军万弩俱发,魏军大乱相失。庞涓自知智穷兵败,乃自刭曰:'遂成竖子之名。'齐因乘胜尽破其军,虏魏太子申以归。"此段叙述,其史实与前353年"桂陵之战"事有牵混现象,史家已有指出。如雷学淇《竹书纪年义证》曰:"《史记》述此,所在互异。齐、魏《世家》、《孙子列传》每牵混桂陵之役,以赵为词,又自矛盾其说,谓其事当在齐宣王二年、梁惠王三十年，此最误之甚者。其余皆与《纪年》、《国策》互相证明，犹可考按。盖南梁之役，魏以穰疵为将，闻齐将助韩，乃令庞涓益兵攻韩，故韩人五战五不胜。及齐人果来伐魏，乃又令太子申迎击之也。是时，齐以三田为将，孙子为师。今《国策》不言穰疵、田婴，竹书不言庞涓、太子、田婴、田忌，盖南梁构难，魏有并韩之心，故齐人声言救韩，而庞涓之师继出。适齐师果发，孙子设谋，实盼与婴攻其东鄙，使田忌扬言伐魏，直走大梁，未及魏都，不战而退，伪遁减灶，以诱敌师，且使盼与婴阳拒太子而阴于马陵设伏以待。迨庞涓闻齐人来伐，掣兵而归，留穰疵在韩，涓乃东逐齐师，倍日并行，遂败于马陵也。齐人乘胜尽破其军，并虏太子。《史记》于《孙子列传》言之惟详，参以《国策》、《纪年》之文，大略可识。他书言此事多异，缘未悉心推勘耳。"方诗铭《古本竹书纪年辑证》曰："是田盼为齐之名将，闻于敌国，此役实以田盼为主，《纪年》于三田之中特书田盼当得其实。"又曰："马陵之战为当时一大战役，始于惠成王二十七年十二月，决战则在次年。"又是一说。另有一疑：前353年"桂陵之战"，庞涓已被擒，《史记》及竹书《孙膑兵法》皆有明载，抑庞涓后被齐放回魏国，故得再度为将，而参与马陵之战欤？桂陵之役，庞涓遭擒，马陵之战，竟至于死，庞氏之不善用兵明矣！魏君则屡屡用之为将，能不误乎？

惠施是年前后再至魏国。

按：《战国策·魏策二》曰："齐、魏战于马陵，齐大胜魏，杀太子申，覆十万之军。魏王召惠施而告之曰：'夫齐寡人之仇也，怨之至死不忘。国虽小，吾常欲悉起兵而攻之，何如？'对曰：'不可。臣闻之，王者得度而霸者知计。今王所以告臣者，疏于度而远于计。王固先属怨于赵，而后与齐战。今战不胜，国无守战之备，王又欲悉起而攻齐，此非臣之所谓也。王若欲报齐乎？则不如因变服折节而朝齐，楚王必怒矣。王游人而合其斗，则楚必伐齐，以休楚而伐罢齐，则必为楚禽矣，此王以楚毁齐也。'魏王曰：'善。'乃使人报于齐，愿臣畜而朝，田婴许诺。"据此可知"马陵之战"后不久，惠施即被梁惠王召至魏国。但此次惠施至魏，并非初至，而是再至甚或三至、四至。如钱穆《惠施年表》所言："梁惠王二十八年，惠施当以是时至梁或稍后。"（见《古史辨》第六册。惠子初至魏在"桂林之战"后的前352年前后，说已见前。）因其时魏王待惠子已如老朋友一般，召而告之心腹之事，且对惠子言听计从。

是年前后，《孙膑兵法》中部分篇章如《十阵》等已成书。

按：《孙膑兵法》系我国古代兵家代表作之一。《史记·孙子吴起列传》曰："孙膑以此名显天下，世传其兵法。"孙膑，齐国阿人，《史记·孙子吴起列传》中述"桂陵之役"、"马陵之战"事最详，其他生平事迹难以详知。《孙膑兵法》在《汉书·艺文志》称为《齐孙子》，久已失传，使《孙膑兵法》之有无真假成为千古悬案。1972年于山东临沂银雀山汉墓出土之竹简，约有四百四十片，一万一千余字，被学界确认属失传已久之《孙膑兵法》，遂使千古悬案有了公决。孙膑认为战争关系国家安危极大，"战胜而强立"，战不胜则危亡。强调兵之强弱，在于休民，能"得众"。重视对士卒严格挑选和组织训练；同时，要赏罚分明，"赏不逾日，罚不还面"。战争中，要掌握战争规律，运用"权、势、谋、诈"，灵活实施兵力配备、队形、阵法、战法，如此，则"必攻不守"，胜则在握。《孙膑兵法》成书一如先秦其他子书，有一个不断完善的过程，但其中为孙膑自著篇章如《十阵》等，当如《史记》所言，写成于"马陵之战"后不久，即本年前后，其余盖嗣后渐成。

苏秦(　—前284)是年前后生。

按：苏秦三兄弟事迹于《史记》中多有淆乱，钱穆《先秦诸子系年·苏秦考》、唐兰《苏秦考》(载1941年《文史杂志》1卷12期)及《司马迁所没有见过的珍贵史料》(收入文物出版社1976年12月版《马王堆汉墓帛书——战国纵横家书》)、杨宽《战国史》及《马王堆帛书〈战国纵横家书〉的史料价值》(收入文物出版社1976年12月版《马王堆汉墓帛书——战国纵横家书》)、徐中舒《论〈战国策〉的编写及有关苏秦诸问题》皆有考辨。裴登峰《战国七十年文学编年》以长沙马王堆出土的《战国纵横家书》为准，结合《战国策》、《史记》等文献，综合唐兰《苏秦考》、徐中舒《论〈战国策〉的编写及有关苏秦诸问题》、杨宽《战国史》、缪文远《战国策考辨》、郑杰文《战国策新论》等成果详加梳理，定苏秦约生于前342年，其活动时间大致在前312—前284年间，此说颇有说服力，故采之。

周显王二十八年　庚辰　前341年

公元前341年，希腊人建盟优卑亚，遂反马其顿。

罗马取坎佩尼亚大部。

九月，秦师、赵师伐魏，秦卫鞅率师大破魏军，虏公子卬。

按：《史记·魏世家》曰："(魏惠王)三十一年，秦、赵、齐共伐我，秦将商君诈我将军公子卬而袭夺其军，破之。"《索隐》引《纪年》："(梁惠王)二十九年……九月，秦卫鞅伐我西鄙；十月，邯郸伐我北鄙。王攻卫鞅，我师败绩。"其中《魏世家》所记时间有误，《史记·六国表》、《秦本纪》皆记此事于次年(孝公二十二年，当梁惠王三十年)也误。《纪年》所记时间不错。《史记·商君列传》曰："(马陵战后)其明年(即本年，梁惠王二十九年，与《纪年》合)，卫鞅说孝公曰：'秦之与魏，譬若人之有腹心疾，非魏并秦，秦即并魏。何者？魏居领(岭)阨之西，都安邑，与秦界河而独擅山东之利。利则西侵秦，病则东收地。今以君之贤圣，国赖以盛。而魏往年大破于齐，诸侯畔之，可因此时伐魏。魏不支秦，必东徙。东徙，秦据河山之固，东乡(向)以制诸侯，此帝王之业也。'孝公以为然，使卫鞅将而伐魏。魏使公子卬将而击之。军既相距，卫鞅遗魏将公子卬书曰：'吾始与公子欢，今俱为两国将，不忍相攻。可与公子面相见，盟，乐饮而罢兵，以安秦、魏。'魏公子卬以为然。会盟已，饮，而卫鞅伏甲士而袭虏魏公子卬，因攻其军，尽破之以归秦。"

邹忌听公孙闬之言，说齐威王使田忌伐魏，田忌去齐奔楚。

按：《战国策·齐策一》曰："成侯邹忌为齐相，田忌为将，不相说(悦)。公孙闬谓邹忌曰：'公何不为王谋伐魏？胜，则是君之谋也，君可以有功；战不胜，田忌不进，战而不死，曲挠而诛。'邹忌以为然，乃说王而使田忌伐魏。田忌三战三胜，邹忌以告公孙闬，公孙闬乃使人操十金而往卜于市，曰：'我田忌之人也，吾三战三胜，声威天下，欲为大事，亦吉否？'卜者出，因令人捕为人卜者，亦验其辞于王前。田忌遂走。"《史记·田齐世家》也记此事，只是纪年有误(《史记》于田齐纪年错误甚多)。黄式三《周季编略》、林春溥《战国纪年》、于鬯《战国策年表》均系此事于周显王二十八年(前341)。田忌出走，奔向何国，《战国策》及《史记》均未明说。缪文远《战国策新校注》

据《说苑·尊贤》等,以为"去齐适楚也"。

屈原(　—约前283)是年前后生。

按:《史记·屈原贾生列传》曰:"屈原者,名平,楚之同姓也。"赵逵夫《屈氏先世与句亶王熊伯庸——兼论三闾大夫的职掌》一文认为,屈氏始祖乃西周末熊渠长子句亶王熊伯庸,对《离骚》中的"朕皇考曰伯庸"一句作了新的解释,在学术界反响较大。而对屈原生年则至今众说纷纭,未有的论。自清代以来,主要说法有邹汉勋、陈玚、刘师培、钱穆、游国恩、蒋伯潜等人的前343年说,郭沫若等人的前340年说,浦江清、蒋天枢等人的前339年说,林庚等人的前335年说,汤炳正等人的前342年说,陈久金、潘啸龙等人的前341年说,胡念贻、雷庆翼等人的前353年说等等共十多种。除胡念贻之说外,大部分观点在前345—前335年的十年之间。惟汤炳正先生依据《史记·天官书》"岁星一曰摄提"之记载、1976年陕西临潼出土利簋铭文、1972年山东临沂银雀山汉墓出土的帛书《五星占》及新城新藏《战国秦汉长历》等众多的文献资料,考据翔实周密。陈久金先生又在汤先生所说基础上,作了更为严密的论证。潘啸龙先生也用古代岁星纪年推出屈原的生年应在前341年,颇具说服力。故取汤炳正、陈久金、潘啸龙之说(汤说见其著《屈赋新探》,陈说见其文《屈原生年考》,载《社会科学战线》1980年第2期;潘说见其文《古代岁星纪年和屈原之生年推算》),定屈原生于本年前后。

周显王二十九年　辛巳　前340年

秦封卫鞅于商,商鞅、商君名号由此始。

按:《水经注·浊漳水》引《竹书纪年》曰:"梁惠成王三十年,秦封卫鞅于邬,改名曰商。"《史记·秦本纪》曰:"(孝公)二十二年,卫鞅击魏,虏公子卬,封鞅为列侯,号商君。"《史记·商君列传》曰:"卫鞅既破魏还,秦封之於、商十五邑,号为商君。"《史记集解》引徐广曰:"弘农商县也。"《史记索隐》:"於、商二县名,在弘农。《纪年》云秦封商鞅在惠王三十年,与此文合。"陈梦家《六国纪年表考证》云:"《六国表》周显王二十九年、秦孝公二十二年'封大良造鞅'。凡此《六国表》记商鞅之封在周显王二十九年、秦孝公二十二年,与《纪年》同。"如此,则商君之封,当在本年无误。

季梁卒(约前395—　)。季梁,魏人。事迹散见于《战国策·魏策》、《列子·力命篇》、《仲尼篇》等处。《仲尼篇》曰:"季梁死,杨朱望其门而歌。"则知季梁乃杨朱友也,先杨朱而卒。

按:钱穆《先秦诸子系年》署其生卒年为前395—前340年,今从之,系于此。另,钱氏有《季梁考》(《先秦诸子系年》七九)一文,谓季梁之于杨朱如惠施之于庄周也,死于杨朱前。

公元前340年,雅典建盟伯罗奔尼撒,遂反马其顿。

"拉丁同盟战争"始。

斯科帕斯卒(约前420—　)。希腊古典时代末期雕刻家、建筑师。

周显王三十年　壬午　前339年

公元前339年，雅典遂以祭神费加强海军。

罗马独裁官普布利里乌斯颁布法令，规定平民会议决议经元老院追认即具有法律效应。

三月，魏于大梁北郭开大沟，以行圃田之水，使之与黄河至圃田间运河相接，始成战国鸿沟北段工程。

按：《水经注·渠水》引《竹书纪年》曰："梁惠成王三十一年三月，为大沟于北郭，以行圃田之水。"雷学淇《竹书纪年义证》曰："梁城西北有圃田，东北有浚水，自十年入河水于圃田，又为大沟，引水至梁之正南为鸿沟。"

下邳迁于薛，改名曰徐州。

按：《水经注·泗水》引《竹书纪年》曰："梁惠成王三十一年，邳迁于薛，改名徐州。"《史记索隐·鲁周公世家》引《竹书纪年》、《史记·孟尝君列传》正义引《竹书纪年》与此相同。雷学淇《竹书纪年义证》曰："此时之迁，乃齐人迁之，犹春秋时宋之迁宿、齐之迁阳也。"

庄子是年前后钓于濮水，楚威王使使厚币聘之为相，庄子以神龟、涂龟之喻拒聘。

按：《庄子·秋水》曰："庄子钓于濮水，楚王使大夫二人往先焉，曰：'愿以境内累矣！'庄子持竿不顾，曰：'吾闻：楚有神龟，死已三千岁矣，王巾笥而藏之庙堂之上。此龟者，宁其为留骨而贵乎？宁其生而曳尾于途中乎？'二大夫曰：'宁生而曳尾途中。'庄子曰：'往矣，吾将曳尾途中！'"《史记》本传也记此事。《经典释文》曰："濮水音卜，陈地水也。"陈国于楚惠王十一年（前478）为楚公孙朝率师所灭，其地已归楚。故战国中期庄子隐钓之濮水已属楚地。《韩非子·喻老》曰："楚威王欲伐越，庄子谏曰：'……臣患智之如目也。'"是庄子于威王时尝至楚，与威王有交往。其拒聘事也极可能在威王时。楚威王前339年至前329年在位。故断庄子拒聘于本年（威王初年）前后较宜。

莫敖子华是年前后对楚威王问，论述五种"忧社稷者"及上好下行的道理。

按：《战国策·楚策一》曰："威王问于莫敖子华曰：'自从先君文王以至不榖之身，亦有不为爵劝，不为禄勉，以忧社稷者乎？'莫敖子华对曰：'如华不足知之矣。'王曰：'不于大夫，无所闻之？'莫敖子华对曰：'君王将何问者也？彼有廉其爵，贫其身，以忧社稷者；有崇其爵，丰其禄，以忧社稷者；有断胫决腹，壹瞑而万世不视，不知所益，以忧社稷者；有劳其身，愁其志，以忧社稷者；亦有不为爵劝，不为禄勉，以忧社稷者。'王曰：'大夫此言，将何谓也？'"接着，莫敖子华分别举例论证五种"忧社稷者"的情况："廉其爵，贫其身，以忧社稷者，令尹子文是也"；"崇其爵，丰其禄，以忧社稷者，叶公子高是也"；"断胫决腹，壹瞑而万世不视，不知所益，以忧社稷者，莫敖大心是也"；"劳其身，愁其思，以忧社稷者，棼冒勃苏是也"；"不为爵劝，不为禄勉，以忧社稷者，蒙榖是也"。威王听后，太息曰："此古之人也，今之人，焉能有之耶？"莫敖子华对曰:"昔者先君灵王好小要(腰),楚士约食,凭而能立,式而能起。食之可欲,忍而不入。死之可恶,然而不避。章闻之,其君好发者,其臣抉拾。君王直不好,若君王诚好贤,此五臣者,皆可得而致之。"林春溥《战国纪年》、于鬯《战国策年表》系此事于上年(周显王二十九年,前340年)。此年楚惠王刚去世,威王初立,似不妥。故从黄式三《周季编略》、顾观光《国策编年》系于周显王三十年(前339),即本年。赵逵夫《屈原与他的时代·莫敖子华对楚威王考校》说:"子华为沈尹氏,名章,字子华,楚威王时任莫敖之官,故自称章。典籍中称沈尹华,亦称莫敖子华。他曾向威王讲述法制与古之典章文籍,灌输改革思想,引起旧贵族昭鳌的不满,通过威王的侍卫官向威王进谗中伤。他同屈原一样,是一个具有爱国思想与改革观念的作家。"并认为"显然,这本是一篇书信或上书"。

周显王三十一年　癸未　前338年

是年前后,今本《商君书》中如《垦令》、《境内》、《战法》、《立本》等篇章已传世。

按：今传《商子》二十六篇(其中第十六、二十一篇有目无辞),难考是否即班固《汉书·艺文志·法家》著录"《商君》二十九篇"之残。因书中往往涉及商君之后历史史实,故学界对今本《商君书》的真假、成书年代争议较大。有人指其书为伪,如胡适在《中国哲学史大纲》中直斥"《商君书》是假书",似欠妥。《韩非子·五蠹》曰:"今境内之民皆言治,藏商、管之法者家有之。"《定法》:"申不害、公孙鞅,此二家之言孰急于国?"《淮南子·泰族训》曰:"今商君之《启塞》,申子之《三符》,韩非之《孤愤》,张仪、苏秦之从横,皆掇取之权,一切之术也,非治之大本,事之恒常,可博闻而世传者也。"《史记·商君列传》也称"读商君《开塞》书"云云,足见至迟在秦汉年间已有商君之书流传。《四库全书总目提要》:"《三国志·先主传》注亦称《商君书》,其称《商子》则自《隋志》始也。陈振孙《书录解题》云:'《汉志》二十九篇,今二十八篇,已亡其一。'晁公武《读书志》则云:'本二十九篇,今亡者三篇。'……盖两家所录各据所见之本,故多寡不同欤?此本自《更法》至《定分》,目凡二十有六,似即晁氏之本,然其中第十六篇、第二十一篇又皆有录无书,则并非宋本之旧矣。……今考《史记》称秦孝公卒,太子立,公子虔之徒告鞅欲反,惠王乃车裂鞅以徇。则孝公卒后,鞅即逃死不暇,安得著书?如为平日所著,则必在孝公之世,又安得开卷第一篇即称孝公之谥?殆法家者流,掇鞅余论以成是编。犹管子卒于齐桓公前,而书中屡称桓公耳!诸子之书,如是者多。"今本《商子》即《总目》所云"此本"者,《总目》否认商君自著,而断为法家后学辑掇商君余论而成,颇得学界首肯。然仍嫌太过绝对。今人郑良树《商鞅及其学派》认为《商君书》中如《垦令》、《境内》、《战法》、《立本》等少数篇章当为商鞅本人所作,多数作品出自商鞅弟子及其后学之手。此说较为符合实际,故取之,系《商君书》部分作品成于本年。

又按：1978年于湖北江陵观音垱五山境内原天星观址出土一批楚简,内容多为遣册与卜筮记录。其中卜筮记录共有4个纪年,其中之一为"秦客公孙缺(鞅)闻

公元前338年,马其顿王腓力二世败希腊诸邦联军于喀罗尼亚战役,遂解散彼奥提亚同盟。

伊索克拉底卒(前436—　)。希腊演说家,教育家。

(问)王于菽郢之岁",学者以为此"公孙鞅"或即相秦十八年之商鞅。商鞅在秦二十四年(前361—前338)。今附记于此。材料见《江陵天星观1号楚墓》(《考古学报》1982年第1期)。

秦孝公薨,子惠文君驷立。秦捕杀商鞅,车裂之,灭商鞅之家。

按:《战国策·秦策一》曰:"孝公行之(指商鞅之法)十八年,疾且不起,欲传商君,辞不受。孝公已死,惠王代后,莅政有顷,商君告归。人说惠王曰:'大臣太重者国危,左右太亲者身危。今秦妇人婴儿皆言商君之法,莫言大王之法,是商君反为主,大王更为臣也。且夫商君,固大王仇雠也,愿大王图之。'商君归还,惠王车裂之,而秦人不怜。"《史记·六国年表》周显王三十一年秦栏:"孝公薨,商君反,死彤地。"同年魏栏:"卫鞅亡归我,我恐,弗内。"

尸佼闻商君死,乃逃亡入蜀。

按:《汉书·艺文志》著录《尸子》二十篇,列于杂家。班固自注:"名佼,鲁人,秦相商君师之。"《史记·孟子荀卿列传》集解引刘向《别录》曰:"楚有尸子,疑谓其在蜀。今按《尸子》书,晋人也,名佼,秦相卫鞅客也。卫鞅、商君谋事画计,立法理民,未尝不与佼规之也。商君被刑,佼恐并诛,乃亡逃入蜀。自为造此二十篇书,凡六万余言。卒,因葬蜀。"《史记索隐》曰:"尸子名佼,音绞。晋人,事具《别录》。"

商鞅卒(前390—)。商鞅,姬姓,卫氏,全名为卫鞅。因卫鞅本为卫国公族之后,故又称公孙鞅。后封于商,后人称之商鞅,战国时卫国人。少好刑名之学,专研以法治国,受李悝、吴起等人影响甚大。曾为魏国宰相公叔痤家臣,后应秦孝公求贤令入秦,说服秦孝公废井田、重农桑、奖军工、实行统一度量和郡县制等变法图强之策。孝公死后,受到贵族诬害以及秦惠文王的猜忌,车裂而死。其在秦执政二十余年,秦国大治,史称"商鞅变法"。事迹见《史记·商君列传》。

按:《史记·商君列传》:"商君相秦十年,宗室贵族多怨望者……秦孝公卒,太子立。公子虔之徒告商君欲反,发吏捕商君。商君亡,至关下,欲舍客舍。客人不知其是商君也,曰:'商君之法,舍人无验者坐之。'商君喟然叹曰:'嗟乎!为法之敝,一至此哉!'去之魏。魏人怨其欺公子卬而破魏师,弗受。商君欲之他国。魏人曰:'商君,秦之贼。秦强而贼入魏,弗归,不可。'遂内(纳)秦。商君既复入秦,走商邑,与其徒属发邑兵北出击郑。秦发兵攻商君,杀之于郑黾池。秦惠王车裂商君以徇,曰:'莫如商君反者!'遂灭商君之家。"然商鞅虽死,秦法未败。

周显王三十二年 甲申 前337年

公元前337年,马其顿王腓力

申不害卒(约前400—)。申不害,京人。在韩为相19年,使韩国走向国治兵强。事迹见《史记·老子韩非列传》。班固《汉书·艺文志》著录

《申子》六篇,今已佚。

按:《史记·老子韩非列传》曰:"申不害者,京人也(《史记索隐》:按《别录》云:'京,今河南京县是也。'《史记正义》:《括地志》云:'京县故城在郑州荥阳县东南二十里,郑之京邑也'),故郑之贱臣。学术(《史记索隐》按:术即刑名之法术也)以干韩昭侯,昭侯用为相,内修政教,外应诸侯,十五年,终申子之身,国治兵强,无侵韩者。"班固《汉书·艺文志》著录《申子》六篇,今已佚。有《大体篇》保存于《群书治要》中。申不害治韩,以其"术"闻名后世,韩非子论申子之术最详。《韩非子·定法》曰:"术者,因任而授官,循名而责实,操杀生之柄,课群臣之能者也。此人主之所执也。"对"术"之弊,韩非说:"申不害,韩昭侯之佐也。韩者,晋之别国也。晋之故法未息,而韩之新法又生;先君之令未收,而后君之令又下。申不害不擅其法,不一其宪令,则奸多。故利在故法前令,则道之;利在新法后令,则道之。故新相反,前后相悖,则申不害虽十使昭侯用术,而奸臣犹有所谲其辞矣。故托万乘之劲韩,七十(或以为宜作十七)年而不至于霸王者,虽用术于上,法不勤饰于官之患也。"故韩非子论治,强调"法"、"术"、"势"三者结合,缺一不可。《史记·六国年表》周显王三十二年韩栏:"申不害卒。"故系申子卒于本年。

二世及希腊诸邦盟,建科林斯同盟,遂欲征波斯。

周显王三十三年　乙酉　前 336 年

秦初行钱。

按:初行钱,即初铸并使用金属铸币,这标志着秦国商品经济已有一定发展。

宋太丘社亡。

按:太丘,宋地名。社为祭地神之所。社亡,指祭坛崩塌,时人以为此乃宋将亡之兆。

惠施说魏惠王与齐王会平阿南。

按:平阿,一作东阿,齐邑,地在今安徽怀远北。《史记·孟尝君列传》作齐威王与魏惠王、韩昭侯会于东阿。齐、魏会平阿,乃齐魏在马陵之战后,魏国主动与齐修善,并向齐屈服的表示。或以为乃惠施说魏惠王促成。

公元前 336 年,波斯王大流士三世立。

马其顿王亚历山大三世立。

周显王三十四年　丙戌　前 335 年

杨朱卒(前 395—　)。杨朱,字子居,战国中期魏国人。其学反对儒墨,主张贵生,重己。事迹散见于《庄子》、《列子》、《孟子》、《韩非子》、《吕

公元前 335 年,希腊诸邦叛。

亚历山大三世堕底比斯城,取色雷斯、伊利里亚诸地。

亚里士多德学院约于是年建立。

氏春秋》等书。

按:《孟子·滕文公下》有曰:"杨朱、墨翟之言盈天下。天下之言,不归杨则归墨"又曰:"今天下不之杨,则之墨……能言距杨墨者,圣人之徒也。"后世学人读《孟子》,未有不知杨朱之名者,且知杨、墨皆一时显学。然杨朱身世却难详悉。非但《史记》无传,《汉志》、《古今人表》也无其名。钱穆《先秦诸子系年》署其生卒年为前395—前335年,另有《杨朱考》一文,可参。今从之,系于此。

又按:《列子·杨朱》篇有"杨朱曰:古人之,损一毫利天下,不与也;悉天下奉一身,不取也。人人不损一毫,人人不利天下,天下治矣。"《孟子·尽心上》说:"杨子取为我,拔一毛而利天下,不为也。"《吕氏春秋·不二》曰:"阳生贵己。"《韩非子·显学》曰:"今有人于此,义不入危城,不处军旅,不以天下大利易其胫一毛……轻物重生之士也。"《淮南子·氾论训》曰:"全性保真,不以物累形,杨子之所立也。"综合以上资料,就可以看出杨朱的两个基本观念是:"为我"和"轻物重生"。尤其是他的"拔一毛而利天下,不为也。"的观念更是被视为"极端自私"的典范,受到后世学人的指责。但近现代部分学者在对杨朱的利己主义进行全面解读后,指出它在特殊背景下的合理性,并给予了同情性的理解。如吕思勉先生在评价杨朱"不利天下,不取天下"时指出:"夫人人不损一毫,则无尧舜,人人不利天下,则无桀纣;无桀纣,则无当时之乱;无尧舜,则无将来之弊矣。故曰天下治也。杨子为我说如此,以哲学论,亦可谓甚深微妙;或以自私自利目之,则浅之乎测杨子矣。"就颇具代表性。杨朱生卒向无定论,今取钱穆《先秦诸子系年》之说,系于本年。

周显王三十五年　丁亥　前334年

公元前334年,马其顿王亚历山大三世亲征波斯,遂取吕底亚、弗里吉亚。

惠施促成齐、魏与诸侯"会徐州以相王"(相王,相互承认为王)。

按:《史记·六国年表》周显王三十五年齐栏、魏栏皆载本年齐、魏与诸侯"会徐州,诸侯相王",则徐州之会,非特齐、魏两国,当有其他君国参加。"相王"(相互承认为王)者是仅限于齐、魏,还是包括其他参加国存疑待考。《秦本纪》有载:"天子致文武胙,齐、魏为王。"《秦史编年》引《史记新证》曰:"一九四八年,鄠县出土有秦右庶长歜封邑陶券,文云:'四年,周天子使卿大夫辰来致文武之酢(胙)。'"此"四年"当指"秦惠王四年",当周显王三十五年(前334),然则"徐州相王"之在本年又得一佐证。后世史家或以为徐州之会为魏王采惠施之策,至徐州朝见齐威王,尊齐为王,齐亦承认魏王号,史称"会徐州相王"。主要依据是《吕氏春秋·爱类》载匡章与惠施的一段对话(详惠施相魏条),其说可从。

赵大戊午谏赵肃侯游大陵。

按:《史记·赵世家》曰:十六年,肃侯游大陵,出于鹿门,大戊午扣马曰:"耕事万急,一日不作,百日不食。"肃侯下车谢。

韩国旱,内外交困。韩昭侯非但不恤民之急,反而益奢,作高门而耗民财,失其为国之道,屈宜臼讥之。

按:《史记·六国年表》曰:"(韩昭侯)二十五年,旱,作高门。屈宜臼曰:'昭侯不出此门。'"《韩世家》曰："韩昭侯二十五年，旱，作高门。屈宜臼曰：'昭侯不出此门。何也？不时。吾所谓时者，非时日也。人固有利不利时，昭侯尝利矣，不作高门。往年秦拔宜阳，今年旱，昭侯不以此时恤民之急，而顾益奢，此谓时绌举赢。'"明年（前333），高门成而韩昭侯卒，果"不出此门"。

惠施是年前后相魏，为魏王定和齐之策。

按：惠施，宋人。其相魏时间，史籍说法不一。惠施相魏期间，主张"以魏合于齐、楚以案兵"，"变服折节而朝齐"（《战国策·魏策》）。《吕氏春秋·爱类》曰："匡章谓子施曰：'公之学去尊，今又王齐王，何其倒也？'惠子曰：'今有人于此，欲必击其爱子之头，石可以代之……'匡章曰：'公取之代乎，其不与？''施取代之，子头所重也，石所轻也。击其所轻以免其所重，岂不可哉？'匡章曰：'齐王之所以用兵而不休，攻击人而不止者，其故何也？'惠子曰：'大者可以王，其次可以霸也。今可以王齐王而寿黔首之命，免民之死，是以石代爱子头也，何为不为？'"据此可知，魏王齐王，惠施主其谋，其时惠施必在显位，史载惠施为魏相，或正值其时。《史记》各处明载齐、魏与诸侯"会徐州以相王"在本年（见上条），故系惠施相魏在本年前后。

庄子是年前后至魏大梁见惠施，作鹓、腐鼠之喻。

按：《庄子·秋水》曰："惠子相梁，庄子往见之。或谓惠子曰：'庄子来，欲代子相。'于是惠子恐，搜于国中三日三夜。庄子往见之，曰：'南方有鸟，其名为鹓鶵，子知之乎？夫鹓鶵，发于南海而飞于北海。非梧桐不止，非练实不食，非醴泉不饮。于是，鸱得腐鼠，鹓鶵过之，仰而视之，曰：吓！今子欲以子之梁国吓我邪？'"惠施相梁既在本年前后，则庄周与惠施友善，而适大梁与惠施论辩当也在本年前后。

惠施是年前后为魏惠王定法，惠王以魏国让惠子，惠施辞。

按：《吕氏春秋·淫辞》言惠子为魏惠王定法（惜其内容已不可知）。《不屈》载惠王欲以国传惠子而惠子辞之事，魏惠王谓惠子曰："上世之有国，必贤者也。今寡人实不若先生，愿得传国。"惠子辞。王又固请曰："寡人莫有之国于此者也，而传之贤者，民之贪争之心止矣，欲先生之以此听寡人也。"惠子曰："若王之言，则施不可而听矣。王固万乘之主也，以国与人犹尚可止贪争之心（一本无"止贪争之心"五字）。今施，布衣也，可以有万乘之国而辞之，此其止贪争之心愈甚也。"惠王又反复劝说惠施，最后，惠子易衣变冠，乘舆而走，几不出乎魏境。其事当在惠子相魏期间。

田婴是年前后相齐。

按：田婴，号靖郭君，齐威王少子，孟尝君之父。初为齐将，参与马陵之战，有功。是岁，任为齐相，权倾一时。

周显王三十六年　戊子　前333年

楚破越，杀越王无彊。楚人尽取吴越之地。楚文化东移与吴越文化交融。

按：楚杀无彊为越史大事，后世学者多有论及，且说法不一。《史记·越王勾践

公元前333年，马其顿王亚历山大三世及波斯人战，入腓尼基。

世家》曰："当楚威王之时，越北伐齐。齐威王使人说越王曰：'越不伐楚，大不王，小不伯……故愿大王之转攻楚也。'于是越遂释齐而伐楚。楚威王兴兵而伐之，大败越，杀王无疆，尽取故吴地，至浙江，北破齐于徐州。而越以此散。诸族子争立，或为王，或为君，滨于江南海上，服朝于楚。《汉书·古今人表》曰："越王无疆（勾践十世，为楚所灭）。"后人多据此以此年（前333年）为楚灭越之年。黄以周《儆季杂著·史越世家补并辨》认为楚灭越在怀王二十三年。舒大刚也认为，楚威王杀越王无疆，越国从此分裂，楚怀王再败越人，灭其国（舒说见其著《春秋少数民族研究》，台湾文津社1994年。按楚怀王二十三年即前306年楚昭滑灭越事，详见本文前306年记事）。蒙文通先生则以为楚之败越，事亦有之，至于"尽取故吴地，至浙江……而越以此散，诸族子争立，或为王，或为君，滨于江南海上，朝服于楚"云云，事皆绝无他证，不足信也。又谓越之被灭，实在秦始皇二十五年（前222）（见《越史丛考·越人迁徙考》，人民出版社1983年出版）。李学勤先生更认为至秦末越国尚存，且佐诸侯平秦，汉高祖刘邦封越王以奉其祀（见其文《关于楚灭越的年代》，《江汉论坛》1985年第7期）。其事于《史记·越王勾践世家》、《汉书·高帝纪》、《汉书·两粤传》皆有述及，可证。盖越国地处僻壤，春秋时吴王夫差即未能亡越，后反为勾践败灭。至战国后，越国势虽颓，与楚时和时战，然楚也终未能尽灭越。古越之地至于今之两广，此诸葛孔明所谓蛮瘴之地也，外人实难久居。故越虽暂时王死民散，旋又国复民聚。本年楚威王杀越王无疆及楚怀王二十三年，即前306年楚昭滑灭越皆未能彻底亡越，旋即又复国也。因有秦末越人佐诸侯平秦事。实至汉唐间，越地仍有别于中原，古越国之文化阴魂犹在。南宋赵康王建都临安，中原之风方真正吹入越地，两浙、两广开始得到开发，文化意义上之古越国才渐趋消亡。今本《竹书纪年》曰："周显王三十六年（楚威王七年，前333年），楚围齐于徐州，遂伐于越，杀无疆。"故系楚威王伐越于本年。

秦以魏阴晋人犀首（名公孙衍）为大良造。

按：大良造为秦廷显职，孝公时，商君曾任此职，为秦变法图强。诚如缪文远所说："此前衍必有仕秦立功之事，方得居此高位，惜已不可考。"且公孙衍居秦大良造任上所行事也多不可考，倒是公孙衍任魏相期间行事屡见诸《战国策》等文献。

魏王用惠施、犀首之计，使楚王怒而发兵与齐战，围齐于徐州，败齐将申缚于泗水之上。燕、赵军也起而攻齐。楚威王使人逐田婴，田婴使张丑说楚威王，威王乃止。

按：《战国策·魏策一》曰："徐州之役，犀首谓梁王曰：'何不阳与齐而阴结于楚？二国恃王，齐、楚必战。齐战胜楚，而与乘之，必取方城之外；楚战胜齐败，而与乘之，是太子之仇报矣。'"此时犀首已为魏将欤，抑为秦王利益而说魏？待考。《战国策·魏策二》曰："魏王令惠施之楚，令犀首之齐，钩二子者，乘数钧，将测交也。楚王闻之（鲍本补曰：四字恐因下文衍）。施因令人先之楚，言曰：'魏王令犀首之齐，惠施之楚，钩二子者，将测交也。'楚王闻之，因郊迎惠施。"又载：马陵战后，"魏王召惠施而告之曰：'夫齐，寡人之仇也，怨之至死不忘，国虽小，吾常欲悉起兵而攻之，何如？'对曰：'不可。臣闻之，王者得度而霸者知计。今王所以告臣者，疏于度而远于计。王固先属怨于赵，而后与齐战，今战不胜，国无守战之备，王又悉起而攻齐，此非臣之所谓也。王若欲报齐乎？则不如因变服折节而朝齐，楚王必怒矣。王游人而合其斗，则楚必伐齐。以休楚而伐罢齐，则必为楚禽矣。此王以楚毁齐也。'魏王曰：'善。'乃使人报于齐，愿臣畜而朝，田婴许诺。张丑曰：'不可……'田婴不听，遂内魏王,而与之并朝齐侯再三。赵氏丑之。楚王怒,自将而伐齐,赵应之,大败齐于徐州"。《战国策·秦策四》曰:"梁王身抱质执璧,请为陈侯臣,天下乃释梁。郯威王闻之,寝不寐,食不饱,帅天下百姓以与申缚遇于泗水之上,而大败申缚。赵人闻之至枝桑,燕人闻之至格道。格道不通,平际绝。齐战败不胜,谋则不得。"据此可知,楚围齐徐州是魏王用惠施、公孙衍之计的结果,意在使楚、齐两败俱伤,以利魏国。而燕、赵等国也乘机攻齐,致齐大败,此上年"齐魏徐州相王"之余绪也。又据《战国策·齐策一》曰:"楚威王战胜于徐州,欲逐婴子于齐,婴子恐,张丑谓楚王曰:'王战胜于徐州也,盼子不用也。盼子有功于国,百姓为之用。婴子不善,而用申缚。申缚者,大臣与百姓弗为用,故王胜之也。今婴子逐,盼子必用。复整其士卒以与王遇,必不便于王也。'楚王因弗逐。"《史记·楚世家》也有类似记载。徐州之役,鲁、越(此时越新臣服于楚,见下)二国也欲起兵攻齐,后罢。

淳于髡劝说齐威王止攻魏。

按:《战国策·魏策三》曰:"齐欲伐魏,魏使人谓淳于髡曰:'齐欲伐魏,能解魏患,唯先生也。弊邑有宝璧二双,文马二驷,请致之先生。淳于髡曰:'诺。'入说齐王曰:'楚,齐之仇敌也;魏,齐之与国也。夫伐与国,使仇敌制其余弊,名丑而实危,为王弗取也。'齐王曰:'善。'乃不伐魏。"又《齐策三》也记淳于髡止威王伐魏事云:"齐欲伐魏,淳于髡谓齐王曰:'韩子卢者,天下之疾犬也,东郭逡者,海内之狡兔也。韩子卢逐东郭逡,环山者三,腾山者五,兔极于前,犬废于后,犬兔俱罢,各死其处。田父见之,无劳倦之苦,而擅其功。今齐、魏久相持,以顿其兵,弊其众,臣恐强秦、大楚承其后,有田父之功。'齐王惧,谢将休士也。"两处所述或为一事。盖此次齐人欲伐魏,因其徐州新败,怨恨魏国所致,时间宜在齐、楚"徐州之役"后不久,今依于鬯《战国策编年》、林春溥《战国纪年》系于本年。

淳于髡是年前后见魏惠王,辞卿相位。

按:《史记·孟子荀卿列传》曰:"客有见髡于梁惠王,惠王屏左右,独坐而再见之,终无言也。惠王怪之,以让客曰:'子之称淳于先生,管、晏不及,及见寡人,寡人未有得也,岂寡人不足为言邪?何故哉?'客以谓髡,髡曰:'固也。吾前见王,王志在驱逐;后复见王,王志在音声,吾是以默然。'客具以报王,王大骇,曰:'嗟乎,淳于先生诚圣人也!前淳于先生之来,人有献善马者,寡人未及视,会先生至。后先生之来,人有献讴者,未及试,亦会先生来。寡人虽屏人,然私心在彼,有之。'后淳于髡见,壹语连三日三夜无倦。惠王欲以卿相位待之,髡因谢去。于是送以安车驾驷,束帛加璧,黄金百镒。终生不仕。"此原无系年,其引荐淳于髡之"客"或即"齐欲伐魏"时,"魏使人谓淳于髡"(见上条)所使之人,因其与淳于髡熟悉,且淳于髡止齐伐魏有功,故荐之于魏惠王,故虽淳于髡已辞卿相位,魏惠王仍优待之。因系此事于本年前后。

孟子在邹、鲁,欲行其"仁政"之术。其间,与邹穆公论"有司"与"民",与曹国国君之弟论"人皆可以为尧舜"。

按:清代以来学者也大多认为,《孟子·梁惠王下》载:"邹与鲁闲。穆公问曰:'吾有司死者三十三人,而民莫之死也。诛之,则不可胜诛;不诛,则疾视其长上之死而不救,如之何则可也?'孟子对曰:'凶年饥岁,君之民老弱转乎沟壑,壮者散而之四方者,几千人矣。而君之仓廪实,府库充,有司莫以告,是上慢而残下也。曾子曰:戒之戒之!出乎尔者,反乎尔者也。夫民今而后得反之也。君无尤焉!君行仁政,斯民亲其上,死其长矣。'"《告子下》曰:"曹交问曰:'人皆可以为尧舜,有诸?'孟子曰:'然。''交闻文王十尺,汤九尺,今交九尺四寸以长,食粟而已,如何则可?'曰:'奚有于是?亦为之而已矣。有人于此,力不能胜一匹雏,则为无力人矣;今日举百钧,则为有力人矣。然则举乌获之任,是亦为乌获而已矣。夫人岂以不胜为患哉?弗为耳。徐行后长者谓之弟,疾行先长者谓之不弟。夫徐行者,岂人所不能哉?所不为也。尧舜之道,孝弟而已矣。子服尧之服,诵尧之言,行尧之行,是尧而已矣。子服桀之服,诵桀之言,行桀之行,是桀而已矣。'曰:'交得见于邹君,可以假馆,愿留而受业于门。'曰:'夫道若大路然,岂难知哉?人病不求耳。子归而求之,有余师。'"这两段文字原无系年,当是孟子首次游齐之前事。

周显王三十七年　己丑 前332年

公元前332年,马其顿王亚历山大三世入推罗,取叙利亚、犹太,遂灭埃及第三十一王朝,建亚历山大城。

孟子是年前后自鲁之邹邑至任国,拜见任君之弟季子(季任),此为孟子游历之始。又经平陆之齐,未见齐储子,此为孟子初次游齐。

按:《孟子·告子下》曰:"孟子居邹,季任为任处守,以币交,受之而不报;处于平陆,储子为相,以币交,受之而不报。他日,由邹之任,见季子;由平陆之齐,不见储子。屋庐子喜曰:'连得间矣。'问曰:'夫子之任见季子;之齐不见储子。为其为相与?'曰:'非也。《书》曰:享多仪,仪不及物曰不享,惟不役志于享。'为其不成享也。'屋庐子悦。或问之,屋庐子曰:'季子不得之邹,储子得之平陆。'"此段文字原无系年,《孟子·公孙丑上》载孟子答公孙丑问"夫子加齐之卿相……则动心否乎"时,有"我四十不动心"之语,故断孟子初次游齐在本年前后。朱熹《四书集注》曰:"赵氏曰:'季任,任君之弟,任君朝会于邻国,季任为之居守其国也。储子,齐相也。'"焦循《孟子正义》也引赵岐曰:"任,薛之同姓小国也。季任,任君季弟也。任君朝会于邻国,季任为之居守其国也。致币帛之礼以交孟子,受之而未报也。平陆,齐下邑也。储子,齐相也。亦致礼以交孟子,受而未答也。"又《孟子·告子下》曰:"任人有问屋庐子曰:'礼与食孰重?'曰:'礼重。''色与礼孰重?'曰:'礼重。'曰:'以礼食,则饥而死;不以礼食,则得食,必以礼乎?亲迎,则不得妻;不亲迎,则得妻,必亲迎乎?'屋庐子不能对。明日之邹,以告孟子……"由文中屋庐子能短时自任之邹,可知任国与邹邑靠近,或即为邻国,赵岐所释不错。孟子游历之初,由其生地邹邑及邻国始,也在情理之中。是年孟子四十一岁。是年之前,孟子基本上在邹、鲁等小国间活动。自清代以来学者也大多认为,孟子大约在四十岁之前并未远离家乡,而主要是在家聚徒讲学和为邹、鲁等小国出谋划策。为推行"仁政"的主张,在齐威王(前356—前320年在位)时来到齐国。《史记》以为孟子首次至齐在齐宣王(前319—前301年在位)时,有误。孙开泰《孟子事迹考辨》(载《中国哲学》第十五辑,岳麓书社1992年出版)及董洪利《孟子研究》第一章《孟子生平事迹》皆以为孟子首次游齐在齐威王之世。董洪利认为:"至少有两件事可以证明孟子是在齐威王时首次至齐的:一、孟子在齐国与匡章的交游(按,参阅本年下文"孟子在齐与匡章有交往,孟子与公都子论五不孝条")。二、孟子在宋国与尚为世子的滕文公的会面(按,参阅本文前322年,孟子在宋,滕世子过宋拜见孟子条)。"并推测"孟子首次至齐的时间……大概是齐威王的早期或中期"。可与本文相参证。

孟子是年前后曾与平陆大夫孔距心问答,论为官之失。并经平陆之齐都,拜见齐王。

按:《孟子·公孙丑下》曰:"孟子之平陆,谓其大夫曰:'子之持戟之士,一日而三失伍,则去之否乎?'曰:'不待三。''然则子之失伍也亦多矣,凶年饥岁,子之民老羸转于沟壑,壮者散而之四方者,几千人矣。'曰:'此非距心之所得为也。'曰:'今有受人之牛羊而为之牧之者,则必为之求牧与刍矣。求牧与刍而不得,则反诸其人乎?抑亦立而视其死与?'曰:'此则距心之罪也。'他日,见于王曰:'王之为都者,臣知五人焉。知其罪者,惟孔距心'。为王诵之。王曰:'此则寡人之罪也。'"此段问答原也无系年,或与上条孟子处平陆同时,姑系于此。此次孟子拜会齐王,盖也经平陆而之齐都。

孟子是年前后在齐,与齐将匡章有交往,谈论齐处士陈仲子是否为廉士问题。匡章在齐有不孝之名,故而公都子质问孟子,孟子因与公都子论"五不孝"。

按:《孟子·滕文公下》曰:"匡章曰:'陈仲子岂不诚廉士哉?居於陵,三日不食,耳无闻,目无见也。井上有李,螬食实者过半矣,匍匐往,将食之,三咽,然后耳有闻,目有见。'孟子曰:'于齐国之士,吾必以仲子为巨擘焉。虽然,仲子恶能廉?充仲子之操'……'若仲子者,蚓而后充其操者也。'"这段文字说明了孟子与匡章之间的直接交往。

又按:匡章,齐国名将。事迹散见于《孟子·滕文公下》、《孟子·公孙丑下》、《战国策·齐策》、《战国策·燕策》、《吕氏春秋·不屈》、《史记·齐世家》、《史记·魏世家》等处。匡章于齐威王、宣王、湣王三朝皆为将。《战国策·齐策一》曰:"秦假道韩、魏以攻齐,齐威王使章子将而应之……"群臣数言章子叛齐降秦,威王坚决不听。不久,果确报言齐兵大胜,秦军大败。左右问齐威王何以坚信章子不会降秦?威王答曰:"章子之母启得罪其父,其父杀之而埋马栈之下。吾使章子将也,勉之曰:'夫子之强,全兵而还,必更葬将军之母。'对曰:'臣非不能更葬先妾也。臣之母启得罪臣之父,臣之父未教而死,夫不得教而更葬母,是欺死父也,故不敢。'夫为人子而不欺死父,岂为人臣欺生君哉?"匡章之父杀章之母,葬之栈下,匡章不更葬,这大概就是使匡章在齐国有"不孝"之名的原因,也是公都子对孟子交游匡章不满的原因。《孟子·离娄下》载曰:"公都子曰:'匡章,通国皆称不孝焉,夫子与之游,又从而礼貌之,敢问何也?'孟子曰:'世俗所谓不孝者五:惰其四支,不顾父母之养,一不孝也;博弈好饮酒,不顾父母之养,二不孝也;好货财,私妻子,不顾父母之养,三不孝也;从耳目之欲,以为父母戮,四不孝也;好勇斗很(狠),以危父母,五不孝也。章子有一于是乎?夫章子,子父责善而不相遇也。责善,朋友之道也;父子责善,贼恩之大者。夫章子,岂不欲有夫妻子母之属哉?为得罪于父,不得近,出妻屏子,终身不养焉。其设心以为不若是,是则罪之大者,是则章子已矣。"看来,孟子对匡章很了解且很理解,故而敢与其交往。

邹衍(—约前240)是年前后生。

按:邹衍生年已难确考。《史记·孟子荀卿列传》述孟子事迹后,曰:"齐有三邹子。其前邹忌,以鼓琴干威王,因及国政,封为成侯而受相印,先孟子。其次邹衍,后孟子。邹衍睹有国者益淫侈，不能尚德，若《大雅》整之于身，施及黎庶矣。乃深观阴阳消息而作怪迂之变，《终始》、《大圣》之篇十余万言。其语闳大不经，必先验小物，推而大之，至于无垠。先序今以上至黄帝，学者所共术，大并世盛衰，因载其禨祥度制，推而远之，至天地未生，窈冥不可考而原也……是以邹子重于齐。适梁，惠王郊迎，执宾主之礼。适赵，平原君侧行撇席。如燕，昭王拥彗先驱，请列弟子之座而受业，筑碣石宫，身亲往师之……"。邹衍在齐，太史公未云何时；梁惠王前369年至前319年在位；平原君卒于前251年，据《赵世家》及《通鉴》文，前266年，赵惠文王薨，子孝成王丹立，以平原君为相，平原君名著诸侯间；燕昭王前311年至前279年在位。即使在梁惠王末年(前319年)时，邹衍30岁游梁，至平原君为相时至赵，邹衍已76岁。况前有游齐事，其游梁时声名已著，断30岁仍嫌小。《说苑·尊贤》曰："燕昭王得郭隗，而邹衍、乐毅以齐、赵至；苏子、屈景以周、楚至。"《说苑·君道》曰："居三年，苏子(按苏秦)闻之，从周归燕；邹衍闻之，从齐归燕；乐毅闻之，从赵归燕；屈景闻之，从楚归燕。四子毕至，果以弱燕并强齐。"说明邹衍在邹忌后，在孟子前。钱穆《先秦诸子系年·邹衍考》力辩《史记·孟子荀卿列传》所载邹衍事为太史公受方士之言所惑，其言为虚。而断邹衍生年为前305年，在孟子后，更在燕昭王招贤后。似不妥，今以燕昭王招贤为据，上推20年，断邹衍生于本年前后。

周显王三十九年　辛卯　前330年

公元前330年，马其顿焚波斯波利斯城，取里海之地。比苏斯遂弑波斯王大流士三世，波斯帝国阿契美尼德王朝亡。

希腊人约于此时航抵不列颠岛。

埃夫罗斯卒（约前405—）。希腊历史学家。普拉克希特列斯卒（约前400/390—）。雅典雕刻家。

尸佼卒（前390—　）。尸佼，晋人，一曰鲁人，一曰魏人。秦相商君师之。《汉书·艺文志》著录《尸子》二十篇，列于杂家。今佚。

按：《史记索隐》曰："尸子名佼，音绞。晋人，事具《别录》。"《史记集解·孟子荀卿列传》引刘向《别录》曰："楚有尸子，疑谓其在蜀。今按《尸子》书，晋人也，名佼，秦相卫鞅客也。卫鞅商君谋事画计，立法理民，未尝不与佼规之也。商君被刑，佼恐并诛，乃亡逃入蜀。自为造此二十篇书，凡六万余言。卒，因葬蜀。"《汉书·艺文志》著录《尸子》二十篇，列于杂家。班固自注："名佼，鲁人，秦相商君师之。"清人孙星衍辑有《尸子》上下卷，收入《百子全书》，列法家。尸子卒年据钱穆《先秦诸子系年》所附《诸子生卒年约数》。

庄辛（　—约255）是年前后生。

按：庄辛事迹文献所载甚少。《战国策·楚策四》曰："庄辛谓楚襄王曰：'君王左州侯，右夏侯，辇从鄢陵君与寿陵君，专淫逸侈靡，不顾国政，郢都必危矣。'襄王曰：'先生老悖乎？将以为楚国妖祥乎？'庄辛曰：'臣诚见其必然者也，非敢以为国妖祥也。君王卒幸四子者不衰，楚国必亡矣。臣请辟于赵，淹留以观之。'庄辛去，之赵，留五月，秦果举鄢、郢、巫、上蔡、陈之地，襄王流揜于城阳。于是使人发驺，征庄辛于赵。"考之《史记·楚世家》曰："(襄王)十九年，秦伐楚，楚军败，割上庸、汉北地予秦。二十年，秦将白起拔我西陵。二十一年，秦将白起遂拔我郢，烧先王墓夷陵。楚襄王兵散，遂不复战，东北保于陈城。二十二年，秦复拔我巫、黔中郡。"此记秦楚一系列战事与庄辛谓楚必亡，襄王不听，"庄辛去，之赵，留五月，秦果举鄢、郢、巫、上蔡、陈之地"事合。可知"庄辛谓楚襄王"事在襄王十九年,即前280年。其时襄王讥庄辛"老悖乎",则庄辛年龄当在50岁以上,由前280年上推50年,则庄辛生在前330年前后。钱穆《先秦诸子系年》所附《诸子生卒年约数》系庄辛生卒年为前325—255年,录此备考。

周显王四十年　壬辰　前329年

张仪是年前后入秦。

按:《史记·张仪列传》曰:"张仪者,魏人也。始尝与苏秦俱事鬼谷先生,学术,苏秦自以不及张仪。张仪已学而游说诸侯。尝从楚相饮,已而楚相亡璧,门下意张仪,曰:'仪贫无行,必此盗相君之璧。'共执张仪,掠笞数百,不服,释之。其妻曰:'嘻!子毋读书游说,安得此辱乎?'仪曰:'视吾舌尚在不?'其妻笑曰:'舌在也。'仪曰:'足矣。'"后入秦,秦王以为贤,任为相。《战国策·秦策一》曰:"楚攻魏,张仪谓秦王曰:'不如与魏以劲之。魏战胜,复听于秦,必入西河之外;不胜,魏不能守,王必取之。'王用仪言,取皮氏卒万人,车百乘,以与魏。犀首战胜威王,魏兵罢弊,恐畏秦,果献西河之外。"《史记·六国年表》周显王四十年(前329)楚栏:"魏败我陉山。"《战国策·秦策四》曰:"楚魏战于陉山,魏许秦以上洛,以绝秦于楚。"《楚世家》:"威王十一年(前329)……魏闻楚丧,伐楚,取我陉山。"据此,楚、魏陉山之战(前329)时,张仪已为秦王谋士,故张仪入秦至迟在本年或更前。

公元前329年,马其顿入今西亚撒马尔罕。

周显王四十一年　癸巳　前328年

张仪为秦相。

按:《史记·六国年表》周显王四十一年(前328)秦栏:"张仪相。"《秦本纪》、《韩世家》、《楚世家》、《张仪列传》等于张仪相秦系年皆相同。《商周金文录遗》第584号秦戈铭文有"十三年,相邦义之造,咸阳工师田、工大人耆、工颓"之文。又据《战国纵横家书》第二十二章"苏秦谓陈轸"有"魏王谓韩朋、张义"句,可知,张义即张仪。则秦戈铭文中"十三年,相邦义之造"意为秦惠文王十三年,相邦张仪所造戈。据此,则张仪所任秦相全称应为"相邦",仍与中原诸国通行之"丞相"有别。《史记·秦本纪》曰:"(秦武王)二年(前309),初置丞相,樗里疾、甘茂为左右丞相。"此方为秦正式置丞相之始。缪文远《战国史系年辑证》认为:"丞者佐也。丞相为相邦之佐,位次较相邦略低。"

又按:《吕氏春秋·报更》曰:"张仪,魏氏余子(大夫庶子为余,受氏为张)也,将

公元前328年,马其顿王亚历山大三世始用波斯衣冠制度。

西游于秦,过东周。客有语之于昭文君者曰:'魏氏人张仪,材士也,将西游于秦。愿君之礼貌之也。'昭文君见而谓之曰:'闻客之秦。寡人之国小,不足以留客。虽游,然岂必遇哉?客或不遇,请为寡人而一归也,国虽小,请与客共之。'张仪还走,北面再拜。张仪行,昭文君送而资之,至于秦,留有间,惠王说(悦)而相之。"秦以张仪为相,用张仪"连横"之策(即"事一强而攻众弱"),秦惠王因使公子桑(《张仪列传》作公子华,《六国年表》作公子桑)与张仪攻魏,取蒲阳(今山西隰县),已而复归之;使公子繇质于魏;又自适魏,说魏王:"秦之遇魏甚厚,魏不可以无礼于秦。"(《资治通鉴》)遂迫魏纳上郡十五县(包括少梁)与秦。

周显王四十二年　甲午　前327年

公元前327年,马其顿入今阿富汗地区,始抵印度旁遮普。

孟母是年前后卒,孟子自齐归鲁之邹邑奔母丧。

按:孟母卒于何年,已无法详考。《孟子·公孙丑下》曰:"孟子自齐(归)葬(母)于鲁,反于齐,止于嬴。充虞请曰……"说明孟子母丧时,孟子在齐而自齐归葬母。《列女传·母仪篇》载:"孟子处齐,而有忧色……异日闲居,拥楹而叹,孟母见之。"《孟子外书·性善篇》也有类似记载。《母仪篇》还载:"孟子曰:'今道不用于齐,愿行,而母老,是以忧母。'母曰:'今子成人也,而我老矣,子行乎子义,吾行乎吾礼。'"有学者据此认为孟子在齐时,孟母同在。假设孟子初游齐时在40岁上下,则孟母年60岁上下。况孟子初至齐并未立即受到齐王信用,生活自然也不安定,甚至自身的衣着尚且有忧。如此情况,孟母随行是不现实的。若是孟子为齐客卿后,孟母移来同住,则其时孟母必在60岁以上,让一古代妇女在这个年纪还在外颠簸,也是不合情理的。其实《列女传》、《孟子外书》皆伪书,本不足信据。故孟子奔孟母丧之年一时尚难确认,今依刘鄂培《孟子大传》附《孟子生平行迹年表》系于本年。

周显王四十三年　乙未　前326年

公元前326年,罗马颁《波提利阿法案》,废除债务奴隶制度,免除自由民沦为债务奴隶的威胁,是为平民自由之始。

秦初腊。

按:腊即腊祭,为中土上古时期即有之祭俗,中原各国皆有此俗,秦地偏远,故于本年始设,效中原文化之举也。此俗行于年终时,国君(或酋长)率国人猎禽兽以祭神灵、祖宗,感谢神灵、祖宗一年来的庇护,并为来年祈福,同时也让吏民在此时欢歌痛饮,以庆祝丰收。此俗绵延数千年,至今不绝。

周显王四十四年　丙申　前 325 年

秦继齐、魏之后，始称王。

按：《史记·六国年表》秦栏曰："四月戊午，君为王。"《史记·张仪列传》曰："仪相秦四岁，立惠王为王。"《史记·六国年表》系张仪于周显王四十一年（前 328）为相，至本年正为四年。

十月，韩宣惠王朝魏，韩始称王。

按：《史记索隐·韩世家》引《古本竹书纪年》，韩宣惠王作郑宣王。杨宽《战国史》第八章注云，韩"当因五月巫沙之会而称王号的，所以在五月称郑威侯，到十月便称郑宣王了"。

公元前 325 年，马其顿人班师自印度。

周显王四十五年　丁酉　前 324 年

惠施劝韩、魏与齐复交。

按：《战国策·魏策二》曰："惠施为韩魏交，令太子鸣为质于齐。"《竹书纪年辑校》云梁惠王后元"十一年，会韩威侯、齐威王于平阿"。魏令太子鸣质于齐在次年。梁惠王后元十一年即前 324 年，故系惠施劝韩、魏与齐复交于本年。

孟子是年前后为母守丧毕，自鲁复返齐，过嬴，与充虞论棺椁之礼。

按：《孟子·公孙丑下》曰："孟子自齐（归）葬（母）于鲁，反于齐，止于嬴。充虞请曰：'前日不知虞之不肖，使虞敦匠事。严，虞不敢请。今愿窃有请也：木若以美然。'曰：'古者棺椁无度，中古棺七寸，椁称之。自天子达于庶人，非直为观美也，然后尽于人心。不得，不可以为悦；无财，不可以为悦。得之为有财，古之人皆用之，吾何为独不然？且比化者无使土亲肤，于人心独无恔乎？吾闻之也：君子不以天下俭其亲。'"前已记孟子为母奔丧，在前 327 年，按儒家"三年之丧"礼，孟子自鲁复返齐，应在本年前后。孟子与充虞论棺椁之礼事发生在"孟子自齐（归）葬（母）于鲁，反于齐，止于嬴"时，则也应在本年。但孟子返齐不久，便去宋国（参阅前 323 年"孟子自齐至宋"条），从而结束第一次齐国之游。究其原因，是齐威王虽有善政好贤之名，但他一心想以武力征服中原，莅临天下。因此，他所好的都是像田盼、匡章那样能冲锋陷阵、克敌守国的猛将和像犀首那样能以法治国的干臣。而孟子坚决反对兼并战争，反对严刑酷法，倡导"仁政"，主张以仁义感化众人，使人心归附。二者政见不合，因此，孟子第一次游齐期间一直"无官守"，威王虽然待他很客气，但孟子很是不平，因为他的心里是极力要推行其"仁政"主张，眼看在齐威王手上实现无望，便毅然离

公元前 324 年，马其顿王亚历山大三世娶波斯王大流士三世之女斯塔提拉。

开齐国,去往当时正声名显赫的宋国。

周显王四十六年　戊戌　前 323 年

公元前 323 年,马其顿王亚历山大三世卒。雅典遂叛。

魏公孙衍约三晋与燕、中山,五国相王。行合纵之策以抗秦。

按:《战国策·中山策》曰:"犀首立五王,而中山后持。齐谓赵、魏曰:'寡人羞与中山并为王,愿与大国伐之以废其王。'中山闻之大恐,召张登而告之曰:'寡人且王,齐谓赵、魏曰,羞与寡人并为王,而欲伐寡人。恐亡其国,不在索王,非子莫能吾救。'登对曰:'君为臣多车重币,臣请见田婴。'中山之君遣之齐,见婴子曰:'臣闻君欲废中山之王,将与赵、魏伐之,过矣。以中山之小,而三国伐之,中山虽益废王,犹且听也。且中山恐,必为赵、魏废其王而务附焉,是君为赵、魏驱羊也,非齐之利也,岂若中山废其王而事齐哉!'田婴曰:'奈何?'张登曰:'今君召中山,与之遇而许之王,中山必喜而绝赵、魏,赵、魏怒而攻中山,中山急而为君难其王,则中山必恐,为君废王事齐。彼患亡其国,是君废其王而亡其国,贤于为赵、魏驱羊也。'田婴曰:'诺。'张丑曰:'不可。臣闻之,同欲者相憎,同忧者相亲。今五国相与王也,负海不与焉,此是欲皆在为王,而忧在负海。今召中山,与之遇而许之王,是夺五国而益负海也。致中山而塞四国,四国寒心。必先与之王而故亲之,是君临中山而失四国也。且张登之为人也,善以微计荐中山之君久矣,难信以为利。'田婴不听,果召中山君而许之王。张登因谓赵、魏曰:'齐欲伐河东。何以知之?齐羞与中山之为王甚矣,今召中山,与之遇而许之王,是欲用其兵也,岂若令大国先与之王以止其遇哉?'赵、魏许诺,果与中山王而亲之。中山果绝齐而从赵、魏。"又曰:"中山与燕、赵为王,齐闭关不通中山之使,其言曰:'我万乘之国也,中山千乘之国也,何侔名于我?'欲割平邑以赂燕、赵,出兵以攻中山。蓝诸君患之,(下言遣张登说齐王)……中山因告燕、赵而不往,燕、赵果俱辅中山而使其王,事遂定。"

又按:钱穆《先秦诸子系年》卷三曰:"齐、魏相王,其谋发于惠施,在惠成王之后元年。五国相王,其事主于犀首,在惠成王之[后元]十二年,皆自魏发其端……犀首,魏臣也,约结于赵,魏、赵为主,又联韩、燕、中山相与称王。盖魏欲以此多结与国,以与齐、秦抗衡,其情势固甚显。齐则欲割地赂燕、赵以攻中山,以魏为谋主,韩去中山远,又其称王亦与魏相约,故于五国中独离间燕、赵。其后燕、赵卒俱辅中山而王之,而五国相王之事遂定。"杨宽《战国史》第八章说:"公孙衍为了合纵,于公元前 323 年发起'五国相王'。参加'五国相王'的是魏、韩、赵、燕、中山,从这年起,赵、燕、中山也开始称王了。公孙衍发起'五国相王',是想用这来和秦国对抗的,但结果没有什么成就。"

陈轸以"画蛇添足"为喻说楚将昭阳,罢楚兵。

按:《史记·六国年表》周显王四十六年(前 323)楚栏曰:"败魏襄陵。"《战国策·齐策二》曰:"昭阳为楚伐魏,覆军杀将,得八城,移兵而攻齐。陈轸为齐王使,见昭阳,再拜贺战胜,起而问:'楚之法,覆军杀将,其官爵何也?'昭阳曰:'官为上柱国,爵为上执珪。'陈轸曰：'异贵于此者何也？'曰：'唯令尹耳。'陈轸曰：'令尹贵矣，王非置两令尹也。臣窃为公譬可也。楚有祠者，赐其舍人卮酒。舍人相谓曰："数人饮之不足，一人饮之有余，请画地为蛇，先成者饮酒。"一人蛇先成，引酒且饮之，乃左手持卮，右手画蛇，曰："吾能为之足。"未成，一人之蛇成，夺其卮曰："蛇固无足，子安能为之足？"遂饮其酒。为蛇足者，终亡其酒。今君相楚而攻魏，破军杀将，得八城，不弱兵，欲攻齐，齐畏公甚，公以是为名居足矣。官之上非可重也。战无不胜而不知止者，身且死，爵且后归，犹为蛇足也。'昭阳以为然，解军而去。"《史记·楚世家》所记略同，事在怀王八年，当周显王四十六年。襄陵，今河南睢县。

又按：《史记新证》曰："一九五七年寿县出土楚鄂君启金节，共二组，第一组文略云：'大司马邵敭，败晋币（师）于襄陵之岁……为鄂君启之府赓铸金节'云云。以下言持节行船事，邵敭即昭阳，盖昭阳柱国为加官，大司马为实官，史书若两官并载，在文字上反嫌累赘。"（1958年第四期《文物》参考资料）杨宽《战国史》第八章说："楚国为了迫使魏国投入楚的怀抱，要废立魏的太子嗣，送立流亡在楚的魏公子高为太子，派柱国昭阳打败魏军于襄陵，取得了八个邑。"综上可知，《战国策·齐策二》"昭阳为楚伐魏"与《六国年表》所记楚"败魏襄陵"盖指一事。后孟子游梁，梁惠王对孟子说："南辱于楚。"（《孟子·梁惠王上》，参前319年记事）也指此事。

张仪与齐、楚大臣会啮桑。

按：缪文远《战国史系年辑证》引何清谷曰："这是张仪针对公孙衍发起的五国相王而作出的三个强国联合的姿态，以抵消五国相王的影响。进而对魏国进行恐吓。"

孟子是年前后自齐至宋，欲在宋国实现他的"仁政"理想。由于宋君偃缺乏施行仁政的诚意，孟子旋即离开宋国，在邹、薛一带待机而动。孟子在宋期间，滕世子两次至宋拜访他。滕定公薨，滕世子又两次派然友之邹，问丧礼于孟子。

按：宋为殷民族后裔。宋君偃即位（据《史记》，宋君偃立于前328年）之初，颇有志向，欲行仁政。其时，孟子在齐，因齐威王欲以武力称霸天下，而孟子则坚决反对兼并战争，主张以仁义感化四方。二者政见矛盾明显，因此，孟子在齐多年，一直未受重用。盖孟子闻宋君欲行仁政，故去齐至宋，欲在宋国实现他的"仁政"理想。《孟子·滕文公下》曰："万章问曰：'宋，小国也，今将行王政，齐楚恶而伐之，则如之何？'"孟子对以商汤之事，说："十一征而无敌于天下……民之望之，若大旱之望雨也。……苟行王政，四海之内皆举首而望之，欲以为君；齐、楚虽大，何畏焉？"可见，初时，孟子对行王政是充满信心的，但似乎并不顺利。宋大夫戴盈之对"十一税"和免去关卡集市之税，感到"今兹未能，请轻之，以待来年然后已"。以问孟子，孟子曰："今有人日攘其邻之鸡者，或告之曰：'是非君子之道。'曰：'请损之，月攘一鸡，以待来年然后已。'如知其非义，斯速已矣，何待来年？"（《孟子·滕文公下》）孟子本还想通过在宋君跟前多安排几个像薛居州一样的"善人"（详《孟子·滕文公下·孟子谓戴不胜曰》）来帮助实现王政，终因宋君偃性情乖戾且残暴（据《史记·宋世家》），缺乏施行仁政的诚意而作罢。孟子非常失望，故居宋时间不长，就离开了宋国，先是在薛、邹小国间活动，等待时机。其间生活困顿，甚至遭遇危险。《风俗通义·穷通篇》曰："（孟子）又绝粮于邹、薛，困殆甚。"《孟子·公孙丑下》曰："当在薛也，予有戒心，辞曰：闻戒，故为兵馈之。"当公孙丑问他"不见诸侯何义"（《孟子·滕文公下》）时，他援引段干木、阳货为例，仍不为所动。而当得知曾两次至宋拜访他，对他恭敬有加的滕世子已继位为滕国君(即滕文公)时,才之滕国,投奔滕文公。《孟子·滕文公上》曰:"滕文公为世子,将之楚,过宋而见孟子。孟子道性善,言必称尧舜。世子自楚反,复见孟子。孟子曰……。"又曰:"滕定公薨,世子谓然友(然友,赵岐注:"世子之傅也")曰:'昔者孟子尝与我言于宋,于心终不忘。今也不幸至于大故,吾欲使子问于孟子,然后行事。'然友之邹问于孟子……然友复之邹问于孟子。"就是这几次交往,使孟子看出了滕世子的诚意,并促使孟子去投奔这个"绝长补短,将五十里"的小国,想在那里实现他的"王政"理想。

周显王四十七年　己亥　前 322 年

公元前 322 年,马其顿海军灭雅典舰队。

亚里士多德卒(前 384—　)。

十月,齐城薛,滕文公恐而问孟子,孟子以"为善"答滕文公,继续宣传他的"仁政"主张。

按:《史记索隐·孟尝君列传》引《竹书纪年》曰:"(梁惠王后元)十三年四月,齐威王封田婴于薛。十月,齐城薛。"《孟子·梁惠王下》曰:"滕文公问曰:'齐人将筑薛,吾甚恐,如之何则可?'"孟子对曰:"昔者大王(太王)居邠,狄人侵之。去之岐山之下居焉。非择而取之,不得已也。苟为善,后世子孙必有王者矣。君子创业垂统,为可继也。若夫成功,则天也。君如彼何哉?强为善而已矣。"缪文远《战国史系年辑证》曰:"薛为齐南要地,筑薛将对邻国造成威胁,故滕文公闻之而恐,楚王闻之而怒也。"

田婴四月被封于薛,楚国怒,公孙闬说楚。

按:田婴初封彭城。是年,封于薛,称薛公,号靖郭君(一作静郭君)。婴言于齐王曰:"五官之计,不可不日听也而数览也。"王从之,已而厌之,悉以委婴,婴由是得专齐政。《史记·孟尝君列传》及《六国年表》皆云,齐湣王三年,封田婴于薛。误。《史记索隐·孟尝君列传》引《竹书纪年》以为梁惠王后元十三年四月,齐威王封田婴于薛。十月,齐城薛。此年当齐威王三十五年,故系田婴封薛于本年。《战国策·齐策一》曰:"齐将封田婴于薛。楚王闻之,大怒,将伐齐。齐王有辍志。公孙闬曰:'封之成与不(否),非在齐也,又将在楚。闬说楚王,令其欲封公也,又甚于齐。'婴子曰:'愿委之于子。'公孙闬为谓楚王曰:'鲁、宋事楚而齐不事者,齐大而鲁、宋小。王独利鲁、宋之小,不恶齐大何也?夫齐削地而封田婴,是其所以弱也,愿勿止。'楚王曰:'善。'因不止。"

张仪为秦连横,频繁活动于诸国,魏惠施、公孙衍制约之。

按:《战国策·魏策一》曰:"张仪欲并相秦魏,故谓魏王曰:'仪请以秦攻三川,王以其间约南阳,韩氏(必)亡。'史厌谓赵献曰:'公何不以楚佐仪求相之于魏,韩恐亡,必南走楚。仪兼相秦、魏,则公亦必并相楚、韩也。'"又曰:"张仪欲以魏合于秦、韩而攻齐、楚,惠施欲以魏合于齐、楚以案兵。人多谓张子于王所。惠子谓王曰:'小事也,谓可者谓不可者正半,况大事乎?以魏合于秦、韩而攻齐、楚,大事也,而王之群臣皆以为可。不知是其可也,如是其明耶?而群臣之知术也,如是其同耶?是其可也,未如是其明也;而群臣之知术也,又非皆同也,是有其半塞也。所谓劫主者,失其半者也。'"又曰:"魏王将相张仪,犀首弗利,故令人谓韩公叔曰:'张仪以合秦、魏矣,其言曰:魏攻南阳,秦攻三川,韩氏必亡。且魏王所以贵张子者,欲得地也,则韩之南阳举矣。子盍少委焉,以为衍功?则秦、魏之交可废矣。如此,则魏必图秦而弃仪,收韩而相衍。'公叔以为信,因而委之,犀首以为功,果相魏。"是年,秦张仪免相,相魏。同时,惠施罢魏相,被逐。(《史记·张仪列传》、《六国年表》)

又按:《韩非子·内储说左上》、《战国策·魏策一》、《吕氏春秋·不屈》、秦简《大事记》及《史记·六国年表》、《秦本纪》、《魏世家》皆载张仪免秦相相魏事。《史记·张仪列传》曰:"(张仪)东还而免相,相魏以为秦,欲令魏先事秦而诸侯效之。魏王不肯听仪。秦王怒,伐取魏之曲沃、平周,复阴厚张仪益甚。"《资治通鉴》卷二曰:"秦张仪自啮桑还而免相,相魏。"看来,张仪欲并相秦、魏,进而胁迫韩、赵等国,为秦连横之策略并未能顺利实行,因而,他只好退而求其次:离开秦国,相魏。但实际上他的心里还是在为秦国打算。张仪相魏的真正目的诚如《史记·张仪列传》所说"欲令魏先事秦而诸侯效之"。初,魏王用惠施"欲以魏合于齐、楚以案兵"之计,"不肯听仪",但终经受不住"秦王怒,伐取魏之曲沃、平周"的军事压力,逐惠施,用张仪为相,"欲以魏合于秦、韩而攻齐楚"。魏王用惠施而不终,后亡于秦,实咎由自取。张仪为魏相之为秦已明,或以为时张仪阴领秦相,如杨宽《战国史》说:"一九八三年广州象岗西汉南越王墓出土'王四年相邦张义、庶长□操造戟'。'王四年'即指秦惠文王,称王改元四年。近年出土的'王五年'、'王六年'、'王七年'的上郡守疾戈都指惠文王称王改元之年。'王四年'即公元前321年,张仪正为魏相,同时兼领秦相。"

惠施是年前后在魏被逐后,之楚。楚王因冯郝谏而纳惠施于宋。其间,惠施与庄子有著名的"濠上之辩"。

按:《战国策·楚策三》曰:"张仪逐惠施于魏,惠子之楚,楚王受之。冯郝谓楚王曰:'逐惠子者张仪也,而王亲与约,是欺仪也,臣为王弗取也……楚王曰:'善。'乃奉惠子而纳之宋。"《庄子·秋水》:"庄子与惠子游于濠梁之上。庄子曰:'鯈鱼出游从容,是鱼之乐也。'惠子曰:'子非鱼,安知鱼之乐?'庄子曰:'子非我,安知我不知鱼之乐?'惠子曰:'我非子,固不知子矣;子固非鱼也,子之不知鱼之乐,全矣。'庄子曰:'请循其本。子曰"汝安知鱼乐"云者,既已知吾知之,而问我;我知之濠上也。'"郭庆藩《庄子集释》引成玄英疏:"濠是水名,在淮南钟离郡,今见有庄子之墓,亦有庄惠遨游之所。石绝水为梁,亦言是濠水之桥梁,庄惠清谈在其上也。"《水经注·淮水》曰:"楚灭之以为县,《春秋左传》所谓吴公子光伐楚,拔钟离者也。"故淮南其时属楚。盖庄、惠"濠上之辩"在惠子罢魏相之楚期间。钱穆《先秦诸子系年》一〇八曰:"施之去魏,在惠成王后元十三年,当宋王偃十七年。其后三年,惠成王卒,施复在梁,则留宋不逾三年。"曹础基《庄子年表》曰:"在今安徽凤阳县东北,濠水所经。惠施前一直在魏,后于前318年曾为外交事由魏使楚。其能与庄子悠闲从容论辩于濠梁之上,或即离官在楚宋的几年。"曹说是。

孟子是年前后自宋过薛、邹、鲁,至滕国。

按:《史记索隐·孟尝君列传》引《竹书纪年》曰:"(梁惠王后元)十三年四月,齐威王封田婴于薛。十月,齐城薛。"《孟子·梁惠王下》曰:"滕文公问曰:'齐人将筑薛,吾甚恐,如之何则可?'孟子对曰云云。"此年当齐威王三十五年(前322),故孟子至滕必在此之前。

孟子是年前后在滕国,滕文公厚遇之,孟子向滕文公宣传"王政"主张,试图在滕国全面推行他的为政措施。其间,孟子曾与农家学者陈相、墨家学者夷子论辩。

按:《孟子·尽心下》曰:"孟子之滕,馆于上宫。"孟子在滕期间,滕文公遇之甚厚,二人多有问答。滕文公每以国事相问,孟子便乘机向滕文公宣传他的"仁政"主张。《孟子·梁惠王下》载,滕文公问曰:"滕,小国也,竭力以事大国,则不得免焉,如之何则可?"孟子对曰:"昔者大王(太王)居邠,狄人侵之。事之以皮币,不得免焉;事之以犬马,不得免焉;事之以珠玉,不得免焉;乃属其耆老而告之曰:'狄人之所欲者,吾土地也。吾闻之也:君子不以其所以养人者害人。二三子何患乎无君?我将去之。'去邠,踰梁山,邑于岐山之下,居焉。邠人曰:'仁人也,不可失也。'从之者如归市。"类似问答在《孟子·梁惠王下》、《滕文公上》、《滕文公下》中有十余处。较为具体地与滕文公谈治国理论的是《滕文公上·滕文公问为国》。孟子的回答谈及了制民恒产、世禄制、教育制度、仁政、井田制、什一税制等问题,较为全面地体现了孟子的为政思想。像制民恒产、仁政、什一税制等问题在齐国、宋国时都谈到过,体现了孟子思想的一贯性。在回答滕文公使臣毕战问"井地"时,孟子也说:"子之君将行仁政,选择而使子,子必勉之!夫仁政,必自经界始。"(《孟子·滕文公上》)这里强调的是与百姓关系最密切的土地问题。《孟子·滕文公上》曰:"有为神农之言者许行,自楚之滕……陈相见许行而大悦,尽弃其学而学焉。陈相见孟子……。"于是,孟子和陈相之间发生了一场儒学理论和农家理论间的大辩论,孟子驳倒了陈相。《滕文公上》又曰:"墨者夷之因徐辟而求见孟子。孟子曰:'吾固愿见,今吾尚病,病愈,我且往见。'夷子不来。他日,又求见孟子。孟子曰:'吾今则可以见矣……。'"于是,通过徐辟传话,孟子和夷子之间有了一次关于丧葬问题的辩论,并以夷子的叹服而告终。以上两次论辩当发生在孟子在滕国期间。

周显王四十八年　庚子　前 321 年

公元前 321 年,马其顿二王并立,诸将纷争。

周显王崩,子慎靓王姬定继位

齐田婴朝魏。

按:《史记索隐·孟尝君列传》引《竹书纪年》曰:"(梁惠王后元)十四年,薛子婴来朝。"

赵武灵王取韩女为夫人。

按:此与田婴朝魏目的一样,皆为三晋结盟,以共同对付秦、楚。战国纷争时代,王家姻亲单纯者少,有政治目的者多,此风也波及后世王朝。

韩欲用公仲、公叔为政,问于缪留,缪留以为不可。

按:据《战国策·韩策一》,韩宣惠王欲两用公仲、公叔为政,问于缪留,对曰:"不可。晋用六卿而国分;(齐)简公用田成、监止而简公弑;魏两用犀首(公孙衍)、张仪而西河之外亡。今王两用之,其多力者内树其党,其寡力者籍外权。群臣或内树党以擅其主,或外为交以裂其地,则王之国必危矣。"

周慎靓王元年　辛丑　前320年

齐威王卒，子辟彊立，是为宣王。

按：齐威王，名因，田齐桓公午子，生年不详，前356—前320年在位。威王乃田齐初期明君。任用邹忌等为相，田忌、田婴等为将，励精图治，从谏如流，革除弊政，国力大盛，有霸中原之心；又继其父桓公广开稷下学宫，招揽天下名士，优宠四方贤才，一时间，稷下学宫成为天下文人聚会论学之中心，其风延至其子宣王时，稷下学宫达到全盛。《史记》于田齐编年错误甚多。《六国年表》系齐威王卒于周显王二十六年；系齐宣王元年于周显王二十七年，即前342年，较《古本竹书纪年》提前二十三年，皆误。今从《史记索隐·孟尝君列传》所引《竹书纪年》及杨宽《战国大事表》改。

孟子是年前后游梁，见梁惠王，与梁惠王说"得道多助，失道寡助"及"与民同乐"之道。

按：孟子于前322年前后至滕，滕文公厚遇之。然"夫滕，壤地褊小"（《滕文公上》），时时存在被兼并的危险。孟子面对滕文公反复地问"如之何则可"的问题，亦感到无能为力。孟子对曰："是谋非吾所能及也。无已，则有一焉：凿斯池也，筑斯城也，与民守之，效死而民弗去，则是可为也。"（《梁惠王下》）显然，在滕这样的小国是实现不了"仁政"、"王道"理想的。而梁惠王晚年，卑辞厚礼以招贤者，于是，孟子至魏。《孟子·梁惠王上》曰："孟子见梁惠王。王曰：'叟不远千里而来，亦将有以利吾国乎？'孟子对曰：'王何必曰利？亦有仁义而已矣。'"又："梁惠王曰：'晋国，天下莫强焉，叟之所知也。及寡人之身，东败于齐，长子死焉；西丧地于秦七百里；南辱于楚。寡人耻之，愿比死者一洒（洗）之，如之何则可？'"后孟子对以"得道多助"及"与民同乐"之道，然惠王终不能用。《史记·魏世家》也载：惠王三十五年（前335）"惠王数被于军旅，卑礼厚币以招贤者。邹衍、淳于髡、孟轲皆至梁。梁惠王曰：'寡人不佞，兵三折于外，太子虏，上将死，国以空虚，以羞先君宗庙社稷，寡人甚愧之。叟不远千里，辱幸至弊邑之廷，将何以利吾国？'孟轲曰：'君不可以言利若是。夫君欲利则大夫欲利，大夫欲利则庶人欲利，上下争利，国则危矣。为人君，仁义而已矣，何以利为？'"《史记·六国年表》周显王三十三年（前336）曰："孟子来，王问利国，对曰：'君不可言利。'"《史记》明载孟子游梁时间，后人疑义颇多。梁玉绳《史记志疑》卷九曰："《年表》、《世家》并言惠王三十五年孟子至梁，后儒皆从之，其实误也。观《孟子》本书，当是晚始游魏，故惠王尊之为叟，居魏亦甚暂，故书中梁事无多。然则孟子至魏，必在惠王改元之十五六年间，为周慎靓王元年、二年。孟子见魏襄王有'不似人君'之语，盖襄王初立，而遂去魏游齐也。"崔述《孟子事实录》曰："《史记》梁予秦河西地，在（魏）襄王五年；尽入上郡于秦，在襄王七年；楚败魏襄陵，在襄王十二年，皆惠王身后事。而惠王之告孟子乃云：'西丧地于秦七百里，南辱于楚。'未来之事，惠王何由预知而言之乎？按杜预《左传后叙》云：古书《纪年》篇，惠王三十六年改元，从一年始，至十六年而称惠成王卒，即惠王也。然则《史记》所称襄王之元年，即惠王之后

公元前320年，希腊亚里士多塞努斯约于此时提出韵律由三个部分组成：言语、旋律和动作。

锡诺普的第欧根尼卒，生年不详。希腊哲学家，犬儒学派代表人物。

元年。而予河西，入上郡，败于襄陵，皆惠王时事。孟子之至梁，不在惠王三十五年，而在后元年十二年襄陵既败之后。孟子与齐宣王问答甚多，而与梁惠殊少，在梁亦无他事，则孟子居梁盖不久，然犹及见襄王而后去，则孟子之至梁，当在惠王卒前一二年，于《年表》则慎靓王之元年二年也。"江永之说略同(见《群经补义》)。梁、崔、江三氏之说是。

又按：《孟子·梁惠王上》曰："梁惠王曰：'晋国，天下莫强焉，叟之所知也。及寡人之身，东败于齐，长子死焉；西丧地于秦七百里；南辱于楚。'"梁惠王所说"东败于齐"指前342年前后的"马陵战役"；"西丧地于秦七百里"，据《史记·魏世家》、《战国策·魏策三》等记载，自前340年秦将公孙鞅大败魏后，秦于前330年、前329年、前322年间频繁伐魏，迫使魏将河西郡全部和上郡的十五个县献秦。秦取魏曲沃、平周，《史记·魏世家》、《六国年表》均记在前322年，但《古本竹书纪年辑校》定在前320年。"南辱于楚"，应指《史记·楚世家》、《六国年表》、《战国策·齐策二》等记载的前323年的楚、魏"襄陵之战"。如此，孟子至梁盖在前323年后。今人钱穆、蒋伯潜、刘鄂培等皆以为孟子游梁当在其晚年。梁惠王卒在前319年，姑系孟子始游梁之事在本年。

公孙龙（　—约前250）生。

按：公孙龙生年已难确考。据《史记·孟子荀卿列传》曰："而赵亦有公孙龙，为坚白同异之辩。"《史记·平原君虞卿列传》曰："虞卿欲以信陵君之存邯郸为平原君请封，公孙龙闻之，夜驾见平原君……""平原君厚待公孙龙。公孙龙善为坚白之辩，及邹衍过赵言至道，乃绌公孙龙。"可知公孙龙与虞卿、邹衍、平原君同时。《吕氏春秋·应言》曰："公孙龙说燕昭王以偃兵。昭王曰：'甚善，寡人愿与客计之。'公孙龙曰：'窃意大王之弗为也。'王曰：'何故？'公孙龙曰：'日者大王欲破齐，诸天下之士其欲破齐者，大王尽养之；知齐之险阻要塞君臣之际者，大王尽养之；虽知而弗欲破者，大王犹若弗养(一作养之)；其卒果破齐以为功。今大王曰：我甚取偃兵。诸侯之士，在大王之本朝者，尽善用兵者也，臣是以知大王之弗为也。'王无以应。"据《史记·六国年表》、《乐毅列传》及《战国策·齐策六》、《吕氏春秋·权勋》载，乐毅助燕昭王破齐在燕昭王二十八年(前284)，以此时公孙龙为30岁至40岁之间，则其当生于前323—前313年间。又《吕氏春秋·审应》曰："赵惠王谓公孙龙曰：'寡人事偃兵十余年矣，而不可成，兵不可偃乎？'公孙龙对曰：'偃兵之意，兼爱天下之心也。兼爱天下，不可以虚名为也，必有其实。今蔺、离石入秦，而王缟素布总；东攻齐得城，而王加膳置酒。秦得地而王布总，齐亡地而王加膳，所非兼爱之心也。此偃兵之所以不成也。'"陈奇猷《吕氏春秋校释》以为"赵惠文王之省称惠王"。赵惠文王前298—前266年在位。据《史记·赵世家》，赵惠文王十七年(前286)后秦兵屡屡犯赵，赵国战事不断，而此前战事较少。惠王曰"寡人事偃兵十余年矣"，盖指十七年(前286)之前十余年，则公孙龙说赵在前286年后。钱穆断公孙龙说赵惠王偃兵当在惠文王二十年(前283)后(《先秦诸子系年·公孙龙说赵惠文王偃兵考》)，此也可作推算公孙龙生年之据。钱穆《先秦诸子系年·诸子生卒年约数》、王琯《公孙龙子传略》、谭介甫《公孙龙子形名发微》皆定公孙龙生年为前320年，与上说前323—前313年间一致，故从之。

周慎靓王二年　壬寅　前319年

　　孟子是年前后在魏，答梁惠王问，阐发其"王政"思想。梁惠王卒，梁襄王继位，孟子离开魏国。孟子在梁期间，曾与景春、周霄、白圭等人论学。

　　按：《孟子》中载孟子与梁惠王对话并不多，但很重要。主要见于《梁惠王上》、《滕文公上下》等处。内容主要涉及了民本思想、仁爱之心、仁政等理论。因为梁惠王晚年多次战败受辱于秦、楚等国，其"卑礼厚币以招贤者"主要是为报仇雪恨，故其提问总是围绕如何富国强兵，振兴魏国的问题，而孟子的回答则往往是"仁爱"、"仁义"、"仁者无敌"、"与民同乐"等所谓的"王政"理想，这对晚年的梁惠王来说，显然是远水救不了近火。因此，孟子在梁与梁惠王处得并不融洽，梁惠王虽然很尊敬孟子，但却始终未采纳孟子的主张在魏国实行"仁政"，故孟子一贯的"王政"理想也未能在魏国这样一个大国实现。不久，梁惠王卒，梁襄王继位，襄王即位后，"孟子见梁襄王。出，语人曰：'望之不似人君，就之而不见所畏焉'"（《梁惠王上》）。眼见在魏国已经无望实现他的理想，听说齐国宣王新继位，正广招贤才，想大展宏图，便毅然去梁适齐，二度游齐（详下）。

　　又按：孟子在梁时，与景春有过问答。《孟子·滕文公下》载："景春曰：'公孙衍、张仪岂不诚大丈夫哉？一怒而诸侯惧，安居而天下熄。'"接下便是孟子的回答。公孙衍、张仪在魏活动时与孟子在魏时相合，二人又为魏人，故景春有此问。景春，焦循《孟子正义》引赵岐注："景春，孟子时人，为从（纵）横之术者。"

　　再按：孟子在魏时，还答魏人周霄"古之君子仕乎"问，并与白圭有如何定税率及治水之辩。《告子下》曰："白圭曰：'吾欲二十而取一，何如？'孟子曰……。"；"白圭曰：'丹之治水也，愈于禹。'孟子曰……。""丹"，赵岐注："丹，名。圭，字也。当诸侯时有小水，白圭为治除之，因自谓过禹也。"白圭，《史记·货殖列传》所记为周人，阎若璩《四书释地续编》辨之甚详。一说为魏人，《韩非子·喻老》曰："故曰：白圭之行堤也塞其穴，丈人之慎火也涂其隙。是以白圭无水难，丈人无火患。"《内储说下》载"白圭相魏"。《吕氏春秋·不屈》曰："白圭新与惠子相见也。"《战国策·魏策四》载白圭与魏王对话。杨伯峻《白话孟子》考证，《孟子》中云白圭曾任魏相，善生产，曾筑堤治水。据《战国策·魏策四》，魏之白圭与孟子同时。其与孟子问答极可能发生在孟子游梁期间，故附记于此。

　　屈原是年前后任楚怀王左徒，并为楚王制宪立法，确立举贤授能、力耕强国、打击朋党等政策，因其触动旧贵族的利益而遭到反对，未能完全实施。

　　按：《史记·屈原贾生列传》曰："屈原者，名平，楚之同姓也。为楚怀王左徒。"其任左徒之时，蒋骥《山带阁注楚辞·楚世家节略》曰："（怀王）十一年，苏秦约纵，六国共攻秦，楚为纵长，至函谷关。秦兵出击六国，六国皆引归？按：《战国策》齐助楚攻秦取曲沃，当在是年之前后。盖屈子为怀王左徒，王甚任之，故初政精明如此。

《惜往日》所谓'国富强而法立'也。"赵逵夫《屈原与他的时代》述及《战国策》中有关屈原初任左徒时的一段史料时云:"是蒋氏以屈子任左徒在怀王十一年或稍前些时。屈复《楚辞新注》也定屈子为左徒在怀王十一年。今之学者姜亮夫从之。游国恩、陈子展亦大体从之,然未显言之。陆侃如《屈原年表》定在楚怀王十年,聂石樵《屈原论稿》云:'大概在楚怀王十一年以前,为楚国任六国纵长与秦争胜负的时候。他以明于治乱的说辞,为怀王所重视,因而升为左徒。这一年,屈原才二十二岁。'聂氏认为屈原生于前339年,按此,屈原二十一岁为前319年,也即楚怀王十年。前人于屈原任左徒之年有主十年者,有主怀王十一年者,我认为应在楚怀王十年。因为六国联盟从怀王十年已开始,至十一年有五国攻秦之事。楚国在怀王六年尚派昭阳攻齐败魏,至魏惠王后元十三年(前322,即楚怀王七年)秦取魏曲沃、平周之地。魏宣惠王十四年(即楚怀王十年),秦败韩取鄢,又有屈原、陈轸、苏秦、公孙衍等的沟通联络,六国之联盟遂成。因此有五国伐秦之事。也就是说:楚国之能参加六国联盟,同屈原是有一定关系的。所以屈原之担任左徒这个直接负责外交的官职,应是在楚怀王十年。"以上诸说定屈原在楚制宪变法不出怀王十年、十一年两年。今斟酌众说,仍据陆侃如《屈原年表》说系在怀王十年,即本年。

又按:因《史记·屈原贾生列传》载屈原任左徒后,有"入则与王图议国事,以出号令;出则接遇宾客,应对诸侯。王甚任之","怀王使屈原造为宪令"云云;《九章·惜往日》有"国富强而法立兮,属贞臣而日娭"。故有学者认为屈原曾在左徒任上为楚王制宪立法。如汤炳正先生《释"宪"发微》,赵逵夫《屈原与他的时代·屈原的对内政策及同旧贵族的斗争》皆持是说。对于制宪内容,赵逵夫先生以屈原作品为依据,认为涉及了如下内容:一、坚持法制,反对心治。二、举贤授能。三、力耕强本,富农安民,反对"游大人以成名"。四、励战图强。五、禁朋党。六、反蔽壅。赵先生认为"屈原的制宪法令是陆续公布的……屈原变法,在开始阶段虽然亦妨害到一些旧贵族的利益,但还没有触及其根本利益;至怀王十六年,上官大夫之流内外勾结将屈原从朝廷中赶出,是因为他的变法使反动的旧贵族再也无法忍受……屈原才被疏而离开朝廷,去当教育贵族子弟的三闾大夫。这时,屈原的变法才告结束"。

公孙衍是年前后相魏,惠施自宋返魏。

按:齐、楚、燕、赵、韩助公孙衍为魏相,行"合纵"之策。魏逐张仪回秦,惠施归魏。(参阅何清谷《公孙衍事迹考》,载《文史》第13辑)惠施在前322年被魏逐后,先至楚,后至宋。其间曾与庄子在濠上论学。居宋不久而返魏。返魏不久正值惠王卒,或以为闻惠王卒而返魏。《史记·魏世家》曰:"十六年,襄王(应是惠王)卒,子哀王(应是襄王)立。张仪复归秦。"惠施当初因张仪相魏而被逐,今张仪去,惠施复归魏。《吕氏春秋·开春》:"魏惠王死,葬有日矣。天大雨雪,至于牛目。群臣多谏于太子者曰:'雪甚如此而行葬,民必甚疾之,官费又恐不给。请弛期更日。'""群臣皆莫敢谏,而以告犀首。犀首曰:'吾未有以言之。是其惟惠公乎?请告惠公。'惠公曰:'诺。'驾而见太子曰:'葬有日矣。'太子曰:'然。'惠公曰……太子曰:'甚善。敬弛期,更择葬日。'"惠施谏太子改变葬期事,《战国策·魏策二》亦有记载(见下"魏惠王卒"条)。钱穆《先秦诸子系年》卷三《惠施返魏考》曰:"是事在惠王卒岁之冬,故哀王(应是襄王)称太子,又观群臣以告犀首,而犀首称惠子,知其时惠子非相魏,初无言责。张仪已去,故犀首为魏廷领袖也。"陈梦家《六国纪年》定魏惠王卒前318年。缪文远《战国史系年辑证》从之。但一般以为魏惠王之卒在前319年冬,故系于此。

淳于髡、邹衍是年前后在齐稷下学宫,被齐宣王命为"列大夫"。

按:《史记·田敬仲完世家》曰:"宣王喜文学游说之士,自如邹衍、淳于髡、田骈、接予、慎到、环渊之徒七十六人,皆赐列第,为上大夫,不治而议论。是以齐稷下学士复盛,且数百千人。"齐宣王前319年即位,在位共19年,其间,稷下学宫空前兴盛,宣王招纳并尊宠文学之士应在其即位之初即开始了。淳于髡、邹衍在齐威王时至稷下,至宣王时应年事已高,久居稷下,可谓德隆望尊。《史记·孟子荀卿列传》曰:"于是齐王嘉之,自如淳于髡以下,皆命曰列大夫,为开第康庄之衢,高门大屋,尊宠之。"即便太史公为综述之语,邹衍、淳于髡等人被宣王命为列大夫是19年间次第行之,而邹衍、淳于髡也合在首命之列。故系淳于髡、邹衍为稷下列大夫在本年。

淳于髡是年前后一日之内向齐宣王举荐七人。

按:《战国策·齐策三》曰:"淳于髡一日而见七人于宣王。王曰:'子来,寡人闻之,千里而一士,是比肩而立;百世而一圣,若随踵而至也。今子一朝而见七士,则士不亦众乎?'"由此文字可知,淳于髡有"一日而见七人于宣王"之举。盖因淳于髡初为"列大夫"而齐宣王正招贤纳士,如前所证,此举应在宣王即位之初。

淳于髡是年前后答齐宣王"寡人何好"之问。

按:《说苑·尊贤》曰:"齐宣王坐,淳于髡侍,宣王曰:'先生论寡人何好?'淳于髡曰:'古者所好四,而王所好三焉。'宣王曰:'古者所好,何与寡人所好?'淳于髡曰:'古者好马……古者好士,王独不好士。'宣王曰:'国无士耳,有则寡人亦说之矣。'淳于髡曰:'古者有骅骝骐骥,今无有,王选于众,王好马矣;古者有豹象之胎,今无有,王选于众,王好味矣;古者有毛嫱、西施,今无有,王选于众,王好色矣。王必将待尧舜禹汤之士而后好之,则尧舜禹汤之士亦不好王矣。'宣王默然无以应。"此段文字,《战国策·齐策四·先生王斗造门而欲见齐宣王》章有大体相同的记载。《战国策》以为王斗之语。但从王斗言"昔先君桓公所好者,九合诸侯,一匡天下"之语可知,此"齐桓公"为姜齐之桓公,而非田齐之桓公。而此章前段文字与前一章《齐宣王见颜斶》中颜斶答齐宣王语略同,后半章部分文字又与《赵策三》魏牟谓赵王之语全同。此显然为杂抄缀辑而成。但《说苑》所载,人物清楚,对话简洁。记淳于髡谈话风格与《史记》等其他史籍所载同。因之以《说苑》所载为是,断为淳于髡答齐宣王语。文中宣王自称"寡人",则为前319年即位后与淳于髡之问答,今系于此。

惠施谏魏襄王雪日葬魏惠王。

按:《战国策·魏策二》曰:"魏惠王死,葬有日矣。天大雨雪,至于牛目(半月),坏城郭,且为栈道而葬。群臣多谏太子者,曰:'雪甚如此而丧行,民必甚病之,官费又恐不给,请弛期更日。'太子曰:'为人子而以民劳与官费用之故,而不行先王之丧,不义也。子勿复言。'群臣皆不敢言,而以告犀首。犀首曰:'吾未有以言之也,是其唯惠公乎!请告惠公(一作惠子,或谓即惠施)。'惠公曰:'诺。'驾而见太子曰:'葬有日矣。'太子曰:'然。'惠公曰:'昔王季历葬于楚山之尾,栾水啮其墓,见棺之前和。文王曰:'嘻!先君必欲一见群臣百姓也夫,故使栾水见之。'于是出而为之张于朝,百姓皆见之,三日而后更葬。此文王之义也。今葬有日矣,而雪甚,及牛目,难以行,太子为及日之故,得毋嫌于欲亟葬乎?愿太子更日。先王必欲少留而扶社稷、安黔首也,故使雪甚。因弛期而更为日,此文王之义也,若此而弗为,意者羞法文王乎?'太子曰:'甚善。敬弛期,更择日。'"(其事亦见《吕氏春秋·春秋》,文字稍有出入,可参见本年上文"公孙衍相魏"条。)

邹忌卒(约前385—)。邹忌,《史记》作驺忌子,战国时齐国人。田齐桓公(田氏代齐之后的齐国君主)时就任大臣,威王时为相,封于下邳,号成侯。《战国策·齐策一》中有《邹忌讽齐王纳谏》。

按：钱穆、杨宽、缪文远均以为邹忌之死在齐宣王元年，即本年，今从之。《战国策·齐策一》曰："邹忌事宣王，仕人众，宣王不悦……"今从缪文远《战国策考辨》系此事在本年。或许邹忌已感自己不久于世，为齐国长远考虑，便以老臣身份，向宣王推荐亲近自己的人，却引起宣王的反感。《史记·田敬仲完世家》曰："（齐宣王）二年……宣王召田忌复故位。"前341年，田忌因战败而奔楚（参前341年记事）。此言宣王二年"召田忌复故位"，盖因邹忌已死之故。亦可作邹忌卒本年之旁证。

唐勒、景差是年前后生，卒年不详。

按：唐勒、景差的生平文献传世很少。最重要的是《史记·屈原贾生列传》曰："屈原既死之后，楚有宋玉、唐勒、景差之徒者，皆好辞而以赋见称。"《史记索隐》曰："按扬子《法言》及《汉书·古今人表》皆作'景瑳'，今作'差'是字省耳。又按：徐、裴、邹三家皆无音，是读如字也。"《法言·吾子》、《汉书·艺文志》、《西京杂记》卷三、《襄阳耆旧传》均有零星记载。在今相传为宋玉作品的《大言赋》、《小言赋》、《讽赋》中多次提到唐勒。三人相比而言，唐勒、景差似乎较宋玉稍微年长。理由是：其一，《汉书·艺文志》"赋家"，首列"屈原赋二十五篇"，紧接着是"唐勒赋四篇"自注："楚人。"再是"宋玉赋十六篇"自注："楚人，与唐勒并时，在屈原后也。"如以当时所存篇数言，亦当先宋而后唐。《汉书·艺文志》注重编排的体例，故以时为序列各家著作，唐勒在宋玉前。其二，《古文苑》载宋玉《大言赋》曰："楚襄王与唐勒、景差、宋玉游于阳云之台。"同书《小言赋》两次提到三人，均以"景差、唐勒、宋玉"为序。又，《古文苑》载宋玉《讽赋》曰："楚襄王时宋玉休归，唐勒谗之于王曰：'玉为人身体容冶，口多微词，出爱主人之女。入事大王，愿王疏之。'"可见当宋玉年轻而美姿容之时，唐勒已以老臣自居。其三，扬雄《法言·吾子》曰："或问：'景差、唐勒、宋玉、枚乘之赋也，益乎？'"当时民间存先秦古书尚多，又去六国未远，关于六国末年一些人物的生平等，大体有些认识，故有如此排列顺序。其四，习凿齿《襄阳耆旧传》言宋玉"始事屈原，原既放逐，求事楚友景差"。景差、唐勒年当相近，而长于宋玉。对于唐勒、景差的活动，以上材料及1972年出土于银雀山汉墓的《唐勒》一书中的《论义御》篇，均言二人与宋玉共仕于顷襄王，位在大夫之列，实为文学侍臣。又因二人年长于宋玉，故其生应在前319年或更前。唐勒、景差资料参阅赵逵夫《屈原与他的时代·唐勒生平与楚国襄、考两朝世风文风的转变》及裴登峰《战国七十年文学编年》。

周慎靓王三年　癸卯　前318年

楚怀王为纵约长，联合三晋及燕、齐六国用公孙衍合纵之计，共击秦，不胜而还。

按：《史记·六国年表》周慎靓王三年秦栏曰："（秦惠文王更元七年），五国共击秦，不胜而还。"魏、韩、赵、楚、燕栏皆云："击秦不胜。"据此，知齐在五国之外。然《战国策·齐策一》第十五章备述陈轸劝齐王以兵合三晋共攻秦之事，《史记·秦本纪》曰："（秦惠文王更元七年），韩、赵、魏、燕、齐帅匈奴共攻秦。"《楚世家》曰："（楚怀王）

十一年,苏秦约从(纵)山东六国共攻秦,楚怀王为从(纵)长。"则此次合纵攻秦有六国参与,齐实与其事。《战国策·楚策三》曰:"五国伐秦,魏欲和。使惠施之楚。楚将入之秦而使行和。杜赫谓昭阳曰:'凡为伐秦者楚也。今施以魏来,而公入之秦,是明楚之伐而信魏之和也。公不如无听惠施,而阴使人以请听秦。'昭子曰:'善。'因谓惠施曰:'凡为攻秦者魏也,今子从楚为和,楚得其利,魏受其怨。子归,吾将使人因魏而和。'惠子反,魏王不说。杜赫谓昭阳曰:'魏为子先战,折兵之半,谒病不听,请和不得,魏折而入齐、秦,子何以救之? 东有越累,北无晋,而交未定于齐、秦,是楚孤也,不如速和。'昭子曰:'善。'因令人谒和于魏。"此记伐秦期间楚、魏间事。杨宽曰:"此时约五国攻秦者,固非苏秦,然亦非李兑。李兑用事于赵,已非赵惠文王时。然则此役五国攻秦,主其事者谁何? 曰:犀首是也。"(《战国史料编年辑证》)今综合以上记叙及《燕策一》、《齐策一》、《韩策一》、《史记·韩世家》、《燕世家》、《赵世家》、《魏世家》、《楚世家》、《张仪列传》附《犀首传》等处资料可知,杨先生之说是。此次五国伐秦,为当时倡合纵、连横二术者的一次大对垒,而主合纵者占优势之结果,主事者实为魏相国公孙衍。公孙衍促成魏、赵、韩、燕、楚五国共伐秦,后陈轸说齐王答应合兵于三晋共攻秦国,其实在拥兵观望,并未参战,甚至乘人之危,出兵击赵、魏军。楚怀王为纵约长,秦迎战于函谷关,五国之师因各怀私利,皆败走,合纵遂败。

宋君偃自称为王,故文献有称宋康王、康王者。

按:《史记·宋微子世家》曰:"(宋)君偃十一年,自立为王。东败齐,取五城;南败楚,取地三百里;西败魏军,乃与齐、魏为敌国。盛血以韦囊,县(悬)而射之,命曰射天。淫于酒、妇人,群臣谏者辄射之。于是诸侯皆曰'桀宋',宋其复为纣所为,不可不诛。"《史记索隐》曰:"《战国策》(《宋策》)、《吕氏春秋》(《当染》、《顺说》二篇)皆以偃谥曰康王也。"《墨子·所染》、《新序·杂事四》也称宋君偃为宋康王。宋君偃能在执政十一年后使国力空前强盛,屡败诸侯,成为"五千乘之劲宋",就充分说明其早期的政策应是比较得力可行的,这是否与孟子游宋,倡导"仁政"有关或直接得益于孟子提到的"薛居州"这样的善人的辅助等等,由于缺乏文献佐证,一时尚难断言。然《史记》言宋君"盛血以韦囊(用皮囊盛血),县(悬)而射之……于是诸侯皆曰'桀宋'";《战国策·宋策》、《新序·杂事四》也皆谓宋康王荒淫无道,"射天笞地"。顾颉刚用"疑古"的眼光看《史记》等文献,认为宋康王是个能绍述先德,行王政的明君,古书中所述宋王偃荒淫无道,几与商纣传说全同,这是出于后人的误会牵合(见《古史辨》第二册顾颉刚《宋王偃的绍述先德》一文)。

又按:《史记·六国年表》此年齐栏书曰:"宋自立为王。"据钱穆《宋偃称王为周显王四十一年非慎靓王三年辨》(《先秦诸子系年》卷三),认为宋称王在前328年,录此备考。是年,秦以乐池为相。(《史记·秦本纪》)乐池其人不详。梁玉绳《史记志疑》曰:"后此五年赵武灵王使乐池送燕公子职为燕王(按参阅前315年记事),则池是赵人,与乐毅为一族,何缘为相于秦乎? 疑。"《史记会注考证》曰:"《古钞》、《南本》'池'作'陀'。"

惠施为魏使楚。

按:《战国策·魏策三》曰:"五国伐秦,魏欲和,使惠施使楚。楚将入之秦而使行和。杜赫谓昭阳曰:'凡为伐秦者楚也。今施以魏来,而公入之秦,是明楚之伐而信魏之和也。公不如无听惠施,而阴使人以请听秦。'昭子曰:'善。'因谓惠施曰:'凡为攻秦者魏也,今子从楚为和,楚得其利,魏受其怨。子归,吾将使人因魏而和。'惠子反,魏王不说。杜赫谓昭阳曰:'魏为子先战,折兵之半,谒病不听,请和不得,魏折而入齐、秦,子何以救之? 东有越累,北无晋,而交未定于齐、秦,是楚孤也,不如速和。'昭子曰:'善。'因令人谒和于魏。"

孟子见魏襄王,甚失望,遂离魏适齐,欲说齐宣王行"仁政"。

按:《孟子·梁惠王上》载:孟子见梁襄王,出,语人曰:"望之不似人君,就之而不见所畏焉。卒然问曰:'天下恶乎定?'吾对曰:'定于一。''孰能一之?'对曰:'不嗜杀者能一之。''孰能与之?'对曰:'天下莫不与也……'"看来,孟子并非是在梁惠王死后马上去魏适齐的,而是等魏国丧事初定(国丧非短时可定,参前319年条下,惠施等商量为梁惠王选择葬日之事),魏襄王正式即位后,见过襄王并与之讨论"天下恶乎定"之类的问题之后,甚感失望,才毅然下决心离魏适齐,继续寻求他的"王政"之路的。

孟子自梁至齐,第二次游齐。时齐宣王正为威王守孝,宣王想缩短守孝时间,公孙丑向孟子问此事,孟子不以为然。

按:《孟子·尽心上》曰:"齐宣王欲短丧。公孙丑曰:'为期之丧,犹愈于已乎?'孟子曰:'是犹或紾其兄之臂,子谓之姑徐徐云尔,亦教之孝悌而已矣。'"上已述威王卒应在前320年前后,孟子本年至齐时宣王已守孝一年有余。故此段对话当在孟子二次游齐之时。

孟子是年及稍后几年在齐,多次与齐宣王论政,并回答齐宣王的"齐桓、晋文之事,可得闻乎?"、"文王之囿方七十里,有诸?"、"交邻国有道乎?"、"贤者亦有此乐乎?"、"人皆谓我毁明堂,毁诸? 已乎?"、"汤放桀,武王伐纣,有诸?"、"齐宣王问卿"等问题。

按:孟子于前318年左右复至齐,在齐期间同齐宣王有内容广泛的谈话。后孟子大约于前312年离齐。《孟子·梁惠王下》所载同齐宣王之间的许多谈话,大致在前318年至稍后数年之间。孟子对齐宣王谈"四境之内不治,则如之何"、"所谓故国者"、"为巨室,则必使工师求大木"、"君之视臣如手足,则臣视君如腹心;君之视臣如犬马,则臣视君如国人;君之视臣如土芥,则臣视君如寇雠"等(详《孟子·梁惠王下》、《离娄下》),在本年或稍后数年间。孟子在齐期间,或答齐宣王之问,在答问中宣传自己的观点;或不经宣王问,直接宣传自己的观点。载于《梁惠王下》的这几段谈话,为孟子直接向齐宣王宣传自己的观点。"王顾左右而言他"成语,即出自"孟子谓齐宣王曰'王之臣,有托其妻子于其友而之楚者'"一段对话。当孟子最后问到"四境之内不治,则如之何"时,"王顾左右而言他"。

屈原在楚,设计使孟尝君拒楚赠象床。

按:屈原在前319年为楚左徒。《战国策·齐策三》"孟尝君出行国"章中"郢之登徒"即为屈原,且设计使孟尝君拒绝楚赠象床。这是《战国策》中直接反映屈原生平的第二条史料,对于我们研究屈原的外交活动及其思想、作风,具有极其重要的意义(详见赵逵夫《屈原与他的时代·〈战国策〉中有关屈原初任左徒时的一段史料》)。

田骈、接子、慎到、环渊等人是年前后至齐,为齐稷下先生,并著书。

按:《史记·田敬仲完世家》曰:"(齐)宣王喜文学游说之士,自如驺衍、淳于髡、田骈、接予、慎到、环渊之徒七十六人,皆赐列第,为上大夫,不治而议论。是以齐稷下学士复盛,且数百千人。"从此段文字可知,齐宣王时稷下大兴。宣王于前319年即位,在位凡十八年。稷下能如此兴盛,其招文学之士应在即位之初。田骈、慎到等人可能在此时至齐。《史记·孟子荀卿列传》曰:"自驺衍与齐之稷下先生,如淳于髡、慎到……各著书言治乱之事,以干世主,岂可胜道哉!"并说:"慎到,赵人……皆学黄老道德之术,因发明序其指意。故慎到著十二论,环渊著上下篇,而田骈、接子皆有所论焉。"当时各家竞相著书宣传己见,田骈、接子、慎到、环渊等稷下先生著书宜在本年前后。

孙膑卒(约前380—　)。膑,齐国阿、鄄之间人。约与商鞅同时期,而主要活动于田齐威王之时。《史记》载其为孙武的后代,早年"尝与庞涓俱学兵法",却遭到庞涓的嫉妒和诬陷,被害得在魏国受膑刑,因以膑为名。后逃回齐国,经田忌引荐,见齐威王,任军师。公元前353年(田齐威王四年)桂陵之战,齐将田忌采纳孙膑"批亢捣虚"、"围魏救赵"之计,大破魏军。公元前341年(田齐威王十六年)马陵之战,田忌用孙膑"退兵灭灶"、"因势利导"之计,消灭十万魏军,魏将庞涓自杀,魏太子申被俘。此后,孙膑"名显天下"。《战国策》载,田忌屡胜,遭到齐相邹忌的嫉妒和排斥,被迫出奔楚国;齐宣王即位后,召回田忌。其间孙膑很可能与田忌同时进退。世传有《孙膑兵法》,是一部有关战争和军事原理的兵法书。今据钱穆《先秦诸子系年·诸子生卒年约数》系孙膑生于本年。事迹见《史记·孙子列传》。

按:钱穆《先秦诸子系年·诸子生卒年约数》系孙膑卒于前320年,似不妥。《史记·田敬仲完世家》曰:"(齐宣王)二年……宣王召田忌复故位。"后又命田忌与孙膑率军"救韩、赵以击魏,大败之马陵,杀其将庞涓,虏魏太子申"。《孟尝君列传》也有同样记载。"马陵之战"在前342年(参阅前342年记事),此处叙述显然有误。雷学淇《竹书纪年义证》曰:"《史记》述此,所在互异。齐、魏《世家》、《孙子列传》每牵混桂陵之役,以赵为词,又自矛盾其说,谓其事当在齐宣王二年、梁惠王三十年,此最误之甚者。"据《战国策·齐策一》,"马陵之战"后,田忌不听孙膑劝告,被齐相邹忌挤走。"田忌亡齐而之楚……楚果封之于江南。"孙膑初为田忌门人,因田忌举荐得为齐王重用,其与田忌最为友善,很有可能与忌同往。或许本年孙膑与田忌确实曾带兵击魏,但此次战役绝非"马陵之战"。是司马迁将齐宣王二年事与前342年的"马陵之战"弄混,抑或今本《史记》于此有脱漏、错简而致误?一时难断。但太史公既于齐宣王二年(前318年)尚提及田忌、孙膑,或许孙膑此时尚在世。其后史料再未有孙膑事迹。孙膑或许卒于本年后不久。孙膑兵法《史记》称《兵法》,《汉书·艺文志》称《齐孙子》(孙武兵法被称为《吴孙子》)八十九篇,图四卷。高诱注《吕氏春秋·不二》称《谋》。其他史籍如《战国策》、《汉书·陈汤传》、唐人杜佑《通典》也都有孙膑兵法理论的片段记载。但其书在东汉末年或已亡。曹操注《孙子》十三篇只字未提及。《隋书·经籍志》也未著录。1972年山东临沂银雀山汉墓出土竹简有《孙膑兵法》共十六篇,复使《孙膑兵法》重见天日。《孙膑兵法》部分篇章于"马陵之战"后不久已成书,全书则应在孙膑卒后逐渐编成。孙膑之书自东汉末年失传后,以致长期与《孙子兵法》发生纠葛,而演为一桩历史悬案。直至1972年山东临沂银雀山汉墓同时出土竹简《孙子兵法》和《孙膑兵法》,才得以基本了结此案。初次影印的《孙膑兵法》,收残简364枚,共三十篇。1985年《银雀山汉墓竹简(一)·孙膑兵法》,已将不再视作孙膑之书的残简全部移出,重订为十六篇,移出之部则收入《佚书丛残》(第二辑)中。现一般采用此简本,其为汉初抄本,另排印有释文本。《孙膑兵法》是一部有关战争和军事原理的兵法类兵书。它承继《孙子兵法》从哲理上论兵的传统,阐述了战国中期七雄争立之时的战略策略问题。全书篇名(拟目)为:《擒庞涓》、《见威王》、《威王问》《陈忌问垒》《篡卒》《月战》《八阵》《地葆》《势备》《兵情》《行篡》《杀士》、《延气》《官一》《强兵》《五教法》。其思想内容，主要内容有：一、"战胜而强立"和"乐兵者亡"的战争观。二、"必攻不守"的战略方针。三、兵以"势"贵的策略原则。四、以"道"制胜的军事哲学等。近年对《孙膑兵法》的研究，集中在成书时代、内容考定、文字训诂和军事思想的评价等方面。比较具代表性的著作有：张震泽《孙膑兵法校理》、霍印章《孙膑兵法浅说》、邓泽宗《孙膑兵法注译》等。

宋玉是年前后生，卒年不详。

按：宋玉生年与唐勒、景差的生平一样，可资参考的文献很少。最重要的也是《史记·屈原贾生列传》："屈原既死之后，楚有宋玉、唐勒、景差之徒者，皆好辞而以赋见称，然皆祖屈原之从容辞令，终莫敢直谏。"另外，《韩诗外传》卷七、《新序·杂事第五》、《襄阳耆旧传》等偶有片段记载。但从以上文献资料难考其确切生卒年。但也有人以《招魂》的年代为中心，推测其生年约在前290年左右。但《招魂》为屈原作品。以《招魂》推断宋玉生卒年显然不能成立。宋玉里籍，《屈原贾生列传》云为楚人。《襄阳耆旧传》则曰："宋玉者，楚之鄢人也。"一般都同意此说。今综合历史文献及宋玉著作可知，其仕应在顷襄王（前298年至前263年）时。且出仕不可能在顷襄王初继位的几年内，到末年又因谗言被迫离朝廷。《襄阳耆旧传》曰："（襄王）既美其才，而憎之似屈原也。"可知宋玉在前283年前后屈原卒时已仕或死后不久即仕。杜甫《送李功曹之荆州充郑侍御判官重赠》曰："曾闻宋玉宅，每欲到荆州。"蔡靖泉《楚文学史》以为："据此则宋玉当在屈原死前已入郢都，可能他出仕于顷襄王时是在屈原晚年，只是尚未显名于世而已。"而前283年前后能仕于顷襄王，其年岁当在30上下。上推其生年，应在前318年前后。

周慎靓王四年　甲辰　前317年

公元前317年，孔雀王朝统一北印度。

张仪复相秦。

按：秦惠王后元八年（前317年），张仪复相秦，《史记·六国年表》、《秦本纪》皆有载，《史记·张仪列传》言之最详："（仪）留魏四岁而魏襄王（按当为魏惠王）卒，哀王（当为襄王）立。张仪复说哀王，哀王不听……张仪归，复相秦。"至于说张仪"阴令秦伐魏"，败韩、魏军云云，则有疑也，参上"秦与韩、赵战修鱼"条。

孟子是年前后处齐为客卿。

按：《孟子·公孙丑下》曰："孟子为卿于齐。"《孟子外书·性善辩》曰："孟子处齐为客卿。"崔述《孟子事实录》亦云："孟子在齐为卿，乃客卿，与居官任职者不同。"《孟子·万章下》曰："齐宣王问卿。孟子曰：'王何卿之问也？'王曰：'卿不同乎？'曰：'不同。有贵戚之卿，有异姓之卿。'"后应宣王问回答了二卿职责。故孟子在齐为客卿应在齐宣王时。

是年前后，孟子在齐时，曾与庄暴论齐宣王好乐问题；吊公行子丧，不与王言，孟子答王责问；曾到滕国吊丧。

按：《孟子·梁惠王下》："庄暴见孟子，曰：'暴见于王，王语暴以好乐，暴未有以对也。'……他日,(孟子)见于王,曰:'王尝语庄子以好乐,有诸?'"庄暴,焦循《孟子正义》引赵岐注:"庄暴,齐臣也。"朱熹《四书集注》同。今人杨伯峻亦如此认为。孟子第一次至齐时未与威王见面,而此段文字明确记载孟子见齐王,则应在宣王时。

《孟子·尽心上》:"王子垫问曰:'士何事?'孟子曰:'尚志。'曰:'何为尚志?'"孟子作答。焦循《孟子正义》引赵岐注:"齐王子,名垫也。"《孟子正义》曰:"孟子仕齐久,此称王子,故知为齐王之子也。"今人杨伯峻同焦循。既然孟子仕于齐时与王子垫问答,只能在齐宣王时。

孟子在齐时,乐正子随从王子敖来齐,遭孟子严厉责斥。孟子在齐时曾去滕国吊丧,《孟子·公孙丑下》云:"孟子为卿于齐。出吊于滕(孟子此次在齐至滕吊丧,应是滕文公。因滕定公薨时,尚为世子时的滕文公曾派然友之邹向孟子请教治丧事宜。因而此次只能是到滕为滕文公吊丧)。王使盖大夫王驩(王驩,字子敖)为辅行。王驩朝暮见,反齐、滕之路,未尝与之言行事也。"公孙丑问曰:"齐卿之位,不为小矣;齐、滕之路,不为近矣,反之而未尝与言行事,何也?"孟子回答说:"夫既或治之,予何言哉?"即他既然一个人独断专行,我还说什么呢? 看来,孟子对王甚为反感。故此次乐正子与王同来时遭到孟子严责。一见面便劈头盖脸地质问:"子亦来见我乎?"(《离娄上》)后"孟子谓乐正子曰:'子之从于子敖来,徒餔啜也。我不意子学古道而以餔啜也。'"(《离娄上》)即你随王子敖来,只是为吃喝罢了。我没有想到你学习古人的大道理,竟然是为着吃喝的。还有一次,孟子在齐吊公行子丧,也不与右师王驩言,并严辞回答王的责问。《孟子·离娄下》曰:"公行子有子之丧。右师往吊,入门,有进而与右师言者,有就右师之位而与右师言者。孟子不与右师言,右师不悦,曰:'诸君子皆与驩言,孟子独不与驩言,是简驩也。'孟子闻之,曰:'礼:朝廷不历位而相与言,不踰阶而相揖也。我欲行礼,子敖以我为简,不亦异乎?'"焦循《孟子正义》引赵岐《注》:"公行子,齐大夫也。右师,齐贵臣王驩,字子敖。"《正义》曰:"顾氏炎武《日知录》云:'礼,父为长子斩衰三年,故云行子有子之丧,而孟子与右师及齐之诸臣皆往吊。'"

周慎靓王五年　乙巳　前316年

苏代、鹿毛寿(一云潘寿)等人劝燕君哙正式效仿古人"禅让"之法,让国于其相子之,自己反为臣,子之南面行王事,国事皆决于子之。

按:尧舜"禅让"之说实为春秋末战国初以来儒生们极力描绘之理想蓝图。《墨子·尚贤》、《庄子·逍遥游》中也有描述。战国时期,也确有欲行其道者,传说秦孝公欲让国公孙鞅,魏惠王欲传国惠施,而商鞅、惠施皆坚辞不受,故未成功。而正式"禅让"成功者,当始于燕君哙让国其相子之。燕君哙苦身忧民,勤身忧世,一心想效法古圣王明君之行。《韩非子·说疑》曰:"燕君子哙,邵公奭之后也。地方数千里,持戟数十万,不安子女之乐,不听钟石之声,内不湮汙池台榭,外不罼弋田猎;又亲操耒耨以修畎亩。子哙之苦身以忧民如此其甚也,虽古之所谓圣王明君者,其勤身而忧世不甚于此矣。然而子哙身死国亡,夺于子之,而天下笑之,此其何故也? 不明乎所以任臣也。"

又按：《战国策·燕策一》曰："子之相燕，贵重，主断。苏代为齐使于燕，燕王问之曰：'齐宣王何如？'对曰：'必不霸。'燕王曰：'何也？'对曰：'不信其臣。'苏代欲以激燕王以厚任子之也，于是燕王大信子之。子之因遗苏代百金，听其所使。鹿毛寿谓燕王曰：'不如以国让子之。人之谓尧贤者，以其让天下于许由，由必不受，有让天下之名，实不失天下。今王以国让相子之，子之必不敢受，是王与尧同行也。'燕王因举国属子之，子之大重。或曰：'禹授益而以启为吏，及老，而以启为不足任天下，传之益也，启与支（友）党攻益而夺之天下，是禹名传天下于益，其实令启自取之。今王言属国子之，而吏无非太子人者，是名属子之，而太子用事。'王因收印自三百石吏而效之子。子之南面行王事，而哙老不听政，顾为臣，国事皆决子之。"据此可知，燕君让位，实为苏代、鹿毛寿等人算计，终致国乱。《韩子·外储说右下》也载此事，而"毛寿"作"潘寿"。《韩非子·难三》也载："燕王哙贤子之而非孙卿，故身死为僇（戮）。"《史记·燕世家》所记与《战国策》略同。《六国年表》载周慎靓王元年（前320）为燕王哙元年，周慎靓王五年（前316）载："（燕）君让其臣子之国，顾为臣。"1978年出土于河北平山县三汲中山王墓的《中山王方壶铭文》曰："燕君子哙不顾大谊，不谋诸侯，而臣宗易位。"也可作此事之证。

司马错与张仪争论于秦惠王前，张仪主伐韩，司马错欲伐蜀，各陈利弊。秦惠王纳司马错之言，令司马错率兵伐蜀，并灭巴、蜀，置巴、蜀及汉中郡，分其地为四十一县。

按：巴、蜀二国今在四川一带。蜀国都成都，为"戎狄之长"；巴国都巴，今四川东部地区和湖北西部地区。两国皆为侯国。《水经注·江水》曰："及七国称王，巴亦王焉。"《华阳国志·巴志》曰："蜀王弟苴侯私亲于巴。巴、蜀世战争。周慎王五年，蜀王伐苴侯，苴侯奔巴，巴为求救于秦。"正是由于巴、蜀开战，巴向秦求救，使秦有了出兵巴蜀的借口。《战国策·秦策一》曰："司马错与张仪争论于秦惠王前。司马错欲伐蜀，张仪曰：'不如伐韩。'王曰：'请闻其说。'对曰：'亲韩善楚，下兵三川，塞轘辕、缑氏之口，当屯留之道，魏绝南阳，楚临南郑，秦攻新城、宜阳，以临二周之郊，诛周主之罪，侵楚、魏之地。周自知不救，九鼎宝器必出。据九鼎，案图籍，挟天子以令天下，天下莫敢不听，此王业也。今夫蜀，西辟之国，而戎狄之长也，弊兵劳众不足以成名，得其地不足以为利。臣闻：争名者于朝，争利者于市。今三川、周室，天下之市朝也，而王不争焉，顾争于戎狄，去王业远矣。'司马错曰：'不然。臣闻之，欲富国者务广其地，欲强兵者务富其民，欲王者务博其德，三资者备而王随之矣。今王之地小民贫，故臣愿从事于易。夫蜀，西辟之国也，而戎狄之长也，而有桀、纣之乱。以秦攻之，譬如使豺狼逐群羊也。取其地足以广国也，得其财足以富民，缮兵不伤众而彼已服矣。故拔一国而天下不以为暴，利尽西海，诸侯不以为贪。是我一举而名实两附，而又有禁暴正乱之名。今攻韩劫天子，恶名也，而未必利也，又有不义之名，而攻天下之所不欲，危！臣请谒其故：周，天下之宗室也；齐，韩、周之与国也。周自知失九鼎，韩自知亡三川，则必将二国并力合谋，以因于齐、赵，而求解乎楚、魏，以鼎与楚，以地与魏，王不能禁，此臣所谓"危"，不如伐蜀之完也。'惠王曰：'善。寡人听子。'卒起兵伐蜀，十月取之，遂定蜀。蜀主更号为侯，而使陈庄（秦臣）相蜀。蜀既属，秦益强富厚，轻诸侯。"《史记·秦本纪》、《张仪列传》、《新序·善谋》第八章等处于此事所述略同。据此可知，是岁，巴蜀相攻，俱告急于秦。秦王欲伐蜀，以道险难至，韩又来攻，犹豫未决。张仪力主"伐韩"，司马错主"伐蜀"，各陈利弊。秦王用司马错之计，终灭蜀。

又按：《华阳国志·蜀志》曰："蜀王别封弟葭萌于汉中，号苴侯，命其邑曰葭萌焉。苴侯与巴王为好。巴与蜀仇，蜀王怒，伐苴。苴侯奔巴，巴为求救于秦。秦惠王方欲谋楚，与群臣议曰：'夫蜀，西僻之国，戎狄为邻，不如伐楚。'司马错、中尉田真黄曰：'蜀有桀、纣之乱，其国富饶，得其布帛金银，足给军用。水通于楚，有巴之劲卒，浮大舶舩以东向楚，楚地可得，楚亡则天下并矣。'惠王曰：'善。'周慎王五年（前316）秋，秦大夫张仪、司马错、都尉墨等从石牛道伐蜀。蜀王自于葭萌拒之，败绩。王遁走至武阳，为秦军所害。其傅相及太子退至逢乡，死于白鹿山，开明氏遂亡，凡王蜀十二世。冬十月，蜀平。司马错等因取苴与巴、焉。"其后，秦贬蜀王为侯，又封公子通为蜀侯，令陈庄相蜀，以张若为蜀国守。封巴王为"郡长"，置巴郡、蜀郡及汉中郡，分其地为四十一县。移秦民万家以实巴、蜀。巴、蜀已定，秦国益富强。其事扬雄《蜀王本纪》也有载。

至迟于是年，楚国一左尹卒后随葬有大量竹简，今人辑为《包山楚简》。

按：《包山楚简》出土于湖北荆门十里铺镇王场村包山2号墓，合计共448枚竹简，其中有字简278枚，总字数12400余，内容为卜筮记录和司法文书。其司法文书今人辑为《集著》、《集著言》、《受期》与《疋狱》等四篇。因司法简中有"左尹"一名，学者据此推断竹简下葬的绝对年代当在是年之前。今据以附记于是年（参见胡平生、李天虹《长江流域出土简牍与研究》第102页，湖北教育出版社2004年）。

周慎靓王六年　丙午　前315年

周慎靓王定卒（在位六年），子姬延（一作诞）立，是为赧王。同年，赧王徙都西周王城。

按：自周显王二年（前367）西周威公死，公子根在赵、魏支持下，在东部争立，原西周小国又分裂成西周和东周两个小国，周显王依附于东周君而居（详见前367年记事）。周赧王又从东周西徙王城，依附西周之君。此即《史记·周本纪》所说"王赧徙都西周"事。

赵武灵王召燕公子职于韩，立以为燕王，使乐池送之。

按：《史记·赵世家》记此事于赵武灵王十一年即本年。裴骃《史记集解》曰："按《燕世家》，子之死后，燕人共立太子平，是为燕昭王。无赵送公子职为燕王之事。当是赵闻燕乱，遥立职为燕王，虽使乐池送之，竟不能就。"司马贞《史记索隐》曰："《燕世家》无其事，盖是疏也。今此云'使乐池送之'，必是凭旧史为说。且《纪年》之书，其说又同，则裴骃之解得其旨矣。"雷学淇《竹书纪年义证》以为"昭王乃公子职，《年表》及《赵世家》旧说与《纪年》本合……《燕策》立太子平句，本是立公子职之误"。若雷说可信，则众说可通。

墨家学者田鸠是年前后至秦，欲见秦惠王，不得。

按：田鸠生平不详。《汉书·艺文志》墨家有《田俅子》。梁玉绳《史记志疑》以"鸠"、"俅"音近，当为一人。高诱注《吕氏春秋》以为田鸠齐人。孙诒让《墨学传授考》定田俅子为治墨学而不详传授系次者。田鸠、田俅子是否为一人，史料缺乏，姑存疑。今观《韩非子·外储说左上》载田鸠以"墨子之说，传先王之道，论圣人之言，以宣告人，若辩其辞，则恐人怀其文而忘其直，以文害用也。此与楚人鬻珠、秦伯嫁女同类，故其言多不辩"赞墨子，故其为墨徒当无疑。《吕氏春秋·首时》曰："墨者有田鸠，欲见秦惠王，留秦三年而弗得见。客有言之于楚王者，往见楚王，楚王说之，与将军之节以如秦。至，因见秦惠王。告人曰：'之秦之道，乃之楚乎？'"《淮南子·道应训》所载意同，文字略异。秦惠王卒于前311年，故田鸠至秦欲见秦惠王，至迟应在是年或更前。孟子有言"非杨即墨"，"杨朱、墨翟之言盈天下"。可知，至战国中期，习墨学者众，墨学势力之盛。故墨者如田鸠或田俅子之徒横历天下，游说人主，也情理中事也。

许行卒（约前390—　）。生平不详。《孟子·滕文公上》曾述及滕文公行仁政，许行自楚之滕。其弟子陈相曾与孟子论辩（详《有为神农之言者许行》章），主张"贤者与民并耕而食，饔飧而治"，似为农家者流。

按：钱穆《先秦诸子系年考辨》卷三《许行考》以为《吕氏春秋·当染》云"禽滑釐学于墨子，许犯学于禽滑釐，田系学于许犯，显荣于天下"中的"许犯"即"许行"。其"愿受一廛而为氓"，"其徒数十人，皆衣褐，捆屦织席以为食"，为墨子"度身而衣"、"量腹而食"、"未敢求仕"之遗教也；其言"滕有仓廪府库，（则）是厉民而以自养也"（均见《有为神农之言者许行》章），为墨子"非礼毁乐"之绪论也，故许行又似为墨家者流。录此备考。

周赧王元年　丁未　前314年

燕相子之摄国政三年，燕国大乱，齐乘机伐燕，燕太子平、相子之相攻，燕君哙及太子平、相子之皆死。

按：《史记·燕召公世家》曰："（燕相子之为王）三年，国大乱，百姓恫恐。将军市被与太子平谋，将攻子之。诸将谓齐湣王（应为齐宣王。《史记》于田齐纪年有误，使齐伐燕在齐湣王时。陈梦家《六国纪年》、杨宽《战国史》、缪文远《战国史系年辑证》均有辨误，可参）曰：'因而赴之，破燕必矣。'齐王因令人谓太子平曰：'寡人闻太子之义，将废私而立公，饬君臣之义，明父子之位。寡人之国小，不足以为先后。虽然，则唯太子所以令之。'太子因要党聚众，将军市被围公宫，攻子之，不克。将军市被及百姓反攻太子平，将军市被死，以徇。因构难数月，死者数万，众人恫恐，百姓离志。……（齐）王因令章子将五都之兵，以因北地之众以伐燕。（燕）士卒不战，城门不闭。燕君哙死，齐大胜。燕子之亡（《史记集解》裴骃按：《汲冢纪年》曰："齐人禽子之而醢其身也。"《资治通鉴》曰："齐人取子之，醢之，遂杀燕王哙。"）二年，而燕人共立太子平,是为燕昭王。"《六国纪年》、《战国策·燕一》也记此事。

燕昭王继位。

按:燕国大乱,燕君哙及台资平皆死。后诸侯因赵用乐毅谋而共救燕伐齐(详《战国策·赵策三》),燕人叛齐,齐师乃去。《史记·赵世家》载,赵武灵王召燕公子职于韩,立以为燕王,使乐池送之。《史记·燕召公世家》作"二年,而燕人共立太子平,是为燕昭王"。而《史记·六国年表》周赧王元年燕栏记:"君哙及太子、相子之皆死。"裴骃《史记集解·赵世家》曰:"按《燕世家》,子之死后,燕人共立太子平,是为燕昭王。无赵送公子职为燕王之事。当是赵闻燕乱,遥立职为燕王,虽使乐池送之,竟不能就。"司马贞《史记索隐·赵世家》曰:"《燕世家》无其事,盖是疏也。今此云'使乐池送之',必是凭旧史为说。且《纪年》之书,其说又同,则裴骃之解得其旨矣。"雷学淇《竹书纪年义证》以为"昭王乃公子职,《年表》及《赵世家》旧说与《纪年》本合……《燕策》立太子平句,本是立公子职之误"。今从《史记·赵世家》集解引《古本纪年》及雷学淇《竹书纪年义证》说,断公子职即位为燕昭王。

中山君乘燕乱攻赵、燕,夺取燕国城池多座,作方壶,铭文以记。

按:1978年出土于河北平山县的战国时期中山王墓中有多件刻有铭文的鼎、壶等铜器,其中的《中山王方壶铭文》记有:中山王十四年(相当于齐宣王六年,即本年),中山国曾南败赵师于长子,北破燕师于中人,杀其将,"辟启封疆,方数百里,列城数十"。其铭文虽有些夸大其辞,但中山君乘燕、赵之虚,特别是趁燕国之乱时,夺取燕国城池是完全可能的。这也说明至战国中期,中山国虽已不能完全与七国争雄,但偶尔仍有攻城略国之实力。秦灭六国时,而中山国尚存,至秦二世时国灭,良有以也。

秦遣司马错、张仪平巴、蜀乱,后置其地为巴、蜀及汉中三郡。

按:秦司马错定巴、蜀后,贬巴、蜀王为侯,二年,巴、蜀复乱,秦再遣司马错、张仪平乱,后置其地为巴、蜀及汉中三郡,初仍以土人为守,其后方封秦公子于其地。缪文远《战国史系年辑证》引蒙文通《巴蜀史的问题》曰:"《秦本纪》说惠王十一年'公子通封于蜀',《六国年表》作十二年'公子繇通封蜀'。《常志》作赧王元年,秦惠王封子通为蜀侯,以陈壮为相。'《蜀王本纪》作'封公子通为蜀侯'。赧王元年,于《年表》为惠王十一年,与《本纪》合,应是《年表》误后一年。"

孟子是年前后仍在齐为客卿,齐王与孟子商议伐燕事,孟子劝齐宣王伐燕。

按:此次齐伐燕,主要是因为燕内乱;而燕乱则因为燕王哙让位于子之,子之作乱所致,事见前"燕乱,齐伐燕"条。伐燕之前,齐宣王曾向孟子征询意见。《孟子·公孙丑下》曰:"沈同以其私问曰:'燕可伐与?'孟子曰:'可。子哙不得与人燕,子之不得受燕于子哙。有仕于此,而子悦之,不告于王,而私与之吾子之禄爵。夫士也,亦无王命而私受之于子,则可乎?何以异于是?'齐人伐燕,或问曰:'劝齐伐燕,有诸?'曰:'未也。沈同问"燕可伐与"?吾应之曰"可",彼然而伐之也。彼如曰"孰可以伐之"?则将应之曰"为天吏,则可以伐之"。今有杀人者,或问之曰"人可杀与"?则将应之曰"可"。彼如曰"孰可以杀之"?则将应之曰"为士师,则可以杀之"。今以燕伐燕,何为劝之哉?'"《史记·燕召公世家》曰:"(燕)国大乱……孟轲谓齐王曰:'今伐燕,此文、武之时,不可失也。'王因令章子将五都之兵,以因北地之众以伐燕。士卒不战,城门不闭,燕君哙死,齐大胜。燕子之亡二年,而燕人共立太子平,是为燕昭王。"《孟子·梁惠王下》曰:"齐人伐燕,胜之。宣王问曰:'或谓寡人勿取,或谓寡人取之。以万乘之国伐万乘之国,五旬而举之,人力不至于此,不取必有天殃,取之,何如?'孟子对曰:'取之而燕民悦,则取之。古之人有行之者,武王是也。取之而燕民不悦,则勿取。古之人有行之者,文王是也。以万乘之国伐万乘之国,箪食壶浆以迎王师,岂有他哉?避水火也。如水益深,如火益热,亦运而已矣。'"《资治通鉴》中也有类似记载。《孟子·公孙丑下》载"孟子为卿于齐"云云,本年中,齐王既与孟子议及伐燕大事,则此时孟子居齐卿之位是可能的,也是比较合理的。

苏代为田需说魏王。

按:《战国策·魏策二》曰:"苏代为田需说魏王曰:'臣请问文之为魏,孰与其为齐也?'王曰:'不如其为齐也。''衍之为魏,孰与其为韩也?'王曰:'不如其为韩也。'而苏代曰:'衍将右韩而左魏,文将右齐而左魏。二人者,将用王之国举事于世,中道而不可,王且无所闻之矣。王之国虽渗乐而从之可也。王不如舍需于侧,以稽二人者之所为。二人者曰:"需非吾人也,吾举事而不利于魏,需必挫我于王"。二人者,必不敢有外心矣。二人者之所为之,利于魏与不利于魏,王厝需于侧以稽之,臣以为身利而便于事。'王曰:'善。'果厝需于侧。"《韩非子·内储说下》曰:"陈需,魏王之臣也,善于荆王……因以荆势相魏。""陈需"即"田需",其相魏在前316年前后。《魏世家》载魏哀王(魏哀王当为魏襄王)九年(前310),魏相田需死。据《史记·秦本纪》:秦惠王更元十一年(前314),秦樗里疾"败韩岸门,斩首万,其将犀首走"。犀首于此役后失势于韩,于是去韩归魏。此章当为犀首回魏时事。苏代言田需、田文、犀首事,其用意在以田需牵制田文、犀首。此举有利于加强王权,故为魏王采纳。

淳于髡卒(约前385—　)。淳于髡,为齐稷下名士中的佼佼者,齐威王、宣王时皆重于齐,其事迹见诸文献者不少。其著作或已亡佚。事迹见《史记·滑稽列传》。

按:《史记·燕召公世家》曰:"燕哙三年,与楚、三晋攻秦,不胜而还。子之相燕,贵重,主断。"同年,燕王哙听信鹿毛寿之言让国子之。至前315年,燕内乱,将军市被、太子平攻子之。于是,孟轲谓齐王曰:"今伐燕,此文武之时,不可失也。"考《史记》、《战国策》及先秦典籍,对此重大事件,却不见时时关心政事的淳于髡有片言只词,且史籍再无其事迹记载,当此时或不久卒。淳于髡著述,《史记·孟子荀卿列传》曰:"自驺衍与齐之稷下先生,如淳于髡……各著书言治乱之事,以干世主,岂可胜道哉!"但自《汉书·艺文志》以下,史籍均不记载其书,或已亡佚。

荀况(　—约前238)是年前后生。

按:荀子生年因《史记·孟子荀卿列传》未有明说而成历史悬案。清代以来,学者多有考证,然说法相距甚远。清汪中《荀卿子年表》(收入清光绪十七年,湖南思贤讲舍刊王先谦《荀子集解》)将荀子若干事迹及赵、齐、秦、楚四国大事分栏横列。述荀子事迹自赵惠文王元年(前298),止赵悼襄王七年(前238),未言及荀子生年。游国恩《荀子年表》(原载《努力周报》1924年第18期《荀卿考》一文中,后收入《古史辨》第四册,1933年初版,1982年再版,仍附于其撰《荀卿考》一文之后)定为前314年。梁启超《荀卿年历》(首见于1925年梁著《古代要籍解题及其读法》一书,后收入《古史辨》第四册,附于梁撰《荀卿及荀子》一文之后)假定为前304年。罗根泽《荀卿游历年表》(《古史辨》第四册,附于罗撰《荀卿游历考》一文之后)定为前312年。钱穆《诸子生卒年世约数》(《先秦诸子系年》附,其书1935年由商务印书馆初版,1985年

10月中华书局重刊)断为前340年。梁启雄《荀子行历系年表》(附于1936商务印书馆出版其著《荀子柬释》书后,其书于1956年北京古籍出版社再版时改名《荀子简释》)假定前321—前319年"荀子年十五",则其生在前334年前后。考文献所述荀子生平,最大疑问在于:1.荀子到底何年"始游齐"? 2.荀子始游齐时,齐国何王当政? 此为确定荀子生年关键所在。学界于此争论不休(参阅本文前300年记事"荀子年十五始游学于齐"条)。依《史记·孟子荀卿列传》、《儒林列传》及刘向《孙卿书叙》,荀子"年五十"始游学于齐,且时在威、宣之世,齐威王末年在前320年,则荀子生在前370年前后,至春申君黄歇死(前238年)已130多岁,何况,黄歇死后,荀子又在楚国居有数年才死,如此高寿,几乎不可能! 故应劭《风俗通·穷通》说荀子"齐威王、宣王之时……孙卿有秀才,年十五,始来游学"。"年五十"成了"年十五",一下子减去35年,而后世响者云集。若荀子确是在齐威王时"始游学于齐",即便是在齐威王末年,荀子以15岁计,至春申君黄歇死后数年荀子方死,其寿也在百岁以上,这可能性也极小。若说荀子年十五始来游学于齐,时在齐威王、宣王之后,齐湣王元年(前300),上推15年,则荀子生于前314年,则至春申君黄歇死(前238年),荀子80多岁,年龄上说得通,但与史迁、刘向、应劭诸人所说的"威、宣王时"无法相圆。如此,众家于荀子生年之说皆难成的论,若无新的文献发现,也无法更作详考。今姑从游国恩先生前314年说,系于本年以存疑备考。

周赧王二年　戊申　前313年

张仪至楚,离间齐、楚关系。张仪以许楚商於之地六百里诈楚,结果,楚怀王受张仪欺骗,不听陈轸等人之劝告,坚决与齐国断交,以相印授张仪,厚赐之。后来,楚怀王得知张仪许楚六百里地实为六里时,大怒,发兵攻秦,又为秦军所败。

按：前313年,秦、韩、魏与齐、楚相对峙。秦惠王若要胜齐、楚一方,就必须设法瓦解齐、楚联盟。而此时楚用屈原、陈轸等人之策,齐助楚攻秦,已取曲沃。形势对秦很不利。秦相张仪便是在此情况下至楚游说楚怀王的。据《史记·张仪列传》曰："秦欲伐齐,齐、楚从亲,于是张仪往相楚。楚怀王闻张仪来,虚上舍而自馆之。曰：'此僻陋之国,子何以教之？'仪说楚王曰：'大王诚能听臣,闭关绝约于齐,臣请献商於之地六百里,使秦女得为大王箕帚之妾,秦、楚娶妇嫁女,长为兄弟之国。此北弱齐而西益秦也,计无便此者。'楚王大说而许之。群臣皆贺,陈轸独吊之。楚王怒曰：'寡人不兴师发兵得六百里地,群臣皆贺,子独吊,何也？'陈轸对曰：'不然,以臣观之,商於之地不可得而齐、秦合；齐、秦合则患必至矣。'楚王曰：'有说乎？'陈轸对曰：'夫秦之所以重楚者,以其有齐也。今闭关绝约于齐则楚孤,秦奚贪夫孤国而与之商於之地六百里？ 张仪至秦,必负王。是北绝齐交,西生患于秦也,而两国之兵必俱至。善为王计者,不若阴合而阳绝于齐,使人随张仪,苟与吾地,绝齐未晚也。不与吾地,阴合谋计也。'楚王曰：'愿陈子闭口毋复言,以待寡人得地！'乃以相印授张仪(按《六国年表》、《楚世家》、《秦本纪》、《资治通鉴》皆言"张仪相楚",而独不见于

《战国策·秦策二》,其事真假难辨,或以为乃后世学纵横之术者夸饰之辞),厚赂之。于是遂闭关绝约于齐,使一将军随张仪。张仪至秦,佯失绥堕车,不朝三月。楚王闻之,曰:'仪以寡人绝齐未甚耶?'乃使勇士至宋,借宋之符,北骂齐王。齐王大怒,折节而下秦。齐、秦之交合,张仪乃朝,谓楚使者曰:'臣有奉邑六里,愿以献大王左右。'楚使者曰:'臣受令于王,以商於之地六百里,不闻六里。'还报楚王,楚王大怒,发兵而攻秦。陈轸曰:'轸可发口言乎?攻之不如割地反以赂秦,与之并兵而攻齐,是我出地于秦,取偿于齐也。王国尚可存。'(按《楚世家》以下有'今王已绝于齐而责欺于秦,是吾合齐、秦之交而来天下之兵也,国必大伤!')楚王不听,卒发兵而使将军屈匄击秦,秦、齐共攻楚,斩首八万,杀屈匄,遂取丹阳、汉中之地。楚又益发兵而袭秦,至蓝田,大战,楚大败,于是楚割两城以与秦平。"(按秦楚因张仪诈楚事而开战持续较久,楚王报仇心切,秦人则筹备已久,更兼齐、韩等国介入,非数日可止。《六国年表》、《楚世家》皆云楚怀王十七年春,《韩世家》言韩宣惠王二十一年,秦、韩共攻楚,战于丹阳,虏我大将军屈匄及裨将逢侯丑等七十余人,斩首八万,取汉中地六百里,置汉中郡。楚怀王大怒,乃悉发国内兵复袭秦,战于蓝田。大败楚军。此处属综述之言,非一时事也。)这就是著名的张仪诈楚事件,是张仪为秦连横活动中最成功的事件之一。其事又见于《战国策·秦策二》、《史记·楚世家》、《秦本纪》、《资治通鉴·周纪三》等史籍记载。以《战国策·秦策二》资料较早,语言较简赅,尚无有"张仪相楚"一事,至《史记·楚世家》、《秦本纪》,部分细节已有所夸张增饰,而《张仪列传》及《资治通鉴》叙述最详,增饰也较多,已近小说家言,此太史公及司马光皆以文学家之笔写历史所致也。

又按:缪文远《战国史系年辑证》曰:《史记·越王勾践世家》载越王无彊答齐使之语云,楚"商於、析、郦、宗胡之地,夏路以左,不足以备秦"。《楚世家》载楚人以弋说顷襄王云:"楚之故地,汉中、析郦可得而复有也。"或言"商於、析、郦",或言"汉中、析郦",自二处互文观之,可知商於所指主要即汉中之地。张仪说楚绝齐,事在楚怀王十六年(当周赧王二年)。次年,秦、楚有蓝田之战。《史记·秦本纪》谓蓝田战后,"(秦)又攻楚汉中,取地六百里,置汉中郡"。所谓张仪以商於之地六百里欺楚,当即由秦取楚汉中地六百里附会而来。在楚与齐绝及蓝田战役之前,商於之地六百里固本为楚国壤地也。又据《史记·六国年表》载"张仪为魏相",或张仪返楚后即至魏并为魏相。

孟子是年前后与齐国大夫陈贾谈论"周公何人也"问题。

按:前314年,齐伐燕并取之。由于齐之暴虐,招致燕人反抗。《孟子·公孙丑下》曰:"燕人畔。王曰:'吾甚惭于孟子。'陈贾曰:'王无患焉。王自以为与周公孰仁且智?'王曰:'恶!是何言也!'曰:'周公使管叔监殷,管叔以殷畔。知而使之,是不仁也。不知而使之,是不智也。仁、智,周公未之尽也,而况于王乎?贾请见而解之。'见孟子,问曰:'周公何人也?'曰:'古圣人也。'曰:'使管叔监殷,管叔以殷畔也,有诸?'曰:'然。'曰:'周公知其将畔而使之与?'曰:'周公,弟也;管叔,兄也。周公之过,不亦宜乎!且古之君子,过则改之;今之君子,过则顺之。古之君子,其过也如日月之食,民皆见之;及其更也,民皆仰之。今之君子,岂徒顺之?又从为之辞。'"因前312年诸侯救燕破齐,而孟子与齐臣陈贾此番谈话为未破齐时,《资治通鉴》记此事在前314年。但既然齐破燕在孟冬,起初燕人因不堪内乱而迎齐,后由于齐之残暴而招致燕人反抗。其事应在前314年底或前313年初。

屈原是年前后被谗见疏,由左徒降任三闾大夫之职。

按:屈原于前319年前后任楚怀王左徒,试图实行改革,随着措施的一步步实施,大大损害了旧贵族的利益。《新序·节士》曰:"秦欲吞灭诸侯,并兼天下。屈原为楚东使于齐,以结强党。秦国患之,使张仪之楚,货楚贵臣上官大夫、靳尚之属,上及令尹子兰、司马子椒,内赂夫人郑袖,共谮屈原,屈原遂放于外。"据此,屈原见疏被放似乎在张仪诈楚之后。也可知屈原主张"联齐抗秦"的外交政策,引起一些亲秦人物的不满也是他见疏的原因。同时,屈原的才能和耿介性格引起楚王宠臣上官大夫靳尚之流的嫉妒和不满也应是屈原被谗见疏的原因之一。《史记·屈原贾生列传》曰:"上官大夫与之同列,争宠而心害其能,怀王使屈原造为宪令,屈平属草稿未定,上官大夫见而欲夺之,屈平不与,因谗之曰:'王使屈平为令,众莫不知,每一令出,平伐其功,曰以为非我莫能为也。'王怒而疏屈平……屈平既绌,其后秦欲伐齐,齐与楚从亲,(秦)惠王患之,乃令张仪详(佯)去秦,厚币委质事楚。"据此,屈原被疏似乎在张仪诈楚之前。但两处叙述都与张仪诈楚一事有关,故可知屈原之见疏,其时当在张仪诈楚事件前后,即楚怀王十六年(前313)前后。赵逵夫也认为"屈原在楚怀王十六年被疏而去左徒之职",并且进一步认为,屈原被疏,离开朝廷后,降职为三闾大夫。《渔父》曰:"屈原既放,游于江潭,行吟泽畔,颜色憔悴,形容枯槁,渔父见而问之曰:'子非三闾大夫与?何故至于斯?'屈原曰:'举世皆浊我独清,众人皆醉我独醒,是以见放。'"(参见赵逵夫《屈原与他的时代》)又据王逸《离骚经章句》序曰:"屈原与楚同姓,仕于怀王,为三闾大夫。三闾之职,掌王族三姓,曰昭、屈、景。"此次屈原被疏并未出朝廷,而是任教育贵族子弟的三闾大夫。

春申君黄歇生,卒年不详。

按:《史记·春申君列传》曰:"春申君者,楚人也,名歇,姓黄氏。游学博闻,事楚顷襄王。顷襄王以歇为辩,使于秦。秦昭王使白起攻韩、魏,败之于华阳,禽魏将芒卯,韩、魏服而事秦……当是之时,秦已前使白起攻楚,取巫、黔中之郡,拔鄢郢,东至竟陵,楚顷襄王东徙治于陈县。"另据《秦本纪》、《楚世家》,白起攻楚,取鄢、邓、西陵;次年又取楚都鄢郢,焚烧夷陵,至竟陵、安陆,设南郡,向南又攻取洞庭五渚、江南。楚迁都之陈。又次年(前277年),取巫、黔中。在此形势下,《战国策·秦策四》曰:"楚人有黄歇者,游学博闻,襄王以为辩,故使于秦,说昭王曰……"《资治通鉴》记此事在前273年。《史记·春申君列传》载"秦留之数年"。由秦返楚后,在楚考烈王元年(前262)为楚相,凡二十五年。后为李园所杀。由此可知,前273年黄歇使秦时年岁当在40岁左右。上推其生年应在前313年。钱穆《先秦诸子系年·春申君封荀卿为兰陵令辨》曰:"荀卿适楚在湣王末年,当顷襄王之十五年。是年取齐淮北,兰陵或以其时归楚,而荀卿为之令……史自误为春申君为相之后也。"若黄歇生于前310年前后,顷襄王十五年(前284)时已30岁上下,完全可用事于顷襄王。又钱穆《先秦诸子系年·春申君乃顷襄王弟不以游士致显辨》以为楚顷襄王又称庄王,其曰:"韩非书以春申为楚庄王弟,与史记绝不同,韩非亲与春申同时,其言当可信。如屈原以楚宗姓,为怀王左徒之例,春申以游学博闻事顷襄王,为左徒,盖不以游士跻要职。且七国自秦外多用宗戚主政。四君并称,如信陵平原孟尝皆贵戚,知春申正亦以王弟当朝。"钱说为是。若黄歇非宗室,后人以黄歇为广招门客之"战国四公子"之一,便觉无据。

周赧王三年　己酉　前312年

公元前312年,罗马监察官克劳狄将无地的释放奴隶分至各部落。

燕昭王求贤,尊事郭隗。其后,士争趋燕,苏秦、邹衍、乐毅、屈景、剧辛等至,燕都一时成为当时的学术中心。此后,燕国渐富强。

按:《战国策·燕策一》、《史记·燕召公世家》、《乐毅传》、《说苑·君道》、《新序·杂事三》皆谓燕昭王即位后,吊死问孤,与百姓同甘苦,卑身厚币以招贤者。《资治通鉴》卷三曰:"燕人共立太子平,是为昭王。昭王于破燕之后即位,吊死问孤,与百姓同甘苦,卑身厚币以招贤者。谓郭隗曰:'齐因孤之国乱而袭破燕,孤极知燕小力少,不足以报。然诚得贤士与共国,以雪先王之耻,孤之愿也。先生视可者,得身事之!'郭隗曰:'古之人君有以千金使涓人求千里马者,马已死,买其首五百金而返。君大怒,涓人曰:"死马且买之,况生者乎?马今至矣。"不期年,千里之马至者三。今王必欲致士,先从隗始。况贤于隗者,岂远千里哉?'于是昭王为隗改筑宫而师事之。于是士争趣燕。乐毅自魏往,剧辛自赵往。昭王以乐毅为亚卿,任以国政。"

又按:《史记·孟子荀卿列传》曰:"邹子(衍)重于齐,适梁,惠王郊迎,执宾主之礼。适赵,平原君侧行撇席。如燕,昭王拥彗先驱,请列弟子之座而受业,筑碣石宫,身亲往师之……"《说苑·君道》曰:"居三年,苏子(按苏秦)闻之,从周归燕;邹衍闻之,从齐归燕;乐毅闻之,从赵归燕;屈景闻之,从楚归燕。四子毕至,果以弱燕并强齐。"《说苑·尊贤》曰:"燕昭王得郭隗,而邹衍、乐毅以齐、赵至;苏子、屈景以周、楚至。"遂使燕都一时成为当时的学术中心。但其规模和影响当不如战国三大学术中心"西河学术中心"、"稷下学术中心"、"咸阳学术中心"。此后燕国渐富强。或谓《战国策》及《史记·燕召公世家》言燕昭王求士多夸饰之语,乐毅自魏往,剧辛自赵往,苏秦自周往。邹衍至燕,昭王拥彗前驱云云,乃后世策士臆造之辞而为游说之士张本者。(参阅钱穆《先秦诸子系年·邹衍考》、杨宽《战国史料编年辑证》551页)今存之备考。

秦使魏章、樗里疾、甘茂攻楚,韩助秦,大败楚师于丹阳,楚割两城与秦讲和。秦惠王作《诅楚文》。

按:怀王在得知张仪诈楚后,便大举攻秦,以图复仇,秦兵迎击楚军。韩、魏、齐助秦,大破楚师于丹阳,楚割两城与秦讲和。《史记·楚世家》曰:"(楚怀王)十七年春,与秦战丹阳,秦大败我军,斩甲士八万,虏我大将军屈匄、裨将军逢侯丑等七十余人,遂取汉中之郡。楚怀王大怒,乃悉国兵复袭秦,战于蓝田。大败楚军。韩、魏闻楚之困,乃南袭楚,至于邓。楚闻,乃引兵归。"《史记·张仪列传》曰:"楚王不听,卒发兵而使将军屈匄击秦,秦、齐共攻楚,斩首八万,杀屈匄,遂取丹阳、汉中之地。楚又益发兵而袭秦,至蓝田,大战,楚大败,于是楚割两城以与秦平。"《屈原贾生列传》曰:"怀王怒,大兴师伐秦。秦发兵击之,大破楚师于丹、浙,斩首八万,虏楚将屈匄,遂取楚之汉中地。怀王乃悉发国中兵以深入击秦,战于蓝田。魏闻之,袭楚至邓。楚兵惧,自秦归。而齐竟怒不救楚,楚大困。"《战国策·秦策二·齐助楚攻秦章》曰:"秦与齐合,韩氏从之,楚兵大败于杜陵。"杜陵,又作杜阳,黄式三《周季编略》以为即是丹阳。《秦策四》曰:"秦取楚汉中,再战于蓝田,大败楚军。韩、魏闻楚之困,乃南袭至邓,楚王引归。"

又按:《史记·秦本纪》曰:"(秦惠文王)后元十三年,庶长章(名魏章)击楚于丹阳,虏其将屈匄,斩首八万,又攻楚汉中,取地六百里,置汉中郡。"《史记·六国年表》曰:"庶长章击楚,斩首八万。"《史记·甘茂列传》曰:"甘茂者,下蔡人也。事下蔡史举先生,学百家之术。因张仪、樗里子而求见秦惠王,王见而说之,使将,而佐魏章略定汉中地。"《史记·樗里子列传》曰:"(樗里子)助魏章攻取楚,败魏将屈匄,取汉中地。秦封樗里子,号为严君。"据此可知,秦攻楚主将为魏章、樗里疾、甘茂等。

诸侯联合伐齐救燕。

按:《史记·魏世家》曰:"(哀王)七年(当为襄王,前312年),攻齐。与秦伐燕。"《史记·秦本纪》曰:"(秦惠文王后元十三年)楚围雍氏,秦使庶长疾助韩而东攻齐到濮(濮原作满,据《齐策六》改),助魏攻燕。"《史记·六国年表》魏哀王七年(当为襄王七年)曰:"击齐,虏声子于濮。与秦击燕。"《战国策·赵策三》曰:"齐破燕,赵欲存之。乐毅谓赵王曰:'今无约而攻齐,齐必仇赵,不如请以河东易燕地于齐。赵有河北,齐有河东,燕、赵必不争矣,是二国亲也。以河东之地强齐,以燕以赵辅之,天下憎之,必皆事王以伐齐,是因天下以破齐也。'王曰:'善。'乃以河东易齐,楚、魏憎之,令淖滑、惠施之赵,请伐齐而存燕。"《战国策·魏策一》曰:"楚许魏六城,与之伐齐而存燕。"此为诸侯谋伐齐救燕时,濮上破齐之役。《战国策·齐策六》又曰:"濮上之事,赘子(或即'声子')死,章子走。盼子谓齐王曰:'不如易余粮于宋,宋王必说,梁氏不敢过宋伐齐。齐固弱,是以余粮收宋也。齐国复强,虽复责之宋,可。不偿,因以为辞而攻之,亦可。'"此为齐人自谋对付诸侯之策。

孟子在齐为客卿,因诸侯救燕,齐宣王问曰:"诸侯多谋伐寡人者,何以待之?"孟子遂以"仁政"之理答齐宣王问。强调若是仁义之师,则"民以为将拯己于水火之中也,箪食壶浆,以迎王师"。若虐其民,"杀其父兄,系累其子弟,毁其宗庙,迁其重器",则非但燕人将叛,天下之兵皆谋伐齐。最后,孟子建议宣王"谋于燕众,置君而后去之"。宣王未听。

按:诸侯救燕,时孟子在齐为客卿,宣王有问,孟子遂以"仁政"之理答齐宣王问。《孟子·梁惠王下》曰:"齐人伐燕,取之。诸侯将谋救燕。宣王曰:'诸侯多谋伐寡人者,何以待之?'孟子对曰:'臣闻七十里为政于天下者,汤是也。未闻以千里畏人者也。《书》曰:"汤一征,自葛始。"天下信之。东面而征,西夷怨。南面而征,北狄怨。曰:"奚为后我?"民望之,若大旱之望云霓也。归市者不止,耕者不变。诛其君而吊其民,若时雨降,民大悦。《书》曰:"徯我后,后来其苏!"今燕虐其民,王往而征之,民以为将拯己于水火之中也,箪食壶浆,以迎王师。若杀其父兄,系累其子弟,毁其宗庙,迁其重器,如之何其可也?天下固畏齐之强也,今又倍地而不行仁政,是动天下之兵也。王速出令,反其旄倪,止其重器,谋于燕众,置君而后去之,则犹可及止也。'"估计宣王并未听孟子之言,因而孟子感到宣王与己异志,因叹:"久于齐,非我志也。"(《公孙丑下》)不久即离齐。

孟子是年前后离齐前不久,与淳于髡有"名"、"实"之辩。

按:据《孟子·公孙丑下》载,"孟子为卿于齐,出吊于滕","孟子致为臣而归"。孟子此次游齐,颇受齐宣王礼遇,被封为"客卿"。但终因宣王欲"莅中国"、"霸天下"、"臣诸侯"的志向与孟子的"仁政"理想不符,致孟子无法推行自己的主张。齐伐燕及诸侯联合伐齐救燕事件后，孟子欲离齐他往，淳于髡对孟子此举不理解，故孟子、淳于髡有"名实"之辩。《孟子·告子下》曰："淳于髡曰：'先名实者，为人也。后名实者，自为也。夫子在三卿之中，名实未加于上下而去之，仁者固如此乎？'孟子曰：'居下位，不以贤事不肖者，伯夷也。五就汤，五就桀者，伊尹也。不恶汙君，不辞小官者，柳下惠也。三子者不同道，其趋一也。一者何也？曰：仁也。君子亦仁而已矣，何必同？'曰：'鲁缪公之时，公仪子为政，子柳、子思为臣，鲁之削也滋甚。若是乎，贤者之无益于国也！'曰：'虞不用百里奚而亡，秦穆公用之而霸。不用贤则亡，削何可得与？'曰：'昔者王豹处于淇，而河西善讴。绵驹处于高唐，而齐右善歌。华周杞梁之妻善哭其夫，而变国俗。有诸内，必形诸外。为其事而无其功者，髡未尝睹之也。是故无贤者也，有则髡必识之。'曰：'孔子为鲁司寇，不用；从而祭，燔肉不至。不税冕而行。不知者以为为肉也，其知者以为为无礼也。乃孔子则欲以微罪行，不欲为苟去。君子之所为，众人固不识也。'""鲁缪公之时"后一段文字，表面看不出与淳于髡对话者为谁。但淳于髡称"夫子在三卿之中"，从语气、措辞都可看出淳于髡是在跟一个尊长对话。而所答之言讲"仁义"，赞孔子，极似孟子语。又全祖望《经史答问》曰："孟子之世，七国官制尤草草。大抵三卿者，指上卿、亚卿、下卿而言。"《战国策·楚策四》曰："孙子去之赵，赵以为上卿。"《韩诗外传》亦曰："孙子去而之赵，赵以为上卿。"春秋战国时有些国家的"卿"（如卫、齐）只食禄，非官职。如《墨子·小取》："子墨子使管黔敖游高石子于卫，卫君致禄甚厚，设之于卿。"《史记·田敬仲完世家》曰："赐列第，为上大夫，不治而议论。"《汉书》中有对"卿"的解释。如《汉书·陈平传》曰："项羽略地至河上，平往归之，从入破秦，赐爵卿。"注引"张晏：'礼秩如卿，不治事。'"孟子此次游齐，时间较长。曾被封为"客卿"。故淳于髡称"夫子在三卿之中"之"夫子"极有可能是孟子，此段文字可视为离齐前不久，孟子与淳于髡之"名"、"实"之辩。

屈原是年前后首次为楚使齐，执行其连齐抗秦策略。

按：《史记·屈原贾生列传》曰："屈平既绌，其后秦欲伐齐，齐与楚从亲，惠王患之，乃令张仪详去秦，厚币委质事楚，曰：'秦甚憎齐，齐与楚从亲，楚诚能绝齐，秦欲献商、於之地六百里。'楚怀王贪而信张仪，遂绝齐，使使如秦受地。"怀王在受骗后起兵攻秦，为秦大败于丹阳、蓝田。为缓和楚与齐之矛盾，便又任用屈原使秦，以图重建齐、楚联盟以拒强秦。

庄子是年前后与惠施辩人有无情问题。

按：《庄子·至乐》曰："庄子妻死，惠子吊之，庄子则方箕踞鼓盆而歌。惠子曰：'与人居，长子、老、身死，不哭亦足矣，又鼓盆而歌，不亦甚乎！'庄子曰：'不然，是其始死也，我独何能无慨，然察其始而本无生，非徒无生也，而本无形，非徒无形也，而本无气。杂乎芒芴之间，变而有气，气变而有形，形变而有生。今又变而之死，是相与为春秋冬夏四时行也。人且偃然寝于巨室，而我噭噭然随而哭之，自以为不通乎命，故止也。'"曹础基《庄子年表》曰："惠施之死在前310年稍前，而谓庄子'与人居，长子、老、身死'，即庄子起码将近六十岁，故其妻死不会在前，又不可能在惠施后。"又《德充符》："惠子谓庄子曰：'人故无情乎？'庄子曰：'然……。'"曹础基曰："这次辩论似与庄子妻死箕踞鼓盆而歌有关。"

苏代是年前后说韩相公仲（即韩朋）不向周征甲与粟。

按：《战国策·西周策》曰："雍氏之役，韩征甲与粟于周，周君患之，告苏代。苏代曰：'何患焉？代能为君令韩不征甲与粟于周，又能为君得高都。'周君大悦曰：'子苟能，寡人请以国听。'苏代遂往见韩相国公仲曰……公仲曰：'善。'不征甲与粟于周……"文中所说"雍氏之役",在历史上说法有分歧(梁玉绳《史记志疑》、徐文靖《纪年统笺》、陈逢衡《纪年集证》、马骕《绎史》、杨宽《战国史》有载,可参阅)。据《史记·秦本纪》曰:"(秦惠文王更元)十三年,庶长章击楚于丹阳,虏其将屈匄,斩首八万;又攻楚汉中,取地六百里,置汉中郡。楚围雍氏,秦使庶长疾助韩而东攻齐,到满(应为濮),助魏攻燕。"《史记集解·韩世家》曰:"徐广曰:'《秦本纪》惠王后元十三年,周赧王三年,楚怀王十七年,齐湣王十二年,皆云'楚围雍氏'。《纪年》于此亦说"楚景翠围雍氏。韩宣王卒,秦助韩共败楚屈匄"。'"列"雍氏之役"与"秦败屈匄"同时。则其时应为前312年。苏代说公仲亦应在此时。

苏秦是年前后说西周为东周放水。此苏秦活动之始。后之楚。

按:《战国策·东周策》曰:"东周欲为稻,西周不下水,东周患之。苏子谓东周君曰:'臣请使西周下水,可乎?'乃往见西周之君曰:'君之谋过矣!今不下水,所以富东周也。今其民皆种麦,无他种矣。君若欲害之,不若一为下水,以病其所种。下水,东周必复种稻;种稻而复夺之,若是,则东周之民可令一仰西周,而受命于君矣。'西周君曰:'善。'遂下水。苏子亦得两国之金也。"吕祖谦《大事记》系此章于周赧王十五年,即前300年;林春溥《战国纪年》系于周慎靓王六年,即前315年;顾观光《国策编年》、于鬯《战国策年表》均系于周赧王八年,即前307年。缪文远《战国策考辨》曰:"田艺衡《留青日札》曰:'大河之水自下,人力岂能久遏,皆寓言也。'案:诸家之系年均无确据,实则此章可系于二周亡前之任何一年。若此之类,并疑出自依托。田氏以此章为寓言,盖是。"缪文远《战国策新校注》又进一步证之曰:"此章为依托之辞。东、西二周壤地相接,所种必同,安能见欺?且稻、麦之种不同时,下水与否,不能兼害于稻麦,苏子又何能兼得二国之金?"郑杰文《战国策文新论》对田艺衡以"大河之水"为"河水",判定此章为"寓言"之说提出疑问;对鲍注"西周居河之上流"之说,引吴师道《战国策校注》"未知专指河否"疑问,征引《水经注·洛水》,考证出东、西周间除黄河外,尚有洛水、伊水等支流。水流量不大,或可"人力过之","由此可见,田氏言是章西周不下水之水为'河水',失之武断;缪氏据之目此章为'依托',亦系不察。西周遏水以制东周,当为可能。此章非寓言,亦非依托之文"。郑杰文又据《史记·秦本纪》、《楚世家》、《张仪列传》,考证出说西周下水者与《西周策》"楚请道于二周之间"章说周君者皆为苏秦。郑说从地理、史实两方面的论证在理。苏秦为东周洛阳人,其游说活动自周始,也在情理之中。其在二周间活动后,便离周之楚,又之燕。详下。

苏秦是年前后自周之楚,说陈轸。

按:《战国纵横家书》二二章曰:"齐宋攻魏,楚回(围)翁(雍)氏,秦败屈匄。胃(谓)陈轸曰:'愿有谒于公,其为事甚完,便楚,利公。成则为福,不成则为福。'今者秦立于门。客有(又)言曰:'魏王胃(谓)韩佣、张义(仪)……此公事成也。'"《史记·田敬仲完世家》有类似记载,只不过作"苏代谓田轸",因文中有"今者秦立于门"句,学界一般以为是苏秦自称,故谓陈轸(即田轸)者应为苏秦而非苏代。据《史记·楚世家》、《六国年表》、《资治通鉴·周纪三》,周赧王三年(前312)春,秦大败楚于丹阳,斩甲士八万,虏屈匄及列侯,执七十余人,遂取汉中郡。楚王尽发国内兵以攻秦,楚师大败于蓝田。韩、魏闻楚之困,南袭楚至邓。楚乃引兵归,割两城与秦和。苏秦便是在丹阳之战后的背景下,权衡形势,自周至楚,向当时为楚谋士的陈轸陈辞的。是年前后,苏秦始将"连横"说秦惠王,秦惠王不能用。苏秦归家时遭父母妻嫂冷遇,乃发奋读书,"悬梁刺股"一年后,以"合纵"游说赵王成功。(《战国策·秦策一》、《史记·苏秦列传》)《战国策·秦策一》曰:"苏秦始将连横说秦惠王曰:'大王之国,西有巴、蜀、汉中之利,北有胡貉、代马之用,南有巫山、黔中之限,东有肴、函之固。田肥美,民殷富,战车万乘,奋击百万,沃野千里,蓄积饶多,地势形便,此所谓天府,天下之雄国也。以大王之贤,士民之众,车骑之用,兵法之教,可以并诸侯,吞天下,称帝而治。愿大王少留意,臣请奏其效。'秦王曰:'寡人闻之,毛羽不丰满者,不可以高飞;文章不成者,不可以诛罚;道德不厚者,不可以使民;政教不顺者,不可以烦大臣。今先生俨然不远千里而庭教之,愿以异日。'苏秦曰:'臣固疑大王之不能用也。昔者,神农伐补遂……'说秦王书十上而说不行。……去秦而归……归至家,妻不下纴,嫂不为炊,父母不与言……乃夜发书,陈箧数十,得《太公阴符》之谋,伏而诵之,简练以为揣摩。读书欲睡,引锥自刺其股,血流至足……期年,揣摩成,曰:'此真可以说当世之君矣。'于是乃摩燕乌集阙,见说赵王于华屋之下……约从散横以抑强秦……"此段文字明言苏秦说秦惠王,则至迟应在本年前后。有学者因司马迁《史记·苏秦列传》记苏秦事迹有失误而对此段文字的真实性有怀疑。杨宽则认为"《史》、《策》称苏秦先游说秦王未见用,当是事实",但又断《战国策·秦策一·苏秦始将连横说秦惠王》一章为苏秦说秦昭王辞,认为"秦昭王元年甘茂由秦亡之齐,出关遇苏秦,秦为之西说秦王,可知秦之游说秦王当在此时。所说者为秦昭王,《史》、《策》误作惠王"(详杨著《战国史料编年辑证》第620页)。愚以为杨说不妥。"秦昭王元年甘茂由秦亡之齐,出关"所遇是苏秦还是苏代,本未有十分的把握(参前306年记事"甘茂亡秦"条),即便是苏秦,若将两事合在同时,则两次所说内容完全不符(一以连横之策说秦,一为颂甘茂之说辞),且苏秦既说秦王未见用,又何来"秦王曰'善。'与之(指甘茂)上卿,以相印迎之齐"?一个秦王对苏秦是拒人于千里之外,一个秦王对苏秦是从善如流。很难想象是同一个秦王。前316年,司马错平巴、蜀,本年秦已有巴、蜀,时秦惠王宠用张仪,而苏秦初出道,尚未出名,所说未见用,本在情理之中。《战国策·秦策一》、《苏秦列传》载苏秦事是有夸饰内容,如言"苏秦相于赵而关不通","天下之大……皆欲决苏秦之策",苏秦将说楚过洛阳,父母张乐设饮,郊迎三十里,嫂蛇行匍匐,自跪而谢等,但断苏秦以连横游说秦王未见用在秦惠王时似更合理。

乐毅是年前后为赵王献易地之计,孤立齐国以救燕。

按:《战国策·赵策三》曰:"齐破燕,赵欲存之。乐毅谓赵王曰:'今无约而攻齐,齐必仇赵,不如请以河东易燕地于齐。赵有河北,齐有河东,燕、赵必不争矣,是二国亲也。以河东之地强齐,以燕以赵辅之,天下憎之,必皆事王以伐齐,是因天下以破齐也。'王曰:'善。'乃以河东易齐。"齐伐燕在前312年。乐毅为赵王献易地之计,当在此时。据此可知,乐毅为燕昭王破齐之前,曾事赵王,只是尚未扬名。

周赧王四年　庚戌　前311年

秦惠王卒,子荡立,是为武王。武王不信用张仪。诸侯闻张仪与武王有隙,皆叛连横,复合纵。

按:张仪自楚出并游说韩、赵、魏、齐、燕五国事秦成功后回秦国,未至咸阳,而秦惠王卒，武王立。《史记·张仪列传》曰："仪归报，未至咸阳，而秦惠王卒，武王立。武王自为太子时不说张仪，及即位，群臣多谗张仪曰：'无信，左右卖国以取容，秦必复用之，恐为天下笑。'诸侯闻张仪有隙武王，皆畔衡，复合从。"《史记·秦本纪》曰："（秦惠文王后元）十四年（前311）惠王卒，子武王（《史记索隐》："名荡"）立。韩、魏、齐、楚、越（《史记集解》引徐广曰"一作赵"）皆宾从。"

张仪复使楚，楚王囚，将杀之。靳尚为仪说楚王，并激楚王宠姬郑袖泣求楚王，楚王乃赦张仪而厚礼之，答应叛纵约而与秦合亲。

按：《史记·楚世家》曰："（楚怀王）十八年，秦使使约复与楚亲，分汉中之半以和楚。楚王曰：'愿得张仪，不愿得地。'张仪闻之，请之楚。秦王曰：'楚且甘心于子，奈何？'张仪曰：'臣善其左右靳尚，靳尚又能得事于楚王幸姬郑袖，袖所言无不从者。且仪以前使负楚以商於之约，今秦楚大战，有恶，臣非面自谢楚不解。且大王在，楚不宜敢取仪，诚杀仪以便国，仪之愿也。'仪遂使楚。至，怀王不见。因而囚张仪，欲杀之。仪私于靳尚，靳尚为请怀王曰：'拘张仪，秦王必怒。天下见楚无秦，必轻王矣。'又谓夫人郑袖曰：'秦王甚爱张仪，而王欲杀之，今将以上庸之地六县赂楚，以美人聘楚王，以宫中善歌者为之媵。楚王重地，秦女必贵，而夫人必斥矣。夫人不若言而出之。'郑袖卒言张仪于王而出之。（《张仪列传》也载"于是郑袖日夜言怀王曰：'人臣各为其主用。今地未入秦，秦使张仪来，至重王。王未有礼，而杀张仪，秦必大怒攻楚。妾请子母俱迁江南，毋为秦所鱼肉也！'"等语）仪出，怀王因善遇仪。仪因说楚王叛从约而与秦合亲，约婚姻。"其事《战国策·楚策二》、《史记·张仪列传》、《屈原列传》、《资治通鉴》所记与此略同。《战国策·秦策一》、《楚策三》也有相关记载可参。《史记·张仪列传》又载仪离楚后，又游说五国连横以事秦。《资治通鉴》亦采之。详下。是年，张仪游说五国连横以事秦。（《史记·张仪列传》）据《史记·张仪列传》、《资治通鉴》载，张仪说楚王曰："秦地半天下，兵敌四国，被险带河，四塞以为固。虎贲之士百余万，车千乘，骑万匹，积粟如丘山……且夫为从（纵）者，无以异于驱群羊而攻猛虎，虎之与羊不格明矣。"并威胁楚王："今王不事秦，秦劫韩驱魏而攻楚，则楚危矣。大王能诚听臣，请令秦楚长为兄弟之国，无相攻伐。"楚王许之。仪又至韩，说韩王曰："韩地险恶山居，五谷所生，非菽而麦，国无二岁之食；见卒不过二十万。秦被甲百余万，以韩抵秦此无异垂千钧之重于鸟卵之上，必无幸矣……为大王计，莫始事秦以攻楚，以转祸而悦秦。"韩王许之。仪复使齐，说齐王曰："从（纵）人说大王者，必曰：'齐蔽于三晋，地广民众，兵强士勇，虽有百秦，将无奈齐何'。今秦、楚嫁女娶妇，为昆弟之国；韩献宜阳；虽欲事秦，不可得也。"齐王许之。仪又西说赵王曰："大王收率天下以摈秦，秦兵不敢出函谷关十五年。楚与秦为昆弟之国，韩、梁称藩臣，齐献鱼盐之地，此断赵之右肩也。夫断右肩而与人斗，失其党而孤居，欲求无危得乎！为大王计，莫若与秦约为兄弟之国。"赵王许之。仪再北说燕王曰："今赵已事秦，大王不事秦，秦下甲云中、九原，驱赵攻燕，则易水、长城非王之有矣。"燕王请献常山之尾五城以和。此即张仪游说五国连横事，《战国策》之《楚策一》、《齐策一》、《赵策一》、《韩策一》、《燕策一》皆有记载。梁玉绳《史记志疑》、钱穆《先秦诸子系年·张仪卒乃魏哀王九年非十年辨》、唐兰《苏秦考》（载1941年《文史杂志》1卷12期）及《司马迁所没有见过的珍贵史料》（收入文物出版社1976年12月版《马王堆汉墓帛书——战国纵横家书》）、杨宽《战国史》及《马王堆帛书〈战国纵横家书〉的史料价值》（收入文物出版社1976年12月版《马王堆汉墓帛书——战国纵横家书》）、徐中舒《论〈战国策〉的编写及有关苏秦诸问题》皆认为《战国策》所记张仪说五国连横事秦乃后世策士伪托，多不可信，然太史公撰《史记》去古未远，多存史迹。刘向编《战国策》，文字虽有夸饰，然多有秦汉间传本为据，故今本《战国策》至迟也是秦汉间文字，其所述内容未可贸然推翻。故两存之。

张仪受秦惠王封五邑，号武信君。

按：《史记·张仪列传》载张仪说五国连横事秦，说服韩王后"张仪归报，秦惠王封仪五邑，号曰武信君。使张仪东说齐湣王……。"参上条。

屈原是年前后使齐，返楚后谏释张仪。怀王悔释张仪，使人追仪，弗及。

按：《新序·节士》曰："怀王大怒，举兵伐秦，大战者数。秦兵大败楚师……是时怀王悔不用屈原之策，以至于此。于是复用屈原。屈原使齐还。"文中"大战者数"主要指丹阳、蓝田两大战役。《史记·屈原贾生列传》在叙述了怀王十七年的丹阳、蓝田之战后说："明年，秦割汉中地与楚以和。楚王曰：'不愿得地，愿得张仪而甘心焉。'"张仪至楚后，"而设诡辩于怀王之宠姬郑袖。怀王竟听郑袖，复释去张仪。是时屈平既疏，不复在位，使齐。顾反，谏怀王曰：'何不杀张仪？'怀王悔，追张仪，不及"。《史记·楚世家》也曰："（怀王）十八年（前311）……张仪已去，屈原使从齐来，谏王曰：'何不诛张仪？'怀王悔，使人追仪，弗及。"

屈原是年前后使齐返楚后作祭歌《国殇》。

按：《史记·楚世家》曰："（怀王）十七年春，与秦战丹阳，秦大败我军，斩甲士八万，虏我大将军屈匄、裨将军逢侯丑等七十余人，遂取汉中之郡。楚怀王大怒，乃悉国兵复袭秦，战于蓝田，大败楚军。"楚怀王十七年即前312年。《史记·田敬仲完世家》亦载"（齐湣王）十二年，攻魏，楚围雍氏，秦败屈匄"。《史记》记田世系有误。湣王十二年实为宣王八年（前312）。《战国纵横家书》二二"苏秦谓陈轸"章载此事曰："齐宋攻魏，楚围雍氏，秦败屈匄。"裴登峰《战国七十年文学编年》认为：以这样的事件为前提，《国殇》应作于前311年。理由是：其一，前312年的事件为屈原创作《国殇》的背景。其二，从创作动机来讲，作为有强烈爱国主义思想的屈原，要哀悼、歌颂为国捐躯的将士，激励生者，必然要写如此的祭歌。其三，从丹阳、蓝田之战同《国殇》所写内容看，丹阳在丹水、浙水流域，属秦、楚交界之地，距郢地颇远。此次为楚击秦，全军覆没，丧失了大片土地，符合"出不入兮往不反，平原忽兮路超远"之说。当楚出兵攻秦时，"秦亦发兵击之"。"旌蔽日兮敌若云"即写秦兵之众与来势之凶猛。楚军不敌，故"凌余阵兮躐余行"，在激烈的战斗后，楚军全军覆没，所以说"严杀尽兮弃原壄（野）"。

庄周是年前后论儒、墨、杨、秉、惠施五家之是非。

按：《庄子·徐无鬼》曰："庄子曰：'射者非前期而中，谓之善射，天下皆羿也，可乎？'惠子曰：'可。'庄子曰：'天下非有公是也，而各是其所是，天下皆尧也，可乎？'惠子曰：'可。'庄子曰：'然则儒、墨、杨、秉四，与夫子为五，果孰是邪？'"或以为"秉"为公孙龙字。钱穆《先秦诸子系年》一四一曰："龙之说燕昭在二十八年后，是为龙事迹最先可考之年，又下至平原君卒，凡三十三年。此下无公孙龙事。龙卒盖亦在是时。"曹础基《庄子活动年表》曰："《史记·平原君列传》：'邯郸之围，虞卿为平原君请封。公孙龙闻之，夜驾见平原君。'事在前257年。龙客于平原君家，见平原君时尚需乘驾而往，其年老不便可知。故梁启超曰：'假令龙其年八十岁，则当梁惠王死时，龙年已三十。况施之死在惠王后，而庄周之死又在施之后耶？然则庄周上与惠施为友，而下及见公孙龙之辩更何足怪！'（《庄子天下篇要义》）梁氏所云，年数稍差，但所言之理可取。惠施死前龙若二十多岁而名噪论坛也不是没有可能的。"

田鸠是年前后在楚,并为楚王使秦。

按:《韩非子·外储说左上》曰:"楚王谓田鸠曰:'墨子者,显学也,其身体则可,其言多不辩,何也?'曰:'昔秦伯嫁其女于晋公子,令晋为之饰妆,从文衣之媵七十人。至晋,晋人爱其妾而贱公女,此可谓善嫁妾,而未可谓善嫁女也。楚人有卖其珠于郑者,为木兰之柜,熏以桂椒,缀以珠玉,饰以玫瑰,辑以羽翠,郑人买其椟而还其珠,此可谓善卖椟矣,未可谓善鬻珠也。今世之谈也,皆道辩说文辞之言,人主览其文而忘有用。墨子之说,传先王之道,论圣人之言,以宣告人,若辩其辞,则恐人怀其文忘其直,以文害用也。此与楚人鬻珠、秦伯嫁女同类,故其言多不辩。"据《吕氏春秋·首时》曰:"墨者有田鸠,欲见秦惠王,留秦三年而弗得见。客有言之于楚王者,往见楚王,楚王说(悦)之,与将军之节以如秦。至,因见秦惠王。告人曰:'之秦之道,乃之楚乎?'"秦惠王本年卒,既云"墨者有田鸠,欲见秦惠王,留秦三年而不得见",则其初至秦必在惠王卒前三年,而其见用于楚并为楚王使秦事则至迟在本年。

腹䵍是年前后居秦,其独子杀人,秦惠王欲释之,腹䵍为行墨者之法不赦其子。

按:《吕氏春秋·去私》曰:"墨者有钜子腹䵍,居秦,其子杀人。秦惠王曰:'先生之年长矣,非有他子也,寡人已令吏弗诛矣。先生之以此听寡人也。'腹䵍对曰:'墨者之法曰:杀人者死,伤人者刑。此所以禁杀伤人也。夫禁杀伤人者,天下之大义也。王虽为之赐,而令吏弗诛,腹䵍不可不行墨者之法。'不许惠王,而遂杀之。"腹䵍事迹他处无载,其居秦既在秦惠王时,秦惠王本年卒,则其事至迟在本年。是年前后,墨者唐姑梁在秦,事秦惠王。东方墨者谢子将西见秦惠王,唐姑梁恐王之亲谢子贤于己也,谗谢子,惠王因藏怒以待谢子,谢子不悦,遂辞西行(《吕氏春秋·去宥》)。《吕氏春秋·去宥》曰:"东方之墨者谢子将西见秦惠王,惠王问秦之墨者唐姑梁,唐姑梁恐王之亲谢子贤于己也,对曰:'谢子,东方之辩士也,其为人甚险,将奋于说以取少主也。'王因藏怒以待之,谢子至,说王,王弗听。谢子不说,遂辞而行。"墨者以义闻天下,唐姑梁之行与墨者不合,盖非纯正之墨者。《吕氏春秋》多处载墨者行踪,上述三事都与秦惠王有关,则可证秦惠王时墨学之盛,而惠王又好墨学者也。然则墨学何以在秦兴盛?李学勤《古文献论丛》曰:"秦的称王在惠文王十三年(前325),次年为更元元年。秦国墨学的兴盛正是在惠文王的时期……据《去宥》原文,唐姑果(即唐姑梁)进谗时在惠文王末年。城守各篇(按:指《墨子》最后《备城门》以下二十篇,今本存十一篇,是专论守城技术的著作)或称'公'或称'王',很可能是惠文王及其以后秦国墨者的著作。篇中屡称禽滑釐,墨学这一派大约是禽子的徒裔。墨学何以在秦兴盛,与墨家擅长城防技术有关。秦在战国后期十分注意对北方少数民族的防御……《墨子》城守各篇,当即在此种需要下应运而生,其烽表守防等技术传于汉世,因而与西域汉简有许多相似之处。"

周赧王五年　辛亥　前310年

赵武灵王纳吴广之女孟姚,即后来用事之赵威后,史有盛名。

公元前310年,

卡桑德弑马其顿王亚历山大四世，马其顿王国阿吉德王朝终。

按：《史记·六国年表》赵武灵王十六年："吴广入女，生子何，立为惠王后。"人称惠文后，即后来用事之赵威后、赵太后，赵孝成王时摄政，史有盛名。《赵世家》曰："（武灵王）十六年，秦惠王卒。王游大陵。他日，王梦见处女鼓琴而歌，诗曰：'美人荧荧兮，颜若苕之荣。命乎命乎，曾无我嬴。'异日，王饮酒乐，数言所梦，想见其状。吴广闻之，因夫人而内（纳）其女娃嬴，孟姚也。"《赵世家》前文有载赵简子疾，昏迷二日半，醒而言己神游帝所，帝令其射熊罴，赐二笥，并言"今余思虞舜之勋，适余将以其胄女孟姚配而七世之孙"云云。考赵简子历襄子、桓子、献侯、烈侯、敬侯、成侯、肃侯至武灵王，凡八世，而非七世。盖简子之梦乃属于神话赵威后孟姚身世者所杜撰，本不足究，与后人以斩白蛇起家神话汉高祖事如出一辙。太史公撰《史记》好收奇闻异事，兼及坊巷之语，故采之以为真。《史记集解》因之以孟姚为虞舜之后，并云"舜后亦姓吴，非独太伯、虞仲之裔"。《列女传》卷七述孟姚微言而赵王乃废后与太子事也属好事者增饰，殊不可信。

张仪离秦至魏，或以为张仪至魏后为魏相，齐人闻而伐魏，张仪又设计使齐王撤兵。

按：前311年，秦惠王卒，秦武王即位。武王自为太子时即不喜张仪，即位后左右又多毁张仪者，张仪遂自请于武王，离秦至魏，齐人闻而伐魏，张仪又设计使齐王撤兵。《资治通鉴》曰："张仪说秦武王曰：'为王计者，东方有变，然后王可以多割得地也。臣闻齐王甚憎臣，臣之所在，齐必伐之。臣愿乞其不肖之身以之梁，齐必伐梁，齐、梁交兵而不能相去，王以其间伐韩，入三川，挟天子，案图籍，此王业也（胡注：张仪欲倾周而为秦，始终以此说为主）。王许之。齐王果伐梁，梁王恐。张仪曰：'王勿患也，请令齐罢兵。'乃使其舍人之楚，借使谓齐王曰：'甚矣，王之托仪于秦也！'齐王曰：'何故？'楚使者曰：'张仪之去秦也，固与秦王谋矣，欲齐、梁相攻而令秦取三川也。今王果伐梁，是王内罢国而外伐与国，而信仪于秦王也。'齐王乃解兵还。"其事《战国策·齐策二·张仪事秦惠王》、《史记·张仪列传》等文献皆有载。

魏相田需卒。楚昭鱼恐张仪、薛公、犀首之有一人相魏，苏代为昭鱼说魏王，魏太子相。

按：《战国策·魏策二》曰："田需死，昭鱼谓苏代曰：'田需死，吾恐张仪、薛公、犀首之有一人相魏者。'代曰：'然则相者以谁而君便之也？'昭鱼曰：'吾欲太子之自相也。'代曰：'请为君北见梁王，必相之矣。'"后苏代果为昭鱼北见梁襄王，并说服梁王以太子为相。《史记·魏世家》所记略同，系于魏哀王九年，实应为魏襄王九年事。

田文是年前后承其父田婴之地，封于薛，食万户。人称薛公，号孟尝君。门下食客数千人，鸡鸣狗盗之徒无不在焉；招致天下"任侠奸人"六万户居于薛，孟尝君舍业厚遇之，以故倾天下之士。

按：《史记·孟尝君列传》曰："孟尝君名文，姓田氏。文之父曰靖郭君田婴。田婴者，齐威王少子而齐宣王庶弟也。"田婴曾于齐宣王二年合孙膑、田忌大破魏兵于马陵，杀魏将庞涓，虏魏太子申。因奇功而得封于薛，号靖郭君。田婴有子四十余人，田文乃田婴贱妾之子。文生于五月五日，俗语谓："五月子者，长于户齐，将不利其父母。"险被弃之勿举，其母窃举生之，见罪于田婴。文长而见其父婴，以其智，善辩免于责。终因文富才多能，内有益于父婴，而外名声闻于诸侯。婴卒令文袭父爵，封于薛。孟尝君居薛，招致诸侯宾客及亡人有罪者，皆归之。孟尝君舍业厚遇之，以故倾天下之士。门下食客数千人，鸡鸣狗盗之徒无不在焉；招致天下"任侠奸人"六万户居于薛。人称善养士,皆曰"战国四公子",孟尝君居其首。《战国策·魏策二》曰:"田需死,昭鱼谓苏代曰:'田需死,吾恐张仪、薛公、犀首之有一人相魏者。'"杨宽《战国史料编年辑证》说:"田文于田需相魏前,尝一度相魏,而《魏策二》、《魏世家》称是年田需死时,楚昭鱼恐张仪、犀首、薛公有一人相魏。张仪、犀首前尝相魏,此云薛公必指田文,盖恐其有一人复相也。是则田文继田婴而封于薛,必在此年或稍前。"又说:"封君养士之风,盖开创于靖郭君田婴。据《吕氏春秋·知士》、《齐策一》,靖郭君尝善齐貌辨而舍之上舍,令长子御,朝暮进食,其后孟尝君养士,客有鱼客、车客之别,客舍有代舍、幸舍、传舍之分,皆承其父之遗风。观乎《吕氏春秋》等言靖郭君善齐貌辨而孟尝君谏,则靖郭君之养士,由来久矣。"

惠施卒(前370—)。有《惠子》一篇,早佚。惠施,宋人,其生平难确考,为战国中期名家学派的主要代表人物。著有《惠子》一篇,早佚。事迹散见于《庄子》、《韩非子》、《战国策》、《吕氏春秋》等。

按:据《战国策·赵策三》,前312年,惠施之赵,请伐齐而存燕。之后史料再无惠施事迹的记录。或于前312年后不久而卒。又《史记·魏世家》曰:"(魏哀王)九年(前310年),与秦王会临晋。张仪、魏章皆归于魏。魏相田需死,楚害张仪、犀首、薛公。楚相昭鱼谓苏代曰:'田需死,吾恐张仪、犀首、薛公有一人相魏者也。'"由此段对话可知,昭鱼在列举可任魏相的人中未提及惠施,而以其当时在魏的地位,任魏相人选中无他极为不正常。即使惠施此时不在魏,依其一生大部分时间仕魏经历,昭鱼也应提及,最大的可能性是此时惠施已死。另外,前310年后,现今所见史料中再也未载惠施活动情况。以惠施一生热衷功名的情况看,他是不甘寂寞的。因而惠施之卒盖在前310年前后。钱穆《先秦诸子系年·惠施卒年考》即据《史记·魏世家》而断惠施卒于前310年前后。《汉书·艺文志》著录《惠子》一篇,早佚。据《庄子》、《韩非子》、《吕氏春秋》、《战国策》、《说苑》等文献载:惠施读书五车,博学善辩,魏惠王时,曾任魏国宰相,后被张仪排挤离魏去楚,在楚时,曾与南方倚人黄缭辩论,名声很大。后又游宋,与庄子论学、交往颇多。旋复归魏。传说魏王曾欲传国惠施,惠施辞不受。《庄子·天下》曰:"惠施多方,其书五车。其道舛驳,其言也不中。历物之意曰:'至大无外,谓之大一;至小无内,谓之小一。无厚不可积也,其大千里。天与地卑,山与泽平。日,方中方睨,物,方生方死。大同而与小同异,此之谓小同异;万物毕同毕异,此之谓大同异。南方无穷而有穷。今日适越而昔来。连环可解也。我知天下之中央,燕之北,越之南是也。氾(泛)爱万物,天地一体也。'惠施以此为大观于天下,而晓辩者;天下之辩者相与乐之。"这就是被后人概括为"历物十事"、"合同异"的著名论点。有些学者因此称惠施为诡辩家。当代学者如侯外庐、冯友兰等将惠施与公孙龙同列为名家辩士。其实,惠施的理论如"马有卵"、"卵有毛"、"犬可以为羊"、"白狗黑"、"龟长于蛇"就在于将内涵分离,将外延扩大,有其一定的合理性,与古希腊著名智者普罗泰戈拉的理论有许多相似处。惠施的辩术则是在春秋邓析、战国初墨翟逻辑理论基础上的发展,对我国后世逻辑理论的发展有很大的启发意义。

鹖冠子是年前后生,卒年不详。

按:鹖冠子生年无考。钱穆《先秦诸子系年·鹖冠子辨》以《鹖冠子》为伪书,并否定鹖冠子其人的存在。《汉书·艺文志》著录《鹖冠子》一篇,在道家。班氏自注:"楚人,居深山,以鹖为冠。"《太平御览》卷五一〇引袁淑《真隐传》曰:"鹖冠子,或曰楚人,隐居幽山,衣弊履穿,以鹖为冠,莫测其名,因服成号,著书言道家事。马煖(应为庞煖)常师事之,煖后显于赵。鹖冠子惧其荐己也,乃与煖绝。"汉代以插有鹖尾之羽为武冠。曹植《鹖赋·序》:"鹖之为禽猛气,其斗终无胜负,期于必死。"《后汉书·舆服志》曰:"鹖者,勇雉也,其斗对一死乃止,故赵武灵王以表武士。"今从《鹖冠子》中所涉人物看,有赵将庞煖、赵武灵王、悼襄王、燕将剧辛等,其中《近迭》、《度万》、《王铁》、《兵政》、《学问》等篇,皆为"庞子问"、"鹖冠子答",故鹖冠子应为庞子师。庞煖早年可能师鹖冠子,后自楚之赵。据此推测,鹖冠子应年长于庞煖。据《鹖冠子·世兵》、《史记·赵世家》、《燕世家》等,前242年燕派剧辛攻赵,赵派庞煖反攻,杀剧辛。前236年,赵又派庞煖攻燕,取狸、阳城。鹖冠子活动当在此前后五六十年间,即前296年至前236年间。故李学勤《马王堆帛书与鹖冠子》以为鹖冠子应生于赵武灵王后期,即前310年前后。(《江汉考古》1983年2期)谭家健《先秦散文艺术新探》同。今从之,系于此。另外,马王堆帛书《黄帝书》篇与《鹖冠子》在文字内容上有不少联系,学者们多认为此证明唐人将《鹖冠子》斥为伪书的看法是不正确的(参见李学勤《简帛佚籍与学术史》第91页至103页)。

周赧王六年　壬子　前309年

公元前309年,罗马人入取佩鲁西亚。

秦初置丞相,以樗里疾、甘茂为丞相。

按:据《史记·秦本纪》:"(秦武王)二年(前309),初置丞相,樗里疾、甘茂为左右丞相。"《史记·樗里子甘茂列传》、《新序·杂事二》亦有载。《史记·六国年表》周显王四十一年(秦惠王十年,前328)秦栏:"张仪相。"据《商周金文录遗》第584号秦戈铭文有"十三年,相邦义之造,咸阳工师田、工大人耆、工颖"之文,又据《战国纵横家书》第二十二章"苏秦谓陈轸"有"魏王谓韩朋、张义"句,可知,张义即张仪。则秦戈铭文中"十三年,相邦义之造"意为秦惠文王十三年,相邦张仪所造戈。据此,则张仪所任秦相全称应为"相邦",仍与中原诸国通行之"丞相"有别。故秦以樗里疾、甘茂为丞相,实为秦正式置丞相之始。杨宽《战国史料编年辑证》:"秦原以爵位作为官职高低之称呼。以大良造(按商鞅曾任此职)庶长为最高爵位而执政,相当于别国之'相'。秦惠文王十年张仪为相,官名为'相邦',开始效法东方国家之官制。是年又创置分设'左右丞相'之制,但此后'相邦'之名官仍沿用。秦兵器刻辞,有十四年、廿年、卅一年相邦冉戈以及较多之相邦吕不韦戈。"

苏秦是年前后自周至燕,正式登上战国历史舞台。

按:前312年,苏秦曾自周之楚,向陈轸提建议,盖未受重用旋又返周,或又从楚至燕。《说苑·君道篇》载燕昭王师事郭隗三年后,"居三年,苏子闻之,从周归燕"。《说苑·尊贤篇》曰:"燕昭王得郭隗而邹衍、乐毅以齐、赵至,苏子、屈景以周、楚至,于是举兵而攻,栖(齐)湣王于莒。"燕昭王师事郭隗在前312年即位之初(参前312年记事,"燕昭王求贤"条)。故苏秦至燕盖在前309年前后。

张仪卒(约前368—)。有《张子》十篇,已佚。张仪,魏国大梁人。魏国贵族后裔,曾随鬼谷子学习纵横之术。先为楚国相国昭阳的门下客。后入秦,为相国,封武信君。主张连横,蚕食诸侯。事迹见《战国策》、《史记·张仪列传》。

按：张仪卒年有前310年、前309年两说。钱穆《先秦诸子系年·张仪卒魏襄王九年而非十年辨》力辩张仪卒在前310年；蒋伯潜《诸子通考》、翦伯赞主编《中外历史年表》、缪文远《战国史系年辑证》皆认为张仪卒在前309年。《史记·六国年表》周赧王六年(前309年)魏栏载："张仪死。"《史记·秦本纪》："(秦武王)二年(前309年),初置丞相,樗里疾、甘茂为左右丞相。张仪死于魏。"《张仪列传》曰："张仪相魏一岁,卒于魏也。"《六国年表》周赧王五年(前310年)栏："仪、魏章皆出之魏。"在魏一年后卒,实为襄王十年(前309年)。据此,张仪死于前309年,当无疑。张仪事迹主要见诸《史记》及《战国策》,然《史记·张仪列传》真假难辨,《资治通鉴》因之未审。要之,张仪一生以助秦连横,蚕食诸侯为务,乃秦国君临天下功臣之一。又以"商於诈楚"事件为著,后人也因之视张仪无信、无行。终生殚智竭虑,行奸使诈以为强秦,竟为秦武王所逐,郁郁死于魏,落千古骂名,岂不悲乎？《汉书·艺文志·纵横家》著录"《张子》十篇",班固自注"名仪,有《列传》",必张仪书无疑。然《隋志》以后无著录,谅《张子》书佚已久。援马国翰《玉函山房辑佚书》之例,采《国策》、《史记》之张仪言若干,庶可辑成《张子》一卷。

周赧王七年　癸丑　前308年

甘茂率师攻韩宜阳,以"曾子杀人"典故说秦王,取得秦王信任。次年拔宜阳。

公元前308年,埃及亚历山大图书馆建成。

按：甘茂为秦武王相,欲拔韩宜阳邀功于武王,以与樗里子等争胜。然宜阳乃韩国重镇,兵精粮足,《战国策·东周策》曰："(周)君曰：'宜阳城方八里,材士十万,粟支数年,公仲(韩相,名朋)之军二十万。景翠(楚上柱国,率师救韩主帅)以楚之众,临山而救之,秦必无功。'"故《战国策·秦策二》载甘茂初攻宜阳,久攻不下,秦兵死伤惨重。国内樗里子、公孙奭(《新序·杂事二》曰："樗里子及公孙子皆秦诸公子也,其外家韩也。")二人挟韩而议之,于是,秦王有退意。《史记·六国年表》韩襄王四年(前308)载："与秦会临晋。秦击我宜阳。"盖为秦与韩谋求和解之路,但未果。而甘茂击韩,已成骑虎之势,遂引"曾子杀人"典故以说秦王,终得秦王支持,历一年而宜阳拔。《战国策·秦策二》曰："秦武王谓甘茂曰：'寡人欲车通三川,以窥周室,而寡人死不朽乎？'甘茂对曰：'请之魏,约伐韩。'王令向寿辅行。甘茂至魏,谓向寿：'子归告王曰：魏听臣矣,然愿王勿攻也。事成,尽以为子功。'向寿归以告王,王迎茂于息壤。甘茂至,王问其故,对曰：'宜阳,大县也……今王倍数险,行千里而攻之,难矣。臣闻……费人有与曾子同名族者而杀人,人告曾子母曰：曾参杀人。曾子之母曰：吾子不杀人。织自若。有顷焉,人又曰：曾参杀人。其母尚织自若也。顷之,一人又告之曰：曾参杀人。其母惧,投杼逾墙而走。夫以曾参之贤,与母之信也,而三人疑之,则慈母不能信也。今臣之贤不及曾子,王之信臣又未若曾子之母也,疑臣者不啻三人,臣恐王为臣之投杼也。(以下《甘茂列传》有:'今臣羁旅之臣也,樗里子、公孙奭二人者挟韩而议之,王必听之')王曰:'寡人勿听也,请与子盟。'于是与之盟于息壤。"《史记·秦本纪》曰:"(秦武王)三年,与韩襄王会临晋外。南公揭卒,樗里疾相韩。武王谓甘茂曰:'寡人欲容车通三川,窥周室,死不恨矣。'其秋,使甘茂、庶长封伐宜阳,四年,拔宜阳。"宜阳之役,诸侯震动。《战国策·秦策二》、《韩策一》、《赵策一》、《楚策三》、《东周策》等处皆载各国反应情况。《史记·秦本纪》、《甘茂列传》、《战国策·秦策二》、《新序·杂事二》等处皆有详细叙述。

周赧王八年　甲寅　前 307 年

赵初略中山地。赵武灵王为加强赵军战斗力,行胡服骑射,中土始有骑兵。

按:《史记·六国年表》赵武灵王十九年(前 307)曰:"初胡服。"赵武灵王推行胡服骑射过程《战国策·赵策二·武灵王平昼闲居章》述之最详(《赵策二》写赵武灵王胡服骑射之廷辩与《史记·商君列传》、《商君书·更法》、《新序·善谋》写商君推行新法之辩论颇多相似之处。杨宽《战国史料编年辑证》引诸祖耿《战国策集注汇考》以为《商君书》晚出,"乃《商君书》抄自策文也"),《史记·赵世家》因之,皆洋洋数千言。《资治通鉴》综述前人之意,较简略,其曰:"赵武灵王北略中山之地,至房子,遂至代,北至无穷,西至河,登黄华之上。与肥义谋胡服骑射以教百姓,曰:'愚者所笑,贤者察焉。虽驱世以笑我,胡地、中山,吾必有之!'遂胡服。国人皆不欲,公子成称疾不朝,王使人请之曰:'家听于亲,国听于君。今寡人作教易服而公叔不服,吾恐天下议已也。制国有常,利民为本;从政有经,令行为上。明德先论于贱,而从政先信于贵,故愿慕公叔之义以成胡服之功也。'公子成再拜稽首曰:'臣闻中国者,圣贤之所教也,礼乐之所用也,远方之所观赴也,蛮夷之所则效也。今王舍此而袭远方之服,变古之道,逆人之心,臣愿王孰(熟)图之也!'使者以报。王自往请之曰:'吾国东有齐、中山,北有燕、东胡,西有楼烦、秦、韩之边。今无骑射之备,则何以守之哉?先时中山负齐之强兵,侵暴吾地,系累吾民,引水围鄗,微社稷之神灵,则鄗几于不守也。先君丑之,故寡人变服骑射,欲以备四境之难,报中山之怨。而叔顺中国之俗,恶变服之名,以忘鄗事之丑,非寡人之所望也!'公子成听命,乃赐胡服;明日服而朝,于是始出胡服令,而招骑射焉。"赵武灵王行胡服骑射,是民族文化大融合的产物,也是时代发展之要求。此举乃中原诸国习骑兵之始,从此以后,车战为主的战术渐次被淘汰,能迅速突击之骑兵日益崭露头角。赵军战斗力自此大为提高,赵武灵王不断向外开拓,使赵国成为北方强国。然胡服骑射初行之时,上层贵族中反对者众多。赵文、赵造、赵俊等皆谏止毋胡服。赵文曰:"当世辅俗,古之道也;衣服有常,礼之制也;修法无愆,民之职也;三者,先圣之所以教。今君释此而袭远方之服,变古之教,易古之道,故臣愿王之图之。"牛赞谏曰:"国有固籍,兵有常经……今王破原阳以为骑邑,是变籍而弃经也。"(均见《赵策二》)赵武灵王力排众议,坚决推行之。故胡服骑射又是赵武灵王矢志改革的成果。胡服之具体式样,史载较零散。《战国策·赵策二》载赵武灵王赐周绍胡服为:"胡服衣冠,具带,黄金师比。"《汉书·武五子传》曰:"(故昌邑王)衣短衣大绔,冠惠文冠。"《后汉书·舆服志》载胡广说曰:"赵武灵王效胡服,以金珰饰首,前插貂尾为贵职,秦灭赵,以其君冠赐近臣。"《太平御览》卷六九八引《释名》曰:"靴,本胡服也。赵武灵王始服之。"又据王国维《胡服考》(《观堂集林》卷二二),胡服上为短衣、下为裤,束皮带,衣服有钩,用于挂结。这种服饰对后代有深远影响。缪文远《战国史系年辑证》引沈括语曰:"中国衣冠自北齐以来,乃全用胡服,窄袖,绯绿短衣,长靿靴,有鞢带,皆胡服。窄袖便于骑射,短衣长靴皆便于涉草,余在北时,曾见之。"总之,赵武灵王胡服骑射,不仅是赵国军队及服饰之改革,且对整个中原诸国之军事装备改革及汉民族服饰变革皆有重大而深远影响。

周赧王九年　乙卯　前306年

甘茂劝秦王还韩武遂,向寿、公孙奭争之不能得,由是怨之,谗言甘茂。茂惧,自秦奔齐,逢苏秦,以"江上之处女"说苏秦,苏秦为之说秦昭王及齐湣王。甘茂遂为齐上卿。成语"江上处女"典出于此。

按:据《战国策·秦策二》载:甘茂劝秦王还韩武遂,向寿、公孙奭争之不能得,由是怨之,谗言甘茂。茂惧,自秦奔齐,出关,逢苏子。甘茂曰:"君闻夫江上之处女乎?"苏子曰:"不闻。"甘茂曰:"夫江上之处女,有家贫而无烛者,处女相与语,欲去之,家贫而无烛者将去矣,谓处女曰:'妾以无烛,故常先至,扫室布席,何爱余明之照四壁者?幸以赐妾,何妨于处女?妾自以有益于处女,何为去我?'处女相与语以为然而留之。今臣不肖,弃逐于秦而出关,愿为足下扫室布席,幸无我逐也。"苏子曰:"善。请重公于齐。"于是苏子西说秦王,秦王与甘茂上卿位,以相印迎之于齐,甘茂辞不就。"苏秦为谓王(鲍本作齐王)",齐王遂以上卿之位处甘茂。此段文字《史记·甘茂列传》明言甘茂所逢苏子为苏代。因《战国策·秦策二》中有一句"苏秦为谓王",故杨宽以为此甘茂所逢苏子当为苏秦(详见杨宽《战国史料编年辑证》第617页),可从。

楚使昭滑是年前后之越,五年而灭越,楚设江东郡。

按:《韩非子·内储说下》曰:"前时王使邵滑之越,五年而能亡越,所以然者,越乱而楚治也。"《战国策·楚策一》曰:"且王尝用滑于越,而纳句章。(唐)昧之难,越乱,故楚南察濑湖而野江东。"《史记·樗里子甘茂列传》曰:"且王前尝用召滑于越,而内行章义之难,越国乱,故楚南塞厉门而郡江东。计王之功所以能如此者,越国乱而楚治也。"很明显,太史公是综合《韩非子·内储说下》、《战国策·楚策一》两段文字而成。有人据此以为此年楚灭越。有人则以为楚灭越在楚威王之世。《越王勾践世家》曰:"越遂释齐而伐楚。楚威王兴兵而伐之,大败越,杀王无疆,尽取故吴地,至浙江,北破齐于徐州,而越以此散。诸族子争立,或为王,或为君,滨于江南海上,服朝于楚。"称楚威王兴兵灭越。陈梦家《六国纪年表考证》云"楚威王灭越之说不可据"。杨宽《战国史》第八章注云:"楚的灭越,必在楚怀王二十三年或稍前。"蒙文通先生则以为楚之败越,事亦有之,至于"尽取故吴地,至浙江……而越以此散,诸族子争立,或为王,或为君,滨于江南海上,朝服于楚"云云,事皆绝无他证,不足信也。又谓越之被灭,实在秦始皇二十五年(前222年)(见《越史丛考·越人迁徙考》,人民出版社1983年版)。李学勤先生更认为至秦末越国尚存,且佐诸侯平秦,汉高祖刘邦封越王以奉其祀(见其文《关于楚灭越的年代》,《江汉论坛》1985年第7期),其事于《史记·越王勾践世家》、《汉书·高帝纪》、《汉书·两粤传》皆有述及可证。其实,此次楚使昭滑之越,"五年而灭越",也并未彻底亡越。盖越国地处僻壤,春秋时吴王夫差即未能亡越,后反为勾践败灭。至战国后,越国势虽颓,与楚时和时战,然楚也终未能尽灭越。古越之地至于今之两广,此诸葛孔明所谓蛮瘴之地也,外人实难久居。故越虽暂时王死民散,旋又国复民聚。楚威王七年(前333年)杀越王无疆及本年楚昭滑灭楚皆未能彻底亡越,旋即又复国也,因有秦末越人佐诸侯平秦事。实至汉唐间,越地仍有别于中原,尤其是钱氏所建吴越国时期,古越国之文化遗风犹在。南宋赵康王建都临安,中原之风方才真正吹入越地,两浙、两广渐始得到开发,文化意义上之古越国才渐趋消亡。

周赧王十年 丙辰 前305年

公元前305年,卡桑德、托勒密、塞琉古遂称王。

屈原是年前后因反对楚王与秦亲善合婚而被放汉北云梦,任"掌梦"之职,作《抽思》篇。

按:《史记·楚世家》曰:"(楚怀王)二十四年,倍齐而合秦。秦昭王初立,乃厚赂于楚。楚往迎妇。二十五年,怀王入与秦昭王盟,约于黄棘。秦复与楚上庸。"黄式三《周季编略》曰:"楚迎妇于秦,秦迎妇于楚。"此据《六国年表》"秦来迎妇"而言。《史记·屈原贾生列传》曰:"时秦昭王与楚婚,欲与怀王会。"秦楚"合婚而欢",楚因背齐而善秦。究秦之所以此时厚赂于楚并主动与楚和好之由,盖因秦武王卒,无子,其异母弟昭襄王新立,时国内矛盾异常尖锐。《史记·秦本纪》曰:"(昭襄王二年),庶长壮与大臣、诸侯、公子为逆,皆诛,及惠文后皆不得良死。"而秦昭襄王母为楚人,姓芈氏,希望与楚和好,以避免楚乘机进攻,同时还可争取外援。屈原、陈轸等人鉴于以往教训,必然坚决反对。但此时楚亲秦派势力强大,联合以攻击、诬陷屈原,屈原遭放逐则为自然之事。故清人林云铭、夏大霖,今人游国恩、孙作云、金开诚、戴志军等均以为屈原被放汉北在怀王二十四五年间。

又按:屈原被放汉北后,任掌梦之职,掌管云梦的山林泽薮及君王、大臣在云梦的游猎事宜。《招魂》曰:"帝告巫阳曰:'有人在下,我欲辅之。魂魄离散,汝筮予之!'巫阳对曰:'掌梦!上帝其难从。''若必筮予之,恐后之谢,不能复用巫阳焉。'乃下招曰……"《招魂》为招楚王之魂而作。其乱辞说到"与王趋梦兮课后先,君王亲发兮惮青兕","梦"即汉北云梦泽。君王射兕而受惊,则掌管云梦游猎之官员应该引咎。屈原长于文辞,因而作招魂以定君王之神。《招魂》本文中即简称"云梦"为"梦",则"掌梦"指掌管云梦泽之官吏可肯定。屈原被放于汉北云梦,又"与王趋梦",为王作《招魂》之词,则文中"掌梦"只能指屈原自己。上引《招魂》开头那段文字是说楚王受惊吓,帝令巫阳招魂,巫言:应由掌梦来招,上帝之命我不能从。上帝又说:你必须来招。不然,魂魄离散,不能复用。在此段文字之前尚有六句,也完全是屈原被放,"长离殃而愁苦"心情的反映。《抽思》作于汉北,除"有鸟自南兮,来集汉北。好姱佳丽兮,牉独处此异域"几句,以及其中提到的南山、江潭可以证明外,内容上也与当时情况相符。如"惟郢路之辽远兮……南指月与列星",证明当时诗人所在方位不在江南,而在郢都以北;"昔君与我诚言兮,曰黄昏以为期。羌中道而回畔兮,反既有此他志……与余言而不信兮,盖为余而造怒",反映出是在经过挫折打击之后。屈原在怀王十七年只是被疏,去左徒之职而为三闾大夫,并未被赶出朝廷。故《抽思》只有作于被放汉北之时(参阅赵逵夫《屈原与他的时代·汉北云梦与屈原被放汉北任"掌梦"考》)。

淳于髡卒(约前385—)。淳于髡,齐国人。博闻强记,以多智为齐人所称。数为齐使诸侯,未尝屈辱。髡慕齐政治家晏婴之为人,多所陈说,并著书言治乱之事,以干世主。又与邹衍、慎到、环渊、接子、田骈、驺奭之徒,先后游学于齐国都之稷下,称稷下先生,齐王命曰列大夫,备受尊礼。事迹见《史记·滑稽列传》。

鲁仲连(—约前245)生。

按:鲁仲连生卒年已无法确考。《史记·鲁仲连邹阳列传》曰:"鲁仲连者,齐人也。好奇伟俶傥之画策,而不肯仕宦任职,好持高节。游于赵。"未云生年。《史记正义》引《鲁仲连子》曰:"齐辩士田巴,服狙丘,议稷下,毁五帝,罪三王,服五伯,离坚白,合同异,一日服千人。有徐劫者,其弟子曰鲁仲连,年十二,号'千里驹',往请田巴曰:'臣闻堂上不奋,郊草不芸,白刃交前,不救流矢,急不暇缓也。今楚军南阳,赵伐高唐,燕人十万,聊城不去,国亡在旦夕,先生奈之何?若不能者,先生之言有似枭鸣,出城而人恶之。愿先生勿复言。'田巴曰:'谨闻命矣。'"据此可知,齐攻聊城时,鲁仲连年仅12岁。而齐田单攻聊城时在前250年左右,距邯郸之围,鲁仲连义不帝秦(前260年)约十年,如此,则其时鲁仲连仅两岁,"殆为襁褓之婴孩"。故钱穆以为是"好事夸饰,而于年数每不仔细"。(《先秦诸子系年·鲁仲连考》)

又按:《战国策·齐策三》曰:"孟尝君有舍人而弗悦,欲逐之。鲁连谓孟尝君曰……。"(鲁连:鲍彪注:"齐人仲连。")《齐策四》曰:"鲁仲连谓孟尝:'君好士也?'……故曰君之好士未也。"钱穆《先秦诸子系年·鲁仲连考》曰:"余考孟尝为魏求救于燕赵,当魏昭王十三年,即齐襄王元年。时孟尝已老,殆不久而卒。而鲁连游赵论帝秦利害尚在此后二十五年。若鲁连游赵年已五十,则上溯孟尝为魏乞救燕赵时,年二十五也。其时孟尝已老,仲连尚未及壮。至若孟尝豪举好士,当在其入秦相昭王前后,犹在当前十六年。观《齐策》两节,固不类孟尝晚年语,疑亦如鲁仲连说田巴之比,未必可信。以鲁仲连年世考之,游赵说勿帝秦,至迟不出五十岁,说燕将聊城在六十左右,其卒稍晚,或亦寿及七十上下耳。"故钱穆《先秦诸子系年·诸子生卒年约数》断鲁仲连生卒为前305—前245年,今从之。

虞卿(—前235)生。

按:钱穆《先秦诸子系年·虞卿著书考》曰:"虞卿以游说士,蹑𫏋檐簦而说赵孝成王,量其年事当在四十左右。"赵孝成王元年在前265年,由此上推40年,则虞卿生年当在前305年左右。

周赧王十一年　丁巳　前304年

屈原是年前后被放在汉北,其间,曾至楚春秋时之都城鄢郢,并作《离骚》。后又作《天问》、《惜诵》、《招魂》、《思美人》等篇。

按:《离骚》中先述楚人远祖高阳氏,次言屈氏太祖伯庸,末尾言"忽临睨夫旧乡",中言及"三后"、彭咸,则应是被放汉北后,西北至楚旧都鄢郢后所作。又,《离骚》中说:"余既不难夫离别兮,伤灵修之数化。"则应是怀王在对屈原的态度及国内政策反复几次之后,不是在十六年被疏时。又,诗中陆续说到求女、上下求索,表现了诗人觅知音、努力抗争的情况;也表现了对于国君表白内心的愿望。这都同《抽思》相近。(二诗中都写到陈辞)故可确定作于此年。赵逵夫、金开诚、戴志均在论著中对此均有详细考辨(金文见《北京大学学报》1983年第3期;戴文见《读骚十论》,黑龙江人民出版社1986年)。《天问》全诗,实际上是《离骚》中陈辞部分内容的发挥与延展。《惜诵》为屈原被放汉北时所作,可由诗本身看出。《思美人》所表现的思想、情绪与《抽思》、《离骚》、《惜诵》一致(参阅赵逵夫《屈原与他的时代》、裴登峰《战国七十年文学编年》)。

周赧王十二年　戊午　前303年

孟尝君田文是年前后为齐宣王相,以齐兵为韩、魏攻楚,又与韩、魏攻秦。

按:《战国策·西周策》曰:"薛公以齐为韩、魏攻楚(鲍彪注:楚怀王二十六年,齐、韩、魏攻楚),又与韩、魏攻秦。而籍兵乞食于西周……"《史记·孟尝君列传》曰:"孟尝君怨秦,将以齐为韩、魏攻楚,因与韩、魏攻秦,而借兵食于西周。"《战国纵横家书》八曰:"薛公相脊(齐)也,伐楚九岁,功(攻)秦三年。"杨宽曰:"楚怀王二十六年即齐宣王十七年,三国共攻楚;楚怀王二十八年即齐湣王立年,大败楚而杀楚将唐昧;至楚怀王三十年即齐湣王二年,孟尝君入秦为相,首尾共五年,齐正合韩、魏用力于攻楚,皆由孟尝君即薛公主其事。盖孟尝君于齐宣王晚年已为齐相而执政矣。"此从《战国策·齐策四·齐人有冯谖者》章曰:"后期年,齐王(齐湣王)谓孟尝君曰:'寡人不敢以先王之臣为臣。'孟尝君就国于薛。"后冯谖为孟尝君营三窟,齐湣王谢孟尝君曰:"愿君顾先王之庙,姑反国统万人乎?"及《史记·孟尝君列传》,齐湣王既立,"惑于秦、楚之毁,以为孟尝君名高其主而擅齐国之权,遂废孟尝君",均可证孟尝君相于齐宣王朝。

周赧王十三年　己未　前302年

赵武灵王迁吏大夫奴（私家奴隶）于九原，实其地；命将军、大夫、嫡子、代吏皆胡服，习骑射，以固国防。

按：此当是赵武灵王"胡服骑射"令进一步实行。

是年前后，齐稷下学宫大盛。盖有稷下学者千有余人。齐王为其著名者开第康庄之衢，高门大屋，尊宠之，命为列大夫。揽天下诸侯宾客，言齐能致天下贤士，故文人纷纷而至，齐稷下学宫遂成为当时之学术中心，各家各派文人在此谈天雕龙，切磋学术，"百家争鸣"，尽显自由学术之风。

按：《史记·田敬仲完世家》曰："宣王喜文学游说之士，自如驺衍、淳于髡、田骈、接予、慎到、环渊之徒七十六人，皆赐列第，为上大夫，不治而议论。是以齐稷下学士复盛，且数百千人。"桓宽《盐铁论·论儒》曰："齐宣王褒尊儒学，孟轲、淳于髡之徒，受上大夫之禄，不任职而论国事。盖齐稷下先生，千有余人。"齐宣王于前319年至前301年在位，在位共十八年。宣王父威王为战国有为之君。宣王即位亦想有所作为，招贤纳士可谓沿袭乃父遗风而发扬之。稷下学宫在宣王末年时已至"数百千人"之规模。本年为宣王去世前一年，稷下学宫大盛局面业已形成。齐之稷下成为当时学术中心，各家各派在此"百家争鸣"，繁荣了战国学术。《史记·孟子荀卿列传》曰："自驺衍与齐之稷下先生，如淳于髡、慎到、环渊、接子、田骈、驺奭之徒，各著书言治乱之事，以干世主，岂可胜道哉！""于是齐王嘉之，自如淳于髡以下，皆命曰列大夫，为开第康庄之衢，高门大屋，尊宠之。览天下诸侯宾客，言齐能致天下贤士也。"可谓实情。今仅见诸《汉书·艺文志》著录稷下诸子之书就有：《慎子》四十二篇、《田子》二十五篇、《蜎子》十三篇、《捷子》二篇、《宋子》十八篇、《尹文子》一篇、《邹子》四十九篇、《邹子始终》五十六篇、《邹奭子》十二篇、《鲁仲连子》十四篇、《孙卿子》三十三篇、《管子》八十六篇、《黄帝四经》四篇等十余种。后人常常将齐国"稷下学术中心"作为战国中期学术繁荣的代表，与战国早期的魏国"西河学术中心"以及战国后期的秦都"咸阳学术中心"并称战国时期的三大学术中心。有的研究者还认为，《晏子春秋》、《春秋公羊传》、《易传》、《管子》、《文子》等也是稷下之作。邹衍、淳于髡、田骈、接予、慎到等人事迹已有单独叙述，见于各处。可参阅：《史记》、《汉书》等文献以及张秉楠《稷下钩沉》、钱穆《先秦诸子系年》、白奚《稷下学研究：中国古代的思想自由与百家争鸣》、胡家聪《稷下争鸣与黄老新学》等专著成果，庶可觅寻当年稷下盛况之点滴。

彭蒙是年前后在稷下学宫。

按：彭蒙是稷下早期学者。《庄子·天下》曰："公而不党，易而无私，决然无主，趣物而不两。不顾于虑，不谋于知，于物无择，与之俱往。古之道术有在于是者，彭蒙、田骈、慎到闻其风而说之。"据此知彭蒙之学属道家。《天下篇》又曰："彭蒙之师曰：'古之道人，至于莫之是、莫之非而已矣。'"这种不谴是非、任其自然的态度为早期道家所共持。《天下篇》又曰："田骈亦然，学于彭蒙，得不教焉。"可知彭蒙之师这种"莫之是莫之非"的态度影响了彭蒙，田骈又从彭蒙那里接受了这种态度，故能提出"齐万物以为首"的著名观点。由此可见，从彭蒙之师，经彭蒙而至田骈，他们的学术思想是一脉相承的。又《尹文子·大道上》引彭蒙之言曰："雉兔在野，众人逐之，分未定也。鸡豕满市，莫有志者，分定故也。"此雉兔之喻强调正名定分，在形名法术派和黄老道家中颇为流行。姚振宗《汉书艺文志拾补》据此谓彭蒙当属名家，然而从以上所引材料来看，彭蒙应为稷下黄老之学的早期倡导者之一，兼有形名思想，其学术与尹文子接近。《汉书·艺文志》未著录彭蒙之书，但成玄英说彭蒙"著书数篇"（《庄子·天下》成玄英疏），未审何据。

告子是年前后在稷下学宫。

按：《孟子·告子上》和《公孙丑上》篇都记载有告子同孟子关于人性问题的著名辩论。赵岐认为告子名不害，"尝学于孟子"，近人梁启超则认为告子"恐是孟子前辈"。按《墨子·公孟》有墨子与告子的对话，墨子指责告子言而身不行，并有弟子"请弃之"，据此，告子似为墨子弟子。又，告子若为墨子弟子，则下及于孟子之时是完全可能的，故以梁启超之说为近。告子年长于孟子，当为稷下早期学者。关于告子的学派归属，赵岐认为它是"兼治儒墨之道者"，郭沫若则认为他"是黄老学派的一人"（《十批判书·名辩思潮的批判》）。我们从《孟子》书中的记载来看，告子主张"仁内义外"，又主张"生之谓性"（《孟子·告子》），其说近儒。又告子主张"性无善无不善"，"性犹湍水也，决诸东方则东流，决诸西方则西流"（《孟子·告子》），同于墨子"所染"之意。故以赵岐之说为胜。

接子在稷下学宫。

按：接子是稷下黄老道家的著名学者。《史记·田敬仲完世家》接子作接予，《汉书》、《盐铁论》亦作捷子，接、捷古字通，接子即捷子。《史记·孟子荀卿列传》曰："接子，齐人……学黄老道德之术，因发明序其指意。"关于接子的思想，《庄子·则阳》篇曰："季真之莫为，接子之或使，二家之议，孰正于其情？孰偏于其理？"成玄英《疏》云："季真、接子并齐之贤人，俱游稷下。莫，无也；使，为也。季真以无为为道，接子谓道有为，使物之功，各执一家。"冯友兰先生对"莫为"和"或使"有这样的解释："季真主张'莫为'，就是认为万物都是自然而然地生出来的，不是由于什么力量的作为。接子主张'或使'，就是认为总有个什么东西，使万物生出来。"（《论庄子》）《管子·白心》曰："天或维之，地或载之。天莫之维，则天以坠矣；地莫之载，则地以沉矣。夫天不坠，地不沉，夫或维之而载之夫？……夫或者何？若然者也。"其说大概是受了接子"或使"说的影响。战国中期，随着人们思维水平的提高，究竟是否存在一个支配自然和社会的力量或主宰的问题，已为人们所普遍关注，莫为和或使就是两种相反的回答。莫为说否定这个主宰，认为道是自然无为的；或使说则认为一切均由大道所规定和支配。钱穆认为：季真的莫为"近于机械的自然论"，而接子的或使，"其殆主命定之论者耶"？（《先秦诸子系年·接子考》）据《史记》，接子之学显于齐宣王时。据《盐铁论·论儒》：齐闵王矜功不休，百姓不堪，诸儒谏不从，接子遂亡去。《汉书·艺文志》道家类著录《捷子》二篇，已佚。

环渊是年前后在稷下学宫。

按：关于环渊，学界歧见颇多，主要集中在环渊这个人究竟是谁这个问题上。郭沫若和钱穆认为环渊就是关尹（见郭氏《青铜时代》、钱氏《先秦诸子系年》），冯友兰和张岱年则认为环渊非关尹（见冯氏《中国哲学史史料学初稿》、张氏《中国哲学史史料学》），后一说是。《史记·孟子荀卿列传》曰："环渊，楚人……学黄老道德之术……著上下篇。"《汉书·艺文志》道家类有《蜎子》十三篇,班固自注:"名渊,楚人,老子弟子。"此蜎渊即是环渊,因为肙、睘互通,可以彼此替代。《黄帝四经·经法·论》有"蚑行喙息,扇飞蠕动"之语,《新语·道基》作"跂行喘息,蜎飞蠕动",《淮南子·原道训》作"跂行喙息,蠉飞蠕动",故蜎渊即环(環)渊。又《史记·樗里子甘茂列传》记有"楚王问于范蜎"一事,此事又见于《战国策·楚策一》:"楚王问于范环",蜎直接作环,此乃蜎渊即环渊之确证。《蜎子》十三篇久佚,环渊的学术思想我们已不可知其详,论者多用上引《战国策》中范环答楚王问的材料来阐发环渊的思想(如《齐鲁学刊》1983年第3期载周立升《环渊考辨》),这是不正确的,因为这个范蜎或范环并不是环渊。如前所论,环渊就是蜎渊,《史记·孟子荀卿列传》司马贞《索隐》引刘向《别录》,"环"作姓也,《汉书·艺文志》颜师古注曰:"蜎,姓也。"环、蜎都是姓,而范环、范蜎之"环"、"蜎"却是名,岂能因前者之姓同于后者之名就认定是同一个人?且"范"作为姓又从何而来?有人举例证明范、环相通以圆此说,那么,范蜎、范环岂不成了"环蜎"、"环环"?姓与名相同已是难圆其说,更何况"渊"字又哪里去了?退一步说,就算范蜎或范环就是环渊,从他答楚王问的对话里也丝毫看不出有道家的味道,不过是就事论事,权衡利弊而已。总之,环渊的思想已难以考见,我们只好存而不论,不能强为申说。至于"蜎嬛"、"便蜎"、"便嬛"、"玄渊"、"它嚚"、"范睢"、"涓子"乃至"太公涓"等,或因辗转通假,已失其真,或显系他人名字之误,或为神仙家的杜撰,以致越扯越远,越来越离奇,皆不足为据。

兒说是年前后在稷下学宫。

按:兒说是稷下名家的重要人物。《韩非子·外储说左上》曰:"兒说,宋人,善辩者也。持白马非马也,服齐稷下之辩者。"据此,著名的白马非马之辩是兒说首先提出来的。这一著名命题后为公孙龙所接受和发挥,著《白马论》,成为其名辩学说的重要组成部分。兒说在当时以"巧"著称,不少古籍都记有他的事迹。《淮南子·说山训》曰:"兒说之为宋王解闭结也,此皆微眇可以观论者。"同书《人间训》曰:"夫兒说之巧,于闭结无不解。非能闭结而尽解之也,不解不可解也。至乎以弗解解之者,可与及言论矣。"这里已透露出"以弗解解之"的倾向。《吕氏春秋·君守》记兒说之弟子为人解闭结,最后也"以不解解之",这大概是从兒说那里学来的。兒说及其弟子避开闭结不可解的现实,只从概念上空谈闭结可解,开启了从概念到概念,玩弄文字游戏之端,对名家诡辩派理论的最后完成起到了重要的作用。惠施"连环可解"的命题,就是对兒说"闭结可解"的承袭和发挥。兒说的白马非马之辩,必也是这类概念游戏,而置客观事实于不顾。因而《韩非子·外储说左上》紧接着上文所引就说,兒说"乘白马而过关,则顾白马之赋。故籍之虚辞,则能胜一国,考实按形,不能谩于一人"。尽管兒说能把白马说成不是马,谁也辩不过他,守关人可不听这一套,兒说还是不能蒙混过关,不得不为他的白马缴纳过关税,这是对兒说诡辩理论最有力的戳穿和讽刺。

田巴是年前后在稷下学宫。

按:《太平御览》卷四六四引《鲁连子》曰:"齐之辩者田巴,辩于狙丘议于稷下,毁五帝,罪三王,訾五伯,离坚白,合同异,一日而服千人。"据此,"离坚白"、"合同异"的著名论题可能是稷下先生田巴首创。田巴之辩"离坚白"、"合同异",也是从概念到概念的文字游戏,以他的滔滔辩才,虽可以服人之口,却不能服人之心。年仅十二岁的鲁仲连抓住田巴之辩脱离现实这一致命弱点,指出他的理论"危不能为安,亡不能为存",从而轻而易举地击败田巴,田巴从此"杜口易业,终身不复谈"。田巴"离坚白"的命题被公孙龙所接受并展开,成为公孙龙学说的重要组成部分。"合同异"的命题则对惠施产生了重要的影响,成为惠施相对主义理论的主要内容。在稷下的名家学派中,兒说、田巴的学说同务实派尹文的学说分道扬镳,走上了脱离实际的诡辩之途。继其之后的惠施、公孙龙吸收了他们提供的思想资料,沿着他们开辟的方向继续发展下去,最终完成了先秦名辩派的理论体系。可见,稷下名家兒说、田巴是先秦名家学派发展的一个重要阶段,起着承上启下的重要作用。同时也应承认,他们提出的"白马非马"、"离坚白"、"和同异"等命题对于先秦逻辑学的发展,对于启发人们的思想,锻炼人们的思维能力,对活跃稷下的百家争鸣,都有着不可忽视的贡献。

颜斶是年前后在稷下学宫。

按：颜斶的事迹见于《战国策·齐策四》："齐宣王见颜斶……对曰:士贵耳,王者不贵。"《齐策四》还记载了王斗的事迹,与颜歜雷同。《汉书·古今人表》中列有颜歜、王升、王歜三人,此王升显系王斗之误,钱穆疑此三人实为一人(见钱氏《先秦诸子系年·田骈考》)。从颜斶与齐宣王的对话看,他称引尧、舜、禹、汤、文王、周公为"圣"与"德",说明他是儒家信徒。同时他又说"无其实而喜其名者削,无德而望其福者约,无功而受其禄者辱",追求"形神两全"、"清静贞正以自虞"、"归反于朴",并称引老子之言"虽贵,必以贱为本;虽高,必以下为基。是以侯王称孤、寡、不穀"。可见他又有浓厚的道家思想。《史记·田单列传》载,"燕之初入齐,闻画邑人王蠋(即颜斶)贤,令军中曰:环画邑三十里无入,以王蠋之故",并迫其降。他回答说："忠臣不事二君,贞女不更二夫。齐王不听吾谏,故退而耕于野……。"他不愿"助桀为虐",遂自经其颈而死。这条材料表明颜斶是齐湣王时期的稷下先生,因湣王不听劝谏而退耕于家乡,最后以自己的生命实践了儒家的忠君主张。

邹奭是年前后在稷下学宫。

按：邹奭是邹衍学说在稷下的唯一传人,有关他的材料保存下来很少。《史记·孟子荀卿列传》曰："邹奭者,齐诸邹子,亦颇采邹衍之术以纪文。"又曰："邹衍之术迂大而闳辩,奭也文具难施……故齐人颂曰:谈天衍,雕龙奭。"同传《史记集解》引《别录》曰："邹奭修(邹)衍之文,饰若雕镂龙文,故曰(雕龙)。"《汉书·艺文志》阴阳家有《邹奭子》十二篇,久佚,其学术内容已不可详知。但从上引"颇采邹衍之术以纪文"、"修衍之文,饰若雕镂龙文"等文字来看,他的学术是继承了邹衍,并在此基础上进行加工修饰。他善于雕琢文辞,大概把邹衍的学说发挥得相当详尽精致,只可惜没有传下来。《孟子荀卿列传》论邹衍之术是"迂大而闳辩",即是同传所说"怪迂之变"、"闳大不经"之意,难以施行之谓也;而论邹奭之术是"文具难施",这同论邹衍之术是"迂大而闳辩"、"其后不能行之"是一个意思。

是年前后,《管子》成书。

按：《管子》托名春秋管仲著,实出于战国齐稷下学者之手,当是多位齐稷下学者的著作合集,其中也有西汉学者附益部分,故其思想比较复杂。旧书原有三百八十九篇,西汉刘向校书时,删除重复部分,重新编次,定为八十六篇。至唐,又有十篇亡佚,今存二十四卷七十六篇。通行本有：南宋绍兴间杨忱刻唐尹知章(旧题房玄龄)《管子注》本、明万历十年(1582)刻赵定宇评《管子》本、万历间吴勉学刻《管子》本、天启五年(1625)刻梅士享《管子成书》本、清同治十一年(1872)刻戴望《管子校正》本、1938年商务印书馆版石一参《管子今诠》本、1956年北京科学出版社版郭沫若《管子集校》本等。《管子》书中的哲学思想,对后世产生很大影响。特别是《心术》、《白心》、《内业》等篇的精气学说,直接影响着王充的元气自然论,在"气"概念的发展史上,起着承上启下的重要作用。它对于经济、政治、法律、军事、音乐及自然科学的论述,也极有学术价值。诚如罗根泽所说:"各家学说,保存最夥,诠发甚精,诚战国、秦汉学术中宝藏也。"(《管子探源》)有关《管子》的研究著作主要有:唐贺知章《管子注》、辽刘绩《管子补注》、明翁正春《管子评林》、清洪颐煊《管子义证》、黎翔凤《管子校注》、宋翔凤《管子识误》、许光清《管子校》、周悦让《管子通》、向如璋《管子析疑》、俞樾《管子平议》、近现代章炳麟《管子余义》、罗根泽《管子探源》、石一岑《管子今诠》、刘师培《管子校补》、郭沫若等《管子集校》、赵守正《管子通释》等。

是年前后,《慎子》、《田子》、《蜎子》、《捷子》、《宋子》、《尹文子》、《邹子》、《邹子始终》、《邹奭子》、《鲁仲连子》等书已成书。

按:班固《汉书·艺文志》著录稷下诸子之书就有:《慎子》四十二篇、《田子》二十五篇、《蜎子》十三篇、《捷子》二篇、《宋子》十八篇、《尹文子》一篇、《邹子》四十九篇、《邹子始终》五十六篇、《邹奭子》十二篇、《鲁仲连子》十四篇、《孙卿子》三十三篇等十余种。本年为齐宣王去世前一年,稷下学宫大盛应在此年或稍前,上述班固所列之书大部分也应在此年或稍前即已成书。

周赧王十四年　庚申　前301年

楚庄蹻(一作峤)起义,攻至郢,分楚地而为三、四,吏不能禁。

按:楚庄蹻起义为见诸记载较早之农民起义。见《史记·秦本纪》。

赵武灵王令周绍胡服以傅王子何。周绍与赵武灵王论六条"立傅之道",与孟子所言"威武不能屈,贫贱不能移,富贵不能淫"异辞同理。

按:《战国策·赵策二》载:王立周绍为傅曰:"寡人始行县,过番吾,当子为子之时,践石以上者皆道子之孝,故寡人问子以璧,遗子以酒食,而求见子。子谒病而辞。人有言子者曰:'父之孝子,君之忠臣也。'故寡人以子之知虑,为辨足以道人,危足以持难,忠可以写意,信可以远期。诗云:'服难以勇,治乱以知,事之计也。立傅以行,教少以学,义之经也。循计之事,失(一本作佚)而(不)累,访义之行,穷而不忧。'故寡人欲子之胡服以傅王子(一本作"乎",非)。"周绍曰:"王失论矣,非贱臣所敢任也。"王曰:"选子莫若父,论臣莫若君。君,寡人也。"周绍曰:"立傅之道六。"王曰:"六者何也?"周绍曰:"知虑不躁达于变,身行宽惠达于礼,威严不足以易于位,重利不足以变其心,恭于教而不快,和于下而不危。六者,傅之才,而臣无一焉。隐中不竭,臣之罪也,傅命仆官,以烦有司,吏之耻也。王请更论。"王曰:"知此六者,所以使子。"……遂赐周绍胡服衣冠,具带黄金师比,以傅王子也。《史记·赵世家》曰:"(赵武灵王)二十五年,惠后卒,使周袑胡服傅王子何。"周绍所论"立傅之道"与孟子所言"富贵不能淫,贫贱不能移,威武不能屈"异辞同理,皆为文士立身之本,岂惟立傅之道哉!后世正身厉行者奉为圭臬,其于中国文化之影响也远也。

齐宣王辟彊卒,子地(一作遂)立,是为齐湣王。

按:齐宣王辟彊前319—前301年在位。宣王乃田齐中兴之主,续其父威王遗志,重开稷下学宫,广罗学者,使齐国成为当时各国的学术文化中心,对战国学术颇有贡献。齐湣王也作齐闵王。

冯谖是年前后客孟尝君，以"狡兔三窟"为喻，设计为孟尝君巩固势力。

按：《史记·孟尝君列传》曰："初，冯闻孟尝君好客，蹑蹻而见之……弹其剑而歌曰：'长铗归来乎，食无鱼。'……客复弹剑而歌曰：'长铗归来乎，出无舆。'……先生又尝弹剑而歌曰：'长铗归来乎，无以为家。'孟尝君不悦。"《战国策·齐策四》还载，冯谖为《长铗歌》后，某日，孟尝君问门下诸客："谁习计会，能为文收责（债）于薛者乎？"冯谖欣然前往，并假托孟尝君之名以债赐诸民，烧了租民的债券，民称万岁。冯谖谓之"市义"。初，孟尝君不悦。"后期年，齐王谓孟尝君曰：'寡人不敢以先王之臣为臣。'孟尝君就国于薛，未至百里，民扶老携幼，迎君道中。孟尝君顾谓冯谖：'先生所为文市义者，乃今日见之。'冯谖曰：'狡兔有三窟，仅得免其死耳。今君有一窟，未得高枕而卧也。请为君复凿二窟。'孟尝君予车五十乘，金五百斤，西游于梁，谓惠王曰……。"《史记·孟尝君列传》载孟尝君至秦，而此谓至梁。据《水经注·济水》引《竹书纪年》曰："魏襄王十九年，薛侯来会王于釜丘者也。"似以至梁为是。其时在前300年。又据《史记·孟尝君列传》，齐湣王既立，"惑于秦、楚之毁，以为孟尝君名高其主而擅齐国之权，遂废孟尝君"。与《战国策·齐策四》"齐王谓孟尝君曰：'寡人不敢以先王之臣为臣。'孟尝君就国于薛"事同。其时在前300年。冯谖作《长铗歌》及冯谖为孟尝君收债于薛就应在一年之前（前301年）或更早。《战国策·齐策四》所载冯谖作《长铗歌》及冯谖为孟尝君收债于薛事，一方面说明冯谖之幽默和孟尝君之宽容，另一方面则说明至战国中期，封建"地租制"的剥削方式已普遍，"市义"之举说明统治者中的有识之士越来越重视百姓的存在和民心向背的影响，并主动采取较为宽松的统治方式。

范雎（　—前255）是年前后生。

按：范雎，字叔。也作范睢、范且。杨宽《战国史》注云："范雎的'雎'，《史记》和《战国策》有些版本作'睢'，钱大昕《武梁祠堂画像跋尾》、梁玉绳《人表考》等都认为作'雎'为是。《韩非子·外储说左上》有评论虞庆和范且言论一节，虞庆即虞卿，范且即范雎。东汉《武梁祠石刻画像》有范且和须贾的故事，范且亦作范雎。从'雎'或作'且'看来，自当以作'雎'为是，作'睢'是错误的。《史记·魏世家》载'魏人有唐雎者'，《索隐》：'按雎字，音七余反。'《战国策·魏策四》和《楚策三》都作唐且，也可以作为例证。"陈奇猷《韩非子集释》引顾广圻语，亦云"范且"为"范雎"。"且"、"雎"同字。郭晋稀《文心雕龙译注》《才略》注："范雎，雎从且。《史记》从目作睢误。见钱大昕《通鉴注辨正》。"《史记·范雎蔡泽列传》曰："范雎者，魏人也，字叔。游说诸侯，欲事魏王，家贫无以自资，乃先事魏中大夫须贾。须贾为魏昭王使于齐，范雎从。留数月，未得报。齐襄王闻雎辩口，乃使人赐雎金十斤及牛酒，雎辞谢不敢受……。"须贾因之疑范雎，告魏相魏齐，魏齐使人笞击雎且死，雎佯死被弃置。范雎更名张禄，因秦使王稽得见秦昭王。《史记》明载："当是时，昭王已立三十六年。"秦昭王三十六年为前271年。范雎既已学成，游说诸侯，其年龄当在30岁以上，由前271年上推30年，则其生约在前301年前后。

周赧王十五年　辛酉　前300年

孟尝君田文会魏襄王于釜丘。

按：《水经注·济水》引《竹书纪年》曰："魏襄王十九年，薛侯来会王于釜丘者也。"雷学淇曰："薛侯即孟尝君田文，薛子婴之子也，《策》札所谓薛公矣。此时封地六万户，又东并薛地三十余里，进而称侯，盖俨然一侯国矣。'来会事'未详。釜丘，地名，在曹州定陶县西南七里。"钱穆《先秦诸子系年·魏襄王十九年会薛侯于釜丘考》曰："是年为齐湣王元年，即湣王立后一年也。"马骕《绎史》以为此次魏王与孟尝君相会即孟尝君谋合纵伐秦事。《战国策·齐策四》载冯谖请为孟尝君"复凿二窟"，孟尝君予车五十乘，金五百斤，西游于梁，谓惠王曰云云。此次孟尝君田文会魏襄王于釜丘，疑与冯谖游说，魏王欲相田文有关。

荀子是年前后年十五，始游学稷下。

按：《史记·孟子荀卿列传》曰："荀卿，赵人。年五十始来游学于齐……田骈之属皆已死齐襄王时，而荀卿最为老师。齐尚修列大夫之缺，而荀卿三为祭酒焉……"刘向《孙卿书叙》曰："方齐宣王、威王（此处位置误倒）之时，聚天下贤士于稷下尊宠之……是时孙卿有秀才，年五十始来游学。"应劭《风俗通·穷通》曰："齐威王、宣王之时……孙卿有秀才，年十五，始来游学……至襄王时，孙卿最为老师。"其言撮合司马迁、刘向之言而成，只是关键之处"年五十"变成了"年十五"。其后，荀子到底是"年五十"还是"年十五"始来游齐，一直无定论。《颜氏家训·勉学》、罗根泽《诸子考索》、蒋伯潜《诸子通考》皆从"年五十"说。《玉海》卷一三一引刘向《孙卿书叙》、晁公武《郡斋读书志》引刘向《孙卿书叙》皆作"十五"，近代以来，梁启超、梁启雄、游国恩、钱穆、张岱年、杨宽、赵逵夫等人皆从"年十五"说。今据游国恩《荀子年表》系于本年。

屈原是年前后被怀王从放逐地汉北召回郢都。

按：《史记·楚世家》曰："（怀王）二十九年（前300），秦复攻楚，大破楚，楚军死者二万，杀我将军景缺。怀王恐，乃使太子为质于齐以求平。"在这种情况下，因屈原一贯主张联齐抗秦，又曾出使过齐，再加上他善于外交辞令，能应对诸侯，屈原极有可能于怀王二十九年即本年被怀王从放逐地汉北召回到朝廷。据《史记·楚世家》载："（怀王）三十年（前299），秦复伐楚，取八城。秦昭王遗楚王书曰：'……而今秦楚不欢，则无以令诸侯。寡人愿与君王会武关，而相约，结盟而去，寡人之愿也。'"又《史记·屈原贾生列传》曰："时秦昭王与楚婚，欲与怀王会。怀王欲行，屈平曰：'秦，虎狼之国，不可信，不如毋行！'"据此可知，楚怀王三十年即前299年，屈原已在朝廷。更可证必定是在怀王三十年前被怀王从放逐地汉北召回到朝廷，只是史籍失载而已。

苏代说韩公子咎。后又至秦说芈戎。

按：《史记·韩世家》曰："（韩襄王）十二年，太子婴死。公子咎、公子虮虱争为太子。时虮虱质于楚。苏代谓韩咎曰……"韩襄王十二年为前300年。《史记·韩

公元前300年，亚里士多塞诺斯卒，生年不详。希腊逍遥派哲学家，音乐家。

世家》在叙述了苏代与公子岂的谈话后,又载"苏代又谓秦太后弟芈戎曰",接下便述韩襄王十四年事。故苏代说芈戎应在此年或下一年。

苏秦是年前后自燕至齐,开始其为燕反间之计划。行前曾上书劝燕昭王。

按:据《孟子》、《史记》等史籍记载,前314年,齐宣王趁燕内乱而大举攻燕,燕几乎亡国。至前311年,燕昭王即位,力图报齐仇,便广招贤才,苏秦便在这种情况下自周至燕。后劝燕昭王"自复"(恢复旧有领土)、"进取"(扩大领土)。帛书《战国纵横家书》第五章便是苏秦写给燕昭王的上书。可知苏秦与燕昭王相处甚洽,故有后来苏秦在齐为燕反间之事。唐兰定此文作于前307年(《战国纵横家书》所附《苏秦事迹简表》,文物出版社1976年)。缪文远同唐兰说,以为全篇与谋齐无关(《战国策新校注》,巴蜀书社1998年)。马雍则定为前300年,并认为苏秦此次赴齐,在齐国停留了五年之久。杨宽认为:"苏秦的由燕入齐,是在孟尝君(即薛公)从齐出走,韩珉在齐当权以后。"(马雍、杨宽说见《战国纵横家书》所附二人文章,文物出版社1976年。)而孟尝君田文入秦为相在前299年。而据《战国策·齐策三》:孟尝君将入秦为相,苏秦止之。既然孟尝君田文入秦为相在前299年,则苏秦应在此前即已在齐,故本年前后苏秦当已由燕入齐。苏秦此次至齐,当是奉燕王之命第一次至齐从事反间活动。临行前还劝燕王要进取,无制于群臣,同时,还特别向燕王保证要做到"信如尾生"。此后,苏秦数次去齐国,都是为了这个目的。

战国中期,《黄帝四经》成书。

按:1973年12月,长沙马王堆三号汉墓出土一批帛书。在《老子》乙本卷前,有四篇古佚书:《经法》、《十六经》、《称》、《道原》。唐兰认为这就是《汉书·艺文志》里的《黄帝四经》。根据是:书中记黄帝事迹同臣子答问,而且这四篇的内容主要讲刑名之学,是一本书,因而是一本有关黄帝的书。司马迁说"申子之学本于黄老而主刑名",韩非"喜刑名法术之学,而其归本于黄老"(《史记·老子韩非列传》)。但老子不讲刑名,刑名之学就是黄帝之言。《经法》与《十六经》称为"经",《称》和《道原》也是"经"的体裁,与《黄帝四经》相合。这四篇文章与《老子》乙本抄在同一块帛上,抄录时间当在汉文帝十二年以前。当时,黄老并称,《老子》已成为"经",抄在《老子》前面的黄老之言,只有《黄帝四经》才能当之。但也有学者认为,这四篇文章虽与黄帝之学有关,却不一定是《黄帝四经》。黄帝之学源于《老子》,发展为君人南面之术,形成与儒家对立的社会、政治、军事、法律等思想。它向法、兵两家发展,并与之结合,便产生了黄老之学。战国后期至西汉初年广为流传,长沙地区也颇信奉之。马王堆汉墓墓主是第二代轪侯利狶之弟,是位喜读军事与哲学著述的将军,抄写或通过其他途径得有此书,死后被其家属作为殉葬品,随同其人一起入棺埋于土中。

又按:《黄帝四经》的作者已无法确考,作者里籍有郑、楚、越、齐诸说,其成书年代,学界普遍认为大致在战国中期,故系于此。从内容看,《黄帝四经》是一部论述刑名、阵法与哲学的著作。《经法》篇由《道法》、《国次》、《君臣》、《六分》、《四度》、《论》、《亡论》、《名理》等篇组成。《十六经》又称《十大经》,由《立命》、《观》、《五政》、《果童》、《正乱》、《性争》、《雌雄节》、《兵容》、《成法》、《三禁》、《本伐》、《前道》、《行守》、《顺道》等篇组成。《称》与《道原》两文,内部不分章。《黄帝四经》继承了老子有关"道"的学说,并有所发展,使之更为完整系统。书中说,在宇宙尚未形成以前的道,"恒无之初,迵同太虚"(《道原》)。这种混沌不分、弥漫无际的物,即是《十六经》中所说的气。它"剖有两,分为阴阳,离为四时"(《十六经·观》)而后有万物。"天地、阴阳、四时、日月、星辰、六气、规(蚑)行、侥重(蛲动)、代根之徒,皆取生,道弗为益少,皆反焉,道弗为益多"(《道原》)。万物的产生或消失,不能使其量发生变化,因为它"广大而弗能为刑(形)",是不受时空和物体制约的无限绝对的存在。"道者,神明之原"(《经法·名理》)。道是精神智慧的本原,但它又不具目的意志。"道之行也,繇(由)不得已"(《十六经·本代》),它有客观必然的规律。由道中产生的法,是治理社会所依据的标准、度量和法则。由道所生的天,是自然之物,其规律"天道"又称"天当"、"天极",具体来说,又有"八正"、"七法"等。天不是上帝、天神,是自然之物。它与地、人的职分不同:"天制寒暑,地制高下,人制取予。"(《称》)天人关系是"顺天者昌,逆天者亡"(《十六经·性争》)。逆天是违背自然规律,顺天是利用自然规律。但利用不一定是消极适应,也可以积极有为。这便是"人强胜天"(《经法·国次》)。在《黄帝四经》的个别地方也有以天为神的残余思想,如"受命于天"、"天诛"(《经法·论》)之类的观点。与道、天相关而低一个层次的"理",在《经法》中的基本含义为"合宜得当",可解释为事理、秩序、治理、道理、义理等。《黄帝四经》吸取老子的辩证法思想,认为一切事物无不包含对立的方面,是对立统一物,并且克服消极而呈现积极的进取精神。《黄帝四经》在战国时已有广泛影响,曾为《管子》、《慎子》、《鹖冠子》、《庄子》、《申不害》、《尸子》、《鬼谷子》、《荀子》、《韩非子》、《吕氏春秋》、《太公金匮》、《黄帝内经》、《系辞》、《战国策》等书所引用。它是老子与韩非子之间的中间环节。在西汉初年,是指导休养生息的经典,陆贾、刘安、董仲舒都吸收其思想体系;影响还及于独尊儒术以后的司马迁、霍光、刘向、翼奉、李尤、杨伦等人,东汉时若存若亡,至唐亡佚。1974年出土后,成为研究黄老学说及汉初思想的宝贵资料。研究《黄帝四经》的著作还有:马王堆汉墓帛书整理小组编注《经法》、唐兰《马王堆出土〈老子〉乙本卷前古佚书的研究》、《黄帝四经初探》、郭元兴《读经法》等。

楚怀王太子璜(即楚顷襄王)之师卒,随葬大量竹简,今人辑为《郭店楚墓竹简》一书。

按:《郭店楚墓竹简》出土于湖北荆门四方乡郭店村1号楚墓。据发掘报告及学者研究,该墓年代约当公元前4世纪末,不晚于公元前300年,今据以系于是年。学者推断,墓主可能为楚怀王太子璜(即楚顷襄王)之师。郭店楚墓竹简十分珍贵,主要是儒家与道家著作。其道家著作今人整理为《老子》甲、乙、丙与《太一生水》等4篇;儒家著作则有《缁衣》、《鲁穆公问子思》、《穷达以时》、《五行》、《唐虞之道》、《忠信之道》、《成之闻之》、《尊德义》、《性自命出》、《六德》、《语丛》一至四等共计14篇。简书内容非常丰富。该书出版后,于学术界引起了很大震动,在学术史上有重大意义(参见荆门市博物馆编《郭店楚墓竹简》,文物出版社1998年)。

周赧王十六年　壬戌　前299年

楚怀王入秦,秦扣留之。

按:据《史记·楚世家》载,楚怀王三十年,秦人伐楚,取八城。秦王遗楚王书曰："始寡人与王约为兄弟,盟于黄棘,太子为质,至欢也。太子陵杀寡人之重臣,不谢而亡去。寡人诚不胜怒,使兵侵君王之边。今闻君王乃令太子质于齐以求平。寡人与楚接境壤界,故为婚姻,所从相亲久矣。而今秦楚不欢,则无以令诸侯。寡人愿与君王会武关,面相约,结盟而去,寡人之愿也!"楚王患之,欲往,恐见欺,欲不往,恐秦益怒。昭雎曰:"王毋行,而发兵自守耳!秦,虎狼,不可信,有并诸侯之心!"怀王之子子兰劝王行,王乃入秦。秦令一将诈为王,伏兵武关,楚王至则闭关劫之,与俱西。至咸阳,朝章台,如藩臣礼,要以割巫、黔中郡。楚王欲盟,秦王欲先得地。楚王怒曰:"秦诈我,而又强要我以地!"因不复许。秦人留之。

楚人因怀王拘于秦而立顷襄王横。

按：据《史记·楚世家》载,楚大夫以怀王拘于秦,太子质于齐,欲立怀王子在国者,昭雎曰:"王与太子俱困于诸侯,今又背王命而立其庶子,不宜。"乃诈讣于齐,齐王归楚太子横,楚人立之,是为顷襄王。

孟尝君田文入相秦。

按：《资治通鉴·周纪三·周赧王十六年》曰:"秦王闻孟尝君之贤,使泾阳君为质于齐以请。孟尝君来入秦,秦王以为丞相。"《史记·六国年表》及《孟尝君列传》均有叙述。

屈原劝楚怀王勿与秦昭王会。

按：屈原被放汉北,后约于前300年回到郢都,但仍不能参与朝政议事。因为他没有相应的官职,也就没有什么资格。但他的博学多闻,使怀王在遇到一些重大问题时,仍会向他征询。《史记·楚世家》曰:"(怀王)三十年,秦复伐楚,取八城。秦昭王遗楚王书曰:'……今秦楚不欢,则无以令诸侯。寡人愿与君王会武关面相约,结盟而去,寡人之愿也。'"楚怀王三十年即前299年。《史记·屈原贾生列传》曰:"时秦昭王与楚婚,欲与怀王会。怀王欲行,屈平曰:'秦,虎狼之国,不可信,不如毋行!'"其谏词与《楚世家》载大臣昭雎所谏怀王辞一致。可知,针对怀王是否赴秦昭王会一事,楚臣有争议,而屈原确曾极力劝阻怀王勿行。怀王不听,行,果拘于秦,身死异国。

苏秦以"桃梗人"、"土偶人"作喻,劝孟尝君勿入秦。

按：据《战国策·齐策三》曰:孟尝君将入秦,止者千数而弗听。苏秦欲止之。孟尝曰:"人事者,吾已尽知之矣。吾所未闻者,独鬼事耳。"苏秦曰:"臣之来也,固不敢言人事也,固且以鬼事见君。"孟尝君见之。谓孟尝君曰:"今者臣来,过于淄上,有土偶人与桃梗相与语。桃梗谓土偶人曰:'子西岸之土也,挺以为人,至岁八月降雨下,淄水至,则汝残矣。'土偶曰:'不然,吾西岸之土也,吾残则复西岸耳。今子,东国之桃梗也,刻削子以为人,降雨下,淄水至,流子而去,则子漂漂者将何如耳?'今秦,四塞之国,譬若虎口,而君入之,则臣不知君所出矣。"孟尝君乃止。苏秦以"鬼事"——"土偶人与桃梗相与语"说孟尝君之事,也见于《说苑·正谏》,而《赵策一》记苏秦说李兑辞中"夜半土梗人与木梗人斗曰"云云,其内容、手法全与此同。盖苏秦好以"鬼事"说人欤?抑为后人传播增饰欤?

又按：《史记·孟尝君列传》曰:"秦昭王闻其贤,乃先使泾阳君为质于齐,以求见孟尝君。孟尝君将入秦,宾客莫欲其行,谏,不听。苏代谓曰:'今旦,代从外来,见木禺人与土禺人相与语。木禺人曰:天雨,子将败矣。土禺人曰:我生于土,败则归土。今天雨,流子而行,未知所止息也。今秦,虎狼之国也,而君欲往,如有不得还,君得无为土禺人笑乎？'孟尝君乃止。"《史记索隐》曰："谓以土木为之偶，类于人也。苏代以土偶比泾阳君，木偶比孟尝君也。"内容与上述《战国策·齐策三》所载"土偶人与桃梗人相与语"同，只是苏秦变成了苏代。盖因太史公误记苏秦死于燕王哙卒年，而将其后苏秦之事记于苏代名下。但孟尝君最终还是迫于秦的压力，去秦了，初为秦相，后被囚，凭其门客之力逃归齐。可参前298年记事。

楚人诈言楚怀王卒，薛公田文欲归楚太子横，苏秦谏之。

按：《战国策·齐策三》载：楚王死，太子在齐质，苏秦谓薛公曰："君何不留太子，以市其下东国。"薛公曰："不可。我留楚太子，郢中立王，然则我抱空质，而行不义于天下也。"苏秦曰："不然，郢中立王，君因谓其新王曰：与我下东国，吾为王杀太子。不然，吾将与三国共立之。然则下东国可得也。"据《史记·秦本纪》、《楚世家》，楚怀王卒在顷襄王立三年（前296），盖此年楚人为绝秦望，欲立太子横，而横却质于齐，楚人无奈而诈言怀王卒以求齐人归太子横。苏秦之谏，田文未纳，但可证其时苏秦已在齐。《战国策·齐策三》曰："臣之来也，固不敢言人事也，固且以鬼事见君。"也可互证其时苏秦正在齐。

是年，《竹书纪年》记事终。

按：《春秋经传集解后序》曰："《纪年》：今王终二十年。"古本、今本《竹书纪年》辑佚本都将此条置于最末。《史记索隐·魏世家》曰："《汲冢纪年》终于哀王二十年。"《集解》引荀勖转引和峤曰："《纪年》起自黄帝，终于魏之今王。今王者，魏惠成王子……《世本》惠王生襄王而无哀王，然则今王者魏襄王也。"魏襄王二十年为前299年，即本年也。

周赧王十七年　癸亥　前298年

秦昭王欲杀孟尝君，孟尝君得门客中"鸡鸣狗盗"之徒出力，自秦亡归，复为齐相。

按：据《史记·孟尝君列传》，秦昭王以孟尝君为相，或谓秦王曰："孟尝君相秦，必先齐而后秦，秦其危哉！"秦王乃以楼缓为相，囚孟尝君，欲杀之。孟尝君使人求解于秦王幸姬，姬曰："愿得君白狐裘。"孟尝君有白狐裘，已献之秦王，无以应姬求。客有善为狗盗者，入秦藏中，盗狐白裘以献姬。姬乃为言之王而遣之。王后悔，使追之。孟尝君至关，关法，鸡鸣而出客，时尚早，追者将至，客有善为鸡鸣者，野鸡闻之皆鸣。孟尝君乃得脱归。始孟尝君列此二人于宾客，宾客尽羞之，及孟尝君有秦难，卒此二人拔之，至是之后，客皆服。孟尝君归齐，复为齐相。是年，齐与魏、韩共击秦于函谷。《史记·孟尝君列传》载，孟尝君归，怨秦，与齐、韩（一说齐、韩、魏）共击秦。《战国策·秦策四》曰："三国攻秦，入函谷。秦王谓楼缓曰：'三国之兵深矣，寡人欲割河东而讲。'对曰：'割河东，大费也；免于国患，大利也，此父兄之任也。王何不召公子池而问焉？'王召公子池而问之，对曰：'讲亦悔，不讲亦悔。'王曰：'何也？'对曰：'王割河东而讲，三国虽去，王必曰：惜矣！三国且去，吾特以三城从之。此讲之悔

公元前298年，罗马人入萨谟奈人首府博维埃楠。

婆陀罗波霍第一卒，生年不详。印度耆那教领袖，哲学家。

也。王不讲,三国入函谷,咸阳必危,王又曰:惜矣,吾爱三城而不讲!此又不讲之悔也。'王曰:'钩吾悔也,宁亡三城而悔,无危咸阳而悔也。寡人决讲矣!'卒使公子池以三城讲于三国,三国之兵乃退。"缪文远《战国史系年辑证》曰:"《通鉴》载齐、韩、魏三国攻秦于周赧王十九年,楚怀王卒后。"黄式三《周季编略》谓:"据《周策》及《孟尝君传》云'孟尝君欲令秦出(楚)怀王以和',则《通鉴》误也。"

赵惠文王元年,封公子胜为平原君。

按:《史记·六国年表》曰:"以公子胜为相,封平原君。"《资治通鉴·周纪三》曰:"赵王封其弟胜为平原君。"《通鉴》不书其为相,盖于表文有疑也。黄式三《周季编略》曰:"是时惠文王只十三岁,胜为王之同母弟,年不过十一二岁,武灵王或宠而封之,难言其必无此事。《年表》云'以公子胜为相,封平原君',武灵王昏眊不应至此,故此年只书封胜而已,书为相于(赧王)五十年。"公子胜即赵胜,初封于平原,故称平原君。

周赧王十九年　乙丑　前296年

齐与韩、魏、赵、宋、中山五国联合攻秦。

按:《史记·秦本纪》曰:"(秦昭襄王)十一年,齐、韩、魏、赵、宋、中山五国(中山此时已属赵,故云五国)共攻秦。至盐氏而还。秦与韩、魏河北及封陵以和。"齐、韩、魏攻秦,历时三年,是年破函谷关,危及咸阳。秦求和,归还韩河外及武遂;归还魏河外及封陵,三国乃退军。其事《韩非子·存韩》、《内储说上》及《战国策·秦策四》皆有载。杨宽《战国史料编年辑证》曰:"三国攻秦函谷先后有三年之久,赵、宋持观望态度,及是年三国得胜,攻入函谷,于是赵、宋起兵与齐、魏、韩三国向河东进攻,攻至盐氏,迫使秦国归还已占有之河外及封陵、武遂,此皆韩、魏两国重要防守要塞,经两国收复,可以解除秦东侵之威胁。"

赵与齐、燕共灭中山。

按:《史记·赵世家》曰:"(惠文王)三年,灭中山,迁其王于肤施。起灵寿。北地方从,代道大通,还归,行赏,大赦,置酒,酺五日。"

屈原是年前后再度遭谗而被流放江南。

按:《史记·屈原贾生列传》曰:"长子顷襄王立,以其弟子兰为令尹。楚人既咎子兰以劝怀王入秦而不反也。屈平既嫉之,虽放流,睠顾楚国,系心怀王,不忘欲反,冀幸君之一悟,俗之一改也。其存君兴国而欲反覆之,一篇之中三致志焉。然终无可奈何,故不可以反,卒以此见怀王之终不悟也……怀王以不知忠臣之分,故内惑于郑袖,外欺于张仪,疏屈平而信上官大夫、令尹子兰。兵挫地削,亡其六郡,身客死于秦,为天下笑……令尹子兰闻之大怒,卒使上官大夫短屈原于顷襄王,顷襄王怒而迁之。"据此可知,令尹子兰短屈原于顷襄王,屈原再度遭流放当在顷襄王立,怀王客死于秦之后。据《史记·秦本纪》、《楚世家》等,怀王客死秦国在本年(详下条),故屈原再度遭流放盖在本年前后。又据屈原作品《涉江》所叙内容多江南景象,而后人多认为《涉江》为屈原再度流放时作品，故屈原再度遭放，其地应在江南一带。据赵逵夫先生《屈原与他的时代》考证，其地当在楚黔中、洞庭湖一带，即所谓沅湘流域。

楚怀王卒于秦。楚人怜之，如悲亲戚。楚南公曰："楚虽三户，亡秦必楚。"

按：据《史记·秦本纪》曰："（秦昭襄王十一年，）楚怀王走之赵，赵不受，还之秦，即死，归葬。"楚怀王走之赵事应在上年，而卒在本年，《史记·秦本纪》叙述笼统。《六国年表》、《楚世家》可互证。怀王槐卒于秦，秦人归其丧。楚人怜之，如悲亲戚。楚南公曰："楚虽三户，亡秦必楚。"楚与秦绝交。并矢志报仇。

周赧王二十年　丙寅　前295年

赵公子成、奉阳君李兑围杀"主父"武灵王于沙丘宫，此谓"沙丘之乱"。其时赵惠文王年少，公子成、李兑遂专赵政。

按：据《史记·赵世家》载：（赵惠文王四年），主父使（惠文）王朝群臣而自从旁窥之，见其长子章傫然也，反北面为臣，诎于其弟，心怜之，于是乃欲分赵而王公子章于代。计未决而辍。主父及王游沙丘，异宫（异宫而处），公子章、田不礼以其徒作乱，诈以主父令召王，肥义先入，杀之。高信即与王（按："王"当作"章"）战。公子成与李兑自国至，乃起四邑之兵入距（拒）难，杀公子章及田不礼，灭其党。公子成为相，号安平君；李兑为司寇。是时惠文王年少，成、兑专政。公子章之败也，往走主父。成、兑因围主父宫。公子章死，成、兑谋曰："以章故，围主父；即解兵，吾属夷矣！"乃遂围之，令："宫中人后出者夷！"宫人悉出。主父欲出不得，又不得食，探雀（雀䨄）而食之。三月余，饿死沙丘宫。主父定死，乃发丧赴诸侯。主父初以长子章为太子，后得吴娃，爱之，为不出者数岁，生子何，乃废太子章而立之。吴娃死，爱弛；怜故太子，欲两王之，犹豫未决，故乱起。以至父子俱死，为天下笑，岂不痛乎。

齐孟尝君田文为齐相，以齐伐宋，朝赵奉阳君李兑。

按：《战国纵横家书》第八章曰："薛公相齐也，伐楚九岁，功（通攻）秦三年，欲以残宋，取進（当作淮）北，宋不残，進（当作淮）北不得。以齐封奉阳君，使梁（梁）、乾（韩）皆效地，欲以取勻（赵），勻（赵）是（氏）不得，身率梁王与成阳君北面而朝奉阳君于邯郸，而赵不得。"这是《苏秦说齐王词》（一）中的一段文字，据马雍《帛书战国纵横家书各篇的年代和历史背景》论断，为前288年齐湣王第一次伐宋之后，苏秦所写。而所述事件齐伐宋、以齐封李兑、使梁韩皆效地、率成阳君朝奉阳君于邯郸皆本年之事。

秦楼缓免相，魏冉代之。

按：《史记·六国年表》、《秦本纪》皆载是年秦楼缓免相，魏冉代之。《战国策·赵策三》曰："赵使仇赫之秦，请相魏冉。宋突谓仇赫曰：'秦不听，楼缓必怨公。公不若阴辞楼子曰：请无急秦王。秦王见赵之相魏冉不急也，且不听公言也，是事而不成，魏冉固德公矣。'"缪文远《战国史系年辑证》曰：宋突之说，乃左右取巧之计，秦昭王卒免楼缓而相魏冉,是仇赫出使,秦如其所请也。又,魏冉任秦地相邦,有出土之"十四年相邦冉"弋可以为证(见《双剑誃古器物图录》卷上)。

苏秦三次说奉阳君李兑。

按:《战国策·赵策一》曰:"苏秦说李兑曰:'洛阳乘轩车(一作里)苏秦,家贫,亲老,无罢车驽马,桑轮蓬箧嬴縢,负书担橐,触尘埃,蒙霜露,越漳、河,足重茧,日百而舍。造外阙愿见于前,口道天下之事。'李兑曰:'先生以鬼之言见我则可,若以人之事,兑尽知之矣。'苏秦对曰:'臣固以鬼之言见君,非以人之言也。'李兑见之,苏秦曰:'今日臣之来也暮,后郭门,藉席无所得,寄宿人田中,傍有大丛,夜半土梗与木梗斗曰:汝不如我,我乃土也,使我逢疾风淋雨,坏沮,乃复归土。今汝非木之根,则木之枝耳,汝逢疾风淋雨,漂入漳、河,东流至海,泛滥无所止。臣窃以为土梗胜也。今君杀主父而族之,君之立于天下,危于累卵,君听臣计则生,不听臣计则死。'李兑曰:'先生就舍,明日复来见兑也。'……明日复见,终日谈而去……明日来,抵掌而谈。李兑送苏秦明月之珠,和氏之璧,黑貂之裘,黄金百镒。苏秦得以为用,西入于秦。"

乐毅于沙丘之乱后乃离赵至魏。闻燕昭王礼贤下士,毅又自魏适燕,燕王任之为亚相。

按:乐毅原为魏将乐羊子后裔,中山国灵寿人,长于兵术。初,赵人举之。《史记·乐毅列传》曰:"乐毅者,其先祖曰乐羊。乐羊为魏文侯将,伐取中山,魏文侯封乐羊以灵寿。乐羊死,葬于灵寿,其后子孙因家焉。中山复国,至赵武灵王时复灭中山,而乐氏后有乐毅。乐毅贤,好兵,赵人举之。及武灵王有沙丘之乱,乃去赵适魏。""沙丘之乱"在前295年。乐毅在赵为武灵王所重,但遭此突变,居赵已无意义。故去赵至魏。后来,"闻燕昭王以子之之乱而齐大败燕,燕昭王怨齐,未尝一日而忘报齐也。燕国小,辟远,力不能制,于是屈身下士,先礼郭隗以招贤者。乐毅于是为魏昭王使于燕,燕王以客礼待之。乐毅辞让,遂委质为臣,燕昭王以为亚卿,久之"。燕昭王招贤,据《史记·燕世家》等处载,当在燕昭王即位之初,即前311年。据《六国年表》、《史记集解》引《竹书纪年》,前314年,赵召燕公子职于韩,后二年立为燕昭王。赵召燕公子时乐毅在赵,燕昭王能即位,赵有其功。故以往许多学者皆以为乐毅是在燕昭王之初到的燕国。其实,本年之前,乐毅一直在赵国,乐毅去赵之魏在"沙丘之变"后,故燕昭王即位之初乐毅并未之燕。盖其至魏不久即为魏使燕,故乐毅至燕最早也应在本年即燕昭王十七年(前295)后。

周赧王二十一年　丁卯　前294年

周最为吕礼定和齐之策,秦魏冉、吕礼出演"苦肉计",使吕礼奔齐,齐湣王任以为相,秦全力对付韩、魏。

按:《史记·穰侯列传》曰:"魏冉相秦,欲诛吕礼,礼出奔齐。"《秦本纪》曰:"(秦昭襄王十三年),五大夫礼出亡,奔魏。"《史记·孟尝君列传》曰:"其后,秦亡将吕礼相齐。"似以"奔齐"为是。《史记·六国年表》:周赧王二十一年(前294年),(齐)田甲劫王,相薛文走。而吕礼主张和齐、秦,故奔齐后,齐湣王任以为相。唐兰认为:

"秦国为了联齐,先由秦将吕礼假作逃到齐国,使齐王赶走周最而相吕礼。"(见文物出版社1976年《长沙马王堆帛书战国纵横家书》附唐兰《司马迁所没有见过的珍贵史料——长沙马王堆帛书战国纵横家书》)杨宽《战国史料编年辑证》也以为"吕礼并非由秦出奔之亡臣,乃秦派遣入齐企图拉拢齐国之重臣。所谓吕礼出亡奔魏、奔齐,乃吕礼入齐时假托之辞。《孟尝君列传》称'秦亡将吕礼相齐',非是。《秦本纪》载昭王十九年'王为西帝,齐为东帝,皆复去之,吕礼自来归'。《穰侯列传》亦谓'昭王十九年秦称西帝,齐称东帝,月余,吕礼来,而齐、秦各复归帝为王'"。唐、杨二先生所说是。盖其时秦与韩、魏战方酣,恐齐人乘其虚而收其利。吕礼奔齐复相齐而使齐行亲秦之政,秦则可全力对付韩、魏也。而有大败韩、魏之师于伊阙,斩首二十四万,虏公孙喜,拔五城之辉煌战绩,秦将白起扬名(详下)。秦相魏冉与吕礼素无冤仇,"欲诛吕礼"云云,亦如后世"周瑜打黄盖",实苦肉计也,后(齐湣王十三年,前288)魏冉亲自跑到齐国致帝,秦为西帝,齐为东帝,即可证魏、吕实是合谋,后因苏秦说齐王而去帝号。

又按:《战国策·东周策》曰:"周最谓吕礼(吕礼,一本作石礼,从鲍本)曰:'子何不以秦攻齐?臣请令齐相子,子以齐事秦,必无处矣。子因令最居魏以共之,是天下制于子也。子东重于齐,西贵于秦,秦、齐合,则子常重矣。'"可知划"吕礼出亡,奔魏、奔齐,相齐"之主可能是谋士周最。《史记正义·孟尝君列传》曰:"周最,周之公子。"《东周策》中记周最活动颇多。曾任魏相,似乎主张反秦。依唐兰说,时周最正任齐相,不知何故而为秦谋,并促成吕礼相齐。

苏代说孟尝君。

按:《史记·孟尝君列传》曰:"其后,秦亡将吕礼相齐,欲困苏代。代乃谓孟尝君曰:'周最于齐,至厚也,而齐王逐之,而听亲弗(《集解》:"亲弗,人姓名。"《史记索隐》曰:"亲,姓;弗,名也。《战国策》作'祝弗',盖'祝'为得之")相吕礼者,欲取秦也。齐、秦合,则亲弗与吕礼重矣。有用,齐秦必轻君。君不如急北兵,趋赵以和秦、魏,收周最以行,且反齐王之信,又禁天下之变。齐无秦,则天下集齐,亲弗必走,则齐王孰与为其国也。"据《六国年表》,周赧王二十一年(前294年),齐田甲劫王,相薛文出走。齐湣王以自秦奔齐的吕礼为相。苏代说孟尝君应在此后不久。

周赧王二十二年　戊辰　前293年

楚复与秦和。

按:据《史记·楚世家》,秦王遗楚王书曰:"楚倍秦,秦且率诸侯伐楚,争一旦之命。愿王之饬士卒,得一乐战!"楚王患之,乃复与秦和亲。盖其时秦兵新挫韩、魏之师,而楚国屈原被逐在外,抗秦派处劣势。

白起大败韩、魏之师,伊阙之战结束。白起升任国尉,并由此扬名。

按:"伊阙之战"盖因秦魏冉当政后,向东拓地而起。《史记·秦本纪》《魏世家》载:(秦昭襄王)十三年,向寿伐韩,取武始。左更白起,取新城。(秦昭襄王)十三年,秦败魏师于解。韩、魏自知势弱,遂联手对付秦国。韩将公孙喜(一说魏将)与魏伐秦,秦相魏冉左更(秦爵十二级)白起代向寿为将,大败韩、魏之师于伊阙,斩首二十四万,虏公孙喜,拔五城。秦升白起为国尉(昭王时于大良造下设国尉,后白起升任大良造),又涉黄河取韩安邑以东至乾河之地。其事《白起列传》、《韩世家》也有载。秦简《编年记》:(秦昭王)十三年,攻伊阙。于秦昭王十四年也书"伊阙"之战,可知此战役自上年(秦昭王十三年)延续至本年。"伊阙之战"使秦将白起扬名。

周赧王二十五年　辛未　前290年

公元前290年,罗马人及萨谟奈人盟,遂尽取中意大利。

麦加斯梯尼卒(约前350—)。希腊历史学家,外交家。

燕王使苏秦为卿并与之封邑。苏秦以五十乘入齐,齐相韩日寅迎于高间,亲御以入。苏秦说齐王。

芒卯以辩才见重于魏。

按:芒卯,又作孟卯、昭(明之误)卯,生平不详。然其以辩才(《史记》称"以诈")见重于秦、魏事频见于《战国策》、《吕氏春秋》、《韩非子》等文献。如《战国策·魏策三》曰:"秦、赵约而伐魏,魏王患之。芒卯曰:'王勿忧也,臣请发张倚使谓赵王曰:夫邺,寡人固刑(形)弗有也。今大王收秦而攻魏,寡人请以邺事大王。'赵王喜,召相国而命之曰:'魏王请以邺事寡人,使寡人绝秦。'相国曰:'收秦攻魏,利不过邺;今不用兵而得邺,请许魏。'张倚因谓赵王曰:'敝邑之吏效城者已在邺矣,大王且何以报魏?'赵王因令闭关绝秦,秦、赵大恶。芒卯应赵使曰:'敝邑所以事大王者,为完邺也。今效邺者,使者之罪也,卯不知也。'赵王恐魏承秦之怒,遽割五城以合于魏而支秦。"《史记·六国年表》魏昭王六年(前290)书:"芒卯以诈见重。"盖指此事。《战国策·魏策三》又曰:"芒卯谓秦王曰:'王之士未有为之中者也,臣闻明主不胥中而行。王之所欲于魏者,长羊、王屋、洛林之地也。王能使臣为魏之司徒,则臣能使魏献之。'秦王曰:'善。'因任之以为魏之司徒。谓魏王曰:'王所患者上地也,秦之所欲于魏者,长羊、王屋、洛林之地也。王献之秦,则上地无忧患。因请以下兵东击齐,攘地必远矣。'魏王曰:'善。'因献之秦。地入数月而秦兵不下。魏王谓芒卯曰:'地已入数月,而秦兵不下,何也?'芒卯曰:'臣有死罪,虽然,臣死则契折于秦,王无以责秦。王因赦其罪,臣为王责约于秦。'乃之秦,谓秦王曰:'魏之所以献长羊、王屋、洛林之地者,有意欲以下大王之兵东击齐也,今地已入,而秦兵不可下,臣则死人也,虽然,后山东之士,无以利事王者矣。'秦王惧然曰:'国有事,未澹下兵也,今以兵从。'后十日,秦兵下,芒卯并将秦魏之兵以东击齐,启地二十二县。"其事也见载于《吕氏春秋·应言》。则芒卯非特使"诈",也有以辩才而成其事者。今依《六国年表》系于此。

宋钘卒(约前360—)。宋钘,又称宋(《孟子·告子》)、宋荣子(《庄子》、《韩非子》)、宋子、子宋子(《荀子》),或云宋人(赵岐、杨倞),与孟子年齿相当或稍前(《孟子·告子》中称宋为先生),齐宣王时,与尹文等同游稷下,为稷下名士。著有《宋子》十八篇,今佚。

按：宋钘卒年无考，今据钱穆《诸子生卒年世约数表》系其卒于本年。宋钘事迹散见于《孟子》、《庄子》、《荀子》、《韩非子》等文献中。《庄子·天下》将宋钘、尹文并称合论。班固《汉书·艺文志》著录《宋子》十八篇，今已佚。在小说家；而《尹文子》一篇在名家，这说明汉人已觉宋、尹二人学术有不同处（参看前285年尹文子条）。荀子则将宋钘与墨子并举。今细究宋子思想，驳杂庞宽。其"见侮不辱，救民之斗，禁攻寝兵，救世之战"（见《庄子·天下》）之论很像墨子、禽滑釐"非攻、兼爱"学说，故荀子将其与墨子并举，后世也多有将其归入墨家一派者。其"语心之容，命之曰心之行……其为人太多，其自为太少"，"弟子虽饥，不忘天下"（同前），"宋荣子之议，设不斗争，取不随仇，不羞囹圄，见侮不辱，世主以为宽而礼之。"（《韩非子·显学》），很像儒家。其"不累于俗，不饰于物，……不为苛察，不以身假物……以情欲寡浅为内。其小大、精粗，其行适至是而止"（见《庄子·天下》），又属道家风范。其"以此周行天下，上说下教，虽天下不取，强聒而不舍者也"（见《庄子·天下》），又像小说家的做法、纵横家的行事。其实，先秦诸子（尤其是稷下诸子）大多博通万方，兼操诸术，并非某家某派理论所能框囿，宋钘、尹文、田骈、慎到、荀子皆是如此，硬行给某一文人定某家某派，对全面考察其思想是不利的。

吕不韦（ —前235）是年前后生。

按：《史记·吕不韦列传》曰："吕不韦者，阳翟（《正义》：'阳翟，今河南府县'）大贾人也。往来贩贱卖贵，家累千金。秦昭王四十年，太子死。其四十二年，以其次子安国君为太子。安国君有子二十余人……安国君中男名子楚……子楚为秦质子于赵。"因秦、赵交战，子楚在赵处境艰难，吕不韦做买卖到赵邯郸时曾见子楚而怜之，并认为"此奇货可居"。后又以五百金西游秦说华阳夫人，华阳夫人又说安国君立自赵归秦的子楚为储子。子楚即后来的庄襄王。"秦昭王五十年（前257），使王齮围邯郸，急，赵欲杀子楚，子楚与吕不韦谋，行金六百斤予守者吏，得脱，亡赴秦军，遂以得归"，因而，吕不韦见子楚必在前257年以前。据《吕不韦列传》述其见子楚时因贾已"家累万金"。同时，从其对子楚的评价和西游秦的做法可以看出，吕不韦此时已老谋深算、谙于世事。因而前257年时，吕不韦至少应在30岁以上。以此上推，其生当在前290年前后。钱穆《先秦诸子系年·诸子生卒年世约数表》也断吕不韦生于本年。

周赧王二十六年　壬申　前289年

屈原流放在沅、湘一带，作《哀郢》。

按：《哀郢》所写百姓沿江水、夏水向东逃亡的情景，究竟反映了什么事件，学术界看法不一。但《哀郢》所回忆诗人离开郢都的情景，肯定非前278年白起破郢、顷襄王迁陈之事。《哀郢》亦非写于顷襄王三十年（前269年）或二十一年（前278年）。据赵逵夫《屈原与他的时代》考证，《哀郢》"东迁"乃是写顷襄王元年秦攻楚，秦军迅速向南、向东逼近，楚君臣百姓仓皇东逃之事。在秦军发起进攻，楚北部防守连连失利的情况下，令尹子兰等亲秦的旧贵族，将责任推到屈原身上，将他放逐江南之野。

其地当在楚黔中、洞庭湖一带，即所谓沅湘流域。屈原离开郢都，到了洞庭湖中，原打算到沅湘一带去，后因秦军进军迅速，恐沅湘一带也将为秦军所有，故又出湖，沿江东下，至彭蠡泽。后又沿庐水西南行，至陵阳，其地在今江西省西部庐陵西北，靠近湖南湘水流域。大约在当年秋天，又由原路返回洞庭湖，沿沅水到溆浦。《哀郢》一诗作于九年之后，当是顷襄王十年（前289年）。

孟轲是年前后卒（约前372—　　）。孟子，名轲，一说字子舆，邹人。先世系鲁国公族，受业于子思之门人。曾在宋偃王称王时，游历宋国、滕国，先后得见魏惠王、魏襄王，继而任齐宣王客卿。晚年与门人万章、公孙丑等著书立说。《汉书·艺文志》著录《孟子》十一篇。另有《外书》四篇，学界已断为伪书。事迹见《孟子》、《史记·孟子荀卿列传》。今传本为《孟子》七篇十四卷。

按：宋元间，《孟子》被列为儒家"十三经"之一（但《宋史·艺文志》仍列在子部儒家），朱熹合《大学》、《中庸》、《论语》、《孟子》作《四书章句集注》，后世作为科举取士标准，孟学更盛。孟子之文好用寓言、比喻说理，形象生动，语言较通俗易懂。论辩言辞尖锐犀利，极富"文气"，有较高的文学成就，对中国散文的发展有很大的影响。但其论说文字不够周密，缺乏逻辑性，引用文献、史实时不够准确，甚至有些随意（如引《诗经》凡三十余处，大多有断章取义、穿凿附会之嫌），这多少影响了它的说服力。在思想上，孟子主张"法先王"，劝说国君"行仁政"，恢复井田制，"省刑薄税"，使民有"恒产"，以使"黎民不饥不寒"，以巩固其统治。他提出了"民为贵，社稷次之，君为轻"的著名论断，将先秦时期的"民本"思想发展到了一个崭新的高度。他认为人人皆有恻隐之心、羞恶之心、辞让之心、是非之心这"四心"，倡导性善论，认为人性本善，但"庶民去之，君子存之"，故主张对人进行教化，认为"善政不如善教"。他自己常常是"后车数十乘，从者数百人"，把"得天下英才而教育之"当作君子的"三乐"之一。故孟子也是一名教育家。他还把人分为"劳心者"和"劳力者"，认为"君子劳心，小人劳力"，"劳心者治人，劳力者治于人；治于人者食人，治人者食于人"，是天下之通义。概言之，孟子思想在儒家哲学中紧承子思一派，后世称为"思孟学派"。他以孔门嫡系正传自居，一生以弘扬孔子之道为己任，是战国中期儒家学派的最大代表，在中国思想史上影响巨大，后世有"亚圣"之称。孟子卒年，与其生年一样，也说法不一。程复心《孟子年谱》、魏源《孟子年谱》均定在前289年；周广业《孟子四考》定在前302年；任兆麟《孟子时事略》定在前291年；钱穆《先秦诸子系年·通表》定在前305年。今从程复心《孟子年谱》说。有关孟子弟子，《史记》无传。顾炎武《日知录》卷七有《孟子弟子》一节，专论孟子弟子，可参。焦循《孟子正义》曰："赵氏注弟子十五人：万章、公孙丑、乐正子、陈臻、公都子、充虞、徐辟、高子、咸丘蒙、陈代、彭更、屋庐子、桃应、季孙、子叔。学于孟子者四人：孟仲子、告子、滕更、盆成括。"今存东汉赵岐《孟子章句》十四卷为最早注本。清代江都焦循《孟子正义》三十卷最为详赡。此二本皆易得。《孟子外书》四篇，有晋綦毋邃注本、宋刘攽注本、熙时子注本，在各丛书中。后世其他注本、白话译本甚多，兹不赘述，今人杨伯峻《孟子译注》为其中成就较著者。

周赧王二十七年　癸酉　前288年

十月，秦魏冉至齐致齐为东帝，秦自称西帝。不久，苏秦至齐，说齐王去帝号，齐王从之。十二月，齐、秦皆去帝号，复称王。

按：《史记·六国年表》：秦昭王十九年，"十月为帝，十二月复为王"。齐栏："为东帝二月，复为王。"秦、齐称帝为当时大事，《战国策·齐策四》、《韩非子·内储说下》、《吕氏春秋·应言》及《史记·秦本纪》、《田敬仲完世家》、《魏世家》、《楚世家》、《赵世家》、《穰侯列传》、《乐毅列传》等处皆有记载。核之帛书《战国纵横家书》可知，秦昭王十九年，秦自称西帝于宜阳，遗魏冉致齐王为东帝，欲共伐赵。时苏秦自燕适齐，齐王曰："嘻！善，子来，秦使魏冉致帝，子以为何如？"苏秦对曰："王之问臣也卒，而患之所从来微，愿王受之而勿备称也。"（此句《田敬仲完世家》本作苏代语，据《战国纵横家书》、《战国策·齐策四》作为苏秦语。）齐王从之，去帝号。齐王遂与赵会于阿，苏秦与之，约赵合纵，共议合五国共伐秦。秦不得已也废帝号，复称王，并返还赵、魏部分侵地以请服（详下）。是年，齐、赵遇于阿，约联合攻秦事，苏秦参与其事。（《战国纵横家书》）按：帛书《战国纵横家书》第四章："齐、赵遇于阿，（燕）王忧之。臣（苏秦）与于遇，约攻秦去帝。"阿之会，两国相约，齐取消帝号，与赵联合攻秦。赵国则同意齐国攻宋。齐称帝只有两个月就自行取消，使秦的联齐伐赵计划落空。缪文远《战国策新校注》曰："依《竹书纪年》，此当齐闵(湣)王十三年，鲍据《史记》谓其在三十六年，吴据《通鉴》谓其在二十年，均误。"苏秦便是在此种情况下自燕至齐，终于使齐王背秦单方面取消帝号，秦也不得不取消帝号。不久，吕礼回秦国，秦的笼络齐国以全力对付别国的意图暂时落空。《战国策·齐策四》"苏秦自燕之齐"、"苏秦谓齐王曰"两章即记此事。从《战国纵横家书》第九章的语气看，苏秦在赴齐的前夕，曾自燕作书寄给齐湣王。

吕礼去齐相，自齐归秦，为秦反间齐国之计为苏秦所破。

按：齐去帝号，背约摈秦。吕礼去齐相，自齐归秦，秦亦去帝号复称王。吕礼反间结束，此苏秦合纵之效也。

是年前后，《孟子》基本成书。

按：《孟子》一书的作者及成书年代历来说法不一，主要观点有二：其一，认为是孟子卒后，由他的弟子公孙丑、万章等人，根据他生前的言论缀辑编定的。最早提出此看法的是三国时姚信（见《太平御览》所引《士纬》）。后来唐韩愈、张籍、林慎思，宋苏辙、晁公武，清崔述等也都主此说。韩愈《答张籍书》曰："孟轲之书，非轲自著。轲既殁，其徒万章、公孙丑相与记轲所言焉耳。"林慎思因怀疑《孟子》的作者而自撰《续孟子》以续演孟子的学说。《崇文总目》曰："慎思以为《孟子》七篇非轲著书，而弟子共记其言，不能尽轲意，因传其说演而续之。"至晁公武，其《郡斋读书志》卷一〇具体分析了《孟子》非孟子自撰的原因："韩愈以此书为弟子所会集……非轲自作。今考于轲之书则知愈言非妄发也。其书载孟子所见诸侯皆称谥，如齐宣王、梁惠王、梁襄王、滕定公、滕文公、鲁平公是也。夫死，然后有谥，轲著书时所见诸侯不应皆死。且惠王元年至平公之卒，凡七十七年；孟子见惠王，王目之曰叟，必已老矣，决不见平公之卒也。故予以愈言为然。"晁公武的结论是正确的。崔述《孟子事实录》曰："余按，谓《孟子》一书为公孙丑、万章所纂述者，近是；谓孟子与之同撰，或孟子所自撰，则非也。《孟子》七篇之文往往有可议者。如'禹决汝、汉，排淮、泗，而注之江'，'伊尹五就汤，五就桀'之属皆于事理未合。果孟子所自著，不应疏略如是，一也。七篇中，称时君皆举其谥，如梁惠王、襄王、齐宣王、鲁平公、邹穆公皆然，乃至滕文公之年少亦如是。其人未必皆先孟子而卒，何以皆为谥，二也。七篇中，于孟子门人多以子称之，如乐正子、公都子、屋庐子、徐子、陈子皆然；不称子者无几。果孟子所自著，恐未必自称其门人皆曰子，三也。细玩此书，盖孟子之门人万章、公孙丑等所追述，故二子问答之言在七篇中为最多，而二子在此书中亦皆不以子称也。"崔述此说，就诸侯称谥、门人称"子"问题所谈看法有理。但崔述有一个前提是错的，即以为孟子不会有错。故结论仍有商榷之处。近代蒋伯潜《诸子通考》亦以为："孟子既卒，弟子万章、公孙丑等，纂述其言，辑为《孟子》七篇云。"

其二，认为《孟子》是由孟子与其弟子共同编著的，其主要作者为孟子本人。司马迁最早提出此说。《史记·孟子荀卿列传》曰："而孟轲乃述唐、虞、三代之德，是以所如者不合。退而与万章之徒序《诗》、《书》，述仲尼之意，作《孟子》七篇。"此段话很清楚地说明，司马迁认为是孟子与其弟子一起编订了《孟子》。今人杨伯峻《孟子译注》认为：据《史记·孟荀列传》，《孟子》是孟轲老而不得意，"退而与万章之徒序《诗》、《书》，述仲尼之意，作《孟子》七篇"。这话可信。现存《孟子》中，有他学生万章等人的笔墨，如《滕文公上》第一章'孟子道性善，言必称尧舜'，这便像孟子学生作的，不像孟子自己说的。"杨先生还特别举出三点来说明这一点："《论语》成书，孔子不曾看到；《孟子》则是他自己参加写定的。他可能有意仿效《论语》：第一，《孟子》七篇，也只是摘取开头一句两三个字作篇名，而且没有意义，更不代表各篇主要内容，如《庄子》的《逍遥游》、《齐物论》均有意义和主旨。第二，每篇之中各章之间很少逻辑联系，和《论语》相同。第三，最后一章，都是从尧舜讲到自己，似乎自己是尧、舜、禹、汤、文武等圣王明主学说的继承人，前人叫做道统，韩愈的《原道》便提出他自己是这一道统孔、孟的继承人，孟子和韩愈都只是暗示而未明说罢了。"杨先生此说有理。其三，认为《孟子》是孟子本人撰写的。赵岐《孟子题辞》、朱熹《朱子大全》、金履祥《孟子集注考证》、阎若璩《孟子生卒年月考》皆主此说。阎若璩注意到《孟子》诸侯称谥，故用了一个通达的解释："七篇为孟子自作，至韩昌黎故乱其说。《论语》成于门人之手，故记圣人容貌甚悉；七篇成于己手，故但记言语或出处耳。""卒后，书为门人所叙定，故诸侯王皆加谥焉。"（见焦循《孟子正义》引，《新编诸子集成》本，中华书局1996年）今也有人以为"《孟子》七篇是孟子晚年撰作的"（李学勤《先秦儒家著作的重大发现》，见《郭店楚简研究》（《中国哲学》第二十辑），辽宁教育出版社1999年）。但对此说，至少有三点可说明其不能成立。第一，孔子死后，弟子称"师"为"子"，墨子也是如此。这在当时已成风尚。诸子之书，多由弟子编纂而成，在记述老师言论时，多尊称为"某子曰"。诸子不会自称"子"。若《孟子》为其自撰，不会有全书自称"子"之理。孟子对孔子十分推崇，《论语》中无此现象，孟子更不会自称"子"。第二，《孟子》一书对其所见诸侯，如梁惠王、襄王、齐宣王、鲁平公皆称谥号。若《孟子》为其自撰，据钱穆《先秦诸子系年》的考证，其中如齐宣王、梁襄王之卒晚于孟子，他不会知其谥号。第三，《孟子》一书记其弟子，如乐正子、公都子、屋庐子，全书称为"子"，这一点，同《论语》中有子、曾子全书称为"子"，闵子、冉子有时也称"子"是一样的。若《孟子》为其自撰，绝不会称其弟子为"子"。《史记·孟子荀卿列传》曰："孟轲，驺人也。受业子思之门人。道既通，游事齐宣王，宣王不能用。适梁，梁惠王不果所言，则见以为迂远而阔于事情。当是之时，秦用商君，富国强兵；楚、魏用吴起，战胜弱敌；齐威王、宣王用孙子、田忌之徒，而诸侯东面朝齐。天下方务于合从连衡，以攻伐为贤，而孟轲乃述唐、虞、三代之德，是以所如者不合。退而与万章之徒序《诗》、《书》，述仲尼之意，作《孟子》七篇。"今本《孟子》七篇：《梁惠王》、《公孙丑》、《滕文公》、《离娄》、《万章》、《告子》、《尽心》（每篇又各分上下篇），其文章风格比较一致，当是孟子和他的弟子自著，约成书于孟子去世后不久。太史公说《孟子》七篇是孟子与万章之徒共作的，大致可信。本编年系孟子卒于前289年，则《孟子》一书当成于本年前后。班固《汉书·艺文志》著录《孟子》十一篇。东汉应劭《风俗通·穷通篇》也说孟子"作书中外十一篇"。赵岐《孟子题辞》说孟子"退而论集所与高第弟子公孙丑、万章之徒难疑答问，又自撰其法度之言，著书七篇二百六十一章，三万四千六百八十五字（焦循《孟子正义》曰：'（今本《孟子》）七篇，共三万五千二百二十六字，校赵氏所云，实多五百四十一字'），包罗天地，揆叙万类，仁义道德，性命祸福，粲然靡所不载……又有外书四篇，《性善》、《辩文》、《说孝经》、《为政》，其文不能宏深，不与内篇相似，似非孟子本真，后世依放而托之者也"。兹后，汉人所见《外书》四篇亡佚。究竟亡于何时，已无法详考。《隋书·经籍志》未著录《孟子外书》，但著录晋人綦毋邃氏作《孟子注》九卷，盖两晋时尚有《孟子外书》留存，则其亡于六朝欤？而两宋时又见《孟子外书》四篇全本，对此，清人翟灏《四书考异》列"八验三证"，以证其伪，此论为当今学者普遍接受。宋传本《孟子外书》四篇也很快销声匿迹。今本《孟子外书》四篇乃明代姚士粦伪作[其书托名宋熙时子注，前有马廷鸾（《文献通考》作者马端临之父）序和爱日渊（朱熹弟子）的题记]，或以为即宋人伪作（罗焌《诸子学述》第163页，岳麓书社1995年3月），故《孟子外书》四篇不能作为研究孟子的可靠资料来用。考察孟子思想及其散文艺术成就时仍以《孟子》七篇为主要依据。

周赧王二十八年　甲戌　前287年

齐湣王用苏秦之计，齐国第二次攻宋。

按：《战国策·齐策四》，苏秦曰："两帝立，约伐赵，孰与伐宋之利也？"齐王曰："不如伐宋。"又，苏秦对齐王曰："伐赵不如伐宋之利。"《战国纵横家书》第八章，苏秦谓齐王曰："王弃薛公，身断事。立帝，帝立。伐秦，秦伐。谋取勺（赵），得。功（攻）宋，宋残。是则王之明也。"《战国纵横家书》第六章，（齐王使人谓苏秦）曰："寡人与子谋攻宋，寡人恃燕、赵也。今燕王与群臣谋破齐于宋而攻齐甚急，兵率有子循而不知寡人得地于宋，（亦）以八月归兵（撤兵）；不得地，亦以八月归兵。"可知，此次齐伐宋乃齐王听苏秦之计，废帝摈秦，释赵而攻宋。非田文为相，"欲以残宋取淮北"那次，故应为第二次伐宋。

又按：帛书《战国纵横家书》第十章，（苏秦）谓齐王："燕王难于王之不信己也则有之，若虑大恶焉则无之。燕大恶，臣必以死诤之，不能，必令王先知之。必毋听天

公元前287年，罗马平民会议与元老院始完全平等。

泰奥弗拉斯托斯卒（约前372—）。希腊逍遥派哲学家，农学家，植物学家。

下之恶燕交者。以臣所□□□鲁甚焉。臣[愿]大[王休]息士民,毋庸发怒于宋、鲁也。为(如)王不能,则完天下之交,复与梁王遇,[卒]攻宋之事,士民苟可复用,臣必(保证)王之无外患也。若燕,臣必以死必(保证)之。臣以燕重事齐,天下必无敢东视(向)[攻齐],况臣能以天下攻秦,疾与秦相萃也而不解,王欲复攻宋而(则)复之,不而(则)舍之,王为制矣。"帛书《战国纵横家书》第十二章:(苏秦)自勺(赵)献书于齐王曰:"臣(苏秦)以令(齐王意见)告奉阳君曰:'寡人之所以有讲虑者有[四]:寡人之所为(以)功(攻)秦者,为梁(梁)为多。梁(梁)氏留齐兵于观,数月不逆(迎),寡人失望。一,择(释)齐兵于荥阳、成皋、数月不从而功(攻)宋。再,寡人之仍攻宋也,请于梁(梁),闭关于宋而不许。寡人已举(與)宋,讲矣,乃来争得。三,今燕、赵之兵皆至矣,愈疾攻淄(宋、魏交界之地)。四,寡人有(又)闻梁(梁)入两使阴成于秦。'"

又按:缪文远《战国史系年辑证》曰:齐国发动攻秦,并非出自本心,它是想以此威胁秦国,使秦国不敢救宋。因而在公元前287年,齐湣王便发动了第二次攻宋战役,抽调攻秦的军队去攻打宋国,这样,事实上破坏了攻秦的行动,各国都和秦暗中联络,打算与秦单独媾和。五国攻秦联军逐渐趋于瓦解。这次齐国攻宋,楚、魏都派兵和齐国争地,连弱小的鲁国也乘机插手,攻打齐国的徐州(《吕氏春秋·首时》"齐以东帝困于天下而鲁取徐州")。魏相田文、赵国大臣韩徐为都和燕昭王联系,准备乘齐国兵力胶着于攻宋前线,无法分身的时候,联合攻齐。不料事机不密,为齐湣王所知,湣王决定不论这次是否能从宋国得到土地,都要在这年八月撤军,以防备燕国进攻。第二次攻宋之役,遂以齐、宋两国媾和而结束。是年前后,苏秦在齐,上书说齐湣王。(《战国纵横家书》)按:帛书《战国纵横家书》第八章内容,唐兰系于前287年,马雍系于前288年。帛书记"王弃薛公,身断事。立帝,帝立。伐秦,秦伐。谋取勺(赵),得。功(攻)宋,宋残。是则王之明也。"是当时之事,而述薛公田文为齐相,"欲以残宋取進(淮)北"事,则为说往事。至于"立帝,帝立"之事,据《史记·秦本纪》、《田敬仲完世家》、《六国年表》等,秦魏冉约齐并称帝,齐为东帝,秦为西帝为周赧王二十七年(前288年)十月事。故帛书《战国纵横家书》第八章应作于前288年底或前287年初。而帛书第十章,唐兰、马雍均系于前287年。今从之。

苏秦由齐返燕,由燕至梁。在梁分别作书信给燕王、齐王。

按:前287年上半年,苏秦奉齐湣王之命约赵、齐、楚、魏、韩五国共击秦。先至燕,随之又至梁,第十四章即为苏秦自梁寄给齐王之书信。后梁、燕欲乘齐攻宋之机联合攻齐,但此事泄于齐王,齐王欲提前收兵。因不知苏秦为燕"反间"于齐,遂将收兵之事告知苏秦,而苏秦立刻将此情况告知燕王。此为帛书第六章之内容。而第七章为苏秦紧接着向燕王继续写的另一封书信(详细论述可参唐兰、马雍《战国纵横家书》所附文)。

苏秦自梁至赵。在赵分别致书齐王、燕王。

按:唐兰系帛书第二、三两章事在前289年;第一章事在前288年;第十一、十二两章事在前287年。马雍则系此五章在前287年下半年或前286年上半年。据帛书内容及苏秦活动情况,依马雍的考证,我们从其说。实际上,唐、马之说,在年代上十分接近。诸家认识几乎一致。

周赧王二十九年　乙亥　前286年

齐灭宋。齐与楚、魏三分宋地。

按：据《史记·宋微子世家》载，宋君偃荒淫暴虐，"群臣谏者辄射之"，诸侯皆曰"桀宋"。此或为宋君偃晚年事，而杨宽则以为是后人以桀纣事附之亡国之君。是岁，齐王任韩珉（一作韩聂）为相，发兵攻宋，燕出兵助齐，宋民散亡，宋君奔魏，死于温，至此宋国灭。齐与魏、楚三分其地。

荀况在齐，谏齐湣王勿矜功，上书齐相。

按：齐灭宋后，南割楚之淮北，西侵三晋，欲并二周为天子。泗上诸侯邹、鲁之君皆称臣，诸侯恐惧，齐势一时大振。据《史记·秦本纪》、《田敬仲完世家》、《六国年表》等，齐湣王十三年（前288年），秦昭王在宜阳自立为"西帝"，即《吕氏春秋·应言》所记："秦王立帝宜阳。"同时派魏冉之齐，向齐湣王致送"东帝"称号。即《战国策·齐策四》所记："秦使魏冉致帝。"到本年十二月，齐宣布废除帝号，但此时齐为强国。《史记·田敬仲完世家》曰："齐南割楚之淮北，西侵三晋，欲以并周室，为天子。泗上诸侯，邹、鲁之君皆称臣，诸侯恐惧。"在这样的情况下，齐湣王骄横跋扈起来。荀子洞察形势，上书给齐相韩珉，分析情势，指出齐会有灭亡的危险。《荀子·强国篇》有"今巨楚县吾前，大燕鳍吾后，劲魏钩吾右"，"是一国作谋，则三国必起而乘我"之说。其中列举了邻敌而未提及宋，当是灭宋之后的上书。桓宽《盐铁论·论儒》曰："及闵（同湣）王奋二世之余烈，南举楚、淮，北并巨宋，苞十二国，西摧三晋，却强秦，五国宾从，邹、鲁之君，泗上诸侯皆入臣，矜功不休，百姓不堪。诸儒谏不从，各分散，慎到、接子亡去，田骈入薛，而孙卿适楚。"则荀况于本年后去齐至楚。而后来的事实果如《荀子·王制篇》所说"（齐）闵（同湣）王毁于五国"。

公孙龙答赵惠文王偃兵之问。

按：《吕氏春秋·审应》曰："赵惠王谓公孙龙曰：'寡人事偃兵十余年矣，而不可成，兵不可偃乎？'公孙龙对曰：'偃兵之意，兼爱天下之心也。兼爱天下，不可以虚名为也，必有其实。今蔺、离石入秦，而王缟素布总；东攻齐得城，而王加膳置酒。秦得地而王布总，齐亡地而王加膳，所非兼爱之心也。此偃兵之所以不成也。'"

苏秦自赵返齐。在齐致书燕王。

按：苏秦为燕"反间"而仕于齐，时齐王对燕有微辞；同时，燕王又突然派盛庆传令苏秦，告知将以他人代之。苏秦便写信给燕王自明，即为帛书第四章。唐兰系此章于前290年。马雍系于前286年。此事《战国策·燕策二》亦载之。但将"苏秦"作"苏代"。帛书及《战国策》均有"天下攻齐，将与齐兼鄚臣"语。如缪文远《战国策新校注》曰："则当苏秦献书燕王时，'天下攻齐'已有山雨欲来之势。此当为周赧王二十九年（前286年）事。次年，乐毅遂合诸国攻齐。"则此书信应作于前286年。

是年前后，《庄子》一书部分篇章已传世。

按：《汉书·艺文志》"道家"著录"《庄子》五十二篇"，现存《庄子》为三十三篇。其中《内篇》七、《外篇》十五、《杂篇》十一。一般认为《庄子·内篇》是庄周本人所作。其写作时代要早于《外篇》、《杂篇》。《外篇》是其学生或后学编入集中的庄周文章及后学的著作；《杂篇》是在《庄子》的《内》、《外》篇流行之后，有人补辑认为是庄周或庄周一派的文章附于其后。今人的论著中，刘笑敢《庄子哲学及其演变》（中国社会科学出版社1987年）运用现代科学观与全面统计的方法，从汉语词汇发展的客观历史及使用特征揭示出《内篇》中只有道、德、命、精、神等概念；《外》、《杂》篇道德、性命、精神等复合词则屡见不鲜。作者参照先秦典籍如《左传》、《论语》、《老子》、《孟子》、《荀子》、《韩非子》、《吕氏春秋》诸书中用词情况，证明复合词的出现确实较晚。又从先秦汉初古籍引用《庄子》书的情况，论证《外》、《杂》篇基本上完成于先秦。张岱年在为此书作的《序》中说："于是《庄子》书中内外杂篇的先后早晚便得到无可争辩的证明。"对《庄子·盗跖》，廖名春据1988年湖北江陵张家山136号汉墓出土的竹简有《盗跖》篇，结合先秦文献考辨，定其写成年代在前256年后至前239年前后（廖文见《中国哲学》第十九辑，岳麓书社1998年）。

庄周是年前后卒（约前369— ）。庄子名周，宋国蒙人。做过家乡漆园吏。家贫，曾向监河侯贷米度日。楚威王闻其贤，用厚币礼聘，许以为相，周不允，甘愿逍遥物外。曾与魏相惠施交游论辩，终身不仕。事迹见《庄子》、《史记·老子韩非列传》。

按：庄周卒年，历来说法不一。闻一多《庄子探源》定在前295年；钱穆《先秦诸子系年》定在前290年；马叙伦《庄子年表》、范文澜《中国通史简编》、蒋伯潜《诸子通考·诸子大事年表》、曹础基《庄子活动年表》皆定在前286年；吕振羽《中国政治思想史》定在前275年；杨荣国《简明中国哲学史》定在前290年。今考之《庄子·徐无鬼》载："庄子送葬，过惠子之墓。"惠施之卒在前310年前后。庄周能过惠施之墓，则其卒在前310年之后。《史记》本传称庄子与梁惠王（前369年—前319年在位）、齐宣王（前319年—前300年在位）同时，则其卒在前300年或稍后。《庄子·列御寇》记庄子言："今宋国之深，非直九重之渊也；宋王之猛，非直骊龙也"。《史记·宋微子世家》曰："君偃十一年，自立为王。东败齐，取五城；南败楚，取地三百里；西败魏军，乃与齐、魏为敌国。盛血以韦囊，县而射之，命曰'射天'。淫于酒、妇人。群臣谏者辄射之。于是诸侯皆曰'桀宋'。"《战国策·宋策》亦曰："宋康王之时……于是灭滕、伐薛，取淮北之地，乃愈自信，欲霸之亟成，故射天笞地，斩社稷而焚灭之，曰：'威服天地鬼神。'骂国老谏者。"《新序·杂事第四》所记与《战国策》同。据钱穆考证，宋君偃即位在前338年，自称王在前328年。上述诸事应在前328年自称王后。宋为齐所灭在前286年，庄子能言及宋事，则其卒或在前286年前后。《庄子·至乐篇》载："庄子妻死，惠子往吊之，庄子则方箕踞鼓盆而歌。惠子曰：'与人居，长子、老、身死，不哭亦足矣，又鼓盆而歌，不亦甚乎！'"据《礼记·曲礼》"七十曰老"，庄子妻子既为"老身"，庄子又后其妻卒，寿或在80岁上下。庄子生前369年前后，则其卒应在前286年前后。

周赧王三十年　丙子　前285年

乐毅、苏秦为诸侯合谋伐齐。

按：据《战国策·齐策六》、《乐毅列传》：齐湣王既灭宋而骄，乃南侵楚，西侵三晋，欲并二周为天子。燕昭王乃与乐毅谋伐齐。乐毅曰："齐，霸国之余业也，地大人众，未易独攻也。王必欲伐之，莫如约赵及楚、魏。"于是使乐毅约赵，别使使者连楚、魏，且令赵啁说秦以伐齐之利。诸侯害齐王之骄暴，皆争合谋与燕伐齐。《战国策·燕策一》载苏秦告燕昭王曰："今夫齐王，长主也，而自用也。南攻楚五年，蓄积散；西困秦三年，民憔瘁，士罢（疲）弊；北与燕战，覆三军，获二将；而又以其余兵，南面而举五千乘之劲宋，而包十二诸侯。此其君之欲得也，其民力竭也，安犹取哉？且臣闻之，数战则民劳，久师则兵弊。"又曰："且异日也，济西不役，所以备赵也；河北不师，所以备燕也。今济西、河北尽以役矣，封内弊矣……则齐可亡已。"缪文远《战国史系年辑证》曰：此年齐灭宋，淮水以北广大地区都纳入齐的版图。这一件事，破坏了东方各国之间的力量平衡，引起很大震动，各国都恐惧不安，害怕下一次会轮到自己。他们彼此间进行频繁的外交活动，紧锣密鼓酝酿合纵伐齐，如箭在弦，密云将雨。

尹文子卒（约前350—　）。尹文，齐国人，生活于齐宣王、湣王之际。齐宣王广招文学之士时，游齐之稷下学宫，与诸子论学，有名声，受优宠。或以为公孙龙师。著有《尹文子》一卷。事迹散见于《庄子》、《列子》及《荀子》、《韩非子》、《吕氏春秋》等文献中。

按：尹文子卒年无法确考，今据钱穆《诸子生卒年世约数表》系其卒于本年。《列子·周穆王篇》称尹文"终身不箸（著）其术，故世莫传焉"。然班固《汉书·艺文志》著录"《尹文子》一篇"，在名家。《隋书·经籍志》、新旧《唐书·艺文志》皆著录"《尹文子》二卷"，在名家。今传《尹文子》一卷，前有序，《四库全书》及《百子全书》置于杂家。宋晁公武《郡斋读书志》首提《尹文子》前"序"为东汉仲长统作。故宋、元以往，有人并疑《尹文子》一书为东汉或魏晋时人伪作。对于晁说，《四库全书总目提要》卷一一七《子部杂家类一》已作驳正。今人普遍认为《尹文子》一书不伪，部分篇章为尹文自著，全书当在战国后期经后学者改定（可参阅《古史辨》第六册载唐钺《尹文和〈尹文子〉》，《学术月刊》1983年第1期载周山《〈尹文子〉非伪辨》，《文史哲》1984年第4期载胡家聪《〈尹文子〉和稷下学派——兼论〈尹文子〉并非伪书》，《东岳论丛》1984年第6期载周立升、王德敏《尹文子哲学思想初探》等文章）。自《庄子·天下》将宋钘、尹文并称合论，后人多认为宋、尹同游稷下，后世齐名，二人年齿相当，学术相似。郭沫若《宋钘、尹文遗著考》一文中提出"宋尹学派"的概念，郭氏认为今本《尹文子》是伪书，并认为《管子》中的《心术》、《枢言》、《白心》、《内业》四篇才是"宋尹遗著"，一时和者甚多（如金德建《先秦诸子杂考》、张柄楠《稷下钩沉》、胡家聪《稷下争鸣与黄老新学》皆持此论），对此，年轻学者白奚在其著《稷下学研究》（北京三联书店1998年9月第1版）中作了全面的辩驳，认为宋钘、尹文学术主张不同，不能合在一起称"宋尹学派",宋钘为"救世之士",其学术是对"墨家学说的继承和发展",而尹文则"言黄帝,称老子,倡法治,同时吸收儒墨等家之长",属"突出名法的黄老思想",其论述颇周密,可备一说。其实,对尹文子的学术思想,前人已有精到的论述和概括,高似孙《子略》曰:"其书言大道,又言名分,又言仁义礼乐,又言法术权势,大略则学老氏而杂申、韩也。"马端临《文献通考》引《周氏涉笔》曰:"其书先自道以至名,自名以至法,以名为根,以法为柄……盖申、商、韩非所共行也。"《四库全书总目提要》曰:"其言出入于黄老申韩之间。"综上所述,尹文子学术当属黄老学派无疑。不过,《庄子·天下》将宋、尹合论,是就其"接万物以别宥为始"而言,二者确有相同、相通之处,至于"宋尹学派"在历史上是否存在,当有待于进一步研究。其实,先秦诸子(尤其是稷下诸子)大多博通万有,兼操诸术,并非某家某派理论所能框囿,宋钘如此,尹文也是如此。我们既要将某个文人置于其生活的环境中,结合其他文人进行考察,又要将其视为一个独立的、特异的个体,在把握其思想特征的前提下,再对其思想进行全面考察,这样才不至于失之偏颇。

周赧王三十一年　丁丑　前284年

燕、秦与三晋五国伐齐。乐毅率燕军破齐,入临淄,齐王出亡之卫。燕王亲至济上劳军,行赏飨士。

按:据《战国策·齐策六》、《战国纵横家书》第十七章、《吕氏春秋》、《史记·秦本纪》、《史记·六国年表》、《史记·田敬仲完世家》及《史记·乐毅列传》、《说苑·立节》、《资治通鉴》载,周赧王三十一年,燕昭王二十八年(前284),燕王悉起兵,以乐毅为上将军。秦尉斯离帅师与三晋之师会之。赵王以相国印授乐毅,乐毅并将秦、韩、魏、赵之兵以伐齐。齐湣王悉国中之众以拒之,战于济西,齐师大败。乐毅还秦、韩之师,分魏师以略宋地,部赵师以收河间。身率燕师,长驱逐北。剧辛曰:"齐大而燕小,赖诸侯之助以破其军,宜及时攻取其边城以自益,此长久之利也。今过而不攻,以深入为名,无损于齐,无益于燕而结深怨,后必悔之。"乐毅曰:"齐王伐功矜能,谋不逮下,废黜贤良,信任谄谀,政令庞虐,百姓怨怼。今军皆破亡,若因而乘之,其民必叛。祸乱内作,则齐可图也。若不遂乘之,待彼悔前之非,改过恤下而抚其民,则难虑也。"遂进军深入。齐人果大乱失度,湣王出走。乐毅入临淄,取宝物、祭器,输之于燕。燕王亲至济上劳军,行赏飨士;封乐毅为昌国君,遂使留徇齐城之未下者。

楚将淖齿执齐湣王,责数之,并弑齐王于鼓里。

按:《资治通鉴》卷四曰:"齐王出亡之卫,卫君辟宫舍之,称臣而共具。齐王不逊,卫人侵之。齐王去奔邹、鲁,有骄色,邹、鲁弗内,遂走莒。楚使淖齿将兵救齐,因为齐相。淖齿欲与燕分齐地,乃执湣王而数之曰:'千乘、博昌之间,方数百里,雨血沾衣,王知之乎?'曰:'知之。''嬴、博之间,地坼及泉,王知之乎?'曰:'知之。''有人当阙而哭者,求之不得,去则闻其声,王知之乎?'曰:'知之。'淖齿曰:'天雨血沾衣者,天以告也;地坼及泉者,地以告也;有人当阙而哭者,人以告也。天、地、人皆告矣,而王不知诫焉,何得无诛!'遂弑王于鼓里。"

乐毅分军循齐地。齐画邑贤人王蠋曰："忠臣不事二君,烈女不更二夫。"遂经其颈于树枝而死。乐毅乃祀桓公、管仲于郊,表贤者之闾,封王蠋之墓。

按:《史记·田单列传》曰:"燕之初入齐,(乐毅)闻画邑人王蠋贤,令军中曰'环画邑三十里无入',以王蠋之故。已而使人谓蠋曰:'齐人多高子之义,吾以子为将,封子万家。'蠋固谢。燕人曰:'子不听,吾引三军而屠画邑。'王蠋曰:'忠臣不事二君,贞女不更二夫。齐王不听吾谏,故退而耕于野。国既破亡,吾不能存;今又劫之以兵为君将,是助桀为暴也。与其生而无义,固不如烹!'遂经其颈于树枝,自奋绝脰而死。"其后,燕师乘胜长驱,齐城皆望风奔溃。乐毅休整燕军,禁止侵掠,求齐之逸民,显而礼之。宽其赋敛,除其暴令,修其旧政,齐民喜悦。乃遣左军渡胶东、东莱;前军循泰山以东至海,略琅琊;右军循河济,屯阿、鄄以连魏师;后军旁北海以抚千乘;中军据临淄而镇齐都。祀桓公、管仲于郊,表贤者之闾,封王蠋之墓。齐人食邑于燕者二十余君,有爵位于蓟者百有余人。六月之间,下齐七十余城,皆为郡县。

钱穆《先秦诸子系年》卷四曰:"有画邑人王蠋……盖即宣王时高论士贵之王歜也……其人盖亦稷下先生之贤者。当湣王之末,诸儒散亡。彼殆以邦土未去。遂以死节也。"《战国策·齐策四》曰:"齐宣王见颜斶……对曰:士贵耳,王者不贵。"吴师道注曰:"《春秋后语》作王蠋。"斶、蠋、歜皆可相通。可知颜斶、颜歜,与王歜、王蠋为一人。《齐策四》还记载了王斗的事迹,与颜歜雷同。《汉书·古今人表》中列有颜歜、王升、王歜三人,此王升显系王斗之误,钱穆疑此三人实为一人(见钱氏《先秦诸子系年·田骈考》)。从颜斶与齐宣王的对话看,他称引尧、舜、禹、汤、文王、周公为"圣"与"德",说明他是儒家信徒。同时他又说"无其实而喜其名者削,无德而望其福者约,无功而受其禄者辱",追求"形神两全"、"清静贞正以自虞"、"归反于朴",并称引老子之言:"虽贵,必以贱为本;虽高,必以下为基。是以侯王称孤、寡、不毂。"可见他又有浓厚的道家思想。黄式三《周季编略》曰:"据《史记·乐毅列传》:'五岁乃下齐七十二城'。《后汉书·朱隽传》:'昔秦用白起,燕任乐毅,皆旷年历载,乃能克敌。'李注引《史记》,'五年乃下齐七十余城'是也。苏氏《古史》、东发先生《日钞》所言皆同。《稽古录》于三十五年'燕乐毅徇齐地,数岁下齐七十余城',是司马氏后知其误,而不能追改《通鉴》也。"

乐毅为燕、赵"共相"。破齐后,燕王封乐毅于昌国,号为昌国君。

按:《史记·乐毅列传》曰:"于是燕昭王问伐齐之事……乐毅还报,燕昭王悉起兵,使乐毅为上将军,赵惠文王以相国印授乐毅。乐毅于是并护赵、楚、韩、魏、燕之兵以伐齐,破之济西。诸侯兵罢归,而燕军乐毅独追,至于临菑。"《战国纵横家书》第十七章所说"燕赵共相,二国为一"之共相当为乐毅。据《史记·燕召公世家》,事在前284年五国伐齐时。据《乐毅列传》,乐毅大胜齐,攻入临淄后,"燕昭王大说,亲至济上劳军,行赏飨士,封乐毅于昌国,号为昌国君"。

苏代卒(约前348—　)。苏代,东周洛阳人,苏秦兄。初事燕王哙,又事齐湣王。还燕,遇子之之乱,复至齐、至宋,燕昭王召为上卿。为战国时著名纵横家。或云苏秦兄弟五人,兄代、厉、辟、鹄,并游说。秦最少,故字季子。案秦弟代,代弟厉,《战国策》、《史记·苏秦传》皆同,唯谯周《古史考》、鱼豢《典略》为异。《索隐》云:"按苏氏谱云然。"

苏秦卒(约前342—　)。苏秦,字季子,东周洛阳人。曾随鬼谷子学习纵横捭阖之术多年。先游说秦国，不遇，改为游说山东六国，身佩六国相印，合纵抗秦，是与张仪齐名的纵横家。《汉书·艺文志》"纵横家"著录"《苏子》三十一篇"。《战国策》一书中亦存有苏秦的文章。事迹见《战国策》、《战国纵横家书》、《史记·苏秦列传》。

按：苏秦卒年，因受《史记》影响，清人以为在前317年前后。对此误说，徐中舒在20世纪60年代初已辩之。因帛书《战国纵横家书》的出土，苏秦之卒在前284年现已成共识。《史记·苏秦列传》曰："燕易王卒，燕哙立为王。其后齐大夫多与苏秦争宠者，而使人刺苏秦，不死，殊而走。齐王使人求贼，不得。苏秦且死，乃谓齐王曰：'臣即死，车裂臣以徇于市，曰"苏秦为燕作乱于齐"，如此则臣之贼必得矣。'"《说苑》佚文亦载此事。《史记》既记苏秦事在张仪前，且将其死年提前30多年，故不可信。但司马迁可能已有资料或听说苏秦被车裂事，故让苏秦以此作结。公元前284年初，燕昭王至赵见赵王，五国伐齐局面已定。秦派御史起贾在魏主伐齐事宜。在此危急形势下，齐派使者至魏，见起贾，为齐和苏秦游说。帛书第十七章《谓起贾》有"天下剂齐不待夏"之语，可见齐派使者游说是在春季。篇末提到"武安君"苏秦，可见此时苏秦尚在，且齐湣王对苏秦还十分信任，认为燕不会攻齐。后燕"绝交于齐"（《战国策·燕策三》），乐毅率五国之兵先自燕境攻齐之北地，驱兵入临淄。苏秦为燕"反间"于齐阴谋彻底暴露。《战国策·楚策一》拟托张仪游说辞言："凡天下所信约从亲坚者苏秦，封为武安君而相燕，即阴与燕王谋破齐共分其地，乃佯有罪，出走入齐，齐王因受而相之，居二年而觉，齐王大怒，车裂苏秦于市。"《战国策》此文中"居二年而觉"有误，但言苏秦为齐车裂是正确的。其时在前284年下半年。

又按：《战国策·燕策二》曰："苏代（按，应为苏秦）自齐使人谓燕昭王曰：'臣间离齐、赵，齐、赵已孤矣。王何不出兵以攻齐？臣请为王弱之。'燕乃伐齐攻晋。令人谓闵王曰：'燕之攻齐也，欲以复振古地也。燕兵在晋而不进，则是兵弱而计疑也。王何不令苏子将而应燕乎？夫以苏子之贤，将而应弱燕。燕破必矣。燕破则赵不敢不听，是王破燕而服赵也。'闵王曰：'善。'……苏子遂将，而与燕人战于晋下，齐军败，燕得甲首二万人。苏子收其余兵以守阳城……明日又使燕攻阳城及狸。又使人谓闵王曰：'日者，齐不胜于晋下，此非兵之过，齐不幸而燕有天幸也。今燕又攻阳城及狸，是以天幸自为功也。王复使苏子应之。苏子先败王之兵，其后必务以胜报王矣。'王曰：'善。'乃复使苏子，苏子固辞，王不听，遂将以与燕战于阳城。燕人大胜，得首三万。齐君臣不亲，百姓离心。燕因使乐毅大起兵伐齐，破之。"《吕氏春秋·权勋》曰："昌国君将五国之兵以攻齐，齐使触子将，以迎天下之兵于济上。齐王欲战，使人赴触子，耻而訾之曰：'不战必划若类，掘若垄。'触子苦之，欲齐军之败，于是以天下兵战，战合，击金而却之，卒北，天下兵乘之，触子因以一乘去，莫知其所，不闻其声。达子又帅其余卒以军于秦周（齐城门名），无以赏，使人请金于齐王。齐王怒曰：'若残竖子之类，恶能给若金？'与燕人战，大败。达子死，齐王走莒。燕人逐北入国，相与争金于美唐甚多。"燕军从齐北部长驱直入，兵抵齐都，苏秦此时反间阴谋暴露，被齐王车裂而死，魂断临淄。苏秦百折不回，终于帮助燕昭王完成破齐复仇的宿愿。银雀山汉墓竹简《孙子兵法·用间》说"燕之兴也，苏秦在齐"，这是对苏秦活动的总结。

再按：苏秦为战国时著名说士，故后世书籍多记其事。《史记·鲁仲连邹阳列传》曰："苏秦不信于天下而为燕尾生。"《新序·卷三》同。《孙子·用间》曰："昔殷之兴也，伊挚在夏；周之兴也，吕牙在殷。"银雀山汉墓竹简《孙子》增加"燕之兴也，苏秦在齐"。《荀子·臣道篇》曰:"齐之苏秦,楚之州侯,秦之张仪,可谓态臣者也","用态臣者亡"。《吕氏春秋·知度》曰:"宋用唐鞅,齐用苏秦而天下甚亡。"《说苑·尊贤》等也有评说。《汉书·艺文志》"纵横家"著录"《苏子》三十一篇"。他的创作见于《战国策》及《战国纵横家书》。司马迁在《苏秦列传》中评论曰:"其术长于权变。而苏秦被反间以死,天下共笑之,讳学其术。"正因世"讳学其术",在司马迁时流传的苏秦事迹文献已残缺零乱。《汉书·杜周传》"赞"曰"业因势而抵陒"。《注》引:"服虔曰:'谓罪败而复抨弹之,苏秦书有此法。'"颜师古注:"言击其危险之处,鬼谷有《抵戏篇》也。"唐兰认为:"所说苏秦书可能指现在传本的《鬼谷书》。"(出处同前)《文心雕龙·才略》曰:"战代任武,而文士不绝。诸子以道术取资……苏秦历说壮而中……若在文世,则杨、班俦矣。"肯定苏秦说辞雄壮中肯。如果在崇重文章的时代,会成为扬雄、班固一类的作家。

周赧王三十二年　戊寅　前283年

赵以廉颇为上卿。

按:《史记·廉颇蔺相如列传》曰:赵将廉颇大破齐师,攻取晋阳。赵王拜廉颇为上卿。

蔺相如为赵王奉和氏璧使秦,与秦王廷争,以勇气慑秦王,终完璧归赵。赵王以相如为上大夫。

按:《史记·廉颇蔺相如列传》曰:赵王得楚和氏璧,秦王请以十五城易之。赵王欲不与,畏秦强;欲与之,恐见欺。蔺相如(时为宦者令缪贤舍人)曰:"臣愿奉璧往使……城不入,臣请完璧归赵。"相如至秦,献璧与秦王,王传之美人及左右,左右皆呼万岁。相如视秦王无意偿城,乃前曰:"璧有瑕,请指示王。"王授璧,相如持璧睨柱,怒发冲冠,为秦王曰:"臣观大王无意偿赵王城邑,故臣复取璧。大王必欲急臣,臣头今与璧俱碎于柱矣!"秦王恐其破璧……相如乘间使其从者怀其璧,间行归赵,而以身待命于秦。秦王以为贤而弗诛,礼而归之。赵王以相如为上大夫。

公孙龙说燕昭王以偃兵。

按:《吕氏春秋·应言》曰:"公孙龙说燕昭王以偃兵。昭王曰:'甚善,寡人愿与客计之。'公孙龙曰:'窃意大王之弗为也。'王曰:'何故?'公孙龙曰:'日者大王欲破齐,诸天下之士其欲破齐者,大王尽养之;知齐之要塞险阻君臣之际者,大王尽养之;虽知而弗欲破者,大王犹若弗养(一作养之);其卒果破齐以为功。今大王曰:我甚取偃兵。诸侯之士,在大王之本朝者,尽善用兵者也,臣是以知大王之弗为也。'王无以应。"

孟尝君相魏,为魏王使,说燕、赵,二国出兵救魏。

按:秦拔魏安城,兵至大梁而还。据《史记·秦本纪》言,秦兵因燕、赵救魏而罢去。《编年记》曰:"(昭王)廿四年,攻林。"《史记索隐》谓"林在大梁之西北",则此"兵至大梁"或为兵至大梁外围之"林"也。又据《战国策·魏策三·秦将伐魏》,时孟尝君田文方相魏,魏王使之历说燕、赵,二国遂出兵救魏。此后孟尝君事无闻,盖已年

公元前283年,埃及亚历山大城法罗斯灯塔约于此时兴建。

老,不久而卒。

屈原是年前后卒(约前341—　)。屈原名平,字原,后人多称其字,或尊称屈子,楚国人。出身贵族,博闻强记,明于治乱,娴于辞令。曾任三闾大夫、左徒。后被楚王流放,自沉汨罗江。著有《离骚》等诗歌。事迹见《史记·屈原列传》。

按:学界一般认为,楚顷襄王时,屈原再度遭谗毁,被放逐江南,流浪沅、湘流域,常为离"故都之日远"而太息,为"民生之多艰"而流涕。屈原深恶楚国政治之黑暗,痛感国家之沦亡,遂投汨罗江,以死殉其志。屈原之确切卒年,历来说法纷纭,至今尚无定论。最早者在楚怀王二十四五年(前305年—前304年),清王弦《书楚辞后》,见《白田草堂存稿》卷三。其后,林云铭《楚辞灯》、刘永济《屈赋通笺·叙论》一位在顷襄王十一年(前288年)。蒋骥《山带阁注楚辞》定在顷襄王十三四年或十五六年(前286年—前283年)。姜亮夫《屈原事迹续考》定在顷襄王十六年(前283年),见《楚辞学论文集》。林庚《屈原生卒年考》认为在顷襄王三年(前296年),见《诗人屈原及其作品》。郭沫若《屈原研究》、孙作云《在历史教学中怎样处置屈原问题》、陈子展《屈原及其作品》皆认为在顷襄王二十一年(前278年)。游国恩《论屈原之放死及楚辞地理》、汤炳正《屈赋新探》认为在顷襄王三十年以后。蒋天枢《楚辞新注导论》依据王夫之《楚辞通释》定在考烈王元年(前261年),见《中华文史论丛》第一辑。

又按:《史记·秦本纪》曰:秦昭襄王二十七年、楚顷襄王十九年、前280年,"错攻楚,赦罪人迁之南阳……又使司马错发陇西,因蜀攻楚黔中,拔之"。《史记正义》引《括地志》曰:"黔中故城在辰州沅陵县西二十里,江南,今黔府亦其地也。"则至顷襄王十九年,屈原已不可能还在沅湘一带。屈原之死,当在秦拔黔中以前。如此,屈原之卒应在前289年至前280年间。《史记·屈原贾生列传》曰:"屈原既死之后,楚有宋玉、唐勒、景差之徒者,皆好辞而以赋见称;然皆祖屈原之从容辞令,终莫敢直谏。其后楚日以削,数十年竟为秦所灭。"文中言屈原死后,宋、唐、景之徒之以赋见称于楚。而今存三人赋及其他材料,证明他们主要生活在顷襄王时。依《小言赋》末尾"王曰:'善,赐以云梦之田'",则宋玉得宠于顷襄王时,楚都距云梦不远,未曾迁陈。而迁陈在顷襄王二十一年(前278)。据此,屈原之死应在前278年前数年间。潘啸龙《关于屈原自沉的原因及其年代》(见《江汉论坛》1982年第5期)说:"屈原沉江的年代当在顷襄王十五年之后、十八年之前的十六七年,亦即公元前283或282年。其时距贾谊作《吊屈原赋》百又五六年,与司马迁所说'百有余年'也正相符。"今取姜亮夫、赵逵夫、潘啸龙诸先生之说,定屈子卒于前283年五月端午。参阅姜亮夫《楚辞学论文集》、赵逵夫《屈原和他的时代》等。

周赧王三十四年　庚辰　前281年

秦穰侯复为丞相。

按：据传世之"三十年相邦冉"戈，则此当云"复为相邦"。是年，东周武公说楚昭子罢攻周。(《史记·楚世家》《资治通鉴》)据《资治通鉴》：楚欲与齐、韩共伐秦，因欲图周。王使东周武公谓楚令尹昭子曰："周不可图也。"昭子曰："乃(若)图周，则无之；虽然，何不可图？"武公曰："西周之地，绝长补短，不过百里。名为天下共主，裂其地不足以肥国，得其众不足以劲兵。虽然，攻之者名为弑君。然而犹有欲攻之者，见祭器在焉故也。夫虎肉臊而兵利身，人犹攻之；若使泽中之麋蒙虎之皮，人之攻也必万倍矣。裂楚之地，足以肥国；讪楚之名，足以尊王。今子欲诛残天下之共主，居三代之传器，器南，则兵至矣！"于是楚计辍不行。

周赧王三十五年　辛巳　前280年

司马错发陇西卒由蜀攻楚，拔黔中郡，不久为楚收复。楚割上庸及汉水以北地与秦。秦赦罪人徙南阳，秦势力至豫西南及鄂西北，楚地日削。

按：黔中郡，今湘西及黔东北，楚威王时置郡。上庸，今湖北竹溪东南。缪文远《战国史系年辑证》曰："此年秦司马错攻楚凡两次出兵，《通鉴》漏列其一，《秦本纪》：'(昭王)二十七年，错攻楚，赦罪人，迁之南阳。'此次攻楚，据秦简《编年记》所载为'攻邓'。邓，今河南邓县。此为一役。同年载，'又使司马错发陇西'云云，此为另一役。"

李斯(　—前208)、韩非(　—前233)是年前后生。

按：此据钱穆《先秦诸子系年·诸子生卒年世约数表》李斯、韩非生于本年。

周赧王三十六年　壬午　前279年

秦与赵会渑池，蔺相如从，以智勇劫秦王，赵王归国，以蔺相如为上卿，位在廉颇之右。廉颇羞之，欲与相如争，相如数忍让，与门客言"吾所以为此者，先国家之急而后私雠也"之理。廉颇闻之，肉袒负荆至门谢罪，遂为刎颈之交。

按：《史记·廉颇蔺相如列传》载：赵惠文王二十年，会于渑池。秦王与赵王饮，酒酣，秦王请赵王鼓瑟，赵王鼓之。蔺相如复请秦王击缶，秦王不肯。相如曰："五步之内，相如请得以颈血溅大王矣！"左右欲刃相如，相如张目叱之，左右皆靡。王不怿，为一击缶。罢酒，秦终不能有加于赵；赵人亦盛为之备，秦不敢动。赵王归国，以蔺相如为上卿，位在廉颇之右。廉颇曰："我为赵将，有攻城野战之大功。而相如，徒以口舌而位居我上，且相如素贱人吾羞，不忍为之下！"宣言曰："我见相如，必辱之！"

相如闻之，不肯与会；每朝，常称病，不欲争列。出而望见，辄引车避匿。其舍人皆以为耻。相如曰："公之视廉将军孰与秦王？"曰："不若也。"相如曰："夫以秦王之威，而相如廷叱之，辱其群臣，相如虽驽，独畏廉将军哉！顾吾念之，强秦之所以不敢加兵于赵者，徒以吾两人在也。今两虎共斗，其势不俱生。吾所以为此者，以先国家之急而后私雠也！"廉颇闻之，肉袒负荆至门谢罪，遂为刎颈之交。

燕昭王尊礼乐毅为齐王，乐毅死辞不受。

按：《资治通鉴》载：乐毅既破齐，独莒与即墨未下，有人谗于王曰："乐毅智谋过人，伐齐，呼吸之间剋（克）七十余城，今不下者两城耳，非其力不能拔……欲久仗兵威以服齐人，南面而王……"昭王于是置酒大会，责谗言者曰："齐为无道，乘孤国之乱以害先王……今乐君亲为寡人破齐，夷其宗庙，报塞先仇，齐国固乐君所有，非燕之所得也。乐君若能有齐，与燕并为列国，结欢同好，以抗诸侯之难，燕国之福，寡人之愿也。汝何敢言若此！"乃斩之。赐乐毅妻以后服，遣国相立以为齐王。毅惶恐不受，拜书以死自誓。

田单以反间计使燕惠王罢乐毅而用骑劫。田单以火牛阵挫败燕军，收失地七十余城。迎齐王自莒入于临淄，齐乃复国。

按：《资治通鉴》叙曰：燕昭王职卒，子惠王立。惠王自为太子时，曾与乐毅有隙，田单闻之，乃行反间于燕，宣言曰："乐毅与燕新王有隙，畏诛而不敢归。以伐齐为名，实欲连兵南而王齐，齐人未附，故且缓攻即墨以待其事。齐人所惧，唯恐他将之来，即墨残矣。"惠王中计，使骑劫代乐毅为将攻即墨。骑劫滥杀降卒，掘墓焚尸。齐人望见，皆欲出战，田单知其可用，乃令甲卒皆伏于内，使老弱妇女登城，遣使约降于燕；又收民金千镒，献与燕将，燕军益懈。田单又得牛千余，悉披以五彩龙文之缯衣，缚兵刃于牛角，束油脂芦苇于其尾。凿城数十洞，夜纵牛，烧苇端，壮士五千随其后。火牛怒奔燕军，燕军大惊，视牛皆龙文，所触尽死伤，燕军败走。齐人杀骑劫，追亡逐北至河上，七十余城皆复为齐。乃迎王自莒入临淄。齐王封田单于安平，号安平君。齐乃复国，任田单为相国。

乐毅惧诛奔赵。赵封乐毅于观津，号望诸君。

按：燕惠王改用骑劫，乐毅惧诛，乃奔赵，赵封乐毅于观津，号望诸君。

楚庄蹻入滇。

按：约于是岁前后，楚人庄蹻连克且兰、夜郎，西攻至滇池。楚国另有农民起义领袖庄蹻见前301年记事。二庄蹻是否同一人，待考。

孟尝君田文卒，诸子争立，齐、魏共灭薛，孟尝君绝祀。

按：此据《史记·孟尝君列传》。孟尝君田文为"战国四公子"之首，其门下食客三千余人，"鸡鸣狗盗之徒无不在焉"，引领战国养士之风。为齐相二十余年，一度为纵约长，合山东六国以抗强秦，为秦所忌惮。终因卒后诸子争立，为齐、魏所灭。宋人王安石有《读孟尝君传》语曰："世皆称孟尝君能得士，士以故归之；而卒赖其力以脱于虎豹之秦。嗟乎！孟尝君特鸡鸣狗盗之雄耳，岂足以言得士？不然，擅齐之强，得一士焉，宜可以南面而制秦，尚何取鸡鸣狗盗之力哉？夫鸡鸣狗盗之出其门，此士之所以不至也。"

周赧王三十七年　癸未　前278年

燕惠王元年，惠王悔使骑劫代乐毅而致燕军败绩，怨乐毅归赵，恐赵用乐毅伐燕，遂使人以书责乐毅，毅以书报惠王。

按：《史记·乐毅列传》曰："赵封乐毅于观津（事应在上年），号曰望诸君。尊宠乐毅以警动于燕、齐……燕惠王乃使人让乐毅，且谢之曰：'先王举国而委将军，将军为燕破齐，报先王之雠，天下莫不震动，寡人岂敢一日而忘将军之功哉！会先王弃群臣，寡人新即位，左右误寡人。寡人之使骑劫代将军，为将军久暴露于外，故召将军且休，计事。将军过听，以与寡人有隙，遂捐燕归赵。将军自为计则可矣，而亦何以报先王之所以遇将军之意乎？'乐毅报遗燕惠王书曰：'臣不佞，不能奉承王命，以顺左右之心，恐伤先王之明，有害足下之义，故遁逃走赵。今足下使人数之以罪，臣恐侍御者不察先王之所以畜幸臣之理，又不白臣之所以事先王之心，故敢以书对……臣闻之，善作者不必善成，善始者不必善终。昔伍子胥说听于阖闾，而吴王远迹至郢；夫差弗是也，赐之鸱夷而浮之江。吴王不寤先论之可以立功，故沈（沉）子胥而不悔；子胥不蚤见主之不同量，是以至于入江而不化……臣闻古之君子，交绝不出恶声；忠臣去国，不絜其名。臣虽不佞，数奉教于君子矣。恐侍御者之亲左右之说，不察疏远之行，故敢献书以闻，唯君王之留意焉。'于是燕王复以乐毅子乐间为昌国君；而乐毅往来复通燕，燕、赵以为客卿。乐毅卒於赵。"缪文远《战国史系年辑证》曰："燕惠王遗书让乐毅及乐毅之报书，《通鉴》及林春溥《战国纪年》、顾观光《国策编年》俱系于上年。"黄式三《周季编略》系此事于赧王三十七年。田单杀骑劫、复齐国号在上年，但燕王悔惧及遗乐毅书，与上事相去当有若干时日，故今依黄氏《编略》系此。

乐毅卒（前344—　）于赵。乐毅，战国时中山灵寿人，魏将乐羊后裔。前284年，乐毅帅燕国等五国联军攻打齐国，连下70余城，创造了中国古代战争史上以弱胜强之著名战例，是战国时著名军事家。后齐人用反间计，使燕惠王罢乐毅，以骑劫代之，乐毅奔赵，受赵王封于观津，号望诸君。竟卒于赵。事迹见《战国策·燕策》、《史记·乐毅列传》。

周赧王三十八年　甲申　前277年

魏昭王遫，子安釐王（一作魏安僖王）立。

按：魏安釐王，约前276—前243年在位，今人多认为西晋所出之汲冢竹书下葬时间当为魏安釐王时期。故魏安釐王身世也颇受学者关注。

白起受封武安君。

按：是年，秦白起拔楚巫、黔中。据《史记·秦本纪》及《六国年表》：秦武安君定巫、黔中，初置黔中郡。又据《华阳国志·蜀志》，伐楚巫、黔中之役，有蜀守张若同往。秦简《编年记》曰："（昭王）三十年，攻□山。"据《六国年表》，当是攻"巫山"。

庄辛以"亡羊而补牢，未为迟也"、"螳螂捕蝉，黄雀在后"谏楚襄王。

按：《战国策·楚策四》曰："庄辛谓楚襄王曰：'君王左州侯，右夏侯，辇从鄢陵君与寿陵君，专淫逸侈靡，不顾国政，郢都必危矣。'襄王曰：'先生老悖乎？将以为楚国祅祥乎？'庄辛曰：'臣诚见其必然者也，非敢以为国祅祥也。君王卒幸四子者不衰，楚国必亡矣。臣请辟于赵，淹留以观之。'庄辛去，之赵，留五月，秦果举鄢、郢、巫、上蔡、陈之地，襄王流揜于城阳。于是使人发驺，征庄辛于赵。庄辛曰：'诺。'庄辛至，襄王曰：'寡人不能用先生之言，今事至于此，为之奈何？'庄辛对曰：'臣闻鄙语曰：见兔而顾犬，未为晚也；亡羊而补牢，未为迟也。臣闻昔汤、武以百里昌，桀纣以天下亡。今楚国虽小，绝长续短，犹以数千里，岂特百里哉？'"其后庄辛由蜻蛉、黄雀、黄鹄的只顾眼前，不顾身后而招致杀身之祸，说到蔡圣侯优游淫逸，不以国家为事，终获罪于宣王，最后说到楚襄王宠幸州侯、夏侯、鄢陵君与寿陵君，荒淫无度，而秦王正命穰侯伺机以亡楚。这段说辞在后世很出名，成语"螳螂捕蝉，黄雀在后"即出于此。后世常用于讽谏君王不要太过沉迷于享乐，要居安思危。考之《史记·楚世家》曰："（襄王）十九年，秦伐楚，楚军败，割上庸、汉北地予秦。二十年，秦将白起拔我西陵。二十一年，秦将白起遂拔我郢，烧先王墓夷陵。楚襄王兵散，遂不复战，东北保于陈城。二十二年，秦复拔我巫、黔中郡。"此记秦楚一系列战事据可知，庄辛谓楚必亡，襄王不听，事应在襄王十九年（前280）。而后"庄辛去，之赵，留五月，秦果举鄢、郢、巫、上蔡、陈之地"，是庄辛离楚至赵五个月后开始，一直至襄王二十二年三年间发生的事。因而，襄王复召庄辛，庄辛再说襄王，其事在襄王二十二年，即前277年。

周赧王三十九年　乙酉　前276年

公元前276年，第一次叙利亚战争爆发。

庄蹻在滇称王。

按：前279年，楚顷襄王派庄蹻通过黔中郡向西南进攻。后来，秦夺楚黔中地，庄蹻因无路得返，遂"以其众王滇，变服，从其俗以长之"，号为"庄王"。建都于今云南宁晋，中原文化与滇文化日益密切。事见《楚国编年资料》。

周赧王四十年　丙戌　前275年

公元前275年，

田骈卒（约前350—　）。田骈，又称田子、陈骈，或号"天口骈"，齐人，或云与田常（即陈常）同族，属田齐之宗室。为稷下诸子之一。班固《汉书·艺文志》著录《田子》二十五篇，已佚。

  按：《史记·孟子荀卿列传》曰："田骈之属皆已死齐襄王时，而荀卿最为老师。"齐襄王于前283年—前265年间在位，取其中期，则田骈诸人应在本年前后卒。钱穆《诸子生卒年世约数表》也断田骈卒于本年。其事迹散见于《庄子》、《尹文子》、《尸子》、《荀子》、《战国策》、《吕氏春秋》、《淮南子》等文献中。班固《汉书·艺文志》著录《田子》二十五篇，已佚。《吕氏春秋·士容》高诱注曰："田骈，齐人也，作道书二十五篇。"马国翰《玉函山房辑佚书》有辑本。班固《汉书·艺文志》自注曰："名骈，齐人，游稷下，号'天口骈'。"《宣德皇后令》注（见《昭明文选》）引刘歆《七略》曰："齐田骈好谈论，故齐人为语曰'天口骈'。'天口'者，言田骈子不可穷其口，若事天。"可见田骈平时爱好并擅长论辩，这可能也是他在稷下成名的原因之一。《战国策·齐策四》载齐人以"邻女不嫁而有七子"讥田骈不仕而奉养千钟，徒百人，盖因其为田氏宗族之故。《淮南子·人间训》载齐威王（当是齐湣王之误）欲杀陈骈，"陈骈子与其属出亡奔薛"。孟尝君厚遇之。此事可能为田骈晚年之事。田骈学术源出黄老道家，"贵齐"（《吕氏春秋·不二》："陈骈贵齐"）、"贵均"（《尸子·广泽篇》："田子贵均"）、"尚法"（《荀子·非十二子篇》，详下）。《庄子·天下》将其与彭蒙、慎到并称合论，曰："公而不党，易而无私，决然无主，趣物而不两，不顾于虑，不谋于知，于物无择，与之俱往，古之道术有在于是者。彭蒙、田骈、慎到闻其风而悦之。"《荀子·非十二子篇》则将其与慎到并举，从儒家的角度加以批判，曰："尚法而无法，下修而好作，上则取听于上，下则取从于俗。终日言成文典，反紃（同循）察之，则倜然无所归宿，不可以经国定分，然而其持之有故，其言之成理，足以欺惑愚众，是慎到、田骈也。"从中也可看出田骈、慎到思想中有法家及儒家的因素，盖由道入法，只是其要旨归于道家。

  慎到卒（约前350— ）。慎到，后世习称慎子，战国末期赵国人。齐宣王时曾长期在稷下讲学，与田骈、接子、环渊等有较多交往，并同为大夫。齐湣王十七年离齐至韩，为韩大夫。著有《慎子》。慎到事迹散见于《庄子》、《荀子》、《韩非子》、《吕氏春秋》、《史记》等文献中。

  按：慎到卒年无考，今据钱穆《诸子生卒年世约数表》系其卒于本年。《孟子·告子下》所说"鲁欲使慎子为将军"之慎子名滑釐，鲁人，约与孟子同时，与赵人慎到别为一人。《战国策·楚策二》记楚襄王傅慎子，楚人，也非稷下慎到，有关文献所载二者事迹不算在内（此取清人姚振宗《汉书·艺文志条理》及今人蒋伯潜《诸子通考》、胡家聪《稷下争鸣与黄老新学》中的观点。清人焦循《孟子正义》，今人钱穆《先秦诸子系年·慎子考》等则以为慎滑釐即为稷下慎到，此不赘述）。《史记·孟子荀卿列传》曰"故慎到著十二论"，但不知其详。班固《汉书·艺文志·法家》著录《慎子》四十二篇（班氏自注："名到，先申、韩，申、韩称之。"其说有误，已有多人辩之，慎到应在申后韩前），历经流传，为《艺文类聚》、《太平御览》等类书引用。宋章定《名贤氏族言行类稿》引东汉末应劭《风俗通》曰："慎到为韩大夫，著《慎子》三十篇。"北宋《崇文总目》著录《慎子》三十七篇，南宋陈振孙《直斋书录解题》称"麻沙刻本才五篇"。明人有《慎子》辑本，收录《威德》、《因循》、《民杂》、《知忠》、《德立》五篇（不知是否即陈振孙所说"麻沙刻本才五篇"）和佚文六十条。清人钱熙祚校明本时，又从《群书治要》中增补《君人》、《君臣》二篇，共得七篇，另有无名氏所辑佚文六十条附于篇末。今通行《诸子集成》收《慎子》七篇即用钱熙祚校明本，而《百子全书》收《慎子》五篇（为《威德》、《因循》、《民杂》、《德立》、《君人》，末附马恖《意林》所辑佚文十二则）。

埃及最高祭司曼涅托约于此时用希腊文著埃及史，存有30个王朝的法老名单。

  欧几里德卒（约前330— ）。希腊数学家，亚历山大城学派创始人。

慎到学术《庄子·天下》、《荀子·非十二子篇》都与田骈同举合论,其基本特征是由道入法。就其道家思想而言,大体以齐物、因化、弃知去己为要(可参其著《因循》篇及《庄子·天下》);其法家思想似更明显些(今存《慎子》遗作多为法家观点),主要阐述"君人南面之术",不尚忠,不尚贤(此观点有失偏颇),强调"法、术、权、势"相结合,依权势而行法令,法行则上下相安,清静而治。考其源流,应出于黄老道德之术,与单纯法家或道家都不一样,具有明显的道、法合流的特征。其理论成为战国时期法治理论的三大基础(商鞅之法、申不害之术、慎到之势)之一,在后代影响巨大。《四库全书总目提要》评论《慎子》曰:"今考其书大旨,欲因物理之当然,各定一法而守之。不求于法之外,亦不宽于法之中,则上下相安,可以清静而治。然法所不行,势必刑以齐之,道德之为刑名,此其转关,所以申、韩多称之也。"

接子卒(前350年—)。接子,又称捷子,卒年无考。著有《捷子》,今佚。事迹见《庄子·则阳》、《史记·田敬仲完世家》、《孟子荀卿列传》、《盐铁论》等。班固《汉书·古今人表》有"捷子",在邹衍前、尸子后。钱穆、蒋伯潜、胡家聪皆认为"接、捷,古字通"。《史记索隐·孟子荀卿列传》云:"(接子)古著书人之称号。"

周赧王四十二年　戊子　前273年

苏代以"以地事秦,犹抱薪救火,薪不尽,火不灭。"谓魏王。

按:是年,秦白起击魏华阳军,芒卯走,斩首十五万。据《史记·秦本纪》、《六国年表》、《韩世家》、《魏世家》及《白起列传》载:赵人、魏人伐韩华阳。韩人告急于秦,秦王弗救。韩相国谓陈筮曰:"事急矣,愿公虽病,为一宿之行!"陈筮如秦,见穰侯。穰侯曰:"事急乎?故使公来。"陈筮曰:"未急也。"穰侯怒曰:"何也?"陈筮曰:"彼韩急则将变而他从;以未急,故复来耳。"穰侯曰:"请发兵矣。"乃与武安君及客卿胡伤救韩,八日而至,败魏军于华阳之下,走芒卯,虏三将,斩首十三万。武安君又与赵将贾偃战,沈其卒二万人于河。魏段干子请割南阳予秦以和。苏代谓魏王曰:"欲玺者,段干子也;欲地者,秦也。今王使欲地者制玺,欲玺者制地,魏地尽矣!夫以地事秦,犹抱薪救火,薪不尽,火不灭。"王曰:"是则然也。虽然,事始已行,不可更矣。"对曰:"夫博之所以贵枭者,便则食,不便则止。今何王之用智不如用枭也?"魏王不听,卒以南阳为和,实修武。帛书《战国纵横家书》第十五章:华军,秦战胜魏,走芒卯,攻大梁。其事又见《战国策·魏策三》及《史记·穰侯列传》。秦简《编年记》云"(昭王)三十四年,攻华阳",与帛书及《史记》诸处所载合。《资治通鉴》误将此役系于前年。据帛书,知此役魏国方面有楚、赵两国参加,唯以魏为主耳。

楚黄歇说秦王。

按:韩、魏既服于秦,秦使白起与韩、魏伐楚,未行而楚使者黄歇(后封春申君)至,歇上书秦王说:秦与楚合,以攻韩、魏,韩、魏必服秦为关内侯。然后再取齐之右壤,割断燕、赵与齐、楚联系,以"危动燕赵,直摇齐楚"。秦王从之,乃罢兵,约亲与楚。事见《史记·秦本纪》

周赧王四十四年　庚寅　前271年

秦置北地郡，筑长城以拒胡。

按：《史记·匈奴列传》载：秦灭义渠后，置北地郡，至此，"秦有上郡、陇西、北地，筑长城以拒胡"。张维华《中国长城建置考·秦昭王时之长城》云，秦昭王时之长城，西起今甘肃岷县之西南，北经皋兰，东越陇山，入今陕西之富县境，北行经延安、绥德，东达于黄河西岸而止。

赵蔺相如伐齐，至平邑。

按：平邑在今河南南乐县北，此据《史记·廉颇蔺相如列传》。

赵使赵奢治赋，以法杀平原君用事者，平原君以为贤，言之于王。王使治国赋。

按：据《史记·廉颇蔺相如列传》：赵田部吏赵奢收租税，平原君家不肯出；赵奢以法治之，杀平原君用事者九人。平原君怒，将杀之。赵奢曰："君于赵为贵公子，今纵君家而不奉公则法削，法削则国弱，国弱则诸侯加兵，诸侯加兵是无赵也。君安得有此富乎！以君之贵，奉公如法则上下平，上下平则国强，国强则赵固，而君为贵戚，岂轻于天下邪！"平原君以为贤，言之于王。王使治国赋，国赋太平，民富而府库实。

周赧王四十五年　辛卯　前270年

范雎为秦客卿，定远交近攻之策。

按：秦行远交近攻之策虽不始于范雎，但明确定为国策则自范雎始。据《资治通鉴·周纪五·周赧王四十五年》曰："初，魏人范雎从中大夫须贾使于齐，齐襄王闻其辩口，私赐之金及牛、酒。须贾以为雎以国阴事告齐也，归而告其相魏齐。魏齐怒，笞击范雎，折胁，摺齿。雎佯死，卷以箦，置厕中，使客醉者更溺之。范雎谓守者曰：'能出我，我必有厚谢。'守者乃请弃箦中死人。魏齐醉，曰：'可矣。'范雎得出。魏齐悔，复召求之。魏人郑安平遂操范雎亡匿，更姓名曰张禄。秦谒者王稽使于魏，范雎夜见王稽。稽潜载与俱。荐之于王，王见之于离宫。范雎佯为不知永巷而入其中，王来而宦者怒逐之，曰：'王至！'范雎谬曰：'秦安得王，秦独有太后、穰侯耳！'王微闻其言，乃屏左右，跽而请曰：'先生何以幸教寡人？'对曰：'唯唯。'如是者三。王曰：'先生卒不幸教寡人邪？'范雎曰：'非敢然也！臣，羁旅之臣也，交疏于王，而所愿陈者皆匡君之事，处人骨肉之间，愿效愚忠而未知王之心也，此所以王三问而不敢对

公元前270年，希腊物理学家和发明家克特西比乌斯活动时期约为是年。

伊壁鸠鲁卒（前341—）。希腊哲学家，伊壁鸠鲁学派创始人。

者也。臣知今日言之于前,明日伏诛于后,然臣不敢避也。且死者,人之所必不免也,苟可以少有补于秦而死,此臣之所大愿也。独恐臣死之后,天下杜口裹足,莫肯乡(向)秦耳。'王跽曰:'先生,是何言也!今者寡人得见先生,是天以寡人滟先生而存先王之宗庙也,事无大小,上及太后,下至大臣,愿先生悉以教寡人,无疑寡人也!'范雎拜,王亦拜。范雎曰:'以秦国之大,士卒之勇,以治诸侯,譬若走韩卢而博蹇兔也,而闭关十五年,不敢窥兵于山东者,是穰侯为秦谋不忠,而大王之计亦有所失也。'王跽曰:'寡人愿闻失计!'然左右多窃听者,范雎未敢言内,先言外事,以观王之俯仰。因进曰:'夫穰侯越韩、魏而攻齐刚、寿,非计也。齐湣王南攻楚,破军杀将,再辟地千里,而齐尺寸之地无得焉者,岂不欲得地哉?形势不能有也。诸侯见齐罢敝,起兵而伐齐,大破之,齐几于亡,以其伐楚而肥韩、魏也。今王不如远交而近攻,得寸则王之寸也,得尺亦王之尺也。今夫韩、魏,中国之处,而天下之枢也。王若用霸,必亲中国以为天下枢,以威楚、赵,楚强则附赵,赵强则附楚,楚、赵皆附,齐必惧矣,齐附则韩、魏因可虏也。'王曰:'善。'乃以范雎为客卿,与谋兵事。"《战国策·秦策三·范雎至秦章》及《史记·范雎蔡泽列传》所载略同。缪文远《战国史系年辑证》引林少颖语曰:"秦之所以得天下,不外远交近攻之策。是策出于司马错,成于范雎。秦取六国,谓之蚕食。蚕之所食,自近及远。"

詹何卒(约前350—)。詹何,楚国人。善术数,传说坐于家中,能知门外牛之毛色及以白布裹角。战国时哲学家,楚国术士。

按:《吕氏春秋·重言》曰:"圣人听于无声,视于无形,詹何、田子方、老耽是也。"《吕氏春秋·审为》曰:"中山公子牟谓詹子曰:'身在江海之上,心居乎魏阙之下,奈何?'詹子曰:'重生。重生则轻利。'中山公子牟曰:'虽知之,犹不能自胜也。'詹子曰:'不能自胜则纵之,纵之,神无恶乎?不能自胜而强不纵者,此之谓重伤。重伤之人无寿类矣。'"《列子·说符》曰:"楚庄王问詹何曰:'治国奈何?'詹何对曰:'臣明于治身而不明于治国也。'楚庄王曰:'寡人得奉宗庙社稷,愿学所以守之。'詹何对曰:'臣未尝闻身治而国乱者也,又未尝闻身乱而国治者也。故本在身,不敢对以末。'楚王曰:'善。'"《贞观政要·君道第一》曰:"(唐)贞观初,太宗谓侍臣曰:'为君之道,必须先存百姓,若损百姓以奉其身,犹割股以啖腹,腹饱而身毙。若安天下,必须先正其身,未有身正而影曲,上理而下乱者。朕每思伤其身者不在外物,皆由嗜欲以成其祸。若耽嗜滋味,玩悦声色,所欲既多,所损亦大,既妨政事,又扰生人。且复出一非理之言,万姓为之解体,怨讟既作,离叛亦兴。朕每思此,不敢纵逸。'谏议大夫魏征对曰:'古者圣哲之主,皆亦近取诸身,故能远体诸物。昔楚聘詹何,问其理国之要。詹何对以修身之术。楚王又问理国何如詹何曰:"未闻身理而国乱者。"陛下所明,实同古义。'"

周赧王四十六年　壬辰　前269年

赵奢用许历计,大破秦军,遂解阏与之围,秦赵"阏与之役"结束。赵奢因功封为马服君。

按：事见《史记·廉颇蔺相如列传》。秦简《编年记》有："（昭王）三十八年，阏与……。"盖述秦、赵阏与之战，与《史记》合。

周赧王四十九年　乙未　前266年

秦以范雎为相，号曰张禄，封应侯。应侯敝衣见故人须贾。

按：《资治通鉴·周纪五·周赧王四十九年》曰："范雎日益亲，用事，因乘间说王曰：'臣居山东时，闻齐之有孟尝君，不闻有王；闻秦有太后、穰侯，不闻有王。夫擅国之谓王，能利害之谓王，制杀生之谓王。今太后擅行不顾，穰侯出使不报，华阳、泾阳击断无讳，高陵进退不请，四贵备而国不危者，未之有也。为此四贵者下，乃所谓无王也。穰侯使者操王之重，决制于诸侯，剖符于天下，征敌伐国，莫敢不听；战胜攻取则利归于陶，战败则结怨于百姓而祸归于社稷。臣又闻之，木实繁者披其枝，披其枝者伤其心；大其都危其国，尊其臣者卑其主。淖齿管齐，射王股，擢王筋，悬之于庙梁，宿昔而死。李兑管赵，囚主父于沙丘，百日而饿死。今臣观四贵之用事，此亦淖齿、李兑之类也。夫三代之所以亡国者，君专授政于臣，纵酒弋猎；其所授者妒贤嫉能，御下蔽上以成其私，不为主计，而主不觉悟，故失其国。今自有秩以上至诸大吏，下及王左右，无非相国之人者，见王独立于朝，臣窃为王恐，万世之后有秦国者，非王子孙也！'王以为然，于是废太后，逐穰侯、高陵、华阳、泾阳君于关外，以范雎为丞相，封为应侯。魏王使须贾聘于秦，应侯敝衣间步而往见之。须贾惊曰：'范叔固无恙乎！'留坐饮食，取一绨袍赠之。遂为须贾御而至相府，曰：'我为君先入通于相君。'须贾怪其久不出，问于门下，门下曰：'无范叔，乡者吾相张君也。'须贾知见欺，乃膝行入谢罪。应侯坐，责让之，且曰：'尔所以得不死者，以绨袍恋恋尚有故人之意耳！'乃大供具，请诸侯宾客，坐须贾于堂下，置莝、豆于前而马食之，使归告魏王曰：'速斩魏齐头来！不然，且屠大梁！'须贾还，以告魏齐。魏齐奔赵，匿于平原君家。"

是年，秦任王稽为河东守，任郑安平为将军。

按：《史记·范雎蔡泽列传》曰："范雎既相，王稽谓范雎曰：'事有不可知者三，有不可奈何者亦三。宫车一日晏驾，是事之不可知者一也。君卒然捐馆舍，是事之不可知者二也。使臣卒然填沟壑，是事之不可知者三也。宫车一日晏驾，君虽恨于臣，无可奈何。君卒然捐馆舍，君虽恨于臣，亦无可奈何。使臣卒然填沟壑，君虽恨於臣，亦无可奈何。'范雎不怿，乃入言于王曰：'非王稽之忠，莫能内臣于函谷关；非大王之贤圣，莫能贵臣。今臣官至于相，爵在列侯，王稽之官尚止于谒者，非其内臣之意也。'昭王召王稽，拜为河东守，三岁不上计。又任郑安平，昭王以为将军。范雎于是散家财物，尽以报所尝困厄者。一饭之德必偿，睚眦之怨必报。"

荀子是年四十九岁，去齐游秦，见昭王及应侯范雎。

按：此据游国恩《荀卿考·荀子年表》见《古史辨》第四册第97页。

公元前266年，罗马征服南意大利卡拉布里亚。

周赧王五十年　丙申　前265年

公元前265年,印度孔雀王朝阿育王至佛祖诞生地,敬拜佛陀。

触龙说赵太后。

按：触龙,《战国策·赵策四》作"触讋",马王堆帛书《战国纵横家书》第十八章作"触龙",官至左师。是年,赵孝成王新立,太后掌权,秦急攻赵,连取三城,赵求救于齐。齐人"必以长安君(太后少子)为质",方可发兵,太后不肯。大臣强谏,太后不听。左师见赵太后,以父母爱子女,必使其为国立功,方为长远之计,否则,名为爱,实则害之之理说之,太后悟,于是为长安君约车(套车)百乘质于齐。齐出师,秦师乃退。

田单将赵师以伐燕,取中阳,又伐韩,取注人。

按：《史记·赵世家》曰："齐安平君田单将赵师而攻燕中阳,拔之。又攻韩注人,拔之。"《战国策·赵策四》曰："燕封宋人荣蚠为高阳君,使将而攻赵。赵王因割济东三城令卢、高唐、平原陵地城邑市五十七,命以与齐,而以求安平君而将之。马服君(赵奢)谓平原君曰：'国奚无人甚哉！君致安平君而将之,乃割济东三城市邑五十七以与齐,此夫子与敌国战,覆军杀将之所取,割地于敌国者也。今君以此与齐,而求安平君而将之,国奚无人甚也！且君奚不将奢也？奢尝抵罪居燕,燕以奢为上谷守,燕之通谷要塞,奢习知之。百日之内,天下之兵未聚,奢已举燕矣。然则君奚求安平君而为将乎？'平原君曰：'将军释之矣,仆已言之仆主矣。仆主幸以听仆也,将军无言已。'马服君曰：'君过矣！君之所以求安平者,以齐之于燕也,茹肝涉血之仇耶？其于奢不然。使安平君愚,固不能当荣蚠；使安平君知,又不肯与燕人战。此两言者,安平君必处一焉。虽然,两者有一也。使安平君知,则奚以赵之强为？赵强则齐不复霸矣。今得强赵之兵以杜燕将,旷日持久数岁,令士大夫余子之力尽于沟垒,车甲羽毛裂敝,府库仓廪虚；两国交以习之,乃引其兵而归。夫尽两国之兵,无明此者矣。'夏,军也县(悬)釜而炊。得三城也,城大无能过百雉者,果如马服之言也。"

周赧王五十二年　戊戌　前263年

公元前263年,罗马人入西西里。

秦武安君伐韩,取南阳；攻太行道,绝之。

按：《资治通鉴·周纪五·周赧王五十二年》曰："秦武安君伐韩,取南阳；攻太行道,绝之。"秦简《编年记》云"(昭王)四十四年,攻太行",与《史记》合。缪文远《战国史系年辑证》曰："太行即太行山,绵亘河南、山西、河北三省,主峰在山西晋城县北，此所指为太行山羊肠险塞。南阳，地区名。韩的南阳包括今河南济源至获嘉一带，地在太行山南，黄河之北。"

楚太子完自秦逃归，即位称考烈王。以黄歇为相，号曰春申君。

按：《资治通鉴·周纪五·周赧王五十二年》载：初，黄歇与楚太子为质于秦。及楚顷襄王疾病，黄歇言于应侯曰："今楚王疾恐不起，秦不如归其太子。太子得立，其事秦必重而德相国无穷，是亲与国而得储万乘也。不归，则咸阳布衣耳。楚更立君，必不事秦，是失与国而绝万乘之和，非计也。"应侯以告王。王曰："令太子之傅先往问疾，反而后图之。"黄歇与太子谋曰："秦之留太子，欲以求利也。今太子力未能有以利秦也，而阳文君子二人在中。王若卒大命，太子不在，阳文君子必立为后，太子不得奉宗庙矣。不如亡秦，与使者俱出。臣请止，以死当之！"太子因变服为楚王使者御而出关；而黄歇守舍，常为太子谢病。度太子已远，乃自言于王曰："楚太子已归，出远矣。歇愿赐死！"王怒，欲听之。应侯曰："歇为人臣，出身以徇其主，太子立，必用歇。不如无罪而归之，以亲楚。"王从之。黄歇至楚三月，秋，顷襄王薨，考烈王即位；以黄歇为相，封以淮北，号曰春申君。

孔鲋（ —前208）生。

按：《史记·孔子世家》曰："子慎生鲋，年五十七，为陈王涉博士，死于陈下。"宋人宋咸《孔丛子》序曰："《孔丛子》者，乃孔子八世孙鲋，字子鱼，仕陈胜为博士，以言不见用，托目疾而退。"据此可知，孔鲋曾为陈胜博士，并谏陈胜。惜陈胜未听。此据钱穆《先秦诸子系年·诸子生卒年约数》断孔鲋生卒为前264—前208年。

周赧王五十五年　辛丑　前260年

廉颇拒秦军于长平。虞卿与赵王谋。

按：《资治通鉴·周纪五·周赧王五十五年》曰："秦左庶长王龁攻上党，拔之。上党民走赵。赵廉颇军于长平，以按据上党民。王龁因伐赵。赵军数战不胜，亡一裨将、四尉。赵王与楼昌、虞卿谋，楼昌请发重使为媾，虞卿曰：'今制媾者在秦，秦必欲破王之军矣。虽往请媾，秦将不听。不如发使以重宝附楚、魏，楚、魏受之，则秦疑天下之合从，媾乃可成也。'王不听，使郑朱媾于秦，秦受之。王谓虞卿曰：'秦内（纳）郑朱矣。'对曰：'王必不得媾而军破矣。何则？天下之贺战胜者皆在秦矣。夫郑朱，贵人也，秦王、应侯必显重之以示天下。天下见王之媾于秦，必不救王；秦知天下之不救王，则媾不可得成矣。'既而，秦果显郑朱而不与赵媾。"秦简《编年记》有云："（昭王）四十六年，攻亭。"当是攻冯亭也。

范雎使人赴赵行反间计，助秦左庶长王龁攻赵长平。赵王中反间计使赵括代廉颇将，括母大义上书，力陈括不可任用，赵王不听。赵括纸上谈兵，败于长平，秦将白起坑赵降卒四十余万。

按：秦将王龁伐赵长平，夺四壁垒。赵将廉颇坚壁以待，秦数挑战，赵兵不出。《史记·白起王翦列传》曰："赵王数以为让。而秦相应侯（范雎）又使人行千金于赵

公元前260年，提迈奥斯卒（约前356— ）。希腊历史学家。

为反间,曰:'秦之所恶,独畏马服(赵奢)子赵括将耳,廉颇易与,且降矣。'赵王既怒廉颇军多失亡,军数败,又反坚壁不敢战,而又闻秦反间之言,因使赵括代廉颇将以击秦。"又据《资治通鉴·周纪五·周赧王五十五年》曰:"蔺相如曰:'王以名使括,若胶柱鼓瑟耳。括徒能读其父书传,不知合变也。'王不听。初,赵括自少时学兵法,以天下莫能当;尝与其父奢言兵事,奢不能难,然不谓善。括母问其故,奢曰:'兵,死地也,而括易言之。使赵不将括则已;若必将之,破赵军者必括也。'及括将行,其母上书,言括不可使。王曰:'何以?'对曰:'始妾事其父,时为将,身所奉饭而进食者以十数,所友者以百数,王及宗室所赏赐者,尽以与军吏士大夫;受命之日,不问家事。今括一旦为将,东乡(向)而朝,军吏无敢仰视之者;王所赐金帛,归藏于家,而日视便利田宅可买者买之。王以为何如其父?父子异心,愿王勿遣!'王曰:'母置之,吾已决矣!'母因曰:'即如有不称,妾请无随坐!'赵王许之。秦王闻括已为赵将,乃阴使武安君为上将军而王龁为裨将,令军中:'有敢泄武安君将者斩!'赵括至军,悉更约束,易置军吏,出兵击秦师。武安君佯败而走,张二奇兵以劫之。赵括乘胜追造秦壁。壁坚拒不得入;奇兵二万五千人绝赵兵之后,又五千骑绝赵壁间。赵军分而为二,粮道绝。武安君出轻兵击之,赵战不利,因筑壁坚守以待救至。秦王闻赵食道绝,自如河内,发民年十五以上悉诣长平,遮绝赵救兵及粮食。齐人、楚人救赵。赵人乏食,请粟于齐,齐王弗许。周子曰:'夫赵之于齐、楚,扞蔽也,犹齿之有唇也,唇亡则齿寒;今日亡赵,明日患及齐、楚矣。救赵之务,宜若奉漏瓮、沃焦釜然。且救赵,高义也;却秦师,显名也;义救亡国,威却强秦。不务为此而爱粟,为国计者过矣!'齐王弗听。九月,赵军食绝四十六日,皆内阴相杀食。急来攻秦垒,欲出为四队,四、五复之,不能出。赵括自出锐卒搏战。秦人射杀之。赵师大败,卒四十万人皆降。武安君曰:'秦已拔上党,上党民不乐为秦而归赵。赵卒反复,非尽杀之,恐为乱。'乃挟诈而尽坑杀之,遗其小者二百四十人归赵,前后斩首虏四十五万人,赵人大震。"长平之战,前后历时三年,至此结束。秦简《编年记》云"(昭王)四十七年,攻长平",与《史记·白起王翦列传》、《秦本纪》、《六国年表》合。长平之战,历时三年,赵军参战人数45万,秦军参战人数在百万以上,此乃我国历史上最早及规模最大之包围式歼灭战。此战使赵国受到毁灭性打击,令秦国国力大幅度超越各国,极大加速了秦国统一进程。从国家战略到具体战术,军事家直到现在都在探讨长平之战之得失。它中国历史走向有着深远影响,

陈仲子卒(约前350—)。仲子,本名陈定,字子终,山东邹平人。其先祖为陈国公族,先祖陈公子完避战乱逃至齐国,改为田氏,故陈仲子又称田仲。迁居於陵,后隐居长白山中,终日为人灌园。曾至稷下学宫讲学,称为"於陵学派"。事迹见《於陵子》。

伏生(—161)是年前后生。

周赧王五十六年　壬寅　前259年

魏齐自刎死,范雎得复仇。秦王释归平原君赵胜。

按：初，魏齐为魏相，曾笞击范雎，使雎几至于死（见前270年记事）。及范雎任秦相，急于报其仇。魏齐闻之，逃奔赵，匿于平原君家（事见前266年记事）。又据《资治通鉴·周纪五·周赧王五十六年》曰："秦王欲为应侯必报其仇。闻魏齐在平原君所，乃为好言，诱平原君至秦而执之，遣使谓赵王曰：'不得齐首，吾不出王弟于关！'魏齐穷，抵虞卿，虞卿弃相印，与魏齐偕亡。至魏，欲因信陵君以走楚。信陵君意难见之。魏齐怒，自杀。赵王卒取其首与秦，秦乃归平原君。"

孔斌免魏相。

按：孔斌，字子顺，孔子六世孙。初，魏王闻斌贤，遣使奉黄金束帛聘以为相，斌执魏政，"改擘宠之官，以事贤才；夺无任之禄，以赐有功。"《资治通鉴·周纪五·周赧王五十六年》诸丧职者皆不悦，乃造谤言。斌相魏，凡九月，陈大计辄不用，乃喟然曰："言不见用，是吾言之不当也。言不当于主，居人之官，食人之禄，是尸利素餐，吾罪深矣！"《资治通鉴·周纪五·周赧王五十六年》退以病免。

周赧王五十七年　癸卯　前258年

白起论伐赵必败。

按：《资治通鉴·周纪五·周赧王五十七年》曰："正月，王陵攻邯郸，少利，益发卒佐陵；陵亡五校。武安君病愈，王欲使代之。武安君曰：'邯郸实未易攻也；且诸侯之救日至。彼诸侯怨秦之日久矣，秦虽胜于长平，士卒死者过半，国内空，远绝河山而争人国都，赵应其内，诸侯攻其外，破秦军必矣。'王自命不行，乃使应侯请之。武安君终辞疾，不肯行；乃以王龁代王陵。"

范雎荐王稽为河南郡守；荐郑安平为将军，使之率师击赵。

按：其事见于《战国策·中山策》。

毛遂自荐于平原君。平原君以毛遂为上客。

按：《资治通鉴·周纪五·周赧王五十七年》曰："赵王使平原君求救于楚，平原君约其门下食客文武备具者二十人与之俱，得十九人，余无可取者。毛遂自荐于平原君。平原君曰：'夫贤士之处世也，譬若锥之处囊中，其末立见。今先生处胜之门三年于此矣，左右未有所称诵，胜未有所闻，是先生无所有也。先生不能，先生留。'毛遂曰：'臣乃今日请处囊中耳！使遂蚤（早）得处囊中，乃脱颖而出，非特其末见而已。'平原君乃与之俱，十九人相与目笑之。平原君至楚，与楚王言合从（纵）之利害，日出而言之，日中不决。毛遂按剑历阶而上，谓平原君曰：'从之利害，两言而决耳！今日出而言，日中不决，何也？'楚王怒叱曰：'胡不下！吾乃与而君言，汝何为者也？'毛遂按剑而前曰：'王之所以叱遂者，以楚国之众也。今十步之内，王不得恃楚国之众也！王之命悬于遂手。吾君在前，叱者何也？且遂闻汤以七十里之地王天下，文王以百里之壤而臣诸侯，岂其士卒众多哉？诚能据其势而奋其威也。今楚地方五千里，持戟百万，此霸王之资也。以楚之强，天下弗能当。白起小竖子耳，率数万之众，兴师以与楚战，一战而举鄢、郢，再战而烧夷陵，三战而辱王之先人，此百世之怨而赵之所羞，而王弗之恶焉。合从者为楚，非为赵也。吾君在前，叱者何也？'楚王曰：'唯唯，诚若先生之言，谨奉社稷以从。'毛遂曰：'从定乎？'楚王曰：'定矣。'毛遂谓楚王之左右曰：'取鸡、狗、马之血来！'毛遂奉铜盘而跪进之楚王曰：'王当歃血以定从，次者吾君，次者遂。'遂定从于殿上。毛遂左手持盘血而右手招十九人曰：'公等相与歃此血于堂下！公等录录，所谓因人成事者也。'平原君已定从而归，至于赵，曰：'胜不敢复相天下士矣！'遂以毛遂为上客。"

鲁仲连义不帝秦。

按：《资治通鉴·周纪五·周赧王五十七年》曰："楚王使春申君将兵救赵，魏王亦使将军晋鄙将兵十万救赵。秦王使谓魏王曰：'吾攻赵，旦暮且下，诸侯敢救之者，吾已拔赵，必移兵先击之！'魏王恐，遣人止晋鄙，留兵壁邺，名为救赵，实持两端。又使将军新垣衍间入邯郸，因平原君说赵王，欲共尊秦为帝，以却其兵。齐人鲁仲连在邯郸，闻之，往见新垣衍曰：'彼秦者，弃礼义而上首功之国也。彼即肆然而为帝于天下，则连有蹈东海而死耳，不愿为之民也！且梁未睹秦称帝之害故耳，吾将使秦王烹醢梁王！'新垣衍怏然不悦曰：'先生恶能使秦王烹醢梁王？'鲁仲连曰：'固也，吾将言之。昔者九侯、鄂侯、文王，纣之三公也。九侯有子而好。献之于纣，纣以为恶，醢九侯；鄂侯争之强，辩之疾，故脯鄂侯；文王闻之，喟然而叹，故拘之牖里之库百日，欲令之死。今秦，万乘之国也，梁亦万乘之国也；俱据万乘之国，各有称王之名，奈何睹其一战而胜，欲从而帝之，卒就脯醢之地乎！且秦无已而帝，则将行其天子之礼以号令于天下，则且变易诸侯之大臣，彼将夺其所不肖而与其所贤，夺其所憎而与其所爱，彼又将使其子女谗妾为诸侯妃姬，处梁之宫，梁王安得晏然而已乎！而将军又何以得故宠乎！'新垣衍起，再拜曰：'吾乃今知先生天下之士也！吾请出，不敢复言帝秦矣！'"《通鉴考异》曰："《史记·鲁仲连传》云：'新垣衍谢，请出，不敢复言帝秦。秦将闻之，为却军五十里。'按仲连所言，不过论帝秦之利害耳，使新垣衍惭怍而去则有之，秦将何预而退军五十里乎？此亦游谈者之夸大也，今不取。"

信陵君无忌用魏隐士侯嬴计，窃符救赵。

按：《资治通鉴·周纪五·周赧王五十七年》曰："初，魏公子无忌仁而下士。致食客三千人。魏有隐士曰侯嬴，年七十，家贫，为大梁夷门监者。公子置酒大会宾客，坐定，公子从车骑虚左自迎侯生。侯生摄敝衣冠，直上载公子上坐不让；公子执辔愈恭。侯生又谓公子曰：'臣有客在市屠中，愿枉车骑过之。'公子引车入市，侯生下见其客朱亥，睥睨，故久立，与其客语，微察公子，公子色愈和；乃谢客就车，至公子家。公子引侯生坐上座，遍赞宾客，宾客皆惊。及秦围赵，赵平原君之夫人，公子无忌之姊也，平原君使者冠盖相属于魏，让公子曰：'胜所以自附于婚姻者，以公子之高义，能急人之困也。今邯郸旦暮降秦而魏救不至，纵公子轻胜弃之，独不怜公子姊邪！'公子患之，数请魏王敕晋鄙令救赵，及宾客辩士游说万端，王终不听。公子乃属宾客约车骑百余乘，欲赴斗以死于赵；过夷门，见侯生。侯生曰：'公子勉之矣，老臣不能从！'公子去，行数里，心不快，复还见侯生。侯生笑曰：'臣固知公子之还也！今公子无他端而欲赴秦军，譬如以肉投馁虎，何功之有！'公子再拜问计。侯嬴屏人曰：'吾闻晋鄙兵符在王卧内，而如姬最幸，力能窃之。尝闻公子为如姬报其父仇，如姬欲为公子死无所辞。公子诚一开口，则得虎符，夺晋鄙之兵，北救赵，西却秦，此五伯之功也。'公子如其言，果得兵符。公子行，侯生曰：'将在外，君令有所不受。有如晋鄙合符而不授兵，复请之，则事危矣。臣客朱亥，其人力士，可与俱。晋鄙若听，大善；不听，可使击之！'于是公子请朱亥与俱。至邺，晋鄙合符，疑之，举手视公子曰：'吾拥十万之众屯于境上，国之重任，今单车来代之，何如哉？'朱亥袖四十斤铁椎，椎杀晋鄙。公子遂勒兵下令军中曰：'父子俱在军中者，父归！兄弟俱在军中者，兄归！

独子无兄弟者,归养!'得选兵八万人,将之而进。"其事《战国策·魏策》、《史记·魏公子列传》所记略同。

周赧王五十八年　甲辰　前257年

白起自杀。

按:《资治通鉴·周纪五·周赧王五十七年》曰:"王龁久围邯郸不拔,诸侯来救,战数不利。武安君闻之曰:'王不听吾计,今何如矣?'王闻之,怒,强起武安君。武安君称病笃,不肯起。"《资治通鉴·周纪五·周赧王五十八年》又载:"十月,免武安君为士伍,迁之阴密。十二月,益发卒军汾城旁。武安君病,未行,诸侯攻王龁,龁数却,使者日至,王乃使人遣武安君,不得留咸阳中。武安君出咸阳西门十里,至杜邮。秦王与应侯群臣谋曰:'白起之迁,意尚怏怏有余言。'王乃使使者赐之剑,武安君遂自杀。秦人怜之,乡邑皆祭祀焉。"

魏公子信陵君无忌与秦军战于邯郸,秦兵解去,救赵成功。信陵君欲见毛遂。

按:《资治通鉴·周纪五·周赧王五十八年》曰:"魏公子无忌大破秦师于邯郸下,王龁解邯郸围走。郑安平为赵所困,将二万人降赵,应侯由是得罪。公子无忌既存赵,遂不敢归魏,与宾客留居赵,使将将其军还魏。赵王与平原君计,以五城封公子。赵王扫除自迎,执宾主之礼,引公子就西阶。公子侧行辞让,从东阶上,自言辠过,以负于魏,无功于赵。赵王以鄗与公子饮至暮,口不忍献五城,以公子退让也。赵王以鄗为公子汤沐邑。魏亦复以信陵奉公子。公子闻赵有处士毛公隐于博徒,薛公隐于卖浆家,欲见之;两人不肯见,公子乃间步从之游。平原君闻而非之。公子曰:'吾闻平原君之贤,故背魏而救赵。今平原君所与游,徒豪举耳,不求士也。以无忌从此两人游,尚恐其不我欲也,平原君乃以为羞乎!'为装欲去。平原君免冠谢,乃止。"

鲁仲连功成身退,留千古义名。

按:鲁仲连功成身退事《史记·白起王翦列传》、《范睢蔡泽列传》、《魏公子列传》、《鲁仲连邹阳列传》皆有载。《资治通鉴·周纪五·周赧王五十八年》曰:"平原君欲封鲁连,使者三返,终不肯受。又以千金为鲁连寿,鲁连笑曰:'所贵于天下之士者,为人排患释难解纷乱而无取也。即有取者,是商贾之事也!'辞平原君而去,终身不复见。"

吕不韦厚待秦质子异人,助异人自赵归秦。或以为嬴政为吕不韦子。

按:据《资治通鉴·周纪五·周赧王五十八年》秦太子之妃曰华阳夫人,无子;夏姬生子异人。异人质于赵;秦数伐赵,赵人不礼之。异人以庶孽孙质于诸侯,车乘进用不饶,居处困不得意。阳翟大贾吕不韦适邯郸,见之,曰:"此奇货可居!"乃往见异人,说曰:"吾能大子之门!"异人笑曰:"且自大君之门!"不韦曰:"子不知也,吾门待子门而大。"异人心知所谓,乃引与坐,深语。不韦曰:"秦王老矣。太子爱华阳夫人,夫人无子。子之兄弟二十余人,子奚有承国之业,士仓又辅之。子居中,不甚见幸,久质诸侯。太子即位,子不得争为嗣矣。"异人曰:"然则奈何?"不韦曰:"能立嫡嗣者,独华阳夫人耳。不韦虽贫,请以千金为子西游,立子为嗣。"异人曰:"必如君策,请得分秦国与君共之。"不韦乃以五百金与异人,令结宾客。复以五百金买奇物玩好,自奉而西,见华阳夫人之姊,而以奇物献于夫人,因誉子异人之贤,宾客偏天下,常日夜泣思太子及夫人,曰:"异人也以夫人为天!"夫人大喜。不韦因使其姊说夫人曰:"夫以色事人者,色衰则爱弛。今夫人爱而无子,不以繁华时蚤(早)自结于诸子中贤孝者,举以为嫡,即色衰爱弛,虽欲开一言,尚可得乎!今子异人贤,而自知中子不得为适,夫人诚以此时拔之,是子异人无国而有国,夫人无子而有子也,则终身有宠于秦矣。"夫人以为然,承间言于太子曰:"子异人绝贤,来往者皆称誉之。"因泣曰:"妾不幸无子,愿得子异人立以为子,以托妾身!"太子许之,与夫人刻玉符,约以为嗣,因厚馈遗异人,而请吕不韦傅之。异人名誉盛于诸侯。吕不韦娶邯郸诸姬绝美者与居,知其有娠,异人从不韦饮,见而请之。不韦佯怒,既而献之,孕期年而生子政,异人遂以为夫人。邯郸之围,赵人欲杀之,异人与不韦行金六百斤予守者,脱亡赴秦军,遂得归。异人楚服而见华阳夫人,夫人曰:"吾楚人也,当自子之。"因更其名曰楚。黄式三《周季编略》卷八曰:"《吕传》云'大期时生政',是十二月生也,则旧史所云'知其娠'云云,皆恶秦者造言也。胡致堂议《通鉴》当书吕政。徐位山《管城硕记》曰:'如知其有娠,已非一月矣,而又十二月而生,安见其必为吕子乎?'"

周赧王五十九年　乙巳　前256年

秦灭西周,周赧王失去依靠。

按:秦攻韩,西周君恐,遂背秦,与诸侯合纵,率天下锐师出伊阙攻秦,令秦不得出阳城。秦王怒,使将军摎攻西周,取河南,西周君入秦,尽献其邑三十六,人口三万。秦迁西周君于𢠳狐。西周遂亡。《史记·六国年表索隐》系此事于下年,不妥。《六国年表》系周赧王卒于此年,而周赧王实因西周为秦所灭,失去依靠而亡,故秦灭西周当在周赧王卒同年。

周赧王延卒。东周虽尚存,则不再称王,此年以后史家遂以秦王纪年。

按:赧王在位时,名为天子,实依西周以存身。相传曾因逃债避居宫内台上,周人名曰逃债台。秦灭西周,赧王卒,周民东亡,秦取九鼎宝器,至此,东周虽尚存,则不再称王,史家遂以秦王纪年。

张苍(　—152)是年前后生。

秦昭襄王五十二年　丙午　前255年

王稽时任秦将,坐与诸侯通,弃市。应侯范雎连坐免相,旋即死。

按：《资治通鉴·秦纪一·秦昭襄王五十二年》曰："河东守王稽坐与诸侯通，弃市。应侯（张禄）日以不怿。王临朝而叹，应侯请其故。王曰：'今武安君死，而郑安平、王稽等皆畔，内无良将而外多敌国，吾是以忧！'应侯惧，不知所出。"《战国策·秦策三》曰："秦王大怒，而欲兼诛范雎。范雎曰：'臣东鄙之贱人也，开罪于楚、魏，遁逃来奔。臣无诸侯之援，亲习之故，王举臣于羁旅之中，使职事，天下皆闻臣之身与王之举也。今遇惑，或与罪人同心，而王明诛之，是王过举显于天下，而为诸侯所议也。臣愿请药赐死，而恩以相葬臣，王必不失臣之罪，而无过举之名。'王曰：'有之。'遂弗杀而善遇之。"其事《史记·范雎蔡泽列传》所载略同。

秦王因王稽事大怒，而欲兼诛范雎。范雎恐，乃谢病请归相印，荐蔡泽于王。秦王以蔡泽为相国，号纲成君。

按：《资治通鉴·秦纪一·秦昭襄王五十二年》曰："河东守王稽坐与诸侯通，弃市。应侯日以不怿。王临朝而叹，应侯请其故。王曰：'今武安君死，而郑安平、王稽等皆畔，内无良将而外多敌国，吾是以忧！'应侯惧，不知所出。燕客蔡泽闻之，西入秦，先使人宣言于应侯曰：'蔡泽，天下雄辩之士。彼见王，必困君而夺君之位。'应侯怒，使人召之。蔡泽见应侯，礼又倨。应侯不快，因让之曰：'子宣言欲代我相，请闻其说。'蔡泽曰：'吁，君何见之晚也！夫四时之序，成功者去。君独不见夫秦之商君、楚之吴起、越之大夫种，何足愿与？'应侯谬曰：'何为不可？！此三子者，义之至也，忠之尽也。君子有杀身以成名，死无所恨！'蔡泽曰：'夫人立功！岂不期于成全邪？身名俱全，上也；名可法而身死者，次也；名僇辱而身全者，下也。夫商君、吴起、大夫种，其为人臣尽忠致功，则可愿矣。闳夭、周公，岂不亦忠且圣乎？！三子之可愿，孰与闳夭、周公哉？'应侯曰：'善。'蔡泽曰：'然则君之主慆厚旧故，不倍功臣，孰与孝公、楚王、越王？'曰：'未知何如。'蔡泽曰：'君之功能孰与三子？'曰'不若。'蔡泽曰：'然则君身不退，患恐甚于三子矣。语曰："日中则移，月满则亏。"进退赢缩，与时变化，圣人之道也。今君之怨已仇而德已报，意欲至矣而无变计，窃为君危之。'应侯遂延以为上客，因荐于王。王召与语，大悦，拜为客卿。应侯因谢病免。王新悦蔡泽计画，遂以为相国，泽为相数月，免。"

荀况为兰陵令。是年前后，"兰陵学术中心"形成。

按：齐人或谗荀子，荀子乃去齐适楚，春申君以为兰陵令。《史记·春申君列传》曰："（楚）考烈王元年，以黄歇为相，封为春申君……春申君相楚八年……以荀卿为兰陵令。"则荀子为兰陵令当在本年。据《史记·吕不韦列传》曰："是时诸侯多辩士，如荀卿之徒，著书布天下。"荀子曾为"稷下学宫"列大夫，门徒后学不少，估计随荀子一起来兰陵的士人当不少，加上好养士的春申君原先所蓄养的门客，一时间，兰陵也是文士云集，使兰陵成为当时著名的学术中心。但其规模和影响当不如战国三大学术中心"西河学术中心"、"稷下学术中心"、"咸阳学术中心"。

庄辛卒（约前325—　）。生平不详，《战国策·楚策四》有《庄辛谓楚襄王》。

按：此据钱穆《先秦诸子系年》所附《诸子生卒年约数》，钱氏系庄辛生卒年为前325—255年，录此备考。

秦昭襄王五十三年　丁未　前254年

魏灭卫。

按：卫,周初封国,周武王之弟康叔所建。初都朝歌,前660年,被狄击败,得齐国帮助,迁都楚丘。后又迁都帝丘。是岁,为魏所灭,沦为魏国附庸。卫国虽亡而卫君未死,至秦二世胡亥时,卫君角仍以六里称王,后为胡亥所废。

秦下令推择吏人从军。

按：《史记·秦始皇本纪》曰:"军归斗食以下,什推二人从军。"秦简《编年记》曰:"吏谁从军。"缪文远《战国史系年辑证》曰:"谁,推也。'吏谁从军',指推择吏人从军,此当为秦国所下的命令。"

秦昭襄王五十六年　庚戌　前251年

燕伐赵,赵老将廉颇败燕师有功,任为相国,封于尉文,号信平君。

按：此据《史记·六国年表》及《燕召公世家》。

李冰是年前后于蜀地兴建水利设施都江堰。

按：李冰,秦昭王时人(此从《风俗通义》,《华阳国志·蜀志》作秦孝文王时人),约前256年至前251年任蜀郡守。任内,他征发民工在今四川灌县西北岷江中游修建综合性防洪灌溉工程都江堰,使川西平原无水旱之患,二千二百多年来水利效益显著。他还主持凿平青衣江的溷崖,以杀沫水,通正水道;治导什邡等县的洛水和邛崃等县的汶井江;又穿广都盐井诸陂池等工程。都江堰水利工程充分体现了李冰的智慧,泽被后世至于今日。受益百姓遂神话李冰父子,当地传说甚多,成为一大文化现象。

平原君赵胜卒。

按：《史记·六国年表》赵孝成王十五年栏载:"平原君卒。"《史记·平原君虞卿列传》也曰:"平原君以赵孝成王十五年卒。子孙代,后竟与赵俱亡。"平原君赵胜,赵之诸公子。诸子中胜最贤,喜养宾客,门下宾客数千人。与齐国孟尝君田文、魏国信陵君魏无忌、楚国春申君黄歇并称"战国四公子"。平原君相赵惠文王及孝成王朝,三去相,三复位。秦赵长平之战,赵全军覆没,邯郸失守,平原君难辞其咎。太史公曰:"平原君,翩翩浊世之佳公子也,然未睹大体。鄙语曰'利令智昏',平原君贪冯亭

邪说,使赵陷长平兵四十馀万众,邯郸几亡。"(《史记·平原君虞卿列传》)

秦孝文王元年　辛亥　前 250 年

冬十月,秦孝文王薨,子楚立,是为庄襄王。
　　按:秦孝文王立一年而卒(从《史记·吕不韦列传》及《史记索隐·秦本纪》。《秦本纪》作即位三日卒),子楚立,是为庄襄王。尊华阳夫人为华阳太后,夏姬(子楚生母)为夏太后。子楚立实为吕不韦走向秦权力中心之关键。

是年前后,燕将守聊城,田单攻之,鲁仲连遗燕将书。
　　按:《史记·鲁仲连邹阳列传》曰:初,燕将攻下聊城,人或谗之,燕将惧诛,遂保守聊城,不敢归。田单攻之,岁馀,士卒尽死,而聊城不下。鲁仲连乃遗燕将书。燕将得书自杀。田单屠城。《战国策·齐策六》第三章也有类似记载。缪文远《战国史系年辑证》曰:"《资治通鉴》此年载燕将守聊城,田单攻之,鲁仲连遗燕将书事,因仲连书言及栗腹之败,而栗腹之败事在上年也。林春溥曰:'书中有引燕将栗腹之败,事在燕王喜四年,故《通鉴》载在秦孝文王元年,然田单已于赵孝成王元年降赵,安得此时尚在齐乎!'时田单去齐已久,不闻其有复返齐国事,故知此事出自言纵横者所拟托,而为《通鉴》所误采。"其事说法纷纭,录之以备考。

张平是年前后相韩。
　　按:张平乃张良父,事见《史记·留侯世家》。

公孙龙卒(约前 320—　)。公孙龙,字子秉,战国末期赵国人。曾任赵国平原君之门客,为战国时期著名策士。著有《公孙龙子》6 篇传世。
　　按:前 284 年,公孙龙游燕说昭王偃兵,燕昭王"口称善"而"实不为",同年,批评赵惠文王空喊"偃兵"实为备战的名实相乖谬误。前 283 年,根据秦赵之间的模糊约定"秦之所欲为,赵助之,赵之所欲为,秦助之",有力反击秦王对赵国援魏抗秦的责备,迫使秦"兵至大梁而还",使赵国取得军事和外交的胜利。事迹见《公孙龙子·迹府》、《庄子·天下》、《吕氏春秋·淫辞》《应言》两篇、《艺文类聚》卷六十六、《太平御览》卷四五七等。
　　《公孙龙子》为先秦名家学派代表作。研究者认为约成书于公元前三世纪前后。《汉书·艺文志》著录十四篇,自魏晋后散佚。《隋书·经籍志》于道家下题书名为《守白论》,在新旧《唐书·经籍志》中重标原名。仅存六篇:一、《迹府》;二、《白马论》;三、《指物论》;四、《通变论》;五、《坚白论》;六、《名实论》。宋以后多有疑其为伪书者,经多方考辨,现今学人普遍肯定其为真书。其中《迹府》一篇为弟子们对公孙龙言行事迹所作的记录。公孙龙是中国逻辑史上争论最大的一个人物。传统的观点误将公孙龙当作哲学上的唯心论者和逻辑学上的诡辩论者。其实在先秦逻辑史上,《公孙龙子》一书第一次比较自觉地对名实问题从逻辑理论的高度作了概括研究。公孙龙是中国逻辑发展史上一位有重要理论创见的思想家。《公孙龙子》通行

> 公元前 250 年,希腊人埃拉西斯特拉图斯活动时期约为是年,他是亚历山大城医师,解剖学家。

本有：宋刻谢希深注本、明天启五年(1625)张氏横秋阁刻《先秦五子》本、清乾隆三十年(1765)《四库全书》抄本、清陈澧注本、清严可均辑校本、1937年商务印书馆《公孙龙子集释》(陈柱撰)本、1947年中华国学会《公孙龙子解释》(张怀民撰)本、1974年上海人民出版社《公孙龙子译注》(庞朴译注)本等。有关《公孙龙子》的研究著作主要有：宋谢希深《公孙龙子注》，明傅山《公孙龙子注》，清人辛从益《公孙龙子注》、陈澧《公孙龙子注》、孙诒让《公孙龙子札迻》、俞樾《读公孙龙子》，近现代王瑄(王献唐)《公孙龙子悬解》、陈柱《公孙龙子集解》、谭戒甫《公孙龙子形名发微》、庞朴《公孙龙子研究》、屈志清《公孙龙子新注》、吴毓江《公孙龙子校释》。以及中国逻辑史著作中的公孙龙子专题研究等。

秦庄襄王元年　壬子　前249年

秦灭东周。周亡。

按：《史记·六国年表》本年秦栏载："取东周。"缘由是东周君与诸侯谋伐秦，秦遂使吕不韦灭东周于巩，迁东周君于阳人聚。至此，东、西周皆入秦，周亡。

楚灭鲁。

按：鲁为周初封国，系周公旦之子伯禽所建，都曲阜。战国间，一直依附齐、楚等国苟延残喘。据《史记·六国年表》，是岁，楚迁鲁顷公于下，贬为家人(庶民)，鲁亡。

吕不韦相秦。

按：《史记·六国年表》本年秦栏载："吕不韦相。"《史记·吕不韦列传》曰："吕不韦者，阳翟大贾人也。往来贩贱卖贵，家累千金。"秦王立一年，薨，谥为孝文王。太子子楚代立，是为庄襄王。庄襄王尊母华阳后为华阳太后，真母夏姬尊以为夏太后。庄襄王元年，以吕不韦为丞相，封为文信侯，食河南洛阳十万户。参见《战国策·秦策五》。自此，吕不韦真正进入秦国权力中心。

秦庄襄王三年　甲寅　前247年

公元前247年，帕提亚人创安息历，以本年为纪元始。

五月，秦庄襄王子楚卒，太子嬴政立，继尊吕不韦为相国，称"仲父"。

按：《史记·吕不韦列传》曰："庄襄王即位三年，薨，太子政立为王，尊吕不韦为相国，号称'仲父'。秦王年少，太后时时窃私通吕不韦。不韦家僮万人。"嬴政初立时年十三，尊吕不韦为相国，称"仲父"。国事皆决于吕不韦。

魏公子信陵君无忌率五国之师败秦师于河外。

按：据《史记·六国年表》、《魏公子列传》：秦兵伐魏，魏师屡败。魏王自赵召回信陵君，任为上将军。信陵君率五国之师大败秦师于河外。追至函谷关而还。其时，信陵君威震天下。

李斯入秦，为吕不韦门客。

按：《史记·李斯列传》曰：李斯者，楚上蔡人也。年少时，见厕中鼠与仓中鼠之别，叹曰："人之贤不肖，譬如鼠矣，在所自处耳。"乃从荀卿子学帝王之术。学已成，度楚王不足事，而六国皆弱，无可为建功者，欲西入秦，辞于荀卿曰："斯闻得时无怠，今万乘方争时，游者主事。今秦王欲吞天下，称帝而治，此布衣驰骛之时而游说者之秋也。处卑贱之位而计不为者，此禽鹿视肉，人面而能强行者耳。故诟莫大于卑贱，而悲莫甚于穷困。久处卑贱之位、困苦之地，非世而恶利，自托于无为，此非士之情也，故斯将西说秦王矣。"至秦，会庄襄王卒，李斯乃求为秦相文信侯吕不韦舍人，不韦贤之，任以为郎。

吕不韦广招门客，"咸阳学术中心"形成，《吕氏春秋》开始编订。

按：《史记·吕不韦列传》曰："庄襄王即位三年，薨，太子政立为王，尊吕不韦为相国，号称'仲父'。秦王年少，太后时时窃私通吕不韦。不韦家僮万人。当是时，魏有信陵君，楚有春申君，赵有平原君，齐有孟尝君，皆下士喜宾客以相倾。吕不韦以秦之强，羞不如，亦招致士，厚遇之，至食客三千人。是时诸侯多辩士，如荀卿之徒，著书布天下。吕不韦乃使其客人人著所闻，集论以为八览、六论、十二纪，二十余万言。以为备天地万物古今之事，号曰《吕氏春秋》。"

因嬴政年少，吕不韦得以肆意妄为，他以"相父"之尊，依仗秦国之富强，与"战国四公子"比拼养士，其规模有过之而无不及。咸阳城里一时文士云集，遂形成"咸阳学术中心"。"咸阳学术中心"乃战国后期规模最大、影响最广之学术中心，后人习惯将它与"西河学术中心"、"稷下学术中心"并称为战国时期的三大学术中心。在学术风气传承方面，三个中心都具有开放大度，兼容并蓄之特点。如果说"西河学术中心"的学者是开始呈现出开放大气的学术风范，表现出儒法、儒墨等少数几家学派之间的渗透交融的话；那么到"稷下学术中心"，已呈现出更为广泛的儒法、儒墨、儒道、名法等各家的交融；而到了"咸阳学术中心"时期，则表现出全方位的百家交融，从《吕氏春秋》内容来看，其思想之庞杂是空前的，以至于《汉书·艺文志》将其列入"杂家"。三个学术中心所延承的大气开放的学术风范对后世中国学术的影响是深远的和积极的。这方面已有许多学者有过讨论评价。

秦王政元年　乙卯　前246年

韩欲疲秦，乃用反间计，使工匠郑国游说秦国，为秦作"郑国渠"。

按：《资治通鉴·秦纪一·秦王政元年》：郑国，韩国水工名。韩欲疲秦，使其无力东伐，乃使郑国游说秦国，兴修水利。秦王听之，征发民工，于泾水、北洛水间凿渠三百余里。工程进行中，秦王觉察郑国意图，欲诛之。郑国曰："臣为韩延数年之命，然渠成亦秦万世之利也。"秦乃许继续施工。渠成后,引泾水灌田四百余顷,泾水肥效丰富,使盐碱之地,亩产达一钟。于是,"关中为沃野,无凶年,秦以富强,卒并诸侯,因名曰'郑国渠'"(《汉书·沟洫志》)。

秦使人反间于魏王,魏罢信陵君。

按:据《史记·六国年表》、《魏公子列传》:五国伐秦后,秦王以信陵君为大患,乃使人行反间于魏王,言信陵君欲称王,诸侯欲共立之。魏王中秦计,遂罢其将。

骞霄国人烈裔献画于秦。

按:此据傅抱石编《中国美术史年表》商务印书馆 1935 年版。洪再新编《中国美术史年表》(山东教育出版社 1996 年 9 月版)也有载。

胡毋敬是年前后始作字书《博学》,赵高写字书《爰历》。

按:此据傅抱石编《中国美术史年表》商务印书馆 1935 年版。洪再新编《中国美术史年表》(山东教育出版社 1996 年 9 月版)也有载。

程邈是年前后创造隶书。

按:《说文解字·叙》曰:"秦书有八体:一曰大篆,二曰小篆,三曰刻符,四曰虫书,五曰摹印,六曰署书,七曰殳书,八曰隶书。"可见"隶书"在战国时已经存在。据学者考证,战国时期,各国为了应付大量的公文抄写工作,在官府中任用了一批隶人(专门负责处理官狱公文的下层小吏)做抄写工作。他们为了运用毛笔书写方便迅速,将篆书圆转的笔画写成方折,形成一种比较草率简捷的字体。统治阶层中人将这种字体称为徒隶之书,简称"隶书"。相传秦时狱吏程邈曾经把社会上流传的隶书写法进行搜集整理,编订成册。故后世有程邈创造隶书的说法。秦统一文字后,小篆与隶书并行,但民间更喜欢隶书的简便,因此至汉代无论官方公文还是私人文字都普遍采用隶书了。从汉字发展来看,隶书的出现是汉字形体演变中的一大转折,文字学中称为"隶变"。如果说小篆还属于古文字的话,那么隶书则可视为今字的开端。小篆还有些象形化,而隶书则彻底改变了象形在汉字形体中的残迹,使之基本成了象征符号。书写风格上也变篆书的圆笔、弧笔为方笔、折笔。横平竖直,基本上具备了汉字的点、横、竖、撇、捺、钩、挑、折八种笔法,字体呈扁方形,字字有波磔,个个有棱角。一般说来,隶书形成初期,人们为了书写迅疾,字体比较草率,不太讲究笔势。同时也保留了较多的篆书形迹。西汉后期,人们在用隶书写字时,逐渐讲究撇、捺的波势和上挑,把它艺术化。后来人们常用"蚕头燕尾"形容这种字,并称这时期的隶书为"今隶"或"汉隶",以区别西汉以前的古隶。直至今天,隶书仍是书法爱好者爱写的一种字体,现代印刷业和当今的电脑排版时也有隶书一体。按:此据傅抱石编《中国美术史年表》商务印书馆 1935 年版。洪再新编《中国美术史年表》(山东教育出版社 1996 年 9 月版)也有载。

秦王政二年　丙辰　前 245 年

公元前 245 年,　　廉颇奔魏,后入楚,卒于寿春。

按：据《史记·廉颇蔺相如列传》：是年，赵孝成王卒，子悼襄王立。赵悼襄王使武襄君乐乘代廉颇，廉颇怒，攻乐乘，乐乘败走，廉颇遂奔大梁，后入楚，卒于寿春。

鲁仲连卒（约前305— ）。鲁仲连，又叫做鲁仲连子、鲁连子和鲁连，战国时齐国人。少从师徐劫，专攻"势数"之学，以后成为战国末年齐国稷下学派后期代表人物。以"义不帝秦"著名于世。著有《鲁仲连子》14篇，今存《鲁连子》6篇。事迹见《战国策》、《史记·鲁仲连列传》。

按：据《史记》本传、《史记正义》引《鲁仲连子》，鲁仲连是徐劫的学生，十二岁时就因聪颖过人而被誉为"千里驹"，折服稷下辩士田巴。据《史记》本传，鲁仲连"义不帝秦"，指责秦国"弃礼义而上首功"，在"遗聊城燕将书"中称引三王（禹、汤、文王），可见他是儒家人物，故《汉书·艺文志》列《鲁仲连子》十四篇为儒家。不过鲁仲连的思想比起传统儒家来已是大不相同，他不仅大谈功、名、功业，而且不像孔孟那样讳言"利"。他"义不帝秦"，就是以利害关系来陈述帝秦之害；在"遗聊城燕将书"中，开头就讲"吾闻之，智者不倍（背）时而弃利"；他与孟尝君论"势数"，以门关为例，主张顺应情势、时势，以求事半功倍之效（见《太平御览》卷一八四引《鲁连子》）；他强调人君应"知时"、"知行"、"知宜"（《艺文类聚》卷六九引《鲁连子》），亦是"不倍（背）时"、顺应"势数"之义。可见他受到了黄老道家的重大影响，既讲原则，又讲变通，因此，不像孔孟那样不合时宜。这也是稷下儒家的一个特点，是儒家学说在稷下同其他学派长期共存、互相影响的结果，所以马国翰才说其学"未能粹合圣贤之义"（马国翰《玉函山房辑佚书·鲁仲连子》序）。《汉书·艺文志》著录《鲁仲连子》十四篇。《隋书·经籍志》著录《鲁连子》五卷，《录》一卷，注云："齐人，不仕，称为先生。"《旧唐书·经籍志》著录《鲁连子》五卷，《新唐书·艺文志》著录《鲁连子》一卷，《宋史·艺文志》著录《鲁仲连子》五卷，以后无著录。今传马国翰《玉函山房辑佚书·鲁仲连子》一卷，凡六篇；严可均辑《鲁连子》三十节。

希腊人萨摩斯的科农活动时期约为是年。他是亚历山大城数学家，天文学家。

秦王政三年　丁巳　前244年

李牧破匈奴。

按：《史记·廉颇蔺相如列传》曰："李牧者，赵之北边良将也，常居代、雁门备匈奴，以便宜置吏，市租皆输入莫（幕）府，为士卒费，日击数牛飨士，习骑射，谨烽火，多间谍，厚遇战士，为约曰：'匈奴即入盗，急入收保，有敢捕虏者斩！'匈奴每入，烽火谨，辄入收保，不敢战。如是数岁，亦不亡失。然匈奴以李牧为怯，虽赵边兵亦以为吾将怯。赵王让李牧，李牧如故。赵王怒，使他人代之。岁余，匈奴每来出战，出战多不利，失亡多，边不得田畜。复请李牧，牧杜门不出，固称疾。王乃复彊起▲将兵，牧曰：'王必用臣，如前，乃敢奉令。'王许之。李牧至，如故约。匈奴数岁无所得，终以为怯。边士日得赏赐而不用，皆愿一战。于是乃具选车得千三百乘，选骑得万三千匹，百金之士五万人，彀者十万人，悉勒习战；大纵畜牧，人民满野。匈奴小入，佯北不胜，以数千人委之。单于闻之，大率众来入。李牧多为奇阵，张左右翼击之，大破杀匈奴十余万骑。灭襜褴,破东胡,降林胡。单于奔走,后十余岁匈奴不敢近赵边。"

秦王政四年　戊午　前 243 年

魏信陵君卒。有《魏公子》二十一篇,今佚。

按:据《史记·魏世家》、《魏公子列传》:信陵君既罢官,遂称病不朝,常与宾客为长夜之饮,"日夜为乐饮者四岁",遂病酒而卒。《汉书·艺文志》兵家有《魏公子》二十一篇,今佚。魏公子无忌者,魏昭王少子而魏安釐王异母弟。昭王薨,安釐王即位,封公子为信陵君。作为"战国四公子"之一的信陵君好养士自不必说,一生因在秦赵长平之战中,急人所急,礼敬侯生,窃符救赵而为后世文人视为侠义之人。太史公曰:"吾过大梁之墟,求问其所谓夷门。夷门者,城之东门也。天下诸公子亦有喜士者矣,然信陵君之接岩穴隐者,不耻下交,有以也。名冠诸侯,不虚耳。高祖每过之而令民奉祠不绝也。"(《史记·魏公子列传》)

秦王政五年　己未　前 242 年

燕将剧辛伐赵,败死。

按:据《史记·六国年表》及《燕召公世家》:初,剧辛在赵与庞煖善,已而仕燕。燕王见赵数困于秦,廉颇去而庞煖为将,欲因其弊而攻之,问于剧辛,对曰:"庞煖易与耳!"燕王乃使剧辛将而伐赵。赵庞煖御之,杀剧辛,取燕师二万。

秦王政七年　辛酉　前 240 年

公元前 240 年,卡利马科斯卒(约前 305—　)。希腊亚历山大诗派诗人、学者。

吕不韦是年前后组织宾客编纂的《吕氏春秋》初成。布咸阳市门,悬千金其上,延诸侯游士宾客,有能增损一字者予千金。

按:《史记·吕不韦列传》载:魏有信陵君,楚有春申君,赵有平原君,齐有孟尝君,皆下士喜宾客以相倾。吕不韦以秦之强,羞不如,亦招致士,厚遇之,至食客三千人。是时诸侯多辩士,如荀卿之徒,著书布天下。吕不韦乃使其客人人著所闻,集论以为八览、六论、十二纪,二十余万言,以为备天地万物古今之事,号曰《吕氏春秋》,以其书布咸阳市门,悬千金其上,延诸侯游士宾客,有能增损一字者予千金。钱穆《先秦诸子系年》曰:"不韦著书,实在始皇之七年,而称维秦八岁者,乃始于癸丑。始皇元年实为甲寅,而不韦以始皇纪元,乃统庄襄言之,其事甚怪。"

又按:《吕氏春秋》,原名《吕览》,《汉志》著录二十六卷。约成于秦王政七年(前240)。通行本有:元至正间嘉兴路刘贞嘉乐学宫刻本、明万历间云间宋邦校本、清乾隆三十年(1765)《四库全书》抄本、光绪元年(1875)浙江书局刻毕沅校《二十二子》本、1937年中华书局版蒋维乔等校《吕氏春秋异校》本、1955年文学古籍刊行社版许维遹释《吕氏春秋集释》本、民国世界书局《诸子集成》本等。《吕氏春秋》一向被视先秦杂家的著作,但这是综合各家思想之所长,具有基本统一的思想观点和理论体系的著作,而不是各种思想学说的机械的拼凑。全书以道家的"无为"学说为纲纪(见高诱序),兼采阴阳儒墨等家的思想,以此构成自己的哲学理论。分为十二纪、八览、六论三大部分。十二纪中的每一纪由纪道一篇和论文四篇组成,共计六十篇;八览中的每一览由论文八篇组成,但《有始览》缺一篇,共计六十三篇;六论中的每一论下分六篇,共计三十六篇。加上十二纪末有《序意》一篇,全书总计有子篇一百六十篇。历代作序者主要有:东汉高诱、元郑元祐、明方孝孺、王世贞、凌稚隆、清毕沅、汪中等;作跋者主要有:宋镜湖遣老、明凌毓、清卢文弨、钱大昕、周中孚等。

是年前后,"司南"已经发明。

按:《吕氏春秋·精通》曰:"慈石召铁,或引之也。"说明《吕氏春秋》成书时,国人已发现磁性作用,并利用其指极性,发明正方向、定南北之仪器——"司南",故《韩非子·有度篇》云"先王立司南以端朝夕"。司南形如汤匙,用磁石做成,其底圆而滑,置于刻有方位之铜盘上,使用时,转动勺把,静止时,勺把指向南方。此系世界上最早的指南仪器,后来逐渐发展成为指南针。

邹衍是年前后卒(前332—　)。邹衍亦作驺衍,战国末期齐国人。是稷下学宫的著名学者,开创战国时期阴阳家学派,其主要思想是"五德始终说"和"大九州岛说"。《汉书·艺文志》在阴阳家类著录《邹子》49篇、《邹子终始》56篇。《史记·孟子荀卿列传》谓其著有"《终始》、《大圣》之篇十余万言",并另作有《主运》。事迹见《史记·孟子荀卿列传》。

按:司马迁《史记·孟子荀卿列传》记孟子事迹后,曰:"齐有三邹子(邹人孟子合邹忌、邹衍皆游齐,故云三邹子)。其前邹忌,以鼓琴干威王,因及国政,封为成侯而受相印,先孟子。其次邹衍,后孟子。邹衍睹有国者益淫侈,不能尚德,若《大雅》整之于身,施及黎庶矣。乃深观阴阳消息而作怪迂之变,《终始》、《大圣》之篇十余万言。其语闳大不经,必先验小物,推而大之,至于无垠。先序今以上至黄帝,学者所共术,大并世盛衰,因载其禨祥度制,推而远之,至天地未生,窈冥不可考而原也……是以邹子重于齐。适梁,惠王郊迎,执宾主之礼。适赵,平原君侧行撇席。如燕,昭王拥彗先驱,请列弟子之座而受业,筑碣石宫,身亲往师之。"可参本编年前332年"邹衍出生"条内容。

陆贾(　—170)是年前后生。

秦王政八年　壬戌　前239年

秦封嫪毐为长信侯。

按：嫪毐，原吕不韦舍人，后荐为宦者，与太后私通，深得太后宠幸，门下有食客千余人，家僮（奴隶）几千人，权势极大。是岁，封为长信侯，赐与山阳地及河西、太原两郡作为封地。是时国政皆决于嫪毐。事见《史记·秦始皇本纪》。

秦王政九年　癸亥　前238年

李园杀春申君。

按：李园，赵人。初，园进其妹与楚春申君黄歇，知其有娠，乃与其妹谋。其妹承间谓春申君曰："王无子……进妾于王，王必幸之，妾赖天而有男，则君之子为王，楚国可尽得。"（《资治通鉴·秦纪一·秦王政九年》）春申君遂献园妹于楚王，果生男，立为太子，园妹为后，李园亦用事。是岁，楚王卒，李园恐春申君泄其谋，乃杀春申君，尽灭其家。太子悍（一作悼）立，是为幽王。

《荀子》一书大部分已传世。

按：《荀子》一书汉人称《孙卿子》，基本上为荀子本人著述。今本《荀子》为唐代杨倞据西汉刘向的整理本重新编次。全书三十二篇：一、《劝学》；二、《修身》；三、《不苟》；四、《荣辱》；五、《非相》；六、《非十二子》；七、《仲尼》；八、《儒效》；九、《王制》；十、《富国》；十一、《王霸》；十二、《君道》；十三、《臣道》；十四、《致士》；十五、《议兵》；十六、《强国》；十七、《天论》；十八、《正论》；十九、《礼论》；二十、《乐论》；二十一、《解蔽》；二十二、《正名》；二十三、《性恶》；二十四、《君子》；二十五、《成相》；二十六、《赋篇》；二十七、《大略》；二十八、《宥坐》；二十九、《子道》；三十、《法行》；三十一、《哀公》；三十二、《尧问》。上述诸篇中，较多学者认为，《大略》以下六篇或为门人所记。《荀子》一书是研究荀子哲学思想的第一手资料。全书内容丰富。《中国学术名著提要》曰：他反对天命、鬼神迷信之说，提出"制天命而用之"的人定胜天思想，对古代唯物主义有所发展。他针对孟子的"性善"说，提出了"性恶"论，认为人性是"好利"、"疾恶"、"好声色"，"其善者伪也"，故重视对人的教育工作。认识到"君者舟也，庶人者水也。水则载舟，水则覆舟"，故主张"节用裕民"，减轻赋税。其思想源于儒家，又吸收融化先秦其他学说，对秦汉儒家影响很大。认识论上提出"形具而神生"，认为人的精神活动依赖于人的形体；肯定世界的可知性，指出"凡以知，人之性也；可以知,物之理也"(《解蔽》)。承认人能通过"天官"(感官)和"天君"(心)的知觉作用和思维能力认识客观世界,并强调思维对感知的辨别和验证。在人性论上提出"性恶"论,认为"人之性恶,其善者伪也"(《性恶》),主张以"师法之化,礼义之道"去"化性起伪",重视环境("住处习俗")和教育("化性起伪")对人的影响。从这里建立他的礼治和法治相结合的政治观,坚持儒家"正名"之说,强调尊卑等级名分的必要性,主张"法后王",即效法文、武、周公之道。经济上提出强本节用、开源节流和"省工贾、众农夫"等主张。在其"正名"学说中,包含丰富的逻辑理论。其《赋篇》对汉赋的兴起有一定影响。在儒家经学的传授上被认为是一个重要人物。特别值得一提的是荀子的《非十二子篇》,此篇着重论述诸子之学,对阐发当时儒、墨、名、法、道的十二个代表人物的学说作了分析批判,在中国哲学史上有重要的学术价值。荀子认为:它嚣、魏牟"纵情性,安恣睢,禽兽行,不足以合文通治";陈仲、史䲡"忍情性,綦谿利跂,苟以分异人为高,不足以合大众,明大分";墨翟、宋钘"不知壹天下、建国家之权称,上功用,大俭约而僈差等,曾不足以容辨异,县(悬)君臣";慎到、田骈"尚法而无法,下修而好作,上则取听于上,下则取从于俗,终日言成文典,反纠察之,则倜然无所归宿,不可以经国定分";惠施、邓析"不法先王,不是礼义,而好治怪说,玩琦辞,甚察而不惠,辩而无用,多事而寡功,不可以为治纲纪";子思、孟轲"略法先王而不知其统,犹然而材剧志大,闻见杂博,案往旧造说,谓之五行,甚僻违而无类,幽隐而无说,闭约而无解"。而这"十二子"的学说皆"持之有故,其言之成理,足以欺惑愚众"。而他的主张是"总方略,齐言行,一统类","上则法舜、禹之制,下则法仲尼、子弓之义,以务息十二子之说。如是,则天下之害除,仁人之事毕,圣王之迹著矣"。《荀子》一书是儒家学派的一部重要著作。它高扬了儒家重视理性、强调"外王"的一面,对后来的张衡、王充、柳宗元、刘禹锡、王夫之、戴震一直到近代的资产阶级民主革命派,都产生过巨大影响。

荀况是年前后卒(约前 314—)。荀子名况,字卿,因避西汉宣帝刘询讳,故又称孙卿,赵国猗氏人。曾三次出齐国稷下学宫的祭酒,后为楚兰陵令。是战国末期儒家学派中的大师。弟子有李斯、韩非。著有《荀子》32 篇。事迹见《荀子》、《史记·孟子荀卿列传》、清汪中《荀卿子年表》、近人游国恩《荀子年表》、《荀卿考》等。有《荀子》32 篇传世。

按:荀况生卒年不可考,今从郭沫若主编《中国史稿》荀子卒年。前 255 年,楚以荀况为兰陵令。至是岁,"春申君死而荀卿废",遂家居著书,终老其地。黄式三《周季编略》曰:"《策》、《史》言春申君纳李园妹,知娠而献之,据《越绝书》十四篇则云烈王娶李园妹,十月产子男,则《策》、《史》之说非矣。夫春申君果知娠而出诸谨宫,言诸王而入幸之,则事非一月,安必其十月后生子乎?生而果男乎?行不可知之诡计,春申君何愚?此必后负刍谋弑哀王犹之诬言也。《越绝书》二篇言幽王立,封春申君于吴,三年微为令尹,使其子摄吴事。十一年,幽王征其子与春申君并杀之,事距此十四年,古事难考如此。"缪文远《战国史系年辑证》曰:李园、春申君事与吕不韦、公子异人事如出一辙,乃小说,非信史,黄式三已明言之,不当再以讹传讹。《汉书·艺文志》著录《孙卿子》为三十三篇,但西汉刘向《荀卿新书叙录》中载其整理后得三十二篇,今传本是唐杨倞的注本,其中篇目依旧而顺序略改。通行本有:影宋台州本刻《古逸丛书》本(《四部丛刊》本据此本影印)、明嘉靖九年(1530)顾氏世德堂刻《六子全书》本、清乾隆间《四库全书》抄本、清光绪间长沙思贤讲舍刻王先谦《荀子集解》本(《诸子集成》据此本)、清光绪二十三年(1897)上海图书集成局据《畿辅丛书》本排印《子书二十二种》本、1956年北京古籍出版社排印梁启雄《荀子简释》本等。有关《荀子》的研究,有唐杨倞的《荀子注》,宋代黎的《荀子校勘》,钱佃的《荀子考异》,清王先谦的《荀子集解》,近人刘师培的《荀子校补》,梁启雄的《荀子简释》等。其中以王先谦《荀子集解》为佳,此本收录了清儒郝懿行、刘台拱的《补注》,吴汝纶的《评点》,孙诒让的校和王仁俊的辑佚。又附有考证,把历代史志的著录、名家序跋、传记、年表、别传、通论等收入其中。有中华书局1988年点校本。

秦王政十年　甲子　前237年

吕不韦免秦相国。

按:据《史记·始皇本纪》、《吕不韦列传》:秦王以文信侯奉先王功大,不忍诛。冬,十月,文信侯免相,出就国(封地洛阳)。

尉缭入秦。

按:尉缭,魏国大梁人,其姓失传。是岁入秦,劝秦王收买六国权臣,乱其部署,统一中国。秦任之为国尉(掌全国军事),因称尉缭。

李斯因秦王大肆逐客而作《谏逐客书》,谏止。

按:是岁,秦"大索",下令逐客卿,李斯因上《谏逐客书》,指出"太(泰)山不让土壤,故能成其大;河海不择细流,故能就其深";"物不产于秦,可宝者多;士不产于秦,而愿忠者众"。今下令逐客,是借兵于敌人,送粮于大国,"内自虚而外树怨于诸侯",其国必危。秦王从其谏,遂除逐客令,复李斯官。后来,李斯官至廷尉(掌刑狱)。事见《史记·李斯列传》。

秦王政十一年　乙丑　前236年

吕不韦迁蜀。

按:《史记·吕不韦列传》曰:"(文信侯就国)岁余,诸侯宾客使者相望于道,请文信侯。秦王恐其为变,乃赐文信侯书曰:'君何功于秦?秦封君河南,食十万户?君何亲于秦?号称仲父?其与家属徙处蜀!'"

秦王政十二年　丙寅　前235年

虞卿卒（约前305—　）。虞卿，又作虞庆，赵国邯郸人。著有《虞氏征传》、《虞氏春秋》15篇，今佚。

按：赵孝成王初见而赐黄金百镒、白璧一双，再见时封上卿，故名虞卿。一生游说诸侯之间。长平之战时，曾建议赵国联合魏、楚以抗秦，赵王不纳。长平之战后，为解救秦军对邯郸的进攻，他力排众议，献策赵王，联合齐、韩、魏等国合力攻秦，深得敬重，赵王赐城邑及佩卿相印。战国后期，弃相印去魏。晚年穷困于梁，从事学术研究。著有《虞氏征传》、《虞氏春秋》15篇，今佚。

《史记·平原君虞卿列传》曰："虞卿者，游说之士也。蹑蹻檐簦说赵孝成王。一见，赐黄金百镒，白璧一双；再见，为赵上卿，故号为虞卿。"《史记集解》引："谯周曰：'食邑于虞。'"《史记索隐》曰："赵之虞在河东大阳县，今之虞乡县是也。"虞卿，《韩非子·外诸说左上》又作虞庆。陈奇猷《韩非子集释》曰："顾广圻曰：'虞卿也，庆、卿同字。'"赵仲邑《新序详注》以为："虞卿，虞氏，赵孝成王以为上卿，故号虞卿，亦作'虞庆'。"《战国策·赵策四》曰："虞卿请（一作谓）赵王曰：'人之情，宁朝人乎？宁朝于人也？'赵王曰：'人亦宁朝人耳，何故宁朝于人？'虞卿曰：'夫魏为从主，而违者范座（一作痤）也。今王能以百里之地，若万户之都，请杀范座于魏。'"《策》文中"赵王"，缪文远《战国策新校注》以为"赵王，惠文王，此在其三十三年"，即前266年。其事《说苑·善说》亦有记载。《史记·魏世家》叙此事在魏安釐王十一年（前266年）。《史记·范雎蔡泽列传》还载：秦昭王四十二年（前265年）时，秦相范雎知其先仇魏齐在赵平原君所，便使昭王遗赵王书，逼杀魏齐。"赵孝成王乃发卒围平原君家，急，魏齐夜亡出，见赵相虞卿。虞卿度赵王终不可说，乃解其相印，与魏齐亡。"《史记·范雎蔡泽列传》又写侯嬴告诉信陵君，"夫虞卿蹑蹻檐簦，一见赵王，赐白璧一双，黄金百镒；再见，拜为上卿；三见，卒受相印，封万户侯。当此之时，天下争知之"。梁玉绳《史记志疑》据此认为"虞卿尝再相赵"。

吕不韦卒（约前290—　）。姜姓，吕氏，名不韦，卫国濮阳人。先为商人，在邯郸经商时见到人质于赵的秦国王孙异人（后改名楚），认为"奇货可居"，遂予重金资助，并西入咸阳，游说秦太子安国君宠姬华阳夫人，立子楚为嫡嗣。安国君继立为孝文王后，立子楚为太子。次年，子楚即位（即庄襄王），任吕不韦为丞相，封为文信侯。庄襄王卒，太子政立为王，尊吕不韦为相邦，号称"仲父"，专断朝政。后因缪毐集团叛乱事受牵连，被免除相邦职务，出居河南封地。秦王政复命其举家迁蜀，恐诛，乃饮鸩而死。事迹见《战国策·秦策》和《史记》卷五、卷六、卷八五。

按：吕不韦曾至韩国阳翟经商，家累千金，常往返于赵国邯郸与秦国咸阳之间。在经商期间结识为质于赵的秦公子子楚，认为奇货可居，遂助以千金，使其得继王位，是为庄襄王。庄襄王即位后，吕不韦被任为相国，封文信侯，"食河南洛阳十万户","蓝田十二县",率兵灭东周。秦王政立,他继任相国,被尊为"仲父",攻取韩、魏地,击退韩、魏、赵、卫、楚五国联军,为统一六国奠定了基础。《史记·秦始皇本纪》载:"文信侯不韦死,窃葬。(《史记索隐》曰:'不韦饮鸩死,其宾客数千人窃共葬于洛阳北芒山。')其舍人临者,晋人也,逐出之;秦人六百石以上,夺爵,迁;五百石以下,不临,迁,勿夺爵。自今以来,操国事不道如嫪毐、不韦者,籍其门,视此!秋,复嫪毐舍人迁蜀者。吕不韦是一位有远见的思想家,当统一大业尚在进行中时,就着手筹划统一后的治国纲领。在内政方面,他一反秦国独尊法家的政策,广收天下之士,尤其是引进了大批儒士;在经济上,主张尚农,又鼓励工商。要求其三千食客人各著所闻,集体加工整理而成一部二十余万言的巨著,这便是《吕氏春秋》。因此,吕不韦本人虽无著述,但他主持编订的《吕氏春秋》基本体现了他的思想。书成后,"布咸阳市门,悬千金其上,延诸侯游士宾客有能增损一字者予千金"(《史记·吕不韦列传》)。于此也可见此书之精雕细琢,绝非杂凑之作。

秦王政十四年　戊辰　前233年

韩非入秦。旋遭李斯、姚贾陷害,死狱中。有《韩子》五十五篇二十卷传世。

按:韩非事迹主要见《史记》卷六十三《老子韩非列传》。此外,《韩非子》中的某些篇章和《史记》中的《秦始皇本纪》、《韩世家》、《李斯列传》、《六国年表》和《战国策·秦策》也有述及。王充《论衡》中的《祸虚》、《案书》等篇中也有直接或间接反映韩非生平事迹的零星史料可资参证补充。近人有爬梳史料为韩非作传记和年表者,如陈千钧《韩非新传》、容肇祖《韩非子年表》、陈启天《韩非年表》、陈奇猷《韩非子年表》等。《史记·老子韩非列传》曰:韩非,韩国公子,与李斯同师荀卿,好刑名法术之学,数以书谏韩王,王不能用。非"为人口吃,不能道说,而善著书",著《孤愤》、《五蠹》、《说难》等篇十余万言。秦王读其书,叹曰:"寡人得见此人与之游,死不恨矣!"秦急攻韩,韩遣韩非使秦,韩非劝秦王先伐赵而缓伐韩。已而遭李斯、姚贾陷害,自杀狱中。韩非综合商鞅之"法"治、申不害之"术"治、慎到之"势"治,创立"法、术、势"三者合一之封建君主统治术;力倡君主集权论,主张法治;要求以法为教,以吏为师,明其赏罚,奖励耕战。后人目其为先秦法家思想的集大成者。其学说对后世影响甚大。

又按:《汉书·艺文志》著录《韩子》五十五篇。《隋志》、新旧《唐志》皆有著录云:二十卷。今通行本有:明《正统道藏》本、万历十年(1582)赵用贤校刻《管韩合刻》本、清嘉庆二十三年(1818)吴鼒据宋乾道本影印《韩晏合编》本、清光绪二十二年(1896)王先慎《韩非子集解》本、1960年中华书局《韩子浅解》(梁启雄撰)本、1974年上海人民出版社《韩非子集释》(陈奇猷撰)本等。有关《韩非子》的研究著作主要有:明门无子《韩子迂评》、清卢文弨《韩非子校正》、顾广圻《韩非子识误》、俞樾《韩非子平议》、孙诒让《韩非子札迻》、王先慎《韩非子集解》等。《韩非子》全书分为五十五篇。其排列并无预定之体系或分科布局,所述观点常迭出互见。梁启超、吕思勉等学者曾做过撮其名篇要旨、分出各篇主次和以内容分类的工作,周勋初先生也提出过打散原书,按内容、论旨和体裁重新编次的建议。另,韩非的法治思想乃由前期法家发展而来,这中间既有继承性,又有差异性,前期法家较早地强调在刑赏面前人人平等,而在韩非那里,帝王本位已完全取代了国家本位。他最强调的是帝王以树势和御下之术来保证独裁一切,他所说的法最紧要处是帝王赏罚有度,实际上是术的补充。从这个意义上说,韩非也是一个权术家。由于韩非汲汲于政治的实行,不以理想代替现实,所以能客观地揭露现实生活中的种种矛盾和人际关系,有唯物论倾向。他又以道家学说为理论基础,故立论剖析,时有辩证法因素。韩非的权术政治学说,在当时与儒家空想迂阔的仁政礼治说相比有一定的利于中央集权的进步意义和实用价值,但同时也显然有敌视民众、遏止思想的特性。因此,对韩非的学说必须客观全面地分析和评价。

秦王政十五年　己巳　前 232 年

燕太子丹自秦亡归,谋报秦。
　按:据《史记·燕召公世家》《刺客列传》:初,燕太子丹质于赵,秦王政生于赵,其少时与丹善。及政立为秦王,而丹质于秦,秦王待之不礼,故丹怒而亡归。为谋报秦,后乃有荆轲刺秦王事。

项羽是年前后(　—前 202)生。

秦王政十六年　庚午　前 231 年

秦初令男子书年(登记年龄)。
　按:书年即登记年龄以便于征兵和派税,此亦秦强国措施。此据《史记·秦始皇本纪》。

秦王政十九年　癸酉　前 228 年

秦将王翦拔赵邯郸,虏赵王迁,赵亡。赵公子嘉帅其宗百人奔代,自立为代王。

按：据《史记·秦始皇本纪》：王翦屯中山以临燕。赵公子嘉帅其宗百人奔代，自立为代王。赵亡，大夫稍稍归之，与燕合兵，军上谷。

荆轲答应为燕太子丹报秦。作《易水歌》，慷慨赴秦。

按：《资治通鉴·秦纪一·始皇帝十九年》曰："燕太子丹怨（秦）王，欲报之，以问其傅鞠武。鞠武请西约三晋，南连齐、楚，北媾匈奴以图秦。太子曰：'太傅之计，旷日弥久，令人心惛然，恐不能须也。'顷之，秦将军樊於期得罪，亡之燕，太子受而舍之。鞠武谏曰：'夫以秦王之暴而积怒于燕，足为寒心，又况闻樊将军之所在乎！是谓委肉当饿虎之蹊也。愿太子疾遣樊将军入匈奴！'太子曰：'樊将军穷困于天下，归身于丹，是固丹命卒之时也，愿更虑之！'鞠武曰：'夫行危以求安，造祸以为福，计浅而怨深，连结一人之后交，不顾国家之大害，所谓资怨而助祸矣。'太子不听。太子闻卫人荆轲之贤，卑辞厚礼而请见之。谓轲曰：'今秦已虏韩王，又举兵南伐楚，北临赵；赵不能支秦，则祸必至于燕。燕小弱，数困于兵，何足以当秦！诸侯服秦，莫敢合从。丹之私计愚，以为诚得天下之勇士使于秦，劫秦王，使悉反诸侯侵地，若曹沫之与齐桓公，则大善矣；则不可，因而刺杀之。彼大将擅兵于外而内有乱，则君臣相疑，以其间，诸侯得合从，其破秦必矣。唯荆卿留意焉。'荆轲许之。于是舍荆卿于上舍，太子日造门下，所以奉养荆轲，无所不至。及王翦灭赵，太子闻之惧，欲遣荆轲行。荆轲曰：'今行而无信，则秦未可亲也。诚得樊将军首与燕督亢之地图，奉献秦王，秦王必说见臣，臣乃有以报。'太子曰：'樊将军穷困来归丹，丹不忍也。'荆轲乃私见樊於期曰：'秦之遇将军，可谓深矣，父母宗族皆为戮没！今闻购将军首，金千斤，邑万家，将奈何？'於期太息流涕曰：'计将安出？'荆卿曰：'愿得将军之首以献秦王，秦王必喜而见臣，臣左手把其袖，右手揕其胸，则将军之仇报而燕见陵之愧除矣！'樊於期曰：'此臣之日夜切齿腐心也！'遂自刎。太子闻之，奔往伏哭，然已无奈何，遂以函盛其首。太子豫求天下之利匕首，使工以药焠之，以试人，血濡缕，人无不立死者。乃装为遣荆轲，以燕勇士秦舞阳为之副，使入秦。"《史记·刺客列传》："荆轲有所待，欲与俱，其人居远未来，而为治行。顷之，未发。太子迟之，疑其改悔，乃复请曰：'日已尽矣，荆卿岂有意哉？丹请得先遣秦舞阳。'荆轲怒叱太子曰：'何太子之遣，往而不反者，竖子也！且提一匕首入不测之强秦，仆所以留者，待吾客与俱。今太子迟之，请辞决矣！'遂发。太子及宾客知其事者，皆白衣冠以送之。至易水之上，既祖，取道，高渐离击筑，荆轲和而歌，为变徵之声，士皆垂泪涕泣。又前而为歌曰：'风萧萧兮易水寒，壮士一去兮不复还！'复为羽声忼慨，士皆瞋目，发尽上指冠。于是荆轲就车而去，终已不顾。"《战国策·燕策三》及《史记·刺客列传》所记略同。易水送别一段，悲歌慷慨，对后来文学创作影响深远。

秦王政二十年　甲戌　前 227 年

公元前 227 年，荆轲为燕太子丹使秦献图，图穷而匕首见，刺秦王，不成而死。

按：据《战国策·燕策三》、《史记·六国年表》、《秦始皇本纪》及《刺客列传》：荆轲至咸阳，因王宠臣蒙嘉卑辞以求见；王大喜，朝服设九宾而见之。荆轲奉图而进于王，图穷而匕首见，因把王袖而劫之；未至身，王惊起，袖绝。荆轲逐王，王环柱而走。群臣皆愕，猝起不意，尽失其度。而秦法，群臣侍殿者不得操尺寸之兵，左右以手共搏之，且曰："王负剑！"王遂拔以击荆轲，断其左股。荆轲废，乃引匕首击王，中铜柱，自知事不就，骂曰："事所以不成者，以欲生劫之，必得约契以报太子也。"遂体解荆轲以徇。王于是大怒，益发兵诣赵，就王翦以伐燕，与燕师、代师战于易水之西，大破之。后人壮荆轲之行，目其为"士为知己者死"之刺客侠士代表，多有歌咏其事者。

申培公是年前后（ —前135）生。

希腊罗德岛震，毁太阳神像。

罗马以西西里为第一行省，正式确立海外行省建制。

秦王政二十一年　乙亥　前226年

秦王翦拔燕蓟，得太子丹。燕王徙辽东，燕不复振。

按：据《史记·刺客列传》、《资治通鉴·秦纪二·始皇帝下》载：是年冬十月，王翦拔蓟，燕王及太子丹率其精兵东保辽东，李信急追之。代王遗燕王书，令杀太子丹以献。丹匿衍水中，燕王使使斩丹，欲以献王，王翦复进兵攻之。后五年，遂亡燕，虏燕王喜。

新郑反，韩王死。

按：缪文远《战国史系年辑证》引高敏《云梦秦简初探》语曰："始皇二十一年，《编年记》虽未说明，但我们从《史记·秦始皇本纪》得知，韩王死的这一年，恰是'新郑反'的同一年。可见'韩王死'与'新郑反'必有联系。据情理推断，或是韩王安暗中策划了"新郑反"或是韩国贵族利用韩王安的名义发动了反叛。正因为如此，以致'新郑反'失败后，韩王或畏罪自杀，或被秦处以死刑。这就是'新郑反'与'韩王死'之间的内在联系。"

秦王政二十二年　丙子　前225年

秦将王贲伐魏，引河沟以灌大梁。三月，大梁城坏，魏王假降，杀之，遂灭魏以为郡县。

按：秦攻大梁灭魏事《史记·秦始皇本纪》、《魏世家》、《田敬仲完世家》、《六国年表》皆有载。秦简《编年记》云"（始皇）廿二年，攻魏梁"，与《史记》合。梁即大梁，今河南开封市，梁惠王自安邑徙都于此。

公元前225年，罗马始征山南高卢。

楚击破秦李信军。秦王复用王翦。王翦请田宅为子孙业以自坚,乃受秦王之请,引兵六十万击楚。

按:《资治通鉴·秦纪一·始皇帝二十二年》曰:"李信攻平舆,蒙恬攻寝,大破楚军。信又攻鄢郢,破之(案:鄢郢已为白起攻取,梁玉绳《史记志疑》谓'信又攻鄢郢破之'七字为衍文)。于是引兵而西,与蒙恬会城父。楚人因随之,三日三夜不顿舍,大败李信,入两壁,杀七都尉;李信奔还。(秦)王闻之,大怒,自至频阳谢王翦曰:'寡人不用将军谋,李信果辱秦军。将军虽病,独忍弃寡人乎!'王翦谢:'病不能将。'王曰:'已矣,勿复言。'王翦曰:'必不得已用臣,非六十万人不可。'王曰:'为听将军计耳。'于是王翦将六十万人伐楚,王送至霸上,王翦请美田宅甚众。王曰:'将军行矣,何忧贫乎!'王翦曰:'为大王将,有功,终不得封侯,故及大王之向臣,以请田宅为子孙业耳。'王大笑。王翦既行,至关,使使还请善田者五辈。或曰:'将军之乞贷亦已甚矣!'王翦曰:'不然。王怚中而不信人,今空国中之甲士而专委于我,我不多请田宅为子孙业以自坚,顾令王坐而疑我矣。'"

秦王政二十三年　丁丑　前224年

秦王翦攻楚,取陈以南至平舆,楚人举全国之兵以御之,王翦以逸待劳,抓准战机,大破楚军,杀楚将项燕。

按:《资治通鉴·秦纪一·始皇帝二十三年》曰:"楚人闻王翦益军而来,乃悉国中兵以御之;王翦坚壁不与战。楚人数挑战,终不出。王翦日休士洗沐,而善饮食,抚循之;亲与士卒同食。久之,王翦使人问,'军中戏乎?'对曰:'方投石、超距。'王翦曰:'可用矣!'楚既不得战,乃引而东。王翦追之,令壮士击,大破楚师,至蕲南,杀其将军项燕,楚师遂败走。王翦因乘胜略定城邑。"

秦置上谷郡。

按:《汉书·匈奴传》曰:"燕有贤将秦开为质于胡,胡甚信之,归而袭破东胡,东胡却千余里。……燕亦筑长城,自造阳至襄平,置上谷、渔阳、右北平、辽西、辽东郡以距胡。"秦所置上谷、渔阳、右北平诸郡,乃沿燕之旧置而重设。是年,秦发军攻荆。楚昌文君死(事见《史记·(秦)始皇(本)纪》)。缪文远《战国史系年辑证》曰:"《(秦)始皇(本)纪》云:'荆将项燕,立昌平君为荆王,反秦于淮南。'昌平君,据《编年记》,当是'昌文君'之误,因昌平君已死于始皇二十一年。昌文君,楚人,亦曾为秦臣,参与平定嫪毐之乱。"

秦王政二十四年　戊寅　前223年

秦灭楚。

按：秦灭楚事见载于《史记·秦始皇本纪》、《楚世家》、《白起王翦列传》、《蒙恬列传》、《六国年表》等处。楚国本为南方古国，久立国于荆山一带，后臣服于周，周人称为荆蛮。初都于郢，后迁于陈（又作郢陈），又迁巨阳，再迁寿春。是岁，秦王翦、蒙武破楚军，攻入寿春，虏楚王负刍，终灭楚。《六国年表》系项燕自杀、秦灭楚于上年。此从《史记·秦本纪》。杨宽《战国史》曰："公元前224年，秦取陈以南至平舆，次年灭楚，在这一带设置楚郡。《史记·陈涉世家》说陈涉攻陈时，'陈守、令皆不在'。因为陈是楚郡治所，所以有守有令。犹如秦的河东郡治所在临汾，秦戈铭文有称'临汾守'的。"秦灭楚后，以其地置楚郡，又建九江郡和长沙郡。

秦王政二十五年　己卯　前222年

五月，秦为庆功，天下大酺。

按：缪文远《战国史系年辑证》曰："大酺为政府特许的、表示欢庆的聚会饮酒。"

秦将王贲击燕，虏燕王喜，拔辽东，秦灭燕。

按：此据《史记·秦始皇本纪》、《六国年表》。

秦将王贲攻代，虏代王嘉，灭代。

按：代王嘉本为赵公子。赵亡而率部分宗人奔代，自立为代王。至此，赵彻底亡矣。

秦将王翦平定荆江南地，降百越之君，置会稽郡。

按：蒙文通先生《越史丛考》曰："越究灭于何时？曰灭于秦始皇二十五年，纪元前222年。《越绝书·记吴地传》言：'秦始皇并楚，百越叛去。'越人不于春申君徙吴时叛去，而于秦灭楚时叛去，知越于楚灭之时犹存，而实为秦所灭也……《史记》诸篇所载负刍被虏之年虽略有差异，而降越君之年为始皇二十五年则无异辞也。是楚之灭犹在越先，何得谓越亡于楚也？秦灭楚置楚郡，降越君置会稽郡，是秦之会稽郡即越君灭亡前之境土。秦、汉会稽兼有吴江南，是秦亡越之时，越之境土尚在大江，犹颇辽阔也。"

即墨大夫劝齐王整军攻秦。

按：缪文远《战国史系年辑证》说："初，齐君王后贤，事秦谨，与诸侯信；齐亦东边海上。秦日夜攻三晋、燕、楚，五国各自救，以故齐王建立四十余年不受兵。及君王后且死，诫王建曰：'群臣之可用者某。'王曰：'请书之。'君王后曰：'善！'王取笔牍受言，君王后曰：'老妇已忘矣。'君王后死，后胜相齐，多受秦间金。宾客入秦，秦又多与金。客皆为反间，劝王朝秦，不修攻战之备，不助五国攻秦，秦以故得灭五国。齐王将入朝（秦），雍门司马前曰：'所为立王者，为社稷耶？为王耶？'王曰：'为社稷。'司马曰：'为社稷立王，王何以去社稷而入秦？'齐王还车而反。即墨大夫闻之，见齐王曰：'齐地方数百里，带甲数百万。夫三晋大夫皆不便秦，而在阿、甄之间者百数；王收而与之百万人之众，使收三晋之故地，即临晋之关可以入矣。鄢郢大夫不欲为秦，而在城南下者百数，王收而与之百万之师，使收楚故地，即武关可以入矣。如

公元前222年，罗马取波河流域，置行省。

此,则齐威可立,秦国可亡,岂特保其家园而已哉!'齐王不听。"

战国后期,《周髀算经》成书。

按:《周髀算经》,略称《周髀》,二卷。此书最早著录于《隋书·经籍志》,并列有赵婴注和甄鸾重述本各一卷。一般认为,它的部分内容(如卷上叙述的周公与商高的对话)当出现于西周初期,而最后成书当在战国后期。通行本有:明汲古阁《津逮秘书》本,清《四库全书》本、《学津讨原》本,近代《丛书集成初编》本、《槐卢业丛书二编》本等。

又按:《周髀算经》是我国最古的一部天文算学著作,也是《算经十书》之一。唐李籍《周髀算经》序之《音义》:"《周髀算经》者,以九数勾股重差算日月周天行度、远近之数,皆得于股表……以表为股。周天历度,本包牺氏立法,其传自周公,受之于大夫商高,周人志之,故曰《周髀》。"本书卷上说:"周髀长八尺,夏至之日晷一尺六寸。髀者股也,正晷者勾也","古时天子治周,此数望之从周,故曰'周髀'"。髀为古人测日影所用的标,以此标杆为股(直角三角形中构成直角的较长直角边),通过勾股间的数学运算,进行包括日影在内的地上和天上的各种观测、测量,此即所谓"勾股测望"。而"周"字,一般释为周代之周,也有释为圆周之周的。《周髀算经》卷上首先以周公与大夫商高对话的形式,通过商高之口,阐述了勾股定理:"勾广三,股修四,径隅五",亦即勾三股四弦五。这说明我国很早就发现了这一定理。接着,书中大量运用了勾股定理、分数乘除以及开平方等方法,对天文作观测与计算。例如,卷上说:"勾股各自乘,并而开方除之。""并"即相加。谓勾的平方加上股的平方,然后再取其平方根。这既是对勾的平方加上股的平方等于弦的平方这一勾股定理的具体说明,也是该书业已运用开平方的方法的显证。同时,书中明确而又较为详细地阐述了一种"盖天说"的宇宙图式。卷上说:"方属地,圆属天,天圆地方……笠以写天。天青黑,地黄赤。天数之为笠也,青黑为表,丹黄为里,以象天地之位。"地是方的,而天则可形象地用一顶半圆形的斗笠来表征。卷下又说:"天象盖笠,地法覆槃(盘),天离地八万里。"相距八万里之遥的天与地,一者像一顶半圆形的斗笠,一者像一只倒覆的盘子。并且,具体论述说:"凡日月运行四极之道,极下者其地高,人所居,六万里滂沲四隤而下。天之中央亦高四旁六万里,故日光外所照径八十一万里,周二百四十三万里。故日运行处极北,北方日中,南方夜半;日在极东,东方日中,西方夜半;日在极南,南方日中,北方夜半;日在极西,西方日中,东方夜半。凡此四方者,天地四极四和。"西汉时期,以本书为代表的"盖天说"与另外两种天文学说或宇宙图式论即"宣夜说"和"浑天说"同时并存,彼此间进行过激烈的辩论,它们并成为我国古代三种最基本的宇宙论学说。唐初科举科目有明算,国子监有算学,《周髀算经》与《九章算术》、《海岛算经》等十种书(总称《算经十书》)又被指定为必读书,从而对我国天文学、数学以及哲学的发展,产生了重大的影响。自《周髀算经》成书后,对其进行研究、注疏的,代不乏人。其中,最为重要的注疏及有关的研究著作,主要有:汉赵爽(一作赵婴,一作赵君卿;《四库全书总目提要》云,疑婴为爽之讹,爽乃君卿之名)注、北周甄鸾重述、唐李淳风等注释、唐(一作宋)李籍音义等,具载于《津逮秘书》、《四库全书》、《学津讨原》等本《周髀算经》之中。

战国后期,儒家经典《孝经》已基本成书。

按:《孝经》论述孝道、孝治及宗法思想,其成书时间盖在战国至秦汉间。至战国后期,其主要篇章已成书。作者不详,有七说:一为孔子,二为曾参,三为曾参弟子,四为子思,五为七十子之徒,六为后人傅会,七为汉儒。今人较多的意见认为是成于战国时的作品。有今文、古文二种。通行本为今文，历代史志均有记录，收入《十三经注疏》，通行本有：明嘉靖中福建刻本、万历间国子监本、清武英殿本、扬州阮氏文选楼本等。古本《孝经》二十二章，早佚。清乾隆间从日本传入，学者多以为伪作。现行本《孝经》共十八章，所体现的思想当是战国时期儒家各派的思想。《孝经》一书全文不过一千八百字左右，但却在我国古代社会生活中留下了极其深远而广大的影响。汉代号称"以孝治天下"，把《孝经》列为与《春秋》同样重要的孔子著作，纬书《孝经钩命决》说孔子自云其"志在《春秋》，行在《孝经》"（见《公羊传》序疏引）。所以此书在汉代即被列入儒家经典之列，以后也受到历代统治者的重视。《孝经》的研究著作主要有：唐玄宗注、北宋邢昺疏《孝经注疏》，宋司马光《孝经指解》，元董鼎《孝经大义》，明黄道周《孝经集传》，清阮福《孝经义疏补》，皮锡瑞《孝经义疏》等。

战国后期，《礼记》之主要篇目《大学》、《中庸》、《礼运》等儒家经典已基本成书。

按：《礼记》又称《小戴礼》、《小戴礼记》，四十九篇，原作者不详。《汉书·艺文志》"礼"类著录《记》百三十一篇，自注"七十子后学者所记"，则非出于一人之手可知。今唯《中庸》篇，一般认为是战国子思作，《月令》篇又见于《吕氏春秋·十二纪》首章，其余未能尽知。此书传为西汉戴圣（字次君，宣帝时立为博士）所辑。成书之说有二：东汉郑玄《六艺论》称，礼学家戴德及其侄戴圣各有所传，德传《记》八十五篇为《大戴记》，圣传《记》四十九篇即《礼记》；晋陈邵《周礼论序》则称，戴德删"古《礼》二百四篇"为八十五篇，戴圣又删八十五篇为四十九篇，至东汉马融传小戴之学，考诸家异同而《礼记》行世。《隋书·经籍志》因后说，《礼记》及《大戴礼记》见载于正史。通行本有清阮元刻《十三经注疏》本等。考之内容，《礼记》当为战国至西汉初儒家学者关于礼仪的散篇论著的汇编，也是儒家经典"五经"之一，但其地位较为晚成。按西汉时立于学官的"五经"中，《礼》本指《仪礼》而言，《礼记》则是关于《礼》的"记"。记述的范围，为周秦时期的典章、名物、制度，以及自天子之下各等级的冠、婚、丧、祭、燕、享、朝、聘等礼仪。《礼记》篇目分类，有郑玄《目录》依西汉刘向《别录》，列为"通论"、"制度"、"明堂阴阳"、"丧服"、"子法"、"祭祀"、"吉事"、"乐记"八类。《礼运》论"大同"、"小康"、"乱世"的演变，阐述儒家政治思想"大道之行也，天下为公"。《学记》论儒家教学原理，提出诸多教育格言，如说"敬师"、"敬业"、"教学相长"。《乐记》论"感于物而动"的乐理，乐理与政相通："治世之音安以乐，其政和……。"所以儒家礼乐并重。《礼运》中的大同、小康思想和仁义道德观念，在我国封建社会中起着巨大的影响作用，特别是在唐朝《礼记》被尊为经典之后，它成为历代儒家学派的社会理想。到清朝末年，康有为把它从《礼记》中抽出，作《礼运注》，更使其大同思想广为传播。《大学》、《中庸》两篇，后有宋儒朱熹取以与《论语》、《孟子》合为"四书"。《大学》论"三纲"（"明明德"、"新民"、"止于至善"）、"八目"（"格物"、"致知"、"诚意"、"正心"、"修身"、"齐家"、"治国"、"平天下"），阐述儒家"为政以德"的政治哲学。《中庸》论儒家的人生哲学，提出"至诚"可以立天下"大本"之"中"，行天下"达道"之"和"；君子明善诚身而"忠恕"，就可以"致中和"。《礼记》是研究中国古代礼制文物和秦汉以前儒家思想的一部重要典籍。在儒学内部，这部书经东汉郑玄作注，开始摆脱附庸地位，至唐代列入"九经"之中，明代列为"五经"之一而取代"仪礼"。《礼记》中申论的义理，比之《仪礼》中的繁文缛节，似更易为后世所接受。研究《礼记》的著作，主要有：东汉郑玄《礼记注》、唐孔颖达《礼记正义》。《礼记》四十九篇的撰著人，是历代经学家争论的一个焦点。今人较具代表性的著作有：王梦鸥《礼记校证》、《礼记今注今译》、沈文倬《宗周礼乐文明考论》等。

又按：《大学》一篇，传为曾子作，尚无定论。约成于战国末期至西汉之间。原为儒家经典《礼记》中的一篇。宋儒（北宋程颢、程颐等）将它从《礼记》中抽出独立成篇，朱熹又把它与《论语》、《孟子》、《中庸》合编为《四书》，并为之注。通行本有：明嘉靖间刻朱熹《四书集注》本、清乾隆四年（1739）武英殿刻《十三经注疏》本等。《大学》是一篇论述儒家治国平天下思想的文章。文中着重阐述了个人修养与社会政治的关系，提出"明明德"、"新民"、"至善"的三纲领，以及格物、致知、诚意、正心、修身、齐家、治国、平天下等实现天下大治的八个步骤，这也就是宋儒所说的"三纲领""八条目"，它构成《大学》的主题。《大学》在古代封建社会的影响是不可低估的，作为《礼记》中的一篇，它对于汉儒的思想有直接的启发，特别是到宋代理学勃兴时，二程把它单独成篇，后朱熹把它编入"四书"，又使它发挥了极大的作用，它一方面造就了后代儒家对社会的关心和参与精神以及自身道德修养的提高，即"内圣"与"外王"之道，但同时也把人的思想束缚在儒家的思维范围之中。

再按：《中庸》一篇，相传为子思作，尚无定论。约成于战国末期至西汉之间。原为儒家经典《礼记》中的一篇，宋儒将《中庸》抽出单行，朱熹又把它与《大学》、《论语》、《孟子》合编为《四书》，并为之注。通行本有：明嘉靖间刻朱熹《四书集注》本、清乾隆四年（1739）武英殿刻《十三经注疏》本等。《中庸》是一篇论述儒家中庸思想的文章。文中对孔子"过犹不及"的思想作了进一步的发挥，认为不偏不倚是衡量一切道德行为的最高准则。并且提出了实行与达到中庸之道的条件和方法。

战国时期，我国古代重要的中医学著作《黄帝内经》成书。

按：《黄帝内经》简称《内经》，是我国现存中医著作中成书时间较早的一部中医学文献。其具体成书时间难详，一般认为成书于战国时期。今据《中国医史年表》引崔述《补上古考信录》系于战国末年。《汉书·艺文志》著录"《黄帝内经》十八卷"。其书内容不详。魏晋间皇甫谧《甲乙经·序》曰："今有《针经》九卷，《素问》九卷，共十八卷，即《内经》也。"故后人一般认为《黄帝内经》即《针经》、《素问》二书。现今传世《黄帝内经》分《灵枢》、《素问》两部分。其中《灵枢》二十四卷共八十一篇，其内容论述人体经络、穴位的分布，脏腑生理，致病根由，营、卫、气、血的运行，以及针刺手法的运用等中医基础理论知识。其中谈穴位分布、针刺手法知识全面，故医学界普遍认为今本《灵枢》当即为皇甫谧所说《针经》。《灵枢》原书在晋、唐时尚流传不广，至宋代史崧以家藏旧本校刊，分二十四卷八十一篇行世，始得广为流传。今本《素问》也有二十四卷共八十一篇。内容阐述阴阳、藏象、经络、病因、病机、诊法、治疗原则等医学原理，是一部典型的中医基础理论著作，盖古人汇集多家医学理论而成。原书九卷，其中第七卷早已亡佚，后由唐代王冰以"旧藏之卷"补入（即现行本十九卷至二十二卷中七篇大论），并分原书为二十四卷共八十一篇。有隋代全元起、唐代王冰注释。《黄帝内经》（《灵枢》、《素问》二书）中关于经络与腑脏之密切联系的论述、针刺治病理论、针刺麻醉理论、病理学、病因学及诊疗法的探索是祖国医学对世界医学的杰出贡献。其中不少论述，至今仍被广泛运用于中医学的临床实践。

战国时期，《尉缭子》已成书。

按：《尉缭子》一书，对于它的作者、成书年代以及性质归属历代都颇有争议。一说《尉缭子》的作者是魏惠王时的隐士，一说为秦始皇时的大梁人尉缭。一般署名是尉缭子。最早著录于《汉书·艺文志》，书中杂家类著录《尉缭》29篇，兵形势家类著录《尉缭》31篇。1972年在山东临沂银雀山汉墓出土了《尉缭子》残简，有6篇与今本相合，说明此书在西汉已流行，一般认为成书于战国时代，姑系于此。

战国时期，有《日书》数术类书传世。

按：《日书》为战国秦汉时期流行的数术类读物。较早的《日书》出土于湖北江陵九店56号楚墓。内容包括楚系"建除"、"丛辰"等选择方法，还有"告武夷"及"相宅"等非择日篇目。参见《九店楚简》（湖北省文物考古研究所、北京大学中文系编，中华书局2000年）一书。

最迟于战国晚期，楚国迁郢前一贵族卒，随葬大批竹简，今人辑为"上海博物馆藏战国楚竹书"系列书（已出八种）。

按：《上海博物馆藏战国楚竹书》，现已出版（一）至（八）8种。1994年，上海博物馆斥巨资从香港古玩市场购回一批载有先秦文献的竹简，总计约1200余枚，传闻出自湖北，与郭店楚简出土地相距不远。通过年代测定，这批竹简年代属战国晚期，因不便系年，姑系于是。竹书共3万余字，内容非常丰富，涉及先秦哲学、文学、历史、政论等方面，以儒家文献为主，兼及道家、兵家、阴阳家等，是继郭店楚简之后先秦出土文献的又一次重大发现，于学术史意义十分重大。现将今人所辑各册篇目及大体内容罗列于下：

楚竹书（一），上海古籍出版社2001年12月出版。共收录《孔子诗论》、《缁衣》和《性情论》3篇。《孔子诗论》内容可分四类：第一类概论《颂》、《大雅》、《小雅》、《国风》；第二类论各篇诗的具体内容，通常是就固定的数篇诗为一组，一论再论或多次论述；第三类单论《国风》；第四类属综论。《缁衣》全篇23章，均以"子曰"起首，与郭店简《缁衣》在简文内容，包括章序，所引《诗》、《书》基本相同。《性情论》与郭店简《性自命出》篇大体相同。但在某些段落亦互有参差。

楚竹书（二），上海古籍出版社2002年12月。共收录6篇：《民之父母》内容大体见于《礼记·孔子闲居》及《孔子家语·论礼》，为孔子与子夏关于"五至""三无"及所谓"五起"的问对，于认识儒家道德观有重要参考价值，亦有助于澄清《礼记》及《家语》的面目。《子羔》内容为孔子答子羔问尧、舜禅让及禹、契、后稷依次为天子事，与《大戴礼记·五帝德》及《史记·五帝本纪》所载五帝系统不一，但有关此五位帝王的事迹，则与通常所说不异。《鲁邦大旱》内容记述鲁哀公就鲁邦大旱事求教于孔子，孔子答以祭祷无助于事的问对，以及孔子与子贡关于此事在民众中的影响的讨论。《从政》提出从政者应致力于"敦五德，固三誓，除十怨"，并作了具体解释，与《论语》《礼记》等儒家典籍的相关说法可互相参证，为儒家政治思想方面的新资料。《昔者君老》内容大略为国君自衰老至崩逝，太子朝见过程中之礼仪规范的有关记述。《容成氏》内容为有关上古帝王的传说，可分为七部分：第一部分讲容成氏等21位最古的帝王；第二部分讲帝尧以前的高辛氏；第三部分讲帝尧；第四部分讲帝舜；第五部分讲夏禹；第六部分讲商汤；第七部分讲周文王和周武王。文中谈及禹分九州，其州名与《尚书·禹贡》等书所见有异。文王平九邦一事，邦名向所未闻，汉儒不能详其说，今于此文可以得到补足。

楚竹书（三），上海古籍出版社2003年12月。共收录《周易》、《恒先》、《中（仲）弓》、《彭祖》4篇文献。其中《周易》系迄今为止所发现的最早一部较完整的《周易》文本；《中弓》为孔子弟子问学的语录，其内容多不见于今本文献；《恒先》与《彭祖》二篇为道家著作。

楚竹书（四），上海古籍出版社2004年12月。共收录7篇：《采风曲目》内容为五音中宫、商、徵、羽各音名所属歌曲的篇目，独缺"角"音声名。《逸诗》为305篇的编外诗，共二首。《昭王毁室·昭王与龚之脾》述昭王为珧宝及见龚之脾之事。《柬大王泊旱》记有关楚国柬（简）大王的两件佚事，即柬大王病疥和楚国大旱之事。《内豊》内容多与《大戴礼记》中《曾子立孝》等有关。《相邦之道》记述孔子与子贡答问，内容涉及相邦之道。《曹沫之陈》内容为记述鲁庄公、曹沫问对，始为论政、后为论兵，主旨为论兵，可视为兵书。

楚竹书（五），上海古籍出版社2005年12月。共收入竹书八篇：《竞建内之》记述鲍朋和鲍叔牙与齐桓公的对话，劝诫恒公行先王之法，善待百姓。《鲍叔牙与隰朋之谏》的内容亦为鲍叔牙与隰朋直谏恒公要借鉴夏商周代兴的原因，并警惕竖刁与易牙。《季庚子问于孔子》记载季康子以币迎孔子归鲁之事，全篇以问答形式，记录了孔子对治国兴鲁的看法。《姑成家父》内容与春秋中期晋国三郤有关，记述三郤在见恶于晋厉公之后的行事。《君子为礼》与《弟子问》均为孔门弟子与孔子之间的答问。《三德》多言天地与刑德之关系。《鬼神之明·融师有成氏》篇中前半为《墨子·明鬼》佚文，有关鬼神有所明和不明的问题；后半接抄，叙述上古传说人物故事。

楚竹书（六），上海古籍出版社2007年7月。共收入竹书9篇：《竞公瘧》记述齐景公久病不愈，欲诛祝史，晏子劝诫景公。《孔子见季桓子》以对话形式记载了孔子与季桓子有关二道、兴鲁的讨论。《庄王既成·申公臣灵王》由两篇合成，分别记述楚庄王向大臣咨询楚之后人如何能保住霸主地位以及王子回与申公争夺王位之事。《平王问郑寿》内容为楚平王因国之祸败事问于郑寿。《平王与王子木》内容关于楚平王命王子木至城父事。《慎子曰恭俭》为慎到论述恭俭与修身之关系。《用曰》主要为警世之谚语。《天子建州》有甲、乙两种，为儒家文献，所记主要关乎礼制，其中一些内容与今本大、小戴《礼记》相似。

楚竹书（七），上海古籍出版社2008年12月。共收入竹书五篇，《武王践阼》记述武王问于师尚父，师尚父告之以丹书，武王铸铭器以自戒之事，内容与《大戴礼记·武王践阼》篇相合。《郑子家丧》主要内容为郑子家丧，楚国以子家弑君颠覆天下之礼为由，出兵围郑，晋人救郑，晋楚战于两棠。《君人者何必安哉》记述君王纵恣忘志、不顾政治，范乘遂力谏君王。《凡物流形》（或称之为《问》）全篇有问无答，体裁、性质与《楚辞·天问》相似，主要涉及自然规律与人事的讨论。《吴命》第一章记述吴王率军至陈，晋君恐慌，乃遣使前往周旋，终使吴军去陈；第二章记载吴王使臣告劳于周之辞。

楚竹书（八），上海古籍出版社2011年5月。收入楚竹书10篇，涉及内容丰富，其中《子道饿》、《颜渊问于孔子》二篇为儒家的重要佚文；《命》、《王居》、《志书乃言》三篇记战国楚王事，皆可补史籍之不足；另附有《有皇将起》、《李颂》、《兰赋》、《鶹鶐》等四篇，为战国时代赋类作品很多问题提供了参考。

秦
(前221年—前206年)

秦始皇帝嬴政二十六年　庚辰　前221年

秦灭齐，统一六国。战国时代结束，"百家争鸣"学术自由时期结束。

按：秦灭齐事见于《史记·秦始皇本纪》、《蒙恬列传》、《田敬仲完世家》、《六国年表》等处。秦将王贲从燕南攻入齐都临淄，俘获齐王田建，齐亡。至此，秦刬灭六国，一统天下。列国皆已为秦所灭，战国时代结束，同时也标志着春秋战国以来"百家争鸣"学术自由时期的结束。自此，秦拥有天下。

秦王嬴政总结六国灭亡、秦得天下之缘由。

按：《史记·秦始皇本纪》曰："秦初并天下，令丞相、御史曰：'异日韩王纳地效玺，请为藩臣，已而倍约，与赵、魏合从畔秦，故兴兵诛之，虏其王。寡人以为善，庶几息兵革。赵王使其相李牧来约盟，故归其质子。已而倍盟，反我太原，故兴兵诛之，得其王。赵公子嘉乃自立为代王，故举兵击灭之。魏王始约服入秦，已而与韩、赵谋袭秦，秦兵吏诛，遂破之。荆王献青阳以西，已而畔约，击我南郡，故发兵诛，得其王，遂定其荆地。燕王昏乱，其太子丹乃阴令荆轲为贼，兵吏诛，灭其国。齐王用后胜计，绝秦使，欲为乱，兵吏诛，虏其王，平齐地。寡人以眇眇之身，兴兵诛暴乱，赖宗庙之灵，六王咸伏其辜，天下大定。'"

秦王嬴政令丞相王绾、御史大夫冯劫等人议帝号，王绾等建议天子称"泰皇"，命为"制"，令为"诏"，天子自称"朕"。

按：据《史记·秦始皇本纪》，秦王政既并诸侯，以为"今名号不更，无以称成功，传后世"，乃下令议帝号。丞相王绾、御史大夫冯劫、廷尉李斯等以为，秦王政平定天下，德兼三皇，功过五帝，遂上尊号为"泰皇"，命为"制"，令为"诏"。秦王去"泰"，取"皇"，用上古帝位号，称"皇帝"，秦王乃定自号"始皇帝，后世以计数，二世、三世至于万世，传之无穷"。天子自称"朕"也是丞相王绾、御史大夫冯劫、廷尉李斯等人建议。秦以前君王自称多用"寡人"、"不穀"之类，时而也直接用第一人称"余"等。裴骃《史记集解》引蔡邕曰："朕，我也。古者上下共称之，贵贱不嫌，则可以同号之义也。皋陶与舜言'朕言惠，可厎行'。屈原曰'朕皇考'。至秦，然后天子独以为称，汉因而不改。"不仅秦汉如此，整个封建社会，"朕"一直是皇帝专用自称。

始皇帝嬴政令去谥法，故秦代无谥。

按：杨震方、水贵佑《历代人物谥号封爵索引前言》称：谥号之法，始于周代，它是对死者生前行迹的概括性评判。内容有褒义、贬义和同情性的三类，并有朝廷给予的官谥和门徒弟子所尊的私谥之分。除秦统一时期废除谥法外，周代至清代，一直延续。秦废谥法的原因据《史记》载是因始皇帝制曰："朕闻太古有号毋谥，中古有号，死而以行为谥。如此，则子议父，臣议君也，甚无谓，朕弗取焉。自今已来，除谥法。"

丞相王绾等建议始皇分封诸公子，廷尉李斯独以为不可，始皇纳李斯言，废分封制，行郡县制，一切权利归皇帝。

按：据《史记·秦始皇本纪》，秦丞相王绾等以为"诸侯初破，燕、齐、荆地远，不

公元前221年，迦太基汉尼拔统军西班牙。

为置王,毋以填之,请立诸子"。廷尉李斯曰:"周文、武所封子弟同姓甚众,然后属疏远,相攻击如仇雠,诸侯更相诛伐,周天子弗能禁止。今海内赖陛下神灵一统,皆为郡县,诸子功臣以公赋税重赏赐之,甚足。易制,天下无异意,则安宁之术也。置诸侯不便。"始皇曰:"天下共苦战斗不休,以有侯王。赖宗庙,天下初定,又复立国,是树兵也,而求其宁息,岂不难哉!廷尉议是。"乃分全国为上郡、巴郡、汉中、蜀郡、河东、陇西、北地、南郡、黔中、南阳、上党、三川、太原、东郡、云中、雁门、颍川、邯郸、钜鹿、广阳、上谷、渔阳、右北平、辽西、砀郡、陈郡、泗水、薛郡、九江、辽东、代郡、会稽、闽中、长沙、临淄、琅邪等三十六郡。以后又增设南海、桂林、象郡、九原,共四十郡(见于《秦本纪》、《秦始皇本纪》、《穰侯列传》、《樗里子甘茂列传》、《东越列传》、《匈奴列传》等处共二十七郡,见于《项羽本纪》、《高祖本纪》、《陈涉世家》者四郡,后人又从《汉书》中求全。王国维《观堂集林》有《秦郡考》,谭其骧有《秦郡新考》于此说较详,可参)。各郡置守、尉、监。郡下设县,县设令、长,主管一县政务。郡县官吏由皇帝直接任免,领取俸禄,不得世袭,实现中央集权制。

秦定官制,中央朝廷设"三公九卿"以掌政务,设博士以备顾问,设前后左右将军掌征伐。

按:秦在实行郡县制同时完备中央朝廷官吏设置。据《史记·秦始皇本纪》载,皇帝以下,中央设丞相(掌全国政务)、御史大夫(辅助丞相,主管监察、执法)、太尉(掌全国军事),是为三公。下设奉常(掌宗庙礼仪)、郎中令(掌皇帝侍从警卫)、卫尉(掌宫廷警卫)、太仆(掌皇帝车舆及马政)、廷尉(掌司法)、典客(掌对外及民族事务)、宗正(掌皇族事务)、治粟内史(掌财政经济)、少府(掌山海池泽之税,以供天子),合称"九卿"。此外,设博士(掌通古今)以备顾问,设前后左右将军以掌征伐。至此,从中央到地方,官吏层层,皆服从于皇帝,完全集权中央皇帝,后世官制皆因之。

秦统一车轨长度、统一度量衡。数以六为纪:符、法冠皆六寸,而舆六尺,六尺为步,乘六马。

按:据《史记·秦始皇本纪》,秦统一后,令"一法度衡石丈尺。车同轨","数以六为纪,符、法冠皆六寸,而舆六尺,六尺为步,乘六马"。六国时期,田畴异亩,车途异轨。秦下令统一车轨,规定轨距宽六尺,并统一车辆形制。统一田亩,每亩定为二百四十方步。结束战国时期各国货币、度量衡制度混乱局面,改革币制,在全国范围内划一度量衡标准。称黄金为上币,以镒为单位,重二十两(一说重二十四两),以铜钱为下币,重半两。此即所谓"车同轨"、"度同制"。究秦"数以六为纪"之由,盖据《吕氏春秋》高诱注引《尚书·洪范》有关五行的言论。任继愈《中国哲学史》卷一曰:"《尚书·洪范》五行的次序是水火木金土。五行中的五与其中某一行排列次序之和,即为该行之数,即水六,火七,木八,金九,土十。"秦为水德,故以六为纪。汉初贾谊《新书》有《六术》篇,论六理、六法、六术、六律、六亲等,当与秦尚六纪有联系。

秦统一法律,令百姓以法为教,以吏为师。

按:据《史记·秦始皇本纪》等处载,秦一统后,事皆决于法,刻削,毋仁恩和义。令百姓以法为教,以吏为师。此即所谓"行同伦"。据1975年湖北云梦出土竹简,大量为《秦律》条文,其中有《田律》、《厩苑律》、《仓律》、《金布律》(关于国家财会、物资管理、借贷等的规定)、《工律》、《徭律》、《军爵律》、《置吏律》等近三十种,包括政治、经济、军事等各方面内容。约略可见秦法。

秦统一文字。

按：据《史记·秦始皇本纪》，秦始皇帝初兼天下，丞相李斯亦奏同之，罢其不与秦文合者。李斯作《仓颉篇》，中车府令赵高作《爰历篇》，太史令胡毋敬作《博学篇》，皆取史籀大篆或颇省改，所谓小篆者也。（参《说文解字叙》）命李斯等人以秦国文字为基础，制定小篆，并写成范本，推行全国。此即所谓"书同文"。

秦推终始五德之运，以为秦得水德。以十月为岁首，朝贺皆自十月朔。衣服旄旌节旗皆尚黑。更名河曰德水，以为水德之始。

按：《史记·始皇本纪》曰："始皇帝推终始五德之传，以为周得火德，秦代周德，从所不胜。方今水德之始，改年始，朝贺皆自十月朔。衣服旄旌节旗皆上黑……更名河为德水（《史记·六国年表》记更名河为德水事于嬴政二十七年），以为水德之始。刚毅戾深，事皆决于法，刻削，毋仁恩和义，然后合五德之数。"《史记索隐》曰："《封禅书》曰：'秦文公获黑龙，以为水瑞，秦始皇帝因自谓水德也。'""水主阴，阴刑杀，故急法刻削，以合五德之数。"

秦更名称下民为"黔首"。令收缴民间兵器，销铸为钟、铜人，置宫廷中。迁六国富豪十二万户于咸阳。并仿六国宫殿式样营建宫室百余处，作之咸阳北阪上，以容纳所得诸侯美人、钟鼓。

按：据《史记·秦始皇本纪》，更名民曰"黔首"。裴骃《史记集解》引应劭言曰："黔亦黎黑也。"《资治通鉴·秦纪二》胡三省注引孔颖达曰："黔，黑也。凡民以黑巾覆头，故谓之黔首。"《史记·秦始皇本纪》又载，秦大酺。收天下兵，聚之咸阳，销以为钟鐻，金人十二，重各千石，置廷宫中，李斯曾作铭文（后人一般称为《秦宫金人铭》，严可均《全汉文》题作《金狄铭》）志其事。其事《汉书·五行志》、《水经注》等处也有载。又徙天下豪富于咸阳十二万户。诸庙及章台、上林皆在渭南。秦每破诸侯，写放其宫室，作之咸阳北阪上，南临渭，自雍门以东至泾、渭，殿屋复道周阁相属。所得诸侯美人钟鼓，以充入之。

秦改周舞《大武》名为《五行》。

按：《汉书·礼乐志》曰："高庙奏《武德》、《文始》、《五行》之舞；孝文庙奏《昭德》、《文始》、《四时》、《五行》之舞；孝武庙奏《盛德》、《文始》、《四时》、《五行》之舞。……《五行》舞者，本周舞也，秦始皇二十六年更名曰《五行》也。"郑樵《通志·乐略》曰："古之乐，惟歌诗则有辞，笙，舞皆无辞。故《大武》之舞，秦始皇改曰《五行》之舞。"魏文帝复改《五行》舞曰《大武》。

秦始皇帝令乌氏倮比封君，以时与列臣朝请。表彰巴寡妇清为贞妇而客之，为筑女怀清台。

按：《史记·货殖列传》曰："乌氏倮畜牧，及众，斥卖，求奇缯物，间献遗戎王。戎王什倍其偿，与之畜，畜至用谷量马牛。秦始皇帝令倮比封君，以时与列臣朝请。而巴寡妇清，其先得丹穴，而擅其利数世，家亦不訾。清，寡妇也，能守其业，用财自卫，不见侵犯。秦皇帝以为贞妇而客之，为筑女怀清台。夫倮鄙人牧长，清穷乡寡妇，礼抗万乘，名显天下，岂非以富邪？"秦始皇令倮比封君、表彰寡妇清，非特因其富，当与昌一方风尚有关。

秦倡侏儒优旃讽谏始皇大兴苑囿。

按：《史记·滑稽列传》曰："优旃者，秦倡侏儒也。善为笑言，然合于大道。……始皇尝议欲大苑囿，东至函谷关，西至雍、陈仓。优旃曰：'善。多纵禽兽于其中，寇从东方来，令麋鹿触之足矣。'始皇以故辍止。"

鲍白令之仕秦,对秦始皇"古者五帝禅贤,三王世继,孰是?将为之"之问。

按:鲍白令之生平事迹未详,或以为秦博士。王蘧常《秦史》曰:"案鲍白令之近人章炳麟、王国维、柳诒徵皆以为秦博士。然《说苑》云:'博士七十人未对,鲍白令之对曰',则鲍白令之非博士也,故不入博士入此(案,指《秦史·谏辅传》)。"刘向《说苑·至公》曰:"秦始皇帝既吞天下,乃召群臣而议曰:'古者五帝禅贤,三王世继,孰是?将为之。'博士七十人未对。鲍白令之对曰:'天下官,则禅贤是也;天下家,则世继是也。故五帝以天下为官,三王以天下为家。'秦始皇帝仰天而叹曰:'吾德出于五帝,吾将官天下,谁可使代我后者?'鲍白令之对曰:'陛下行桀、纣之道,欲为五帝之禅,非陛下所能行也。'秦始皇帝大怒曰:'令之前,若何以言我行桀、纣之道也。趣说之,不解则死。'令之对曰:'臣请说之,陛下筑台干云,宫殿五里,建千石之钟,立万石之虡(钜),妇女连百,倡优累千,兴作骊山宫室,至雍相继不绝。所以自奉者,殚天下,竭民力,偏驳自私,不能以及人。陛下所谓自营仅存之主也。何暇比德五帝,欲官天下哉?'始皇闇然无以应之,面有惭色。久之,曰:'令之之言,乃令众丑我。'遂罢谋,无禅意也。"

秦始皇帝嬴政二十七年　辛巳　前220年

秦始皇为己修庙渭南,初名信宫,已而更名极庙,以象天极。自极庙道通骊山,作甘泉前殿。

按:此事《史记·秦始皇本纪》记在嬴政二十七年。司马贞《史记索隐》曰:"为宫庙象天极,故曰极庙。"泷川资言《史记会注考证》曰:"信宫,即长信宫,在今咸阳县境。"泷川资言又引俞樾言,极庙"亦曰大(太)极庙。汉代诸帝身存而预立庙,本乎此"。刘跃进《秦汉文学编年史》说:"此即秦始皇庙,在临潼县东十五里。"《后汉书·郡国志》注引《三秦记》也载:"始皇墓在山北,有始皇祠。"

秦始皇令全国修治驰道,以利交通。

按:《史记·秦始皇本纪》曰:"二十七年,始皇巡陇西、北地,出鸡头山,过回中。……筑甬道,自咸阳属之。是岁,赐爵一级。治驰道。"其实,秦统一后,曾多次调派民夫,以首都咸阳为中心,修筑驰道,以利交通。裴骃《史记集解》曰:"驰道,天子道也,道若今之中道然。"《汉书·贾山传》曰:"(秦)为驰道于天下,东穷燕、齐,南极吴、楚。江湖之上,濒海之观毕至。道广五十步,三丈而树,厚筑其外,隐以金椎,树以青松。"

秦始皇帝嬴政二十八年　壬午　前219年

公元前219年,　秦始皇东巡郡县。上邹峄山。立石,与鲁诸儒生议,刻石颂秦德,乃效前代帝王，封泰山、禅梁父。避雨而封五大夫树。　　　　　　　　　　　汉尼拔取萨贡托。

  按：《史记·秦始皇本纪》曰："二十八年，始皇东行郡县，上邹峄山。立石，与鲁诸儒生议，刻石颂秦德，议封禅望祭山川之事。乃遂上泰山，立石，封，祠祀。下，风雨暴至，休于树下，因封其树为五大夫。禅梁父。刻所立石，其辞曰：'皇帝临位，作制明法，臣下修饬。二十有六年，初并天下，罔不宾服。亲巡远方黎民，登兹泰山，周览东极。从臣思迹，本原事业，祗诵功德。治道运行，诸产得宜，皆有法式。大义休明，垂于后世，顺承勿革。皇帝躬圣，既平天下，不懈于治。夙兴夜寐，建设长利，专隆教诲。训经宣达，远近毕理，咸承圣志。贵贱分明，男女礼顺，慎遵职事。昭隔内外，靡不清净，施于后嗣。化及无穷，遵奉遗诏，永承重戒。'"张守节《史记·封禅书正义》曰："筑土为坛以祭天，报天之功，故曰封。此泰山下小山上（按，梁父乃泰山下之小山），除地，报地（按，辟基祭地也）之功，故曰禅。"《史记·封禅书》曰："自古受命帝王，曷尝不封禅？盖有无其应而用事者矣，未有睹符瑞见而不臻乎泰山者也。虽受命而功不至，至梁父矣而德不洽，洽矣而日有不暇给，是以即事用希。传曰：'三年不为礼，礼必废；三年不为乐，乐必坏。'每世之隆，则封禅答焉，及衰而息。厥旷远者千有余载，近者数百载，故其仪阙然堙灭，其详不可得而记闻云。"又载："齐桓公既霸，会诸侯于葵丘，而欲封禅。管仲曰：'古者封泰山禅梁父者七十二家，而夷吾所记者十有二焉。昔无怀氏封泰山，禅云云；虙羲封泰山，禅云云；神农封泰山，禅云云；炎帝封泰山，禅云云；黄帝封泰山，禅亭亭；颛顼封泰山，禅云云；帝告（一作喾）封泰山，禅云云；尧封泰山，禅云云；舜封泰山，禅云云；禹封泰山，禅会稽；汤封泰山，禅云云；周成王封泰山，禅社首：皆受命然后得封禅。'"可知封禅之事由来已久，前代多有帝王为之，其礼盖因春秋战国之乱世而渐废。

  秦始皇为封禅之事招鲁地儒生博士七十余人商议，又觉儒生之议各乖异，难施用，未纳诸儒建议，并由此绌儒生，不得与用封事之礼。后人以此事为秦设有博士官之证。

  按：始皇封禅之举乃效前代所为，为郑重其事，故招鲁地诸儒生博士议。《史记·封禅书》曰："即帝位三年，东巡郡县，祠驺峄山，颂秦功业。于是徵从齐鲁之儒生博士七十人，至乎泰山下。诸儒生或议曰：'古者封禅为蒲车，恶伤山之土石草木；埽地而祭，席用菹稭，言其易遵也。'始皇闻此议各乖异，难施用，由此绌儒生。而遂除车道，上自泰山阳至巅，立石颂秦始皇帝德，明其得封也。从阴道下，禅于梁父。其礼颇采太祝之祀雍上帝所用，而封藏皆秘之，世不得而记也。始皇之上泰山，中阪遇暴风雨，休于大树下。诸儒生既绌，不得与用于封事之礼，闻始皇遇风雨，则讥之。"儒生欲因袭旧礼，始皇则欲变革之，故言不合。其事实为秦文化与鲁文化之冲夺碰撞，可见始皇思想政治之一斑。或以此事为秦设有博士官之证，可参阅董说《七国考》、王国维《观堂集林》卷四《汉魏博士考》、梁启超《秦献记》等。

  秦始皇东巡齐地并游海上，行礼祠名山大川及齐地八神。登之罘，作琅邪台，皆立石颂功德。刻石文字多出自李斯之手。

  按：《史记·封禅书》曰："于是始皇遂东游海上，行礼祠名山大川及八神，求仙人羡门之属。八神将自古而有之，或曰太公以来作之。齐所以为齐，以天齐也。其祀绝莫知起时。八神：一曰天主，祠天齐。天齐渊水，居临菑南郊山下者。二曰地主，祠泰山梁父。盖天好阴，祠之必于高山之下，小山之上，命曰'畤'；地贵阳，祭之必于泽中圜丘云。三曰兵主，祠蚩尤。蚩尤在东平陆监乡，齐之西境也。四曰阴主，祠三山。五曰阳主，祠之罘。六曰月主，祠之莱山。皆在齐北，并勃海。七曰日主，祠成山。成山斗入海,最居齐东北隅,以迎日出云。八曰四时主,祠琅邪。琅邪在齐东方,盖岁之所始。皆各用一牢具祠,而巫祝所损益,珪币杂异焉。"又《史记·秦始皇本纪》曰:"于是乃并勃海以东,过黄、腄,穷成山,登之罘,立石颂秦德焉而去。南登琅邪,大乐之,留三月。乃徙黔首三万户琅邪台下,复十二岁。作琅邪台,立石刻,颂秦德,明得意。曰:'维二十八年,皇帝作始。端平法度,万物之纪。以明人事,合同父子。圣智仁义,显白道理。东抚东土,以省卒士。事已大毕,乃临于海。皇帝之功,勤劳本事。上农除末,黔首是富。普天之下,抟心揖志。器械一量,同书文字。日月所照,舟舆所载。皆终其命,莫不得意。应时动事,是维皇帝。匡饬异俗,陵水经地。忧恤黔首,朝夕不懈。除疑定法,咸知所辟。方伯分职,诸治经易。举错必当,莫不如画。皇帝之明,临察四方。尊卑贵贱,不逾次行。奸邪不容,皆务贞良。细大尽力,莫敢怠荒。远迩辟隐,专务肃庄。端直敦忠,事业有常。皇帝之德,存定四极。诛乱除害,兴利致福。节事以时,诸产繁殖。黔首安宁,不用兵革。六亲相保,终无寇贼。驩欣奉教,尽知法式。六合之内,皇帝之土。西涉流沙,南尽北户。东有东海,北过大夏。人迹所至,无不臣者。功盖五帝,泽及牛马。莫不受德,各安其宇。维秦王兼有天下,立名为皇帝,乃抚东土,至于琅邪。列侯武城侯王离、列侯通武侯王贲、伦侯建成侯赵亥、伦侯昌武侯成、伦侯武信侯冯毋择、丞相隗林、丞相王绾、卿李斯、卿王戊、五大夫赵婴、五大夫杨樛从,与议于海上。曰:"古之帝者,地不过千里,诸侯各守其封域,或朝或否,相侵暴乱,残伐不止,犹刻金石,以自为纪。古之五帝三王,知教不同,法度不明,假威鬼神,以欺远方,实不称名,故不久长。其身未殁,诸侯倍叛,法令不行。今皇帝并一海内,以为郡县,天下和平。昭明宗庙,体道行德,尊号大成。群臣相与诵皇帝功德,刻于金石,以为表经。"""祭祀齐地八神将之礼始于齐祖姜太公姜尚,其事可参阅郑杰文《齐宗教研究》(齐鲁书社1997年出版)。始皇祭祀齐地八神,乃尊重东夷文化之举。但在祭祀同时,也未忘刻石颂秦功德,后人以为其刻石文字多出自李斯之手。可参阅《晋书·卫恒传》、严可均《全秦文》。

秦始皇遣方士徐市率童男女数千人入海访求神仙及不死之药。

按:《史记·秦始皇本纪》曰:"既已,齐人徐市等上书,言海中有三神山,名曰蓬莱、方丈、瀛洲,仙人居之。请得斋戒,与童男女求之。于是遣徐市发童男女数千人,入海求仙人。"《史记·封禅书》曰:"自齐威、宣之时,驺子之徒论著终始五德之运,及秦帝而齐人奏之,故始皇采用之。而宋毋忌、正伯侨、充尚、羡门高最后皆燕人,为方仙道,形解销化,依于鬼神之事。驺衍以阴阳主运显于诸侯,而燕齐海上之方士传其术不能通,然则怪迂阿谀苟合之徒自此兴,不可胜数也。自威、宣、燕昭使人入海求蓬莱、方丈、瀛洲。此三神山者,其传在勃海中,去人不远;患且至则船风引而去。盖尝有至者,诸仙人及不死之药皆在焉。其物禽兽尽白,而黄金银为宫阙。未至,望之如云;及到,三神山反居水下。临之,风辄引去,终莫能至云。世主莫不甘心焉。及至秦始皇并天下,至海上,则方士言之不可胜数。始皇自以为至海上而恐不及矣,使人乃赍童男女入海求之。船交海中,皆以风为解,曰未能至,望见之焉。"海上有蓬莱、方丈、瀛洲三神山及有仙人不死之药传说在齐地流传甚久。故始皇派徐市率童男女数千人入海求之。因事本虚妄,徐市等乃谎言:因风"未能至,望见之焉"。其后,始皇又曾派人寻之,详后。

秦始皇过彭城,使千人于泗水求周鼎,未得。

按:据《史记·秦始皇本纪》:本年,始皇"过彭城,斋戒祷祠,欲出周鼎泗水,使千人求之,弗得。"鼎之由来,据《汉书·郊祀志》曰:"禹收九牧之金,铸九鼎,象九州,……夏德衰,鼎迁于殷,殷德衰,鼎迁于周。"《说文》曰:"昔禹收九牧之金,铸鼎荆山之下，入山林川泽，螭魅蜩蛧，莫能逢之，以协承天休。"《瑞应图》、《拾遗记》中也有类似记载。鼎没泗水之事，据《史记·孝武本纪》载有司曰："禹收九牧之金，铸九鼎，皆尝鬺烹上帝鬼神，遭圣则兴，迁于夏商。周德衰，宋之社亡，鼎乃沦伏而不见。"《史记·封禅书》也载："秦灭周，周之九鼎入于秦。或曰：宋太丘社亡而鼎没于泗水彭城下。"而《水经注·泗水》中记述较详："周显王四十二年，九鼎沦没泗渊，秦始皇时而鼎见于斯水，始皇自以德合三代，大喜，使数千人没水求之，不得，所谓'鼎伏'也；亦云系而行之，未出，龙齿啮断其系，故语曰：'称乐大早绝鼎系'，当是孟浪之传耳。"而据《史记·秦本纪》曰："（秦昭王五十二年）周民东亡，其器九鼎入秦。"《史记正义》曰："禹贡金九牧，铸鼎于荆山下，各象九州之物，故言九鼎。历殷至周赧王[五]十九年，秦昭王取九鼎，其一飞入泗水，余八入于秦中。"据此，则知沦没泗水的"九鼎"实际是"九鼎之一"而非全部，但二者仍有抵牾，《水经注》说是周显王四十二年（前327年）九鼎就沦没泗渊，而《史记正义》则认为是秦昭王取九鼎入秦时其中一只"飞"入了泗水。故是年始皇过彭城，使千人于泗水求周鼎，当有其事。至于没入泗水之鼎是九只还是一只，已无法确证。今山东滕州汉画像石？有一块巨石：纵96厘米，横258厘米，厚20厘米，重1.486吨，总体构图分为上下两大层，在下层又分为左右两格，左格内又分为上下两层，其右格是纵40厘米横117厘米的《泗水升鼎》图。描写的即为"系而行之，未出，龙齿啮断其系"的生动画面。类似题材多见于汉画像石，足见其事在汉代的影响。台湾《故宫文物月刊》第二十二卷第九期（总第261期）载有王宁文章《汉画像石"泗水取鼎"故事考实》有较详细介绍和考辨，可参阅。

秦始皇西南渡淮水，浮江，至湘山祠，秦博士为始皇解释"湘君何神"。

按：据《史记·秦始皇本纪》：本年，始皇还，过彭城，之衡山、南郡。西南渡淮水，浮江，至湘山祠，遇大风，几不得渡，于是他问随行博士："湘君何神？"博士对曰："闻之，尧女，舜之妻，而葬此。"始皇大怒，使刑徒三千人尽伐湘山树；遂自南郡入武关，回到咸阳。此处秦博士将湘君释为"尧女，舜之妻"，较特别。今人一般认为：湘君是舜，湘夫人是舜妻即尧之女，依据为东汉王逸的《楚辞章句》。上文所引《史记·秦始皇本纪》条下有唐司马贞《史记索隐》曰："《楚词（辞）·九歌》有湘君、湘夫人。夫人是尧女，则湘君当是舜。今此文以湘君为尧女，是总而言之。"其实，无论以湘君为尧女舜妻，还是以湘君是舜、湘夫人是舜妻即尧之女，都体现了汉以后儒家学者的观点。而湘君、湘夫人本应是当地楚民为求风调雨顺而祭祀的洞庭湖之水神。

秦始皇帝嬴政二十九年　癸未　前218年

李斯随秦始皇东巡，始皇登之罘，李斯撰《之罘刻石》、《之罘东观刻石》以颂秦皇之德。

按：《史记·秦始皇本纪》曰："二十九年，始皇东游，至阳武博狼沙中，为盗所惊。求，弗得。乃令天下大索十日。登之罘，刻石。其辞曰：'维二十九年，时在中春，阳和方起。皇帝东游，巡登之罘，临照于海。从臣嘉观，原念休烈，追诵本始。大圣作治，建定法度，显箸纲纪。外教诸侯，光施文惠，明以义理。六国回辟，贪戾无

公元前218年，汉尼拔远征意大利，入波河流域。第二次布匿战争遂爆发。

厌，虐杀不已。皇帝哀众，遂发讨师，奋扬武德。义诛信行，威燀旁达，莫不宾服。烹灭强暴，振救黔首，周定四极。普施明法，经纬天下，永为仪则。大矣哉！宇县之中，承顺圣意。群臣诵功，请刻于石，表垂于常式'。其东观曰：'维二十九年，皇帝春游，览省远方。逮于海隅，遂登之罘，昭临朝阳。观望广丽，从臣咸念，原道至明。圣法初兴，清理疆内，外诛暴强。武威旁畅，振动四极，禽灭六王。阐并天下，甾害绝息，永偃戎兵。皇帝明德，经理宇内，视听不怠。作立大义，昭设备器，咸有章旗。职臣遵分，各知所行，事无嫌疑。黔首改化，远迩同度，临古绝尤。常职既定，后嗣循业，长承圣治。群臣嘉德，祗诵圣烈，请刻之罘'。旋，遂之琅邪，道上党入。"后人认为二刻石文当为李斯所作。上年（秦始皇嬴政二十八年，前219年）秦始皇已率群臣东游海上，登之罘并刻石，则此次当为第二次东巡并刻石颂德。

张良于博浪沙谋刺秦始皇。

按：《史记·秦始皇本纪》曰："二十九年，始皇东游，至阳武博狼沙中，为盗所惊。求，弗得。乃令天下大索十日。"后人以为此乃张良于博浪沙谋刺秦始皇。张良者，字子房。《史记·留侯世家索隐》曰："王符、皇甫谧并以良为韩之公族，姬姓也。秦索贼急，乃改姓名。而韩先有张去疾及张谴，恐非良之先代。"《史记·留侯世家》曰："其先韩人也。大父开地，相韩昭侯、宣惠王、襄哀王。父平，相釐王、悼惠王。悼惠王二十三年，平卒。卒二十岁，秦灭韩。良年少，未宦事韩。韩破，良家僮三百人，弟死不葬，悉以家财求客刺秦王，为韩报仇，以大父、父五世相韩故。良尝学礼淮阳。东见仓海君。得力士为铁椎，重百二十斤。秦皇帝东游，良与客狙，击秦皇帝博浪沙中，误中副车。秦皇帝大怒，大索天下，求贼甚急，为张良故也。良乃更名姓亡匿下邳。"始皇索刺客不得，遂登之罘，刻石颂德而还。

张良在下邳，遇圯上老人，受《太公兵法》。

按：《史记·留侯世家》曰："良尝间从容步游下邳圯上，有一老父，衣褐，至良所，直堕其履圯下，顾谓良曰：'孺子，下取履！'良鄂然，欲殴之。为其老，强忍，下取履。父曰：'履我！'良业为取履，因长跪履之。父以足受，笑而去。良殊大惊，随目之。父去里所，复还，曰：'孺子可教矣。后五日平明，与我会此。'良因怪之，跪曰：'诺。'五日平明，良往。父已先在，怒曰：'与老人期，后，何也？'去曰：'后五日早会。'五日鸡鸣，良往。父又先在，复怒曰：'后，何也？'去，曰：'后五日复早来。'五日，良夜未半往。有顷，父亦来，喜曰：'当如是。'出一编书，曰：'读此则为王者师矣。后十年兴。十三年孺子见我济北，穀城山下黄石即我矣。'遂去，无他言，不复见。旦日视其书，乃《太公兵法》也。良因异之，常习诵读之。"此事《汉书·张良传》所载略同。后人多有论及者。《史记·留侯世家》张守节《史记正义》曰："《七录》曰：'《太公兵法》一帙三卷。太公，姜子牙，周文王师，封齐侯也'。"《汉书·艺文志·诸子略·道家》著录《太公》237篇、《谋》81篇、《言》71篇、《兵》85篇。沈钦韩《汉书疏证》："《谋》者，即太公之《阴谋》。《言》者，即太公之《金匮》，凡善言书诸金版。《兵》者，即《太公兵法》。"《隋书·经籍志》著录《黄石公三略》、《黄石公三奇法》、《黄石公内记敌法》、《黄石公秘经》等。《玉函山房辑佚书续编·子编·兵家类》收有王仁俊辑《黄石公记》。故张良所受《太公兵法》之事本身及《太公兵法》内容传承情况尚有待考察。

秦始皇帝嬴政三十年　甲申　前217年

秦吏喜卒,葬于湖北云梦睡虎地,有多种珍贵文献随葬,今人辑为《编年记》、《语书》、《秦律十八种》、《效律》、《秦律杂抄》、《法律答问》、《封诊式》、《为吏之道》、《日书》等多篇,统辑为《睡虎地秦墓竹简》一书。

按：1975年12月,湖北省博物馆、孝感地区工亦农考古训练班、孝感地区和云梦县文化部门在云梦睡虎地发掘了十二座战国末至秦代的墓葬。其中在11号秦墓中发现了大量的秦代竹简。据1976年第6期《文物》杂志发表的由湖北省孝感地区第二期亦工亦农文物考古训练班撰写的《湖北云梦睡虎地11号秦墓发掘简报》介绍:睡虎地11号秦墓是一座小型的木椁墓葬,随葬器物有青铜器、漆器、陶器、竹简等七十多种。专家学者根据从本墓出土的文字资料考证,认为该墓当为秦始皇三十年(前217)左右的墓葬,墓主是一个叫喜的人,约生于秦昭王四十五年(前262),曾任南郡安陆御史、安陆令史、鄢令史,曾治狱于鄢,是秦的一个地方官吏,卒于秦始皇三十年(前217)。竹简原藏棺内,保存较好,字迹清晰,出土时只有少数残断,简文的文字是毛笔墨书秦隶,书法别具一格。这批竹简经科学保护、细心整理并拼复后,总计有1155枚(另残片80),简长约23～27.8厘米,宽0.3～0.7厘米。从出土时简上残存的编绳痕迹来看,原简是用三道编绳编联的。经过整理,简文的内容分为记、律、日书等多种,并已整理出如下十种:①《编年记》。②《语书》。③《秦律十八种》。④《效律》。⑤《秦律杂抄》。⑥《法律答问》。⑦《封诊式》。⑧《为吏之道》。⑨《日书》甲种。⑩《日书》乙种。其中《语书》、《效律》、《封诊式》、《日书》四种书简上原有书题,其它几种书题为整理小组据其内容拟定。主要内容包括秦的统一战争,秦的政治、军事、法律制度,秦代的哲学、医学五行学术,秦对农业、手工业、商贸业的管理,以及统一度量衡和货币等方面的珍贵史料。这批竹简出土后,《文物》杂志1976年第5期刊登季勋写的《云梦睡虎地秦简概述》一文,对整个出土的竹简及其内容进行报导和概述。1976年第6期《文物》杂志发表由湖北省孝感地区第二期亦工亦农文物考古训练班撰写的《湖北云梦睡虎地11号秦墓发掘简报》,对该墓的时代、形制、出土文物及竹简情况作了较详细的报导。同期《文物》杂志还刊登由云梦秦简整理小组整理的《云梦秦简释文(一)》:包括"南郡守腾文书"(后来改称为《语书》)、《大事记》、《为吏之道》。1976年第7期《文物》杂志发表由整理组整理的《云梦秦简释文(二)》:包括上述《秦律十八种》及《秦律杂抄》的内容。1976年第8期《文物》杂志发表由整理组整理的《云梦秦简释文(三)》:包括上述《秦律答问》及《封诊式》。1977年,文物出版社出版由睡虎地秦简整理组编的《睡虎地秦墓竹简》八开线装本,该书中未收两种《日书》,其它内容都收了进来,并对简文作了简注。1978年,文物出版社又出版由整理组编的平装32开本《睡虎地秦墓竹简》一书,该书未收《日书》甲、乙种,也没有图版照片,对简文也作了简注和语译。1981年,文物出版社出版由云梦睡虎地秦墓编写组写的《云梦睡虎地秦墓》一书,全面详细地介绍睡虎地11号秦墓等的墓葬时代、形制、出土文物等情况,并发表有关的文物照片。1990年,文物出版社

公元前217年,汉尼拔败罗马于特拉西梅诺湖畔。

又出版由秦简整理组编的《睡虎地秦墓竹简》八开精装本。书中全部收录睡虎地11号秦墓出土的十种竹书,并附有图版、释文、注释。竹简的图版照片按原大影印。书中除《编年记》、《为吏之道》、《日书》甲、乙种外,都试加了白文语释。原墓中已折断散乱的竹简尽可能地做了缀合和复原,并根据文句衔接和出土位置等情况进行编排,不能确定编排次序的则按内容性质分类试排。对云梦睡虎地秦墓出土的竹简情况作了比较全面的介绍。云梦睡虎地秦墓出土的竹简无论从数量,还是竹简的内容重要性来看,都是上世纪七十年代我国文物考古的重大收获。

秦始皇帝嬴政三十一年　乙酉　前216年

公元前216年,汉尼拔败罗马于坎尼会战。

秦"使黔首自实田"。

按:《史记·秦始皇本纪》三十一年处,有裴骃《史记集解》引徐广曰"使黔首自实田也",即令百姓自报土地亩数,进一步确认土地私有权,并为国家征收赋税提供依据。

十二月,秦更名腊曰"嘉平",以应神仙家之说。

按:《史记·始皇本纪》曰:"三十一年十二月,更名腊曰'嘉平'。赐黔首里六石米,二羊。始皇为微行咸阳,与武士四人俱,夜出逢盗兰池,见窘,武士击杀盗,关中大索二十日。米石千六百。"裴骃《史记集解》:《太原真人茅盈内纪》曰:"始皇三十一年九月庚子,盈曾祖父蒙,乃于华山之中,乘云驾龙,白日升天。先是其邑谣歌曰'神仙得者茅初成,驾龙上升入泰清,时下玄洲戏赤城,继世而往在我盈,帝若学之腊嘉平'。始皇闻谣歌而问其故,父老具对此仙人之谣歌,劝帝求长生之术。于是始皇欣然,乃有寻仙之志,因改腊曰'嘉平'。"又,司马贞《史记索隐》引《广雅》曰:"夏曰'清祀',殷曰'嘉平',周曰'大蜡',亦曰'腊',秦更曰'嘉平'。"盖应歌谣之词而改从殷号也。

秦吏辟死卒,随葬一批竹简,今人辑为《云梦龙岗秦简》一书,内容涉及秦代法律,可与《睡虎地秦墓竹简》相参照。

按:1989年10月,湖北省文物考古研究所和孝感地区博物馆、云梦县博物馆合作,在云梦城东郊龙岗地区发掘九座古墓。其中在六号墓中出土150余枚竹简,这批竹简后来被整理者称为"云梦龙岗秦简"。据刘信芳、梁柱《云梦龙岗秦简》(科学出版社1997年出版)介绍:云梦龙岗秦简出自棺内足挡处,因保存较差,多已残断散乱。为整理方便,清理者将竹简编了293个整理号,包括残片10个号。根据完整的简和残简端、简末之数量推算,原来共计有150余枚竹简。简的形制与睡虎地11号墓所出大体相似,内容也主要涉及秦代法律,与睡虎地简书既有联系,又有区别,是继云梦睡虎地秦简之后又一次秦朝法律文书的重要发现,可以协助我们更全面了解秦国法律的内容和演变过程。整理者认为墓主应当就是牍文所说的辟死,他原本是一位从事司法事务的小吏,后来被治罪判刑,成为刑徒,在云梦禁苑服刑做城旦,正如《周礼·秋官·掌戮》曰:"刖者使守囿。"后来他可能又从事云梦禁苑的管理工作,墓中写有法律令文的竹简当是他日常所用之物。据刘信芳、梁柱推测，"云梦龙岗秦简"下葬的时间略晚于"云梦睡虎地秦简"的时间。今据刘跃进《秦汉文学编年史》系于本年。但"云梦龙岗秦简"的墓主和下葬时间仍有争议，尚需进一步考辨。

秦始皇帝嬴政三十二年　丙戌　前 215 年

秦始皇东巡至碣石，李斯作《碣石门刻石》文。

按：《史记·始皇本纪》曰：三十二年，始皇东巡至碣石，……刻碣石门，坏城郭，决通堤防。其辞曰：'遂兴师旅，诛戮无道，为逆灭息。武殄暴逆，文复无罪，庶心咸服。惠论功劳，赏及牛马，恩肥土域。皇帝奋威，德并诸侯，初一泰平。堕坏城郭，决通川防，夷去险阻。地势既定，黎庶无繇，天下咸抚。男乐其畴，女修其业，事各有序。惠被诸产，久并来田，莫不安所。群臣诵烈，请刻此石，垂著仪矩。'"后人认为其《碣石门刻石》文当为李斯所撰。

秦始皇东巡至碣石，使方士卢生等入海求仙。

按：《史记·始皇本纪》曰：三十二年，始皇东巡至碣石，使燕人卢生求羡门、高誓，刻碣石门，下令'坏城郭，决通堤防'，以利交通。又使韩终、侯公、石生求仙人不死之药。裴骃《史记集解》引韦昭言释"羡门"曰："古仙人。"张守节《史记正义》释"高誓"："亦古仙人。"梁玉绳《史记志疑》卷五曰："《封禅书》羡门子高，此与《郊祀志》羡门高是一仙人名。"日本泷川资言《史记会注考证》引张文虎曰："梁说是，然'誓'字不可解，非衍即误，或有脱文。"

公元前 215 年，第一次马其顿战争始。

方士卢生向秦皇奏录图书，献谶言曰"亡秦者胡也"，始皇乃使将军蒙恬率兵三十万，北伐匈奴。

按：《史记·始皇本纪》曰："（三十二年，）始皇巡北边，从上郡入。燕人卢生使入海还，以鬼神事，因奏录图书，曰：'亡秦者胡也。'"始皇以为"胡"指北方匈奴，为解除匈奴威胁，遂派将军蒙恬率兵三十万，北伐匈奴。《史记集解》引郑玄曰："胡，胡亥，秦二世名也。秦见图书，不知此为人名，反备北胡。"

秦始皇帝嬴政三十三年　丁亥　前 214 年

秦南击南越，征发五十万人守五岭。使蒙恬斥逐匈奴，并将燕、赵、秦旧时长城，随地形修筑连接，筑成"万里长城"，以固边防。

按：《史记·始皇本纪》曰："三十三年，发诸尝逋亡人、赘婿、贾人略取陆梁地，为桂林、象郡、南海,以適遣戍。西北斥逐匈奴。自榆中并河以东,属之阴山,以为四十四县,城河上为塞。又使蒙恬渡河取高阙、阳山、北假中,筑亭障以逐戎人。徙谪,实之初县。禁不得祠。"《史记索隐》曰:"谓南方之人,其性陆梁,故曰陆梁。"《史记正义》曰:"岭南人多处山陆,其性强梁,故曰陆梁。"《史记集解》引徐广曰:"五十万人守五岭。"《史记正义》:"适音直革反。戍,守也。《广州记》云:'五岭者,大庾、始安、临贺、揭杨、桂阳。'《舆地志》云:'一曰台岭,亦名塞上,今名大庾;二曰骑田;三曰都庞;四曰萌诸;五曰越岭。'"又据《史记·蒙恬列传》,蒙恬北击匈奴,收河南地,设四十四县。为防匈奴侵扰,始皇征发大量民工,将燕、赵、秦旧时长城,随地形修筑连接,西起临洮、东到辽东,蜿蜒万余里,后世称"万里长城"。蒙恬常居上郡,威震匈奴。

秦始皇帝嬴政三十四年　戊子　前213年

秦始皇適治狱吏不直者,筑长城及戍守南越地。

按:《史记·秦始皇本纪》曰:"三十四年,適治狱吏不直者,筑长城及南越地。"继上年征发民众戍守五岭和派蒙恬北筑长城后,秦皇又于本年谪发狱吏不依法令办案和办案不实者北筑长城、南戍五岭,以进一步充实边防。

秦博士周青臣、淳于越等廷议,始皇采纳丞相李斯奏议,下"焚书"令:凡《秦记》以外列国史书皆焚毁;除博士官外,私藏《诗》、《书》、百家语者,限期送郡守、尉烧毁;偶语《诗》、《书》者弃市;以古非今者族;官吏知情不举者同罪;令下三十日不烧,黥面,罚四年筑城劳役;惟医药、卜筮、种树之书不烧。欲学法令者以吏为师,禁私学。

按:据《史记·秦始皇本纪》:始皇在咸阳宫大宴群臣,博士七十人前为寿。博士仆射周青臣颂扬秦始皇"他时秦地不过千里,赖陛下神灵明圣,平定海内,放逐蛮夷,日月所照,莫不宾服。以诸侯为郡县,人人自安乐,无战争之患,传之万世,自上古不及陛下威德。"始皇悦。博士淳于越进曰:"臣闻殷周之王千余岁,封子弟功臣,自为枝辅。今陛下有四海,而子弟为匹夫,卒有田常、六卿之臣,无辅拂,何以相救哉?事不师古而能长久者,非所闻也。今青臣又面谀以重陛下之过,非忠臣。"秦始皇命群臣议论。丞相李斯奏曰:"五帝不相复,三代不相袭,各以治,非其相反,时变异也。今陛下创大业,建万世之功,固非愚儒所知。且越言乃三代之事,何足法也?异时诸侯并争,厚招游学。今天下已定,法令出一,百姓当家则力农工,士则学习法令辟禁。今诸生不师今而学古,以非当世,惑乱黔首。丞相臣斯昧死言:古者天下散乱,莫之能一,是以诸侯并作,语皆道古以害今,饰虚言以乱实,人善其所私学,以非上之所建立。今皇帝并有天下,别黑白而定一尊。私学而相与非法教,人闻令下,则各以其学议之,入则心非,出则巷议,夸主以为名,异取以为高,率群下以造谤。如此弗禁,则主势降乎上,党与成乎下。禁之便。臣请史官非《秦记》皆烧之。非博士官所职,天下敢有藏《诗》、《书》、百家语者,悉诣守、尉杂烧之。有敢偶语《诗》、《书》者弃市;以古非今者族;吏见知不举者与同罪;令下三十日不烧,黥为城旦。所不去者,医药、卜筮、种树之书。若欲有学法令,以吏为师。"始皇批准李斯建议,下令施行。此即著名的"焚书"事件。《史记·李斯列传》所载略同。

又按：秦始皇"焚书"事件影响巨大,后世议论者众多。或以为"六学从此缺矣"(班固《汉书·儒林传》),甚至觉得"先王坟籍,扫地皆尽"(魏徵等《隋书·牛弘传》)。但也有人认为秦焚书未全毁(马端临《文献通考·经籍考》卷一),甚至认为"六经之亡,非秦亡之,汉亡之也。李斯恐学者道古以非今,于是禁天下私藏《诗》、《书》百家之语。其所以若此者,将以愚民,固不欲以自愚也。故曰'非博士官所职,诣守尉杂烧之'。然则博士之所藏具在,未尝烧也"(刘大櫆《焚书辨》)。清以后学者,经过仔细考辨,认为汉儒为了彰大始皇之过,所言有所夸大。其实,秦始皇"焚书令"只是焚毁民间私人所藏之诸侯国史、《诗》、《书》等儒家学术之书,以及诸子百家语。而宫中博士官所藏以上书籍并不焚毁,加之当时部分文人偷偷藏之壁中或地下,秦朝历时不长。故汉惠帝除"挟书律",《诗》、《书》及诸子百家语相继出现。至于公私所藏医药、种植、卜筮之书则明令不毁。故而对秦始皇"焚书"之过不能偏信汉儒之言,应作全面认识。可参阅马端临《文献通考·经籍考》、《资治通鉴》胡三省注文、李贽《焚书》和《续焚书》、刘大櫆《焚书辨》、蒙文通《经学抉原·焚书第二》、薛顺雄《嬴秦焚书与汉得书考略》、郑杰文《战国策文新论》等文献。

鲁穆生、白生、申培公原从浮丘伯学《诗》,因秦焚《诗》、《书》,禁私学,遂辞去。各地私学基本废止。

按：班固《汉书·楚元王传》曰："楚元王交,字游,高祖同父少弟也。好书,多材艺。少时尝与鲁穆生、白生、申公俱受《诗》于浮丘伯。伯者,孙卿门人也。及秦焚书,各别去。"服虔注："白生,鲁国奄里人。浮丘伯,秦时儒生。"或以为浮丘伯曾思荀子,与李斯同学。申公即汉初献《诗》之鲁人申培公。鲁穆生事迹未详。秦王采纳李斯焚书建议,李斯奏议中有"私学而相与非法教……党与成乎下。禁之便"云云,可知秦焚书令下,诸生惧祸而散,私学遂告寝息。

伏生、孔鲋等人藏书以应秦焚书令。

按：《汉书·艺文志》曰："秦燔书禁学,济南伏生独壁藏之。汉兴亡失,求得二十九篇,以教齐鲁之间。讫孝宣世,有欧阳、大小夏侯氏,立于学官。《古文尚书》者,出孔子壁中。武帝末,鲁共王坏孔子宅,欲以广其宫。而得《古文尚书》及《礼记》、《论语》、《孝经》凡数十篇,皆古字也。共王往入其宅,闻鼓琴瑟钟磬之音,于是惧,乃止不坏。孔安国者,孔子后也,悉得其书,以考二十九篇,得多十六篇。安国献之。"《汉书·儒林传》及王充《论衡》所述略同。又《资治通鉴》卷七曰："魏人陈馀谓孔鲋曰：'秦将灭先王之籍,而子为书籍之主,其危哉!'子鱼曰：'吾为无用之学,知吾者惟友。秦非吾友,吾何危哉! 吾将藏之以待其求;求至,无患矣。'"胡三省注："孔鲋,孔子八世孙,字子鱼。"可知,伏生、孔鲋等人本自有书,遭秦燔书禁学之祸,曾多方藏书,故汉兴而屡有古书发现,伏生辈功至伟也。

秦始皇帝嬴政三十五年　己丑　前212年

秦始皇命蒙恬修筑自九原至云阳直道,凿山填谷一千八百里,以加强

公元前212年,

汉尼拔入他林敦城。

阿基米德卒（约前287—　）。希腊数学家，物理学家和天文学家。

关中与河套地区联系。数年，道未就。

按：据《史记·蒙恬列传》：始皇欲游天下，道九原，直抵甘泉。乃使蒙恬通道，自九原抵甘泉，堑山填谷千八百里。《史记·秦始皇本纪》作："除道，道九原抵云阳，堑山埋谷，直通之。"数年，道未就。

秦始皇命营造阿房宫，继续建造骊山陵墓及守灵兵马俑。

按：据《史记·秦始皇本纪》：始皇以为咸阳人多，先王之宫庭小，于渭水南上林苑，营造朝宫。前殿称阿房宫，东西宽五百步，南北广五十丈，上可以坐万人，下可以建五丈旗，宫前立十二铜人，各重二十四万斤，用磁石作大门，以防有人私带兵器入宫。同时，继续建造骊山墓，墓封土高五十余丈，周围五里余。墓基极深，用铜液灌注。墓中建造宫殿及百官位次。奇珍异宝，不可计数。以水银为百川江河大海，机械转动。以人鱼膏为烛，以期长明。令工匠特制机关弩矢，有人穿坟入内，弓弩自动发射。为修建朝宫与坟墓，征发隐宫（宫刑患风，须入隐室，故称隐宫）、刑徒七十余万人，北山石椁，蜀荆地材皆至。朝宫计关中三百所，关外四百所。迁徙三万家于骊邑，五万家于云阳，皆免除十年征役。

又按：秦始皇陵墓东面之兵马俑当也在续建之列。自1974年3月以来，在陕西骊山秦始皇陵墓东约三里处先后发现了三个大型兵马俑坑，总面积约有12600平方米。其中一号坑规模最大：东西长230米，南北宽612米，相当于两个足球场的面积。墓坑平均深度在5米左右，总面积有14260平方米。坑内有形制大小仿真人真马之陶俑共6000余个。正中位置有主体武士俑210个，分三列横队，每列70个。后面有40路由步兵、骑兵和战车组成的纵队，每队长约180米。所有这些兵马俑皆面朝东站立，煞是壮观。南北两侧又有两队武士，每队180人。这么众多的兵马俑却在发型、手势、脸部表情方面神态各异，造型非常生动，具有极高的艺术价值。此坑现已建成"秦始皇兵马俑博物馆"供中外游客参观。第二号坑里也是些兵马俑，只是比一号坑少一些。三号坑面积最小，形制较特别。其中有一辆华盖乘车，还有许多侍卫俑，似乎是个"指挥部"。从三个坑内还出土了大量的青铜兵器，有剑、戈、矛、戟、弯刀、弩机、金属箭头等，充分显示了秦始皇统一中国时的军功和军威（也有人考证兵马俑当系秦昭王陵之物，异说待证）。秦始皇兵马俑是中国古老文明的瑰宝，它一出土就引起了全世界的轰动，被人们称为"20世纪最壮观的考古发现"。

方士侯生、卢生讥议始皇"刚愎自用"、"贪于权势"、"专任狱吏"，认为博士"备员弗用"，"未可为之求仙药，"并相约逃亡。始皇大怒，指责"诸生或为妖言以乱黔首"，派御史案问，诸生相举发，牵引四百六十余人，皆阬杀于咸阳。此即后世所说"坑儒"事件。

按：据《史记·始皇本纪》：卢生求仙人、仙药不得，乃诡称有恶鬼作怪，劝始皇微行，以避恶鬼；所居宫室，毋令人知，然后可得仙人、仙药。从此，始皇自称"真人"，不称"朕"。行止保密，有言其处者，罪死。群臣与始皇议事，皆在咸阳宫。侯生、卢生相与谋曰："始皇为人，天性刚戾自用，起诸侯，并天下，意得欲从，以为自古莫及己。专任狱吏，狱吏得亲幸。博士虽七十人，特备员弗用。丞相诸大臣皆受成事，倚辨于上。上乐以刑杀为威，天下畏罪持禄，莫敢尽忠。上不闻过而日骄。下慑伏谩欺以取容。秦法，不得兼方，不验，辄死。然候星气者至三百人，皆良士，畏忌讳谀，不敢端言其过。天下之事无小大皆决于上，上至以衡石量书，日夜有呈，不中呈不得休息。贪于权势至如此，未可为求仙药。"于是乃亡去。始皇闻亡，乃大怒曰："吾前收天下书不中用者尽去之。悉召文学方术士甚众，欲以兴太平，方士欲练以求奇药。今闻韩众去不报，徐市等费以巨万计，终不得药，徒奸利相告日闻。卢生等吾尊赐之甚厚，今乃诽谤我，以重吾不德也。诸生在咸阳者，吾使人廉问，或为訞言以惑乱黔首。"于是使御史悉案问诸生，诸生传相告引，乃自除犯禁者四百六十余人，皆阬之咸阳，使天下知之，以惩后。益发谪徙边。始皇长子扶苏谏曰："天下初定，远方黔首未集，诸生皆诵法孔子，今上皆重法绳之，臣恐天下不安。唯上察之。"始皇怒，使扶苏北至上郡监蒙恬军。此即后世所说"坑儒"事件。后世多将"坑儒"与"焚书"相联系，合称"焚书坑儒"，作为秦始皇暴政的主要罪状，影响巨大。其实，"坑儒"与"焚书"是发生在不同时间的两个独立事件。而"坑儒"之说也不符合事实，当时被坑杀的主要是方术之士。《史记·儒林列传》曰："及至秦之季世，焚《诗》、《书》，阬术士，六学从此缺焉。"《汉书·儒林传》曰："及至秦始皇兼天下，燔《诗》、《书》，杀术士，六学从此缺矣。"西汉刘向《战国策叙录》较早说秦始皇"坑杀儒生"，东汉赵岐《孟子题辞》也说秦始皇"坑戮儒生"。从现存文献看，第一次完整提出"焚书坑儒"说法的是东晋梅赜，他在所献伪孔传本《古文尚书》前面有一篇假冒孔安国之《序》文，称："及秦始皇，灭先代典籍，焚书坑儒，天下学士，逃难解散。"其后，儒生们纷纷沿用其说。

秦始皇帝嬴政三十六年　庚寅　前211年

秦始皇焚石问卜，令博士作《仙真人诗》，令乐人弦而歌之。

按：《史记·始皇本纪》曰："三十六年，荧惑守心。有坠星下东郡，至地为石，黔首或刻其石曰'始皇帝死而地分'。始皇闻之，遣御史逐问，莫服，尽取石旁居人诛之，因燔销其石。始皇不乐，使博士为《仙真人诗》，及行所游天下，传令乐人歌弦之。秋，使者从关东夜过华阴平舒道，有人持璧遮使者曰：'为吾遗滈池君。'因言曰：'今年祖龙死。'使者问其故，因忽不见，置其璧去。使者奉璧具以闻。始皇默然良久，曰：'山鬼固不过知一岁事也。'退言曰：'祖龙者，人之先也。'使御府视璧，乃二十八年行渡江所沈璧也。于是始皇卜之，卦得游徙吉。迁北河榆中三万家。拜爵一级。"刘勰《文心雕龙·明诗》曰："秦皇灭典，亦造《仙诗》。"

公元前211年，汉尼拔进逼罗马。

秦始皇帝嬴政三十七年　辛卯　前210年

李斯随秦始皇出游，始皇望祀虞舜于九疑山，李斯作《会稽刻石》。

按：《史记·始皇本纪》曰："三十七年十月癸丑，始皇出游。左丞相斯从，右丞相去疾守。少子胡亥爱慕请从，上许之。十一月，行至云梦，望祀虞舜于九疑山。浮江下,观籍柯,渡海渚。过丹阳,至钱唐。临浙江,水波恶,乃西百二十里从狭中渡。上会稽,祭大禹,望于南海,而立石刻颂秦德。其文曰:皇帝休烈,平一宇内,德惠修长。三十有七年,亲巡天下,周览远方。遂登会稽,宣省习俗,黔首斋庄。群臣诵功,本原事迹,追首高明。秦圣临国,始定刑名,显陈旧章。初平法式,审别职任,以立恒常。六王专倍,贪戾傲猛,率众自强。暴虐恣行,负力而骄,数动甲兵。阴通间使,以事合从,行为辟方。内饰诈谋,外来侵边,遂起祸殃。义威诛之,殄熄暴悖,乱贼灭亡。圣德广密,六合之中,被泽无疆。皇帝并宇,兼听万事,远近毕清。运理群物,考验事实,各载其名。贵贱并通,善否陈前,靡有隐情。饰省宣义,有子而嫁,倍死不贞。防隔内外,禁止淫泆,男女絜诚。夫为寄豭,杀之无罪,男秉义程。妻为逃嫁,子不得母,咸化廉清。大治濯俗,天下承风,蒙被休经。皆遵度轨,和安敦勉,莫不顺令。黔首修絜,人乐同则,嘉保太平。后敬奉法,常治无极,舆舟不倾。从臣诵烈,请刻此石,光垂休铭。"《水经注·浙江水》曰:"秦始皇登会稽山,刻石纪功,尚存山侧。孙畅之《述书》云丞相李斯所篆也。"《隋书·经籍志》著录《秦皇东巡会稽刻石文》一卷。日本泷川资言《史记会注考证》曰:"祀虞舜,祭大禹,始皇未尝不重古圣人也。"

秦始皇听信方士徐市之言,为求仙亲自射杀大海鱼。

按:据《史记·始皇本纪》,秦始皇登会稽后,"还过吴,从江乘渡。并海上,北至琅邪。方士徐市等入海求神药,数岁不得,费多,恐谴,乃诈曰:'蓬莱药可得,然常为大鲛鱼所苦,故不得至,愿请善射与俱,见则以连弩射之。'始皇梦与海神战,如人状。问占梦,博士曰:'水神不可见,以大鱼蛟龙为候。今上祷祠备谨,而有此恶神,当除去,而善神可致。'乃令入海者赍捕巨鱼具,而自以连弩候大鱼出射之。自琅邪北至荣成山,弗见。至之罘,见巨鱼,射杀一鱼。遂并海西。"可见始皇至死求仙之梦未醒。

秦始皇崩于沙丘宫,赵高、李斯篡改始皇诏书,立胡亥为太子,赐扶苏、蒙恬死。胡亥继位,是为二世皇帝。

按:据《史记·始皇本纪》,秦始皇病重,"乃为玺书赐公子扶苏"。(《史记·李斯列传》作:令赵高作书赐扶苏曰:"与丧,会咸阳而葬。")书已封,在赵高处,未付使者。始皇崩于沙丘宫。丞相李斯见始皇病死在外,恐生变乱,乃秘不发丧。棺载辒辌车(有窗牖能散热之灵车)中,所至上食、百官奏事如故。赵高生而隐宫,通狱法,始皇曾使其教胡亥决狱;尝犯法,蒙毅依律断死罪,后为始皇赦免。高由是与蒙氏有隙,因乘机与胡亥、李斯谋议,篡改始皇诏书,立胡亥为太子,赐扶苏、蒙恬兄弟死。扶苏见诏书后自杀,蒙恬蒙毅疑有诈,不肯死,被捕下狱。胡亥、赵高回咸阳发丧,胡亥袭位,是为二世皇帝。

胡亥葬始皇于骊山,下令凡后宫妃嫔无子者全部殉葬,为保守墓中机密,将制作机弩之工匠皆闭死墓中。

按:《史记·始皇本纪》曰:"九月,葬始皇郦山。始皇初即位,穿治郦山,及并天下,天下徒送诣七十余万人,穿三泉,下铜而致椁,宫观百官奇器珍怪徙臧满之。令匠作机弩矢,有所穿近者辄射之。以水银为百川江河大海,机相灌输,上具天文,下具地理。以人鱼膏为烛,度不灭者久之。二世曰:'先帝后宫非有子者,出焉不宜。'皆令从死,死者甚众。葬既已下,或言工匠为机,臧皆知之,臧重即泄。大事毕,已臧,闭中羡,下外羡门,尽闭工匠臧者,无复出者。树草木以象山。"《史记集解》引《皇览》曰:"坟高五十余丈,周回五里余。"据《光明日报》1983年6月29日报道及有关考古发现,整个骊山陵园及其从葬区、兵马俑区的总面积达五十六点二五平方公里。

秦复行钱。

按：《史记·六国年表》本年秦栏载"复行钱"，盖发行新币之谓。

蒙恬、蒙毅兄弟死。

按：据《史记·蒙恬列传》、《李斯列传》，二世欲诛蒙恬兄弟，兄子子婴劝其勿"诛杀忠臣而立无节行之人"，二世不听，遂杀蒙毅；蒙恬吞药自杀。

秦二世胡亥元年　壬辰　前209年

秦二世下诏，增始皇寝庙牺牲及山川百祀之礼。尊始皇庙为帝者祖庙。

按：《史记·始皇本纪》曰："二世皇帝元年，年二十一。赵高为郎中令，任用事。二世下诏，增始皇寝庙牺牲及山川百祀之礼。令群臣议尊始皇庙。群臣皆顿首言曰：'古者天子七庙，诸侯五，大夫三，虽万世世不轶毁。今始皇为极庙，四海之内皆献贡职，增牺牲，礼咸备，毋以加。先王庙或在西雍，或在咸阳。天子仪当独奉酌祠始皇庙。自襄公已下轶毁。所置凡七庙。群臣以礼进祠，以尊始皇庙为帝者祖庙。皇帝复自称'朕'。"《史记·封禅书》、《汉书·郊祀志》也有载。

秦二世效秦始皇出巡并刻石颂德。

按：《史记·始皇本纪》曰："二世与赵高谋曰：'朕年少，初即位，黔首未集附。先帝巡行郡县，以示强，威服海内。今晏然不巡行，即见弱，毋以臣畜天下。'春，二世东行郡县，李斯从。到碣石，并海，南至会稽，而尽刻始皇所立刻石，石旁著大臣从者名，以章先帝成功盛德焉。"

秦二世与赵高谋，杀诸公子、公主，牵连人无数。宗室振恐，黔首振恐。

按：《史记·始皇本纪》，二世遂至辽东而还。于是二世乃遵用赵高，申法令。乃阴与赵高谋曰："大臣不服，官吏尚强，及诸公子必与我争，为之奈何？"高曰："臣固愿言而未敢也。先帝之大臣，皆天下累世名贵人也，积功劳世以相传久矣。今高素小贱，陛下幸称举，令在上位，管中事。大臣鞅鞅，特以貌从臣，其心实不服。今上出，不因此时案郡县守尉有罪者诛之，上以振威天下，下以除去上生平所不可者。今时不师文而决于武力，愿陛下遂从时毋疑，即群臣不及谋。明主收举馀民，贱者贵之，贫者富之，远者近之，则上下集而国安矣。"二世曰："善。"乃行诛大臣及诸公子，以罪过连逮少近官三郎，无得立者，而六公子戮死于杜。公子将闾昆弟三人囚于内宫，议其罪独后。二世使使令将闾曰："公子不臣，罪当死，吏致法焉。"将闾曰："阙廷之礼，吾未尝敢不从宾赞也；廊庙之位，吾未尝敢失节也；受命应对，吾未尝敢失辞也。何谓不臣？愿闻罪而死。"使者曰："臣不得与谋，奉书从事。"将闾乃仰天大呼天者三，曰："天乎！吾无罪！"昆弟三人皆流涕拔剑自杀。宗室振恐。群臣谏者以为诽谤，大吏持禄取容，黔首振恐。

秦二世胡亥元年　壬辰　前209年

秦二世下令继续营建阿房宫，诏令严酷。

按：《史记·始皇本纪》，二世还至咸阳，曰："先帝为咸阳朝廷小，故营阿房宫。为室堂未就，会上崩，罢其作者，复土郦山。郦山事大毕，今释阿房宫弗就，则是章先帝举事过也。"复作阿房宫。外抚四夷，如始皇计。尽征其材士五万人为屯卫咸阳，令教射狗马禽兽。当食者多，度不足，下调郡县转输菽粟刍藁，皆令自赍粮食，咸阳三百里内不得食其谷。用法益刻深。

秦二世废卫君角为庶人。

按：此据《资治通鉴》卷七《秦纪》。卫为周初所封诸侯，至此全部灭亡。卫君角被废，当为战国诸侯中最后一个灭亡者。

叔孙通为博士，旋逃亡。

按：据《史记·刘敬叔孙通列传》，叔孙通者，薛人也。秦时以文学征，待诏博士。数岁，陈胜起山东，使者以闻，二世召博士诸儒生问曰："楚戍卒攻蕲入陈，于公如何？"博士诸生三十余人前曰："人臣无将，将即反，罪死无赦。愿陛下急发兵击之。"二世怒，作色。叔孙通前曰："诸生言皆非也。夫天下合为一家，毁郡县城，铄其兵，示天下不复用。且明主在其上，法令具于下，使人人奉职，四方辐辏，安敢有反者！此特群盗鼠窃狗盗耳，何足置之齿牙间。郡守尉今捕论，何足忧。"二世喜曰："善。"尽问诸生，诸生或言反，或言盗。于是二世令御史案诸生言反者下吏，非所宜言。诸言盗者皆罢之。乃赐叔孙通帛二十四，衣一袭，拜为博士。叔孙通已出宫，反舍，诸生曰："先生何言之谀也？"通曰："公不知也，我几不脱于虎口！"乃亡去，之薛，薛已降楚矣。

陈胜、吴广于大泽乡起义，建国号"张楚"。

按：据《史记·陈涉世家》载，陈胜者，阳城人也，字涉。吴广者，阳夏人也，字叔。二世元年七月，发闾左適戍渔阳，九百人屯大泽乡。陈胜、吴广皆次当行，为屯长。会天大雨，道不通，度已失期。失期，法皆斩。陈胜、吴广乃谋曰："今亡亦死，举大计亦死，等死，死国可乎？"陈胜曰："天下苦秦久矣。吾闻二世少子也，不当立，当立者乃公子扶苏。扶苏以数谏故，上使外将兵。今或闻无罪，二世杀之。百姓多闻其贤，未知其死也。项燕为楚将，数有功，爱士卒，楚人怜之。或以为死，或以为亡。今诚以吾众诈自称公子扶苏、项燕，为天下唱，宜多应者。"吴广以为然。乃行卜。卜者知其指意，曰："足下事皆成，有功。然足下卜之鬼乎！"陈胜、吴广喜，念鬼，曰："此教我先威众耳。"乃丹书帛曰"陈胜王"，置人所罾鱼腹中。卒买鱼烹食，得鱼腹中书，固以怪之矣。又间令吴广之次所旁丛祠中，夜篝火，狐鸣呼曰"大楚兴，陈胜王"。卒皆夜惊恐。旦日，卒中往往语，皆指目陈胜。吴广素爱人，士卒多为用者。将尉醉，广故数言欲亡，忿恚尉，令辱之，以激怒其众。尉果笞广。尉剑挺，广起，夺而杀尉。陈胜佐之，并杀两尉。召令徒属曰："公等遇雨，皆已失期，失期当斩。藉弟令毋斩，而戍死者固十六七。且壮士不死即已，死即举大名耳，王侯将相宁有种乎！"徒属皆曰："敬受命。"乃诈称公子扶苏、项燕，从民欲也。袒右，称大楚。为坛而盟，祭以尉首。陈胜自立为将军，吴广为都尉。攻大泽乡，收而攻蕲。蕲下，乃令符离人葛婴将兵徇蕲以东。攻铚、酂、苦、柘、谯皆下之。行收兵。比至陈，车六七百乘，骑千余，卒数万人。攻陈，陈守令皆不在，独守丞与战谯门中。弗胜，守丞死，乃入据陈。数日，号令召三老、豪杰与皆来会计事。三老、豪杰皆曰："将军身被坚执锐，伐无道，诛暴秦，复立楚国之社稷，功宜为王。"陈涉乃立为王，号为"张楚"。

张耳、陈馀劝陈胜立六国之后，陈胜不听。

按：据《史记·张耳陈馀列传》载，张耳者，大梁人也。陈馀者，亦大梁人也，好儒术，数游赵苦陉。陈涉起蕲，至入陈，兵数万。张耳、陈馀上谒陈涉。涉及左右生平数闻张耳、陈馀贤，未尝见，见即大喜。陈中豪杰父老乃说陈涉曰："将军身被坚执锐，率士卒以诛暴秦，复立楚社稷，存亡继绝，功德宜为王。且夫监临天下诸将，不为王不可，愿将军立为楚王也。"陈涉问此两人，两人对曰："夫秦为无道，破人国家，灭人社稷，绝人后世，罢百姓之力，尽百姓之财。将军瞋目张胆，出万死不顾一生之计，为天下除残也。今始至陈而王之，示天下私。愿将军毋王，急引兵而西，遣人立六国后，自为树党，为秦益敌也。敌多则力分，与众则兵强。如此野无交兵，县无守城，诛暴秦，据咸阳以令诸侯。诸侯亡而得立，以德服之，如此则帝业成矣。今独王陈，恐天下解也。"陈涉不听，遂立为王。陈馀乃复说陈王曰："大王举梁、楚而西，务在入关，未及收河北也。臣尝游赵，知其豪桀及地形，愿请奇兵北略赵地。"于是陈王以故所善陈人武臣为将军，邵骚为护军，以张耳、陈馀为左右校尉，予卒三千人，北略赵地。

孔鲋为陈胜博士，谏陈胜。

按：《史记·孔子世家》曰："子慎生鲋，年五十七，为陈王涉博士，死于陈下。"《史记·儒林列传》曰："陈涉之王也，而鲁诸儒持孔氏之礼器往归陈王。于是孔甲为陈涉博士，卒与涉俱死。陈涉起匹夫，驱瓦合适戍，旬月以王楚，不满半岁竟灭亡，其事至微浅，然而缙绅先生之徒负孔子礼器往委质为臣者，何也？以秦焚其业，积怨而发愤于陈王也。"《汉书·儒林传》曰："陈涉之王也，鲁诸儒持孔氏礼器往归之，于是孔甲为涉博士，卒与俱死。陈涉起匹夫，驱适戍以立号，不满岁而灭亡，其事至微浅，然而搢绅先生负礼器往委质为臣者何也？以秦禁其业，积怨而发愤于陈王也。"《资治通鉴》卷七《秦纪二》也载，陈王既遣周章，以秦政之乱，有轻秦之意，不复设备。博士孔鲋谏曰："臣闻兵法：'不恃敌之不我攻，恃吾不可攻。'今王恃敌而不自恃，若跌而不振，悔之无及也。"陈王曰："寡人之军，先生无累焉。"宋人宋咸《孔丛子》序曰："《孔丛子》者，乃孔子八世孙鲋，字子鱼，仕陈胜为博士，以言不见用，托目疾而退……"据此可知，孔鲋曾为陈胜博士，并谏陈胜。惜陈胜未听。

刘邦杀沛令，起兵称沛公。

按：据《史记·高祖本纪》载，刘邦（约前256—前195），字季，沛人，父太公，母刘媪，妻吕雉（即吕后）。初为泗水亭长。为县送徒骊山，徒多中途逃亡，自度比至则皆亡，至丰西泽中亭，乘夜尽释所送徒曰："公等皆去，吾亦从此逝矣"，徒中壮士从者十余人，途中拔剑斩白蛇。亡匿在芒、砀山泽间。陈胜起义，四方响应，在沛吏萧何、曹参协助下，杀沛令，收兵二千余人，起兵称沛公。

项梁、项籍起兵于吴，不久，范增来投。

按：据《史记·项羽本纪》载，项梁，下相人，楚名将项燕之子，曾因杀人，与侄项籍避仇吴中。项籍，字羽，少时学书，学剑，俱不成，项梁怒。项籍曰："书足以记名姓而已！剑，一人敌，不足学；学万人敌。"项梁乃教籍兵法。项籍身长八尺，力能扛鼎，才器过人。秦始皇游会稽，渡浙江，梁与籍同观，籍曰："彼可取而代也。"梁以此奇籍。陈胜起义后，项梁使项羽杀死会稽郡守殷通，举吴中兵，得精兵八千人，项梁自立为会稽郡守，以项籍为裨将，占领会稽各县，以应陈胜起义。不久，居鄛人范增来投。重提楚南公"楚虽三户，亡秦必楚"之言。

秦二世胡亥二年　癸巳　前208年

陈胜为其车夫庄贾杀害。

按：据《史记·陈涉世家》，秦二世增派长史司马欣、董翳佐章邯击楚。陈王退至下城父，腊月，陈王退至汝阴，还至下城父，其御庄贾杀以降秦。陈胜葬砀，谥曰隐王。陈王故涓人将军吕臣为仓头军，起新阳，攻陈下之，杀庄贾，复以陈为楚。

项梁败死。

按：据《史记·项羽本纪》，项梁既破章邯军于东阿、濮阳，乘胜攻定陶，再破秦军。项羽、刘邦又大败秦军于雍丘，斩秦三川郡守李由。项梁益轻秦，有骄色。宋义进谏不听。秦二世尽遣其兵以增援章邯，于定陶大破楚军，项梁败死。项羽、刘邦等随楚怀王迁都彭城。

李斯作《对二世书》论督责，谄谀二世，二世悦。

按：据《史记·李斯列传》，群雄起于山东，杰俊相立，自置为侯王，叛秦，兵至鸿门而卻。李斯数欲请间谏，秦二世不许。而秦二世责问李斯曰："吾有私议而有所闻于韩子也，曰'尧之有天下也，堂高三尺，采椽不斫，茅茨不翦，虽逆旅之宿不勤于此矣。冬日鹿裘，夏日葛衣，粢粝之食，藜藿之羹，饭土匦，啜土铏，虽监门之养不觳于此矣。禹凿龙门，通大夏，疏九河，曲九防，决渟水致之海，而股无胈，胫无毛，手足胼胝，面目黎黑，遂以死于外，葬于会稽，臣虏之劳不烈于此矣'。然则夫所贵于有天下者，岂欲苦形劳神，身处逆旅之宿，口食监门之养，手持臣虏之作哉？此不肖人之所勉也，非贤者之所务也。彼贤人之有天下也，专用天下适己而已矣，此所以贵于有天下也。夫所谓贤人者，必能安天下而治万民，今身且不能利，将恶能治天下哉！故吾愿赐志广欲，长享天下而无害，为之奈何？"李斯子由为三川守，群盗吴广等西略地，过去弗能禁。章邯以破逐广等兵，使者覆案三川相属，诮让斯居三公位，如何令盗如此。李斯恐惧，重爵禄，不知所出，乃阿二世意，欲求容，以书对曰："夫贤主者，必且能全道而行督责之术者也。督责之，则臣不敢不竭能以徇其主矣。此臣主之分定，上下之义明，则天下贤不肖莫敢不尽力竭任以徇其君矣。是故主独制于天下而无所制也。能穷乐之极矣，贤明之主也，可不察焉！故申子曰'有天下而不恣睢，命之曰以天下为桎梏'者，无他焉，不能督责，而顾以其身劳于天下之民，若尧、禹然，故谓之'桎梏'也。夫不能修申、韩之明术，行督责之道，专以天下自适也，而徒务苦形劳神，以身徇百姓，则是黔首之役，非畜天下者也，何足贵哉！夫以人徇己，则己贵而人贱；以己徇人，则己贱而人贵。故徇人者贱，而人所徇者贵，自古及今，未有不然者也。凡古之所为尊贤者，为其贵也；而所为恶不肖者，为其贱也。而尧、禹以身徇天下者也，因随而尊之，则亦失所为尊贤之心矣，夫可谓大缪矣。谓之为'桎梏'，不亦宜乎？不能督责之过也。故韩子曰'慈母有败子而严家无格虏'者，何也？则能罚之加焉必也。故商君之法，刑弃灰于道者。夫弃灰，薄罪也，而被刑，重罚也。彼唯明主为能深督轻罪。夫罪轻且督深，而况有重罪乎？故民不敢犯也。是故韩子曰'布帛寻常，庸人不释,铄金百溢,盗跖不搏'者,非庸人之心重,寻常之利深,而盗跖之欲浅也;又不以盗跖之行,为轻百镒之重也。搏必随手刑,则盗跖不搏百镒;而罚不必行也,则庸人不释寻常。是故城高五丈,而楼季不轻犯也;泰山之高百仞,而跛牂牧其上。夫楼季也而难五丈之限,岂跛牂也而易百仞之高哉?峭堑之势异也。明主圣王之所以能久处尊位,长执重势,而独擅天下之利者,非有异道也,能独断而审督责,必深罚,故天下不敢犯也。今不务所以不犯,而事慈母之所以败子也,则亦不察于圣人之论矣。夫不能行圣人之术,则舍为天下役何事哉?可不哀邪!且夫俭节仁义之人立于朝,则荒肆之乐辍矣;谏说论理之臣间于侧,则流漫之志诎矣;烈士死节之行显于世,则淫康之虞废矣。故明主能外此三者,而独操主术以制听从之臣,而修其明法,故身尊而势重也。凡贤主者,必将能拂世磨俗,而废其所恶,立其所欲,故生则有尊重之势,死则有贤明之谥也。是以明君独断,故权不在臣也。然后能灭仁义之涂,掩驰说之口,困烈士之行,塞聪揜明,内独视听,故外不可倾以仁义烈士之行,而内不可夺以谏说忿争之辩。故能荦然独行恣睢之心而莫之敢逆。若此然后可谓能明申、韩之术,而修商君之法。法修术明而天下乱者,未之闻也。故曰'王道约而易操'也。唯明主为能行之。若此则谓督责之诚,则臣无邪,臣无邪则天下安,天下安则主严尊,主严尊则督责必,督责必则所求得,所求得则国家富,国家富则君乐丰。故督责之术设,则所欲无不得矣。群臣百姓救过不给,何变之敢图?若此则帝道备,而可谓能明君臣之术矣。虽申、韩复生,不能加也。"书奏,二世悦。于是行督责益严,税民深者为明吏。二世曰:"若此则可谓能督责矣。"刑者相半于道,而死人日成积于市。杀人众者为忠臣。秦二世曰:"若此则可谓能督责矣。"

李斯作《狱中上秦二世书》以自辨,赵高扣而未报。

按:据《史记·李斯列传》,秦二世使赵高案丞相李斯狱,治罪,责斯与子由谋反状,皆收捕宗族宾客。赵高治斯,榜掠千余,不胜痛,自诬服。斯所以不死者,自负其辩,有功,实无反心,幸得上书自陈,幸二世之寤而赦之。李斯乃从狱中上书曰:"臣为丞相治民,三十余年矣。逮秦地之陕隘。先王之时秦地不过千里,兵数十万。臣尽薄材,谨奉法令,阴行谋臣,资之金玉,使游说诸侯,阴修甲兵,饰政教,官斗士,尊功臣,盛其爵禄,故终以胁韩弱魏,破燕、赵,夷齐、楚,卒兼六国,虏其王,立秦为天子。罪一矣。地非不广,又北逐胡、貉,南定百越,以见秦之强。罪二矣。尊大臣,盛其爵位,以固其亲。罪三矣。立社稷,修宗庙,以明主之贤。罪四矣。更剋画,平斗斛度量文章,布之天下,以树秦之名。罪五矣。治驰道,兴游观,以见主之得意。罪六矣。缓刑罚,薄赋敛,以遂主得众之心,万民戴主,死而不忘。罪七矣。若斯之为臣者,罪足以死固久矣。上幸尽其能力,乃得至今,愿陛下察之!"书上,赵高使吏弃去不奏,曰:"囚安得上书!"赵高使其客十余辈诈为御史、谒者、侍中,更往覆讯斯。斯更以其实对,辄使人复榜之。后二世使人验斯,斯以为如前,终不敢更言,辞服。奏当上,二世喜曰:"微赵君,几为丞相所卖。"及二世所使案三川之守(李由)至,则项梁已击杀之。使者来,会丞相下吏,赵高皆妄为反辞。

孔鲋卒(约前264—)。孔鲋,字子鱼,孔子八世孙。传《孔丛子》为其所著。

按:《史记·孔子世家》曰:"子慎生鲋,年五十七,为陈王涉博士,死于陈下。"《史记·儒林列传》曰:"陈涉之王也,而鲁诸儒持孔氏之礼器往归。陈王于是孔甲为陈涉博士,卒与涉俱死。陈涉起匹夫,驱瓦合適戍,旬月以王楚,不满半岁竟灭亡,其事至微浅,然而缙绅先生之徒负孔子礼器往委质为臣者,何也?以秦焚其业,积怨而发愤于陈王也。"《汉书·儒林传》曰:"陈涉之王也,鲁诸儒持孔氏礼器往归之,于是孔甲为涉博士,卒与俱死。陈涉起匹夫,驱适戍以立号,不满岁而灭亡,其事至微浅,然而搢绅先生负礼器往委质为臣者何也?以秦禁其业,积怨而发愤于陈王也。"《汉书·孔光传》曰:"孔子生伯鱼鲤,鲤生子思伋,伋生子上帛,帛生子家求,求生子真箕,箕生子高穿。穿生顺,顺为魏相。顺生鲋,鲋为陈涉博士,死陈下。鲋弟子襄为孝惠博士、长沙太傅。襄生忠,忠生武及安国,武生延年。延年生霸,字次儒。霸生光焉。安国、延年皆以治《尚书》为武帝博士。安国至临淮太守。霸亦治《尚书》,事太傅夏侯胜,昭帝末年为博士,宣帝时为太中大夫,以选授皇太子经,迁詹事、高密相。"

又按:从现存文献看,《孔丛子》最早著录于《隋书·经籍志》,《隋书·经籍志》之《论语》家载有《孔丛》七卷。注曰:"陈胜博士孔鲋撰。"《隋书·经籍志序录》曰:"《孔丛》、《家语》并孔氏所传仲尼之旨。"对于此书之形成,宋人宋咸《孔丛子·序》注曰:"《孔丛子》者,乃孔子八世孙鲋,字子鱼,仕陈胜为博士,以言不见用,托目疾而退,论集先君仲尼、子思、子上、子高、子顺之言,及己之事,凡二十一篇,为六卷,名之曰《孔丛子》,盖言有善而丛聚之也。至汉孝武朝,太常孔臧又以其所为赋与书谓之《连丛》上下篇为一卷附之。"但后世也有许多人认为《孔丛子》伪书。如朱熹在《孝经刊误》附记中认为《孔丛子》为伪书:"《孔丛子》叙事至东汉,然其词气甚卑近,亦非东汉人作。"朱熹在《朱子语类》卷一百三十七"战国汉唐诸子"条中,直指《孔丛子》乃其所注之人(即宋咸)伪作"。宋濂《诸子辨》、姚际恒《古今伪书考》、张心澂《伪书通考》皆以为《孔丛子》为宋咸伪作。《汉书·艺文志·杂家》有孔甲《盘盂书》二十六篇,《孔丛子·独治》篇云孔甲即孔鲋。《汉书·艺文志·儒家》有《孔臧》十篇。现存《孔丛子》内容庞杂,当非一人一时所著。而孔鲋极有可能是《孔丛子》部分内容之作者。

李斯卒(约前277—)。李斯,楚国上蔡人。曾从荀子学帝王之术。年少时,为郡小吏。后入秦,为吕不韦门客。秦统一,任丞相。参与制定了法律,统一车轨、文字、度量衡制度。秦始皇死后与赵高立少子胡亥为二世皇帝,为赵高所忌,腰斩于市,夷三族。著有《谏逐客书》、《上韩王书》、《仓颉》、《对二世书》、《狱中上秦二世书》等文献传世。又据《汉书·艺文志》,字书《仓颉》篇也出自李斯之手。事迹见《史记·李斯列传》。

按:李斯卒年据《史记·李斯列传》:"二世二年七月,具斯五刑,论腰斩咸阳市。斯出狱,与其中子俱执,顾谓其中子曰:'吾欲与若复牵黄犬俱出上蔡东门逐狡兔,岂可得乎!'遂父子相哭,而夷三族。李斯已死,二世拜赵高为中丞相(以其宜人,深入禁中),事无大小辄决于高。"

秦二世胡亥三年 甲午 前207年

赵高"指鹿为马",专擅朝政,逼二世自杀,立二世兄子子婴,贬号为秦王。

按：据《史记·秦始皇本纪》，秦二世三年，赵高为丞相，恐群臣不听，乃先设验，持鹿献于二世，曰："马也。"秦二世笑曰："丞相误邪？谓鹿为马。"问左右，左右或默，或言马以阿顺赵高，或言鹿，高因阴中诸言鹿者以法。后群臣皆畏高。章邯等军数却，上书请益助，燕、赵、齐、楚、韩、魏皆立为王，自关以东，大氐尽畔秦吏应诸侯，诸侯咸率其众西乡（向）。沛公将数万人已屠武关，使人私于高，高恐二世怒，诛及其身，乃谢病不朝见。二使使责让高以盗贼事。高惧，乃阴与其婿咸阳令阎乐、其弟赵成谋杀诛二世，迫二世自杀于望夷宫，立二世之兄子公子婴为秦王。

子婴杀赵高。后世议论宦祸，多有议及赵高者。字书《爰历篇》为赵高所作。

按：据《史记·秦始皇本纪》，赵高以黔首葬二世杜南宜春苑中。令子婴斋，当庙见，受王玺。斋五日，子婴与其子二人谋曰："丞相高杀二世望夷宫，恐群臣诛之，乃详以义立我。我闻赵高乃与楚约，灭秦宗室而王关中。今使我斋见庙，此欲因庙中杀我。我称病不行，丞相必自来，来则杀之。"高使人请子婴数辈，子婴不行，高果自往，曰："宗庙重事，王奈何不行？"子婴遂刺杀高于斋宫，三族高家以徇咸阳。赵高以一宦者得侍秦皇，改诏书，立胡亥，唆使二世杀戮皇族功臣，严刑酷法制天下：杀扶苏及蒙恬兄弟，诛杀公子公主，杀李斯，竟至弑杀二世。终致天下人纷起叛秦。秦之亡，赵高难辞其咎。然赵高本属文人，也有材略。据许慎《说文解字叙》言，秦代三部小篆字书之一的《爰历篇》即为赵高所作，其它著作则湮然无存。

郦食其见说刘邦，刘邦轻慢儒生。

按：《史记·郦生陆贾列传》曰："郦生食其者，陈留高阳人也。好读书，家贫落魄，无以为衣食业，为里监门吏。然县中贤豪不敢役，县中皆谓之狂生。及陈胜、项梁等起，诸将徇地过高阳者数十人，郦生闻其将皆握龊好苛礼自用，不能听大度之言，郦生乃深自藏匿。后闻沛公将兵略地陈留郊，沛公麾下骑士适郦生里中子也，沛公时时问邑中贤士豪俊。骑士归，郦生见谓之曰：'闻沛公慢而易人，多大略，此真吾所愿从游，莫为我先。若见沛公，谓曰：臣里中有郦生，年六十余，长八尺，人皆谓之狂生，生自谓我非狂生。'骑士曰：'沛公不好儒，诸客冠儒冠来者，沛公辄解其冠，溲溺其中。与人言，常大骂。未可以儒生说也。'郦生曰：'弟言之。'骑士从容言如郦生所诫者。沛公至高阳传舍，使人召郦生。郦生至，入谒，沛公方倨床使两女子洗足，而见郦生。郦生入，则长揖不拜，曰：'足下欲助秦攻诸侯乎？且欲率诸侯破秦也？'沛公骂曰：'竖儒！夫天下同苦秦久矣，故诸侯相率而攻秦，何谓助秦攻诸侯乎？'郦生曰："必聚徒合义兵诛无道秦，不宜倨见长者。'于是沛公辍洗，起摄衣，延郦生上坐，谢之。郦生因言六国从横时。沛公喜，赐郦生食，问曰：'计将安出？'郦生曰：'足下起纠合之众，收散乱之兵，不满万人，欲以径入强秦，此所谓探虎口者也。夫陈留，天下之冲，四通五达之郊也，今其城又多积粟。臣善其令，请得使之，令下足下。即不听，足下举兵攻之，臣为内应。'于是遣郦生行，沛公引兵随之，遂下陈留。号郦食其为广野君。"又据《史记·高祖本纪》，秦二世三年……郦食其为监门，曰："诸将过此者多，吾视沛公大人长者。"乃求见说沛公。沛公方踞床，使两女子洗足。郦生不拜，长揖，曰："足下必欲诛无道秦，不宜踞见长者。"于是沛公起，摄衣谢之，延上坐。食其说沛公袭陈留，得秦积粟。乃以郦食其为广野君，郦商为将，将陈留兵，与偕攻开封，开封未拔。西与秦将杨熊战白马，又战曲遇东，大破之。杨熊走之荥阳，二世使使者斩以徇。南攻颍阳，屠之。

项羽杀宋义。项羽率楚军破釜沉舟与章邯所率秦军战于鉅鹿，破秦军。项羽为诸侯上将军。

按：据《史记·项羽本纪》，宋义率军进至安阳，留四十六日不进。项羽主张立即渡河，"楚击其外，赵应其内"，以破秦军。宋义意欲先斗秦、赵，以承秦之敝，宣布不服从命令者，斩首；遣其子宋襄相齐，并亲送至无盐，饮酒高会。天寒大雨，士卒冻饥。十一月，项羽杀宋义，出令军中曰："宋义与齐谋反楚，楚王阴令羽诛之！"诸将皆顺之。楚怀王因以项羽为上将军，率军北进。十二月，项羽先令英布和蒲将军率兵二万人渡河，截断秦军粮道；然后亲率全军渡河，已渡，命令"皆沉船，破斧甑。烧庐舍，持三日粮，以示士卒必死，无一还心。"于是，与秦军遇，楚军呼声动天，无不以一当十，凡经九战，大破秦军，遂擒王离，杀苏角，迫涉间自杀，章邯败逃。当秦军围攻鉅鹿时，赵将陈馀自度兵少，不敢前。齐、燕等救赵诸侯军十余壁，皆屯陈馀军旁，莫敢纵兵。及楚击秦，皆"从壁上观"。项羽击破秦军，诸侯将入辕门，莫敢仰视。由是项羽始为诸侯上将军。

陈馀致书章邯，劝其投降。不久，章邯降羽。

按：据《汉书·陈胜项籍传》，章邯已破梁军，则以为楚地兵不足忧，乃渡河北击赵，大破之。当此之时，赵歇为王，陈馀为将，张耳为相，走入鉅鹿城……章邯军棘原，羽军漳南，相持未战。秦军数却，二世使人让章邯。章邯恐，使长史欣请事。至咸阳，留司马门三日，赵高不见，有不信之心。长史欣恐，还走，不敢出故道。赵高果使人追之，不及。欣至军，报曰："事亡可为者。相国赵高颛国主断。今战而胜，高嫉吾功；不胜，不免于死。愿将军熟计之。"陈馀亦遗章邯书曰："白起为秦将，南并鄢、郢，北阬马服，攻城略地，不可胜计，而卒赐死。蒙恬为秦将，北逐戎人，开榆中地数千里，竟斩阳周。何者？功多，秦不能封，因以法诛之。今将军为秦将三岁矣，所亡失已十万数，而诸侯并起兹益多。彼赵高素谀日久，今事急，亦恐二世诛之，故欲以法诛将军以塞责，使人更代以脱其祸。将军居外久，多内隙，有功亦诛，亡功亦诛，且天之亡秦，无愚智皆知之。今将军内不能直谏。外为亡国将，孤立而欲长存，岂不哀哉！将军何不还兵与诸侯为从，南面称孤，孰与身伏斧质，妻子为戮乎？"章邯狐疑，阴使候始成使羽，欲约。约未成，羽使蒲将军引兵渡三户，军漳南，与秦战，再破之。羽悉引兵击秦军汙水上，大破之。邯使使见羽，欲约。羽召军吏谋曰："粮少，欲听其约。"军吏皆曰："善。"羽乃与盟洹水南殷虚上。已盟，章邯见羽流涕，为言赵高。羽乃立章邯为雍王，置军中。使长史欣为上将，将秦军行前。

征引及主要参考文献

古 代 文 献

《北堂书钞》	唐虞世南	文渊阁《四库全书》本
《春秋大事表》	顾栋高	中华书局1993年
《春秋左传集解》	杜预	上海人民出版社1977年
《帝王世纪》	皇甫谧、徐宗元	《帝王世纪辑存》本 中华书局1964年
《古本竹书纪年》	朱右曾辑、王国维校补《古本竹书纪年辑校》本	辽宁教育出版社1997年版
《古本竹书纪年辑校订补》	范祥雍	上海古籍出版社2011年版
《古本竹书纪年辑证》	方诗铭、王修龄	上海古籍出版社1981年初版2005年修订本
《汉书》	班固	中华书局1962年
《今本竹书纪年》	王国维《今本竹书纪年疏证》本	辽宁教育出版社1997年
《金楼子》	梁元帝	文渊阁四库全书本
《孔子论语年谱》	程复心	北京图书馆藏珍本年谱丛刊
《孔子年谱纲目》	夏洪基	（同上）
《礼记》	阮元《十三经注疏》本	中华书局1980年影印
《论语》	阮元《十三经注疏》本	中华书局1980年影印
《孟子》	阮元《十三经注疏》本	中华书局1980年影印
《尚书》	阮元《十三经注疏》本	中华书局1980年影印
《尚书大传》	陈寿祺辑校《丛书集成初编》本	中华书局1985年新一版
《诗经》	阮元《十三经注疏》本	中华书局1980年影印
《尸子》	清孙星衍辑	《四部备要》本
《诗总闻》	宋王质	文渊阁四库全书本
《史记》	司马迁	中华书局1959年
《世本八种》	汉宋衷注、清秦嘉谟等辑	商务印书馆1957年
《仪礼》	阮元《十三经注疏》本	中华书局1980年影印
《逸周书》	黄怀信等《逸周书汇校集注》本	上海古籍出版社1995年
《周礼》	阮元《十三经注疏》本	中华书局1980年影印
《资治通鉴外纪》	四部丛刊初编本	商务印书馆
《左传》	阮元《十三经注疏》本	中华书局1980年影印

近现代著作

书名	作者	出版信息
《安阳发掘报告》	李济等	中央研究院历史语言研究所专刊 1931 年
《包山楚简初探》	陈伟	武汉大学出版社 1996 年
《包山楚墓》	湖北省荆沙铁路考古队	文物出版社 1991 年
《辩证逻辑思想简史》	陶文楼	南开大学出版社 1984 年
《曾侯乙墓竹简文字编》	张光裕等编	台北艺文印书馆 1997 年
《城子崖》（中国考古报告集之一）		中央研究院历史语言研究所 1934 年
《楚辞讲演录》	周建忠	广西师范大学出版社 2007 年 7 月版
《楚辞考论》	周建忠	商务印书馆 2003 年
《楚辞书目五种》	姜亮夫	上海古籍出版社 1993 年
《楚辞书目五种续编》	崔富章	上海古籍出版社 1993 年
《楚辞学论文集》	姜亮夫	上海古籍出版社 1984 年
《楚文学史》	蔡靖泉	湖北教育出版社 1995 年
《楚国编年资料》		湖北省社科院 1980 年内部印刷本
《春秋经传引得》	洪业	上海古籍出版社 1983 年
《春秋史》	顾德融、朱顺龙	上海人民出版社 2001 年
《春秋左传学史稿》	沈玉成、刘宁	江苏古籍出版社 1992 年
《春秋左传研究》	童书业	上海人民出版社 1980 年
《大汶口》	山东省文物管理处、济南市博物馆	文物出版社 1975 年
《当代学者自选文库——李学勤卷》	李学勤	安徽教育出版社 1999 年
《当代学者自选文库——王运熙卷》	王运熙	安徽教育出版社 1995 年
《道家文化研究》第 17 辑（郭店楚简专号）	陈鼓应主编	三联书店 1999 年
《东周王朝研究》	（日）石井宏明	中央民族大学出版社 1999 年
《东周与秦代文明》	李学勤	文物出版社 1984 年
《读史札记二集》	陈寅恪	三联书店 2001 年
《法家文化面面观》	苏南	齐鲁社 2000 年
《焚书辨》	刘大櫆	见《海峰先生文集》十卷（清）清同治十三年（1874）刻本
《古史辨》（第四、六辑）	罗根泽编	上海古籍出版社 1982 年
《古史续辨》	刘起釪	中国社会科学出版社 1991 年
《古史学论文集》	姜亮夫	上海古籍出版社 1996 年
《古文献论丛》	李学勤	上海远东出版社 1996 年
《古文字学导论》	唐兰	齐鲁社 1981 年
《古学经子——十一朝学术史新证》	王锦民	华夏出版社 1996 年
《古佚书辑本目录》（附考证）	孙启治、陈建华	中华书局 1997 年

《观堂集林》卷四《汉魏博士考》	王国维	中华书局 1991 年重印本
《管仲评传》	战化年	齐鲁书社 2001 年
《郭店楚简〈老子〉校读》	彭浩	湖北人民出版社 2001 年
《郭店楚简儒家著作考》	廖名春	载《孔子研究》1998 年第 3 期
《郭店竹简与先秦学术思想》	郭沂	上海教育出版社 2001 年
《韩诗外传集释》	许维遹	中华书局 1980 年
《汉简研究》(日本)	大庭修著、徐世虹译	广西师范大学出版社 2001 年
《汉晋学术编年》	刘汝霖	中华书局 1987 年
《汉书窥管》	杨树达	上海古籍出版社 1984 年
《汉书艺文志注释资料汇编》	陈国庆	中华书局 1983 年
《黄帝四经与黄老思想》	余明光	黑龙江人民出版社 1989 年
《稷下钩沉》	张秉楠	上海古籍出版社 1991 年
《稷下学研究:中国古代的思想自由与百家争鸣》	白奚	三联书店 1998 年
《稷下争鸣与黄老新学》	胡家聪	中国社会科学出版社 1998 年
《甲骨文合集》	郭沫若主编、胡厚宣总编辑	中华书局 1979 年
《甲骨文合集释文》	胡厚宣主编	中国社会科学出版社 1999 年
《简帛古书与学术源流》	李零	北京三联书店 2004 年
《简帛佚籍与学术史》	李学勤	江西教育出版社 2001 年
《建国以来甲骨文研究》	王宇信	中国社会科学出版社 1981 年
《姜亮夫全集》	姜亮夫	云南人民出版社 1999 年
《江陵九店东周墓》	湖北省文物考古研究所编著	科学出版社 1995 年
《江陵望山沙冢楚墓》	湖北省文物考古研究所	文物出版社 1996 年
《今本竹书纪年疏证》《古本竹书纪年辑证》附)	王国维	上海古籍出版社 1981 年
《金文编》	容庚	中华书局 1985 年
《九歌新考》	周勋初	南京大学出版社 1986 年
《旧学新知》	张涌泉	浙江大学出版社 1999 年
《孔门弟子研究》	李启谦	齐鲁书社 1988 年
《孔门七十二贤》	李庭勇	三秦出版社 2000 年
《孔子·孔子弟子》	高专诚	山西人民出版社 1991 年
《老庄新论》	陈鼓应	上海古籍出版社 1992 年
《历代人物谥号封爵索引》	杨震方、水赉佑	上海古籍出版社 1996 年
《列子集释》	杨伯峻	中华书局 1979 年
《六国纪年》	陈梦家	学习生活出版社 1955 年
《陆侃如古典文学论文集》	陆侃如	上海古籍出版社 1987 年
《吕氏春秋校释》	陈奇猷校释	学林出版社 1984 年
《孟子大传》	刘鄂培	清华大学出版社 1998 年
《孟子研究》	董洪利	江苏古籍出版社 1997 年
《墨经分类译注》	谭戒甫	中华书局 1981 版
《奴隶制时代》	郭沫若	人民出版社 1973 年

书名	作者	出版信息
《七国考》	董说	中华书局 1956 年
《七国考订补》	缪文远	上海古籍出版社 1987 年
《齐宗教研究》	郑杰文	齐鲁书社 1997 年出版
《千古学案——夏商周断代工程纪实》	岳南	浙江人民出版社 2001 年
《秦安大地湾——新石器遗址发掘报告》	甘肃省考古文物研究所	文物出版社 2006 年
《秦汉文化史》	韩养民	陕西人民教育出版社 1986 年
《秦集史》	马非百	中华书局 1982 年
《秦史》	王蘧常	上海古籍出版社 2000 年
《秦史编年》	王云度	陕西人民出版社 1986 年
《青铜时代》	郭沫若	人民出版社 1954 年
《屈原和他的时代》	赵逵夫	人民出版社 1996 年
《日知录集释》	顾炎武著、黄汝成集释	花山文艺社出版社 1991 年
《三代纪事本末》	黄中业	辽宁人民出版社 1999 年
《山海经校注》	袁珂	上海古籍出版社 1980 年
《商君书注译》	高亨注译	中华书局 1974 年
《商周青铜器与楚文化研究》	高至喜	岳麓书社 1999 年
《上博馆藏战国楚竹书研究》	上海大学古代文明研究中心、清华大学思想文化研究所编	上海书店出版社 2002 年出版
《上海博物馆藏战国楚竹书（一）》	马承源主编	上海古籍出版社 2001 年
《尚书校释译论》	刘起釪	中华书局 2005 年
《诗经与周代社会研究》	孙作云	中华书局 1966 年
《失落的文明》	李学勤撰、傅杰编	上海文艺出版社 1997 年
《十批判书》	郭沫若	东方出版社 1996 年
《史记春秋十二诸侯史事辑证》	刘操南	天津古籍出版社 1995 年
《史记会注考证》	（日本）泷川资言	北岳文艺出版社 1999 年
《史记会注考证驳议》	鲁实先著、俞樟华校点	岳麓书社 1986 年
《世本辑补》	秦嘉谟	商务印书馆 1957 年《世本八种》本
《睡虎地秦墓竹简》		文物出版社 1970 年
《说苑校证》	向宗鲁	中华书局 1997 版
《四库提要补正》	崔富章	杭州大学出版社 1990 年
《孙膑兵法校理》	张震泽	中华书局 1984 年
《唐五代文学编年史》	傅璇琮主编	辽海出版社 1998 年
《通鉴年数与西历年数》	王洲	上海古籍出版社 1987 年
《通鉴释文辨误》	胡三省	上海古籍出版社 1987 年
《图说文字起源》	李万福、杨海明重	庆出版社 2002 年
《文史通义校注》	章学诚著 叶瑛校注	中华书局 1994 年
《文字学概要》	裘锡圭	商务印书馆 1988 年
《五帝时代研究》	许顺湛	中州古籍出版社 2005 年
《西周金文官制研究》	刘雨、张亚初	中华书局 1986 年

书名	作者	出版社及年份
《西周史》	杨宽	上海人民出版社 1999 年
《西周诸王年代研究》	朱凤瀚、张荣明编	贵州人民出版社 1998 年
《夏商史稿》	孙淼	文物出版社 1987 年
《夏商周考古》	张之恒、周裕兴	南京大学出版社 1995 年
《夏商周年代学札记》	李学勤	辽宁大学出版社 1999 年
《先秦逻辑史》	温公颐	上海人民出版社 1983 年
《先秦散文艺术新探》	谭家健	首都师范大学出版社 1995
《先秦史》	王明阁	黑龙江人民出版社 1983 年
《先秦文化史论集》	杨希枚	中国社会科学出版社 1995 年
《先秦文献与先秦文学》	董治安	齐鲁书社 1994 年
《先秦文学史》	褚斌杰	人民文学出版社 1998 年
《先秦学术概论》	吕思勉	中国大百科全书出版社 1985 年
《先秦学术年表》	梁启超	收入罗根泽编《古史辨》第四辑 上海古籍出版社 1982 年
《先秦诸子系年》	钱穆	中华书局 1985 年
《新序详注》	赵仲邑	中华书局 1997 年
《荀子简释》	梁启雄	中华书局 1983 年
《雅颂新考》	刘毓庆	山西高校出版社 1996 年
《殷商史》	胡厚宣、胡振宇	上海人民出版社 2003 年
《殷墟的发现与研究》	中国社会科学院考古研究所编	科学出版社 1994 年
《殷墟发掘报告(1958—1961)》	中国社会科学院考古研究所编	文物出版社 1987 年
《拥慧集》	李学勤	三秦出版社 2000 年
《游国恩学术论文集》	游国恩	中华书局 1989 年
《云梦龙岗秦简》	刘信芳、梁柱	科学出版社 1997 年
《云梦秦简研究》		中华书局 1981 年
《战国策考辨》	缪文远	中华书局 1984 年
《战国策文新论》	郑杰文	山东人民出版社 1995 年
《战国七十年文学编年》	裴登峰	博士论文稿
《战国史》	杨宽	上海人民出版社 1980 年
《战国史料编年辑证》	杨宽	上海人民出版社 2001 年
《战国史系年辑证》	缪文远	巴蜀书社 1997 年
《战国文学史》	方铭	武汉出版社 1996 年
《战国文字通论》	何琳仪	江苏教育出版社 2003 年
《战国与秦汉考古》	查瑞珍	南京大学出版社 1990 年
《战国纵横家书》（马王堆汉墓出土帛书）		文物出版社 1976 年
《章太炎全集》	章太炎	上海人民出版社 1985 年
《中古文学系年》	陆侃如	人民文学出版社 1985 年
《中国兵器史稿》	周纬	三联书店 1957 年
《中国地名词典》	中科院地理所、社科院民族所等编	上海辞书出版社 1990 年

书名	作者	出版社及年份
《中国第一王朝的崛起》	陈剩勇	湖南出版社 1994 年
《中国古代科技名人传》	张润生等	中国青年出版社 1981 年
《中国古代商业史》	吴慧	中国商业出版社 1983 年
《中国古代史教学参考地图集》附《中国古今地名对照表》	张传玺、杨济安	北京大学出版社 1984 年
《中国古代文明与国家形成研究》	李学勤主编	云南人民出版社 1997 年
《中国古史的传说时代》（修订本）	徐旭生	文物出版社 1985 年
《中国古文献学史》	孙钦善	中华书局 1994 年
《中国绘画美学史稿》	郭因	人民美术出版社 1981 年
《中国近三百年疑古思潮研究》	路新生	上海人民出版社 2001 年
《中国经济思想史》	胡寄窗	上海人民出版社 1962 年
《中国考古学·夏商卷》	杨锡璋等	中国社会科学出版社 2003 年
《中国考古学会第一次年会论文集》		文物出版社 1980 年
《中国科学技术史稿》（上册）	杜石然等	科学出版社 1982 年
《中国历代年谱总录》增订本	杨殿珣编	北京图书馆出版社 1996 年
《中国历史大事年表》（第一卷）	张习孔、田珏主编	北京出版社 1986 年
《中国历史大事年表》	沈起炜	上海辞书出版社 1983 年
《中国美术史年表》	洪再新编	山东教育出版社 1996 年
《中国美术史年表》	傅抱石编	商务印书馆 1935 年版
《中国民族文化源新探》	徐良高	社会科学文献出版社 1999 年
《中国青铜时代》	张光直	三联书店 1999 年
《中国青铜文化结构体系研究》	李伯谦	科学出版社 1998 年
《中国全史》（春秋战国部分十册）	史仲文、胡晓林主编	人民出版社 1994 年
《中国儒学史》（先秦卷）	王钧林	广东教育出版社 1998 年
《中国神话传》	袁珂	中国民间文艺出版社 1984 年
《中国神话研究初探》	茅盾	上海古籍出版社 2005 年
《中国神话资料萃编》	袁珂、周明编	四川社会科学院出版社 1985 年
《中国诗学思想史》	萧华荣	华东师大出版社 1996 年
《中国史大事年表》	臧云浦等	山东教育出版社 1984 年
《中国史稿》	郭沫若	人民出版社 1954 年
《中国手工业商业发展史》	童书业	齐鲁书社 1981 年
《中国通史》（第三、四卷）	白寿彝总主编	上海人民出版社 1994 年
《中国文化史》（上卷）	柳诒徵	东方出版社 1988 年
《中国文化史年表》	虞云国等	上海辞书出版社 1990 年
《中国文化通志》	李学勤等编	上海人民出版社 1999 年
《中国文明的起源》	夏鼐	文物出版社 1985 年
《中国文明起源新探》	苏秉琦	三联书店 1999 年
《中国文学编年史》（周秦卷）	赵逵夫主编	湖南人民出版社 2006 年 9 月版
《中国文学史大事年表》	吴文治	黄山书社 1987 年

书名	作者	出版社及年份
《中国学术名著提要》(哲学卷)	潘富恩主编	复旦大学出版社1992年
《中国学术思想编年》(先秦卷)	张岂之主编 梁涛、刘宝才著	陕西师范大学出版社2005年
《中国医史年表》	郭蔼春	黑龙江人民出版社1984年
《中国移民史》	葛剑雄主编	福建人民出版社1997年
《中国哲学史》	任继愈	人民出版社2000年
《中国政治思想史》(先秦卷)	刘泽华主编	浙江人民出版社1996年
《中华文化通志》第一典《商西周文化志》、《春秋战国文化志》	中华文化通志编委会编	上海人民出版社1998年
《中华远古史》	王玉哲	上海人民出版社2000年
《中外历史年表》	翦伯赞	中华书局1961年
《诸子通考》	蒋伯潜	浙江古籍出版社1985年
《诸子学派要诠》	王遽常	中华书局1987年
《诸子学述》	罗焌	岳麓书社1995年
《竹简帛书论文集》	郑良树	中华书局1982年
《竹书纪年义证》	陈逢衡	清邑露堂刻本
《竹书纪年义证》	雷学淇	修绠堂排印本
《庄学研究》	崔大华	人民出版社1992年
《庄子新探》	张恒寿	湖北人民出版社1983年
《资治通鉴外纪》	刘恕	上海古籍出版社1987年
《资治通鉴疑年录》	吴玉贵	中国社会科学出版社1994年
《宗周礼乐文明考论》	沈文倬	杭州大学出版社1999年
《宗周社会与礼乐文明》	杨向奎	人民出版社1997年
《纵横家研究》	熊宪光	重庆出版社1998年
《走出疑古时代》(修订本)	李学勤	辽宁大学出版社1997年

论 文 部 分

《〈考工记〉成书年代新考》	闻人军	载中华书局编《文史》第 23 辑
《宝鸡李家崖秦国墓葬清理简报》	何欣云	《文博》1986 年 4 期
《朝邑战国墓葬发掘简报》	陕西省文管会、大荔县文化馆	《文物资料丛刊》1978 年第 2 辑
《从郭店竹简看先秦哲学发展脉络》	郭沂	《光明日报》1999 年 4 月 23 日
《当阳曹家岗 5 号楚墓》	湖北省宜昌地区博物馆	《考古学报》1988 年第 4 期
《凤翔邓家崖秦墓发掘简报》	陕西省考古研究所雍城工作站	《考古与文物》1991 年 2 期
《凤翔秦公陵园第二次钻探简报》	陕西省雍城考古队	《文物》1987 年 5 期
《甘肃甘谷毛家坪遗址发掘报告》	甘肃省文物工作队等	《考古学报》1987 年 3 期
《甘肃灵台景家庄春秋墓》	刘得桢等	《考古》1981 年 1 期
《甘肃灵台县两周墓葬》	甘肃省博物馆文物队	《考古》1976 年 1 期
《甘肃天水西坪秦汉墓发掘纪要》	中国社会科学院考古研究所甘肃工作队	《考古》1988 年 5 期
《公孙衍事迹考》	何清谷	载《文史》第 13 期
《关于〈古本竹书纪年〉的亡佚年代》	范祥雍	中华书局编《文史》第 25 辑
《郭店楚简研究》	《中国哲学》(第二十辑)	辽宁教育出版社 1999 年
《郭店简与儒学研究》	《中国哲学》(第二十一辑)	辽宁教育出版社 2000 年
《汉画像石"泗水取鼎"故事考实》	王宁	载于台湾《故宫文物月刊》第二十二卷第九期(总第 261 期)
《稷下学宫考述》	孙以楷	载中华书局编《文史》第 23 辑
《江陵天星观 1 号楚墓》	湖北省荆州地区博物馆	《考古学报》1982 年第 1 期
《近三十年大陆及港台汉代简帛发现、整理与研究综述》	于振波	原载《中国秦汉史研究会通讯》2001 年第 2 期《南都学坛》2002 年第 1 期
《孔孟之间——郭店楚简的思想史地位》	庞朴	载《中国社会科学》1998 年第 5 期
《临潼上焦村秦墓清理简报》	秦俑考古队	《考古与文物》1980 年 2 期
《孟子事迹考辨》	孙开秦	载《中国哲学》第十五辑 岳麓书社 1992 年
《墨子书目版本考评》	朱宏建	载《文史》第 41 期
《秦都咸阳第二号建筑遗址发掘简报》	秦都咸阳工作站	《考古与文物》1986 年 4 期
《秦都咸阳第一号宫殿建筑遗址发掘简报》	秦都咸阳工作站	《文物》1976 年 11 期
《秦郡新考》	谭其骧	载《浙江学报》第 2 卷第 1 期
《秦始皇陵东侧马厩坑钻探清理简报》	秦俑考古队	《考古与文物》1980 年 4 期
《秦始皇陵二号铜车马清理简报》	秦俑考古队	《文物》1983 年 7 期

《秦始皇陵西侧"骊山飤宫"建筑遗址清理简报》	秦始皇陵考古队	《文博》1987年6期
《秦始皇陵西侧赵背户村秦刑徒墓》	秦始皇陵秦俑坑考古发掘队	《文物》1982年3期
《秦始皇陵园陪葬坑钻探清理简报》	秦俑考古队	《考古与文物》1982年1期
《秦俑一号坑第二次发掘简讯》	秦始皇陵考古队	文博》1987年1期。
《屈氏先世与句亶王熊伯庸——兼论三闾大夫的职掌》	赵逵夫	《文史》25辑
《陕西凤翔八旗屯秦国墓葬发掘简报》	陕西省雍城考古队吴镇峰等	《文物资料丛刊》第3辑 文物出版社1980年出版
《陕西凤翔八旗屯西沟道秦墓发掘简报》	陕西省雍城考古队	《文博》1986年3期
《陕西户县南关春秋秦墓清理记》	曹发展	《文博》1989年2期
《陕西陇县边家庄出土春秋铜器》	肖琦	《文博》1989年3期
《陕西陇县边家庄五号春秋墓发掘简报》	陕西省考古研究所等	《文物》1988年11期
《陕西省凤翔春秋秦国凌阴遗址发掘简报》	陕西省雍城考古队	《文物》1978年3期
《陕西省户县宋村春秋秦墓发掘简报》	陕西省文管会秦墓发掘组	《文物》1975年10期
《陕西铜川枣庙墓地发掘简报》	陕西省考古研究所	《考古与文物》1986年5期
《陕西长武上孟村秦国墓葬发掘简报》	陕西省考古研究所	《考古与文物》1984年3期
《铜川市王家河墓地发掘简报》	陕西省考古研究所、北京大学考古系	《考古与文物》1987年2期
《咸阳市黄家沟战国墓葬发掘简报》	秦都咸阳考古队	《考古与文物》1986年2期
《襄阳蔡坡战国墓发掘报告》	湖北省博物馆	《江汉考古》1985年第1期
《荀卿考·荀子年表》	游国恩	收在《古史辨》第四册 上海古籍出版社1982年
《一九八一年凤翔八旗屯墓地发掘简报》	陕西省雍城考古队	《考古与文物》1986年5期
《嬴秦焚书与汉得书考略》	薛顺雄	《中国古典文学论丛》学生书局1983年
《战国制度考》	齐思和	载《燕京学报》1938年第24期
《〈战国纵横家书〉所载"苏秦事迹"不可信》	赵生群	《浙江师范大学学报》2007年第1期
《庄子研究》	《高等院校社会科学学报论丛》	复旦大学出版社1986年

人 物 索 引

（按笔画排）

二 画

力牧（力墨） 16,22,23
卜徒父 163,164
卜商（子夏） 213,222,226,253,264

三 画

义伯 66
义均 13,32
卫子南 300
卫君角 410,451
卫武公 118,130,137,139,140
卫侯 99
士弱 186
士蒍 158,161
大戊 68
大戊午 312
大封 15,16
大桡（挠） 19
大常 15
女英 39,40
女娃 13,354
女娲 1,5,7,8,9,10,11
女魃 16,25
子之 67
子产（公孙侨、公孙成子） 99,186,190,193,194,195,196,197,199,201,203,221
子向 285

子州父（子友父） 34
子鱼 166,167
子夏 49,213,222,226,230,233,243,253,256,257,258,264,267,268,269,270,271,272,431
子家 174,176,432
子婴 450,455,456
子臧 168
尸佼 274,310,318
广成子 18,19
飞龙氏 8,9,28

四 画

中山君 304,322,341
乌氏倮 436
介之推 168
仍叔 121
仓颉 9,19
公子卬 286,306,307,310
公仲 268,326,348,349,357
公孙龙 328,352,355,365,366,385,387,391,411,412
公孙闲 306,324
公孙奭 357,358,359
公西赤（子华） 212,227
公叔痤 286,287,288,296,310
公都子 316,317,380,382
公输般（鲁班） 258,259,260,270,279
内史过 159

勾践 223,242,243,244,246,248,255,313,314,344
太子忽 147,148
太史籀 128
太康 43,54,60
太章 48
夫差 241,242,243,314,360,395
孔子（仲尼） 33,54,95,97,132,143,167,175,183,189,190,191,192,193,195,196,197,198,199,200,201,202,203,204,205,206,207,208,209,210,211,212,213,214,215,216,217,218,219,220,221,222,223,224,225,226,227,229,230,231,232,233,234,235,241,243,244,245,246,247,249,250,253,254,256,257,258,260,261,262,264,266,269,282,283,348,380,382,403,405,428,429,430,431,432,446,448,452,454,455
孔伋（子思） 229,269
孔距心 317
孔斌 405
孔鲋 403,446,452,454,455
孔鲤（伯鱼） 198,211,214,229,269
少康 43,55
少皞（少昊） 5,6,8,32,33,92,200
尹文子 289,299,363,379,387,388
尹吉甫 121,123,124

尹寿　21,34,49
巴寡妇清　436
文丁　62,71,79
文种　243,244
殳　13
毛遂　405,406,407
牛畜　268
王子何　367
王贲　425,427,434,439
王绾　434,439
王龁　403,404,405,407
王错　275,284
王稽　368,399,401,405,408,409
王翦　404,423,424,425,426,427
王蠋　366,389
计然(文子)　223,243
邓析　217,355,419
风后(法斗机)　16,18,23

五　画

乐毅　303,318,328,333,341,346,
　　347,350,356,376,381,385,387,
　　388,389,390,394,395
代王夫人　243
仪狄　50
冉求(冉有、冉子、有子)　203,
　　222,223,225,226,227,229,249
冉耕(伯牛)　193,200,227
冉雍(仲弓)　193,204,205,227
冉孺(子曾)　218,228
冯劫　434
冯郝　325
冯谖　362,368,369
务成子　38
卢生　444,447,448
句龙　28,30
句芒　8,33,38,210
召公(奭)　52,71,83,86,88,89,
　　90,91,93,96,99,103
召穆公(召公)　114,117,118,
　　119,120,121

史克　94,99,166
史角　142
史皇　19
史嚚　159
司马耕(子牛)　228,231
司马穰苴　193,260,266
司怪　12
圣氏　11
宁封子　21
宁越　258,275
左丘明　234,247,264,266
平原君(赵胜)　318,328,346,
　　352,374,399,401,402,404,405,
　　406,407,410,411,413,416,417,
　　421
玄冥(禺强、禺京)　6,26,27,28,
　　30,194,210
甘茂　319,346,347,350,356,357,
　　358,359,365
田子方　241,256,257,264,267,
　　268,270,284,400
田午(田齐桓公)　282
田文(孟尝君)　342,354,355,
　　362,369,370,372,373,375,383,
　　384,391,394,410
田因(齐威王)　291
田成子　251
田忌　277,291,295,304,305,306,
　　327,332,335,354,383
田单　361,394,395,402,411
田和　273,274
田盼(田朌)　304,305,321
田骈　223,299,330,334,335,361,
　　363,364,366,369,379,385,389,
　　396,397,398,419
田婴　304,305,313,314,322,324,
　　325,326,327,354,355
田需　342,354,355
田襄子　251,280
由余　171
申不害　270,293,295,309,310,
　　311,371,398,422
申后　128,130,133
申详　241,266

申培公　425,446
申繻　148,150,155
白生　446
白圭　329
白起　318,345,377,378,379,389,
　　396,398,403,404,405,407,426,
　　427,457
石碏　141,144
龙贾　290,296

六　画

仲丁　61,68
仲由(子路)　194,219,220,224,
　　227,231
仲伯　66
仲壬　60,66
仲康　54
仲熊　31
任君　316
伊尹(挚、阿衡)　64,65,66,67,
　　68,74,75
伊陟　68
伍员(子胥、申胥)　229
伏生　92,99,404,446
伏羲(庖牺、大暤、太昊、伏戏、
　　宓羲、包牺、牺皇、皇羲)　5,
　　7,8,9,10,14,15,29,40
众仲　144,145,146
优旃　436
充虞　320,321,380
共工　5,10,11,26,27,28,33,39,
　　41,46
共鼓　21
刑天(犁天、邢天)　14
列御寇　254,255,281
刘邦　314,360,452,453,456
刘康公　182
匡章　312,313,316,317,321
吉光　32
后土　6,15,16,27,28,30,50
后稷　30

向戌 191
向寿 357,359,377,378
吕不韦 356,379,407,408,411,412,413,416,418,419,420,421,422,455
吕礼 376,377,381
吕尚(又称太公望、姜尚、姜太公、师尚父等) 71,80,83,88,89,101
吕侯 106
圯上老人 441
夷 21
夷子 326
夷牟 21
夸父 27,28
孙叔敖 176,178,179
孙武(孙子) 193,211,212,277,335
孙膑 212,277,291,295,304,305,335,336,354
安陵君 297,298
寺人孟子 132
师旷 174,187,188,198
师襄子 203,233
庄辛 180,294,318,319,396,409
庄姜 140,141,144,145
庄贾 453
庄蹻 367,394,396
庆忌 241

七 画

延 13
有山氏 247
有若(子有、有子) 207,227,243,250
有倕 13,31
毕公(高) 71,72,80,83,86,99,102
江乙 294,297,298
羊舌赤 184
老子(老聃) 183,184,207,208,223,243,282,365,366,370,371,389
芒卯 345,378,398
西门豹 257,265,268,270
西周桓公(西周君) 259,285
许由 35,36,38,39
许行 274,326,340
许穆夫人 160
齐桓公 152,153,154,155,159,160,161,162,163,164,165,166,167
齐湣王(齐闵王) 324,340,343,349,352,359,362,367,368,369,375,376,377,381,383,384,385,387,388,390,397,400
伯乐 173
伯夷(帝尧臣) 34,35,41,49
伯夷父(颛顼师) 26,27
伯夷(允) 84,85,223
伯阳父(史伯) 128,130
伯余 21
伯冏 103
伯虎 31
伯禹 39
伯益 39,40,49,50,51
伯虔(子析) 218,228
伯陵 13
伯高 18
伯禽 89,90,92,97
伯謇 208
伶伦 19,21
医和 195
医缓 182
即墨大夫 291,300,301,427
君陈 97
君畴(尹畴) 34,49
启 47,48,50,53,54
吴广 353,354,451,453
吴起 212,256,257,259,260,264,265,266,268,269,271,272,275,276,277,284,287,295,304,305,310,383,409
吹角 16,17
告子 207,364,378,380,383

宋义 453,457
宋平公 186,187,191
宋昭公 259
岐伯 16,18,22
应龙 16
弃 30,39,70
张丑 314,315,322
张仪 285,309,319,320,321,323,324,325,326,329,330,333,336,338,339,341,343,344,345,346,347,348,349,350,351,352,354,355,356,357,374,390,391
张平 411
张仲 121
张耳 452,457
张苍 408
张良(子房) 411,441
张孟谈 251,252
李冰 410
李克 251,260,266,268,269,270,271,272,274
李园 345,418,419
李牧 415,434
李信 425,426
李悝 243,251,254,257,264,266,268,270,271,272,274,310
李斯 264,274,298,393,413,419,420,422,434,435,436,438,439,440,441,444,445,446,448,449,450,453,454,455,456
杞潜公 245
杨朱 270,272,273,307,311,312,340
芈戎 369,370
芮伯 88,99,118
芮良夫 115,118
苌弘 207,208,233
苏代 301,337,338,342,348,349,350,354,355,359,369,370,372,373,377,381,385,389,390,398
苏秦 275,285,290,301,306,309,318,319,329,330,333,346,349,350,351,352,356,359,370,372,373,375,376,377,378,381,383,

384,385,387,389,390,391
言偃（子游） 215,227,258
赤松子 13,49
辛甲 80,82
邹忌 275,277,291,292,293,295,301,306,317,318,327,331,332,335,417
邹衍 299,317,318,327,328,330,331,346,356,361,363,366,398,417
邹穆公 315,382
闵子马（马父） 202
闵损（子骞） 198,225,227
阿大夫 291,300,301
陈亢（子元、子禽） 212,227,228
陈仲子 299,317,404
陈相 326,340
陈胜 403,451,452,453,455,456
陈轸 319,322,323,330,332,333,343,344,349,352,356,360
陈贾 344
陈馀 446,452,457

八 画

侠累（韩傀） 270
单旗（单子、单穆公） 202
单襄公 176,177
叔仲会（子期） 218,228
叔兴 165
叔向 99,107,191,195,196,197,200,201,210
叔孙通 451
叔齐 80,83,84,85
叔均 16,30,32,40
叔梁纥 190,191,233
叔詹 161,168
周公 52,71,72,81,83,87,88,89,90,91,92,93,94,95,96,97,98,99,100,101,104,118,158,169,214,245,285,344,366,389,409,428
周文王（昌、西伯） 78,80,81,82,83,84,87,88,98,103
周平王 4,5,136,137,138,139,140,141,142,143,144,223
周成王（诵） 67,89,90,91,92,93,95,96,97,99,438
周考王 256,259,260,262,263,270,285
周武王（发） 62,71,72,81,83,87,88,89,255,256
周绍 359,367
周青臣 445
周宣王 119,120,121,122,123,124,125,126,127,128,281
周最 376,377
周霄 329
周穆王 103,104,105,106
咎单 66,67
咎繇 35
垂（倕、有倕、巧倕） 13,21,35
奉阳君（李兑） 375,376,384
孟武伯 218,247
孟轲（孟子） 282,327,341,342,363,380,381,382,383,419
季子（季任） 316
季文子 93,99,174,175,181,183
季札（公子札） 192,193,196
季孙氏（季康子） 174,212,232
季梁 272,293,307
宓不齐（子贱） 205,227
屈宜臼 312,313
屈原 148,307,309,329,330,332,334,336,343,344,345,346,348,351,352,360,361,362,369,372,374,375,377,379,380,392,434
屈景 318,346,356
屈瑕 148
巫马施（子旗、子期、巫马旗） 206,228
巫咸 12,16,21
巫咸（商臣） 67,68,75
巫阳 12
巫彭 15,21,68,75
庞涓 277,295,296,304,305,335,354

建疵 31
於则 21
昆吾 28,48,53,60
杼 55
武丁 68,69,70,72,74,75,78,80
沮诵 19,20
河亶甲 68
泄 56
狐偃 169,170
知开 255
知宽 255
知瑶 244,247,249,251,252,255
臾区（车区、鬼容蓲） 19
范宣子 189,190,210
范雎 368,399,400,401,403,404,405,407,408,409,421
范增 452
范蠡 223,242,243,244
货狄 21
质 41
郏子（郏隐公） 242,245
郏文公 174
郑国 413,414
隶首（黔如、虑首） 19
驹支 188

九 画

侯生 406,416,447
俞跗 22
信陵君（魏无忌） 328,405,406,407,410,413,414,416,421
修 28,30
咸黑 31,41
契 30,31,32,34,39,49,167,171,227,378
姜嫄（姜原） 10,30,95
封钜 18,22
帝尧（放勋、唐尧、伊祈氏、伊耆氏） 6,12,16,29,30,32,33,34,35,36,37,39,49,68,82
帝俊 13,19,29,30,31,32,48

人物索引

帝挚　31,32,33
帝喾(高辛)　6,13,28,29,30,31,32,33,41,49,70
帝舜(重华、虞舜)　1,6,30,31,32,38,39,40,41,49,50,52
扁鹊　218
挥　21
昭阳　322,323,330,333,357
昭奚恤　293,294,295
昭滑　314,359,360
相土　21,92,186
祖乙　61,68,69,74
祖伊　72
祝融　5,6,10,11,12,15,16,27,28,30,35,82,211
神农(炎帝、烈山氏、厉山氏)　5,6,11,12,13,14,15,16,17,19,23,24,25,28,32,85,326,350,438
禹(大禹)　6,9,18,31,34,35,38,39,40,41,44,45,46,47,48,49,50,51,52,53,55,60,67,83,84,87,88,99,100,119,171,176,197,205,222,232,234,256,271,288,329,331,338,366,382,389,415,419,431,438,439,440,449,453
竖亥　48
胡母敬　414,436
胡曹　21
荀欣　268
荆轲　423,424,425,434
荣伯　91
荣将　21
赵公子成　375
赵公子嘉　423,424,434
赵太后　354,402
赵王迁　423
赵周(代成君)　243
赵括　403,404
赵烈侯　268
赵高　414,436,449,450,454,455,456,457
赵奢　399,400,402,404
赵惠文王　318,328,333,342,374,375,385,389,393,410,411

赵敬侯　278
赵简子　173,198,212,213,218,222,241,354
赵襄子(赵无恤)　241,243,247,251,252
郤缺　173,174
郦食其　456
重　8,27,29,30,33,36
项梁　452,453,454,456
项燕　426,427,451,452
项籍(项羽)　452
须贾　368,399,401

十　画

倚相　199,200
剧辛　303,346,356,388,416
原宪(子思、原思、原思仲、仲宪)　202,227
奚仲　32,48
奚斯　166
姬介(周贞定王)　246
姬午(周威烈王)　263
姬延(周赧王)　339
姬定(周慎靓王)　326
姬扁(周显王)　284
姬骄(周安王)　269
姬喜　278
娥皇　39,40
娥陵氏　11
宰予(子我)　217,227
家父　132
容成　19,22,24,431
展喜　169
徐越　268
晋厉公　182,183,432
晋平公　188,189,191,195,196,197,198
晏婴　189,192,193,196,203,209,210,218,219,361
浮丘伯　446
浮游　28,34,36

烈裔　414
皋陶　34,35,39,41,46,47,49,51,52,53,152,201
秦庄襄王　412
秦孝公　67,276,286,287,288,290,296,298,301,320,303,307,309,310,337
秦孝文王　410,411
秦武安君　396,402
秦质子异人　407
秦商(子丕)　191,200,228,286,301
秦献公　282,286,287
秦穆公　163,165,168,170,171,172,173,348
聂政　270
胲　21,60
般　33
莫敖子华　308,309
蚩尤　15,16,17,21,24,25,28
郭隗　318,346,356,376
郯子　201
高柴(子羔、子高、子皋、季皋)　206,227

十一画

商鞅(公孙鞅、卫鞅、商君)　251,264,272,274,276,277,286,287,291,296,298,299,301,303,307,309,310,335,337,356,398,422
商瞿(子木)　203,227,243
奢龙　15
宿沙(夙沙)　13
尉缭　420,430
巢父　35,36
常仪(传帝俊妻,又名常羲、尚仪)　19,30,31
康公　168
康王(钊)　93,99,100,101,102,103
接子　299,334,335,361,363,364,

385,397,398
曹刿 153,157
曹卹(子循) 218,228
梁惠王 284,285,286,290,293,297,302,303,304,305,306,315,318,321,323,324,325,326,327,328,329,334,335,336,342,352,381,382,383,386,425
梁襄王 329,334,354,381,382
梁鳣(叔鱼) 212,228
淖齿 388,401
淳于越 445
淳于髡 275,315
犁鉏 273
盘庚 2,60,62,69,72
祭公谋父 104,200
章邯 453,456,457
象胥 93
阌路(杞哀公) 245
鹿毛寿 337,338,342
鹿郢 248
黄帝(缙云氏、帝鸿氏、有熊氏) 5,6,8,9,11,12,13,14,15,16,17,18,19,20,21,22,23,24,25,26,27,28,29,30,35,39,40,44,49,54,56,68,70,164,171,201,208,211,218,263,289,318,356,363,365,370,371,373,388,417,430,438
黄歇(春申君) 343,345,398,403,409,410,418
喜 442

十二画

彭祖 28
御孙庆 157
惠文君 310
惠施 272,283,284,296,303,305,307,311,312,313,314,315,321,322,324,325,330,331,333,334,337,347,348,352,353,355,365,366,386,419

骰首 40
景舍 294,295
景春 329
曾申 241,247,261,266,271
曾参(子舆、曾子) 192,202,215,227,231,234,241,246,247,260,261,264,266,269,357,428
曾侯乙卒 262
曾点(子皙、曾晳、曾蒧) 192,200,227,260
然友 323,324,337
犀首(公孙衍) 285,314,319,321,322,325,326,330,331,333,342,354,355
番禺 32
禽滑釐 250,256,269,270,279,280,340,353,379
程邈 414
葛天氏 10,21
董狐 175
韩公子咎 369
韩日寅 378
韩哀侯 270,278,281
韩昭侯 293,311,312,313,441
韩起(宣子) 191,195,196
鲁仲连 361,363,365,367,390,406,407,411,415
鲁阳文君(鲁阳公) 273
鲁哀公 136,216,221,222,223,224,225,226,229,230,231,232,233,235,238,241,242,245,246,247,248,431
鲁悼公 247,248
鲁穆生 446
鲁穆姜 183
廉颇 391,393,394,399,401,403,404,410,414,415,416

十三画

微子(启) 62,72,90,126,167
慎到 222,289,299,331,334,335,361,363,379,385,397,398,419,

422,432
楚共王 185,187,297
楚庄王 175,176,178,179,229,300,301,345,400,432
楚考烈王 345
楚怀王 314,329,330,332,333,343,344,345,346,348,349,351,352,359,360,362,369,371,372,373,374,375,392
楚顷襄王(楚太子横) 263,345,371,392,396,403
楚隆 241
楚惠王 247,255,256,258,259,260,262,270,294,308,309
槐 44,55,56
简狄 10,30,31,60
蒙恬 426,444,445,446,447,448,449,450,456,457
蒙毅 449,450
蓐收权(蓐收) 33
虞卿 328,352,361,368,403,405,421
褚师比 245
触龙 402
詹何 299,400
辟死 443
雍父 21

十四画

雷公 22
鲍白令之 437
鲍叔 152,163,432
鼓 13
嫪毐 418,422,426
漆雕开(子开、子若) 213,227,253,254
瑶姬 13
端木赐(子贡、子赣、卫赐) 207,227,254
箕子 52,86,87,88,89,167
管仲 89,152,153,154,155,156,159,161,162,163,164,166,366,

389,438
臧文仲 94,158,167,171,190,245
臧石 245
臧哀伯 147
臧僖伯 145
蔡元侯 250
蔡声子(公子归生) 191
蔡声侯 250
蔡墨(史墨、蔡史墨) 211
蔺相如 264,391,393,399,401,404,414
蜚廉 48,53
墨翟(墨子) 247,267,272,278,279,280,312,340,355,419

十五画

樊须(樊迟、子迟) 215,227
樗里疾 319,342,346,347,356,357
滕世子(滕文公) 317,323,324
滕定公 323,324,337,382
虢文公 119
豫让 252
颛孙师(子张) 216,227,253,264,266
颛顼(高阳氏) 5,6,8,12,15,23,25,26,27,28,29,30,32,35,38,44,49,50,201,289,438
颜无繇(颜由、颜路) 192,227,230
颜幸(子柳) 216,228
颜庚 244
颜征在 190
颜渊(子渊、颜回) 205,221,225,230,231,250,253,432
鲧 33,34,35,39,41,44,46,47,52,84,171
黎 12,15,24,26,27,29,30

十六画

嬴政 407,412,413,434,436,437,440,441,442,443,444,445,446,448
澹台灭明(子羽) 217,227
燕太子丹 423,424
燕君哙 337,340,341
燧人 5,6,7,8
穆叔(叔孙豹) 185,189,190,197
羲和 19,31,37,54,94

十七画

鍼子 146
魏文侯 241,243,256,257,260,264,265,266,267,268,269,270,271,272,274,275,284,303,304,376
魏冉 375,376,377,378,381,384,385
魏安釐王 395,396,416,421
魏齐 368,399,401,404,405,421
魏武侯 271,274,275,278,284
魏昭王 361,368,376,378,395,416
魏桓子 256

二十画

壤父 36

二十一画

夔 34,37,41,49

二十二画

鬻熊 80

二十三画

鱓 28

著作索引

（按拼音排）

A

《枫鼓之曲》 21
《哀郢》 379,380

B

《八繁》 81
《八索》 6,198,199
《巴渝舞》 86
《白华》 130
《白驹》 124
《柏舟》 128
《班簋》 106
《般》 95,96
《板》 118,131
《包山楚简》 339
《宝典》 81,89
《保开》 81
《保卣》 100
《保尊》 100
《鸨羽》 144
《北风》 149
《北门》 149
《北山》 129
《本草》（岐伯） 22
《本草》（炎帝） 14
《本典》 81,99
《毕命》 102
《敝笱》 151

《閟宫》 166
《表记》 269,298
《摽有梅》 83
《宾之初筵》 130,133
《兵法》（孙子兵法） 164,210,335
《伯大祝追鼎》 119
《伯克壶》 116
《伯窥父盨》 119
《伯兮》 143,149
《亳姑》 97
《博学》 414
《不其簋》 122

C

《采蘩》 83,144
《采葛》 149
《采苓》 161,162
《采绿》 131
《采蘋》 83
《采芑》 123
《采菽》 127
《采薇》 123,174
《采薇歌》 84
《蔡仲之命》 91,92
《仓颉》 455
《曹沫之陈》 153,154,432
《草虫》 83
《长发》 70

《长由盉》 106
《尝麦》 81,97,99
《常棣》 120
《常武》 121
《常训》 81
《车攻》 121,122
《车辖》 133,208
《臣工》 99
《臣扈》 65
《晨风》 174
《晨露》 65
《成开》 81,98
《成王政》 91
《承云》 29
《鸱鸮》 91
《蚩尤》 25
《趩尊》 110
《充乐》 11
《崇丘》 99
《绸缪》 144
《出车》 83,123
《出其东门》 156
《楚茨》 133
《春秋》 136,143,195,229,232,233,234,429
《春秋事语》 234
《鹑之奔奔》 149
《此鼎》 124
《徂后》 66

D

《大车》 149
《大鼎》 116
《大东》 119
《大诰》 90,91
《大簋》 115
《大濩》（桑林、大护） 65,100,186
《大戒》 81,98
《大聚》 89
《大开》 81
《大克鼎》 113
《大匡》 106,164
《大明》 97,185
《大明武》 81,82
《大韶》 100
《大师虘簋》 115
《大田》 133
《大武》（书） 81,82
《大武》（舞） 95,100,436
《大夏》 100
《大学》 380,429,430
《大盂鼎》 102
《大禹》 41,52
《大禹谟》 41
《大章》 37
《弹歌》 21
《荡》 118
《道德经》 183,222
《德方鼎》 100
《邓析子》 216
《籴匡》 81,82,158
《杕杜》 123
《帝诰》 65
《蝃蝀》 160
《雕鹗争》 21
《定之方中》 160
《东方未明》 110
《东风之日》 110
《东门之池》 128
《东门之枌》 119
《东门之墠》 154
《东门之杨》 128
《东山》 91
《都人士》 133
《度邑》 81,89
《对二世书》 453,455
《多方》 91,97
《多士》 91,96

E

《二十七卫簋》 105
《二子乘舟》 149

F

《伐柯》 91
《伐木》 83,120
《伐檀》 149
《法律答问》 442
《番匊生壶》 116
《方彝》 103
《坊记》 269,298
《防有鹊巢》 174
《访落》 93,96
《匪风》 119,138
《费誓》 90
《分器》 86
《汾沮洳》 144
《奋五谷》 21
《丰》 154
《丰年》（歌） 99
《丰年》（诗） 14
《丰卣》 106
《丰尊》 106
《风鼓六甲》 23
《风后》 22
《风后孤虚》 23
《风雨》 154
《封诊式》 442
《酆保》 81
《酆谋》 81,89
《逢门射法》 38
《凫鹥》 99
《扶来》（凤来） 9,14
《扶犁》 9,14
《蜉蝣》 161
《甫田》（齐风） 154
《甫田》（小雅） 133

G

《干旄》 161
《甘誓》 51,53
《甘棠》 103
《皋陶谟》 41
《高宗肜日》 70
《高宗之训》 70
《羔裘》（桧风） 119
《羔裘》（唐风） 144
《羔裘》（郑风） 149
《羔羊》 83
《诰》（仲虺之诰） 66
《葛藟》 144
《葛屦》 144
《葛生》 162
《葛覃》 83
《庚嬴鼎》 102
《公刘》 96
《公孙龙子》 411,412
《共王九年卫鼎》 108
《共王五年卫鼎》 107
《谷风》（邶风） 149
《谷风》（小雅） 132
《汨作》 41
《鼓钟》 131
《关雎》 83,226
《官人》 81,99
《管子》 25,52,126,164,165,363,366,367,371,387
《归禾》 90,91
《鬼谷子》 371

著 作 索 引

《国语》 234,264
《虢季子白盘》 123
《虢仲盨》 119

H

《韩奕》 121,124
《韩子》(韩非子) 277,303
《汉广》 83
《旱麓》 83
《昊天有成命》 95
《何彼襛矣》 154
《何草不黄》 129
《何人斯》 131
《和瘄》 81,85,89
《河亶甲》 68
《河广》 174
《衡门》 128
《洪范》 35,52,81,86,87,88
《鸿雁》 119,174
《厚趠方鼎》 102
《候人》 174
《虎簋盖》 105
《护》 65
《瓠叶》 132
《华黍》 89
《桓》 95,100
《皇皇者华》 83,185
《皇门》 81,96
《皇矣》 83
《黄帝》 22
《黄帝长柳占梦》 16,23
《黄帝君臣》 22
《黄帝铭》 22
《黄帝内经》 23,371,430
《黄帝三王养阳方》 24
《黄帝说》 22
《黄帝四经》 22,363,370,371
《黄帝泰素》 22
《黄帝阴阳》 23

《黄帝杂子步引》 24
《黄帝杂子气》 23
《黄帝杂子十九家方》 24
《黄帝杂子芝菌》 24
《黄帝诸子论阴阳》 23
《黄鸟》(秦风) 173
《黄鸟》(小雅) 128
《贿肃慎之命》 91

J

《击鼓》 145,178,179
《鸡鸣》 110
《箕子》 89
《吉日》 121,122
《既醉》 99
《祭公》 81,104,105
《嘉禾》 91
《驾辨》 9
《假乐》 120
《蒹葭》 144
《柬鼎》 106
《简兮》 149
《渐渐之石》 131
《谏簋》 114
《谏逐客书》 298,420,455
《江汉》 121
《江有汜》 83
《将蒲姑》 91
《椒聊》 141
《角弓》 130
《狡童》 150
《节南山》 132
《捷子》 363,364,367,398
《碣石门刻石》 444
《金縢》 87,88
《晋公奠》 196
《晋侯稣编钟》 117
《菁菁者莪》 127
《敬天常》 21

《敬之》 93,96
《静方鼎》 103
《静簋》 106
《静女》 149
《境内》 309
《駉》 166
《冏命》 103
《樛木》 83
《九歌》 53,54,173
《九共》 41
《九九歌》 152
《九开》 81
《九年乖伯簋》 110
《九丘》 6,198,199
《九韶》 21,41,53
《九刑》 99,196
《九罭》 91
《九渊》 33
《九招》(汤修乐) 65
《九招》(咸黑作乐) 31,41
《九招》(禹之乐) 51,52,53
《九招》(质作乐) 41
《酒诰》 92
《卷阿》 96
《卷耳》 83
《军志》 170
《君陈》 97,98
《君奭》 90,91
《君牙》 103
《君子偕老》 148,149
《君子阳阳》 144
《君子于役》 142

K

《开武》 89
《凯风》 149
《康诰》 91,92
《康侯鼎》 100
《康王之诰》 99,100,101
《考德》 89

《考工记》 47,71,94,235
《考槃》 144
《克盨》 113,125
《克殷》 81,85
《克钟》 124
《垦令》 309
《孔丛子》 269,403,452,454,455
《頍弁》 132

L

《赉》 95,100
《狼跋》 92
《老子》 183,184,222,281,282,289,370,371,386
《乐》 180,206,214,226,244
《乐记》 298,429
《雷震惊》 21
《盠方彝》 113
《鳌沃》 65
《礼》 82,97,98,180,206,211,214,226,229,233,244,429
《礼记》 14,52,55,94,147,298,429,430,431,432,446
《礼运》 429
《礼志》 168
《力牧》(兵书) 22
《力牧》(道家) 22
《立本》 309
《立政》 93,97
《利簋》 83,85
《良耜》 100
《蓼莪》 131
《蓼萧》 127
《烈文》 96
《烈祖》 68
《麟之趾》 83
《灵夔吼》 21
《灵台》 83
《令方彝》 103
《令簋》 103

《刘法》 81
《六茎》 29
《六列》(咸黑作乐) 31,41
《六列》(质作乐) 41
《六韬》 34,101
《六英》(咸黑作乐) 21,31,41
《六英》(质作乐) 41
《六月》 121
《龙媒蹀》 21
《庐令》 154
《鲁春秋》 194,195
《鲁仲连子》 361,363,367,415
《鹿鸣》 120,185,226
《吕氏春秋》 413,416,417,422
《吕刑》 106
《旅獒》 88
《旅巢命》 88
《旅鼎》 102
《绿衣》 141
《论语》 232,233
《洛诰》 90,91,92,93,95

M

《麦秀之诗》 88
《毛公鼎》 127
《旄丘》 149
《氓》 149
《猛虎骇》 21
《孟子》 380,381,382,383
《宓戏杂子道》 9
《緜》 97
《沔水》 125,126
《民劳》 114
《闵予小子》 90,96
《明居》 66
《明堂》 82,99
《命训》 81
《木瓜》 161
《牧簋》 110
《牧誓》 85
《墓门》 149

N

《那》 65,126
《南风》 41
《南陔》 89
《南宫柳鼎》 119
《南山》 150
《南山有台》 123
《南有嘉鱼》 123
《难经》 217
《内经》 23,430
《逆钟》 113
《女房》 65
《女鸠》 65
《女曰鸡鸣》 149

P

《盘庚》 69
《泮水》 166
《匏有苦叶》 149
《苤苢》 83
《破斧之歌》 56

Q

《七月》 78,91
《祈父》 126
《斿觥》 103
《斿尊》 103
《淇澳》 139,140
《褰裳》 149
《前志》 173,182
《潜》 99
《墙有茨》 148,149
《巧言》 131
《秦记》 140,445
《秦律十八种》 442

《秦律杂抄》 442
《秦誓》 170
《禽艾》 85
《溱洧》 156
《青蝇》 130,188
《清角》 21
《清庙》 95,96
《清人》 160
《丘中有麻》 154
《裘卫鼎》 106
《权舆》 174
《泉土》 149
《鹊巢》 83

R

《日书》 430,431,442,443
《日月》 141,149
《容成阴道》 24
《容城子》 22
《柔武》 82,89
《汝坟》 83
《芮良夫》 115

S

《三坟》 5,6,9,198,199
《三年王臣簋》 110
《散伯车父鼎》 111
《散氏盘》 119
《桑扈》 122
《桑林》 65,186
《桑柔》 118
《桑中》 149
《山海经》 48,51
《山有扶苏》 150
《山有枢》 142
《膳夫山鼎》 119
《商君书》 309,358
《商誓》 81,85

《裳裳者华》 122
《上韩王书》 455
《苕之华》 131
《韶》（帝舜时乐） 41
《韶》（黄帝时乐） 21
《申不害》 371
《神农》 14
《神农兵法》 14
《神农大幽五行》 14
《神农黄帝食禁》 14,23
《神农杂子技道》 14
《慎子》 363,367,371,397,398
《生民》 95
《尸子》 310,318
《师晨鼎》 114
《师遽簋》 107
《师嫠簋》 115
《师旂鼎》 102
《师望簋》 116
《师颖簋》 111
《师俞簋》 114
《诗》 113,121,132,143,147,148,
 162,166,168,169,170,171,172,
 173,174,175,179,180,181,183,
 184,185,188,190,192,193,204,
 206,207,208,211,212,214,220,
 223,226,229,233,244,246,257,
 258,271,290,382,383,431,445,
 446,448
《鸤鸠》 174
《十二年永盂》 110
《十亩之间》 144
《十三年瘭壶》 116
《十五年趞曹鼎》 108
《十月之交》 129
《十阵》 305
《石荡崖》 21
《石鼓文》 138
《时迈》 95,96
《时训》 82,98
《史》 140
《史记》 107
《史嬖簋》 102
《史墙盘》 103,109

《史籀篇》 128
《式微》 160
《谥法》 82,99
《书》 214,220,226,233
《叔于田》 143
《黍离》 140
《黍苗》 123
《遂草木》 21
《睡虎地秦墓竹简》 442,443
《舜典》 37,41
《说命》 69,70
《硕人》 140,141
《硕鼠》 149
《司马穰苴兵法》 193
《司母戊》 71
《丝衣》 100
《思齐》 83
《思文》 78,95
《斯干》 122
《四牡》 83,185
《四年瘭盨》 114
《四月》 131,174
《驷驖》 137,138
《肆命》 66
《崧高》 123
《宋子》 363,367,378,379
《颂鼎》 121
《苏子》 390,391
《素冠》 119
《素问》 22,23,430
《孙膑兵法》 277,295,305,335,
 336
《孙子兵法》 210,211,277,335

T

《太公》 101,441
《太公兵法》 101,441
《太公金匮》 22
《太甲》 66
《泰阶六符》 23
《泰始黄帝扁鹊俞拊方》 23

《泰誓》 84
《汤诰》 65
《汤誓》 65
《汤征》 65
《桃夭》 83
《天保》 120
《天作》 95
《田子》 363,367,397
《庭燎》 125
《彤弓》 127
《图》 228
《兔罝》 83
《萚兮》 150

W

《外经》 23
《芄兰》 149
《宛丘》 119
《菀柳》 118
《王臣簋》 112
《王会》 82,99
《王佩》 107
《王孙遗者钟》 188
《王子午鼎》 188
《王子婴齐炉》 155
《望簋》 110
《微子》 72
《微子之命》 90
《为吏之道》 442,443
《维清》 95,96
《维天之命》 95,96
《卫盉》 107,108
《尉缭子》 430
《渭阳》 168
《魏公子》 416
《文传》 81,82
《文侯之命》 139
《文儆》 81,82
《文开》 81
《文王》 97,185
《文王有声》 89

《文酌》 81
《文子》 222,363
《我将》 95
《我行其野》 128
《沃丁》 66,67
《无将大车》 129
《无羊》 122
《无衣》（秦风） 174,213
《无衣》（唐风） 156
《无逸》 91,96,97
《吴虎鼎》 125
《五典》 6,198,199
《五年谏簋》 113
《五权》 81,87
《五十二病方》 240
《五子之歌》 54
《伍子胥》 228
《武》 84,95,100,178
《武称》 81,82
《武成》 81,86
《武顺》 82,89
《武癠》 82,85,86,89
《务成子》 37,39,49
《务成子阴道》 38
《癠儆》 89

X

《兮甲盘》 121
《西伯戡黎》 72
《蟋蟀》 72
《隰桑》 132
《隰有长楚》 119
《系辞》 371
《下泉》 174
《下武》 103
《夏龟》 53
《夏令》 176,177
《夏社》 65
《夏殷周鲁历》 52
《夏龠》 51
《仙真人诗》 448

《先王之令》 176,177
《鲜簋》 106
《咸池》 21,100
《咸有一德》 66
《献簋》 102
《献侯鼎》 100
《相鼠》 161,166
《巷伯》 132
《小毖》 96
《小弁》 131
《小臣单觯》 100
《小臣𫊑簋》 102
《小臣宅簋》 103
《小开》 81
《小克鼎》 113
《小旻》 130,132
《小明》 129
《小明武》 81,82
《小戎》 137,138
《小宛》 132
《小星》 83
《孝经》 260,261,428,429,446
《效律》 442
《效卣》 110
《辛甲》 82
《新台》 148,149
《行露》 83
《行苇》 99,144
《雄雉》 149
《熊罴哮唬》 21
《玄鸟》（传黄帝时曲） 21
《玄鸟》（诗） 21,70
《荀子》 418,419,420

Y

《晏子春秋》 217,218,363
《燕燕》 145
《燕燕往飞》 31
《扬之水》（唐风） 140,198
《扬之水》（王风） 142
《扬之水》（郑风） 150

《尧典》 37,41
《尧舜阴道》 38,41
《野有蔓草》 156
《野有死麕》 139
《伊簋》 125
《伊训》 66
《伊尹》 67
《伊尹说》 67
《伊陟》 68
《依地德》 21
《猗嗟》 152
《噫嘻》 99
《仪礼》 94,97,98,248,298
《宜侯夨鼎》 102
《疑至》 65
《抑》 119
《易》 80,195,202,212,226,229,233
《易水歌》 424
《易象》 194,195
《益稷》 41
《懿》 139,140
《殷其雷》 83
《殷武》 70
《尹文子》 363,367,379,387,397
《胤征》 54
《英》 21
《雝》 99
《由庚》 99
《由仪》 99
《由余》 171
《有駜》 166
《有杕之杜》 156
《有瞽》 99
《有狐》 149
《有客》 100
《有女同车》 148
《鱼丽》 123
《鱼藻》 127
《雨无正》 137
《禹鼎》 119
《禹贡》 46,50
《禹誓》 51,53

《语书》 442
《敔簋》 119
《狱中上秦二世书》 454,455
《棫朴》 83
《遹簋》 106
《鹖冠子》 82
《鹖冠子说》 82
《鸳鸯》 128
《蜎子》 367
《元年师兑簋》 113
《元年师旋簋》 111
《园有桃》 144
《爰历篇》 436,456
《原命》 68
《月出》 174
《月令》 99,429
《越人歌》 180
《云汉》 121
《云门》 100
《云梦龙岗秦简》 443
《允文》 81,82
《杂黄帝》 22
《载驰》 160,174
《载见》 99
《载民》 21
《载驱》 151
《载芟》 100
《宰兽簋》 113
《泽陂》 180
《曾子》 261
《瞻彼洛矣》 122
《瞻卬》 118,131
《占梦经》 16
《战法》 309
《战国策》 391
《湛露》 99,127
《召诰》 91,93,95,96
《召旻》 118,131
《召南》 52,83,192,193
《召卣》 103
《召尊》 103
《振鹭》 99
《烝民》 124

《正月》 137
《郑季盨》 114
《之罘东观刻石》 440
《之罘刻石》 440
《执竞》 99,101
《职方》 82,107
《陟岵》 144
《鸷鸟击》 21

Z

《中方鼎》 103
《中甗》 103
《中庸》 269,380,429,430
《终风》 141
《终南》 137
《螽斯》 83
《仲丁》 68
《周髀算经》 80,98,428
《周官》 91,93,94,97,132
《周礼》 93,94,97,100,185,195,200
《周南》 52,83,192,193
《周易》 80,157,183,194,195,431
《周月》 82,98
《周制》 176,177
《株林》 177
《竹竿》 149
《竹书纪年》 373
《颛顼历》 29
《颛顼五星历》 29
《庄子》 385,386
《壮士夺志》 21
《酌》 95,100
《缁衣》 138,269,298,371,431
《子犯编钟铭》 170
《子衿》 154
《子思》(子思子) 269
《梓材》 92
《宗周钟》 116
《总万物之极》 21
《邹奭子》 363,366,367

《邹子》 363,367,417
《邹子始终》 363,367
《驺虞》 83
《足臂十一脉灸经》 240

《祖乙》 69
《遵大路》 149
《左传》 143
《作洛》 95

《作雒》 81,95
《𡨥盘》 117
《𩱛攸从鼎》 117

后　　记

　　中华文明绵延五千年,先秦就占了三千年。因其年代遥远,故史料茫昧,真假杂糅。相对于后世来说,这一时期的传世史料有两个特点:一方面,能够直接加以利用的文献史料太少;另一方面,由于一代代人的递相述作,需要爬梳抉出的历代著述又太庞杂。虽然接下这一艰巨的任务是在十年前,期间断断续续投入的时间也不少,但毕竟编者的目力及精力实在有限,工作真正做起来之后,才感到难度非常之大。一是找能用得上的资料难,二是众说纷纭时择善而从难,三是疑窦丛生时重新考辨更难。每一相关的历史事件与每位学者的生年、卒年、游历等情况,或有记载,或无记载,或虽有记载,但语焉不详,或记载中多有疏漏、失误,或同一人的史料分散各处,或同一人物同一事件有多种不同的记载,甚至相互牴牾。这都需要在广泛占有资料和对某人某事作总体把握的基础上尽力做一些梳理、考辨。至于载记不足而一时难决者,则只能存疑备考。

　　严格说来,这一时期,尚没有今人所说意义上的"学术",与汉魏以后的"学术"内涵也不尽相同。其时的"学术"涵义只能是宽泛的,甚至是有点模糊的。有许多资料很难判明是"历史"还是"学术",更多的时候是同一条资料兼具历史、政治、经济、思想、学术等多方面的文献价值。然而,这又是一个极其重要的时期,因为衍生中华学术的百家流派,皆自斯源而出,从而汇成中国传统学术、思想、文化的滚滚长河,滔滔不绝。因此,先秦卷的编写体例与其他各卷有较大的不同。大体说来,主要有以下两点:一是不可能如后代的各卷一样精确到某年某月、甚至某日以记载学术人物的活动、游历及其学术成果,而只能依据相对可靠的编年史料大略系年,无法确知的只好在某一王世或某一朝代集中系出;二是为了弥补传世文献的不足,相关的口传文献及出土文献一并编入系年。如"三皇五帝"固然不是历史时代而是传说时代,而所谓"三坟五典"、"八索九丘"也未必为真,但这些如果不编入,就不能全面地反映中华学术的蕴育环境及其元初面貌。出土文献是最为真实的材料,也择其与学术相关者以条目的形式编入系年。

　　为此,尽管有种种限制,本卷仍当以传世文献记载为主体,搜罗类列中华学术滥觞期的点点滴滴。在力求突出春秋战国"百家争鸣"盛况,重点编系本时期学者活动、学术成果情况的同时,对一些在不同层面上于学术的发生、发展、传承、演变产生过这样那样影响的君王事迹、政策、制度、民情、风俗,乃至神话、传说、科技、灾异等事件仍然予以收列。

　　本卷公元前475年以往,即上古至春秋段由陈年福教授负责撰写;公元前475年以后,即战国与秦代部分由叶志衡教授负责撰写。书稿完成后,承蒙多位专家审阅,不仅校正了条目引文上的一些疏漏,而且提出了诸多有益的修改意见。本卷的编撰,也充分吸收、借鉴和参考了学术界诸多已有相关研究成果,具体参见卷中正文按语和文后主要参考文献。若有遗漏或引用不当之处,敬请谅解。编辑应炯悉心编校,精益求精,使本书更臻完善。谨此一并致以诚挚的谢意。编者学殖不深,对于这样一部涵蕴古今人物、总括学术万象之著的把握,无论多么努力也是不够的。书中遗漏、错误在所难免,惟祈读者不吝教正。

陈年福 叶志衡
二〇一二年春

图书在版编目(CIP)数据

中国学术编年·先秦卷/陈年福 叶志颖撰;梅新林 俞樟华主编.
——上海:华东师范大学出版社,2013.7
 ISBN 978-7-5617-9482-1

I. ①中… II. ①梅… III. ①学术思想－思想史－中国－先秦时代 IV. ①B2

中国版本图书馆 CIP 数据核字(2012)第 070535 号

华东师范大学出版社六点分社
企划人　倪为国

本书著作权、版式和装帧设计受世界版权公约和中华人民共和国著作权法保护

中国学术编年·先秦卷

撰　者	陈年福　叶志衡
主　编	梅新林　俞樟华
责任编辑	倪为国
特约编辑	应　炯
封面设计	吴正亚
出版发行	华东师范大学出版社
社　址	上海市中山北路3663号　邮编　200062
网　址	www.ecnupress.com.cn
电　话	021—60821666　　行政传真　021—62572105
客服电话	021—62865537
门市(邮购)电话	021—62869887
地　址	上海市中山北路3663号华东师范大学校内先锋路口
网　店	http://hdsdcbs.tmall.com
印 刷 者	上海印刷(集团)有限公司
开　本	890×1240　1/16
插　页	4
印　张	34.25
字　数	520千字
版　次	2013年7月第1版
印　次	2013年7月第1次
书　号	ISBN 978-7-5617-9482-1/G·5577
定　价	180.00元
出 版 人	朱杰人

(如发现本版图书有印订质量问题,请寄回本社客服中心调换或者电话 021-62865537 联系)